德语语法大全（下）

Übungs-grammatik für Fortgeschrittene

Deutsch als Fremdsprache

Karin Hall （德）
Barbara Scheiner （德） 编著

缪 雨 露 译

D1728937

外语教学与研究出版社
北京

京权图字：01-2000-3431

Chinesische Bearbeitung mit freundlicher Genehmigung des Max Hueber Verlags，
D-85737 Ismaning bei München
Originalausgabe
© 1998 by Max Hueber Verlag，D-85737 Ismaning

图书在版编目(CIP)数据

德语语法大全 下／(德)霍尔(Hall, K.)，(德) 沙奈尔(Scheiner, B.)编著；缪雨露译. — 北京：外语教学与研究出版社，2001.10 (2012.7 重印)
ISBN 978-7-5600-2400-4

Ⅰ. 德…　Ⅱ. ①霍…　②沙…　③缪…　Ⅲ. 德语—语法　Ⅳ. H334

中国版本图书馆 CIP 数据核字 (2001) 第 067207 号

悠游网—外语学习 一网打尽
www.2u4u.com.cn
阅读、视听、测试、交流、共享
提供海量电子文档、视频、MP3、手机应用下载！

出 版 人：蔡剑峰
责任编辑：王　潇
出版发行：外语教学与研究出版社
社　　址：北京市西三环北路 19 号 (100089)
网　　址：http://www.fltrp.com
印　　刷：北京大学印刷厂
开　　本：787×1092　1/16
印　　张：27
版　　次：2002 年 8 月第 1 版　2013 年 3 月第 12 次印刷
书　　号：ISBN 978-7-5600-2400-4
定　　价：34.90 元
＊　　＊　　＊
购书咨询：(010)88819929　　电子邮箱：club@fltrp.com
如有印刷、装订质量问题，请与出版社联系
联系电话：(010)61207896　　电子邮箱：zhijian@fltrp.com
制售盗版必究 举报查实奖励
版权保护办公室举报电话：(010)88817519
物料号：124000001

前　　言

　　本书适合已经具有一定德语水平的中高级学员使用。它不仅可以作为大学学习的教材或辅导性教材,也可以作为德国大学入学考试的备考教材。它既适合在课堂上以小组的形式集体学习,也适合独立自学,尤其是书后的练习答案为自学提供了必备的自检手段。

　　在教学实践中我们发现:德语语法中有一些现象让中高级学员备感困惑,针对这些现象必须加以重点练习。出于这样的需要我们编写了这本教材,旨在通过巩固、拓宽和加深已有的基础知识,让学员能够理解复杂的语言结构并能积极地将所学的知识加以运用。实践证明这本教材确实颇有成效。贯穿这本语法练习的原则有两个:其一,首先对所选的语法章节进行详细阐述,然后借助许多例子加以解释,再逐步加以有针对性的练习,最后辅以综合练习。其二,为了使语法学习有趣一些,本书按照文章的主题来编排练习,让学员尽可能在相关联的或者完整的课文中,至少是在一个意义单位里练习语法难点。使用本书时不必拘泥于书中的章节顺序,可以自行调整。书中"参见"的提示有助于在调整顺序时建立各章间的有机联系。

　　最后,我们要感谢海德堡大学国际研究中心同事的宝贵建议和建设性的批评意见,尤其是 Hella Engel, Monika Gardt, Renate Kinzinger, Rolf Koeppel 和 Michael Neutsch。Klaus Rave 对本书进行了认真审阅,对此表示感谢。

编者

Abkürzungsverzeichnis

Adj.	Adjektiv
A	Akkusativ
bzw.	beziehungsweise
ca.	circa
D	Dativ
ebd.	ebenda
etw.	etwas
G	Genitiv
GZ	Gleichzeitigkeit
HS	Hauptsatz
jdm.	jemandem
jdn.	jemanden
Ind.	Indikativ
Inf.	Infinitiv
itr.	intransitiv
Konj.	Konjunktion
N	Nominativ
ng.	nachgestellt
NS	Nebensatz
NZ	Nachzeitigkeit
Part.	Partizip
Pass.	Passiv
Perf.	Perfekt
Plusq.	Plusquamperfekt
Präp.	Präposition
Präs.	Präsens
Prät.	Präteritum
refl.	reflexiv
st.	stark
Subst.	Substantiv
süddt.	süddeutsch
sw.	schwach
tr.	transitiv
u.a.	und andere
ugs.	umgangssprachlich
usw.	und so weiter
u.U.	unter Umständen
vg.	vorangestellt
vgl. S.	vergleiche Seite
VZ	Vorzeitigkeit
z.B.	zum Beispiel
*	nicht möglich, fehlerhaftes Beispiel

目录

§1 现在完成时的构成:用 *haben* 还是 *sein*

| 概述

现在完成时用 *haben* 作助动词的动词有

1. 及物动词，即使句子中没有出现
   第四格宾语

   Sie **hat** einen Brief **geschrieben**. Sie **hat ge-schrieben**. (schreiben)

   特殊情况： Sie **ist** kein Risiko **eingegangen**. (eingehen)
   Sie **ist** die alte Wohnung schnell **losgeworden**. (loswerden)
   Sie **ist** (seltener: hat) sämtliche Zeitungen auf Stellenanzeigen **durchgegangen**. (durchgehen)
   (süddt.:) Sie **ist** ihr Wohnungsproblem energisch **angegangen**. (angehen)

2. 不及物动词，

   a) 表示持续性状态或过程的不
      及物动词

      Er **hat** lange **geschlafen**. (schlafen)

      特殊情况： Sie **ist** gestern abend bei mir **gewesen**. (sein)
      Sie **ist** aber nicht sehr lange **geblieben**. (bleiben)
      (süddt.:) Sie **ist** lange in der Sonne **gesessen/gestanden/gelegen**. (sitzen, stehen, liegen)

   b) 支配第三格宾语和介词宾语
      的动词，但表示位置移动和状
      态变化的动词除外

      Ihrem Vater **hat** sie immer fest **vertraut**. (vertrauen)
      Sie **hat** fest mit seiner Unterstützung **gerechnet**. (rechnen mit)

3. 反身动词

   Über deinen Brief **hat** er sich sehr **gefreut**. (sich freuen)

   但是： Wir **haben** uns gestern kurz **getroffen**. (sich treffen)
   Wir **sind** uns zufällig auf der Hauptstraße **begegnet**. (sich begegnen) (Vgl. S. 15)

4. 情态动词

   Sie **hat** das gut **gekonnt**. Sie **hat** das gut machen **können**. (können)

   但是： Sie **soll** immer zu spät zum Unterricht **gekommen sein**. (Vgl. S. 128 und 140ff.)

5. 无人称动词

   Es **hat** auch hier im Süden stark **geregnet**. (es regnet)

   特殊情况： Es **hat** natürlich wieder Schwierigkeiten **gegeben**. (es gibt)
   Es **ist** um ein schwieriges Problem **gegangen**. (es geht um)
   Es **ist** auf eine schnelle Entscheidung **angekommen**. (es kommt auf ... an)

现在完成时用 *sein* 作助动词的动词有

1. 表示位置移动的不及物动词

Auf der Autobahn nach Bonn **ist** er viel zu schnell **gefahren**. (fahren)

2. 表示状态变化的不及物动词

Die Gartenabfälle **sind verbrannt**. (verbrennen)

特殊情况: Sie **hat** gestern schon mit der Arbeit **angefangen / aufgehört**. (anfangen / aufhören)

Die Autofahrt **hat** gut **begonnen** und böse **geendet**. (beginnen / enden)

Die Atmung des Kindes **hat eingesetzt / ausgesetzt**. (einsetzen / aussetzen)

Monika **hat** im letzten Jahr stark **zugenommen / abgenommen**. (zunehmen / abnehmen)

Monikas schulische Leistungen **haben** in letzter Zeit **nachgelassen**. (nachlassen)

有些表示位置移动和状态变化的动词也可以支配第四格宾语,即作及物动词使用:

Er **hat** den neuen Wagen vorsichtig in die Garage **gefahren**.

Der Gärtner **hat** die Gartenabfälle **verbrannt**.

3. 事发性动词

An seinem dreißigsten Geburtstag **ist** etwas Unerwartetes **passiert**. (passieren)

Die Verhandlungen zur Beilegung des Streiks **sind gescheitert**. (scheitern)

特殊情况: Die Organisation des Kongresses **hat** gut **geklappt**. (klappen)

Der Kongress **hat** in der Stadthalle **stattgefunden**. (stattfinden)

II 表示位置移动的动词

1 请用现在完成时将下列单词或词组连接成句。

Beispiel: die Musikbegeisterten / in großen Scharen / das Konzert / kommen zu
Die Musikbegeisterten sind in großen Scharen zu dem Konzert gekommen.

1. viele Besucher / von weit her / zu dem Konzert / anreisen
2. der Verkehr / fast / zum Erliegen / kommen
3. viele / nur im Schrittempo / sich fortbewegen
4. die meisten Besucher / das Konzert / aber trotzdem / pünktlich / erreichen
5. die Besucher / die Anweisungen der Platzanweiser / folgen + D
6. viele / in der Pause / dem Gedränge / entfliehen / und / ins Freie / sich begeben
7. nur wenige / schon / in der Pause / nach Hause / gehen
8. am Ende des Konzerts / das Publikum / vor Begeisterung / seine Plätze / sich erheben von
9. die Fans / nach vorn / sich drängen
10. sie / dicht / das Podium / herangehen an
11. sie / den Künstlern / so weit wie möglich / sich nähern + D
12. einige Fans / sogar / das Podium / klettern auf
13. die Künstler / wegen des starken Beifalls / immer wieder / auf der Bühne / erscheinen
14. erst dreißig Minuten nach Ende der Veranstaltung / die letzten / die Konzerthalle / verlassen

(1) Die Rennfahrer **sind** täglich zum Training **gefahren**.

有时作及物动词，有时作不及物动词的动词

(2) Sie **haben** ihre Rennwagen nach dem Training an die Boxen **gefahren**.

2 作不及物动词还是作及物动词？如果您是记者，请用现在完成时进行报道。

1. Die Rennfahrer fuhren täglich zum Training.
2. Sie fuhren ihre Rennwagen in die Garage.
3. Die Fahrer starteten ihre Rennwagen.
4. Für die Bundesrepublik starteten vier Fahrer.
5. Einige Rennfahrer flogen mit eigenen Sportflugzeugen zum Rennen.
6. Sie flogen die Sportflugzeuge zum Teil selbst.
7. Vor dem Rennen zogen sie genaue Erkundigungen über das Wetter ein.
8. Die Rennfahrer fuhren unter dem Jubel der Zuschauer in das Stadion ein.
9. Mechaniker rollten Ersatzreifen heran.
10. Die Rennwagen rollten langsam zum Start.
11. Staubwolken zogen hinter ihnen her.
12. Ein Transporter zog einen Ersatzwagen hinter sich her.
13. Der Fahrer fuhr mit einem Ruck an.

14. Zum Glück fuhr er niemanden an.
15. Die Wagen jagten davon.
16. Der ohrenbetäubende Lärm der Motoren jagte einige Zuschauer in die Flucht.

---

(1) Die Sieger **sind** auf **das** Podest **getreten**.
(2) Die Sieger **haben** das Podest **betreten**.

有些表示位置移动的动词（例如 *treten*，*fahren*）和介词连用时（例如 *treten/fahren auf*）为不及物动词(1)，这些动词加上前缀构成一个动词时（例如 *betreten*，*befahren*）为及物动词(2)。(参见 24 页)

---

3 请用现在完成时将下列句子成分连接成句。

Beispiel: ein Testfahrer / die regennasse Strecke (fahren auf – befahren)
Ein Testfahrer ist auf der regennassen Strecke gefahren.
Ein Testfahrer hat die regennasse Strecke befahren.

1. Sicherheitskräfte / das Gelände (streifen durch – durchstreifen)
2. Ballonfahrer / während des Rennens / das Gelände (fliegen über – überfliegen)
3. die Rennfahrer / ihre Rennwagen (steigen in – besteigen)
4. ein Rennwagen / eine Absperrung (fahren durch – durchfahren)
5. die Rennfahrer / den verunglückten Wagen (herumfahren um – umfahren)
6. einige Fans / die Ehrentribüne (klettern auf – erklettern)
7. der Sieger / zur Siegerehrung / das Siegerpodest (steigen auf – besteigen)
8. einige Fans / die Absperrungen (springen über – überspringen)

表示位置移动的动词中，具有引申义的动词

(1) Er **hat** die Zeitung **überflogen**.
(2) Er **ist** mit ihr durch dick und dünn **gegangen**.

许多表示位置移动的动词具有引申义(1)，特别是在固定词组中(2)。这类动词在作为引申义使用的时候，现在完成时的构成和该动词作为本义使用时一样，即使该动词的引申义已经失去了它的原义。这类固定词组多见于口语。

---

4 具有引申义的动词。请用现在完成时或过去完成时讲述。

Familienleben

Bald nachdem Brigitte und Thomas in den Stand der Ehe traten (Plusq.), kam das erste Kind zur Welt. Damit ging ihr größter Wunsch in Erfüllung. Die junge Mutter ging
5 sehr liebevoll mit ihrem Kind um. Dem jungen Vater ging diese Fürsorge manchmal zu weit. Und das Kindergeschrei ging ihm oft auf die Nerven. Trotzdem fuhr er nicht aus der Haut. Im Gegenteil: Bei der Kinderpflege
10 ging er ihr oft zur Hand. Und wenn das Kind schlief, ging er wie auf Eiern durch die Wohnung. Allerdings trat Thomas bei seiner Frau immer mehr in den Hintergrund. In ihren Gesprächen ging es fast nur noch um das Kind. Finanziell kamen sie über die Runden, 15 obwohl das Kind ins Geld ging. Der vielbeschäftigten Mutter fiel zu Hause mit der Zeit die Decke auf den Kopf. Brigittes Unzufriedenheit trat klar zutage. Deshalb kam sie auf die Idee wieder halbtags zu arbeiten. Thomas 20

ging sofort auf diesen Vorschlag ein. Sein Organisationstalent kam jetzt voll zum Zuge: Mit seiner Hilfe ging die Arbeitssuche glatt über die Bühne. Brigitte kam bei einer angesehenen Firma unter. Gleichzeitig trat eine akzeptable Kinderfrau in Erscheinung. Das neue Leben ging nun seinen Gang. Die junge Familie kam mit der neuen Organisation ihres Alltags gut zurecht.

固定词组

fallen
(1) aus allen Wolken fallen
(2) aus dem Rahmen fallen
(3) mit der Tür ins Haus fallen
(4) jdm. fällt ein Stein vom Herzen

gehen
(5) jdm. geht der Hut hoch
(6) der Sache auf den Grund gehen
(7) mit jdm. hart ins Gericht gehen

(8) jdm. gegen den Strich gehen
(9) wie die Katze um den heißen Brei herumgehen/herumschleichen

kommen
(10) auf den (richtigen) Trichter kommen
(11) auf keinen grünen Zweig kommen

treten
(12) (bei jdm.) ins Fettnäpfchen treten

---

5 请用现在完成时和上述固定词组改写下列句子，部分句子需要用否定形式。

Beispiel: Die Schauspielschülerin hat den Direktor wegen ihrer Rolle in der nächsten Aufführung bedrängt; das hat ihn verärgert. Sie hat gemerkt, dass sie ... (12)
Sie hat gemerkt, dass sie bei ihm ins Fettnäpfchen getreten ist.

Beim Theaterdirektor
1. Sie hat ihm ihr Anliegen direkt und ohne Umschweife vorgetragen: Sie ... und ... (3) (9)
2. Er war völlig überrascht: Er ... (1)
3. Ihm war nicht recht, dass sie ihn damit an ein früheres Versprechen erinnerte. Das ... (8)
4. Während sie ihren Vorstoß begründete, stieg sein Ärger, bis ... (5)
5. Sie dachte, sie habe die Form gewahrt und ... (2)
6. Nach diesem Vorfall wird es für sie wohl nicht leichter werden. Schon bisher ... (11)
7. Sie weiß einfach nicht, wie sie zu einer guten Rolle kommen soll: Sie ... noch ... (10)
8. Schon bei früheren Meinungsverschiedenheiten ... er ... (7)
9. Als er sie am darauffolgenden Tag freundlich grüßte, war sie sehr erleichtert: Ihr ... (4)
10. Sein freundliches Verhalten kann sie sich nicht erklären, sie ... bisher noch ... (6)

位置发生变化的移动还是位置没有变化的移动？

(1) Die Schmetterlinge **sind** um die Blüten **herumgeflattert**.
(2) Die Segel **haben** im Wind **geflattert**.

在表示移动的动词中，如果动作移动有方向或位置的变化，这类动词的现在完成时的助动词为 sein。如果移动是在原地进行，即没有位置或方向的变化，这类动词的现在完成时的助动词为 haben。

6 用现在完成时能将所发生的事情表述得更清楚。请将下列句子的时态改为现在完成时。

    1. Ein Auto pendelte am Kran.
    2. Quellwasser sprudelte aus dem Felsen.
    3. Das Badewasser schwappte über den Rand der Wanne hinaus.
    4. Im Kessel sprudelte kochendes Wasser.
    5. Aus dem Geysir schoss heißes Wasser in die Luft.
    6. Wasser tropfte aus der Regenrinne.
    7. Der Wasserhahn tropfte tagelang.
    8. Der Mast des Schiffes schwankte im Wind.
    9. Ein Fallschirmjäger schwebte langsam zu Boden.
  10. Ein Tourist bummelte fasziniert durch die fremde Stadt.
  11. In angetrunkenem Zustand wankte ein Mann durch die Straße.
  12. Fahnen flatterten im Wind.
  13. Die Erde bebte kräftig.
  14. Herr Müller pendelt ständig zwischen Wohnort und Arbeitsplatz.
  15. Er drehte auf halber Strecke um.

时间和空间上的延伸

(1) **Er ist** jeden Tag zwei Stunden **spazieren gegangen.** (Wann? Wie lange?)

(2) Gestern **ist** er zunächst etwa zwei Kilometer den Fluss **entlanggegangen** und dann noch einen Hang **hinaufgestiegen.** (Wie weit? Wo? Wohin?)

如果一个表示位置移动的动词在句子中和一个第四格名词在一起，并且这个第四格名词说明句子中的动作在时间上(1)或者空间上(2)的延伸，该动词的现在完成时的助动词为 *sein*。这种句子中的第四格名词不是宾语，而是状语，即第四格状语，可以回答由以下疑问词提出的问题：*Wann? Wie lange? Wie weit? Wo? Wohin?*

---

7 请先阅读下面的短文，然后用现在完成时进行叙述。

Eine Exkursion

Im letzten Sommer ging eine Gruppe von Studenten einen Tag auf Exkursion. Sie fuhren mehrere Stunden mit dem Bus. Einer der Studenten fuhr den Bus. Gleich nach der Ankunft kletterten sie einen steilen Berg hinauf und liefen auf der Suche nach Steinen den ganzen Bergrücken entlang. So streiften sie den halben Tag durch die Natur. Plötzlich rutschte ein Student aus und stürzte den Hang hinunter. Die anderen rannten dann auch den Berg hinunter und kamen ihm zu Hilfe. Zwei trugen ihn zum Bus und fuhren ihn gleich ins Krankenhaus. Die anderen gingen zu Fuß bis zum nächsten Ort. Sie marschierten drei Stunden und fuhren dann mit dem Zug zurück. So fand die Exkursion ein vorzeitiges Ende.

请叙述： Im letzten Sommer sind wir ...

使用什么工具，手段和方式方法进行移动？

(1) Er **ist** gern Auto **gefahren.** (Womit?)
(2) Er **ist** am liebsten Galopp **geritten.** (Wie?)
(3) Er **ist** gegen die Erhöhung der Tabaksteuer Sturm **gelaufen.**

fahren: Auto, Motorrad, Roller, Bus, Straßen-
　　bahn, Zug, Lift, Seilbahn, Rad, Bob,
　　Schlitten, Ski, Boot, Kahn, Kajak, Kanu,
　　Schiff, Achterbahn, Karussell, Riesenrad,
　　Kolonne, Schritt
laufen: Rollschuh, Schlittschuh, Ski; Amok
　　laufen (= in Raserei / Geistesgestörtheit
　　mit einer Waffe töten, aber auch in bild-
　　licher Bedeutung), Gefahr laufen (= ge-
　　fährdet / in Gefahr sein), Sturm laufen
　　gegen etw. (= heftig protestieren gegen
　　etw.)
reiten: Galopp, Schritt, Trab

表示位置移动的动词和一个不带冠词的第四格
名词连用，而且这个第四格名词说明句子中动作
的工具、手段(例如 *Auto*, *Ski*) 或者方式、方法(例
如 *Kolonne*, *Galopp*) 时，该动词的现在完成时的
助动词为 *sein*，这样的用法被视为固定搭配。这
种情况下的第四格名词不是宾语，而是状语(即第
四格状语)，可以回答由 *Womit? Wie?* 提出的问
题。

---

8 您以前都做过什么？请用现在完成时和上面给出的单词完成下列句子。

1. Als ich noch kein Auto hatte, …　　2. Im Winter … auf dem zugefrorenen See …
3. Beim Reitunterricht … ich am liebsten …　　4. Auf Volksfesten …　　5. Seit meinem Ski-
unfall …　　6. Auf der Donau …　　7. Ich … noch nie ohne Führerschein …　　8. In den Feri-
en …　　9. Als Jugendlicher … gegen die Welt der Erwachsenen …

9 请用现在完成时描绘这个司机，然后再确定他是不是一个模范司机。

Ein vorbildlicher Autofahrer?
1. er / noch nie / größere Strecken / ohne Sicherheitsgurt / fahren　　2. er / noch nie /
mehr als acht Stunden am Tag / Auto fahren　　3. er / seine neuen Autos / immer / gut /
einfahren　　4. er / noch nie / auf der Autobahn / rasen　　5. er / noch nie / einen Radfahrer /
anfahren　　6. er / auf dem Seitenstreifen / immer / Schritt fahren　　7. er / noch nie / etwas /
umfahren　　8. er / bisher / nur selten / sich verfahren　　9. er / noch nie / Gefahr laufen
seinen Führerschein zu verlieren　　10. er / schon oft / Kollegen / nach Hause / fahren 11.
er / gegen die Geschwindigkeitsbegrenzung auf der Autobahn / Sturm laufen　　12. er /
nach dem Genuss von Alkohol / noch nie / Auto fahren

体育活动

(1) Er **ist** regelmäßig auf dem offenen Meer
　　gesegelt.
(2) Gestern **ist** er bis zu einer entfernten In-
　　sel **gesegelt.**
(3) Er **hat (ist)** täglich mehrere Stunden ge-
　　segelt.
(4) Er **hat (ist)** mit großem Vergnügen gese-
　　gelt.

一些表示移动的动词描述的是体育活动 (例如
klettern, reiten, paddeln, rudern, schwimmen,
segeln, surfen, rodeln)。如果动作的移动首先被看
做位置发生变化的移动，并常用空间说明语(1)或
者目的地说明语(2)加以说明，该动词的现在完成
时的助动词为 *sein*。如果首先想强调动作持续的
时间(3)或者动作的方式方法(4)，该动词的现在完
成时的助动词可以用 *haben*，但是大多仍用 *sein*。

10 请将下列句子的时态改为现在完成时。

1. Der trainierte Schwimmer schwamm regelmäßig mit großer Ausdauer.   2. Eine Anfängergruppe kletterte auf den Felsen.   3. Das Mädchen surfte oft den ganzen Tag.   4. Es surfte nie aufs offene Meer hinaus.   5. Um seine Sportlichkeit zu beweisen, schwamm der alte Mann bis zu dem Riff.   6. Im Winter rodelten die Kinder den ganzen Tag.   7. Sie rodelten auf der verschneiten Rodelbahn.   8. Die Reiterin ritt in den frühen Morgenstunden durch den Wald.   9. Der junge Mann ruderte leidenschaftlich gern.   10. Der Anfänger ruderte mit letzter Kraft zum Ufer.

表示位置移动的反身动词

(1) Fritz **hat sich** in fremden Städten schon oft **verlaufen**.
(2) Die beiden Freunde Fritz und Paul **haben sich/einander** schon länger nicht **getroffen**. (= Fritz hat seinen Freund Paul nicht getroffen und Paul hat seinen Freund Fritz nicht getroffen.)
(3) Fritz **ist sich** in der fremden Stadt ziemlich hilflos **vorgekommen**.
(4) Die beiden Freunde Fritz und Paul **sind sich/einander** in der Stadt **begegnet**. (= Fritz ist seinem Freund Paul begegnet und Paul ist seinem Freund Fritz begegnet.)

在表示位置移动的反身动词中，如果反身代词为第四格，现在完成时的助动词为 *haben* (1)(2)；如果反身代词为第三格，现在完成时的助动词为 *sein* (3)(4)。其中有些并不是真正的反身动词，这类动词的反身代词可以用第四格或第三格宾语替换 (2)(4)。

一些反身动词含有相互关系的含义，表示（至少是）两个人之间的相互关系 (2)(4)。

反身代词为第三格的表示位置移动的反身动词非常有限，如: *sich ausweichen/begegnen/entgegenkommen/näher kommen*；意义发生转变的动词有 *sich durchs Haar fahren/in die Haare geraten/um den Hals fallen/auf die Nerven gehen/in die Quere kommen/in den Rücken fallen/aus dem Weg gehen/über den Weg laufen/vorkommen*。

---

11 用现在完成时或过去完成时可使叙述更简单。请将下列句子的时态改为现在完成时或过去完成时。

Eine Freundschaft

1. Zwei Freunde gerieten sich eines Tages fürchterlich in die Haare.
2. Der eine verspätete sich bei einer Verabredung erheblich. (Plusq.)
3. Sie gingen sich früher schon oft auf die Nerven. (Plusq.)
4. In schwierigen Situationen fielen sie sich aber nie in den Rücken. (Plusq.)
5. Eine gewisse Zeit gingen sie sich aus dem Wege.
6. Dennoch kamen sie sich gelegentlich in die Quere.
7. Eines Tages begegneten sie sich zufällig auf der Straße.
8. Sie kamen sich in einer engen Gasse entgegen.
9. Dieses Mal wichen sie sich nicht aus, sondern bewegten sich entschlossen aufeinander zu und fielen sich um den Hals.
10. Sie kamen sich wieder näher.

Ⅲ 表示状态变化的动词

开始 →	状态 →	结束时的变化
(1) Die Blume ist aufgeblüht.	Sie hat geblüht.	Sie ist verblüht.
(2) Peter ist eingeschlafen.	Er hat geschlafen.	—
(3) —	Viele haben gehungert.	Viele sind verhungert.

表示状态变化的不及物动词其现在完成时的助动词为 *sein*，它们描述的是在有限时间内发生的一件事所带来的一种新的状态。这种变化可以是一个开始（例如 *aufblühen,einschlafen*），也可以是这种状态的结束（例如 *verblühen, verhungern*）。

许多表示一种状态的简单动词（例如 *blühen,schlafen,hungern*）和一些前缀构成的动词表示状态的改变（例如 *auf-/verblühen,einschlafen,verhungern*）。

---

12 下列动词是表示一种状态变化还是一种状态？请用下列动词造句，时态为现在完成时。

1. wachsen　2. dauern　3. vertrocknen　4. hängen　5. verheilen　6. verfaulen
7. scheinen　8. sterben　9. sitzen　10. verdursten　11. ertrinken　12. verunglücken
13. warten　14. verwelken　15. ersticken　16. verstauben　17. gedeihen　18. stehen
19. brennen　20. aufwachen

13 您是否注意到下列每组句子中的区别？请将下列句子的时态改为现在完成时，以检验您的判断是否正确。

1. Die Suppe kocht. / Sie kocht über.
2. Das Mädchen kränkelte. / Es erkrankte aber nicht ernsthaft.
3. Er stand um sechs auf. / Er stand lange an der Haltestelle.
4. Das Kind schlief schnell ein. / Es schlief zwölf Stunden.
5. Es taute gestern. / Das Eis taute auf.
6. Tom wachte spät auf. / Ein Krankenpfleger wachte bei ihm.
7. Das Feuer brannte lichterloh. / Das Haus brannte aus.
8. Es entstand Sachschaden. / Es bestand ausreichend Versicherungsschutz.
9. Sie lag mehrere Wochen im Krankenhaus. / Sie erlag der Krankheit.

由名词或形容词派生而来的表示状态变化的动词

(1) Das Kind **ist** früh **verwaist**.
   (= Das Kind ist früh zur Waise geworden.)
(2) Die Farbe auf der Tapete **ist** schnell **getrocknet**.
   (= Die Farbe auf der Tapete ist schnell trocken geworden.)

许多表示状态变化的动词是由名词(1)或形容词(2)派生而来的，这样的派生词的含义相当于 *Substantiv/Adjektiv+werden*。

14 什么样的变化导致了现在这种状态？请将句子中斜体印刷的名词转换成派生动词，并将句子补充完整，时态用现在完成时。

Beispiel: Ein *Waisen*kind ist ein Kind, das ...
Ein Waisenkind ist ein Kind, das verwaist ist.

1. *Sumpf*landschaften findet man dort, wo Land durch viel Wasser ...
2. *Steppen* nennt man Landschaften, die ...
3. Ein Flussbett ohne Wasser, aber mit viel *Sand* ist ein Flussbett, das ...
4. *Karst*gebiete sind Gebiete, die durch Entwaldung ...
5. Unter Versteinerungen versteht man Tiere und Pflanzen, die zu *Stein* geworden sind, also ...
6. *Kalk* findet man in Wasserleitungen, die ...
7. *Rost* findet man an Autos, die ...
8. *Schimmel* findet man auf Nahrungsmitteln, die ...
9. Von *Staub* bedeckt sind Möbel oder Bücher, die ...
10. Ein Ofenrohr voller *Ruß* ist ein Ofenrohr, das ...
11. Mit *Eis* bedeckt sind Straßen, die ...
12. Ein leichter *Dunst* lag über der Stadt, weil Feuchtigkeit ... (Plusq.)
13. *Dampf* ist nicht mehr zu sehen, wenn eine Flüssigkeit vollständig ...
14. Glas*splitter* liegen herum, wenn Glas ...

15 什么样的变化导致了现在这种状态？请将句子中斜体印刷的形容词转换成派生动词，并将句子补充完整，时态用现在完成时。

Beispiel: Matt wirkt jemand, dessen Kräfte ...
Matt wirkt jemand, dessen Kräfte ermattet sind.

1. Blind ist jemand, der ...
2. Krank ist jemand, der ...
3. Grau sind Haare, die ...
4. Schlaff sind Muskeln, die ...
5. Blass sind Erinnerungen, die ...
6. Reif ist Obst, das ...
7. Faul sind Früchte, die ...
8. Welk sind Blumen, die ...
9. Wild wirkt ein Garten, der ...
10. Öde sind Landschaften, die ...
11. Kalt ist eine Suppe, die ...
12. Alt ist jemand, der ...

16 怎么会这样？请用适当的动词将下列句子补充完整，时态用现在完成时。

verfallen, vertrocknen, aussterben, eingehen, erfrieren, verkommen, sterben, verderben, ersticken, verkümmern, ertrinken, verdursten, verunglücken, ~~verkohlen~~, verhungern

Beispiel: Weil das Holz lange im Feuer lag, ...
Weil das Holz lange im Feuer lag, ist es verkohlt.

1. Weil die Wohnung nicht gepflegt wurde, ...
2. Weil das Gebäude nicht renoviert wurde, ...
3. Weil die Pflanze zu wenig Wasser bekam, ...
4. Weil die Pflanze nicht den richtigen Standort hatte, ...
5. Weil der letzte Winter zu kalt war, ... viele Pflanzen ...
6. Weil der Mensch zu stark in den Naturhaushalt eingreift, ... bereits viele Tier- und Pflanzenarten ...
7. Weil die Lebensmittel nicht vorschriftsmäßig aufbewahrt wurden, ...
8. Weil seine Talente nicht erkannt und gefördert wurden, ...
9. Weil er sich fahrlässig verhalten hat, ...
10. Weil er unheilbar krank war, ...
11. Weil er nicht schwimmen konnte, ...
12. Weil er keine Luft mehr bekam, ...
13. Weil er seinen Durst über eine längere Zeit nicht stillen konnte, ...
14. Weil er zu lange nichts zu essen hatte, ...

17 及物动词还是不及物动词?下列句子中的动词有时是本义，有时是引申义，请将下列句子的时态改为现在完成时。

1. Nach dem Baden trockneten wir unsere Haare.
2. Unsere Handtücher trockneten schnell in der Sonne.
3. Unser ganzer Proviant verdarb in der Hitze.
4. Das verdarb uns den Spaß am Picknick.
5. Beim Abspülen zerbrach das kostbare antike Glas.
6. Das Kind zerbrach eine Tasse.
7. Der Hausmann taute Erdbeeren für seinen Geburtstagskuchen auf.
8. Im warmen Zimmer tauten die Erdbeeren schnell auf.
9. Eines Tages riss Anne die Geduld.
10. Sie riss ihrem Freund den Brief aus der Hand.
11. Sie brach die Verbindung zu ihm ab.
12. Auch der Kontakt zu seinen Freunden brach bald ab.
13. Anne brach vor Kummer fast das Herz.
14. Die Autofahrt ermüdete den Fahrer.
15. Dieser ermüdete sonst nicht so schnell.

18 请描述一下农庄里发生了什么事情。请将下列句子成分连接成句子，时态为现在完成时。

1. Kinder / gestern abend / im Schuppen eines Bauernhofs / Papier / verbrennen
2. dabei / im Schuppen / ein Feuer / ausbrechen
3. das Holz im Schuppen / verbrennen
4. der Schuppen / bis auf die Grundmauern / niederbrennen
5. fast / auch ein daneben stehendes Haus / abbrennen (Konj. II)
6. durch die Hitze / das Plexiglas der Veranda / schmelzen
7. die Feuerwehr / das Feuer / nicht gleich / ersticken
8. im Qualm / die Feuerwehrleute / fast / ersticken (Konj II)
9. schließlich / die Feuerwehr / das Feuer / löschen

IV 事发性动词

事发性动词描述的是一个事件，只用第三人称，主语只能是一件事或者代词 es(geraten in 除外)。绝大多数事发性动词的现在完成时的助动词为 sein。

现在完成时用 *sein* 作助动词的事发性动词

Gestern ist etwas Seltsames passiert. (passieren)
Ein Wunder ist geschehen. (geschehen)
So etwas ist schon öfter vorgekommen. (vorkommen)
Was ist denn in jener Nacht vorgefallen? (vorfallen)
Bei der Operation ist es zu Komplikationen gekommen. (es kommt zu)
Der armen Frau ist schon viel Leid widerfahren. (jdm. widerfahren)
Dem Kind ist doch hoffentlich nichts Schlimmes zugestoßen. (jdm. zustoßen)
Dem Chirurgen ist ein Fehler unterlaufen. (jdm. unterlaufen)
Eine Korrektur des Fehlers ist bisher unterblieben. (unterbleiben)
Die Krankheit ist zunächst ganz normal verlaufen. (verlaufen)
Während der Operation sind Komplikationen aufgetreten. (auftreten)
Der Tod des Patienten ist kurz nach der Operation eingetreten. (eintreten)
Eine Untersuchung des Falls ist bisher nicht erfolgt. (erfolgen)
Die Operation ist dem Chirurgen gelungen/misslungen. (jdm. gelingen/misslingen)
Dem Arzt ist der Eingriff geglückt/missglückt. (jdm. glücken/missglücken)
Die Arbeit ist ihr gut geraten. Die Arbeit ist ihr missraten. (jdm. geraten/missraten)
Das Schiff/Der Segler ist in einen Sturm geraten. (geraten in)
Alle Versuche des Ehepaars sich zu versöhnen sind fehlgeschlagen. (fehlschlagen)
Die Ehe ist schon nach kurzer Zeit gescheitert. (scheitern)
Der Versuch der Gangster eine Bank auszurauben ist schief gegangen. (schief gehen, ugs.)

现在完成时用 *haben* 作助动词的事发性动词

Bei der Prüfung hat alles geklappt. (klappen, ugs.)
Die Prüfung hat in der Aula der Universität stattgefunden. (stattfinden)

现在完成时用 *haben* 作助动词的反身事发性动词

Der Streit der Nachbarn hat sich auf offener Straße abgespielt. (sich abspielen)
Heute hat sich nichts Besonderes ereignet. (sich ereignen)
Gestern hat sich etwas Seltsames zugetragen. (sich zutragen)
Es hat sich gut getroffen, dass wir uns vorige Woche begegnet sind. (es trifft sich (gut), dass)

---

19 下面是一位校长在经历较长的旅行归来后与其助手的对话。请将对话中动词的时态改为现在完成时。

Direktor: in meiner Abwesenheit irgend etwas Aufregendes (passieren)?
Assistent: nein, es ... nichts Aufregendes (sich ereignen).
Direktor: Schwierigkeiten (auftreten)?
Assistent: erfreulicherweise nichts (schief gehen).
Direktor: alle Laborarbeiten und Versuche nach Plan (verlaufen)?
Assistent: ja, alles wie geplant (klappen), kein Versuch (missglücken). Auch keinem der Mitarbeiter ein schwerwiegender Fehler (unterlaufen).

Direktor: auch privat keinem Mitarbeiter etwas (zustoßen)?

Assistent: nein, es ... wirklich nichts Beunruhigendes (vorfallen).

Direktor: die Vorlesungen und Übungen regelmäßig (stattfinden)?

Assistent: auch hier keine Unregelmäßigkeiten (vorkommen).

Direktor: und was in der Zwischenzeit hinsichtlich der beantragten Laborerweiterung (geschehen)?

Assistent: da allerdings manches Neue (sich zutragen). Der Assistent zitiert aus einem Protokoll: In den Verhandlungen mit dem Universitätsbauamt ein Stillstand (eintreten). Von unserer Seite keine Anstrengungen (unterbleiben) die Gespräche wieder aufzunehmen. Die Verhandlungen zwar nicht endgültig (fehlschlagen), aber auf unseren Kompromissvorschlag bisher keine Reaktion (erfolgen). Schon im Vorfeld merkwürdige Dinge (sich abspielen). Gestern es dem Verwaltungsrat endlich (gelingen), das Bauvorhaben auf die Liste der dringend notwendigen Baumaßnahmen zu setzen.

V 综合练习

20 港口负责人在向记者讲述所发生的事件。(时态:现在完成时)

Frachter rammte Elbbrücke

Im Hamburger Hafen ereignete sich bei dichtem Nebel ein folgenschwerer Unfall. Dabei geschah Folgendes: Ein Frachter rammte die größte Hubbrücke Europas. Er fuhr nicht unter dem Mittelteil der Brücke hindurch, sondern prallte gegen ein Seitenteil. Dabei stürzte die Brücke teilweise ein, Brückenteile fielen in die Elbe. Das Schiff streifte auch das Brückenhaus mit den Wächtern und drückte es ein. Die beiden Wächter kamen mit dem Schrecken davon. Der Frachter beschädigte auch einen Brückenpfeiler. Zusätzlich riss die Hochspannungsleitung der Hafenbahn ab. An der Brücke entstand ein Schaden in Millionenhöhe. Der Frachter selbst blieb fast unbeschädigt. Er transportierte Soja. Ein Schlepper begleitete ihn. Im Hafen staute sich der Schiffsverkehr. Die Polizei sperrte den Hafen für den gesamten Verkehr.

21 一位记者在报道。(时态:现在完成时)

Fußballweltmeisterschaft 1990

Mit dem Schlusspfiff des Weltmeisterschaftsfinales in Rom im Juli 1990 begann in Deutschland eine lange Jubelnacht. Sie dauerte für viele – wie allgemein üblich – bis weit nach Mitternacht. Sekt floss in Strömen. Die Nachricht vom Sieg verbreitete sich wie ein Lauffeuer. Aus Wohnungen, Kneipen und Hotels strömten die Menschen auf die Plätze. Fußballfans zogen singend durch die Straßen. Autos drängten sich hupend durch die Menschenmenge. Sie fuhren mit wehenden Fahnen durch die Innenstadt. In einigen Städten zog man Busse und Straßenbahnen aus dem Verkehr. Sie kamen erst nach ein Uhr wieder zum Einsatz. Zum Schluss kam es noch zu heftigen Krawallen, die Verletzte und hohen Sachschaden forderten. Auch Schaufensterscheiben gingen zu Bruch. Die Polizei griff mehrmals ein. Am nächsten Tag kommentierten und verurteilten alle Zeitungen und Nachrichtensendungen die Vorfälle.

22 假设您是证人，请您用现在完成时讲述所看到的事情。

Glück im Unglück

Ein angetrunkener Mopedfahrer überquerte die Kreuzung Bismarckstraße/Berliner Straße. Auf seinem Anhänger befand sich ein Leichtmotorrad. Mitten auf der Kreuzung löste sich
5 die Befestigung und es fiel herunter. Der Mopedfahrer erschrak heftig und stieg sofort ab. Auf den stark befahrenen Straßen entstand sofort ein Stau. Unglücklicherweise regnete es auch noch in Strömen. Dem Mopedfahrer
10 gelang es nicht, das Moped wieder auf seinen Anhänger zu laden – es klappte einfach nicht. Kaum lag die eine Hälfte des Gefährts auf dem Anhänger, rutschte sie auch schon wieder herunter. Ihm selbst fiel es in seinem
15 Zustand schwer, das Gleichgewicht zu halten. Die vergeblichen Anstrengungen ermüdeten ihn und seine Kräfte ließen allmählich nach.

Die Autofahrer beobachteten den angetrunkenen Mann, lachten, fluchten und hupten, 20 aber niemand stieg aus. Auch Fußgänger blieben stehen und verfolgten das Geschehen. Aber niemand kam auf die Idee dem unglücklichen Mopedfahrer zu helfen. Dann geschah etwas Unerwartetes: Eine elegant 25 gekleidete ältere Dame erschien auf der Kreuzung. Entschlossen ging sie auf die Unglücksstelle zu. Sie trat sehr sicher und selbstbewusst auf. Sie fasste das schmutzige Motorrad an und lud es gemeinsam mit dem Moped- 30 fahrer auf den Anhänger. Sie half ihm es gründlich zu befestigen. Dem verwunderten Mopedfahrer verschlug es die Sprache. Er lächelte ihr verlegen zu. Dann bestieg er schnell sein Moped und fuhr davon. 35

Beginnen Sie so:
„Stellt euch vor, was heute Mittag passiert ist. Ein angetrunkener Mopedfahrer ...“

23 导游向旅行团介绍比萨斜塔。（时态：现在完成时或过去完成时）括号内的句子时态不变。

Der Schiefe Turm von Pisa

Der Schiefe Turm von Pisa stürzt – trotz aller Voraussagen – noch immer nicht ein. Aber am 6. Januar 1990 geschah etwas, was niemand für möglich hielt (Plusq.): Der Turm
5 wurde wegen möglicher Einsturzgefahr zum ersten Mal in seiner über 800-jährigen Geschichte für Besucher geschlossen. Bereits in den Mittagsstunden versammelten sich viele Schaulustige (Plusq.). Kurz vor 15 Uhr stiegen
10 die letzten Touristen unter den Augen der Fernsehkameras über die 293 Stufen des Kampanile* hinauf. Zuvor standen sie an der Kasse Schlange (Plusq.). Die Bauarbeiten begannen gleich am nächsten Tag.
15 Die Idee von der Schließung des Schiefen Turms ging vom Minister für öffentliche Arbeiten in Rom aus (Plusq.). Er begann die Debatte um das Bauwerk im Herbst 1989 mit der Bemerkung (Plusq.), (der Turm könne je-

den Augenblick einstürzen). Das löste eine 20 intensive öffentliche Diskussion aus (Plusq.). In Pisa kam es zu heftigen Protesten gegen die Schließung des Turms (Plusq.). Die Stadt geriet fast in Panik (Plusq.). (Diese Reaktion war verständlich), denn 25 schon immer lebte die Stadt Pisa vom Tourismus. Allein durch die Eintrittskarten für den Schiefen Turm flossen jährlich etwa 20 Millionen Mark in die Kassen der toskanischen Stadt. Die meisten Touristen kamen nämlich 30 wegen des Schiefen Turms: Sie bestiegen ihn und bummelten dann noch ein wenig durch die Altstadt. So blieben die meisten Gäste nur wenige Stunden, ließen aber viel Geld in der Stadt. Seit 1922, als man erstmals Eintritts- 35 karten verkaufte (Plusq.), stiegen fast 18 Millionen Menschen auf den rund 55 Meter hohen Turm. Entsprechend wuchsen auch die

Einnahmen der Stadt. Der Besucherrekord
40 vom 6. Januar 1990 überstieg mit 2 644 Besuchern alle Erwartungen.
Der zu Beginn des Jahres 1992 genau 4,42
Meter überhängende Turm wurde jedes Jahr
um 1,2 Millimeter schiefer. Im April 1992 be-
45 trug der Neigungswinkel 5,5 Grad. Bei Messungen gelangten Experten allerdings immer
wieder zu unterschiedlichen Ergebnissen. Die
Neigung des auf sandigem Boden gebauten
Turms setzte schon nach Baubeginn im Jahre
50 1173 ein (Plusq.). Deshalb unterbrach man
die Bauarbeiten bereits nach fünf Jahren

(Plusq.). Erst zwischen 1350 und 1370 gelang
es (Plusq.), (die fehlenden sieben Stockwerke
fertigzustellen). Seitdem verschlechterte sich
der Zustand des Turms laufend.   55

(Nach: Letzter Ansturm auf den Schiefen Turm.
dpa vom 8.1.1990; Dem „Schiefen" droht
der Einsturz. AP vom 24.4.1992)

* der Kampanile: freistehender Glockenturm
  neben einer Kirche

§2 及物动词和不及物动词

I 意义相同的及物动词和不及物动词

(1) In vielen Filmen **kämpft** der Held **gegen** eine Übermacht von Gangstern.
In vielen Filmen **bekämpft** der Held eine Übermacht von Gangstern.

(2) Die Schauspieler **klagen über** die lange Drehzeit.
Die Schauspieler **beklagen** die lange Drehzeit.

带有前缀的及物动词相当于某些不及物动词,特别是不及物动词和介词的搭配使用。词义部分相同(1)(2)(例如 *enden-beenden*)或者词义相近(例如 *glücken-beglücken*),但是词义常常相差很大(例如 *kommen-bekommen*)(参见 11 页)。

---

1 请报道一部故事片的拍摄工作。

Beispiel: der Filmproduzent / positiv / die Marktchancen des Films
(urteilen über – beurteilen)
Der Filmproduzent urteilt positiv über die Marktchancen des Films.
Der Filmproduzent beurteilt die Marktchancen des Films positiv.

1. der Produzent / ein Verkaufserfolg (hoffen auf – erhoffen)
2. er / die Qualität des Drehbuchs (nicht zweifeln an – nicht bezweifeln)
3. der Regisseur / die Verteilung der Rollen (zögern mit – hinauszögern)
4. er / noch / die Besetzung der Hauptrollen (schweigen über – verschweigen)
5. die hohen Produktionskosten / der Produzent (lasten auf – belasten)
6. der Regisseur / geduldig / alle Fragen des Produzenten (antworten auf – beantworten)
7. die Regieassistentin / mit Spannung / der Drehbeginn (warten auf – erwarten)
8. sie / ein Vorschuss (bitten um – erbitten)
9. das Filmteam / gewissenhaft / die Anweisungen des Regisseurs (folgen + D – befolgen)
10. in dem historischen Film / ein Tyrann / ein ganzes Volk (herrschen über – beherrschen)

II 弱变化及物动词和强变化不及物动词

及物动词:弱变化

Er hat die Gläser in den Schrank **gestellt.**

动作
动词的客体(=第四格宾语)
提问:**Wohin?** →介词+第四格宾语作为地点
说明语用 haben 构成现在完成时

不及物动词:强变化

Die Gläser haben im Schrank **gestanden.**

状态—动作的结果
发生事件的主体
提问:**Wo?** →介词+第三格宾语作为地点
说明语用 haben 构成现在完成时

In einer Kneipe

hängen, hängte, hat gehängt
　Der Wirt hat die Tafel mit den Tagesge-
　richten an die Wand gehängt.

hängen, hing, hat gehangen
　Die Tafel mit den Tagesgerichten hat ab
　12 Uhr an der Wand gehangen.

(sich) legen, legte, hat gelegt
　Er hat neue Flaschen ins Weinregal gelegt.
　Er hat sich kurz auf die Couch gelegt.

liegen, lag, hat gelegen*
　Die neuen Flaschen haben nicht lange im
　Weinregal gelegen.

(sich) setzen, setzte, hat gesetzt
　Er hat sich zu einem Gast an den Tisch
　gesetzt.
　Er hat den Betrag auf die Rechnung ge-
　setzt.

sitzen, saß, hat gesessen*
　Der Wirt hat bei einem Gast am Tisch ge-
　sessen.

(sich) stellen, stellte, hat gestellt
　Die Bedienung hat die Gläser in den
　Schrank gestellt.
　Sie hat sich hinter die Bar gestellt.

stehen, stand, hat gestanden*
　Die Gläser haben im Schrank hinter der
　Bar gestanden.

stecken, steckte, hat gesteckt
　Der Wirt hat den Schlüssel ins Schloss ge-
　steckt und zweimal zugeschlossen.

stecken, (stak)/steckte, hat gesteckt
　Der Schlüssel hat im Schloss gesteckt.

* Südlicher deutscher Sprachraum:
　Ich bin gelegen/gesessen/gestanden.

2　请描述一种状态。

Beispiel:　Die Fans der beiden Mannschaften hatten sich an den Ausgang
　　　　　des Stadions gestellt.
　　　　　Die Fans der beiden Mannschaften standen am Ausgang des Stadions.

Nach einem Fußballspiel im Stadion
　1.　Einige hatten sich auf die hinterste Sitzreihe gelegt.
　2.　Sie hatten leere Pappbecher auf die Bänke gestellt.
　3.　An ihre Hemden hatten sie sich Buttons gesteckt.
　4.　Ihre Jacken hatten sie auf den Boden gelegt.
　5.　Irgendjemand hatte knallrote Fähnchen in den Rasen gesteckt.
　6.　An die Umrandung des Spielfelds hatte man große Werbeplakate gehängt.
　7.　Einer der Trainer hatte sich an den Rand des Spielfelds gestellt.
　8.　Der Trainer der gegnerischen Mannschaft hatte sich in die hinterste
　　　Reihe des Stadions gesetzt.
　9.　Er hatte den Sportteil einer Tageszeitung auf seine Knie gelegt.
　10.　Einige Spieler hatten sich neben ihn gesetzt.

3 请讲一讲游泳池管理员所做的事情，并补充冠词。

Beispiel: Auf dem Gelände standen überall Stühle herum. (auf / Terrasse)
Der Bademeister hat sie auf die Terrasse gestellt.

Feierabend im Schwimmbad
1. An einem Baum hing ein nasses Handtuch. (auf / Leine im Waschraum)
2. In einer Umkleidekabine lag eine goldene Uhr. (in / Schublade im Kassenraum)
3. Neben der Kasse stand ein Fahrrad. (in / Abstellraum)
4. Im Fahrradschloss steckte ein Schlüssel. (in / Tasche)
5. Ein paar Badegäste saßen immer noch am Schwimmbecken.
   (er hat sie gebeten, in / Restaurant)
6. Spielzeug lag im Gras. (auf / Tisch im Kassenraum)
7. Ein Wasserschlauch lag auf dem Boden. (in / Geräteschuppen)
8. Der Verbandskasten stand vor dem Erste-Hilfe-Schrank. (in / Schrank)
9. Ein Liegestuhl stand im Sandkasten. (auf / Liegewiese)
10. Eine Decke lag auf der Liegewiese. (in / Regal im Kassenraum)

其他难以区分的动词

及物动词：弱变化	不及物动词：强变化
Die Waldarbeiter **haben** die Bäume **gefällt**.	Die Bäume **sind** krachend zu Boden **gefallen**.
动作	过程：状态的变化，即动作的结果
动作的客体(=第四格宾语)	发生事件的主体
用 haben 构成现在完成时	用 sein 构成现在完成时

bleichen, bleichte, hat gebleicht
Die Hausfrau hat die Wäsche in der Sonne gebleicht.

(sich) erschrecken, erschreckte, hat erschreckt
Der Hund hat das kleine Kind erschreckt.

ertränken, ertränkte, hat ertränkt
Er hat seine Sorgen im Alkohol ertränkt.

fällen, fällte, hat gefällt
Die Waldarbeiter haben die Bäume mit Motorsägen gefällt.

löschen, löschte, hat gelöscht (auch: auslöschen)
Die Feuerwehr hat das Feuer gelöscht.

verbleichen, verblich, ist verblichen (auch: ausbleichen)
Die Farbe der Gardinen ist verblichen.

erschrecken, erschrickt, erschrak, ist erschrocken
Das kleine Kind ist fürchterlich erschrocken.

ertrinken, ertrank, ist ertrunken
Junge Leute sind bei einem Schlauchbootunfall ertrunken.

fallen, fällt, fiel, ist gefallen
Die Bäume sind krachend zu Boden gefallen.

erlöschen, erlischt, erlosch, ist erloschen (auch: verlöschen)
Das Feuer ist nur langsam erloschen.

schwellen, schwellte, hat geschwellt (selten gebraucht) (auch: anschwellen)
Der Dauerregen hat den Fluss anschwellen lassen.

schwellen, schwillt, schwoll, ist geschwollen (auch: anschwellen)
Der Fluss ist schnell angeschwollen.

schwemmen, schwemmte, hat geschwemmt (auch: fort-/wegschwemmen)
Die Strömung hat das Holz ans Ufer geschwemmt.

schwimmen, schwamm, ist geschwommen
Das Holz ist auf der Wasseroberfläche geschwommen.

(sich) senken, senkte, hat gesenkt
Die Firma hat ihre Betriebskosten weiter gesenkt.

sinken, sank, ist gesunken
Die Betriebskosten sind allmählich gesunken.

sprengen, sprengte, hat gesprengt
Sprengstoffexperten haben eine alte Fabrik gesprengt.

springen, sprang, ist gesprungen (auch: zerspringen)
Dabei sind in der Nachbarschaft viele Fensterscheiben zersprungen.

(sich) steigern, steigerte, hat gesteigert
Das Unternehmen hat seine Produktion in letzter Zeit enorm gesteigert.

steigen, stieg, ist gestiegen (auch: ansteigen)
Die Produktion ist in letzter Zeit enorm gestiegen.

verschwenden, verschwendete, hat verschwendet
Der Filmstar hat sein ganzes Vermögen verschwendet.

verschwinden, verschwand, ist verschwunden
Er ist dann bald aus den Schlagzeilen verschwunden.

---

4 下列各组单词之间存在细微区别。请选择适当的单词,然后再用它的过去分词填空。

1. *verschwenden – verschwinden*
   Eine Kommission soll feststellen, ob Geld ... worden ist.

   Viele Millionen Mark sind unkontrolliert ....

2. *schwemmen – schwimmen*
   Bei der Überschwemmung hat der Rhein viel Schlamm in die Häuser ....

   Viel Schmutz ist auf der Wasseroberfläche ....

3. *sprengen – springen*
   In Berlin hat ein Sprengmeister eine Fliegerbombe aus dem Zweiten Weltkrieg ....

   Er ist schnell zur Seite ....

4. *senken – sinken*
   Die Politiker haben die Steuern nicht ....

   Die Realeinkommen sind weiter ....

5. *steigern – steigen*
   Der Sportler hat seine Leistungen ...

   Dadurch sind seine Siegeschancen ....

6. *erschrecken*
   Die Nachricht von einer Steuererhöhung hat die Bürger ....

   Sie sind ..., als sie die Gehaltsabrechnung bekamen.

7. *fällen – fallen*
Der Richter hat ein mildes Urteil ....   Die Entscheidung ist ihm nicht leicht ....
                                                 Die Kurse sind ..., nicht gestiegen.

针对达到高级水平的学员

senken (sw./tr.: Perfekt mit *haben*)   *sinken* (st./itr.: Perfekt mit *sein*)
= etw. abwärts bewegen (z. B. den Blick,   = sich langsam abwärts bewegen (z. B.
   den Kopf, ein Schiff ver-)   Schiff, Sonne; ein Mensch: zu Boden, in
= etw. herabsetzen, ermäßigen (z. B. Prei-   die Knie, auf einen Stuhl)
   se, Steuern)   = niedriger werden (z. B. Stimmung, Tem-
= die Stimme senken (= leiser sprechen)   peratur, Preise, Steuern)
                                                  = an Wert verlieren (z. B. Aktienkurse,
sich senken (sw./refl.: Perfekt mit *haben*)   Achtung, Ansehen, Einfluß)
= niedriger werden (z. B. Boden, Grund-
   wasserspiegel)

---

5 *senken* 还是 *sinken*？请选用正确的动词的现在完成时或过去分词填空。

Es geht abwärts
1. Als Folge des Bauverbots ... der Wert der Grundstücke .... Die Grundstücksbesitzer
    ... deshalb die Grundstückspreise ....
2. Der Boxer wurde k. o. geschlagen. Er ... in die Knie ....
3. Die Sonne ist nicht mehr zu sehen. Sie ist im Meer ver....
4. Die Temperatur ... auf den Gefrierpunkt ....
5. Während der langen Trockenperiode ... der Wasserstand in den Flüssen ....
    Infolgedessen ... sich der Grundwasserspiegel ....
6. Der Sarg mit dem Verstorbenen wurde in die Erde .... Freunde und Verwandte
    standen mit ... Kopf am Grab.
7. Der Mann ... vor Erschöpfung in den Sessel ....
8. Nachdem der Wasserstand in der Schleuse ... worden war, konnte das Schiff
    weiterfahren.
9. Ich bin sehr enttäuscht von ihm. Er ... in meiner Achtung ....
10. An dieser Stelle ... sich der Boden leicht ....

针对达到高级水平的学员

steigern (sw./tr.: Perfekt mit *haben*)   *steigen* (st./itr.: Perfekt mit *sein*)
= etw. erhöhen, vergrößern, verstärken   = sich nach oben bewegen
   (z.B. Produktion, Leistung, Umsatz)   = größer/höher/stärker werden
                                                     (z. B. Temperatur, Anforderungen,
sich steigern (sw./refl.: Perfekt mit *haben*)   Druck, Erwartungen, Leistung, Preise,
= zu größeren Leistungen gelangen   Spannung)
= stärker/größer werden (z.B. Konzentrati-
   onsfähigkeit, Druck, Spannung, Absatz)

6 *steigern* 还是 *steigen*? 请用现在完成时描述一个运动员的生活。

Es geht wieder aufwärts

1. Der Läufer … seine Leistungen kontinuierlich ….
2. Dadurch … sein Ansehen bei seinen Sportsfreunden sehr ….
3. Mit jedem Sieg … die Erwartungen an ihn noch ….
4. Er … sich kurz vor dem Ziel immer ….
5. Dadurch … seine Laufgeschwindigkeit auf den letzten hundert Metern immer noch an….
6. Auch beim letzten Lauf … er sein Tempo zum Schluss noch einmal deutlich ….
7. Dadurch … seine Gewinnchancen ….
8. Nach dem Lauf … er zu Freunden ins Auto …, weil er zum Fahren zu erschöpft war.
9. Durch seine Siege … sich der Absatz einiger Sportartikel sichtbar ….

Schrecken 为词根的派生动词

abschrecken (sw./tr.: Perfekt mit *haben*)
= jdn. (durch ein schlechtes Beispiel oder durch Androhung einer Strafe) von etw. abbringen/abhalten:
Die Todesstrafe hat bisher kaum einen Menschen vom Töten abgeschreckt.

aufschrecken (sw./tr.: Perfekt mit *haben*)
= jdn. so erschrecken, dass er mit einer plötzlichen, heftigen Bewegung reagiert:
Der Jagdhund hat den Hasen aufgeschreckt.

auf-/hochschrecken (sw./itr.: Perfekt mit *sein*)
= in die Höhe fahren/plötzlich auffahren:
Der Hase ist auf-/hochgeschreckt.

erschrecken (sw./tr.: Perfekt mit *haben*)
= jdn. in Schrecken versetzen; ängstigen:
Der laute Knall hat ihn erschreckt.

sich erschrecken (ugs.) (st. oder sw./refl.: Perfekt mit *haben*)
= in Schrecken geraten:
Er hat sich bei dem lauten Knall sehr erschreckt/erschrocken.

erschrecken (st./itr.: Perfekt mit *sein*)
= in Schrecken geraten:
Er ist bei dem lauten Knall sehr erschrocken.

zurückschrecken vor (sw./itr.: Perfekt mit *sein*)
= erschrecken und zurückweichen; bildlich: nicht wagen, etw. zu tun:
Die Randalierer sind vor dem massiven Polizeieinsatz zurückgeschreckt.

zusammenschrecken (sw./itr.: Perfekt mit *sein*)
= vor Schreck eine ruckartige Bewegung machen, zusammenzucken:
Sie ist im Schlaf zusammengeschreckt.

---

7 请用现在完成时讲述所发生的可怕的事情。

1. Heute nacht ... Thomas plötzlich aus dem Schlaf auf....
2. Er ... richtig zusammen..., dann hoch... und schließlich aufgestanden.
3. Es war ein schrecklicher Traum, der ihn so ... .
4. Straßenräuber haben ihn im Schlaf bedroht, so dass er vor ihnen ängstlich zurück... ....
5. Seine lauten Schreie ... sie nicht ab ... ihn weiter zu verfolgen.
6. Aber er konnte im Traum nicht fliehen, was ihn fast zu Tode ... .
7. Er ... so furchtbar ..., dass er klopfenden Herzens aufwachte.

Ⅲ 既是强变化又是弱变化的动词

有些动词既有强变化形式，也有弱变化形式。

这可以通过词义来区分：

弱变化动词

etw./jdn. bewegen, bewegte, hat bewegt
= Lage / Stellung verändern:
   Der Wind hat die Blätter leicht bewegt.
= jdn. rühren / innerlich beschäftigen:
   Die historischen Aufnahmen haben mich sehr bewegt.

es gärt, gärte, hat gegärt
= bildlich: unruhig sein, weil man unzufrieden ist mit jdm./etw.:
   Schon seit einiger Zeit hat es im Volk gegärt.

etw. schaffen, schaffte, hat geschafft
= etw. bewältigen / fertigbringen / erreichen / zustande bringen:
   Die Bauarbeiter haben ihr heutiges Soll geschafft.

强变化动词

jdn. bewegen, bewog, hat bewogen zu
= jdn. veranlassen / dazu bringen, etw. zu tun:
   Die wirtschaftliche Situation hat den Studenten zum Abbruch seines Studiums bewogen.

gären, gärte/gor, hat gegoren/ist gegoren (zu)
= chemischer Vorgang, bei dem Zucker zu Alkohol wird:
   Der Saft hat lange gegoren. Er ist zu Most gegoren.

etw. schaffen, schuf, hat geschaffen
= etw. Neues hervorbringen; etw. formen / künstlerisch gestalten:
   Der Künstler hat eine neue Plastik geschaffen.
   Man hat für die Bauarbeiter günstigere Bedingungen geschaffen.

wie geschaffen sein für jdn./etw.
= besonders gut für jdn./etw. geeignet sein:
   Hans ist für die Arbeit mit Jugendlichen wie geschaffen.

etw. schaffen, schaffte/schuf, hat geschafft/ geschaffen
= Abhilfe / Klarheit / Ordnung / Platz / Raum schaffen:
   Sie hat in Ihrem Zimmer endlich Ordnung (geschafft) geschaffen.

sich scheren, scherte, hat geschert (ugs.)
= sich scheren um jdn./etw. = sich kümmern um jdn./etw. (meist verneint): Sie hat sich nie um anderer Leute Angelegenheiten geschert.
= sich entfernen / aus dem Staube machen (meistens in Befehlen und Verwünschungen): Er soll sich zum Teufel scheren!

schleifen, schleifte, hat geschleift
= etw. berührt bei einer Bewegung etw. anderes; schleifend eine Fläche berühren / bearbeiten: Beim Fahrradfahren hat ihre Tasche am Schutzblech geschleift.

jdn./etw. (hinter sich her-) schleifen
= jdn./etw. über den Boden ziehen: Er hat sein Gepäck hinter sich hergeschleift.

etw. senden, sendete, hat gesendet
– etw. ausstrahlen / durch Funk oder Fernsehen übertragen: Das Fernsehen hat den umstrittenen Film erst spät abends gesendet.

etw. wachsen, wachste, hat gewachst (auch: einwachsen)
= etw. mit Wachs einreiben: Früher hat man die Fußböden gründlich gewachst.

aufweichen, weichte auf, ist aufgeweicht
= weich werden: Bei dem starken Regen ist die Erde schnell aufgeweicht.

etw. aufweichen, weichte auf, hat aufgeweicht
= etw. durch Flüssigkeit weich machen: Der Regen hat die Erde aufgeweicht.

etw. einweichen, weichte ein, hat eingeweicht
= etw. in eine Flüssigkeit legen, um es weich zu machen oder zu reinigen: Der Hausmann hat die Bohnen am Abend eingeweicht.

etw. scheren, schor, hat geschoren
= etw. abschneiden / kurz schneiden (Bart, Haare, Wolle): Der Schäfer hat die Schafe geschoren.

etw./jdn. schleifen, schliff, hat geschliffen
= etw. schärfen / glätten: Der Scherenschleifer hat diese Schere besonders gut geschliffen.
= jdn. hart ausbilden / drillen (beim Militär): Der Offizier hat die Rekruten ziemlich geschliffen.

(jdm.) etw. senden, sandte, hat gesandt
= jdm. etw. schicken / zukommen lassen: Er hat seiner Freundin ein Überraschungspäckchen gesandt.

wachsen, wächst, wuchs, ist gewachsen
= groß werden; sich entwickeln; zunehmen; sich ausdehnen: Das Kind ist zur Freude der Eltern schnell gewachsen.

jdm./etw. weichen, wich, ist gewichen (auch: ausweichen)
= zurückgehen; jdn./etw. aus dem Weg gehen: Das Segelboot ist dem Dampfer ausgewichen.

(sich/etw.) wenden, wendete, hat gewendet
= sich/etw. in die entgegengesetzte Richtung bringen/drehen; (sich/etw.) umdrehen, (etw.) umkehren:
Er hat (den Wagen) gewendet.
Der Wind hat sich gewendet.

etw. entwenden, entwendete, hat entwendet
= etw. stehlen:
Die Kassiererin hat wiederholt Geld entwendet.

sich/etw. wenden, wendete/wandte, hat
gewendet/gewandt
a) mit Präposition = etw. wenden
nach/von;
sich wenden an/gegen/nach:
Sie hat den Kopf nach rechts
gewendet/gewandt.
Er hat sich an einen Experten gewen-
det/gewandt.
b) mit Vorsilbe = etw. ab-, an-, auf-, ein-,
um-, verwenden;
sich ab-, umwenden; sich verwenden
für; sich jdm. zuwenden:
Diese Methode hat man schon oft ange-
wendet/angewandt.
Er hat sich einem anderen Thema zuge-
wendet/gewandt.
Der Chef hat sich für ihn verwen-
det/verwandt.

sich/jdn. wiegen, wiegte, hat gewiegt
= jdn. schaukeln / schaukelnd bewegen:
Die Mutter hat ihr Kind in den Armen
gewiegt.
= Der Dieb hat sich in Sicherheit gewiegt.

(sich/etw.) wiegen, wog, hat gewogen
= das Gewicht von jdm./etw. feststellen:
Die Krankenschwester hat das Baby/sich
gewogen.
= ein bestimmtes Gewicht haben:
Das Baby hat schon fast sechs Kilogramm gewogen.

说明

1. 有些动词既有弱变化形式，又有强变化形式，词义上也没有区别（*backen, glimmen, hauen, melken, saugen, schallen, (sich) spalten, weben*）

2. 动词 *spalten* 表示实际意义的时候，可使用弱变化形式和强变化形式。但在表示转义的时候，
只用强变化形式：

Der Hausherr hat Holz gespaltet/gespalten.
Aber: Die Partei hat sich gespalten.

3. 动词 *weben* 表示实际意义的时候，常用弱变化形式。表示转义的时候，常用强变化形式：

Sie **hat** diesen Wandteppich selbst **gewebt**.
Er **hat** in seiner Musik verschiedene Motive miteinander **verwoben**.

8 强变化形式还是弱变化形式？请用现在完成时或过去分词填空。

bewegen
1. Der frühe Tod seines besten Freundes ... ihn sehr ....
2. Dieses Erlebnis ... ihn dazu ..., sich Rechenschaft abzulegen.
3. Er ... sich länger nicht aus dem Hause ....
4. Schließlich ... ihn seine Freunde dazu ..., unter Leute zu gehen.

gären
1. Der Apfelmost kann nicht mehr getrunken werden, denn er ... zu lange ....
2. Unter Weinbauern ... es kräftig ..., als der Handel liberalisiert wurde.

schaffen
1. Der Hausmann ... die Arbeit problemlos ....
2. Er ... im ganzen Haus Ordnung ....
3. Er scheint für Hausarbeit wie ...
4. Wenn seine Frau abends nach Hause kommt, ... er alle Arbeit....
5. Sie ... es gemeinsam ..., ihr Leben zu organisieren.
6. Sie sind glücklich und glauben füreinander ... zu sein.

scheren
1. Du warst beim Frisör? Der ... dich ja ganz schön kahl ....
2. Wie ich dich kenne, ... du dich nicht darum ....

schleifen
1. Sabine ... ihren Schal hinter sich her ..., so dass er ganz schmutzig geworden ist.
2. Vorsicht! Die Messer sind scharf ....
3. Von Soldaten sagt man, dass sie beim Militär ... werden.
4. Der Abgeordnete hielt eine ... Rede.

senden
1. Geburtstagskinder bekommen manchmal Blumen über ein Blumengeschäft zu....
2. Glückwünsche werden vom Rundfunk zusammen mit einem Musikstück ....
3. Er hat ihr per Post die herzlichsten Glückwünsche zum Geburtstag ....
4. Er schrieb begeistert von einem Film, den das Fernsehen letzten Samstag ... .
5. Wie nett von dir, dass du mir die Fotos gleich zu... ....

wachsen
1. Fritz ... als Kind nur sehr langsam ....
2. Er ... aber allen ganz besonders ans Herz ....
3. Er meint, dass er jetzt er... ist.

weichen
1. Über Nacht ... der Regen die Wege auf....
2. Bei dem Regen ... die Wege ganz auf....
3. Beim Spazierengehen ... wir großen Pfützen aus....
4. Mein Hund ... mir dabei nicht von der Seite ....

wenden
1. Das Aupairmädchen ... sich beim Kochen oft an die Hausfrau um Rat ....
2. Die Ratschläge, die sie bekam, ... sie immer gleich an....
3. Sie ... beim Kochen gern scharfe Gewürze ver....

4. Vorhin ... sie den Braten zum zweiten Mal ....
5. Aus dem Küchenfenster hat sie die Autofahrer beobachtet, die vor dem Haus ... .
6. Wir hatten mal den Verdacht, dass jemand Geld aus der Wirtschaftskasse ent... ....
7. Alles ... sich inzwischen aber zum Positiven ....

wiegen
1. Die Mutter ... ihr Kind in den Schlaf ....
2. Sie ... es täglich auf der Waage ....
3. Es ... schon fast sieben Kilogramm ....

9 强变化形式还是弱变化形式？请用过去分词填空。

Streik

Während des Streiks hat es die Bundespost natürlich nicht ... (schaffen), die Postsendungen zügig zu befördern. Man hat nicht mal alle Pakete ... (wiegen). Wer Briefe ... (absenden) hat, wusste nicht, wann sie den Empfänger erreichen. Viele hat das dazu ... (bewegen), lieber zu telefonieren. Rundfunk und Fernsehen haben täglich Berichte darüber ... (senden.) In der Wirtschaft hat es schon nach ein paar Tagen Poststreik kräftig ... (gären), Privatpersonen haben es mit Humor genommen und sich kaum darum ... (scheren).

IV 综合练习

10 请用现在完成时讲述 Hans-Dieter 先生昨天下午在家所做的事情。

1. Der Hausmann Hans-Dieter bäckt zuerst Kuchen. Er wiegt 500 g Mehl ab und weicht Rosinen ein.
2. Gleichzeitig wendet er ab und zu den Braten für das Abendessen. Hans-Dieter bewegt sich rastlos zwischen Kinderzimmer und Küche hin und her.
3. Im Kinderzimmer liegt der kleine Tobias.
4. In der Küche steht ein voller Mülleimer; das bewegt den fleißigen Hausmann dazu, sofort in den Hof zu gehen und ihn zu leeren.
5. Dann schleift er noch sämtliche stumpfen Messer.
6. Schließlich, als alle Töpfe dampfen, weicht er nicht mehr vom Herd.
7. Von Zeit zu Zeit wendet er den Blick der aufgeschlagenen Zeitung zu um sich noch schnell über die Tagesereignisse zu informieren.
8. Beim Anblick des perfekt vorbereiteten Abendessens schmilzt seiner Frau Beate fast das Herz.
9. „Wie schaffst du das nur!", sagt sie voller Bewunderung und deckt den Tisch.

11 强变化形式还是弱变化形式？请用过去分词填空。

Die energische Schwester

1. Der Student Roland hat seiner Familie einen langen Brief geschrieben und nach einigem Zögern ... (absenden). Er schreibt, dass finanzielle und andere Gründe ihn zum Abbruch des Studiums ... (bewegen) haben.
2. Offensichtlich haben die Gegenargumente, mit denen sie ihm schon wiederholt eine Fortsetzung des Studiums ... (nahe legen/nahe liegen) haben, nicht schwer genug ... (wiegen). Sie haben es bisher nicht ... (schaffen), ihn umzustimmen.

3. Das hat die ganze Familie ... (bewegen). Dabei hatte er sein Studium fast ... (schaffen).

4. Er selbst hat sich nicht gerade die günstigsten Bedingungen für sein Studium ... (schaffen). Auch seine Eltern haben das nicht ... (schaffen).

5. Warum hat er sich wegen eines Stipendiums nicht mal an das Studentenwerk ... (wenden)? Neulich hat dort ein Informationsblatt ... (aushängen), das hat er sich nicht mal angeschaut.

6. Seine Eltern beanspruchen das Kindergeld nicht, obwohl ihr Anspruch noch nicht ... (löschen/erlöschen) ist.

7. Er hat sich keiner Diskussion mit seiner Familie mehr ... (stellen/stehen).

8. Daraufhin ist seine Schwester kurz entschlossen zum Studentenwerk gegangen, hat sich die Unterlagen ... (beschaffen), hat sie in einen Umschlag ... (stecken) und an ihn ... (absenden).

9. Dann hat sie sich ans Telefon ... (hängen) und ihren Besuch für die nächste Woche angekündigt.

10. Sie hat einfach Klarheit ... (schaffen) und er hat das Studium schließlich doch noch ... (schaffen).

12 请描述体操课的情况，用正确的动词过去时、过去分词或不定式填空。

1. Im Umkleideraum ... (legen/liegen) die Schülerinnen ihre Sachen auf die Bänke oder ... (hängen) sie an die Haken.

2. In der Turnhalle ... (setzen/sitzen) sie sich auf die Bänke. Als die Lehrerin hereinkam, ... sie ... (aufstellen/aufstehen) und ... sich in einer Reihe ... (aufstellen/aufstehen).

3. Sie ... (stellen/stehen) so lange, bis es ganz still war.

4. Zwei Schülerinnen waren ... (setzen/sitzen) geblieben und ... (scheren) sich nicht um das Erscheinen der Lehrerin.

5. Die Turnlehrerin ... (verschwenden/verschwinden) nicht viele Worte, sondern ließ die Schülerinnen gleich mit einigen Turnübungen beginnen.

6. Sabine ... (hängen) sich an die Ringe und ... (bewegen) sich leicht hin und her. Sie ... (senken/sinken) ihren Kopf.

7. Als ihre Kräfte ... (verschwenden/schwinden), wäre sie fast auf den Boden ... (fällen/fallen). Aber sie ... (sprengen/abspringen) noch rechtzeitig und lachte.

8. Einige Mädchen ... (legen/liegen) auf dem Boden. Sie hatten sich auf Matten ... (legen/liegen) und machten schwierige Gymnastik-Übungen.

9. Dann ... (setzen/sitzen) sie sich und ... (setzen/sitzen) ganz aufrecht.

10. Ein paar von ihnen ... (bewegen) sich mit Seilen durch die Turnhalle. Sie ... (schleifen) die Seile hinter sich her.

11. Das ehrgeizigste Mädchen der Klasse ... (steigern/steigen) an der Sprossenwand bis ganz nach oben und machte dort ihre Übungen.

12. Nach der Turnstunde ... (stecken) die Lehrerin ihre Trillerpfeife in die Hosentasche und ... (hängen) den Turnhallenschlüssel ans Schlüsselbrett im Lehrerzimmer. Eine Turnstunde wie immer.

13 请用过去时或现在完成时进行报道。

Ein versuchter Diebstahl

Als das berühmte Gemälde von R. noch im Museum … (hängen), … eines Nachts die Alarmglocke den Wärter auf… (schrecken). Der versuchte Diebstahl … die Museumsleitung … (bewegen) das Bild erst einmal in Sicherheit zu bringen. Man … es in einen Tresor … (legen/liegen). Dort … es längere Zeit … (legen/liegen). Auf diese Weise … man im Museum Platz für ein gerade erworbenes Bild … (schaffen). Aber vielen Kunstfreunden … daran (legen/liegen), das Bild wieder sehen zu können. Deshalb … sie sich an die Museumsleitung mit der Bitte … (wenden) das Bild der Öffentlichkeit wieder zugänglich zu machen. Man … viel Geld für die Sicherung des Bildes … (aufwenden) und es wieder an seinen alten Platz … (hängen). Der versuchte Diebstahl … das Interesse der Öffentlichkeit für das Bild und den Maler noch … (steigern/steigen). Vielleicht … die Museumsleitung bis zu dem versuchten Diebstahl nicht genügend Wert auf die Sicherheit ihrer Kunstschätze … (legen/liegen). Sie … sich vielleicht zu sehr in Sicherheit … (wiegen). Seit der Verschärfung der Sicherheitsmaßnahmen im Museum … kein Bild mehr … (verschwenden/verschwinden).

§3 不可分动词和可分动词

简单动词(*stehen*)可以和不可分、非重读前缀(*bestehen*)或可分、重读前缀(*aufstehen*)构成新的动词。

带有不可分、非重读前缀的动词

(1) Der Geschäftsmann **verreist/verreiste** gern.
(2) Er **ist gern verreist**.
(3) Es macht ihm Spaß, öfter **zu verreisen**.

不可分前缀有 *be-*, *emp-*, *ent-*, *er-*, *ge-*, *hinter-*, *miß-*, *ver-*, *zer-*。在现在时和过去时中,这些前缀和动词不分离(1),在构成第二分词时不加 *ge* (2),*zu* 放在不定式的前面(3)。重音在词干元音上,前缀不重读。

1 请借助于字典查找带有以下前缀的动词,再看看这些前缀是否具有特定的含义。

1.	be-:	behalten, ...
2.	emp-:	empfangen, ...
3.	ent-:	entnehmen, ...
4.	er-:	erkennen, ...
5.	ge-:	gehören, ...
6.	hinter-:	hinterlassen, ...
7.	miß-:	missverstehen, ...
8.	ver-:	vermeiden, ...
9.	zer-:	zerbrechen, ...

带有可分、重读前缀的动词

(1a) Der Zug **kommt/kam** pünktlich **an**.
(1b) Der Zug, der pünktlich **ankam**, hielt nicht lange.
(2a) Der Zug ist pünktlich **angekommen**.
(2b) Gepäckwagen haben Koffer und Pakete **abtransportiert**.
(3) Niemand schätzt es, mit Verspätung **an-zukommen**.

可分前缀重读,在现在时和过去时中前缀和词干分离(1a),但在从句中前缀和词干不分离(1b)。在过去分词中,*ge* 位于可分前缀和词干之间(2a),-*ieren* 结尾的动词不加 *ge*(2b)。在不定式中,*zu* 位于可分前缀和词干之间(3)。

可分前缀大多是介词或副词，少数情况下是形容词、动
词或名词：

1. **介词**：z. B. ab, an auf, aus, bei, mit, nach, vor, zu: ausschlafen, mitfahren, vorkommen
2. **副词**：z. B. beisammen-, da,- dar-, darauf-, ein-, einher-, empor,- ent-gegen-, fort-, gegen-, her-, herauf-, herunter-, hervor-, hin-, hinaus-, hinein-, inne-, los-, nieder-, überein-, umher-, vorbei-, vorweg-, weg-, zurecht-, zurück-, zuwider-: emporsteigen, innehalten, übereinstimmen
3. **形容词**：z. B. bereit-, fehl-, kaputt-, leck-, tot-: fehlschlagen, sich kaputt-lachen, totschlagen
4. **名词**：z. B. heim-, irre-, preis-, stand-, statt-, teil-, wett-, wunder-: preisgeben, standhalten, teilnehmen

一些可分前缀为名词的动词几乎只用(带 zu 的)不定式，个别情况下也用第一分词和第二分词，例如 *bergsteigen, notlanden, notschlachten, schutzimpfen, sonnenbaden, wettlaufen, zwangsräumen*:

Der Pilot versuchte **notzulanden**. Er ist vor kurzem schon mal **notgelandet**.

在一些动词中，第一个音节为名词、形容词或者动词，尽管该音节重读，但仍是不可分动词；在构成第二分词时加 ge，例如：*argwöhnen, fachsimpeln, frühstücken, handhaben, kennzeichnen, langweilen, maßregeln, mutmaßen, ohrfeigen, rechtfertigen, schlussfolgern, weissagen, wetteifern*:

Der ältere Bruder **ohrfeigte** seine Schwester und versuchte sich **zu rechtfertigen**. Die beiden haben sich nie **gelangweilt**.

因为这些动词是从名词派生而来的，所以是不可分动词：

Wetteifer	$\rightarrow$	wetteifern
Frühstück	$\rightarrow$	frühstücken
Kennzeichen	$\rightarrow$	kennzeichnen

按照正字法改革的规定，许多副词、形容词(如果该形容词可以升级或进行扩展)、名词以及所有的动词(不定式和分词)与一个动词构成的词组在书写时要分开写(*auseinander gehen, fertig stellen, Maschine schreiben*)。

有些副词、形容词和名词既可与动词构成复合词,(这时应该连写:*vorhersagen, fernsehen, notlanden*),又可构成词组(这时应该分写:*vorher sagen, fern liegen, Not leiden*)。

---

2 请继续查找前缀为介词、副词、形容词或名词的动词。

    1. Präposition: vorziehen, ...
    2. Adverb: hinunterschlucken, ...
    3. Adjektiv: bereitstellen, ...
    4. Substantiv: zweckentfremden, ...

3 zu 的位置在哪里?

    1. Es ist notwendig wichtige Termine (besprechen / absprechen).
    2. Es ist empfehlenswert ein Thema gründlich (ausarbeiten / bearbeiten).
    3. Es ist ratsam Türen (abschließen / verschließen).
    4. Es empfiehlt sich unglaubwürdige Behauptungen (bezweifeln / anzweifeln).
    5. Es ist mühsam steile Berge (hinaufsteigen / besteigen).
    6. Manchen gelingt es immer und überall (gefallen / auffallen).

4 请填入动词不定式。

    1. (erziehen / verziehen)
        Sie bemüht sich ihre Kinder gut ...
        Sie neigt dazu, das jüngste Kind ...
    2. (entlassen / zulassen)
        Ihr fällt es schwer, ihre Kinder in die Selbständigkeit ...
        Sie ist entschlossen deren Eigenständigkeit nur in bestimmten Grenzen ...
    3. (nachdenken / bedenken)
        Sie nimmt sich Zeit über anstehende Entscheidungen gründlich ...
        Es ist ihr wichtig, die Folgen genau ...
    4. (zerbrechen / zusammenbrechen)
        Manchmal glaubt sie an ihren Sorgen ...
        Ihres labilen Gesundheitszustands wegen hat sie Angst eines Tages ...

5 哪一个动词合适?(第二分词)

    1. (versprechen / freisprechen)
        Der Angeklagte wurde doch nicht ...
        Der Richter hatte sich bei der Urteilsverkündung ...
    2. (befallen / abfallen)
        Manche Bäume sind von Schädlingen ...
        Viele Früchte sind schon ...

3. (verfallen / auffallen)
   In dem verlassenen Dorf sind viele Häuser ...
   Das ist jedem sofort ...
4. (verladen / ausladen)
   Die Waren wurden auf Lastwagen ...
   Am Zielort wurden sie wieder ...
5. (verschätzen / einschätzen)
   Der Kaufmann hat die Kosten niedrig ...
   Er hat sich ziemlich ...
6. (erregen / sich aufregen)
   Sie hat sich über alles gleich furchtbar ...
   Sie war schnell ...

6 下文是关于一项重要发明的描述。请按照括号里给出的动词和要求把它撰写成一篇课文，如果括号里没有对时态另作要求就用过去时。

Die Glühbirne

Im Jahre 1879 (erfinden) Edison die Glühbirne. Er (hinterlassen) der Menschheit damit eine Erfindung von fundamentaler Wichtigkeit.

5　Edison (anstellen / Plusq.) zuerst eine Reihe von Versuchen, sie dann aber wieder (zurückstellen / Part. Perf.). Dann (beschließen) er sie wieder (aufnehmen / Inf. mit zu) und (fortführen / Inf. mit zu). Er (zurückkehren) zu
10　seiner alten Versuchsanordnung. Seine gesicherte finanzielle Situation (ermöglichen) es ihm, dafür Mitarbeiter (einstellen / Inf. mit zu) und die früheren Versuche im eigenen Labor nochmals (hinterfragen / Inf. mit zu).
15　Zunächst (misslingen) seine Bemühungen. Aber er (fortsetzen) seine Experimente unablässig. Schließlich (entwickeln) er eine Glühbirne, die er zunächst mit hohen Selbstkosten (herstellen). In seine Experimente (hineinstecken) er mehr als 40 000 Dollar. Aber
20　das Ergebnis (einbringen) am Ende mehr, als nötig war um die Ausgaben (abdecken / Inf. mit zu). Im ersten Jahr (verkaufen) Edison die Glühbirne, die ihn 1 Dollar und 10 Cents kostete, für 40 Cents. Später (verbessern) er seine
25　Produktionsweise. So (zurückgehen) der Selbstkostenpreis einer Birne auf ungefähr 60 Cents. Trotzdem (verlieren) Edison immer noch Geld, denn die Verkäufe (zunehmen) rasch. Erst im vierten Jahr nach seiner Erfin-
30　dung (herabdrücken) er den Selbstkostenpreis auf 37 Cents und (hereinbringen) das in den Vorjahren eingebüßte Geld wieder. Heute (herstellen / Passiv) die Birne millionenfach.

III 带有多个前缀的动词

(1) Der Lehrer **beaufsichtigt** seine Schüler beim Test. (beaufsichtigen)
Der Lehrer hat die Schüler beim Test **beaufsichtigt**.
Ist es nötig, die Schüler beim Test **zu beaufsichtigen**?

(2) Er **bestellt** die Zeitschrift **ab**. (abbestellen)
Er hat die Zeitschrift **abbestellt**.
Er schreibt an den Verlag um die Zeitschrift **abzubestellen**.

(3) Man **bereitet** atomare Brennstäbe **wieder auf**. (wiederaufbereiten)
Man hat atomare Brennstäbe **wiederaufbereitet**.
Ist es ungefährlich, atomare Brennstäbe **wiederaufzubereiten**?

(4) Der Firmenchef **macht** den Schaden **wieder gut**.
Der Firmenchef **hat** den Schaden **wiedergutgemacht**
Es hat viel Geld gekostet, den Schaden **wiedergutzumachen**.

(5) Der Chef **erkennt** Leistung **an/anerkennt** Leistung.

如果一个动词有多个前缀：
第一个前缀是不可分前缀（参见 38 页），那么前缀和动词不分离，构成现在完成时不加 ge，zu 位于该动词不定式的前面(1)。
在动词的多个前缀中第一个或前两个前缀是可分前缀（参见 38 页），而其他前缀不可分，那么将该可分前缀和动词分离，构成现在完成时不加 ge，zu 位于可分前缀和动词之间(2)(3)。
在动词的多个前缀中，每个前缀都是可分前缀，每个前缀都须和动词词干分离，ge 和 zu 位于前缀和动词词干之间(4)。
durch-、über-、um-、unter-、wider-、wieder- 等前缀既是可分前缀，又是不可分前缀。如果这些前缀出现在有多个前缀的动词中时，需要判断它在这个动词中是作可分前缀还是不可分前缀，然后再按照相应的语法规则进行变化（参见 43 页）。
一些动词今天既可作可分动词使用，也可作不可分动词使用，例如 *anerkennen，zuerkennen，auferlegen* (5)。

---

7 下文描述了一次员工大会。请填入符合要求的动词形式。

Der Firmenchef (einberufen / Perf.) letzte Woche eine Mitarbeiterversammlung. Sie war schon auf 8 Uhr (anberaumen / Part. Perf.). Er sagte gleich zu Beginn, dass er besonderen
5 Wert darauf legt, die Betriebsangehörigen in wichtige Entscheidungen (einbeziehen / Inf. mit *zu*). Er (voraussetzen / Präs.) natürlich das Interesse der Mitarbeiter.
Er hatte sich vor allem vorgenommen den
10 Mitarbeitern keine wichtigen Informationen (vorenthalten / Inf. mit *zu*). Zunächst hat er seine Entscheidung bekannt gegeben die vor zwei Jahren geschlossene Niederlassung in Hamburg wieder zu eröffnen und das Unternehmen (umgestalten / Inf. mit *zu*). Die all-
15 gemeine Wirtschaftslage schien er relativ positiv (beurteilen / Inf. mit *zu*). Die in den letzten Jahren vernachlässigten Geschäftsbeziehungen zu ausländischen Firmen sollen wieder belebt werden. Er hat auch zu dem
20 Gerücht Stellung genommen, dass ein Prokurist Gelder (veruntreuen / Part. Perf.) habe.
Dann haben sich einige Mitarbeiter zu Wort gemeldet und beklagt, dass sie zu stark belastet sind und dass ihnen manchmal zuviel
25 (abverlangen / Pass. Präs.). Sie haben auch bemängelt, dass die Geschäftsleitung dazu neige, die Leistungen mancher Mitarbeiter

(herabsetzen / Inf. mit *zu*). Außerdem habe man ein gutes Recht mehr Mitbestimmung und Eigenverantwortlichkeit (beanspruchen / Inf. mit *zu*). Sie (verabscheuen / Präs.) es, (bevormunden / Part. Perf.) zu werden. Es wurde ihnen versprochen, dass in Zukunft weniger in den Verantwortungsbereich einzelner Mitarbeiter (hineinreden / Pass. Präs.). In der Firma hatten in letzter Zeit Krankmeldungen überhand genommen. Das (verunsichern / Plusq.) die Verantwortlichen außerordentlich. Die Kritik der Mitarbeiter (beunruhigen / Perf.) die Geschäftsleitung zusätzlich. Sie hatte es versäumt, den Vorwürfen (zuvorkommen /

Inf. mit *zu*). Man (übereinkommen / Perf.) schließlich sich in Zukunft mit den anstehenden Problemen rechtzeitig und offen (auseinandersetzen / Inf. mit *zu*). Herr Wagner hat versprochen das frühere vertrauensvolle Betriebsklima wieder herzustellen. Zum Schluss konnte er noch einen Erfolg verbuchen: Alle (übereinstimmen / Prät.) mit ihm darin, eine alte Tradition wieder zu beleben und wieder einmal einen Tag der offenen Tür (veranstalten / Inf. mit *zu*).

IV 带有既可作可分前缀又可作不可分前缀的动词

durch-、*über-*、*um-*、*unter-*、*wider-*和*wieder-*既可用作可分前缀（重读）又可用作不可分前缀（非重读）。在含有这些前缀的动词中，有些只能是可分动词（*unterbringen*），有些只能是不可分动词（*unterrichten*），但也有些动词既是可分动词，又是不可分动词（*umfahren*）。

这类可分动词，用作原义时，一般保留前缀的含义。相应地，这类不可分动词的词义大多发生变化，词义为转义或引申义。但这个规律不完全适合 *durch-*、*über-*、*unter-* 等前缀，前缀 *um-* 还另有自己的规则。

既可分又不可分前缀出现在带有多个前缀的动词里时，如果在该动词中是可分前缀就按可分前缀进行变化，如果是不可分前缀就按照不可分前缀进行变化。（参见 42 页）

1. 带有可分或者不可分前缀的动词

a) 前缀 voll-, wider-, wieder-

(1a) In seinen frechen Bemerkungen haben sich Witz und gute Laune **widergespiegelt**. (widerspiegeln)

(1b) Der Lehrer hat die „wilden" Behauptungen der Schüler **widerlegt**. (widerlegen)

(2a) Die Schüler haben sich große Mühe gegeben dem Lehrer die ausgeliehenen Bücher in gutem Zustand **wiederzugeben**. (wiedergeben)

(2b) Der Lehrer vermied es, die üblichen Ermahnungen ständig zu **wiederholen**. (wiederholen)

可分、重读前缀 wider- 的本义是 "gegen"、"zurück"（widerhallen, widerspiegeln）(1a)。不可分、非重读前缀 wider- 的意义发生转折（widerfahren, widerlegen, widerrufen, sich widersetzen, widersprechen, widerstehen, widerstreben）(1b)。

可分、重读前缀 wieder- 的本义是 "etw. zurückbekommen" 或者 "zurückgeben"（wiederbringen wiederbekommen, wiedergeben, wiederhaben, wiederholen, wiederkriegen (ugs.)）。在词组中，wieder 的意思是 "noch einmal, erneut"，原则上应该分写。与 "voll" 组成的词组也应分写（voll tanken）。只有在动词 wiederholen (=etw. noch einmal tun oder sagen) 中 wieder- 是不可分、非重读前缀 (2b)。

---

8 如果句子中没有另作要求，请用动词的第二分词填空。

1. Aus den Ferien ist unser Lehrer immer gut erholt (wiederkommen).
2. Er hat stichhaltigen Argumenten seiner Schüler nie (widersprechen).
3. Im Sprachunterricht hat er mit seinen Schülern regelmäßig Vokabeln (wiederholen).
4. Er hat die ausgeliehenen Bücher immer pünktlich (wiederbekommen).
5. In seinem langen Lehrerdasein ist ihm manches Seltsame (widerfahren).
6. Die Hefte seiner Schüler haben die klare Konzeption seines Unterrichts (widerspiegeln).
7. Das Verteilen von Strafarbeiten hat ihm immer (widerstreben).
8. Seine Schüler haben seine seine schon oft verloren geglaubte Brille stets (wiederbringen).
9. Er war dann immer froh sie (wiederhaben/Inf. mit zu).
10. Er hat sich nie dazu überreden lassen, begründete Entscheidungen (widerrufen / Inf. mit zu).
11. Seine energische Stimme hat oft im Treppenhaus (widerhallen).
12. Er hat vernünftigen Anweisungen seines Rektors nie (sich widersetzen).

b) 前缀 durch-, über-, unter- (参见 49 页)

(1a) Er **hat** das Unterrichten noch lange nicht **über**. (überhaben)

(1b) Für seinen Unterricht **überlegt** er sich immer wieder etwas Neues. (sich überlegen)

(2a) Der Lehrer hat die Hausaufgaben **durchgesehen**. (durchsehen)

(2b) Er hat seine Aktentasche nach seinem Notenbuch **durchsucht**.(durchsuchen)

(3a) Auf Wanderungen versucht er manchmal in Jugendherbergen **unterzukommen**. (unterkommen)

(3b) Er vermeidet es bewusst seine Schüler **zu unterbrechen**. (unterbrechen)

可分动词 *durchsetzen* 和 *unterkommen* 是本义 (2a)(3a)，不可分动词 *überlegen* 和 *unterbrechen* 是转义 (1b)(3b)，这和语法规则相符。

和语法规则相反是的：可分动词 *überhaben* 是转义(1a)，而不可分动词 *durchsuchen* 却是本义(2b)。

---

9 请填入动词的过去时。

1. Der Lehrer (übertreffen) in seinem Engagement für die Schüler alle Kollegen.
2. Er (durchgreifen) öfters mal energisch.
3. Er (unterlassen) es aber bewusst, auf seine Schüler unnötig Druck auszuüben.
4. Immer (überleiten) er mit pädagogischem Geschick zu neuen Themen.
5. Seine Unterrichtsvorbereitungen (überarbeiten) er in jedem Schuljahr neu.
6. In den Ferien (unterbringen) er viele seiner Schüler in ausländischen Gastfamilien.

10 请填入动词的第二分词。

1. Der Lehrer hat das Leistungsvermögen seiner Schüler nie (überschätzen).
2. Deshalb hat er sie auch nie (überfordern).
3. Bei den Abiturvorbereitungen hat er sie immer sehr (unterstützen).
4. Meistens hat er sie alle (durchbringen).
5. Er hat schon manche Nacht mit seinen Schülern (durchfeiern).
6. Seine wohlgemeinten Ermahnungen sind dann manchmal im Gelächter und Lärm (untergehen).

11 请填入带 zu 的不定式。

1. Der Lehrer fordert die Schüler auf im Geschichtsbuch ein paar Seiten (überschlagen).
2. Er versucht eigentlich nie einen Schüler zu irgendetwas (überreden).
3. Es liegt ihm sehr daran die Schüler (überzeugen).
4. Er ist jederzeit bereit auch persönliche Probleme mit ihnen (durchsprechen).
5. Den Schülern fällt es deshalb nicht schwer sich seiner Autorität (unterordnen).
6. Er nimmt sich immer genug Zeit um die schriftlichen Arbeiten gründlich (durchsehen).

12 可分还是不可分？请您将下列动词分类。

	trennbar	untrennbar		trennbar	untrennbar
überkochen	✘	☐	sich nicht unterkrie-gen lassen (ugs.)	☐	☐
untersagen	☐	✘	übersenden	☐	☐
unterbleiben	☐	☐	unterschreiben	☐	☐
durchkommen	☐	☐	übersiedeln	☐	☐
überblicken	☐	☐	überdenken	☐	☐
untertauchen	☐	☐	durchstreichen	☐	☐
überqueren	☐	☐	überdauern	☐	☐
durchleben	☐	☐	durchhalten	☐	☐
unterwerfen	☐	☐	überweisen	☐	☐
überlassen	☐	☐	durchregnen	☐	☐
durchlassen	☐	☐	durchsuchen	☐	☐
übertreiben	☐	☐			

c) 前缀 *um-*(参见 52 页)

(1a) Sie freut sich darauf, bald nach Hamburg **umzuziehen**. (umziehen)
(1b) Der Hausbesitzer **baut** sein Haus schon zum zweitenmal **um**. (umbauen)
(1c) Es war nicht seine Absicht, das Bierglas **umzustoßen**. (umstoßen)
(1d) Die Wanderer sind schon nach einer Stunde **umgekehrt**. (umkehren)
(2) Der Hubschrauber **umkreiste** den Unfallort (umkreisen)

可分、重读前缀 *um-*还有"改变、变化"的意义：

——地点的改变（*umladen, umsteigen, umziehen*）(1a)

——状态的变化（*umändern, umbauen, umtauschen*）(1b)

——由纵向到横向的方向变化（*umbiegen, umfallen, umstoßen*）(1c)

——朝另外一个方向或者朝相反方向的改变（*umblättern, umkehren, sich umschauen*）(1d)

不可分、非重读前缀 *um-*具有"环形或曲线移动"的意义（*umarmen, umkreisen, umzäunen*）(2)。

13 请将动词进行正确的归类。

	Veränderung	kreis- oder bogen-förmige Bewegung
die Sonne umkreisen	☐	✘
mit Sack und Pack umziehen	✘	☐
umfallen	☐	☐
den Verkehr umleiten	☐	☐
die Mutter ängstlich umklammern	☐	☐
sich nach einer schönen Frau umblicken	☐	☐
einen Sonnenschirm umwehen	☐	☐
ein Buch umtauschen	☐	☐

sich umziehen	☐	☐
Erde umgraben	☐	☐
in einen anderen Zug umsteigen	☐	☐
seine Taille umfassen	☐	☐
einen Braten umwenden	☐	☐
Satzglieder umformen	☐	☐
eine Person umrennen	☐	☐
einen Filmstar umschwärmen	☐	☐
eine Freundin umarmen	☐	☐
die Hosentaschen umstülpen	☐	☐
den Bodensee mit dem Fahrrad um- runden	☐	☐
einen Menschen umerziehen	☐	☐
einen Kranken umbetten	☐	☐
einen verletzten Arm mit einer Binde umwickeln	☐	☐
jemanden umstimmen	☐	☐

14 请用现在完成时讲讲米勒太太所做的变动。

1. (das Wohnzimmer umräumen)
2. (einige Bilder umhängen)
3. (die Kinder am Esstisch umsetzen)
4. (Blumen umpflanzen)
5. (ihren Garten umgestalten)
6. (eine geplante Reise umbuchen)
7. (lange gehegte Wünsche in die Tat umsetzen)
8. (auf Ernährungsberaterin umschulen)

15 下列带不定式的句子尚不完整,请您选择正确的动词填充句子,有时多个动词都适合。

umrühren ————————————

umblättern

umkrempeln

(sich) umdrehen

umkehren

sich umschauen

sich umhören

sich umsehen

sich umtun

umschlagen

1. Es ist notwendig, Soßen während des Kochens ab und zu ...
2. Es bedarf keiner großen Anstrengung, die Seiten eines Buches ...
3. Es ist am einfachsten, zu lange Ärmel einfach ...
4. Es ist unmöglich, einen Menschen völlig ...
5. Es macht sich nicht gut, bei Schwierigkeiten auf halbem Wege ...
6. Wenn man im Vorübergehen etwas nicht genau gesehen hat, bleibt nichts anderes übrig, als sich ...
7. Es ist empfehlenswert, sich ..., wenn man etwas erfahren will.
8. Einem Arbeitslosen bleibt nichts anderes übrig, als sich nach einem neuen Arbeitsplatz ...

16 这里发生了什么事情? 请按照要求填入动词。

Übermut, der vieles zu Fall bringt

1. Jugendliche machten sich einen Spaß daraus, Autoantennen (umbiegen / Inf. mit *zu*).
2. Sie (umwerfen / Prät.) Sonnenschirme.
3. Aus Übermut (umstoßen / Prät.) sie auch mehrere Mülleimer.
4. Jeder wollte der Stärkste sein und versuchte Äste (umknicken / Inf. mit *zu*).
5. Ein Junge wäre beinahe mit der Leiter (umstürzen / Part. Perf.).
6. Mit einem gestohlenem Boot wären sie fast (umkippen / Part. Perf.).
7. Aus Spaß versuchten sie sich gegenseitig (umstoßen / Inf. mit *zu*).
8. Dabei (umfallen / Perf.) eine Reihe Fahrräder.

17 请填入动词的第二分词。

Rundherum

1. Die Halligen sind bei Flut rundherum von Wasser (umschließen).
2. Sie werden von großen Schiffen weiträumig (umfahren).
3. An windstillen Tagen werden die Halligen von kleinen Wellen (umspielt).
4. Oft sind die Halligen von Nebel und Wolken (umhüllen).
5. Die Bauernhöfe der Halligen sind von Viehweiden (umgeben).
6. Die Viehweiden sind mit elektrischem Draht (umzäunen).
7. Manche Bauernhäuser sind ganz von Efeu (umranken).
8. Besucher der Halligen werden von den Bewohnern sofort neugierig (umringen).

18 请填入下列前缀为 *um*-的动词的第二分词。

Nach einem Regierungswechsel

1. Bis vor kurzem war die neue Verfassung noch hart (umkämpfen).
2. Die alte Verfassung hat deutlich weniger Artikel (umfassen).
3. Das Parlamentsgebäude, das von einem Park (umgeben) ist, war von vielen Menschen (umringen).
4. Jetzt muss in allen Bereichen (umdenken) werden.
5. Der Tag des Regierungswechsels sollte im Kalender rot (umranden) werden.
6. Das alte Schloss soll zum Präsidentenamt (umfunktionieren) werden.
7. Viele Straßen und Plätze sollen (umbenennen) werden.
8. Die politischen Gremien sind schon (umbilden).
9. Die Ministerien sind bereits (umstrukturieren) worden.
10. Wo immer der neue Regierungschef auftritt, wird er von den Bürgern (umlagern und umjubeln).

2. 带有可分和不可分前缀的动词

a) 前缀 *durch-*（参见 45 页）

带重读前缀的可分动词
（多是本义）

etw. durchbrechen
= etw. in zwei Teile brechen:
   Das Kind hat den Stock durchgebrochen.

durchdringen
= etw. ist zu hören / zu sehen / zu erfahren:
   Die Nachricht drang bis zu uns durch.
= durch etw. hindurchkommen:
   An dieser Wand ist Feuchtigkeit durch-
   gedrungen.

durchfahren
= ohne anzuhalten weiterfahren:
   Der Zug hält hier nicht, er fährt durch.

durchlaufen
= durch eine Öffnung / einen Raum /
   ein Gebiet laufen:
   An dieser Stelle läuft öfters Wasser durch.
= eine bestimmte Zeit / bis zu einem bestimmten Ort ohne Unterbrechung laufen:
   Wir sind bis zu dem Gasthaus durchgelaufen.

durchschauen
= durch etw. blicken / sehen:
   Gib mir mal dein Fernglas, ich habe noch
   nie durchgeschaut.

带非重读前缀的不可分动词
（多是转义）

etw. durchbrechen
= sich gewaltsam einen Weg durch ein
   Hindernis bahnen:
   Das Auto hat die Absperrung durch-
   brochen.

etw. durchdringen
= durch etwas Dichtes hindurchkommen:
   Das Gestrüpp war kaum zu durchdringen.

durchdrungen sein von (+ D)
= von einem Gefühl / einer Idee erfüllt sein:
   Junge Menschen sind oft von starkem
   Idealismus durchdrungen.

jdn./etw. durchfahren
= durchdringen:
   Ein schrecklicher Gedanke durchfuhr sie.

etw. durchlaufen
= etw. (in Etappen) hinter sich bringen; etw.
   absolvieren:
   Jeder Mensch durchläuft bis zu seinem
   Lebensende verschiedene Entwicklungs-
   phasen.

jdn./etw. durchschauen
= die verborgenen Absichten / Gedanken /
   den Charakter eines Menschen erkennen:
   Wir haben seine nicht ganz selbstlosen
   Absichten sofort durchschaut.

b) 前缀 über-

带重读前缀的可分动词	带非重读前缀的不可分动词
(多是本义)	*(多是转义)*

übergehen in (+A)
= sich in etw. verwandeln:
　Die Ebene geht allmählich in Bergland
　über.

jdn./etw. übergehen
= jdn./etw. vernachlässigen / nicht be-
　achten:
　Er ist offensichtlich bei der Beförderung
　übergangen worden.

übergehen zu (+ D)
= mit einem neuen Thema / Tagesordnungs-
　punkt beginnen:
　Sie sind zu einem anderen Thema über-
　gegangen.

jdn. übersetzen
= jdn. mit einem Boot / einer Fähre ans
　andere Ufer bringen:
　Bei Sturm werden keine Personen überge-
　setzt.

etw. übersetzen
= einen Text in eine andere Sprache
　übertragen:
　Die Schüler haben den Text ins Deutsche
　übersetzt.

überspringen von (+ D) ... auf (+ A)
= von etw. auf etw. springen:
　Die Funken sind auf das Nachbarhaus
　übergesprungen.

etw. überspringen
= über etw. springen:
　Der Läufer hat die Hürden mühe-
　los übersprungen.
= etw. auslassen:
　Die begabte Schülerin hat eine Klasse
　übersprungen.

überstehen
= über einen Rand herausragen, vorspringen:
　Das Dach steht einen Meter über.

etw. überstehen
= eine schwierige / unangenehme Situation
　hinter sich bringen:
　Die alte Frau hat die Operation über-
　raschend gut überstanden.

übertreten zu (+ D)
= zu einer anderen Organisation / Religion
　wechseln:
　Sie ist zum Islam übergetreten.

etw. übertreten
= Gesetze / Vorschriften nicht beachten:
　Der Autofahrer hat die Straßenverkehrs-
　ordnung übertreten.

jdm./sich (= D) etw. überwerfen
= jdm./sich etw. schnell umhängen:
　Er hat sich einen Mantel übergeworfen.

sich überwerfen mit (+ D)
= sich mit jdm. streiten und sich nicht ver-
　söhnen:
　Sie hat sich mit ihrer Freundin über-
　worfen.

jdm./sich (= D) etw. überziehen
= ein Kleidungsstück über ein anderes
  ziehen / darüber ziehen:
  Sie hat sich einen Pullover übergezogen.

etw. überziehen mit (+ D)
= etw. über etwas ziehen:
  Die Sessel wurden mit Leder überzogen.

etw. überziehen
(nur Part. Perf.: überzogen)
= übertrieben:
  Deine Kritik war überzogen.

sein Konto überziehen
= mehr Geld vom Konto abheben, als
  drauf ist:
  Er hat sein Konto erneut überzogen.

c) 前缀 *unter-*

带重读前缀的可分动词
（多是本义）

etw. untergraben
= etw. unter die Erde bringen:
  Der Gärtner hat den Dünger unterge-
  graben.

带非重读前缀的不可分动词
（多是转义）

etw. untergraben
= das Ansehen / die Stellung von jdm.
  langsam zerstören / schwächen:
  Korrupte Geschäfte haben das Ansehen
  des Politikers untergraben.

etw. unterhalten
= etw. unter etw. halten / darunter halten:
  Die meisten Mütter halten dem Kind
  beim Füttern die Hand unter.

sich unterhalten mit (+ D)
= mit. jdm. sprechen:
  Der Philosoph hat sich gern mit jungen
  Leuten unterhalten.

sich/jdn. irgendwie unterhalten
= sich/jdm. die Zeit vertreiben:
  Die Gastgeber haben ihre Gäste blendend
  unterhalten.

jdn. unterhalten
= für jdn. sorgen; jdm. den Lebensunterhalt
  zahlen:
  Sein Gehalt reicht kaum aus um die
  Familie mit drei Kindern zu unterhalten.

etw. unterhalten
= etw. instand halten / finanzieren;
  Beziehungen pflegen:
  Der Staat unterhält die öffentlichen
  Gebäude.

sich/etw. unterstellen
= etw. in einen Raum stellen; sich/etw.
  unter etw. stellen / darunter stellen:
  Sie stellte ihr Fahrrad bei Freunden unter.

jdm./sich (= D) etw. unterziehen
= ein Kleidungsstück unter ein anderes
  ziehen / darunter ziehen:
  Ich ziehe bei kaltem Wetter noch einen
  Pullover unter.

jdm. etw. unterstellen
= etw. Negatives von jdm. behaupten:
  Sie unterstellte ihrer Kollegin, Informationen nicht weiterzugeben.

sich etw. (= D) unterziehen
= etw. Unangenehmes auf sich nehmen:
  Er hat sich einem Verhör unterzogen.

19 请用所给动词的不定式将句子补充完整。

Was man auf jeden Fall tun sollte
Es empfiehlt sich,
1. zu strengeren Kontrollen des Drogenhandels (übergehen).
2. zu einer anderen Partei (übertreten), wenn man sich mit der eigenen Partei nicht mehr identifizieren kann.
3. gute Beziehungen zu allen Geschäftspartnern (unterhalten).
4. die Schule erfolgreich (durchlaufen).
5. bei Herzbeschwerden einer ärztlichen Untersuchung (sich unterziehen).
6. unvorhergesehene Probleme mit Humor (überstehen).
7. bei Regen (sich unterstellen).

Was man dagegen unbedingt vermeiden sollte
Man sollte vermeiden
1. ständig sein Konto (überziehen).
2. zum nächsten Tagesordnungspunkt (übergehen), wenn der letzte noch nicht ausdiskutiert ist.
3. Gesetze und Vorschriften (übertreten).
4. jemandem böse Absichten (unterstellen).
5. die Autorität der Regierung (untergraben).
6. in einer Diskussion Wortmeldungen einfach (übergehen).
7. mit seinem Chef (sich überwerfen).
8. einen Text allzu frei (übersetzen).

d) 前缀 *um-*（参见 46 页）

带重读前缀的可分动词
（地点、状态、方向的改变）

带非重读前缀的不可分动词
（环形或曲线移动）

etw. umfahren
= gegen jdn./etw. fahren und dabei zu
  Boden werfen:
  Ein betrunkener Autofahrer hat die
  Straßenlaterne umgefahren.

etw. umfahren
= im Kreis oder Bogen um etw. herumfahren:
  Der Reisebus hat das Industriegebiet weiträumig umfahren.

umfliegen (ugs.)
= umfallen:
Er stieß gegen den Tisch und alle Gläser flogen um.

etw. umfliegen
= im Kreis oder Bogen um etw. herumfliegen:
Der Hubschrauber hat den Vulkan umflogen.

umgehen mit (+ D)
= jdn./etw. irgendwie behandeln:
Die Leute sind sehr höflich miteinander umgegangen.

etw. umgehen
= Schwierigkeiten / etw. Unangenehmes vermeiden:
Sie umging die Auseinandersetzung.

Gerüchte gehen um
= verbreiten sich

jdn./etw. umreißen
= jdn./etw. niederwerfen:
Der Sturm hat die Bäume umgerissen.

etw. umreißen
= das Wesentliche einer Sache beschreiben:
Der Architekt hat das Bauvorhaben kurz umrissen.

etw. umschreiben
= einen Text ändern / neu schreiben:
Die Studentin schrieb ihr Referat mehrmals um.

etw. umschreiben
= etw. mit anderen Worten sagen; das Wesentliche einer Sache in Umrissen beschreiben:
Der Chef umschrieb die zukünftigen Aufgaben der Firma.

etw. umstellen
= etw. an einen anderen Ort stellen:
Die jungen Leute haben die Möbel für die Party umgestellt.

etw. umstellen
= sich im Kreis um jdn./etw. aufstellen, so dass er nicht entkommen kann; jdn. einkreisen:
Die Polizei hat das Bankgebäude umstellt.

sich/etw. umstellen von (+ D) ... auf (+ A)
= sich/etw. veränderten Umständen / einer neuen Situation anpassen:
Er hat sich schnell auf das warme Klima umgestellt.

20 请将下列带前缀 *um-*的动词改成所要求的形式。

1. Die Polizei (umstellen / Prät.) den Bahnhof wegen einer Bombendrohung.
2. Die Fabrik (umstellen / Perf.) auf den Einsatz von Industrierobotern.
3. Das Gerücht, die Stadt wolle das alte Gebäude abreißen, (umgehen / Prät.) lange Zeit.
4. Man ist aber bemüht einen Abriss (umgehen / Inf. mit *zu*).
5. Der Politiker (umreißen / Perf.) auf der Wahlveranstaltung seine politischen Vorstellungen klar.

6. Er versteht es, seine Vorstellungen und Ziele anschaulich (umschreiben / Inf. mit *zu*).
7. Mit seinen Kritikern (umgehen / Präs.) er allerdings nicht besonders schonend.
8. Fast hätte der Autofahrer einen Fußgänger (umfahren / Part. Perf.).
9. Meistens (umfahren / Präs.) er die Hauptverkehrsknotenpunkte.
10. Nach Möglichkeit (umgehen / Präs.) er auch die Hauptverkehrszeiten.
11. Der Student (umschreiben / Perf.) das Referat mehrmals.
12. Er muss versuchen schwierige Begriffe kürzer und klarer (umschreiben / Inf. mit *zu*).
13. Er versteht es, Schwierigkeiten elegant (umgehen / Inf. mit *zu*).
14. Er muss noch lernen mit seiner Zeit rationeller (umgehen / Inf. mit *zu*).
15. Es wäre an der Zeit die Arbeitstechniken (umstellen / Inf. mit *zu*).

V 综合练习

21 请用所给动词的现在时将下文补充完整。

Konstruktives Verhalten am Verhandlungstisch

Vor einer wichtigen Verhandlung (überprüfen) man kritisch die eigene Position. Man (überziehen) seine Forderungen nicht. Man (unterlassen) falsche Anschuldigungen. Man (voraussetzen), dass auch die Gesprächspartner positive Ergebnisse erzielen wollen. Deshalb (missdeuten) man die Pläne und Absichten der Gesprächspartner nicht absichtlich. Man (unterschlagen) auch keine wichtigen Informationen. Man (übernehmen) konstruktive Vorschläge und (umsetzen) sie in die Tat. Man (überbewerten) vor allem die eigene Bedeutung nicht. Man (unterstellen) den Gesprächspartnern auch keine bösen Absichten. Man (durchkreuzen) nicht bewusst konstruktive Vorschläge und Vorhaben. Man (abbrechen) Gespräche nicht ohne eine stichhaltige Begründung.

22 请用所给的动词将句子补充完整，如没有另作要求，请用动词的第二分词。

Von den Schwierigkeiten einer jungen Wissenschaftlerin
1. Mit ihren neuen Ideen hat die junge Wissenschaftlerin alte Lehrmeinungen (umstoßen). Sie hat die alten Vorstellungen (hinterfragen).
2. Sie hat lange (überlegen). Sie hat ihre Thesen immer wieder gründlich (überprüfen).
3. Sie hatte Angst etwas Wichtiges (übersehen / Inf. mit *zu*). Wochenlang hat sie ihren Vortrag wieder und wieder (überarbeiten).
4. Nachdem sie die Zahl der Zuhörer (überschlagen) hatte, bekam sie Lampenfieber.
5. Dann hat sie ihre Kollegen mit ihrer neuen Theorie geradezu (überfallen). Die meisten hat sie damit etwas (überfordern), einige fühlten sich ihr aber durchaus nicht (unterliegen).
6. Diese Kollegen konnten deshalb sofort (umstimmen) werden. Andere Professoren haben ihr unwissenschaftliche Methoden (unterstellen).
7. Sie hat sich lange mit den Kollegen (unterhalten) und schließlich waren fast alle (überzeugen).

8. Allerdings hatte sie es (unterlassen), ihren Chef über Details ihrer Forschungsarbeit (unterrichten / Inf. mit *zu*). Deshalb hat er ihre neue Theorie völlig
(übergehen).

9. Sie hatte seinen Einfluss (unterschätzen). Er hat ihre Zukunftspläne
(durchkreuzen).

10. Daher war es ihr dann auch nicht möglich, ihre Ideen in die Tat (umsetzen /
Inf. mit *zu*).

23 请用所给的动词按照所要求的时态，将下文补充完整。

Aktiv im Schlaf

Man weiß heute, dass der Mensch auch im Schlaf aktiv ist. In bestimmten Schlafphasen (überlegen / Präs.) er und fragt sich: Wache oder träume ich? (aufwachen / Präs.) ich jetzt oder (weiterschlafen / Präs.)? Die Menschen (sich wahrnehmen / Präs.) im Schlaf und (sich beobachten / Präs.) sogar. In den 50er Jahren (entdecken / Perf.) Schlafforscher Folgendes: Wenn man träumt, (hin- und herbewegen / Präs.) man die Augäpfel. Damit (einleiten / Pass. Prät.) eine grundlegend neue Phase in der Erforschung der Träume. Träume sind viel komplexer und schwieriger zu erforschen, als man das (sich vorstellen / Perf.). Jede Nacht (durchlaufen / Präs.) wir mehrere Traumphasen. Das (feststellen / Perf.) Wissenschaftler schon vor längerer Zeit. Man (herausfinden / Perf.), dass wir praktisch die ganze Nacht hindurch träumen. Besonders nüchterne und tatkräftige Menschen (nachgehen / Präs.) ihren Träumen am Tag nicht mehr. Sie (übergehen / Präs.) sie einfach, weil sie dafür wenig Sinn und Zeit haben. Ängstliche und sensible Menschen dagegen erinnern sich am Tag noch oft an ihre Träume und (überdenken / Präs.) sie noch einmal. Sie (unterliegen / Präs.) häufigen Stimmungsschwankungen. Das (sich niederschlagen / Präs.) auch in ihren Träumen. Wenn der Schlaf durch häufiges Aufwachen (unterbrechen / Pass. Präs.), kann man sich am nächsten Morgen besser an seine Träume erinnern.

(Nach: F.-Ch. Schubert: Traumwach im Schlaf.
Psychologie heute 9/1986)

24 请用所给的动词将下文补充完整，如没有另作要求，请用动词的第二分词。

Haushalte verbrauchen zuviel Energie

Um den Stromverbrauch (reduzieren / Inf. mit *zu*) und dadurch Strom (einsparen / Inf. mit *zu*) müssen größere Anstrengungen (unternehmen) werden. Das Thema „Einsparung von Energie" ist längst noch nicht (ausdiskutieren). Das Umweltministerium (bereithalten / Präs.) klares Zahlenmaterial. Danach (standhalten / Präs.) die Ressourcen dem hohen Energieverbrauch nicht unbegrenzt. Das geht nicht mehr sehr lange gut. Zu lange hat man sich mit bloßen Appellen zur Energiereduzierung zufrieden gegeben.
Das Umweltministerium hat jetzt bekannt gegeben, dass es nach seinen neuesten Erkenntnissen möglich sein müsste, den Energieverbrauch der privaten Haushalte um bis zu 60 Prozent (absenken / Inf. mit *zu*). Das fällt den privaten Verbrauchern nicht leicht. Trotzdem muss sehr schnell (sicherstellen) werden, dass der Energieverbrauch deutlich (einschränken) wird. Das Ministerium hat schon wiederholt versucht den Verbrauchern die Einsicht in die Notwendigkeit von Energieeinsparungen nahe zu bringen. Schon nach der ersten Ölkrise zu Beginn der Siebzigerjahre wäre eigentlich nichts anderes übrig geblieben, als konsequente Maßnahmen zu ergreifen.

Nach Angaben des Umweltministeriums (überschreiten / Präs.) rund 85 Prozent der Gebäude in Deutschland die Grenzwerte der geltenden Wärmeschutzverordnung, die 1982 (verabschieden) wurde. Wenn z. B. effektivere Brenner (einbauen) und weitere Wärmemaßnahmen (ergreifen) würden, könnten die Grenzwerte nach Ansicht des Umweltministeriums sogar (unterschreiten) werden. Das Umweltministerium (ausarbeiten / Präs.) einen Plan, nach dem eine CO_2-Abgabe (einführen) werden soll. In diese Abgabe soll der sogenannte Hausbrand* (einbeziehen) werden. Wer es schafft, die Werte, die (vorschreiben) sind, (erreichen / Inf. mit *zu*) und (einhalten / Inf. mit *zu*), soll von der CO_2-Abgabe (freisprechen) werden. So jedenfalls (vorsehen / Präs.) es der Plan des Umweltministeriums. Auf diese Weise könnten vielleicht mehr Verbraucher zum Sparen von Energie (veranlassen) werden.

(Nach: Haushalte verbrauchen zu viel Energie. RNZ vom 14.5.1991)

*Hausbrand: das Beheizen von Wohnräumen

25 请用所给的动词将下文补充完整，如没有另作要求，请用动词的第二分词或者带 zu 的不定式。

Eine Stadtführung

Eine Gruppe von Touristen ist im Bus (anreisen) und gerade (aussteigen). Die Touristen sind gekommen um sich in der hübschen Stadt (umschauen). Die Stadt ist von Wäldern (umgeben) und wird von einer mächtigen Schlossruine (überragen). Die Touristen werden von einer Stadtführerin in der Stadt (herumführen). Sie versäumt es nicht, immer wieder darauf (hinweisen), dass die Stadtverwaltung große Anstrengungen (unternehmen) habe die Stadt den modernen Bedürfnissen (anpassen). Um diese Bedürfnisse (feststellen) habe die Stadtverwaltung unter den Bürgern wiederholt Umfragen (durchführen). Sie (fortfahren / Präs.):
„Unsere Stadt hatte das Glück den Zweiten Weltkrieg gut (überstehen). Sie hat nur wenige Bomben (abbekommen). Niemand hat sich danach an einschneidende Veränderungen des Stadtbildes (heranwagen). Es war allerdings nicht (umgehen), einige alte Gebäude (abreißen) bzw. (umbauen). Die Stadt wendet zum Beispiel viel Geld auf um die Schlossruine instand zu halten. Unsere Hauptgeschäftsstraße ist als eine der ersten der Bundesrepublik in eine Fußgängerzone (umwandeln) worden. Die Grünanlagen sind (erweitern) bzw. (umgestalten) worden. Die Spielplätze sind großzügig und phantasievoll (ausstatten). Die Kinder haben großen Spaß daran dort zu spielen und (herumtoben). Einige Straßen sind nach großen Persönlichkeiten der Stadt (umbenennen) worden.
In jedem Herbst wird ein großes Stadtfest (veranstalten), zu dem auch alle Bürger (einladen) werden, die während des Dritten Reiches (auswandern) und nach dem Krieg nicht nach Deutschland (zurückkehren) sind. Sie haben keine besondere Mühe sich in der Stadt (zurechtfinden), weil man es fertig gebracht hat, das alte Stadtbild im Wesentlichen (erhalten). Erinnerungen, die verloren gegangen waren, tauchen dann bei den ‚Heimkehrern‘ nach und nach wieder auf. Es ist noch (anmerken), dass wir in unserer Stadt stolz darauf sind, mehr politische Flüchtlinge (aufnehmen) zu haben, als uns (zuweisen) worden sind.“
Jetzt kommt die Stadtführerin auf die Verkehrssituation der Stadt zu sprechen:
„Natürlich ist die Zeit nicht spurlos an unserer Stadt (vorübergehen). Vor allem der Verkehr hat sichtbare Spuren (hinterlassen). Die Stadt ist jetzt bemüht in der Verkehrspolitik radikal (umdenken). Seit kurzem kann die Stadt auf einer vierspurigen Umgehungsstraße (umfahren) werden. Auf den meistbefahrenen Straßen der Stadt werden Spuren

für den Bus- und Taxiverkehr (freihalten). Die
60 Ampeln für den privaten Kraftfahrzeugver-
kehr sind auf kürzere Grünphasen (umstellen) worden. Um sich nicht den ständigen
Staus (aussetzen) sind viele Bürger auf die öffentlichen Verkehrsmittel (umsteigen). Wer
65 allerdings in Kauf nimmt täglich im Verkehr
stecken zu bleiben, wird sich wohl kaum
(veranlassen) sehen sein Verkehrsverhalten
kritisch (überdenken). Doch umweltbewusste
Bürger haben inzwischen Fahrräder (sich an-
schaffen) bzw. ihre alten wieder (hervorho- 70
len). Es sind viele Radfahrwege (anlegen)
worden. Die Radfahrer brauchen im Verkehr
nicht mehr (verunsichern) zu sein und gefährden sich nicht."
Inzwischen ist die Dunkelheit (hereinbre- 75
chen); die Stadtführung wird (unterbrechen)
und dann mit ein paar freundlichen Worten
(abschließen).

§4 被动态

主动态   **1 a**   Heftige Gewitterstürme mit sintflutarti-
gen Regenfällen haben in Südfrank-
reich, Nordspanien und im Nordwesten
Italiens am Wochenende mindestens
50 Menschenleben gefordert und
schwere Verwüstungen angerichtet.
...

Die Regierung in Rom bewilligte auf einer Sondersitzung 400 Milliarden Lire
(etwa 400 Millionen Mark) Soforthilfe
für die von der Jahrhundert-Katastro-
phe betroffenen Gebiete.
...

Gesundheitsminister Raffaele Costa
ordnete verschärfte Kontrollen an um
möglichen Seuchen entgegenzutreten.

1 b   **Bei „Montagsauto" Geld zurück**
Koblenz. (dpa) Der Käufer darf ein sogenanntes Montagsauto dem
Händler auch dann zurückgeben, wenn dessen Allgemeine Geschäfts-
bedingungen zunächst der Nachbesserung von Mängeln den Vorrang
einräumen. Diese Entscheidung traf das Koblenzer Oberlandesgericht
(OLG). Die Richter betonten, ein Käufer müsse sich bei einem Neuwagen grundsätzlich nicht auf eine Vielzahl von Reparaturen einlassen
(Az.: 3 U 681/93). Das Gericht gab mit seinem Spruch der Klage eines
Autokäufers auf Rückerstattung des Kaufpreises für einen Neuwagen
statt. Der Kläger hatte kurz nach Erhalt des Wagens mehrere Mängel
festgestellt, die das Autohaus jeweils beseitigte. Als sich jedoch auch
noch in der Auspuffanlage ein gravierender Mangel zeigte, gab der
Mann den Wagen zurück und verlangte das Geld zurück.

被动态

主动态和被动态说明的是一个过程的不同方面，它们之间的区别源于视角的不同：在主动态的句子中动作的执行者为主语，处于中心地位（1）。而在被动态中，动作的执行者退到次要的位置，常常省略不提（2）。

使用被动态首先是为了用于强调动作的过程，而不是强调动作的执行者，因此大多用被动态来表述事情的发生（2a）、描述工作过程和生产过程（2b）、使用说明（2c）、规章（2d）以及概括性的陈述（2e）。

2 a Nach einer vorläufigen Bilanz des Zivil-
schutzes sind 56 Leichen geborgen worden, 28 Personen galten noch als ver-
misst, 61 wurden zum Teil schwer
verletzt. ...
Mehrere kleine Ortschaften mussten
evakuiert werden. ...
In der Nacht zum Donnerstag waren
zahlreiche Straßen- und Eisenbahnbrü-
cken über den Po gesperrt worden. Zerstört sind rund 500 000 Hektar Äcker,
Obstplantagen und Weinberge.
...
Auf einer Sondersitzung des Kabinetts
wurde die Bereitstellung von drei Billio-
nen Lire (drei Milliarden Mark) für die
Hochwasser-Gebiete beschlossen. ...
Das Trinkwasser wird wegen der Seuchengefahr in Tankwagen angeliefert.

2 b Die im Sieb liegen bleibende verfilzte
Schicht wurde anschließend gepresst,
zum Trocknen aufgehängt, durch den
Leim aus ausgekochten Schafffüßen
gezogen, erneut gepresst und getrocknet und zum Schluss mit einem Achat-
stein oder einem schweren Hammer
geglättet.

2 c **Wichtige Hinweise**
• Die Anschlussleitung muss mit
  mindestens 10 Ampere (roter
  Punkt auf der Sicherung) abgesichert sein.
• Das Gerät darf nur mit reinem
  Wasser betrieben werden.
• Die gewünschte Wassertempe-
  ratur kann mit dem Regler-
  knopf stufenlos eingestellt
  werden.

2 d **Die Grundrechte**
Art. 3. [Gleichheit vor dem Gesetz]
(3) Niemand darf wegen seines Ge-
schlechtes, seiner Abstammung, seiner Rasse, seiner Sprache, seiner Heimat und Herkunft, seines Glaubens,
seiner religiösen oder politischen Anschauungen benachteiligt oder bevorzugt werden.
**Art. 4. [Glaubens, Gewissens- und Be-
kenntnisfreiheit]**
(2) Die ungestörte Religionsausübung
wird gewährleistet.
(3) Niemand darf gegen sein Gewissen
zum Kriegsdienst mit der Waffe gezwungen werden.

2 e **Resorption spezifischer Substrate**
Wasser wird sowohl über die Zellen
als auch interzellulär im Dick- und
Dünndarm aufgenommen und sofort dem Blut zum Abtransport
übergeben.
Salze werden bes. im Dünndarm resorbiert, Kohlenhydrate werden zu
Monosacchariden gespalten und aktiv resorbiert.
Fette werden nach neueren Auffassungen z. T. unvollständig gespalten
und vermutlich als fein emulgierte
Monoglyceride (Ester aus 1 Molekul
Glycerin und 1 Molekül Fettsäure)
resorbiert. Feinstemulgierte Teil-
chen können sogar direkt ohne Hy-
drolyse durch Pinocytose aufgenommen werden.

‖ 过程被动态

(1) Galilei entdeckte **die Jupitermonde** im Jahre 1610.
Die Jupitermonde wurden im Jahre 1610 entdeckt.

(2) **Ein selbst gebautes Fernrohr** ermöglichte seine Entdeckungen.
Seine Entdeckungen wurden **durch ein selbst gebautes Fernrohr** ermöglicht.

(3) **Die Kirche** beobachtete Galilei mit Misstrauen.
Galilei wurde **von der Kirche** mit Misstrauen beobachtet.

(4) Freunde gaben **ihm** den Rat seine Thesen zu widerrufen.
Ihm wurde der Rat gegeben seine Thesen zu widerrufen.

(5) **Man** diskutierte Galileis Thesen heftig.
Galileis Thesen wurden heftig diskutiert.

(6) In der Prüfung bin ich nach Brechts „Leben des Galilei" gefragt worden.
Wonach bist du gefragt worden?

过程被动态是由完全动词的第二分词加上助动词 werden（在被动态中 werden 的第二分词为 worden）构成。

主动句中的第四格宾语成为被动句中的主语(1)。

如果主动句中的主语，即动作的执行者或者发起者，读者已经知道、从上下文可以了解到或者不重要(1)(4)，在被动句中大多不提（1）。如果需要提及动作的执行者，那么由介词 von（+D)(3)（主动句的主语为人、机构、自然力）或 durch(+A)(2)（主动句的主语为媒介、手段、抽象名词）引出的短语来表示。在被动句中省略主语 man(5)。

除主语和第四格宾语以外，主动句中其他所有句子成分在转换成被动句时仍应保留，形式不变(4)。

在文章中，被动句的主语主要为第三人称单数或复数。但是如果动词可以接第四格宾语，那么被动句的主语也可以是其他人称(6)。

过程被动态的形式

	主动态	**过程被动态** （用 werden 作助动词的被动态）
现在时	er beobachtet	er wird beobachtet
过去时	er beobachtete	er wurde beobachtet
现在完成时	er hat beobachtet	er ist beobachtet worden
过去完成时	er hatte beobachtet	er war beobachtet worden
第一将来时	er wird beobachten	er wird beobachtet werden

（带情态动词的过程被动态参见 65 页）

1　请用被动句描述伽利略的生活及其影响。主动句中用斜体打印的主语在转换成被动句时应保留,括号内的句子不变。

Galileo Galilei

Im Jahre 1589 berief *die Universität Pisa* den 25-jährigen Galilei zum Professor der Mathematik. Ein paar Jahre später rief man ihn an die Universität in Padua. (Mit seinen Ent-
5　deckungen erregte er großes Aufsehen.) Die Buchhändler verkauften sein Buch über die Jupitermonde innerhalb von zwei Monaten. *Seine Thesen* erschütterten die Zeitgenossen Galileis in ihrem Weltbild zutiefst. *Die Kirche*
10　*der damaligen Zeit* bestritt seine Ideen. Sie lud ihn im Jahre 1632 vor das Inquisitionsgericht in Rom. Auf Befehl des Papstes prüften Gelehrte seine Thesen. *Das Inquisitionsgericht* verurteilte daraufhin seine Lehre. Es zwang
15　ihn unter Androhung der Folter zum Widerruf. (1633 schwor er als treuer Katholik seinem „Irrtum" ab.) Dennoch verbannte ihn die Kirche lebenslänglich in seine Villa in Arcetri. Sie verbot sein Buch „Dialog über die beiden Weltsysteme". Freunde brachten es
20　aber heimlich ins Ausland. Dort veröffentlichte man es. *Die Kirche* überwachte ihn bis zu seinem Tod im Jahre 1642.
Die Nachwelt nahm seine Erkenntnisse begeistert auf. Man bezeichnet Galilei heute als Be-
25　gründer der modernen Naturwissenschaft. Mehrfach haben Schriftsteller Galileis Konflikt mit der Kirche zum Stoff dichterischer Darstellungen gewählt.

Galilei (1564-1642) war der Vorkämpfer der heliozentrischen Lehre des Kopernikus, die besagt, dass die Sonne – und nicht, wie bis dahin angenommen, die Erde – im Mittelpunkt der Welt steht. Diese Lehre brachte ihn in Konflikt mit der katholischen Kirche.

用不用 *es*

(1)　**Es** wurden Fahnen geschwenkt.
(2)　**Die Sieger** wurden von den Fußballfans umjubelt.
(3)　**Vor lauter Begeisterung** wurde ein Triumphzug veranstaltet.

如果在被动句中作主语的名词没有定冠词, 代词 *es* 常常代替主语位于句首(1)。但是如果被动句中的主语有定冠词, 就不可以这样用 (2)(错误:*Es wurden die Sieger von Fußballfans umjubelt.*)。代词 *es* 代表主语位于句首的情况只适用于主句, 而且常常被其他句子成分代替 (3)。这种情况绝对不会出现在从句 (*Ich habe gesehen, dass sogar Fahnen geschwenkt wurden.*) 和问句中(*Wurden denn auch Fahnen geschwenkt?*)。

2　请用被动态叙述在足球赛后发生的事情,尽量用不带 *es* 的被动句。

Beispiel:　Bierflaschen / die ganze Nacht über / leeren
　　　　　Die ganze Nacht über wurden Bierflaschen geleert.

Nach einem Fußballspiel

1. die ganze Stadt / von der Fußballbegeisterung / erfassen
2. die erfolgreiche Mannschaft / von Autogrammjägern / umringen
3. großer Schaden / bedauerlicherweise / in einigen Stadtteilen / anrichten
4. Zwischenfälle / aus allen Stadtteilen / melden
5. Flaschen / werfen
6. Fensterscheiben / aus Übermut / einschlagen
7. Angriffe auf Passanten / beobachten
8. der Verkehr / durch wild durcheinander parkende Autos / blockieren
9. Autos / hemmungslos / beschädigen
10. etliche Verkehrsunfälle / registrieren
11. einige Fußballfans / wegen Trunkenheit / vorläufig festnehmen
12. Überlegungen / anstellen, wie sich Gewalt bei Sportveranstaltungen vermeiden lässt

---

最好不用 *es*

(1) Viele Menschen wandern ausgesprochen gern.
(1a) **Es** wird ausgesprochen gern gewandert.
(2) Man spricht auf Wanderungen natürlich viel über das Wetter.
(2a) **Es** wird auf Wanderungen natürlich viel über das Wetter gesprochen.
(2b) **Auf** Wanderungen wird natürlich viel über das Wetter gesprochen.
(2c) Natürlich wird auf Wanderungen viel über das Wetter gesprochen.

当把没有第四格宾语的主动句转换成被动句的时候，用代词 *es* 作主语(1a)(2a)，或者用无人称被动态(2b)(2c)。*es* 只出现在主句的首位，而且常被其他句子成分代替，变位动词始终是第三人称单数。

---

3 请用被动态描述一次集体远足，尽量用不带 *es* 的被动句。

Wandern

1. Wanderer starten meistens schon im Morgengrauen.
2. Sie singen beim Wandern gern und viel.
3. Sie wandern mehrere Stunden in zügigem Tempo.
4. Sie rasten zwischendurch immer wieder einmal.
5. Mittags picknicken sie an einem besonders schönen Platz.
6. Sie lachen und scherzen.
7. Manche fotografieren ununterbrochen.
8. Meist kehren sie am Ende in einer gemütlichen Gastwirtschaft ein.
9. Sie essen und trinken.
10. Sie rauchen nicht mehr soviel wie früher.
11. Sie plaudern, erzählen oder diskutieren über alles Mögliche.
12. Sie sprechen auch über frühere Wanderungen und gemeinsame Erlebnisse.

主谓一致

(1) Es **werden** hohe Ansprüche an die Lebensqualität gestellt.
(2) Es **wird** großer Wert auf einen hohen Lebensstandard gelegt.
(3) Es **wird** nur ungern auf bestimmte Luxusartikel verzichtet.

如果被动句中有一个复数主语，变位动词也为复数，即使句首是 *es*(1)。如果被动句中有一个单数主语(2)，或者只有一个主语 *es*(3)，那么变位动词始终是单数。

---

4 *wird* 还是 *werden*?请讲讲外国人在德国注意到的事情。

1. Es … viel Geld fürs Wohnen ausgegeben.
2. Es … für sozial Schwache gesorgt.
3. Es … Rücksicht auf alte und behinderte Menschen genommen.
4. Es … viele Sozialleistungen geboten.
5. Es … auf Sauberkeit und Ordnung geachtet.
6. Es … mehr Vorschriften als in anderen Ländern erlassen.
7. Es … zu wenig Widerstand gegen allzu bürokratische Verfahren geleistet.
8. Es … über Umweltprobleme nachgedacht.
9. Es … viele Umweltprojekte in Gang gesetzt.
10. Es … über die Politiker geschimpft.
11. Es … an den Führungsqualitäten vieler Politiker gezweifelt.
12. Es … ein Unterschied zwischen Deutschen und Ausländern gemacht.
13. Es … viele ausländische Restaurants eröffnet.
14. Es … viele Überlegungen zum Asylrecht angestellt.
15. Es … gegen ausländerfeindliche Verhaltensweisen demonstriert.

5 现在请您谈谈在德国哪些人和事引起了您特别的注意,用 *es* 位于句首的被动句。

1. Es wird viel herumgereist.
2. …

带情态动词的过程被动态

	主动态	*被动态*
现在时	er soll beobachten	er soll beobachtet werden
过去时	er sollte beobachten	er sollte beobachtet werden
现在完成时	er hat beobachten sollen	er hat beobachtet werden sollen
过去完成时	er hatte beobachten sollen	er hatte beobachtet werden sollen

（参见"情态动词"部分 128 页）

(1) Er sagt, es **habe** eine positive Bilanz **ge-zogen werden können.** (Konj. I)

(2) Eine positivere Bilanz **hätte** nicht **gezo-gen werden können.** (Konj. II)

(3) Es ist erfreulich, dass eine positive Bilanz **gezogen werden kann/konnte.**

(4) Es ist erfreulich, dass eine positive Bilanz **hat/hatte gezogen werden können.**

带情态动词的过程被动态是由完全动词的第二分词、*werden* 的不定式和作为变位动词的情态动词构成。表示过去发生的事情，大多用过去时，尤其是在从句中。常常用现在时代替第一将来时（*es wird beobachtet werden können*）。现在完成时和过去完成时主要用于第一虚拟式和第二虚拟式中（1）（2）（参见 116 页和 92 页）。

在从句中，如果时态是现在时或者一般过去时，变位动词，即情态动词，位于句末（3）；如果时态是现在完成时或过去完成时，变位动词位于不变位动词的前面（4）。

---

6 下文是一位市政府发言人的报告，请将此文转换成被动态。

Die Stadtverwaltung zieht Bilanz

Im letzten Jahr konnten wir endlich die Um-gehungsstraße fertigstellen. Auch das öffent-liche Verkehrsnetz konnten wir großzügig ausbauen. Für bessere Verkehrsverbindungen
5 zu den umliegenden Orten können wir nun im nächsten Haushaltsjahr wieder Gelder be-reitstellen. Wir müssen vor allem die Reno-vierung des Rathauses und der Stadthalle in Angriff nehmen, damit wir diese Gebäude
10 beim 1000-jährigen Jubiläum unserer Stadt in zwei Jahren für Veranstaltungen einplanen können. Für die Finanzierung der kostspieli-gen Renovierungsarbeiten konnte die Ober-bürgermeisterin großzügige Sponsoren ge-
15 winnen. Hätten wir im vorletzten Jahr nicht das Konzerthaus vergrößern müssen, hätten wir bestimmt im letzten Jahr das Schwimm-bad modernisieren können. Das müssen wir nun in diesem Jahr nachholen. Nach Fertig-stellung aller genannten Gebäude können 20 dann die Bürger die Stadtfeste in schönem Rahmen feiern.

Das städtische Krankenhaus konnten wir bis-lang noch nicht umbauen. Das Finanzressort gab bekannt, dass man das dafür notwendige 25 Geld bisher nicht habe aufbringen können. Deshalb mussten wir die Baumaßnahmen lei-der um ein Jahr zurückstellen. Auch konnten wir den Frauen bisher kein Gebäude als Frau-enhaus zur Verfügung stellen. Den Kauf eines 30 passenden Gebäudes konnte die Stadt bisher nicht finanzieren. Um so großzügiger kön-nen wir seit Jahren die Jugendarbeit unter-stützen. Hier darf man den Rotstift auf kei-nen Fall ansetzen. 35

---

7 请用被动句谈谈饮用水供应中的问题，括号内的句子不变。

Trinkwasser

Die Presse (In der Presse ...) weist immer wie-der darauf hin, dass jeder die Vorschriften zum Gewässerschutz beachten muss. (Es ist klar,) dass gesundheitsgefährdende Stoffe das
5 Trinkwasser nicht verschmutzen dürfen.
Nach Möglichkeit sollte man für die Wasser-versorgung Grundwasser aus Brunnen oder Quellen verwenden. Durch die Anlage von Brunnen konnte man die Grundwassererfas-sung bereits in der Vergangenheit wesentlich 10 erhöhen. Damit man Quellwasser als Trink-wasser verwenden kann, muss man Quellen auf jeden Fall vor Verschmutzung schützen. Man muss sie deshalb einfassen.

15 Wegen des steigenden Wasserbedarfs muss man aber auch auf Oberflächenwasser aus Flüssen und Seen zurückgreifen. Man muss es aufbereiten, d.h. von Giftstoffen reinigen. Vor allem durch Filter kann man Schadstoffe 20 aus dem Wasser entfernen. Leider kann man aber bei der Reinigung des Wassers nicht immer auf Chlor verzichten.

Da die Städte die Bevölkerung mit sauberem Wasser versorgen müssen, müssen sie das 25 Trinkwasser regelmäßig auf seine Reinheit überprüfen. Außerdem müssen sie viel Geld in Wasseraufbereitungsanlagen investieren. (Es wäre zu fragen,) ob man mit einem verstärkten Schutz des Trinkwassers nicht schon viel früher hätte beginnen müssen. (Heute 30 steht fest,) dass man die Gefahren der Wasserverschmutzung schon viel früher hätte erkennen können. Man hätte die Trinkwasservorschriften schon vor langem verschärfen müssen. Auch sollte man Trinkwasser nicht 35 so leichtfertig verschwenden, (wie das so oft geschieht).

何时 *wollen* 转换成 *sollen*

(1) Die Bürger **wollen**, dass man sie vor Übergriffen der Polizei schützt.
Die Bürger **wollen**, dass sie vor Übergriffen der Polizei geschützt werden.
Die Bürger **wollen** vor Übergriffen der Polizei geschützt werden.

(2) Die Bürger **wollen**, dass die Regierung den Polizeiapparat verkleinert.
Die Bürger **wollen**, dass der Polizeiapparat verkleinert wird.

(2a) Der Polizeiapparat **soll** verkleinert werden.

(2b) Auf Wunsch der Bürger **soll** der Polizeiapparat verkleinert werden.

如果情态动词 *wollen* 表达的是本人的愿望，*wollen* 在被动句中不变，还是用 *wollen*(1)。如果 *wollen* 表达的是他人或者某物的愿望，那么在被动句中用 *sollen* 替代 *wollen* (2a)。

如果还想表达是谁的愿望，可以用一些固定词组，例如：*auf Bitten/Empfehlung/Wunsch, nach dem Vorschlag/dem Willen, entsprechend den Forderungen/den Vorstellungen.* 怀有愿望的人用第二格(2b)。

（参见 136 页）

---

8 *wollen* 还是 *sollen*? 动作的执行者可以不提。

Wie eine Demokratie beginnt

1. Die Bürger wollen, dass die Polizei sie nicht mehr ständig überwacht.
2. Sie wollen, dass man die bisherigen Machthaber vor Gericht stellt.
3. Sie wollen, dass die neue Regierung sie an der Meinungsbildung beteiligt.
4. Sie wollen, dass die Behörden sie wie mündige Bürger behandeln.
5. Sie wollen, dass die Betriebe Mitbestimmungsmodelle einführen. (In den Betrieben ...)
6. Sie wollen, dass die Medien sie über alle öffentlichen Angelegenheiten informieren.
7. Sie wollen, dass die neue Regierung freie Wahlen durchführt.
8. Sie wollen, dass der Staat die Menschenrechte achtet.
9. Sie wollen, dass man sie gleich behandelt.
10. Sie wollen, dass der Gesetzgeber das Demonstrationsrecht in die Verfassung aufnimmt.
11. Sie wollen, dass die neue Regierung alle Parteien zulässt.
12. Sie wollen, dass der Staat die Wirtschaft liberalisiert.

9 *wollen* 还是 *sollen*? 请用被动态讲述城建规划专家对公共交通有哪些考虑,括号内的句子不变。

Ein neues Verkehrskonzept

Zunächst will man durch Umfragen feststellen, (mit welchen Verkehrsmitteln die Arbeitnehmer zur Arbeit fahren). Man will ein Verkehrschaos verhindern. Zu diesem Zweck will
5 man den Straßenraum neu verteilen. Man will für Radfahrer und Fußgänger ausreichend Platz schaffen. Radfahrer und Fußgänger wollen, dass man sie als gleichberechtigte Verkehrsteilnehmer behandelt. Außerdem
10 will man den Umstieg der Autofahrer auf öffentliche Verkehrsmittel beschleunigen. Deshalb will man die öffentlichen Verkehrsmittel attraktiver machen. (Um das zu erreichen) will man verbilligte Firmentickets ein-

führen. Im Verkehrsministerium will man 15 ein Konzept entwickeln, (nach dem große Firmen verbilligte Fahrkarten für öffentliche Verkehrsmittel kaufen können). Man möchte, dass die Firmen diese verbilligten Fahrkarten kostenlos an die Arbeitnehmer weiterge- 20 ben. Die Firmen wollen, dass das Verkehrsministerium sie in die Planung einbezieht. Man will diesen Sondertarif im ganzen Land anbieten. Man will später auch kleinere Betriebe an dem Projekt beteiligen. 25 Diese wollen aber, dass man sie finanziell nicht zu stark belastet.

Ⅲ 不能构成被动态的动词

1. 在能够从句子中辨认出行为或过程的执行
   者或发出者的情况下，才能构成状态被动
   态。

   按照这个原则，以下动词不能构成被动态：

   a) 及物动词
      —表示“有，拥有”或者“收到”的动词
      (*behalten, bekommen, besitzen,
      erhalten, haben, kriegen*),也包括“精神
      上拥有”的动词 (*erfahren, kennen,
      wissen*)

      —表示所含内容 (*beinhalten, enthalten,
      fassen, umfassen*)、数字 (*betragen*)、重
      量 (*wiegen*)、长度 (*messen*) 和价格
      (*kosten*)的动词

      —具有 “sein” 含义的动词 (*bedeuten,
      bilden, darstellen*)

Das Dach der Klinik ist vom Sturm beschädigt worden.
In Krankenhäusern wird in Schichten gearbeitet.

Sie hat eine Knieverletzung. Sie kennt einen guten Facharzt.

Sie wiegt fünfzig Kilogramm.
Aber: Sie wird von der Krankenschwester gewogen.

Schichtarbeit stellt für den Krankenpfleger ein großes Problem dar.
Aber: Der Verlauf des Fiebers wird in Kurven (darstellen = zeigen).

b) 现在完成时用 *haben* 作助动词的不及物
动词(例如 *brennen, blühen, gehören zu,
glühen, scheinen, schmecken*)

Im Garten des Krankenhauses blühen Rosen.
Aber: In Krankenhäusern wird nicht nur gearbeitet, sondern auch gelacht.

2. 现在完成时用 *sein* 作助动词的不及物动词
(即表示位置移动和状态改变的动词)和反
身动词不能构成状态被动态。*例外*: 一般性
的论断和强烈的要求。

In Krankenhäusern wird viel hin- und
hergelaufen.
Jetzt wird aber aufgestanden!
Jetzt wird sich mal ein bisschen angestrengt!

3. 下列动词从来不用过程被动态的形式:
  — 无人称动词 (例如 *es regnet, es gibt, es
  mangelt an*)

Es gibt heutzutage viele gute Medikamente.

  — 当如下动词类似情态动词使用时:
  *bleiben, fahren, fühlen, gehen, haben,
  helfen, hören, kommen, lassen, lehren,
  lernen, schicken, sehen, spüren*

Der Krankenpfleger lässt die Patientin nicht
allein aufstehen.

  — 和第四格宾语紧密连成一体的动词。

Er fasst Mut. Er verlor die Besinnung.

---

10 哪些动词的发出者或执行者是可以清楚辨认出来的? 请找出可以构成被动态的动词。

1. zunehmen 2. empfehlen 3. passen 4. wachsen 5. aussuchen 6. gelten 7. schimpfen
8. es riecht 9. antworten 10. rechnen mit 11. dauern 12. verteilen 13. ertrinken
14. gehören 15. klappen 16. warten auf 17. hungern 18. ausreichen 19. verwenden
20. bestehen aus

11 并不是所有事情都可以用被动态来表达。请找出可以转换成被动态的句子。

Warum starben die Saurier aus?

Wir wissen viel über die Saurier. Sie gehören zu den größten Tieren, die die Menschheit kennt. 200 Millionen Jahre beherrschten sie die Erde. Vor 65 Millionen Jahren verschwanden sie dann plötzlich von der Erdoberfläche. Dafür gibt es zahllose Erklärungen, zum Beispiel diese: Vor 65 Millionen Jahren traf ein riesiger Meteorit die Erde. Dieser Meteorit vernichtete alle Lebewesen, die mehr als 20 Kilogramm wogen, denn als Folge des Meteoriteneinschlags verdunkelten Aschenwolken viele Jahre lang die Sonne. Außerdem ergossen sich große Wassermassen über die Kontinente. Danach dauerte es Millionen von Jahren, bis die Vielfalt der Arten wieder zunahm. Heute dagegen geht die Artenvielfalt wieder zurück. Jeden Tag stirbt eine Tierart auf der Erde aus, ohne dass wir etwas dagegen tun.

12 请将下文中可以转换成被动态的主动句转换成被动句。

Macht Sicherheit sorglos?

1976 hat die Bundesrepublik die Gurtpflicht für Autofahrer eingeführt. Seit 1985 bestraft man denjenigen mit Bußgeld, der sich nicht daran hält. Manche Autofahrer schnallen
5 sich aber immer noch ungern an. Gegner der Anschnallpflicht zitieren gerne Statistiken, wonach zwar die tödlichen Unfälle von Autofahrern seit Einführung der Gurtpflicht zurückgegangen sind, dafür aber mehr Rad-
10 fahrer und Fußgänger bei Unfällen ums Leben kommen. Der Grund dafür sei die erhöhte Risikobereitschaft der angeschnallten Autofahrer.

Wenn man Autofahrer vor den Konsequen-
15 zen ihres schlechten Fahrverhaltens schützt, werden sie unvorsichtig. Dies weiß man schon lange. Aus einer Studie des Jahres 1938 ergibt sich, dass verbesserte Bremssysteme amerikanische Autofahrer zu unvorsichtigen Fahrmanövern ermutigten. Psychologen ha- 20
ben bereits 1976 darauf hingewiesen, dass Autofahrer, deren Autos Spikes-Reifen* hatten, sehr viel rasanter in die Kurven gingen als Fahrer mit normalen Reifen. Nicht anders wird es sich mit den vielfach getesteten Air- 25
bags verhalten. Menschen werden immer risikobereiter, je sicherer sie sich fühlen. Mehr Sicherheit im Auto provoziert also einen Anstieg der kollektiven Risikobereitschaft.

(Nach: Psychologie heute 7/1986) 30

*   Spikes-Reifen – Autoreifen mit herausstehenden Stahlnägeln zum Fahren auf verschneiten oder vereisten Straßen. Heute nicht mehr zugelassen, da sie den Straßenbelag beschädigt haben.

IV 状态被动态

---

(1) Das Bauamt hat die Studentenwohnheime im letzten Herbst fertig gestellt.
Die Studentenwohnheime sind im letzten Herbst fertig gestellt worden.
Seit letztem Herbst **sind** die Studentenwohnheime **fertig gestellt**.

(2) Vor zwei Wochen hat das Studentenwerk Studentenzimmer vergeben.
Vor zwei Wochen sind Studentenzimmer vergeben worden.
Vor einer Woche wollte ich ein Zimmer mieten, aber da **waren** alle Zimmer schon **vergeben**.

(3) Die Renovierung der alten Studentenwohnheime **soll** im nächsten Jahr **abgeschlossen sein**.

状态被动态由完全动词的第二分词和助动词 *sein* 构成。

状态被动态的形式

	主动态	状态被动态 (用 sein 作助动词的被动态)
现在时	er bestellt	er ist bestellt
过去时	er bestellte	er war bestellt
现在完成时	er hat bestellt	er ist bestellt gewesen
过去完成时	er hatte bestellt	er war bestellt gewesen
第一将来时	er wird bestellen	er wird bestellt sein

所有过去发生的事情和动作均可用过去时来表达（2），现在完成时和过去完成时几乎只用于第一虚拟式和第二虚拟式。（参见 116 页和 92 页）在过程被动态中一样，情态动词也可构成状态被动态（3）。在状态被动句中极少提及动作的执行者。

过程被动态和状态被动态的区别在于视角的不同：过程被动态中动作的全过程尚未结束，而状态被动态描述的是一种状态，是动作完成后的结果。相对于状态被动态，主动态和过程被动态具有先时性（1）（2）。

不能构成过程被动态的动词也不能构成状态被动态，但也有一些动词只能构成过程被动态。构成状态被动态的前提是：动作结束后，出现了一种明显变化了的、新的状态，而且这种新的状态还会持续一段时间。因此以下的动词不能构成状态被动态：*anfassen, anwenden, ausüben, beachten, befragen, fortsetzen, hören, überwachen, unterstützen, wiederholen*。下面两个句子很明显是错误的：*Die Versuchsreihe ist fortgesetzt. Der Vortrag ist gehört.*

说明

除了状态被动态以外，还有一种表示状态的一般形式，即第二分词，它的构成形式和状态被动态相同。用第二分词表示状态的用法和主动态、状态被动态并存，并且可以互换。第二分词在很多情况下具有形容词的意义，因此在字典里是一个独立的词：例如 *gefragt sein, gesucht sein*。

Man **sucht** Unterkünfte für Studenten.
Unterkünfte für Studenten **werden gesucht**.
Unterkünfte für Studenten **sind gesucht**.

以下动词的第二分词可以表示状态：*bedrohen (bedroht sein), begehren (begehrt sein), betreffen (betroffen sein), bewohnen (bewohnt sein), fragen (gefragt sein), fürchten (gefürchtet sein), meinen (gemeint sein), suchen (gesucht sein), überfordern (überfordert sein), umgeben (umgeben sein), zwingen (gezwungen sein)*。

极少数反身动词可以构成状态被动态，也可以用其第二分词表示状态：

Die Studenten **haben sich** gut **erholt**.
Die Studenten **sind** gut **erholt**. (状态被动态)
Nicht jeder **eignet sich** für den Lehrerberuf.
Nicht jeder **ist** für den Lehrerberuf **geeignet**.
(第二分词)

以下反身动词既可使用状态被动态，也可用其第二分词表示状态：*sich bemühen (bemüht sein), sich einstellen auf (eingestellt sein auf), sich empören (empört sein), sich entschließen (entschlossen sein), sich entspannen (entspannt sein), sich gewöhnen an (gewöhnt sein an), sich konzentrieren auf (konzentriert sein auf), sich interessieren für (interessiert sein an), sich richten gegen (gerichtet sein gegen)*。
(参见"答案"中的动词表)

13 请讲讲已经做过的及尚未做的。

Beispiel: Hat das Studentenwerk die neuen Wohnheime schon eingeweiht?
(ja / schon lange)
Ja, die neuen Wohnheime sind schon lange eingeweiht.

Probleme des Studentenwerks
1. Hat das Studentenwerk die alten Wohnheime schon renoviert?
(nein / noch nicht)
2. Hat es schon alle Studenten untergebracht? (nein / bislang / noch nicht)
3. Hat es schon Notquartiere für obdachlose Studenten eingerichtet?
(ja / schon seit Anfang des Semesters)

4. Sind schon alle obdachlosen Studenten über die Notquartiere informiert worden? (ja / inzwischen)
5. Ist die Öffentlichkeit schon über die schwierige Situation der Studenten unterrichtet worden? (ja / schon seit Semesterbeginn)
6. Ist der Bedarf an Zimmern schon exakt festgehalten worden? (ja / schon lange)
7. Ist die Jugendherberge schon in die Planung einbezogen worden? (ja / bereits)
8. Hat das Studentenwerk den Bau weiterer Wohnheime schon geplant? (nein / bis jetzt / noch nicht)

14 一场自然灾害造成了严重的损害。

1. Bei dem Sturm wurden Straßen durch umgefallene Bäume blockiert.
2. Dächer wurden abgedeckt und Fernsehantennen umgeknickt.
3. Die Häuser wurden z.T. schwer beschädigt.
4. Bei der Sturmflut wurden Deiche zerstört.
5. Fast die Hälfte der landwirtschaftlich genutzten Fläche wurde überschwemmt.
6. Landstraßen wurden wegen Überflutung oder Erdrutschen gesperrt.
7. Einige Dörfer wurden von der Außenwelt abgeschnitten.
8. Bei dem Unwetter wurden Strom- und Telefonleitungen unterbrochen.
9. Hunderte von Menschen wurden evakuiert.
10. Sie wurden in Notquartieren untergebracht.

现在请您描述一下自然灾害后的状况：

1. Nach dem Sturm sind Straßen durch umgefallene Bäume blockiert.
2. ...

15 请讲讲在法院判决之前已经完成了哪些事情。

Beispiel: Der Haftbefehl ist nicht aufgehoben.
Das Gericht hat den Haftbefehl nicht aufgehoben.

Eine Gerichtsverhandlung
1. Es sind drei Sachverständige geladen.
2. Es sind keine Journalisten zugelassen.
3. Die Zeugen sind bereits vernommen.
4. Die Beweisaufnahme ist abgeschlossen.
5. Der Angeklagte ist schuldig gesprochen.
6. Er ist nur zur Zahlung einer Geldstrafe verurteilt.
7. Das Urteil ist gefällt und verkündet.
8. Der Fall ist damit abgeschlossen.

16 过程还是状态？用被动态会表达得更清楚。

Beispiele: Hier Wohnungsvermittlung!
Hier werden Wohnungen vermittelt.
Durchgehend geöffnet! Das Geschäft ...
Das Geschäft ist durchgehend geöffnet.

Mitteilungen im Telegrammstil

1. Zimmer belegt! Die Zimmer ...
2. Frisch gestrichen! Die Türen ...
3. Warnung vor dem bissigen Hund! ...
4. Wegen Umbau geschlossen! Das Geschäft ...
5. Reserviert! Der Tisch ...
6. Winterreifen vorgeschrieben!
7. Im Winter kein Streudienst. Im Winter ... nicht gestreut.
8. Für Jugendliche unter 18 Jahren verboten! Der Film ...
9. Ausverkauft! Die Karten ...
10. Hier Mietwagenverleih!
11. Nichtraucherabteil! In Nichtraucherabteilen ...
12. Besetzt! Die Tiefgarage ...
13. Durchgang gesperrt! Der Durchgang ...
14. Fahrbetrieb seit 1. Januar eingestellt! Der Fahrbetrieb ...

17 过程还是状态？如果可能，请用状态被动态。

Erfindungen verändern das Gesicht der Welt

Durch Erfindungen ... das Gesicht der Welt laufend verändert. Nachdem zum Beispiel das Segelschiff erfunden ..., ... neue Erdteile entdeckt. Seit wann das Wasserrad benutzt ..., wissen wir zwar, den Erfinder kennen wir aber nicht. In späterer Zeit ... dann Erfindungen von namentlich bekannten Erfindern wie Gutenberg, Watt, Franklin u.a. gemacht. Ihre Namen ... auch heute nicht vergessen. Unbekannt ist dagegen der Erfinder des Hochofens, in dem noch heute Eisenerz zu Eisen verarbeitet .... Durch Erfindungen ... das Leben der Menschen spürbar erleichtert. Und es ... wohl von niemandem bezweifelt, dass die Welt von heute gegenüber früheren Zeiten verändert ... – nicht zuletzt aufgrund bedeutender Erfindungen. Wenn heutzutage größere Projekte in Angriff genommen ..., ... im Unterschied zu früher Teams von Spezialisten gebildet, da auch Wissenschaftler die komplexen Vorgänge in Wissenschaft und Technik nicht mehr überschauen können. Da das Wissen des Einzelnen begrenzt ..., ... es auch ausgeschlossen, dass alle wissenschaftlichen und technischen Voraussetzungen für eine Erfindung von einem Einzelnen geschaffen .... Wenn heute an größeren Projekten gearbeitet ..., ... außerdem Zeit und Geld in einer Größenordnung gebraucht, die von einem Einzelnen gar nicht aufgebracht ... können. So ... heute ein Zustand erreicht, der deutlich von allen anderen Epochen unterschieden ....

18 过程还是状态？如果可能，请用状态被动态。

Sicherheit im Atomkraftwerk

Beim Bau eines Atomkraftwerks ... riesige Beton- und Eisenmassen zum Schutz der Anlage gegen Einwirkungen von außen verwendet. Sicherheitsbarrieren sorgen aber auch dafür, dass bei technischen Störungen eine Gefährdung des Personals und der Bevölkerung ausgeschlossen .... Die wesentlichen Funktionen eines Atomkraftwerks ... zentral gesteuert und überwacht. Alle eingehenden Meldungen und Anzeigen ... laufend in der Kraftwerkwarte registriert. Die Kraftwerkwarte ... rund um die Uhr besetzt. Sie ... darauf eingestellt, auf unvorhergesehene Zwischenfälle sofort zu reagieren.
Im Informationszentrum, wo oft gleich mehrere Gruppen empfangen ..., ... die Besucher

über die Gewinnung von Atomenergie informiert. Dieses Zentrum ... so angelegt, dass den Besuchern durch originalgetreue Nachbildungen ein Eindruck vom Funktionieren eines Atomkraftwerks vermittelt .... Am Strahlenmessplatz ... die Strahlenbelastung des Menschen durch die Natur, die Medizin und die Kernenergie demonstriert. In der Nähe des Kraftwerks ... Messstationen eingerichtet. Von hier aus ... die Umgebung laufend überwacht. Die verschiedensten Strah-

lenarten und die Strahlenbelastung ... mit modernsten Strahlenmessgeräten gemessen. All das ... im Informationszentrum auf Schaubildern übersichtlich dargestellt. Nach einem Rundgang ... die Besucher über Kernenergie und Atomkraftwerke besser informiert als vorher.

(Nach: Informationsbroschüre
der Kernkraft GmbH)

V 综合练习

19 1961 年 8 月 13 日前德意志民主共和国封锁了通往西柏林的边界。请用被动态描述具体发生的事情。

Die Berliner Mauer

Nachts zog man einen Stacheldraht zwischen Ost- und West-Berlin. Man blockierte die Straßenverbindungen zum Westen und kappte die deutsch-deutschen Telefonleitungen. Bald danach ersetzte man den Stacheldraht durch eine Mauer. In den nächsten Jahren perfektionierte man die Absperrung noch weiter. Anfang der 80er Jahre ersetzte man schließlich die alte Mauer durch glatte Betonwände. Die bis zu 4,20 Meter hohe und 160 Kilometer lange Mauer schnürte West-Berlin ringsherum ein. Zusätzlich legte man Gräben und Panzersperren an. Zur Überwachung der Grenze errichtete man Beobachtungstürme. Zwischen 1961 und 1989 erschossen Grenzposten fast 80 Menschen an dieser Mauer. In der Bundesrepublik gedenkt man jedes Jahr am 13. August der Menschen, die Grenzpolizisten bei Fluchtversuchen erschossen oder verletzt haben. Während der friedlichen Revolution im Herbst 1989 rissen Ost-Berliner Demonstran-

ten Teilstücke der Mauer heraus. In den nächsten drei Jahren entfernte man dann die Berliner Mauer ganz. Mit dem Abriss der Berliner Mauer zerstörte man auch die bunten Bilder auf der Mauer. Anonyme Künstler hatten die Wände mit Graffiti* bemalt. Viele Mauerstücke versteigerte man. Das Geld verwendete man für humanitäre Zwecke. Nach und nach stellte man die alten Telefon- und Straßenverbindungen zwischen Ost- und West-Berlin wieder her.

Nach dem Zweiten Weltkrieg entstanden zwei deutsche Staaten, die BRD (Bundesrepublik Deutschland) und die DDR (Deutsche Demokratische Republik). Eine friedliche Revolution in der DDR im Jahre 1989 und die Auflösung des Ostblocks führten 1990 zur Wiedervereinigung der beiden deutschen Staaten.

*Graffiti = Zeichnungen an Mauern

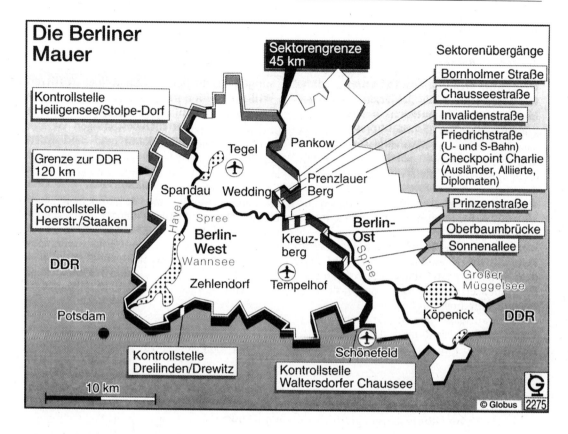

Die Berliner Mauer

Sektorengrenze 45 km

Sektorenübergänge
Bornholmer Straße
Chausseestraße
Invalidenstraße
Friedrichstraße (U- und S-Bahn)
Checkpoint Charlie (Ausländer, Alliierte, Diplomaten)
Prinzenstraße
Oberbaumbrücke
Sonnenallee

Kontrollstelle Heiligensee/Stolpe-Dorf

Grenze zur DDR 120 km

Kontrollstelle Heerstr./Staaken

DDR

Tegel
Pankow
Spandau　Wedding
Prenzlauer Berg
Havel　Spree
Berlin-West
Berlin-Ost
Kreuz-berg
Spree
Wannsee
Zehlendorf
Tempelhof
Großer Müggelsee
Köpenick
DDR

Potsdam

Kontrollstelle Dreilinden/Drewitz
Schönefeld
Kontrollstelle Waltersdorfer Chaussee

10 km

© Globus 2275

20 如果可能,请用被动句讲述德德关系中的一个方面。

Deutsch-deutscher Menschenhandel

Die BRD kaufte zwischen 1963 und 1989 fast 34 000 Häftlinge aus den Gefängnissen der DDR frei. Sie befreite auf diesem Wege auch politische Häftlinge. Die beiden deutschen
5 Staaten tätigten diesen Menschenhandel regelmäßig. Den Tausch „Kopf gegen Geld" hatte die DDR vorgeschlagen. Die zu entlassenden Häftlinge wählte das Außenhandelsministerium der DDR aus. Der „Kopfpreis" für
10 einen Häftling betrug anfangs etwa 10 000 DM, ab 1977 erhöhte man ihn auf etwa 96 000 DM. Die DDR bekam nicht nur Bargeld für den „Verkauf" der Häftlinge, die BRD bezahlte den Freikauf auch in Gold. Die DDR (In der
15 DDR ...) investierte das Geld vor allem in Industrie- und Konsumgüter. Mit den Einnahmen aus dem Menschenhandel konnte man die Versorgungsschwierigkeiten wenigstens teilweise beseitigen. Die erste Gutschrift verwendete die DDR für Apfelsinen.
20 Weil die DDR möglichst viele Häftlinge gegen Devisen „verkaufen" wollte, verurteilte die Justiz auch unschuldige DDR-Bürger zu hohen Haftstrafen. Die BRD kaufte solche Häftlinge später nicht mehr frei. Daraufhin stellte
25 die DDR (in der DDR) diese Verurteilungen ein.
Man brachte die freigekauften Häftlinge in Bussen in die BRD. Da man die Transporte verschweigen wollte, ermahnte man die
30 Häftlinge zum Stillschweigen.
Während der friedlichen Revolution im Jahre 1989 erließ man in der DDR eine Amnestie für politische Häftlinge. Damit endete der deutsch-deutsche Menschenhandel.
35

21 如果可能,请用被动态改写下文。

Bakterien

Bei der Bekämpfung von Infektionskrankheiten konnte man mit Bakterien erstaunliche Erfolge erzielen. Trotzdem verbindet jeder mit diesem Begriff die Vorstellung von
5 Krankheit und Tod. Man vergisst dabei meist, dass Bakterien auch nützlich sein können und dass Biologen sie als unverzichtbare Studienobjekte in der Molekularbiologie verwenden.
10 Man muss Bakterien exakt untersuchen, bevor man sie sinnvoll nutzen oder bekämpfen kann. Zu diesem Zweck züchtet man sie in Reinkulturen. Hierfür haben Biologen besondere Methoden entwickelt: Man muss die
15 Nährböden je nach Mikrobenart verschieden zusammensetzen, ebenso muss man die optimale Zuchttemperatur beachten.
Wenn man Bakterien in der Nahrung bekämpfen will, kann man die Lebensmittel
20 beispielsweise mit Zucker- oder Essigsäurelösungen einmachen, trocknen oder einfrieren. Will man Milch pasteurisieren*, darf man sie nur kurzfristig auf etwa 74 Grad Celsius erhitzen. Bakterien an hitzebeständigen Geräten und in Chemikalien kann man bekämpfen, 25 indem man sie sterilisiert. Dabei muss man das, was man sterilisieren will, etwa 15 bis 60 Minuten lang Wasserdampf von 120 Grad Celsius aussetzen. Zur Desinfektion größerer Flächen verwendet man Chemikalien wie 30 Phenole** oder Detergenzien***. Luft kann man mit Hilfe von UV-Strahlen teilentkeimen.

(Nach: Das Abitur-Wissen, Biologie)

* Lebensmittel kurz erhitzen und dadurch teilentkeimen
** chem. Verbindung, besitzt die Eigenschaften von Säuren und Alkoholen
*** in Waschmitteln enthaltener Stoff

22 如果可能,请将下面的一篇报刊文章改为被动态。

Zum Glimmstengel greift nur noch die Hälfte

Unter Jugendlichen gibt es immer mehr Raucher. Deshalb will man den Kampf gegen das Rauchen bereits in der Schule aufnehmen. Man will die Schüler schon frühzeitig zur
5 theoretischen Auseinandersetzung mit dem Rauchen zwingen. Bisher bezweifelte man den Erfolg einer solchen Aktion. Inzwischen aber hat man bewiesen, dass man mit einer Anti-Raucher-Kampagne nachhaltige Erfolge
10 erzielen kann. Man fragte 50 Jugendliche der siebten Klassen nach ihren Rauchgewohnheiten. Dann bot man ihnen eine achtstündige Gesamtinformation an. Man klärte sie über eine gesunde Ernährungs- und Lebensweise,
15 über die Wirkungen des Nikotins auf den menschlichen Organismus sowie über die Psychologie der Zigarettenwerbung auf. Dabei stellte man den Zusammenhang zwischen körperlicher Leistung und Rauchen besonders heraus. Man wollte allerdings keine 20 „Angstmache" betreiben. So etwa zeigte man keine Bilder von nikotinbedingten Krankheiten.
27 Monate später befragte man die Schüler wieder. Wo man die Anti-Raucher-Kampagne 25 durchgeführt hatte, registrierte man 50 Prozent weniger jugendliche Raucher. Diese jungen Menschen wollen Nichtraucher bleiben. Übrigens machte man unter Haupt- und Realschülern mehr Zigarettenraucher aus als 30 unter Gymnasiasten. Die stärksten Raucher waren die Mädchen der 9. Hauptschulklassen. Diese Tatsache will man bei der Vorbereitung weiterer Anti-Raucher-Kampagnen berücksichtigen. 35

(Nach: RNZ vom 21.11.1989)

23 如果可能，请将下面这篇关于废旧玻璃的文章改为被动态。

Glasklare Sache

Die Bürger sollen altes Glas, also Flaschen, Marmeladen- und Gemüsegläser, in Altglascontainer werfen. Nicht in die Container gehören Glühbirnen, Fensterscheiben und feuerfestes Glas. Man sammelt Altglas, weil man es aufarbeiten und als Rohstoff wieder verwenden kann. Aus einer Tonne Altglas kann man eine Tonne Neuglas gewinnen. Dazu muss man das Altglas einschmelzen. Weil das Ausgangsmaterial rein sein muss, darf man Plastik, Keramik, Ton oder Steine nicht in Altglascontainer werfen. Flaschenverschlüsse oder Metallteile sollte man möglichst entfernen. Die Etiketten können dranbleiben. Man braucht das Glas auch nicht zu spülen. Die Gemeindeverwaltungen wollen von den Bürgern nicht zu viel verlangen, sonst macht sich niemand die Mühe des Sammelns. Und gerade das will man ja erreichen.

Für die Gewinnung des Rohmaterials Glas sind einige Arbeitsgänge am Fließband notwendig: Mitarbeiter sortieren per Hand die größten Fremdkörper wie Dosen, Steine oder Porzellan heraus; Maschinen zerkleinern die alten Gefäße; ein Magnetabscheider sondert alle Eisenteile ab; nichtmagnetische Metalle entfernt man fotomechanisch; alle leichten Stoffe wie z.B. Papier saugt man ab. Man wäscht die Scherben nicht, das wäre ein unnötiger Wasserverbrauch. Ganz zum Schluss gibt man das auf diese Weise gewonnene Rohmaterial in einen riesigen Ofen, in dem man es bei 1 500 Grad einschmilzt. Dann gießt man die flüssige, glühende Masse in Formen. So gewinnt man Millionen neue Flaschen.

Wichtig ist, dass man verschiedenfarbiges Glas getrennt einschmilzt. Denn man erzielt die Farbe durch chemische Reaktionen. Grün gewinnt man durch die Zugabe von Chromoxyd, für die Gewinnung der Farbe Braun muss man gleich mehrere Stoffe einsetzen. Wenn man beim Recycling die verschiedenfarbigen Gläser mischt, entsteht eine undefinierbare Farbe, die niemand kauft. Deswegen sammelt man Glas nach Farben getrennt.

§5 被动态的改写形式

I 被动态改写形式的用法

(1) Der Versuch kann jederzeit wiederholt werden.
Der Versuch **ist** jederzeit **wiederholbar.**
(2) Der gesamte Institutskomplex wird umgebaut.
Der gesamte Institutskomplex **befindet sich im Umbau.**

被动态的改写形式可以替代被动态,且使用频率比被动态高。

两者的区别在于:被动态的改写形式用动词的主动态形式表达被动的意义。它们的相同之处是主语不是动作的执行者或发出者,而是动作的承受者,即主动句中的第四格宾语 (*Man kann den Versuch wiederholen. Man baut den gesamten Institutskomplex um.*)。被动态的改写形式可以分为两类:具有情态意义的形式(1)和不具有情态意义的形式(2)。

II 具有情态意义的被动态改写形式

1. 含情态动词"können"之义的被动态改写形式

被动态改写形式"*sein+*后缀为*-bar* 的形容词"

(1) Radiowecker können als Radio und als Wecker verwendet werden.
Radiowecker **sind** als Radio und als Wecker **verwendbar.**
(2) Die Vorteile eines solchen Geräts können nicht geleugnet werden.
Die Vorteile eines solchen Geräts **sind unleugbar.**

被动态改写形式"*sein* + 后缀为*-bar* 的形容词"表达的是一种可能性。在有些形容词中,后缀*-bar* 须与否定前缀 *un-*同时存在,这样的形容词只能改写被动态的否定句(2)。并非所有的动词都可与后缀*-bar* 构成形容词。在带后缀*-bar* 的形容词的句子中,无法说明动作的执行者或者发出者。

后缀*-fähig, -lich, -sam* 以及*-abel, -ibel* 只是有时有被动意义,例如: *transportfähig, erträglich, unaufhaltsam, diskutabel, disponibel;* 不具备被动意义的例如: *arbeitsfähig, ärgerlich, sparsam, spendabel*。

1 请用后缀为*-bar* 或者*-abel* 的形容词改写下列句子。

Radiowecker
1. Die Vorteile von Radioweckern können nicht bestritten werden.
2. Der Preis von Radioweckern kann akzeptiert werden.
3. Die Helligkeit der Anzeigentafel kann verstellt werden.
4. Die Lautstärke kann stufenlos reguliert werden.
5. Der Weckton kann nicht überhört werden.
6. Die Batterien können ausgewechselt werden.
7. Die meisten Radiowecker können leicht programmiert werden.
8. Radiowecker können jederzeit repariert werden, was sich aber meist nicht lohnt.

2 Recyceln 和 recycelbar——请用后缀为 -bar 的形容词改写下列句子。

Wir ersticken im Müll

1. Die Probleme der Industriegesellschaften mit dem Müll können nicht übersehen werden.
2. Viele Abfallprodukte können nicht wieder verwertet werden.
3. Bei anderen kann die Wiederverwertung nicht bezahlt werden.
4. Das bedeutet, dass das Anwachsen des Mülls kaum vermieden werden kann.
5. Was das Recycling betrifft, können viele Versprechungen bis heute nicht eingelöst werden.
6. Ein Abbau der Müllhalden kann am ehesten durch das Einsparen von Abfall erreicht werden.
7. Ein solche Einsparung kann wiederum am einfachsten über Verpackungsvorschriften realisiert werden.
8. Aber manches Verpackungsmaterial, das nicht recycelt werden kann, kann auch nicht durch anderes ersetzt werden.

3 请用被动句改写后缀为 -bar 和 -lich 的形容词。

Ein mittelalterlicher Turm

1. Der verfallene mittelalterliche Turm ist restaurierbar.
2. Die eigentliche Bauzeit ist nicht mehr genau bestimmbar.
3. Ein Teil der alten Bausubstanz ist allerdings nicht mehr verwendbar.
4. Die hohen Kosten für die Restaurierungsarbeiten sind gerade noch vertretbar.
5. Wegen der hohen Baukosten sind Eintrittsgelder in Zukunft unverzichtbar. (verzichten auf)
6. Die Wendeltreppe ist bald wieder begehbar.
7. Die Aussichtsplattform ist dann durch eine Luke erreichbar.
8. Das Herumklettern auf der Mauer ist allerdings unverantwortlich.
9. Die Freude der Schulkinder an dem Projekt ist unbeschreiblich.
10. Der Turm ist wegen seiner typischen Form unverwechselbar.

被动态改写形式 : *sich lassen*

Streitigkeiten können nicht immer vermieden werden.
Streitigkeiten **lassen sich** nicht immer **vermeiden.**

被动态的改写形式 "*sich lassen* + 动词不定式" 表示一种可能性, 在这种句式中无法说明动作的执行者。
(参见 85 页和 155 页)

---

4 请说说什么是无法做到的, 什么是难以做到的。

Beispiel: Die Tür klemmt. (sie / nur mit Mühe öffnen)
           Die Tür klemmt. Sie lässt sich nur mit Mühe öffnen.
           (= Sie kann nur mit Mühe geöffnet werden.)

1. Die Kaffeemaschine ist kaputt. (sie / nicht mehr reparieren)
2. Das Schloss ist abgebrannt. (es / originalgetreu nicht wieder aufbauen)
3. Der Mantel ist zu kurz. (er / nicht verlängern)
4. Das Unwetter kam überraschend. (es / nicht vorhersehen)
5. Das Bild gefällt mir gut. (es / nur schwer beschreiben)

6. Er ist an seinem Unglück selbst schuld. (das / nicht leugnen)
7. Sie hat vorgefasste Meinungen. (sie / nicht beeinflussen)
8. Proteste können nicht verhindert werden. (sie / nicht verhindern)

5 请用 *sich lassen* 的句式叙述审判过程。

1. Der Mordfall konnte erst nach Monaten aufgeklärt werden.
2. Aber die Tatumstände konnten fast vollständig rekonstruiert werden.
3. Für die Schuld des Angeklagten konnten genügend Beweise gefunden werden.
4. Aufgrund der Zeugenaussagen konnten viele Details geklärt werden.
5. Die Zeugenaussagen konnten am Tatort überprüft werden.
6. Das harte Urteil kann in einem Revisionsverfahren unter Umständen nicht aufrechterhalten werden.
7. Gegen die Beweisführung kann nichts eingewendet werden.
8. Eine Vorverurteilung des Angeklagten in den Medien konnte nicht verhindert werden.

被动态改写形式：反身动词

Nicht jedes Material kann problemlos verarbeitet werden.
Nicht jedes Material **verarbeitet sich** problemlos.

用反身动词形式表示被动意义在多数情况下表达的是一种可能性。当这个反身动词含有情态意义的时候，可以用 *sich lassen* 将句子扩展，意义上没有差别：
Nicht jedes Material lässt sich problemlos verarbeiten.
用反身动词形式表示被动意义的句子中主语只能是物，无法表达动作的执行者或者发出者，而且只有极少数动词能够这样使用。

---

6 请用反身动词句式改写以下句子。

1. Nicht alle Produkte können problemlos vermarktet werden.
2. Nicht jeder Verdacht kann bei näherem Hinsehen bestätigt werden.
3. Nicht jeder Kriminalroman kann gut verkauft werden.
4. Nicht alle Wohnungen können schnell vermietet werden.
5. Nicht jeder Teppich kann leicht gepflegt werden.
6. Nicht jedes Haar kann gut frisiert werden.
7. Nicht jeder verlorene Gegenstand wird wiedergefunden.
8. Nicht jedes Auto kann so gut gefahren werden wie unseres.

7 请用更简短的句式改写以下句子。

Beispiel: Im Leben lassen sich nicht alle Wünsche erfüllen.
             Im Leben erfüllen sich nicht alle Wünsche.

1. Viele Probleme lassen sich mit der Zeit klären.
2. Nicht alle Probleme lassen sich von selbst lösen.
3. Auf Anhieb ließ sich ein Ausweg finden.
4. Dieser Roman lässt sich ziemlich flüssig lesen.

5. Manche Silben lassen sich schlecht aussprechen.
6. Viele verloren geglaubte Gegenstände lassen sich irgendwann wiederfinden.
7. Im Stehen lässt es sich nur schlecht essen.

2. 含情态动词"müssen"/"sollen"之义的被动态改写形式

被动态改写形式：*es gilt, es heißt, stehen* 和 *gehören*

(1) Viele Aufgaben mussten bewältigt werden.
Viele Aufgaben **galt es zu bewältigen**.
(2) Eine Regierungskrise musste/sollte vermieden werden.
Es hieß eine Regierungskrise **zu vermeiden**.
(3) Ein Anstieg der Arbeitslosigkeit musste leider befürchtet werden.
Ein Anstieg der Arbeitslosigkeit **stand** leider **zu befürchten**.
(4) Eine solche Handlungsweise muss/sollte bestraft werden.
Eine solche Handlungsweise **gehört bestraft**.

被动态的改写形式 *es gilt*+带 *zu* 的不定式(1)、*es heißt*+带 *zu* 的不定式(2)、*stehen*+带 *zu* 的不定式(3)以及 *gehören*+动词的第二分词(用于口语)(4)表示一种必要性(相当于 *müssen*)、一种要求(相当于直陈式的 *sollen*)或者一种劝告(相当于直陈式和第二虚拟式中的 *sollen*)。这类被动态改写形式的主语只能是 *es*(1)(2)或者物(3)(4)，不能表达动作的执行者或者发出者。

stehen 只能和动词 *erwarten, hoffen, befürchten* 连用。

(有关 *es gilt, es heißt, stehen*+带 *zu* 的不定式的用法还可参见 157 页)

8　请用括号里给出的动词讲一讲 1990 年德国重新统一后发生的许多事情。

1. Die Probleme mussten energisch angegangen werden. (es heißt)
2. Die Infrastruktur musste verbessert werden. (es gilt)
3. Es musste befürchtet werden, dass hohe Investitionen notwendig werden. (stehen)
4. Es mussten Häuser instand gesetzt werden. (es gilt)
5. Die Eigentumsverhältnisse mussten schnell geklärt werden. (es gilt)
6. Das Verkehrsnetz musste ausgebaut werden. (es gilt)
7. Umweltprobleme mussten in Angriff genommen werden. (es gilt)
8. Die Verwaltung musste aufgebaut werden. (es gilt)
9. Die Arbeitslosigkeit musste bekämpft werden. (es gilt)
10. Es musste tüchtig gespart werden. (es heißt)

3. 含情态动词"müssen"/"sollen"/"können"/"nicht dürfen"之义的被动态改写形式

用 *sein, bleiben* 和 *es gibt* 进行改写

(1a) Für die Sicherheit im Labor muss/soll/kann noch viel getan werden.
Für die Sicherheit im Labor **ist** noch viel **zu tun**.

(1b) Unfälle können nicht hundertprozentig vermieden werden.

Unfälle **sind** nicht hundertprozentig **zu vermeiden**.

(1c) Mit gefährlichen Stoffen darf nicht gespaßt werden.

Mit gefährlichen Stoffen **ist** nicht **zu spaßen**.

(2) Für die Sicherheit muss/sollte/kann noch viel getan werden.

Für die Sicherheit **gibt es** noch viel **zu tun**.

(3) Was noch getan werden muss/sollte/kann, ist in einem Katalog festgelegt.

Was noch **zu tun bleibt**, ist in einem Katalog festgelegt.

被动态的改写形式 *sein*+带 *zu* 的不定式(1)、*es gibt* + 带 *zu* 的不定式(2)、*bleiben* + 带动 *zu* 的不定式(3)表示一种必要性(相当于 *müssen*)、一种要求(相当于直陈式的 *sollen*)、一种劝告(相当于直陈式或第二虚拟式的 *sollen*)、一种可能性(相当于 *können*),有时还可以是一种禁止(相当于 *nicht dürfen*),或者有条件的许可(相当于 *nur dürfen*)。具体所指情态意义取决于上下文,但有时不是很明确。在这些句式中很少提及动作的执行者或者发出者。

如果被动结构 *sein*+带 *zu* 的不定式表达的是一种必要性或者一种要求,这时它的意义和主动结构 *haben*+带 *zu* 的不定式的意义相同。

(参见 161 页,*es gibt* 及 *bleiben* 参见 157 页)

---

9 请用 *sein*+ 带 *zu* 的不定式的句式讲讲有关实验室安全性问题。

1. Manche Sicherheitsvorschriften können nicht so ohne weiteres eingehalten werden.
2. Sie sollten aber trotzdem ernst genommen werden.
3. Absolute Sicherheit kann allerdings nicht garantiert werden.
4. Fluchtwege müssen gekennzeichnet werden.
5. Sie müssen von Schränken und sonstigen Möbeln freigehalten werden.
6. Brennbare Gase müssen in einem Mindestabstand von zwei Metern gelagert werden.
7. Kühlschränke mit brennbaren Chemikalien müssen vor Explosionen geschützt werden.
8. Giftige Chemikalien müssen mit besonderer Vorsicht behandelt werden.
9. Sie müssen deshalb in einem abgeschlossenen Schrank aufbewahrt werden.
10. Alle Sicherheitsvorrichtungen müssen in regelmäßigen Abständen überprüft werden.

10 *müssen, sollen, können* 还是 *dürfen*? 请用被动态讲讲关于建筑材料应注意哪些问题。

1. Im Bausektor sind viele „Krankmacher" leider nur schwer zu ersetzen.
2. Beim Einkauf von Baumaterialien, Farben und Lacken ist deshalb Verschiedenes zu beachten.
3. Beim Gebrauch dieser Stoffe sind Gefahren für die menschliche Gesundheit nicht auszuschließen.
4. Deshalb ist, wo immer möglich, unbedingt auf schadstoffarme Produkte zurückzugreifen.
5. Sie sind an besonderen Aufschriften und Umweltzeichen zu erkennen.
6. Holzschutzmittel sind mit größter Vorsicht zu behandeln.
7. Aber manchmal ist die Verwendung solcher Mittel nicht zu vermeiden.
8. Von der Verwendung chemischen Holzschutzes ist dringend abzuraten.

9.　Seine gesundheitsschädigende Wirkung ist auf keinen Fall zu verharmlosen.
10.　Holz ist auch mit ungefährlichen Lacken und Farben zu schützen.
11.　Genaueres dazu ist der einschlägigen Fachliteratur zu entnehmen.

Ⅲ　不具有情态意义的被动态改写形式

被动态改写形式：*lassen*

(1)　Der Richter veranlasst, dass der Einbrecher verhört wird.
　　Der Richter **lässt** den Einbrecher **verhören**.

(2)　Der Einbrecher hatte es widerstandslos hingenommen, dass er festgenommen wurde.
　　Der Einbrecher **hatte sich** widerstandslos **festnehmen lassen**.

(3)　Der Einbrecher hatte zugelassen, dass ihm seine Pistole von einem Polizisten abgenommen wurde.
　　Der Einbrecher **hatte sich** seine Pistole von einem Polizisten **abnehmen lassen**.

只有当涉及到人的时候，才使用 *jdn./sich/etw. lassen* + 动词不定式这种结构，其中可以提及动作的执行者或者发出者 (3)。
lassen + 动词不定式有两层含义：*veranlassen/verlangen/erwarten/dafür sorgen, dass (von jdm.) etw. getan wird* (1) 以及 *zulassen/erlauben/dulden/hinnehmen, dass (von jdm.) etw. getan wird* (2) (3)。(参见 155 页)

11　请用 *lassen* + 动词不定式的句式来说说审判时必须做的事情。

　　　　Der Richter veranlasst,
1.　dass ein Pflichtverteidiger bestellt wird.
2.　dass er mit dem Dienstwagen abgeholt wird.
3.　dass der Zeuge rechtzeitig zur Gerichtsverhandlung geladen wird.
4.　dass der Angeklagte in den Gerichtssaal geführt wird.
5.　dass dem Angeklagten die Handschellen abgenommen werden.
6.　dass ihm alle Beweisstücke vorgelegt werden.
7.　dass der Angeklagte auf Zurechnungsfähigkeit untersucht wird.
8.　dass die Zeugenaussagen protokolliert werden.
9.　dass die Öffentlichkeit von der Verhandlung ausgeschlossen wird.
10.　dass ihm von einem Justizbeamten weitere Unterlagen gebracht werden.

12　请用 *lassen* + 动词不定式的句式来讲述下面这篇童话故事。

Aschenputtel

Ein reicher Mann heiratete nach dem Tod seiner Frau ein zweites Mal und für seine Tochter kamen mit der Stiefmutter zwei Stiefschwestern ins Haus. Da begann für die Tochter, jetzt Aschenputtel genannt, eine böse Zeit. Doch am Ende ging für Aschenputtel alles gut aus und die Stiefschwestern bekamen ihre Strafe.

Aschenputtel ließ zu,

1. dass sie wie eine Küchenmagd behandelt wurde.
2. dass ihr alle schweren Arbeiten aufgebürdet wurden.
3. dass ihr ihre schönen Kleider weggenommen wurden.
4. dass ihr ein grauer alter Kittel angezogen wurde.
5. dass sie von den Stiefschwestern gekränkt und verspottet wurde.
6. dass sie von den Stiefschwestern herumkommandiert wurde.
7. dass sie von den Stiefschwestern ausgenutzt wurde.
8. dass sie von einem Königssohn auf sein Schloss entführt wurde.
9. dass sie bei ihrer Hochzeit von den Stiefschwestern auf dem Gang zur Kirche begleitet wurde.
10. Die Stiefschwestern mussten ertragen, dass ihnen von Vögeln die Augen ausgepickt wurden. (*müssen* bleibt)

13 *veranlassen* 还是 *zulassen*? 请选择。

Beispiele: Der Richter lässt einen Justizbeamten rufen.
Der Richter veranlasst, dass ein Justizbeamter gerufen wird.
Der Richter lässt sich nicht beleidigen.
Der Richter lässt nicht zu, dass er beleidigt wird.

Der Richter

1. Der Richter lässt sich nicht mitten im Satz unterbrechen.
2. Er lässt den Zeugen vereidigen.
3. Er lässt Ruhestörer aus dem Raum weisen.
4. Er lässt sich nicht in lange Diskussionen verwickeln.
5. Er lässt den Gerichtssaal räumen.
6. Er lässt sich nicht ungerechtfertigt beschuldigen.
7. Er lässt sich immer die Protokolle der Gerichtsverhandlungen vorlegen.
8. Er lässt sich an den Tatort fahren.

被动态改写形式：收件人作主语

Die Verlage schicken den Lehrern Bücher zu.
Den Lehrern werden (von den Verlagen) Bücher zugeschickt.
Die Lehrer **bekommen** (von den Verlagen) Bücher **zugeschickt**.

动词 *bekommen, erhalten, kriegen*(用于口语)，加上诸如 *anbieten, aushändigen, auszahlen, bescheinigen, bieten, bringen, in die Hand drücken, erklären, ersetzen, erstatten, leihen, liefern, mitteilen, schenken, schicken, überreichen, verleihen, verordnen, zeigen, zusprechen, zustellen* 等动词的第二分词构成收件人作主语的被动句式。第三格宾语，即收件人(或受领者)成为句子的主语，第四格宾语，即物，仍然是第四格宾语。在这种句型中可以提及动作的执行者或者发出者。

---

14 请将下列句子改写成以收件人作主语的被动句式。

Schulabschlussfeier
1. Der Rektor händigt den Schulabgängern die Abschlusszeugnisse aus.
2. Dem Jahresbesten verleiht er den Schulorden.
3. Er überreicht jedem Schulabgänger ein Buch zur Erinnerung an die Schulzeit.
4. Die Schüler bieten dem Lehrerkollegium ein abwechslungsreiches Programm.
5. Sie führen den Lehrern den Schulalltag aus der Schülerperspektive vor Augen.
6. Sie lesen den Lehrern auf witzige Art die Leviten.
7. Sie bescheinigen nicht allen Lehrern pädagogische Fähigkeiten.
8. Dem beliebten Vertrauenslehrer drücken zwei Schüler einen großen Blumenstrauß in die Hand.

15 请用以收件人作主语的被动句式谈谈病人在医院的经历。

Im Krankenhaus
1. Einem Patienten werden Röntgenbilder vorgelegt.
2. Ihm wird strenge Bettruhe verordnet.
3. Ihm wird täglich eine Spritze verabreicht.
4. Einer Patientin wird die Therapie erklärt.
5. Ihr werden Medikamente verschrieben.
6. Ihr wird ein Attest ausgestellt.
7. Ihr wird eine Überweisung an den Hausarzt ausgehändigt.
8. Den meisten Patienten werden die Krankenhauskosten voll erstattet.

16 您过生日的时候收到了什么礼物？请用 *Ich habe... geschickt+/geschenkt/...bekommen* 等句型来回答。

Geburtstag
1. Ich habe ein Glückwunschtelegramm geschickt bekommen.
2. ...

功能动词结构表示被动的意义

(1) Steuerbetrug wird bestraft.
Steuerbetrug **steht unter Strafe**.
(2) Steuerzahler werden von Steuerexperten beraten.
Steuerzahler **bekommen Ratschläge** von Steuerexperten.

功能动词结构是由一个动名词(由动词派生而来的名词)和一个功能动词(几乎没有独立意义的动词)构成的固定短语，大多时候它的意义和派生出名词的那个动词的意义相同。功能结构中的动名词可以是介词所要求的格 (1)、第四格 (2) 或者第三格 (罕见) (*einer Kontrolle unterliegen*)。这种结构能够表达动作的执行者(2)，可以是被动意义 (1)(2)，也可是主动意义 (*einen Ratschlag geben=beraten*)。

功能动词结构首先用于行政、新闻、专业或者科技用语中，和相对应的简单动词比较起来，显得更为正式。

17 用括号内给出的功能动词结构复述以下内容,括号内的句子不变。

Steuerrecht

1. Einzelne Paragraphen des Steuergesetzes sollen geändert werden.
   (zur Änderung anstehen / *sollen* entfällt)
2. Der Finanzausschuss des Bundestages ist beauftragt worden (den Gesetzentwurf zu beraten). (den Auftrag erhalten)
3. Die Arbeit des Finanzausschusses ist vom Finanzminister bisher immer gebilligt worden. (die Billigung des Finanzministers finden)
4. Bei der Überarbeitung des Steuerrechts muss die veränderte Wirtschaftslage berücksichtigt werden. (Berücksichtigung finden)
5. Im übrigen soll das Steuerrecht vereinfacht werden. (eine Vereinfachung erfahren)
6. Ab wann es angewandt wird, (ist unbestimmt). (zur Anwendung kommen)
7. Die Beratungen im Ausschuss werden demnächst abgeschlossen.
   (zum Abschluss kommen)
8. Nach der Verabschiedung in Bundestag und Bundesrat wird das Gesetz gedruckt.
   (in Druck gehen)
9. Die Änderungs- und Sparvorschläge sind in der Öffentlichkeit heftig kritisiert worden. (auf Kritik stoßen)
10. Sie werden meist abgelehnt (auf Ablehnung stoßen) und von kaum jemandem unterstützt. (Unterstützung erfahren)

18 请用被动句改写下列句子,如果可能请用状态被动态,括号内的句子不变。

Der Umbau eines Altersheims

1. Zur Zeit befindet sich das Altersheim im Umbau.
2. Seit Monaten sind Baumaschinen im Einsatz.
3. Einige bauliche Mängel haben schon eine Korrektur erfahren.
4. Die Baumaßnahmen unterliegen einer ständigen Kontrolle.
5. In einem Monat ist die diesjährige Bausaison zu Ende.
6. Die Baumaßnahmen sollen im nächsten Sommer ihren Abschluss finden.
7. Danach soll gleich die Übergabe des umgebauten Altersheims an die Bewohner erfolgen.
8. Nach dem Umbau können deutlich mehr alte Menschen Aufnahme finden als vorher.
9. Vor einigen Jahren sollte das Altersheim schon zum Verkauf kommen.
10. Auch stand der Abriss des Gebäudes zur Debatte. (debattieren über)
11. Dann bekam ein einheimischer Architekt den Auftrag (das Altersheim umzubauen).
12. Dieser Architekt genießt ein hohes Ansehen. (hohes → sehr)
13. Seine Arbeiten haben in den letzten Jahren auch im Ausland Beachtung gefunden.
14. Mit dem Umbau gehen viele Wünsche der Bewohner in Erfüllung.

IV 综合练习

19 请按照括号内的要求改写被动句，这样可使表达风格多样化。

Liebe vom Vater

Psychologen haben herausgefunden, dass zwischen Vätern und Kindern intensive Beziehungen aufgebaut werden können (sich lassen + Infinitiv). Eine enge Vater-Kind-Be-
5 ziehung sollte deshalb angestrebt werden (erstrebenswert sein), weil spätere Problemsituationen dann eher bewältigt werden können (sein + Infinitiv mit *zu*). Wenn Kindern von ihren Vätern genügend Aufmerksamkeit ge-
10 schenkt wird (Adressatenpassiv), können sie von Vätern ebenso beruhigt und getröstet werden wie von Müttern (sich lassen + Infinitiv). In den Untersuchungen konnten keine typisch männlichen und weiblichen Verhaltensmuster festgestellt werden (sein + Infini- 15 tiv mit *zu*). Ein nur bei Müttern angeborenes Pflegeverhalten konnte von den Psychologen nicht festgestellt werden (feststellbar sein). Mit diesem Experiment sind die Vermutungen der Psychologen bestätigt worden (eine 20 Bestätigung erfahren).

(Nach: Liebe vom Vater. Geo 11/1989)

20 请按括号内给出的被动态形式改写下面的文章。

Aids-Aufklärungstage

Das Gesundheitsamt in H. führte erstmals Aids-Aufklärungstage durch. Diese Veranstaltung ist in der Öffentlichkeit stark beachtet worden (Beachtung finden). Sie kann durch-
5 aus als Erfolg bezeichnet werden (sich lassen + Infinitiv). Das teilte das Gesundheitsamt dem zuständigen Ministerium mit (Adressatenpassiv). Erfreulicherweise konnten auch neue ehrenamtliche Mitarbeiter gewonnen
10 werden (sich lassen + Infinitiv). In 64 Veranstaltungen wurden immerhin fast 2 500 Interessierte aller Alters- und Sozialbereiche informiert. Dieses starke Interesse konnte man besonders an der regen Teilnahme an den
15 nichtöffentlichen Gesprächskreisen erkennen (sein + Infinitiv mit *zu*). Dort wurden die Teilnehmer in kleinen Gruppen intensiv beraten (sich lassen + Infinitiv). Es wurde auch über ganz persönliche Dinge diskutiert (zur
20 Diskussion stehen). Gemeinsam wurde überlegt, wie das theoretische Wissen über Aids in die Praxis umgesetzt werden kann (sich lassen + Infinitiv).

Wissenslücken über Aids konnten bei Schülerinnen und Schülern der 12. und 13. Klassen 25 festgestellt werden (sich lassen + Infinitiv), wenn Lehrer das Thema im Unterricht nicht behandelt hatten. Nach dem Lehrplan von Baden-Württemberg z. B. muss das Thema schon in der 8. Klasse angesprochen werden 30 (zur Sprache kommen). Jugendliche müssen heutzutage schon früh über Aids aufgeklärt werden (es gilt + Infinitiv mit *zu*), weil berücksichtigt werden muss (sein + Infinitiv mit *zu*), dass sie schon sehr früh Geschlechtsver- 35 kehr haben. Es kann nämlich eine Zunahme der Schwangerschaften bei 14- bis 15-Jährigen beobachtet werden (sich lassen + Infinitiv).

Trotz des Erfolgs der Veranstaltung kann 40 noch an einige Korrekturen gedacht werden (denkbar sein). Deshalb sollte möglichst rasch ein überarbeitetes Programm für die Zukunft entwickelt werden (es gilt + Infinitiv mit *zu*). 45

(Nach: Aids-Aufklärungstage. Gesundheitsamt will nun Programm. RNZ vom 23.11.1989)

§6 第二虚拟式

第二虚拟式的形式

第二虚拟式只有两种时态:现在时/将来时和过去时。

1. 第二虚拟式的现在时形式

直陈式现在时	直陈式过去时	第二虚拟式形式					würde 形式
ich komme	kam	käme	könnte	sagte	hätte	wäre	würde sagen
du kommst	kamst	käm(e)st	könntest	sagtest	hättest	wär(e)st	würdest sagen
er/sie kommt	kam	käme	könnte	sagte	hätte	wäre	würde sagen
wir kommen	kamen	kämen	könnten	sagten	hätten	wären	würden sagen
ihr kommt	kamt	käm(e)t	könntet	sagtet	hättet	wär(e)t	würdet sagen
sie kommen	kamen	kämen	könnten	sagten	hätten	wären	würden sagen

过程和状态被动态

直陈式现在时	直陈式过去时	第二虚拟式形式
wird gesagt	wurde gesagt	würde gesagt
muss gesagt werden	musste gesagt werden	müsste gesagt werden
ist geöffnet	war geöffnet	wäre geöffnet

第二虚拟式的现在时形式由直陈式的过去时变化而来,如果过去时中没有词尾-e,须加上词尾-e。弱变化动词的第二虚拟式没有变音(sagte),强变化和混合变化的动词中 a,o,u 需要变音(käme, dächte, stände),有些动词有两种形式(begönne/begänne,gewönne/gewänne, stünde/stände)。情态动词 dürfen, können, mögen, müssen 的第二虚拟式要变 u 音 (müsste),而 sollen 和 wollen 没有变音(sollte)。

除了这种形式外,würde 形式 (werden 的第二分词+动词不定式)也很常用,两种形式意义上没有区别。如果动词的第二虚拟式和直陈式的过去式形式没有区别,必须用 würde 形式。今天强变化动词和混合动词的第二虚拟式形式并不常见,因为变元音 ä,ö,ü 显得特别陈旧 (brächte, klänge, spränge; böte, fröre, schösse; erwürbe, schüfe, wüchse; 但是 kennte, nennte),因此常用 würde 形式取代。除基本动词 haben, sein 和情态动词以外, 基本上都可以用 würde 形式替代 (错误:würde haben/ würde sein/ würde wollen)。

口语中更倾向使用 würde 形式,强变化动词的第二虚拟式中也只有 bekäme, gäbe ginge, käme, liefe, wüsste 仍被使用。在书面语中, 还使用 bliebe, erschiene, fände, fielte, hielte, hinge, hieße, läge, liefe, nähme, riefe, säße, stünde 等动词,视文体层面不同而有所不同。

在问句中, 人们也总是使用 würde 形式 (Würdest du hingehen?而不说 Gingest du hin?),还有当第二虚拟式指将来时, 也用 würde 形式 (Wenn er in der nächsten Woche die Nachricht bekommen würde... 而不说 bekäme)。

2. 第二虚拟式的过去时形式

直陈式	第二虚拟式
kam ist gekommen war gekommen	wäre gekommen
sagte hat gesagt hatte gesagt	hätte gesagt
musste sagen hat sagen müssen hatte sagen müssen	hätte sagen müssen

过程和状态被动态

wurde gesagt ist gesagt worden war gesagt worden	wäre gesagt worden
musste gesagt werden hat gesagt werden müssen hatte gesagt werden müssen	hätte gesagt werden müssen
war geöffnet ist geöffnet gewesen war geöffnet gewesen	wäre geöffnet gewesen

第二虚拟式的过去时形式由直陈式的过去完成时变化而来，这种形式很常用，而且和动词的其它形式区别明显，所以不可以使用 *würde* 形式（错误:*würde gesagt haben, würde gemacht worden sein*）。

1　请将下列句子改为第二虚拟式。

Beispiele:　　er hält → er hielte/er würde halten
　　　　　　　er fliegt → er würde fliegen
　　　　　　　er flog → er wäre geflogen

1. wir sehen es
2. er wollte gefragt werden
3. sie ruft
4. sie muss arbeiten
5. es ist gewaschen worden
6. er ist glücklich
7. sie hat ihn gefragt
8. er hilft

9. sie wird kommen
10. es war schade
11. sie musste arbeiten
12. er stirbt
13. ihm wird geholfen
14. es darf geraucht werden
15. er lässt das Rauchen
16. wir wollten es

17. es wurde gearbeitet	29. du willst ihnen helfen
18. er friert	30. wir bekommen Besuch
19. wir waren betroffen	31. sie soll sich entscheiden
20. es musste getan werden	32. es brennt
21. ich war beeindruckt	33. sie haben ihr geholfen
22. Nimmst du mich mit?	34. es wurde besprochen
23. sie rennen	35. sie konnten dabei helfen
24. es kann verkauft werden	36. es beginnt
25. sie sollten sich entscheiden	37. es ist erledigt
26. er hatte Angst	38. er schießt
27. wir wissen es	39. wir fragen uns
28. sie sind gefahren	40. sie waren aufgestanden

2 请描述 Reisemann 先生在假期险些遇到的事情。

Beispiel:　keinen Flug mehr bekommen
Fast hätte Herr Reisemann keinen Flug mehr bekommen.

1. am Abreisetag verschlafen
2. Geld und Ausweis zu Hause vergessen
3. ihm der Bus vor der Nase wegfahren
4. von einem Auto angefahren werden
5. sein Flugzeug verpassen
6. keinen Fensterplatz mehr bekommen
7. kein Hotelzimmer mehr zu bekommen sein
8. das Hotel seiner Wahl schon ausgebucht sein
9. die angekündigte Segelregatta abgesagt werden müssen
10. in Seenot geraten
11. bei einem Sturm von der Rettungswacht an Land geholt werden müssen
12. bei der zweiten Regatta das Schlusslicht machen
13. ihm das den ganzen Urlaub verderben
14. vor Wut nach Hause fahren
15. es fast bereuen, dass er diese Urlaubsidee gehabt hat
16. die Schönheit der Landschaft nicht wahrnehmen
17. den angenehmen Ort und das Hotel nicht ausreichend genießen
18. die vielen netten Leute übersehen
19. (Aber dann hat er einfach „abgeschaltet" und) seinen Urlaub noch verlängern

II 第二虚拟式的意义和用法

(1) Könnten Sie uns genauer schildern, wie der Unfall passiert ist? 有礼貌的询问或请求（参见 97 页）

(2) Hätte der Autofahrer doch nicht überholt! 愿望句（参见 97 页）

(3) Wenn der entgegenkommende Fahrer das Lenkrad nicht in letzter Sekunde herumgerissen hätte, wären beide Autos frontal zusammengestoßen. 条件从句（参见 99 页）

(4) Dieser Fahrer hat schnell reagiert, sonst hätte es einen schweren Unfall gegeben.

带有 *sonst/andernfalls* 的句子(参见 105 页)

(5) Es sieht so aus, als ob der Beifahrer einen Schock erlitten hätte (habe).

比较句(参见 106 页)

(6) Er ist zu verwirrt, als dass er die Fragen der Polizisten beantworten könnte (kann).

结果从句(参见 108 页)

(7) Es gibt keinen Autofahrer, der vor Unfällen sicher wäre (ist).

主句为否定句的关系从句(参见 111 页)

(8) Fast hätte es einen frontalen Zusammenstoß gegeben.

带有 *fast/beinahe* 的句子(参见 94 页)

(9) Auch wenn ich ein schnelles Auto hätte, würde ich nicht so rasen.

让步从句

(10a) Wie wäre es, wenn Sie zügig weiterfahren würden?

推荐/建议

(10b) An Ihrer Stelle würde ich nicht an der Unfallstelle stehen bleiben.

(参见 96 页)

(10c) Er hätte das Überholverbot beachten müssen/sollen und hätte nicht überholen dürfen.

(参见 134 页和 156 页)

(10d) Es wäre besser (gewesen), mögliche Folgen vorher zu bedenken.

(11) Ich würde nie in einer Kurve überholen.

将某事做得更好

(12) Der rasante Autofahrer wäre vielleicht ein guter Rennfahrer.

可能性

(13) Die Unfallfolgen müssten/dürften/könnten relativ schnell behoben sein.

用 *müsste/dürfte/könnte* 表示猜测(参见 143 页)

(14) Ich hätte nicht gedacht, dass die Polizei so schnell am Unfallort ist.

惊讶

(15) Ob ich auch so schnell reagiert hätte?

无把握的问句

(16) Er behauptet, dass ihn die Sonne geblendet hätte (habe).

间接引语(参见 119 页)

(17) Das hätten wir geschafft.
Damit wären wir am Ende.

结束性论断

直陈式所表述的是一个真实的、确实存在的事实,而第二虚拟式表述的是一种非现实性,只是主观想像、假设或虚构(请比较事实:*Der Autofahrer hat überholt.* 和非现实愿望(2))。

上面的例句说明了第二虚拟式意义及用法的多样性,但使用频率最高的是非现实条件句。有时可以用直陈式(6)(7)或者第一虚拟式(5)(16)替换第二虚拟式。

III 直陈式和第二虚拟式的对立关系

(1)　Er riskiert seinen Führerschein.
　　　An seiner Stelle **würde** ich den Führer-
　　　schein **nicht riskieren**.

(2)　Er hat in der Kurve noch überholt.
　　　An seiner Stelle **hätte** ich in der Kurve
　　　nicht mehr überholt.

(3)　Er hat noch nicht vor der Polizei ausge-
　　　sagt.
　　　An seiner Stelle **hätte** ich **schon** vor der
　　　Polizei **ausgesagt**.

(4)　Er hat vor der Fahrt viel Bier getrunken.

(4a)　An seiner Stelle **hätte** ich vor der Fahrt
　　　kein Bier getrunken.

(4b)　An seiner Stelle **hätte** ich vor der Fahrt
　　　nicht so viel Bier getrunken.

(4c)　An seiner Stelle **hätte** ich vor der Fahrt
　　　weniger Bier getrunken.

(5)　Er fährt sehr leichtsinnig.

(5a)　An seiner Stelle **würde** ich **vorsichtig
　　　fahren**.

(5b)　An seiner Stelle **würde** ich **nicht so
　　　leichtsinnig fahren**.

(5c)　An seiner Stelle **würde** ich **vorsichtiger
　　　fahren**.

直陈式表示的是一种现实,而第二虚拟式表示的是一种非现实性,两者大多处于一种对立的关系之中;第二虚拟式表达的不是真实的情况,刚好和现实相反。我们可以借助肯定和否定来说明这种对立关系:对直陈式的表达加以否定,例如(1)(2)(4a);对否定加以肯定(3);或者提出一个相反的概念(5a)。这种相反性是有限制的(*nicht so...*,例如(5b)、是相对而言的,例如(5c))。使用上述哪种方法最好,取决于上下文。(关于否定参见19页)

3　假如您是司机,您会怎么做? 有时存在多种可能性。

　　　Vorschläge

1.　Er hat sich nicht an die Geschwindigkeitsbegrenzung gehalten.
2.　Er hat vor der Autofahrt Alkohol getrunken.
3.　Er ist in der Kurve zu weit links gefahren.
4.　Er hat zu spät gebremst.
5.　Er fährt sehr schnell.
6.　Er überholt oft.
7.　Er gibt viel Geld für Autos aus.
8.　Er fährt sehr teure und schnelle Wagen.
9.　Er leistet sich noch den Luxus eines Zweitwagens.
10.　Er denkt nicht an die Folgen für die Umwelt.
11.　Er schnallt sich nicht immer an.
12.　Er regt sich immer gleich auf.
13.　Er hat nicht gleich mit dem Unfallgegner gesprochen.
14.　Er pocht immer gleich auf sein Recht.
15.　Er war auch zu den anderen Betroffenen nicht sehr freundlich.
16.　Er hat sich nur für den Schaden an seinem Auto interessiert.
17.　Er wird den Unfallwagen gleich verkaufen.

18. Er ist unhöflich gegenüber den Polizisten.
19. Er versucht sich zu rechtfertigen.
20. Er prahlt damit, sämtliche Auto- und Motorradrennen zu besuchen.

IV 第二虚拟式用于表达有礼貌的询问或请求

(1) **Könnten** Sie mir ein Kännchen Kaffee bringen?

(2) Ich **möchte** gern ein Stück Apfelkuchen mit Schlagsahne.

(3) **Dürfte** ich Sie um etwas bitten?

(4) **Würden** Sie mich zum Bahnhof fahren?

(5) **Wären** Sie so freundlich mir den Koffer abzunehmen?

(6a) **Hätten** Sie Feuer für mich?

(6b) Ich **hätte** gern einen Aschenbecher (gehabt).

(7) Ich **wüsste** gern / **hätte** gern gewusst, wie lange Sie geöffnet haben.

(8a) Ich **würde** meinen/sagen, dass Sie in diesem Fall im Unrecht sind.

(8b) Es **wäre** zu überlegen, ob der Konflikt nicht anders gelöst werden kann.

用第二虚拟式能够以一种礼貌的、小心的和拘谨的方式来表达一种请求(1)—(7),常见于问句。直接的请求显得生硬和不友好 (*Bringen Sie mir ein Kännchen Kaffee! Fahren Sie mich zum Bahnhof!*)。副词 *gern* 常用于第二虚拟式的过去时中,表达的却是现在的情况(6b)(7)。第二虚拟式也用于一些客套用语中(8)。

4 请选用更客气的表达方式。

Ein Verkaufsgespräch

1. Haben Sie Zeit für mich?
2. Tauschen Sie mir diesen Mantel um?
3. Ich brauche einen wärmeren Mantel.
4. Bringen Sie mir noch weitere Modelle!
5. Zeigen Sie mir schwarze Hosen in Größe 38!
6. Kann ich auch Blusen zum Anprobieren haben?
7. Beraten Sie mich?
8. Lassen Sie alles einpacken und mir nach Hause bringen!

V 非现实愿望句

(1) Mir fällt das Lernen schwer.
Wenn mir das Lernen doch **nicht so schwer/leichter fiele**!

(2) Ich hatte im vergangenen Jahr ziemlich viel Pech.
Hätte ich im vergangenen Jahr nur **nicht so viel/weniger Pech gehabt**!

和连词 *wenn* 构成的非现实愿望句从形式上看算是条件从句,变位动词位于句末(1);如果是没有连词 *wenn* 的无连词愿望句,变位动词位于句首 (2)。小品词 *doch, nur, bloß* 或者 *doch nur, doch bloß* 和感叹号能起到加强语气的作用。由第二虚拟式表达的愿望源于对现实的不满。

如果说话者确信愿望会实现，或者一种担心不会成为现实，那么他可以用直陈式加上连词 *wenn* 和小品词 *nur* 来表达这种愿望：*Wenn nur nicht alles schief geht!* (*=Es wird schon gut gehen.*)。

Göttlich

Was würden Sie tun, wenn Sie das neue Jahr regieren könnten?

Ich würde vor Aufregung wahrscheinlich die ersten Nächte schlaflos verbringen und darauf tagelang ängstlich und kleinlich ganz dumme, selbstsüchtige Pläne schmieden. Dann – hoffentlich – aber laut lachen und endlich den lieben Gott abends leise bitten, doch wieder nach seiner Weise das neue Jahr göttlich selber zu machen.

Joachim Ringelnatz

5 请用非现实愿望句表达在过去的一年里未能如愿完成而在来年应实现的事情。

Jahreswechsel
1. Ich hatte im vergangenen Jahr viele Probleme.
2. Ich habe es nicht geschafft, vieles leichter zu nehmen.
3. Leider bin ich etwas passiv.
4. Ich war im vergangenen Jahr nicht sonderlich produktiv.
5. Ich habe wenig neue Kontakte geknüpft.
6. Ich habe mich oft aufgeregt.
7. Ich habe zu wenig Distanz zu meinen Problemen gehabt.
8. Ich war zu pessimistisch.

6 请您谈谈自己去年的愿望及对来年的企盼。

1. ...

7 请将下列表示愿望的句子转换成非现实愿望句。

1. Ich wünschte, dass die Zeit stillsteht.
2. Ich möchte Klavier spielen können.
3. Ich hätte gern studiert.
4. Hoffentlich begegne ich bald dem Mann meines Lebens.
5. Ich hoffe bald nicht mehr von meinen Eltern abhängig zu sein.
6. Mein Wunsch, einen interessanten Job zu finden, ist nicht in Erfüllung gegangen.

8 含有许多愿望的一个童话故事。

Der goldene Schlüssel

Zur Winterszeit, als einmal ein tiefer Schnee lag, musste ein armer Junge hinausgehen und Holz auf einem Schlitten holen. Wie er es nun zusammengesucht und aufgeladen hatte, wollte er, weil er so fror, noch nicht nach Haus gehen, sondern erst Feuer anmachen und sich ein bisschen wärmen. Da scharrte er den Schnee weg und wie er so den Erdboden aufräumte, fand er einen kleinen goldenen Schlüssel. Nun glaubte er, wo der Schlüssel wäre, müsste auch das Schloss dazu sein, grub in der Erde und fand ein eisernes Kästchen. „Wenn der Schlüssel nur passt!" dachte er, „es sind gewiss kostbare Sachen in dem Kästchen." Er suchte, aber es war kein Schlüsselloch da, endlich entdeckte er eins, aber so klein, dass man es kaum sehen konnte. Er probierte und der Schlüssel passte glücklich. Da dreht er einmal herum und nun müssen wir warten, bis er vollends aufgeschlossen und den Deckel aufgemacht hat, dann werden wir erfahren, was für wunderbare Sachen in dem Kästchen lagen.

(Brüder Grimm: Kinder- und Hausmärchen)

小男孩都有哪些愿望?

1. Müsste ich doch nicht in den tiefen Schnee hinausgehen!
2. ...

9 虚拟式在这里说明了什么？现实是什么样的?

Beispiel:　Wenn der Umzug doch schon geschafft wäre!
　　　　　Der Umzug ist noch nicht geschafft.

Ein beschwerlicher Umzug
1. Wenn wir doch schon mit der Arbeit fertig wären!
2. Hätten wir doch nicht so spät mit dem Packen begonnen!
3. Wenn doch nicht alles einzeln verpackt werden müsste!
4. Wenn wir uns doch bloß mehr Kisten und Kartons besorgt hätten!
5. Wären unsere Helfer doch früher gekommen!
6. Wenn sie doch nicht so viel Bier trinken würden!
7. Wenn ich doch die Bücherkiste nicht so voll gepackt hätte!
8. Wenn wir den Umzug doch besser vorbereitet hätten!

VI 非现实条件句

(1) Weil ich Geld habe, kann ich mir ein Auto kaufen.
Wenn ich **kein Geld hätte**, **könnte** ich mir **kein Auto kaufen**.
Ich **könnte** mir **kein Auto kaufen**, wenn ich **kein Geld hätte**.

(2) Ich habe nicht im Lotto gewonnen, deshalb konnte ich noch keine Weltreise machen.
Hätte ich im Lotto **gewonnen**, **hätte** ich schon längst eine Weltreise **machen können**.

和连词 wenn 构成的、变位动词位于句末的非现实条件句可位于主句之前，也可位于主句之后(1)；变位动词位于句首的无连词非现实条件句总是位于主句之前(2)(3)。

只要整句话中有一个动词是第二虚拟式，这个条件句的非现实性就能够清楚辨识出来，所以人们常常避免使用两个 würde 形式(3)(但有时也可以说：würde... gewinnen, würde...gehen)。如果无法避免重复使用 würde，hätte 或者 wäre，就可以使用无连词的条件句，即变位动词位于句首的条件句，但是口头表达中极少使用这种表达方式(2)。

(3) Möglicherweise gewinne ich doch noch eines Tages im Lotto, dann gehen meine Wunschträume vielleicht in Erfüllung. **Würde** ich eines Tages doch noch im Lotto **gewinnen, gingen** meine Wunschträume vielleicht in Erfüllung.

条件句中的条件和主句提到的结果只是一种假设，而非现实。如果条件和结果涉及的是过去，而且无法再实现，那么第二虚拟式非现实条件句表达的内容正好和直陈式表达的（部分）内容相反（2）。如果非条件句中的条件和结果涉及的是现在和将来，那么这些条件和结果既可能是可以实现的（1）（3），也可能是无法实现的（*Wenn ich ein Junge wäre, würde ich Pilot.*）。

现实条件句中的条件和结果总是可以实现的（*Wenn ich Geld habe, kann ich mir ein Auto kaufen. Immer wenn ich genügend Geld hatte, habe ich Reisen gemacht.*）。（参见 203 页）

---

10 如果是您，您如何做或已经做了什么？

Beispiel: wenn Sie ein Flugzeug geschenkt bekommen würden?
Dann würde ich sofort fliegen lernen.

1. wenn Sie ein Ufo (unbekanntes Flugobjekt) entdecken würden?
2. wenn der Präsident Ihres Landes plötzlich vor Ihrer Tür stehen würde?
3. wenn Ihnen Ihr eigener Name nicht mehr einfallen würde?
4. wenn Sie von einer fremden Person um 100 Mark gebeten würden?
5. wenn Ihnen Ihr Chef gekündigt hätte?
6. wenn Sie von jemandem beleidigt worden wären?
7. wenn Sie Ihre ganzen Papiere verloren hätten?
8. wenn Sie den Weg zum Hotel nicht mehr finden würden?
9. wenn jemand Sie in Ihrer Wohnung eingeschlossen hätte?
10. wenn Sie Deutschlehrer wären?

11 下面是 1848 年的民间日历，我们可以用非现实条件句从中引出许多"合乎逻辑"的结论。

Klempner*:
Gäbe es keine Klempner, so würde auch nicht geblecht**; würde nicht geblecht, so hätten wir auch keine Regierungen; hätten wir keine Regierungen, so hätten wir auch keine Finanzverwaltung; hätten wir keine Finanzverwaltung, so erhielten wir auch keinen Nachweis, wo unser Geld bleibt, ergo muss es auch Klempner geben.

(Komischer Volkskalender, 1848, Hamburg)

* der Klempner: jemand, der Gegenstände aus Blech usw. herstellt, Rohre für Gas und Wasser einbaut usw.;

** blechen (ugs.): gezwungen sein viel zu bezahlen

Wenn das Wörtchen wenn nicht wär', ...

1. Über die Notwendigkeit von Regierungen
   es / keine Regierungen geben – sie / nicht gestürzt werden können
   – keine Wahlen / stattfinden – es / auch keine Demokratie geben
   – Willkür und Ungerechtigkeit / herrschen – alle / unzufrieden
   sein: Also brauchen wir Regierungen.
   Gäbe es keine Regierungen, ...
2. Über die Notwendigkeit der Raumfahrt
   es / keine Raumfahrt geben – die Menschen / nicht gezwungen
   sein, neue Materialien zu entwickeln – sie / keine Erfindungen
   machen – Teflon / nicht erfunden worden sein – es / keine Teflonpfannen geben – Kochen / weniger Spaß machen: Also muss es die
   Raumfahrt geben.
   Gäbe es keine Raumfahrt, ...
3. Über die Notwendigkeit von Verkehrsstaus
   es / keine Verkehrsstaus geben – große, schnelle Autos / schneller
   als kleine, langsame Autos fahren – die Fahrer kleiner, langsamer
   Autos / sich auch große, schnelle Autos kaufen – es /auf Straßen
   und Autobahnen / ein Wettrennen der großen, schnellen Autos
   geben – es / zu vielen Unfällen kommen – es / viele Verletzte und
   Tote geben – die Menschen / sehr traurig sein: Also muss es Verkehrsstaus geben.
   Gäbe es keine Verkehrsstaus, ...
4. Über die Notwendigkeit von Rauchern
   ...
5. Über die Notwendigkeit von Beamten
   ...
6. ...

12 请用现在时的非现实条件句造句。

Beispiel:　die Länder kompromissbereiter sein / es weniger Kriege geben
　　　　　Wenn die Länder kompromissbereiter wären, gäbe es weniger Kriege.

Stell dir vor, es wär' Krieg und keiner ginge hin!
1. kein Land Kriege führen wollen / nicht aufzurüsten brauchen (Passiv)
2. kein einziger Soldat bereit sein zu kämpfen / keine Kriege austragen können (Passiv)
3. den Waffenhandel generell verbieten (Zustandspassiv) / Waffen nicht so leicht verkaufen können (Passiv)
4. die Nationen nicht so reichlich mit Waffen ausstatten (Zustandspassiv) / sie vielleicht eher verhandeln
5. die Menschen vernünftiger sein / Konflikte friedlich regeln können (Passiv)
6. es keine allgemeine Wehrpflicht geben / niemand zum Militärdienst zwingen können (Passiv)
7. nicht ständig aufrüsten (Passiv) / mehr Geld für sinnvollere Projekte zur Verfügung stehen
8. die internationalen Abkommen über bewaffnete Konflikte einhalten (Passiv) / Kriege vielleicht weniger grausam verlaufen

13 用第二虚拟式能将文中的假设表述得更清楚。

Beispiel für die ersten beiden Abschnitte:
Wenn jeder nach seiner Leistung beurteilt würde, ...
Wenn jeder nach seiner Leistung beurteilt würde, herrschten vollkommene
Gerechtigkeit und Objektivität.

Beispiel für den dritten Abschnitt:
Würde die Leistungsgesellschaft immer perfekter, ...
Würde die Leistungsgesellschaft immer perfekter, würde unsere schöne moderne
Welt perfekt unmenschlich.

Wir brauchen die „Ausgeflippten"

„Jeder soll nach seiner Leistung beurteilt werden!" Man stelle sich das einmal vor: Es herrschen vollkommene Gerechtigkeit und Objektivität. Subjektive (Fehl-)Urteile entfallen.
5 Es besteht absolute Chancengleichheit für alle. Niemand wird mehr wegen seines Geschlechts, seiner Rasse, seiner Sprache oder wegen seiner religiösen oder politischen Anschauungen benachteiligt oder bevorzugt.
10 Über Stellenbesetzung und Beförderung entscheiden allein Eignung und Leistung. Es findet eine perfekte, völlig objektive Leistungsauslese statt. Das öffentliche Leben wird zum Sport.
15 Es gibt ein Wettrennen aller gegen alle. Dadurch entsteht eine unerhörte Dynamik. Die Wechselwirkung von Leistung und Konkurrenz erzwingt ein unerbittliches „Vorwärts". Stets gewinnt der objektiv, d. h. messbar Beste.
20 Die Schwachen werden zum Versorgungsfall und müssen von den anderen unterhalten werden. Dies trifft die Behinderten oder die alten Menschen am meisten. Sie werden als Belastung empfunden.
Unsere schöne moderne Welt wird perfekt 25 unmenschlich. Wir haben eher die Hölle als das Paradies. Menschliche Werte zählen nicht mehr. Als Gegenpol zur Leistungselite ist eine Gegenelite erforderlich, die dem Leistungsprinzip widerspricht. Diese Gegenelite 30 muss den nach dem Leistungsprinzip lebenden Menschen bestimmte Werte aufzeigen, die für die ganze Gesellschaft verbindlich sind. Als Gegenwerte brauchen wir noch mehr Solidarität und Brüderlichkeit. Die sich 35 an diesen Werten orientierenden Menschen wirken noch weltfremder. Wir sind noch stärker auf solche Menschen angewiesen.

(Nach: Christian Graf von Krokow:
Wir brauchen die „Ausgeflippten".
DIE ZEIT vom 15.2.1980)

14 请用非现实条件句讲述。

Biografie eines ängstlichen Menschen
1. Als Kind hat er viele traumatische Erfahrungen gemacht, deshalb ist er jetzt so ängstlich.
2. Weil er als Kind im Aufzug stecken geblieben ist, hat er große Angst vor Fahrstühlen.
3. Weil dies der Fall ist, geht er die zehn Stockwerke zu seiner Wohnung zu Fuß.
4. Als Kind hat ihn bei Gewittern niemand beruhigt, deshalb gerät er heute bei Gewittern in Panik.
5. Die Eltern haben in seiner Kindheit sein Selbstwertgefühl nicht gestärkt, so konnte er kein Vertrauen in seine Fähigkeiten entwickeln.
6. Weil seine Eltern beide den ganzen Tag außer Haus arbeiteten, war er als Junge viel allein.

7. Weil er unter dem Alleinsein so gelitten hat, erträgt er als Erwachsener das Alleinsein nicht gut.
8. In der Schule war er oft überfordert, deswegen machte ihm das Lernen wenig Spaß.
9. Seine Eltern konfrontierten ihn häufig unvorbereitet mit neuen Situationen, er ist deshalb heute gegenüber allem Neuen misstrauisch.
10. Als Kind ist er im Auto verunglückt, deshalb hat er große Angst vor Autos.
11. Da er so ängstlich ist, geht er selten aus und hat wenig Kontakt zu anderen Menschen.

15 句中的虚拟式表达了什么意思？请用直陈式加以解释。

Die dunkle Seite des Mittelalters

1. Wären die Lebensbedingungen im Mittelalter nicht so schlecht gewesen, hätten die Menschen eine höhere Lebenserwartung gehabt.
2. Die Herrscher hätten mehr an das Wohl ihrer Untertanen gedacht, wenn es ihnen nicht vor allem um die Ausdehnung ihrer Macht gegangen wäre.
3. Hätte das Volk eine politische Vertretung gehabt, hätte es die Machtverhältnisse durchschauen können.
4. Wenn das Volk nicht so ungebildet gewesen wäre, hätte es seine Interessen wahrnehmen können.
5. Epidemien hätten sich nicht so leicht ausbreiten können, wenn die hygienischen Verhältnisse nicht so mangelhaft gewesen wären.
6. Wenn die Kirche nicht so mächtig gewesen wäre, hätte sich das Volk ihrem Einfluss entziehen können.
7. Hätte der Gedanke an den Tod nicht so im Vordergrund gestanden, wäre mehr Energie auf die Bewältigung der Alltagsprobleme verwendet worden.

过去时的形式

(1) **Wären** die Skigebiete nicht ständig **vergrößert worden, wäre** die Hochgebirgslandschaft nicht so stark **zerstört worden.**
Weil die Skigebiete ständig vergrößert wurden (vergrößert worden sind), ist die Hochgebirgslandschaft stark zerstört worden (wurde ... zerstört).

(2) **Hätte** die Eisenbahn das Transportwesen nicht **revolutioniert, hätte** der Massentourismus nicht **einsetzen können.**
Die Eisenbahn hatte das Transportwesen revolutioniert, deshalb konnte der Massentourismus einsetzen.

(3) Die Alpentäler **wären** nicht so stark **zersiedelt**, wenn nicht so viele Unterkünfte für Urlauber **gebaut worden wären.**
Die Alpentäler sind stark zersiedelt, weil viele Unterkünfte für Urlauber gebaut worden sind (gebaut wurden).

第二虚拟式只有一种过去时形式，所以难以区分动作的同时性与先时性，而直陈式却有三种过去时形式：过去时或者现在完成时表示同时发生的动作（从来不用过去完成时！）(1)。过去时和现在完成时表示与一般现在时相对应的动作先时性，过去完成时表示与过去时和现在完成时相对应的动作先时性。
（关于先时性与同时性参见 342 页）

16 句中的虚拟式表达了什么意思? 请用直陈式复述。

Tourismus in den Alpen

1. Wenn die Alpen landschaftlich nicht so reizvoll wären, würden sie nicht so viele Besucher anziehen.
2. Hätten nicht so viele Menschen Spaß am Skifahren und Wandern, würden die Alpenländer nicht das ganze Jahr über von Touristenmassen überflutet.
3. Das Reisen hätte nicht zur Volksbewegung werden können, wenn nicht mit der Erfindung von Eisenbahn, Auto und Flugzeug die Voraussetzungen dafür geschaffen worden wären.
4. Die Urlauber könnten nicht so bequem anreisen, wenn die Alpenländer keine verkehrsgerechten Straßen gebaut hätten.
5. Hätten die Alpenländer nicht so viel Geld in die Infrastruktur investiert, wären sie nicht auf die Einnahmen aus dem Tourismus angewiesen.
6. Wäre der Wintersport nicht Mode geworden, hätten sich nicht so viele Alpendörfer zu Wintersportorten entwickelt.
7. Es würde nicht seit Jahren auf die Gefahren des Massentourismus hingewiesen, wenn die Folgen der Umweltzerstörung nicht überall sichtbar wären.
8. Die Lawinengefahr und die Zahl der Überschwemmungen wären nicht gestiegen, wenn man nicht so große Waldflächen abgeholzt hätte.

17 请用直陈式表述非现实条件句中所隐含的事实。

Kleine Geschichte des Geldes

1. Wären Münz- und Papiergeld nicht erfunden worden, würden wir heute noch mit Waren wie z. B. Salz, Getreide und Tierhäuten bezahlen.
2. Wenn sich die Bezahlung mit Waren bewährt hätte, wäre man nicht schon im dritten Jahrtausend vor Christus zu ungeprägtem Metallgeld übergegangen.
3. Hätte man in der Metallverarbeitung keine Fortschritte gemacht, hätte man nicht mit der Prägung von Münzen beginnen können.
4. Wenn man bei Ausgrabungen keine Münzen gefunden hätte, wüsste man nicht, dass Münzen in Kleinasien schon im 7. Jahrhundert vor Christus in Umlauf waren.
5. Man wäre ab dem 17. Jahrhundert nicht zu Papiergeld übergegangen, wenn sich im Laufe der Jahrhunderte das Gewicht des Münzgeldes nicht als Nachteil herausgestellt hätte.
6. Wenn man die Vorteile des Papiergeldes nicht schätzen gelernt hätte, wäre es nicht mit der Zeit in alle Länder vorgedrungen.
7. Der Welthandel hätte nicht die heutigen Ausmaße annehmen können, wenn sich Münz- und Papiergeld nicht als internationale Zahlungsmittel durchgesetzt hätten.
8. Wären Papier- und Münzgeld optimale Zahlungsmittel, würden wir heute nicht den Übergang zum bargeldlosen Zahlungsverkehr erleben.

带有 *sonst/andernfalls* 的非现实句

(1) Weil wir alles gemeinsam getragen haben, sind wir gut durchs Leben gekommen.

Wenn wir nicht alles gemeinsam getragen hätten, wären wir nicht so gut durchs Leben gekommen.

Wir haben alles gemeinsam getragen; **sonst wären** wir nicht so gut durchs Leben **gekommen**.

(2a) Viele Ehepartner nehmen Rücksicht aufeinander; deshalb gibt es nicht ständig Streit.

Wenn Ehepartner keine Rücksicht aufeinander nehmen würden, gäbe es ständig Streit.

Ehepartner **müssen/sollten** mehr Rücksicht aufeinander nehmen; **andernfalls gäbe/gibt** es ständig Streit.

(2b) Viele Ehepartner verheimlichen nichts voreinander, so dass kein Misstrauen entsteht.

Würden Ehepartner vieles voreinander verheimlichen, entstünde Misstrauen.

Ehepartner **dürfen nichts** voreinander verheimlichen; **sonst entstünde/entsteht** Misstrauen.

带有 *sonst/andernfalls* 的句子是一种非现实条件句，表示如果位于 *sonst/andernfalls* 的句子中所提到的条件没有实现的话，就会出现带有 *sonst/andernfalls* 的句子中所列举的结果。带有 *sonst/andernfalls* 的句子位于第二虚拟式或直陈式的情态动词之后（2a）（2b）。（参见 207 页）

18 请用非现实条件句，即用带有 *sonst/andernfalls* 的句子复述。

Ehepartner

1. Man muss einen großen Freundeskreis haben, sonst ist der Alltag nicht sehr abwechslungsreich.
2. Man darf den Freundeskreis nicht vernachlässigen, sonst ist man bald allein.
3. Die Frau hat Kinder großgezogen, sonst hätte sie vielleicht Karriere gemacht.
4. Ehepartner sollten gemeinsame Interessen haben, sonst leben sie sich schnell auseinander.
5. Ehepartner müssen einander auch eigene Aktivitäten zugestehen, sonst ist das Zusammenleben unerträglich.
6. Ehepartner müssen sich aufeinander verlassen können, sonst geht die Vertrauensbasis verloren.
7. Wenn wir uns nicht so viel bedeuten würden, lebten wir nicht seit fünfzig Jahren zusammen.
8. Wir hätten uns beruflich sicher stärker engagiert, wenn uns unser Familienleben nicht so wichtig gewesen wäre.
9. Wenn man dem Ehepartner und den Kindern gegenüber nicht tolerant wäre, käme man nicht gut miteinander aus.
10. Es wären nicht so viele interessante Leute unter den Gästen gewesen, wenn wir nicht immer ein offenes Haus gehabt hätten.

VII 非现实比较句

---

(1) Sie benimmt/benahm sich wie ein verwöhntes Einzelkind.
Sie benimmt/benahm sich so, **als ob** sie
ein verwöhntes Einzelkind **wäre** (sei).

(2) Sie tritt auf wie jemand, der noch nie einen Fehler gemacht hat.
Sie trat auf wie jemand, der noch nie einen Fehler gemacht hatte.
Sie tritt/trat auf, **als hätte** (habe) sie
noch nie einen Fehler **gemacht**.

在由连词 *als ob/als wenn* 引导的非现实比较从
句中变位动词位于句末(1),由 *als* 引导的从句
中变位动词位于第二位(2),主句中大多有 *so*。
有时也用第一虚拟式代替第二虚拟式。
比较句的时态是现在时还是过去时,取决于主
句和比较从句的时间关系:如果两个动作同时
发生,时态为现在时(1);如果比较句中的动作
先发生,时态为现过去时(2)。非现实比较句中
的比较是一种假设,它可能与现实相吻合,即具
有可能性(1),但常常是不真实的,不可能的
(2)。
非现实比较句中的动词和"感觉"、"印象"、"察
觉"(例如 *es ist mir, mir ist zumute, ich fühle mich,
ich habe das Gefühl, es scheint (mir), es hat den
Anschein, es kommt mir vor, ich habe den
Eindruck, es sieht aus, es klingt, es hört sich an, es
wirkt auf mich*) 以及"动作"、"行为"(例如 *sich
anstellen, sich aufführen, auftreten, jdn. behandeln,
sich benehmen, sich geben, tun, sich verhalten*)有
关。
(关于直陈式中的比较句参见 212 页)

---

19 请用非现实比较句描述下列梦境。

Beispiel: Es war mir, ... (Ich hörte das Klappern von Geschirr.)
Es war mir, als ob ich das Klappern von Geschirr hörte/als hörte ich
das Klappern von Geschirr.

In „Der Traum" (1916) berichtet Sigmund Freud (1856-1939) u. a. von
künstlich erzeugten Träumen. Der folgende Traum wurde durch das Klingeln
eines Weckers ausgelöst.

1. Es sah so aus, ... (Ein Mädchen ging mit aufgetürmten Tellern den Flur
entlang zum Speisezimmer.)
2. Es schien mir so, ... (Die Teller in ihren Armen waren in Gefahr.)
3. Es kam mir so vor, ... (Sie verlor das Gleichgewicht.)
4. Ich hatte den Eindruck, ... (Das Geschirr fing zu rutschen an.)
5. Die Geschirrträgerin selbst aber wirkte auf mich, ... (Sie fühlte sich ganz
sicher und befürchtete kein Unglück.)

6. Ich hatte ein Empfinden, ... (Ich musste sie warnen.)
7. Plötzlich hatte es den Anschein, ... (Das Mädchen war an der Tür gestürzt.)
8. Es klang, ... (Das ganze Geschirr war zu Boden gefallen.)
9. Das Geräusch hörte sich so an, ... (Tausend Scherben klirrten auf dem Boden.)

Da merkte der Erwachende, dass das Geräusch gar nicht von dem zer-
schlagenen Porzellan herrührte, sondern von einem klingelnden Wecker.

10. Im Traum nimmt man eben Bilder und Geräusche so eindringlich wahr, ...
     (Man hat sie wirklich erlebt.)

(Nach: Sigmund Freud: Träume. Studienausgabe, Bd. 1)

20 每个人都做梦, 您也一样。请用非现实比较句描述您的一个梦。

1. ...

21 请用非现实比较句表述课文中的斜体部分。

Beispiel: In Geschichtsbüchern wird so getan, ...
              In Geschichtsbüchern wird so getan, als ob Könige das siebentorige
              Theben erbaut hätten/als hätten Könige das siebentorige Theben erbaut.

Bertolt Brecht: Fragen eines lesenden Arbeiters

Wer baute das siebentorige Theben?
In den Büchern stehen die Namen von Königen.
Haben die Könige die Felsbrocken herbeige-schleppt?
Und das mehrmals zerstörte Babylon –
Wer baute es so viele Male auf? In wel-chen Häusern
Des goldstrahlenden Lima wohnten die Bauleute?
Wohin gingen an dem Abend, wo die Chinesische Mauer fertig war,
Die Maurer? Das Große Rom
Ist voll von Triumphbögen. Wer er-richtete sie? Über wen
Triumphierten die Cäsaren? *Hatte das viel-besungene Byzanz*
Nur Paläste für seine Bewohner? Selbst in dem sagenhaften Atlantis
Brüllten in der Nacht, wo das Meer es verschlang
Die Ersaufenden nach ihren Sklaven.

Der junge Alexander eroberte Indien.
Er allein?
Cäsar schlug die Gallier.
Hatte er nicht wenigstens einen Koch bei sich?
Philipp von Spanien weinte, als seine Flotte Untergegangen war. Weinte sonst nie-mand?
Friedrich der Zweite siegte im Siebenjährigen Krieg. Wer
Siegte außer ihm?
Jede Seite ein Sieg.
Wer kochte den Siegesschmaus?
Alle zehn Jahre ein großer Mann.
Wer bezahlte die Spesen?
So viele Berichte.
So viele Fragen.

Bertolt Brecht, deutscher Schriftsteller,
1889–1956

22 请用非现实比较句表述这幅画的效果。

Edvard Munch: Der Schrei

1. Beim längeren Betrachten des Bildes ist es mir, als hörte ich den Schrei.
2. Es kommt mir vor, ...

VIII 非现实结果从句

1. *so... dass/so dass*

(1) Das Haus hat **so** viele Mängel, **dass** sich die Mieter durchaus **beschweren könnten**.

(2) Die Wohnungen sind verwohnt, **so dass** sie schon im letzten Jahr **hätten renoviert werden sollen**.

由连词 *so...dass/so dass* 引导的、句中含有情态动词 *müssen*（表示必要性）、*sollen*（表示要求或意图）和 *können*（表示可能性）的非现实结果句可以清楚地表达期待的结果不会出现或至今尚未出现，而直陈式结果句无法将它清楚地表达出来。（参见 202 页）

23 请明确表达一种被期待的结果不会出现或尚未出现。

Sündenregister eines Hausbesitzers

1. Die Missstände sind so offensichtlich, dass der Hausbesitzer unbedingt etwas tun muss.
2. Das Dach ist undicht, so dass es unbedingt neu gedeckt werden muss.
3. Die Treppen sind so steil, dass jemand stürzen kann.
4. Das Heizsystem ist so veraltet, dass es schon vor Jahren umgestellt werden sollte.
5. Nicht alle elektrischen Leitungen liegen unter Putz, so dass Unfälle passieren können.
6. Die Stahlträger der Balkone sind so verrostet, dass sie ersetzt werden müssen.
7. Das ganze Haus ist in einem so schlechten Zustand, dass die Miete herabgesetzt werden muss.
8. Die Mieter haben so viel Anlass zum Klagen, dass sie die Zahlung der Miete verweigern können.

---

2. *zu ... als dass*

(1) Deutschland hat so viele Sehenswürdigkeiten, dass man sie nicht in wenigen Tagen besichtigen kann.
Deutschland hat **zu** viele Sehenswürdigkeiten, **als dass** man sie in wenigen Tagen **besichtigen könnte** (kann).

(2) In den Kriegen wurden so viele Schlösser zerstört, dass man nicht alle wiederaufbauen konnte.
In den Kriegen wurden **zu** viele Schlösser zerstört, **als dass** man alle **hätte wiederaufbauen können** (aufbauen konnte).

带有连词 *zu ...als dass* 的非现实结果从句是从结果句 *so ... dass/so dass* 的否定形式派生而来的，所以它虽然没有否定词，表达的却是否定意义。第二虚拟式强调某种结果肯定不会出现，在这种句式中也可以用直陈式，但是语气为中性。

---

24 请用非现实结果从句 *zu... als dass* 来描绘德国。

1. In Deutschland gibt es so viele Museen, dass man nicht alle besuchen kann.
2. Deutschland hat wenig Bodenschätze, so dass es nicht ohne Importe auskommt.
3. Die Deutschen produzieren so viel Müll, dass sie nicht wissen, wo sie ihn lassen sollen.
4. Die deutschen Universitäten sind so überlaufen, dass man nicht sofort einen Studienplatz bekommt.
5. In Deutschland gibt es so viele Biersorten, dass man nicht alle probieren kann.
6. Die Deutschen lieben ihr Auto so sehr, dass sie nicht darauf verzichten wollen.

25 现在请描绘您自己的祖国。

1. ...

26 请清楚表达某事不会发生的气候或地理原因。

Unsere Erde

1. In manchen Gegenden der USA sind die Niederschläge so gering, dass Pflanzen ohne künstliche Bewässerung keine hohen Erträge bringen.
2. In weiten Teilen Australiens ist es so trocken, dass keine Reisfelder angelegt werden.
3. Die Fels- und Schuttwüsten Nordafrikas sind so steinig, dass keine Nutzpflanzen angebaut werden.
4. Die Steppen sind so unfruchtbar, dass kein intensiver Getreideanbau betrieben werden kann.
5. Die großen Sandwüsten sind so unwegsam, dass sie sich nicht so einfach durchqueren lassen.
6. In Höhen über 5 500 Metern ist der Sauerstoffgehalt der Luft so niedrig, dass Menschen dort nicht leben können.
7. Manche Flüsse in steilem Gelände sind so reißend, dass sie nicht zur Schifffahrt genutzt werden können.
8. Das Tote Meer ist so salzhaltig, dass Fische nicht darin leben können.
9. In der Sahara sind die Temperaturschwankungen zwischen Tag und Nacht so extrem, dass der menschliche Organismus sich nicht ohne weiteres darauf einstellen kann.
10. Das Klima am Äquator ist so heiß und feucht, dass es Menschen aus anderen Regionen nicht ohne weiteres vertragen.

---

3. *ohne dass*

(1) Er fuhr früher immer furchtbar schnell, **ohne dass** er je einen Strafzettel **bekommen hätte** (hat).
(= Er hat nie einen Strafzettel bekommen.)

(2) Er hustet einfach, **ohne dass** er (sich) die Hand vor den Mund **hielte** (hält).
(= Er hält (sich) die Hand nicht vor den Mund.)

由连词 *ohne dass* 引导的非现实结果从句(1)和情况状语从句(2)表示某种期待的事情没有发生或至今尚未发生。第二虚拟式表达出对此的诧异和惊奇。如果主句和从句的主语一致,可以用不定式结构,但是语气为中性,例如:*Er hustet ohne (sich) die Hand vor den Mund zu halten.*(关于直陈式中的结果和情况状语从句参见 202 页和 210 页)
在由连词 *(an) statt dass* 引导的情况状语从句中使用第二虚拟式也可表达诧异和吃惊的语气,例如:
Statt dass er auch mal anderen geholfen hätte, hat er sich immer nur helfen lassen.(参见 211 页)

---

27 请表达出您对所描述的行为的震惊。

Ein korrektes Verhalten?

1. Er erwartet von anderen Hilfe ohne selbst zum Helfen bereit zu sein.
2. Sie nimmt Geschenke entgegen ohne sich dafür zu bedanken.
3. Er nimmt immer wieder Einladungen an ohne auch nur eine Gegeneinladung gegeben zu haben.

4. Er leiht sich Bücher aus ohne sie zurückzugeben.
5. Er kommt herein ohne vorher anzuklopfen.
6. Er mischt sich in Gespräche ein ohne sich vorgestellt zu haben.
7. Er schwärmt von Büchern ohne sie gelesen zu haben.
8. Er gibt sich als Musikexperte aus ohne viel von Musik zu verstehen.

IX 用于关系从句中的第二虚拟式

(1) Nichts hilft gegen schlechte Laune besser als Ablenkung.
Ich weiß nichts, **was** gegen schlechte Laune besser **helfen würde** (hilft) als Ablenkung.
(= Gegen schlechte Laune hilft Ablenkung am besten.)

(2) Jeder Mensch hat schon mal Fehler gemacht.
Es gibt keinen Menschen, **der** nicht schon mal Fehler **gemacht hätte** (hat).

第二虚拟式用于主句为否定句的关系从句中，可以表达出数量上的完整性，关系从句中的比较级具有最高级的含义(1)。也可用直陈式代替第二虚拟式，表达出更强的可靠性。

28 请换一种方法来表达这种完整性。

Allzu menschlich
1. Kein Mensch hat immer Recht.
2. Niemand ist immer gut gelaunt.
3. Kein Mensch ist allen Situationen gewachsen.
4. Niemand gibt seine Fehler gern zu.
5. Jeder hat schon mal andere Menschen enttäuscht und ist von anderen Menschen enttäuscht worden.
6. Jeder hat schon mal Rachegefühle empfunden.
7. Jeder hat schon mal eine Notlüge gebraucht.
8. Wohl keinem Menschen ist das allzu Menschliche fremd.

29 请用比较级来表达最高级的含义。

Beispiel: China ist das Land mit der höchsten Einwohnerzahl.
Es gibt kein Land, das mehr Einwohner hätte als China.

Lauter Superlative
1. Kanada ist das Land mit der größten Fläche.
2. Der Amazonas ist der längste Fluss der Erde.
3. Die Antarktis ist das kälteste Gebiet der Erde.
4. Das Death Valley (Tal des Todes) ist die wärmste Gegend der Erde.
5. Der Äquator ist die Zone mit den höchsten Niederschlägen.
6. Der Marianengraben ist die tiefste Stelle in den Weltmeeren.
7. La Paz ist die höchste Stadt der Erde. (ist → liegen)
8. Der Mount Everest ist der höchste Berg der Erde.

X 综合练习

30 请按括号内的要求,用非现实句改写文中的句子。

Wohngemeinschaften

1. Wohngemeinschaften sind bei Jugendlichen so beliebt, weil sie viele Vorteile haben. (wenn) Sie scheinen sich als neue Lebensform durchgesetzt zu haben. (Es sieht so aus, als ob)

2. Auch ältere Menschen scheinen an dieser Lebensform Gefallen zu finden. (Es scheint, als) Manche aus der älteren Generation bedauern, dass es nicht schon früher Wohngemeinschaften gegeben hat. (Manche älteren Menschen wünschen sich: Wunschsatz)

3. Jugendliche wachsen heute sehr selbständig auf; sie wollen sich nicht mehr von den Eltern kontrollieren lassen. (zu ... als dass) Weil sie nicht mehr zu Hause wohnen, sind sie frei und können ihr Leben nach ihren eigenen Vorstellungen gestalten. (wenn)

4. Oft verlassen Jugendliche das Elternhaus sehr früh; die Eltern können sich nicht damit abfinden. (zu ... als dass) Aber die Jugendlichen haben ihre Freiheit und müssen nicht auf den von zu Hause gewohnten Komfort (Badezimmer, Küche) verzichten. (ohne dass)

5. Manche Menschen allerdings sind so ausgeprägte Einzelgänger, dass sie sich in einer Wohngemeinschaft nicht wohl fühlen. (zu ... als dass)

6. In Wohngemeinschaften leben oft sehr unterschiedliche Menschen zusammen, so dass es nicht langweilig werden kann. (zu ... als dass) Das Leben in Wohngemeinschaften ist interessant und abwechslungsreich, weil die Bewohner unterschiedliche Interessen und Begabungen haben. (wenn)

7. Aber die Mitglieder dürfen keine allzu unterschiedlichen Vorstellungen vom Zusammenleben haben, sonst gibt es Probleme. (wenn)

8. Natürlich kommt es in jeder Wohngemeinschaft mal zu Auseinandersetzungen. (Natürlich gibt es keine Wohngemeinschaft, + Relativsatz) Wenn sich die Mitglieder nicht an die gemeinsamen Absprachen halten, gibt es Streit. (sonst)

9. Jeder Mitbewohner muss Kompromisse eingehen. (Es gibt keinen Mitbewohner, + Relativsatz)

10. In einer Wohngemeinschaft dürfen nicht nur Egoisten zusammenleben, sonst sind ständige Konflikte nicht zu vermeiden. (wenn) Man stelle sich vor: Keiner übernimmt die ihm übertragenen Aufgaben. Dann entsteht unweigerlich ein Chaos. (wenn)

11. Das Zusammenleben ist nicht so leicht, deshalb wechselt die Besetzung öfter. (wenn) Über Probleme muss oft und offen gesprochen werden, sonst stauen sich Spannungen auf. (wenn)

12. Wenn das Zusammenleben nicht harmonisch ist, fühlen sich die Mitglieder der Gemeinschaft nicht wie zu Hause. (sonst) Und das will jeder. (Und es gibt niemanden, + Relativsatz)

31 请按括号内的要求、用第二虚拟式改写文中的句子。

Straßenkinder

1. Es gibt weltweit sehr viele Straßenkinder, derzeit etwa 100 Millionen, so dass das Thema nicht verharmlost werden darf. (zu ... als dass) In den Medien wird inzwischen häufiger über das Straßendasein von Kindern berichtet, so dass nahezu jeder darüber informiert ist. (so dass man nahezu niemanden trifft + Relativsatz)

2. Weil in vielen Familien krasse wirtschaftliche Not, Hunger und Arbeitslosigkeit herrschen, müssen die Kinder mitverdienen. (wenn) Weil sie schon gelernt haben allein für sich zu sorgen, verlassen sie ihr Zuhause. (wenn)

3. Oft sind die gesellschaftlichen Rahmenbedingungen ungünstig, so dass es für die Kinder keine Alternative zum gefährlichen Leben auf der Straße gibt. (zu ... als dass)

4. Jedes Kind sehnt sich aber nach einem Zuhause. (Es gibt aber kein Kind, + Relativsatz) Hoffentlich findet jedes Straßenkind irgendwann wieder ein Zuhause, in dem es sich geborgen fühlt. (Wunschsatz).

5. Die Verhältnisse scheinen sich aber nicht so schnell zu bessern. (Es scheint aber, als ob) Die Armut und die Verelendung in den Großstädten nehmen immer noch zu, deshalb steigt die Zahl der Straßenkinder weiter. (wenn)

6. Die Straßenkinder arbeiten als Autowäscher, Schuhputzer, Gepäckträger oder Straßenverkaufer, deshalb können sie überleben. (sonst) Sie sind noch jung und unerfahren, so dass sie sich nicht dagegen wehren können, als billige Arbeitskräfte ausgenutzt zu werden. (zu ... als dass)

7. Die Straßenkinder müssen sich durchschlagen wie Erwachsene. (als ob) Kein Kind will lieber arbeiten als spielen. (Es gibt kein Kind, + Relativsatz) Statt unbeschwert Kind sein zu dürfen, müssen sie viel zu früh als Erwachsene leben. (anstatt dass)

8. Das Geldverdienen auf der Straße lässt ihnen wenig Zeit, so dass sie nicht in die Schule gehen können. (zu ... als dass) Nur wenn sich „Streetworker" (eine Art Sozialarbeiter) um die Kinder kümmern, haben sie eine Chance von der Straße geholt zu werden. (Aber wenn)

9. Man hofft die Straßenkinder wieder in Familien integrieren zu können. (Wunschsatz) Vorausgesetzt sie finden wieder eine feste Bleibe und können die Schulbildung nachholen, dann haben sie eine echte Chance für eine neue Existenz. (wenn)

10. Aber die Zahl der Straßenkinder ist groß, so dass dieses Problem nicht so leicht und schnell gelöst werden kann. (zu ... als dass)

§7 第一虚拟式

第一虚拟式的形式

第一虚拟式有三种时态：现在时、过去时和将来时。

1. 第一虚拟式的现在时形式

直陈式

现在时	第一虚拟式	第一虚拟式的常见形式和替代形式		
ich komme	**(komme)**	käme	**könne**	machte/würde machen
du kommst	**(kommest)**	käm(e)st	könntest	machtest/würdest machen
er kommt	**komme**	**komme**	**könne**	**mache**
wir kommen	**(kommen)**	kämen	könnten	machten/würden machen
ihr kommt	**(kommet)**	käm(e)t	könntet	machtet/würdet machen
sie kommen	**(kommen)**	kämen	könnten	machten/würden machen

ich **sei**		hätte	würde
du **sei(e)st**/**wär(e)st**		hättest	würdest
er **sei**		**habe**	**werde**
wir **seien**		hätten	würden
ihr **seiet**/**wär(e)t**		hättet	würdet
sie **seien**		hätten	würden

过程和状态被动态

直陈式	**第一虚拟式形式和替代形式**
wird/werden gemacht	**werde**/würden **gemacht**
muss/müssen gemacht werden	**müsse**/müssten **gemacht werden**
ist/sind geöffnet	**sei/seien geöffnet**

（116 页至 118 页所有的黑体字均为第一虚拟式形式）

第一虚拟式的现在时形式由直陈式的一般现在时变化而来,如果词尾中没有-e,需添加词尾-e。词干原音没有变化(lesen-lese, tragen-trage, wollen-wolle)。动词第一虚拟式的形式用得较少。只有当动词的第一虚拟式形式和直陈式现在时形式能加以区分时,才使用第一虚拟式,即:所有动词第三人称单数、情态动词的第一人称和第三人称单数和动词 sein 的所有形式。动词的第二人称单、复数的第一虚拟式形式虽然也很明确,但是今天几乎不再使用。

第一虚拟式的其他形式(即第一人称单数和第一、第三人称复数)和直陈式的现在时形式一致,因此用第二虚拟式和(尤其在口语中)würde 形式代替,也可以用明确的第一虚拟式形式(例如 seien/wären, habe/hätte, werde/würde, könne/könnte, komme/ käme/ würde om - men)。

2. 第一虚拟式的过去时形式

直陈式	*第一虚拟式形式和替代形式*
kam/kamen ist/sind gekommen war/waren gekommen	**sei/seien gekommen**
machte/machten hat/haben gemacht hatte/hatten gemacht	**habe**/hatten **gemacht**
musste/mussten machen hat/haben machen müssen hatte/hatten machen müssen	**habe**/hätten **machen müssen**

过程和状态被动态

wurde/wurden gemacht ist/sind gemacht worden war/waren gemacht worden	**sei/seien gemacht worden**
musste/mussten gemacht werden hat/haben gemacht werden müssen hatte/hatten gemacht werden müssen	**habe**/hätten **gemacht werden müssen**
war/waren geöffnet (ist/sind geöffnet gewesen) (war/waren geöffnet gewesen)	**sei/seien geöffnet gewesen**

第一虚拟式的过去时形式由直陈式的现在完成时变化而来。在表示过去的行为或动作时,常用第一和第二虚拟式,而不用 würde 形式(错误:würde gemaht haben, würde gemacht worden sein)。

3. 第一虚拟式的将来时形式

Fut. I	wird/werden kommen	er **werde**/würde **kommen**
		sie würden kommen
		er komme/käme
		sie kämen

第一虚拟式的将来时形式由 *werden* + 不定式或者 *würde* + 不定式构成，
但也可使用第一、第二虚拟式的现在时形式。

---

1 第一虚拟式或其替代形式是什么？

Beispiel: Sie sagt: „Ich muss jetzt endlich den Brief schreiben."
Sie sagt, sie müsse jetzt endlich den Brief schreiben.

Sie sagt:
1. „Ich habe keine Zeit."
2. „Er will schon gehen."
3. „Sie werden abgeholt."
4. „Ich kann es schaffen."
5. „Ich werde studieren können."
6. „Er schläft noch."
7. „Ihr seid gefragt worden."
8. „Es musste sofort erledigt werden."
9. „Er liest den ganzen Tag."
10. „Es wurde erlaubt."
11. „Sie sollen nur ruhig fahren."
12. „Sie haben gelacht."
13. „Er weiß nichts."
14. „Es wird gleich erledigt."
15. „Es ist erledigt."
16. „Ich gehe jetzt weg."
17. „Ich darf nicht gesehen werden."
18. „Sie wurden bestraft."
19. „Er hat viel gearbeitet."
20. „Ich soll abreisen."
21. „Sie wollten immer spazieren gehen."
22. „Er ist verschwunden."
23. „Sie war gut versichert."
24. „Sie haben eine Stunde gewartet."
25. „Er nimmt das Paket mit."
26. „Sie sind gestartet."

‖ 第一虚拟式的用法

(1)	Sie sagt/sagte, sie gehe täglich einkaufen.	间接引语
	Er fragt/fragte, ob sie schon alles für die Party eingekauft habe.	
(2)	Man nehme morgens und abends jeweils eine Tablette.	(商品使用)说明
	Man verrühre 200 Gramm Butter mit 100 Gramm Zucker.	
(3)	Seien wir vernünftig!	要求和愿望
	Seien Sie so gut, mir beim Tragen zu helfen.	(部分用于固定词组中)
	Edel sei der Mensch, hilfreich und gut!	
	Möge sie lange leben! Sie lebe hoch!	

(4) Gegeben sei eine Gerade g: y = mx + b. 专业用词
In diesem Zusammenhang sei daran erinnert, dass ...

(5) Was auch immer geschehe, ich halte zu 让步从句（部分用于固定词组中）
dir.
Komme, was da wolle, ich werde nicht
nachgeben.

(6) Der Arzt impfte sie, damit sie im Aus- 目的从句（参见 198 页）
land nicht krank werde/wird.

(7) Sie tat so, als ob sie viel Zeit habe/hätte. 比较从句（参见 106 页）

第一虚拟式主要用于间接引语中(1)，在让步从句(5)
和目的从句(6)中多用直陈式（参见 200 页和 198 页），
在比较从句(7)中多用第二虚拟式（参见 106 页）。下面
我们只练习在间接引语中第一虚拟式的用法。

⫿ 间接引语

Fragen an einen Politiker

Auf einer Pressekonferenz fragt/fragte
ein Journalist: „Gibt es Steuererhöhungen?"

(1) Der Journalist fragt/fragte, **ob** es Steuererhöhungen **gebe**.

Der Politiker antwortet/antwortete:
„Steuererhöhungen kommen nicht in
Frage."

(2a) Der Politiker antwortet/antwortete, **dass**
Steuererhöhungen nicht in Frage **kä-
men**.

(2b) Der Politiker antwortet/antwortete,
Steuererhöhungen **kämen** nicht
in Frage.

Der Journalist fragt/fragte: „Warum haben die Pressesprecher die Bürger immer
noch nicht über die Gespräche mit der
Opposition informiert?"

(3) Der Journalist will/wollte wissen, **warum** die Pressesprecher die Bürger immer
noch nicht über die Gespräche mit der
Opposition **informiert hätten**.

Der Politiker erklärt/erklärte gereizt:
„Gedulden Sie sich noch etwas! Verlangen Sie nicht zu viel von mir."

间接引语是从说话者的角度复述他人说过的话，在复
述中有时可以用更简短的表达形式和其他的表达方
法。复述的内容位于表示"说、讲"和"想"的动词（例如
*antworten, behaupten, bemerken, berichten, betonen,
bitten, denken, erklären, erwarten, erwidern, erzählen,
glauben, hoffen, meinen, sagen, vermuten*）以及表示提问
的动词之后（例如 *fragen, die Frage stellen, die Frage
richten an, wissen wollen*）。如果内容较多，导入句位于
篇首，必须用虚拟式(6)。如果说话者发生了变化，必
须通过导入句清楚地说明说话者是谁。在由连词 *dass*
引导的从句中，变位动词位于句末(2a)，在没有连词引
导的陈述句中动词位于第二位(2b)。在间接疑问句中，
用 *ob*（针对 *Ja/Nein*-Fragen)(1)或者疑问词（针对 W-
Fragen，例如 *wann, wo ,wie, wen*)(3)引导。
在间接引语中用情态动词 *sollen, müssen* 和 *nicht
dürfen* 来表达祈使句(4)，大多用连词引导；用情态动
词 *mögen* 来表达客气的请求(5)。
在间接引语中，时态、所有关于人、地点和时间的说明
语必须取决于说话人(6)。
直接引语中的第二虚拟式在变为间接引语时仍保持
不变(7)。
在介词 *entsprechend, gemäß, laut, nach, zufolge* 以及连
词 *wie* 之后使用直陈式(8)。

(4) Der Politiker erklärt/erklärte gereizt, der Journalist **solle/müsse sich** noch etwas **gedulden. Er dürfe nicht** zu viel von ihm **verlangen.**

Der Journalist bittet/bat den Politiker: „Äußern Sie sich bitte zu den neuen außenpolitischen Vorstellungen Ihrer Partei."

(5) Der Journalist bittet/bat den Politiker, er **möge** sich zu den neuen außenpolitischen Vorstellungen seiner Partei **äußern.**

Der Politiker sagt/sagte: „In der **morgigen** Sitzung der Partei werden alle Diskussionspunkte noch einmal besprochen. **Ich** kann deshalb **jetzt** noch keine Einzelheiten nennen. Es wird einige Kurskorrekturen geben, weil **unsere** Partei auf die neue außenpolitische Entwicklung reagieren muss."

(6) (Wenn die Zeitung am nächsten Tag von dem Interview berichtet, steht dort:) In dem **gestrigen** Interview gab der Politiker zu erkennen, dass in der **heutigen** Sitzung der Partei alle Diskussionspunkte noch einmal besprochen würden. **Er** könne deshalb **zu diesem Zeitpunkt** noch keine Einzelheiten nennen. Es werde einige Kurskorrekturen geben, weil **seine** Partei auf die neue außenpolitische Entwicklung reagieren müsse.

Der Journalist fragt/fragte: „Was hätte die Regierung gemacht, wenn die Verhandlungen mit der Opposition nicht zustande gekommen wären?"

(7) Der Journalist fragt/fragte, was die Regierung **gemacht hätte**, wenn die Verhandlungen mit der Opposition nicht **zustande gekommen wären.**

(8a) **Laut** Regierungsbeschluss/Dem Regierungsbeschluss **zufolge wird** es keine Steuererhöhungen **geben.**

(8b) **Wie** aus Regierungskreisen verlautete, **wird** über Steuererhöhungen nicht **nachgedacht.**

在间接引语中可以使用第一虚拟式和它的替代形式（第二虚拟式和 *würde*-Form），但并非必须使用上述形式。如果通过引入语中的动词和从句连词能够清楚辨认出是间接引语，常常使用直陈式：

Die Parteichefs behaupten, dass sie gut zusammenarbeiten.

如果间接引语涉及到的是肯定的事实和客观现实，也使用直陈式：

Der Politiker erinnerte daran, dass es alle vier Jahre Wahlen gibt.

间接引语中使用直陈式还可表明说话者不怀疑所复述的内容，认为它是正确的：

Der Politiker sagt, dass es keine Steuererhöhung gibt.

与之相反，间接引语中第二虚拟式表明说话者怀疑复述内容的正确性：

Wenn vor Wahlen behauptet wird, dass es keine Steuererhöhungen gäbe, glaubt das niemand.

因为第二虚拟式始终还是第一虚拟式的一种替代形式，所以必须通过上下文来确认第二虚拟式所隐含的含义。

否则第一虚拟式及其替代形式所复述的内容中并不包含说话者个人的看法，说话者以中立的态度客观地复述所听到或所读到的内容：

Der Politiker sagt, dass es keine Steuererhöhungen gebe/gäbe.

在口语中，直接引语极少使用第一虚拟式，常见的是第二虚拟式，尤其在没有连词引导的陈述句中。

2 请用间接引语表达下文中这个人所想的和所说的。

Die Geschichte mit dem Hammer

Ein Mann will ein Bild aufhängen. Den Nagel hat er, nicht aber den Hammer. Der Nachbar hat einen. Also beschließt unser Mann hinüberzugehen und ihn auszuborgen. Doch da 5 kommt ihm ein Zweifel: Was, wenn der Nachbar mir den Hammer nicht leihen will? Gestern schon grüßte er nur so flüchtig. Vielleicht war er in Eile. Aber vielleicht war die Eile nur vorgeschützt und er hat etwas gegen 10 mich. Und was? Ich habe ihm nichts angetan; der bildet sich da etwas ein. Wenn jemand von mir ein Werkzeug borgen wollte, *ich* gäbe es ihm sofort. Und warum er nicht?

Wie kann man einem Mitmenschen einen so einfachen Gefallen abschlagen? Leute wie 15 dieser Kerl vergiften einem das Leben. Und dann bildet er sich noch ein, ich sei auf ihn angewiesen. Bloß weil er einen Hammer hat. Jetzt reicht's mir wirklich. – Und so stürmt er hinüber, läutet, der Nachbar öffnet, doch 20 noch bevor er „Guten Tag" sagen kann, schreit ihn unser Mann an: „Behalten Sie Ihren Hammer, Sie Rüpel!"

(Paul Watzlawick:
Anleitung zum Unglücklichsein)
Paul Watzlawick, Psychotherapeut, geb. 1921

3 请将直接引语改为间接引语。

Fische

Ein Fisch biss in einen Angelhaken. Was flatterst du so hektisch herum? fragten ihn die anderen Fische. Ich flattere nicht hektisch herum, sagte der Fisch an der Angel, ich bin 5 Kosmonaut und trainiere in der Schleuderkammer. – Wer's glaubt, sagten die anderen Fische und sahen zu, wie es weitergehen sollte. Der Fisch an der Angel erhob sich und flog in hohem Bogen aus dem Wasser. Die Fi- 10 sche sagten: Er hat unsere Sphäre verlassen und ist in den Raum hinausgestoßen. Mal hören, was er erzählt, wenn er zurückkommt. Der Fisch kam nicht wieder. Die Fische sagten: Stimmt also, was die Ahnen uns überlie- 15 fert haben, dass es da oben schöner ist als

hier unten. Ein Kosmonaut nach dem anderen begab sich zum Training in die Schleuderkammer und flog in den Raum hinaus. Die Kosmonauten standen in Reih und Glied und warteten, bis sie drankamen. Am Ufer 20 saß ein einsamer Angler und weinte. Einer der Kosmonauten sprach ihn an und fragte: O großer Fisch, was weinst du, hast du auch gedacht, dass es hier oben schöner ist? – Darum weine ich nicht, sagte der Angler, ich wei- 25 ne, weil ich niemandem erzählen kann, was hier und heute geschieht. Achtundfünfzig in einer Stunde und kein Zeuge weit und breit.

(Christa Reinig: Orion trat aus dem Haus)
Christa Reinig, deutsche Schriftstellerin, geb. 1926

4 请用间接引语说一说 Lups 先生和 Lups 太太所说的和所想的。

Lups

Herr Lups war ein Spatz. Seine Frau hieß Frau Lups. Denn dem Namen nach richten sich die Frauen nach ihren Männern. Es war Frühling und Frau Lups saß auf ihren 5 Eiern. Herr Lups hatte Futter herangeschleppt. Jetzt saß er auf dem Nestrand und

blinzelte in die Sonne.
Die Menschen sagen immer, dass Spatzen frech und zänkisch sind, dachte Frau Lups, womit sie natürlich nur die Männchen mei- 10 nen. Ich kann es von meinem Mann eigentlich nicht finden. Ein fertiger Ehespatz ist er

zwar noch nicht, aber er macht sich.
Herrn Lups wurde es langweilig.
15 „Ich möchte mich auch mal auf die Eier setzen."
„Nein", sagte Frau Lups – nicht aus Eigen-
sinn, rein aus pädagogischem Empfinden.
„Piep!" sagte Herr Lups empört, „es sind
auch meine Eier."
20 „Nein", sagte Frau Lups – wieder nur aus
pädagogischem Empfinden.
Herr Lups schlug erregt mit den Flügeln.
„Ich habe das Recht auf den Eiern zu sitzen,
ich bin der Vater!" schrie er.
25 „Schlag nicht so mit den Flügeln", sagte Frau
Lups, „es ist unschicklich, wenigstens hier im
Nest. Außerdem macht es mich nervös. Ihr
Männer müsst immer gleich mit den Flügeln
schlagen. Nimm dir ein Beispiel an mir! Ich
30 bin stets ruhig. Gewiss sind es deine Eier.
Aber es sind mehr meine Eier als deine Eier.
Das habe ich gleich gesagt. Denke dran, dass
du verheiratet bist!"
„Daran denke ich unaufhörlich", sagte Herr
35 Lups. „Aber du hast es vorhin anders gesagt.
Das ist unlogisch."
„Stör mich nicht mit deiner Logik", sagte
Frau Lups, „wir sind verheiratet und nicht lo-
gisch."
40 „So", machte Herr Lups und klappte arrogant
mit dem Schnabel.
„Findest du das etwa nicht?????"
Herr Lups hörte auf zu klappen.
„Ja, ja, meine Liebe", sagte er.
45 Er macht sich, dachte Frau Lups.
„Ich werde jetzt in den Klub gehen", sagte
Herr Lups und putzte sich die Flügel.
„Du könntest dich auch mal auf die Eier setzen", sagte Frau Lups vorwurfsvoll, „ich sitze
50 schon den ganzen Vormittag darauf. Glaubst
du, dass es ein Vergnügen ist? Dabei sind es
deine Eier."
Herr Lups dachte, die Sonne müsse aufhören
zu scheinen. Aber sie schien weiter.
55 „Mir steht der Schnabel still!" schrie er.
„Eben wollte ich auf den Eiern sitzen, da waren es deine Eier. Jetzt will ich in den Klub
gehen, da sind es meine Eier. Wessen Eier
sind es nun endlich?!"
60 „Schrei nicht so", sagte Frau Lups, „natürlich

sind es deine Eier. Ich habe es dir doch schon
vorhin gesagt."
Herrn Lups wurde schwindlig.
„Du irrst dich", sagte er matt.
„Frauen irren sich nie", sagte Frau Lups. 65
„Ja, ja, meine Liebe", sagte Herr Lups und
setzte sich auf die Eier, die nicht seine Eier
und doch seine Eier waren.
„Männer sind so wenig rücksichtsvoll", sagte
Frau Lups mit sanftem Tadel, „du hast eben 70
auch die weibliche Hand in deinem Leben zu
wenig gefühlt."
„O doch", sagte Herr Lups und blickte auf die
Krällchen seiner Gemahlin.
Frau Lups horchte aufmerksam an den Eiern. 75
„Eins piepst sogar schon im Ei", sagte sie
glücklich.
„Dann wird es ein Weibchen", sagte Herr
Lups.
Frau Lups sah ihren Gatten scharf an. 80
„Gewiss", sagte sie, „es wird ein Weibchen.
Die Intelligenz regt sich am frühesten."
Herr Lups ärgerte sich sehr und brütete.
„Aber das erste, das herauskommt, wird ein
Männchen!" sagte er patzig. 85
Frau Lups blieb ganz ruhig.
„Das, was zuerst piepst, kommt auch zuerst
heraus", sagte sie, „es wird also ein Weib-
chen. Im Übrigen lass mich jetzt auf die Eier!
Es wird kritisch. Das verstehen Frauen besser. 90
Außerdem sind es meine Eier."
„Ja, ja, meine Liebe", sagte Herr Lups.
Nach kurzer Zeit kam das Erste aus dem Ei.
Es war ein Männchen.
Herr Lups plusterte sich und zwitscherte 95
schadenfroh.
„Siehst du", sagte Frau Lups, „ich habe es dir
gleich gesagt. Es wird ein Männchen. Aber
ihr müsst eben alles besser wissen."
Herr Lups sperrte den Schnabel so weit auf 100
wie noch nie.
Eine Steigerung war anatomisch undenkbar.
Aber er kriegte keinen Ton heraus.
Da klappte er den Schnabel zu.
Endgültig. 105
Jetzt ist er ganz entwickelt, es wird eine
glückliche Ehe, dachte Frau Lups und half
den anderen Kleinen behutsam aus der Scha-

le. „Nun musst du in den Klub gehen, liebes
110 Männchen", flötete sie, „du musst dich etwas
zerstreuen. Ich bat dich schon so lange darum. Auf dem Rückweg bringst du Futter
mit."
„Ja, ja, meine Liebe", sagte Herr Lups.
115 ——
Herr Lups hielt eine Rede im Klub.
„Wir sind Männer! Taten müssen wir sehen,
Taten!!" schrie er und gestikulierte mit den
Flügeln.

—— 120
Frau Lups wärmte ihre Kleinen im Nest.
„Seinen Namen werdet ihr tragen, alle wer-
det ihr Lups heißen", piepste sie zärtlich.
Denn dem Namen nach richten sich die
Frauen nach ihren Männern. 125

(Manfred Kyber: Gesammelte Tiergeschichten)
Manfred Kyber, deutscher Schriftsteller, 1880-1933

5 请用间接引语复述下面这段谈话。

Samen seltener Pflanzen finden Zuflucht in der Genbank.
*Viele Arten, die der Mensch heute ausrottet, wird er morgen für
sein Überleben brauchen.*
Von Bernhard Borgeest

Karl Hammer, 50, leitet die größte deutsche
Genbank in Gatersleben, Sachsen-Anhalt.
Dort lagern Samen und Knollen von 100 000
verschiedenen Kulturpflanzen – von der sel-
5 tensten Gurke wie vom modernsten Hochlei-
stungsweizen.
*ZEITmagazin: Herr Dr. Hammer, fühlen Sie sich
manchmal wie Noah?*
Karl Hammer: Das hier ist die Notaufnahme,
10 die Arche Noah. Genau das ist es. Ringsum
schwindet die Artenvielfalt in einem erschreckenden Maße. Es verschwindet auch
die Vielfalt unterhalb der Arten. Also Sorten,
Formen, Varietäten, Unterarten. Und mit ih-
15 nen gehen wichtige Qualitäten und Resistenzen verloren. Wir konservieren, wir heben
auf.
Ein Pflänzchen von jeder Art?
Noah hat immer nur zwei von einer Art ge-
20 nommen. Bei ihm ist nicht sehr viel genetische Variabilität hereingekommen. Wir nehmen jeweils ein Pfund Samen. So ungefähr.
Woher stammen Ihre Samen?
Wir sammeln dort, wo sich ein schneller
25 Wandel anzeigt. Zum Beispiel in Albanien.
Dort verdrängt neues Saatgut aus Italien und
Griechenland das traditionelle Getreide, die

alten Gemüsesorten, die Futter-, Arznei- und
Gewürzpflanzen. Wir konnten noch das letz-
te Einkorn finden, eine seltene Art aus der 30
Weizengruppe.
Und die Bauern machen mit?
Ich war auf mehr als fünfzig Sammelreisen,
war in Nordkorea, Kuba und Libyen. In der
Regel sind die Bauern stolz und sagen: Das 35
habe ich noch von meinem Großvater. Das
Schlimmste, was mir passiert ist, war in
Österreich. Dort hat uns ein Bauer von den
Feldern gejagt. Er hat es als Zumutung emp-
funden zu sagen, was er anbaut. 40
*In der Genbank Gatersleben kommen die Samen
dann in die Tiefkühltruhe?*
Zwiebeln und Salat zum Beispiel werden tiefgekühlt. Sie besitzen nur eine kurze Keimfähigkeit. Getreidesamen bewahren wir bei 45
null Grad im Kühllagerhaus auf. Aber ganz so
einfach ist es nicht. In bestimmten Abständen muss das Saatgut regeneriert werden. Auf
unseren Feldern bauen wir deshalb in jedem
Jahr 10 000 Sorten an. 50
Wer hebt ab von einer Genbank?
Forscher, Pflanzenzüchter, andere Genbanken, botanische Gärten – wir sind völlig offen. Wir helfen auch Leuten, die sagen: Da

55 gibt es eine Apfelsorte, die wuchs bei meinem Großvater im Garten, ich weiß sogar noch ihren Namen. Wo kann ich die herkriegen? 15 000 Muster geben wir jedes Jahr aus. Kostenlos, weil wir davon ausgehen, dass wir ein
60 Erbe der Menschheit verwalten.

Sie trennen sich auch von Proben Ihrer besten Stücke?

Der Direktor eines Museums könnte sagen: Das ist unser bestes Stück. Wir nicht. Der be-
65 sondere Wert unserer Sammlungen liegt in ihrer Vollständigkeit. Wir haben beispielsweise Gerstenmaterial aus Afghanistan und aus Äthiopien, aus Sizilien und sogar aus Mexiko. Insgesamt mehr als 10 000 verschiedene Mus-
70 ter. Erst wenn die gesamte Fülle da ist, haben wir es geschafft.

Der Laie sieht da wohl kaum Unterschiede?

Bei der Gerste gibt es rund 96 auffällige Merkmale der Granne, des Korns und der Ähre.
75 Die ergeben schon mal eine grobe Ordnung.

Dann gibt es natürlich noch Feinmerkmale.

Die Vielfalt Ihrer Sammlung findet sich auf unseren Speisezetteln nicht wieder ...

Wir kennen 4 800 verschiedene Kulturpflanzenarten. Aber die Welt stützt und stürzt sich 80 nur auf sieben. Auf Reis, Mais, Weizen, Gerste, Kartoffeln, Zuckerrohr und Soja. Ich halte diese Einengung für sehr gefährlich. Die Welt kann sich das nicht leisten, wenn nicht noch mehr Menschen verhungern sollen. 85

Aber liefern Genbanken nicht all jenen eine Ausrede, die für das fortschreitende Artensterben verantwortlich sind, getreu dem Motto: Im Kühlschrank gibt es ja noch alle.

Der Kühlschrank ist ein Notbehelf. Auf unse- 90 ren Sammelreisen geht es daher nicht nur ums Sammeln. Wir wollen der Generosion vor Ort Einhalt gebieten und dafür sorgen, dass sich die Pflanzen in Gärten und Feldern weiterentwickeln. Wir können doch nicht 95 einfach alles auf die Genbank tragen.

(ZEITmagazin vom 13.1.1995)

6 请将间接引语改为直接引语。

Trend geht zum Spar-Essen
Deutsche essen billiger und weniger – Soziale Ursachen

Die wachsenden sozialen Gegensätze in Deutschland spiegeln sich auch im Lebensmittelverbrauch wider. Wie die Centrale Marketinggesellschaft der Deutschen Agrarwirt-
5 schaft am Montag in Berlin mitteilte, wurden im vergangenen Jahr vor allem sehr teure oder ganz billige Nahrungsmittel gekauft. Der Handel erwarte ein hartes Jahr. Zudem würden die Bundesbürger bewusster essen.
10 Der Kalorienverbrauch pro Kopf sei in den letzten Jahren von rund 3 000 auf etwa 2 500 zurückgegangen. CMA-Geschäftsführer Antonius Nienhaus sagte, sogenannte Discountlebensmittel aus
15 Billigsupermärkten hätten mittlerweile einen Marktanteil von 40 Prozent. Dagegen sei der Anteil mittelteurer Ware 1993 von 40 auf unter 30 Prozent gesunken und werde wahrscheinlich weiter zurückgehen. Grund dafür
20 seien die wachsende Arbeitslosigkeit und die Einwanderung von Flüchtlingen aus Osteuro-

pa. Dies seien auch Ursachen für den gesunkenen Gesamtverbrauch. Überraschenderweise sei der Export von Agrarprodukten nach Osteuropa 1993 von 25 vier auf sechs Milliarden Mark gestiegen, sagte Nienhaus. Vor allem hochwertige Nahrungsmittel seien in den Ländern des früheren Ostblocks gefragt. Offensichtlich sei durch die Einführung der Marktwirtschaft ei- 30 ne reiche Oberschicht entstanden. Der Gesamtexport blieb nach CMA-Angaben mit 33 Milliarden Mark konstant. Die Nachfrage nach Spezialitäten aus Ostdeutschland ist vor allem in den neuen Län- 35 dern stark gestiegen. Hätten 1990 nur 22 Prozent der Ostdeutschen Nahrungsmittel aus der eigenen Produktion bevorzugt, so seien es mittlerweile 70 Prozent, sagte Nienhaus. Der tatsächliche Anteil von Lebensmitteln aus 40 Ostdeutschland liege aber nur bei 40 Prozent. Hier sei ein erhebliches Potential vorhanden.

(RNZ (AP) vom 11.1.1994)

7 请用直接引语复述这位女政治家的论述。

„Nach den Umwälzungen muss Deutsch Amtssprache des Europarats werden"
Erwartungen der Generalsekretärin Lalumière / Von Walter Haubrich

MADRID, 29. März. Deutsch soll Amtssprache des Europarates sein. Das ist die Auffassung der Generalsekretärin der Organisation, Cathérine Lalumière: „Bei der gegenwärtigen Zusammensetzung des Europarates ist eine neue Situation entstanden. Deutsch ist inzwischen die unter der gesamten Bevölkerung der Mitgliedsländer am meisten gesprochene Sprache, als Muttersprache oder als erste Fremdsprache", sagte Frau Lalumière in einem Gespräch mit dieser Zeitung in Madrid. Deshalb müsse, nachdem der Antrag, Deutsch zur Amtssprache zu machen, einmal abgelehnt worden sei, abermals beraten und abgestimmt werden. (...)

Die Lage habe sich zugunsten des Deutschen gewandelt und das früher gebrauchte Argument, zwei Sprachen reichten aus und seien auch billiger, gelte nicht mehr.

Der Europarat hat nach Auffassung seiner Generalsekretärin am schnellsten von allen internationalen Organisationen und schneller als die meisten europäischen Staaten auf die Veränderungen in Mittel- und Osteuropa reagiert. Ohne die rasche Kontaktaufnahme mit dem Europarat wäre vielen Staaten und ihren Regierungen die Neuorientierung schwerer gefallen. Die guten, häufig freundschaftlichen Beziehungen zu den Politikern der ost- und zentraleuropäischen Staaten und die während ihrer Tätigkeit erworbene Kenntnis dieser Länder seien auch der wichtigste Grund ihrer Bereitschaft, für eine zweite Amtsperiode zu kandidieren. Das Vertrauen der sich im Umbruch befindenden Staaten zum Europarat sei eine zarte Pflanze, die mit Takt und guten Kenntnissen gepflegt werden müsse. Außerdem müsse der Europarat reformiert werden; das gehe besser mit Personen, welche diese Strukturen kennten. Auch deshalb kandidiere sie zum zweiten Mal. (...)

Ein wichtiges Anliegen des Europarates in den vergangenen Jahren sei der Schutz der Minderheiten gewesen. Nicht nur um die juristischen Rechte, sondern auch um die kulturellen müsse man sich kümmern, selbst wenn das oft nur kleine Volksgruppen betreffe, die aber auch ein Recht auf Schulen, auf Radios und Zeitungen in ihrer Sprache hätten. Das gehöre zu den vertrauensbildenden Maßnahmen. Der Europarat unterstütze bilaterale Abkommen zwischen Ländern, welche die Rechte der jeweiligen Minderheit garantierten. Zwischen Ungarn und Rumänien sei ein solches Abkommen notwendig, so wie Polen es schon mit seinen Nachbarstaaten abgeschlossen habe.

(Frankfurter Allgemeine Zeitung
vom 30. 3. 1994)

8 请用直接引语复述下文。

Kleine Rede über den Konjunktiv
If I had a hammer
Von Ulrich Greiner

In früheren Jahren sei der Konjunktiv vom Aussterben bedroht gewesen, erzählte mir kürzlich ein Sprachkritiker, heute jedoch könne man geradezu von einem Grassieren des Konjunktivs sprechen, obgleich er oft falsch gebraucht werde. Er grassiere, weil ohne diese Möglichkeitsform vieles nicht möglich wäre. (...)

Heute herrsche der sauerstoffarme, neblige Konjunktiv, der umso nebliger sei, als seine Benutzer dessen Möglichkeiten in der Regel nicht gewachsen seien.

Er müsse, um das zu erklären, ein paar anfängerhafte Bemerkungen machen, sagte der Sprachkritiker. Im Deutschen gebe es nämlich, was den meisten nicht klar sei, zwei

Konjunktive. Der Konjunktiv I, wie die Grammatik ihn kurz nenne, werde vom Präsens abgeleitet und diene hauptsächlich der indirekten Rede, wobei in den Fällen, wo der Konjunktiv des Präsens dem Indikativ gleiche, die Konjunktivformen des Präteritums ersatzweise Verwendung fänden um Verwechslungen auszuschließen. Der Konjunktiv II hingegen werde vom Präteritum abgeleitet und sei immer dann zu benutzen, wenn etwas Nicht-Wirkliches oder bloß Vorgestelltes, Vermutetes, Gewünschtes zur Rede stehe. Der Benutzer des Konjunktivs I also betrachte die mitgeteilte Information in der Regel als zutreffend, aber er müsse für den Wahrheitsgehalt nicht selber geradestehen, sondern er rufe einen wirklichen oder imaginären Sprecher als Gewährsmann auf. Der Benutzer des Konjunktivs II aber gebe zu erkennen, dass die mitgeteilte Information nicht oder nur unter gewissen Bedingungen zutreffend sei.

Dies sei, so fuhr der allmählich in Eifer geratene Sprachkritiker, während mir der Kopf schwirrte, fort, ein gewaltiger Unterschied und wenn der endlich zur Kenntnis genommen würde, so hätte es mit dem herrschenden Konjunktiv-Chaos bald ein Ende. Was ihn aber mit Sorge erfülle, sei die Beobachtung, dass sogar bekannte Gegenwartsautoren den Konjunktiv nur unzureichend beherrschten. So habe er etwa in der jüngsten Erzählung „Nachmittag eines Schriftstellers"

des zu Recht für sein Sprachgefühl gerühmten Peter Handke folgenden Satz gefunden: „Während der letzten Stunden im Haus, je lautloser um ihn herum alles geworden war, hatte dem Schriftsteller die Zwangsvorstellung zugesetzt, es gäbe draußen in der Zwischenzeit keine Welt mehr und er in seinem Zimmer sei der letzte Überlebende."
Hier wechsle Handke völlig grundlos von einem Konjunktiv in den anderen. Entweder habe er sagen wollen, dass diese Zwangsvorstellung völlig irreal gewesen sei, und dann hätte er in beiden Fällen den Konjunktiv II benutzen müssen. Oder er habe zu verstehen geben wollen, dass für ihn diese Vorstellung dermaßen zwingend gewesen sei, dass er sie für wirklich habe halten müssen, und dann wäre der Konjunktiv I richtig gewesen. An anderer Stelle schreibe Handke: „... in den Ohren ein Summen, als sei die Schreibmaschine – was nicht der Fall war – elektrisch."
Dies sei eine eklatante Verwechslung von Konjunktiv I und II, denn weil die Schreibmaschine in der Tat nicht elektrisch gewesen sei, hätte es heißen müssen: „... als wäre sie elektrisch." Ähnliche Beispiele ließen sich bei Handke noch viele finden, woraus hervorgehe, dass weder der Lektor noch der Schriftsteller in Dingen des Konjunktivs sonderlich bewandert seien.

(DIE ZEIT vom 11.9.1987)

| 形式

客观陈述

	主动态	*被动态*
现在时	er muss lernen	es muss gelernt werden
过去时	er musste lernen	es musste gelernt werden
现在完成时	er hat lernen müssen	es hat gelernt werden müssen
过去完成时	er hatte lernen müssen	es hatte gelernt werden müssen

(1) Er sagt, er **habe** viel **lernen müssen**.
(2) Er **hätte** noch intensiver **lernen müssen**.
(3a) Er behauptet, dass er viel **lernen muss/musste**.
(3b) Er behauptet, dass viel **gelernt werden muss/musste**.
(4a) Er behauptet, dass er viel **hat/hatte lernen müssen**.
(4b) Er behauptet, dass viel **hat/hatte gelernt werden müssen**.

情态动词的主动态形式由情态动词的变位形式或者不定式形式与完全动词的不定式形式构成，被动态形式由完全动词的过去分词、*werden* 的不定式形式及情态动词的变位形式或者不定式形式构成。(参见 65 页)

多用过去时表示过去，用一般现在时而非用第一将来时表示将来 (*wird lernen müssen/wird gelernt werden müssen*)，这尤适于从句。现在完成时和过去完成时主要用于第一和第二虚拟式(1)(2)。(参见 116 页和 92 页)

在从句中情态动词的一般现在时和过去时作为变位动词位于从句句末(3)，如从句时态为现在完成时或者过去完成时，那么变位动词位于不变位动词之前(4)。

主观陈述

	主动态	*过程和状态被动态*
现在时	sie soll ihn informieren	er soll informiert werden er soll informiert sein
现在完成时	sie soll ihn informiert haben sie soll abgereist sein	er soll informiert worden sein er soll informiert gewesen sein

在主观陈述中，用一般现在时表示现在，用现在完成时表示过去。情态动词的现在时形式在主观和客观陈述中是一致的，但意义却有差别。而其过去时的形式是不一样的，所以两者不会被混淆。主观陈述中的过去时形式由现在完成时构成。

II 情态动词的用法

客观陈述

(1a) **Es ist notwendig**, dass er Medizin studiert. Sonst kann er die Praxis seines Vaters nicht übernehmen.
Er **muss** Medizin studieren.

(1b) **Seine Eltern wollen**, dass er in Berlin studiert. (fremder Wille)
Er **soll** in Berlin studieren.

(1c) **Er hat die Absicht** zu studieren. (eigener Wille)
Er **will** studieren.

(1d) **Er hat Lust/den Wunsch** zu studieren.
Er **möchte** studieren. (Prät.: Er wollte studieren.)

(1e) **Er hat die Fähigkeit** zum Studieren.
Er hat die Möglichkeit zu studieren.
Er **kann** studieren.

(1f) Sein Schulabschluss **berechtigt** ihn zum Studieren.
Er **darf** studieren.

在客观陈述中,情态动词表明句中主语对由完全动词表达的事件的看法和态度(例如必要性、意愿、愿望、能力、可能性、权利)(1)。

有时可以删去完全动词,这时情态动词就成为完全动词:

Sie kann gut Deutsch (sprechen). (Perfekt: Sie hat gut Deutsch gekonnt.)
Er will kein Geld (haben/nehmen). (Perfekt: Er hat kein Geld gewollt.)

主观陈述

(2a) **Ich habe gehört**, dass er in Berlin studiert.
Er **soll** in Berlin studieren. (Behauptung)

(2b) **Ich bin ziemlich sicher**, dass er sich dort wohl fühlt.
Er **dürfte** sich dort wohl fühlen. (Vermutung)

在主观陈述中,情态动词表示说话人对由完全动词表达的事件的看法和态度,即说话人对句中所说事件真实性的信任度(声言、猜测)(2)。

III 客观陈述中的情态动词

müssen

Die Autofahrer **müssen** die Kreuzung **umfahren**. (Sie ist blockiert.)
Von einem Befahren der Passstraße ohne Schneeketten **muss** dringend **abgeraten werden**.
Bei einem Unfall **muss** der Schuldige die Kosten **übernehmen**.
Ich **muss** dem Verletzten **helfen**. (Ich kann nicht anders.)

意义:外部情况或者法律规定引发的客观必要性;由本人的内心观点引起的责任或义务

改写： Es ist notwendig / erforderlich / geboten / unerlässlich /
unumgänglich, die Kreuzung zu umfahren.
Es bleibt nichts anderes übrig, als die Kreuzung zu umfahren.
Die Autofahrer sind gezwungen die Kreuzung zu umfahren.
Von einem Befahren der Passstraße ohne Schneeketten ist dringend abzuraten.
(Passivumschreibung *sein* + Inf. mit *zu*, vgl. S. 83ff. und S. 161)
Bei einem Unfall hat der Schuldige die Kosten zu übernehmen.
(*haben* + Inf. mit *zu*, vgl. S. 161f.)
Ich fühlte mich moralisch verpflichtet dem Verletzten zu helfen.

否定：

a) nicht müssen = nicht brauchen ... zu (vgl. S. 135 und 160)
   Die Passstraße **muss nicht** mit Schneeketten **befahren werden**.
   Die Passstraße braucht nicht mit Schneeketten befahren zu werden

   改写： Es ist nicht notwendig, die Passstraße mit Schneeketten zu baren.

b) nicht dürfen (vgl. auch bei *dürfen*):
   Die Passstraße **darf nicht** ohne Schneeketten **befahren werden**.

   改写： Es ist verboten / nicht gestattet / nicht erlaubt, die Passstraße
   ohne Schneeketten zu befahren.

sollen

Er **soll** auf jeden Fall pünktlich da **sein**.
Sie **soll** einen Brief **schreiben**.
Die Gäste **sollen** am Flughafen **abgeholt werden**.
Du **sollst/solltest** zu anderen Menschen höflicher **sein**.

意义： 基于他人意志（例如要求、期待）之上的责任或义务：法律、命令、规
定、社会和宗规范；计划、打算；请求、推荐、劝告、建议（也见于第二
虚拟式）情态动词 sollen 留有自由选择的空间，而 müssen 就没有自
由作出决定的可能。

改写： Er ist verpflichtet / hat die Pflicht pünktlich da zu sein.
Er hat pünktlich da zu sein. (*haben* + Inf. mit *zu*, vgl. S. 161f.)
Es wird (von ihr) erwartet / gefordert / verlangt, dass sie einen Brief schreibt.
Sie hat die Aufgabe / den Auftrag / die Anweisung einen Brief zu schreiben.
Es ist geplant / vorgesehen / beabsichtigt, die Gäste am Flughafen abzuholen.
Die Gäste sind am Flughafen abzuholen. (Passivumschreibung *sein* + Inf. mit *zu*,
vgl. S. 83ff. und S. 161)
Ich fordere dich auf / empfehle dir / rate dir / schlage dir vor, höflicher zu sein.
Es empfiehlt sich / ist empfehlenswert / ist angebracht / ist ratsam / ist opportun / gehört
sich, in jeder Situation höflich zu sein.

wollen

> Er **will** immer pünktlich **sein**.
> Sie **will** einen Brief **schreiben**.
> Der Gastgeber **will** seine Gäste am Flughafen **abholen**.

意义：意图、计划（自己的意愿）

改写：Er nimmt sich vor / ist entschlossen / bereit / gewillt /
willens immer pünktlich zu sein.
Sie beabsichtigt / plant / hat vor einen Brief zu schreiben.
Der Gastgeber hat die Absicht / den Plan seine Gäste am Flughafen abzuholen.

mögen

> Sie **möchte** Astronautin **werden**. Sie wollte schon immer Astronautin werden.
> Ihre Eltern bitten sie, sie **möge sich** das gründlich **überlegen**.
> **Möge** sie glücklich **werden**!

意义：愿望，需要，兴趣
现今多用 mögen 的第二虚拟式形式（möchte，过去时为 wollte），而不是它的现在时
形式（mag）。mag（过去时为 mochte）几乎只用于否定句中，但也多被 will/wollte 代
替。(Sie mag/will das nicht jedem erzählen. Sie mochte/wollte sich nicht
wiederholen.)。第一虚拟式形式（möge）用于间接引语时，表示请求或愿望（参见
119 页）。

können

a) Er **kann** Ski **fahren**. (Er hat das schon als Kind gelernt.)
Sie **kann** gut mit Kindern **umgehen**. (Sie ist ein Naturtalent.)
Er **kann** das **beurteilen**. (Er ist Fachmann auf dem Gebiet.)

意义：基于先天的或后天习得的能力基础之上的（例如身体、智力或艺术等方面）可能
性

改写：Er ist fähig / imstande / in der Lage Ski zu fahren.
Sie hat die Eignung / Begabung / Veranlagung zum richtigen Umgang mit Kindern.
Sie ist dafür geeignet / begabt. Sie versteht mit Kindern umzugehen.
Er vermag das zu beurteilen. Er ist kompetent genug um das beurteilen zu können.

b) Er **kann** Ski **fahren**. (Es liegt genügend Schnee.)
Er **kann** sich auf das Geschenk **freuen**. (Es ist ein schönes Geschenk.)
Manche Verben **können** getrennt **werden**.

意义：基于客观条件之上的可能性或者机会

改写：Er hat Gelegenheit / die Möglichkeit / die Chance Ski zu fahren.
Es gibt einen Grund / Anlass für ihn, sich zu freuen.
Es ist möglich, manche Verben zu trennen. Manche Verben sind zu trennen / lassen sich
trennen / sind trennbar. (Passivumschreibungen *sein* + Inf. mit *zu*, *sich lassen* und *sein* +
Adjektiv auf *-bar*, 参见 83 页，161 页，81 页和 80 页)

c) können = dürfen (vgl. dort)
Der kleine Junge **kann machen**, was er will. (Die Eltern sagen nichts.)

意义：基于许可或者权利基础上的可能性或者机会

否定：nicht dürfen (= Verbot)
Seine Freunde **dürfen nicht** einfach **machen**, was sie wollen.

dürfen

In diesem Raum **darf geraucht werden**.
Sie **darf** die Akten **einsehen**.

意义： 基于许可或权利基础之上的可能性或者机会

改写： Es ist erlaubt / gestattet / zulässig, in diesem Raum zu rauchen.
Sie hat das Recht / die Berechtigung / die Befugnis / die Genehmigung / die Erlaubnis /
das Privileg die Akten einzusehen. Nur sie ist dazu berechtigt / befugt.

否定： nicht dürfen
Hier **darf nicht geraucht werden**.
Die Akten **dürfen nicht eingesehen werden**.

意义： aufgrund eines Verbots nicht die Möglichkeit / keine Gelegenheit haben;
keine Erlaubnis / keine Berechtigung haben

改写： Es ist verboten / untersagt / unzulässig / nicht erlaubt /
nicht gestattet, hier zu rauchen.
Niemand ist berechtigt / befugt / ermächtigt die Akten einzusehen.
Die Akten sind nicht einzusehen. (Passivumschreibung *sein* + Inf. mit *zu*,
vgl. S. 83ff. und S. 161)

(用于有礼貌的询问或请求的情态动词参见 97 页)

1 请将下列改写形式归入所属的情态动词。

1	~~Lust haben~~	23	Begabung
2	in der Lage sein	24	vermögen
3	bereit sein	25	es empfiehlt sich
4	gewillt sein	26	gezwungen sein
5	unerlässlich sein	27	entschlossen sein
6	fähig sein	28	nicht brauchen ... zu
7	Wunsch	29	machbar sein
8	~~die Aufgabe haben~~	30	es gehört sich nicht
9	~~notwendig~~	31	es ist ratsam
10	~~Absicht~~	32	Bedürfnis
11	geeignet sein	33	berechtigt sein
12	Gelegenheit	34	imstande sein
13	sich etwas vornehmen	35	sich machen lassen
14	es wird erwartet	36	~~gestattet sein~~
15	das Recht haben	37	untersagt sein
16	einen Rat bekommen	38	~~Möglichkeit~~
17	es bleibt nichts anderes übrig	39	erforderlich sein
18	Erlaubnis	40	entschlossen sein
19	vorgesehen sein	41	etwas vorhaben
20	Plan	42	zulässig sein
21	Befugnis	43	es gehört sich
22	Berechtigung	44	genehmigt sein

müssen: notwendig, …

sollen: die Aufgabe haben, …

wollen: Absicht, …

mögen: Lust haben, …

können: Möglichkeit, …

dürfen: gestattet sein, …

2 *wollen, können müssen* 还是 *dürfen*? 请解释下列句子中所使用的形容词。

     1. Wer anpassungsfähig ist, … sich auf seine Umgebung einstellen.
     2. Wer kooperationsbereit ist, … mit anderen zusammenarbeiten.
     3. Wer steuerpflichtig ist, … Steuern zahlen.
     4. Wer lernwillig ist, … sich Kenntnisse und Fähigkeiten aneignen.
     5. Wer neugierig ist, … etwas wissen.
     6. Wer untröstlich ist, … nicht getröstet werden.
     7. Was nicht zu ändern ist, … hingenommen werden.
     8. Was vermeidbar ist, … vermieden werden.
     9. Verbotene Dinge … nicht getan werden.
    10. Auf einen unzuverlässigen Menschen … man sich nicht verlassen.
    11. Wer hilfsbereit ist, … helfen.
    12. Menschen mit Durchsetzungsvermögen … Widerstände überwinden und sich Geltung verschaffen.
    13. Mit einem streitsüchtigen Menschen … es leicht zum Streit kommen.
    14. Mit einem kooperativen Menschen … man gut zusammenarbeiten.
    15. Unumgängliche Reparaturen … durchgeführt werden.

3 哪个情态动词合适？有时不同的情态动词表达相同的意思。

Wozu brauchen wir Grundlagenforschung?

Der wirtschaftliche Fortschritt, der den Lebensstandard sichern …, ist unter anderem auch abhängig von der Grundlagenforschung eines Landes. Diese … deshalb durch Reglementierungen nicht unnötig eingeengt werden. Der Gesetzgeber … zwischen Chance und Risiko abwägen. Die Risiken … von allen Beteiligten offen diskutiert werden. Auch … man bedenken, dass vorauseilende rechtliche Regelungen vielversprechende Entwicklungen blockieren Aus diesem Grunde … von Fall zu Fall entschieden werden. Die Chancen, die im Bereich der Grundlagenforschung liegen, … nicht vertan werden, wenn der Lebensstandard gesichert werden …. Wenn das notwendige Know-how nicht mehr zur Verfügung steht, wird die Industrie keine Spitzenleistung mehr erbringen …. Außerdem … die Industrie nicht durch bürokratische Zulassungsvorschriften an der Entwicklung neuer Produkte gehindert werden. Es … nicht zugelassen werden, dass ganze Industriezweige ins Ausland abwandern, nur weil sie die Kosten bis zur Zulassung eines Produkts nicht mehr finanzieren … oder …. Und es … nicht ausgeschlossen werden, dass auch der wissenschaftliche Nachwuchs abwandert. Bei der Einführung von Gesetzen und Vorschriften … man eine solche Kettenreaktion vor Augen haben.

要求、推荐、劝告和建议

(1) Ich empfehle Ihnen die Formalitäten etwas ernster zu nehmen.
Sie **sollten** die Formalitäten etwas ernster **nehmen.**

(2) Es ist erforderlich, dass Sie die Antragsfristen einhalten.
Sie **müssen** die Antragsfristen **einhalten.**
Das **müssten/sollten** Sie eigentlich wissen.

(3) Sie haben jederzeit die Möglichkeit den zuständigen Sachbearbeiter einfach mal anzurufen und um Rat zu fragen.
Sie **können** den zuständigen Sachbearbeiter jederzeit um Rat **fragen.**
Sie **könnten** ihn einfach mal **anrufen.**

在表达要求、推荐、劝告和建议时，多用第二虚拟式形式 *sollte*(1)。如果谈及的是一项必须加以注意的建议，必须用 *müssen*。多用 *sollte* 代替常与 *eigentlich* 连用的、具有削弱语气作用的第二虚拟式形式 *müsste*(2)。如果建议只是表示一种可能性则用 *können* 和具有削弱语气作用的第二虚拟式形式 *könnte*(3)。

4 一位申请人犯了一些错误，负责的专职人员给了他一些建议，今后必须、应该及可以做什么。请您也考虑考虑其他可能性。

Beispiel: Sie haben Ihren Antrag an die falsche Behörde geschickt.
Das empfiehlt sich nicht.
Sie sollten Ihre Anträge immer an die zuständige Behörde schicken.

Lästige Bürokratie

1. Sie haben Ihren Antrag nur unvollständig ausgefüllt. Damit können wir nichts anfangen.
2. Sie haben die meisten Fragen viel zu ungenau beantwortet. Das geht einfach nicht.
3. Sie haben sich nicht genügend Zeit zum Ausfüllen genommen. Das ist aber empfehlenswert.
4. Sie haben nicht um Fristverlängerung gebeten. Das wäre aber möglich gewesen.
5. Sie haben nicht alle erforderlichen Unterlagen beigefügt. Das empfehle ich Ihnen aber dringend.
6. Sie haben die beigefügten Fotokopien nicht beglaubigen lassen. Wir erkennen sie nicht an.
7. Sie haben die Hinweise und Erläuterungen auf der Rückseite nicht beachtet. Das ist aber unerlässlich.
8. Sie haben mit Bleistift geschrieben. Das haben wir nicht so gern.
9. Sie haben Ihre Briefsendung nicht ausreichend frankiert. Das hat uns geärgert.
10. Sie haben keine Telefonnummer für eventuelle Rückfragen angegeben. Es hätte uns aber geholfen.
11. Sie haben dem Sachbearbeiter unnötige Arbeit gemacht. Das ist unfreundlich.
12. Das ist Ihnen gar nicht klar gewesen. Aber eigentlich ist das ganz klar.
13. Sie haben nicht versucht dem Sachbearbeiter die Bearbeitung Ihres Antrags zu erleichtern. Das wäre aber gegangen.

14. Sie haben den Sachbearbeiter nicht auf die Dringlichkeit Ihres Antrags hingewiesen. Diese Möglichkeit hätten Sie aber gehabt.

15. Sie haben den Sachbearbeiter nicht um eine möglichst schnelle Bearbeitung Ihres Antrags gebeten. Diese Möglichkeit gibt es aber immer.

---

nicht müssen/nicht brauchen ... zu-nicht dürfen

(1a) Der Patient **muss nicht** schon wieder **operiert werden/braucht nicht** schon wieder **operiert zu werden.**
(= Es ist nicht notwendig, dass der Patient schon wieder operiert wird.)

(1b) Der Patient **darf nicht** schon wieder **operiert werden.**
(= Es ist medizinisch nicht zu verantworten, dass der Patient schon wieder operiert wird.)

(2) Ein genesener Patient **muss sich nicht** weiter **schonen/braucht sich nicht** weiter **zu schonen.**
(= Es ist nicht notwendig, dass sich ein genesener Patient weiter schont.)

(3) Herzkranke Patienten **dürfen keinen** Leistungssport **treiben.**
(= Herzkranken Patienten ist es untersagt, Leistungssport zu treiben.)

情态动词 *müssen*(语气委婉的形式为 *sollen*)有两种否定形式；*nicht müssen/nicht brauchen ...zu* (=*nicht notwendig sein*)和 *nicht dürfen*(=*verboten/nicht erlaubt sein*)。视情况不同,两种否定形式可以表达出同一含义,尽管意义有所不同(1);与此相反,在其他情况中只能用一种否定形式(2)(3)。(参见 160 页和 19 页)

---

5 请用 *nicht müssen/nicht branchen ... zu/* 或 *nicht dürfen* 否定下列句子。

1. Jemand, der gesund ist, nimmt vorbeugend Medikamente ein.
2. Ein herzkranker Patient setzt das Herzmittel ab.
3. Jemand, der einen schweren Herzinfarkt hatte, arbeitet entgegen ärztlicher Anweisung nach vier Wochen schon wieder.
4. Der Patient steht schon auf.
5. Ein Lungenkranker raucht.
6. Ein Kettenraucher wundert sich, dass er Lungenkrebs bekommt.
7. Jemand, der ein normales Gewicht hat, hält eine strenge Diät ein.
8. Eine untergewichtige Frau nimmt weiter ab.
9. Die Patientin liegt viel.
10. Ein magenkranker Patient nimmt zu schwere Kost zu sich.

6 城市规划出现了许多错误。请您说说什么是必须做而未做的,什么是不能做而已做的。

Beispiel: In den Innenstädten wurden zu viele Parkhäuser gebaut.
Man hätte in den Innenstädten nicht so viele Parkhäuser bauen dürfen.

Verkehrsgerechte oder menschengerechte Städte?

1. Es wurden zu viele Autos in die Innenstädte gelassen.
2. Das öffentliche Verkehrsnetz wurde nicht früh und nicht gut genug ausgebaut.
3. Die Fahrpreise der öffentlichen Verkehrsmittel wurden laufend angehoben.
4. Die Privatautos wurden in den Mittelpunkt der Verkehrsplanung gestellt.
5. Kinder, Fußgänger und Radfahrer wurden kaum in die Verkehrsplanung einbezogen.
6. Fußgängerzonen, Radfahrwege und Spielstraßen wurden zu spät angelegt.
7. Die Straßen wurden auf Kosten der Grünflächen verbreitert.
8. Die Städte wurden nicht weitsichtig und menschengerecht genug geplant.

7 请用主动句或者被动句回答下列问题，并且用情态动词替代斜体部分。

Beispiel: *Ist es möglich*, menschliche Organe zu ersetzen? Ja, ...
Ja, menschliche Organe können ersetzt werden.

Transplantationen

1. *Lassen sich* menschliche Organe transplantieren? Ja, es ist bekannt, dass ...
2. *Ist es* Ärzten *erlaubt*, Organverpflanzungen ohne das Einverständnis des Patienten durchzuführen? Nein, ...
3. *Ist es* den Ärzten *gelungen*, die Operationstechniken immer weiter zu verbessern? Ja, es ist erstaunlich, dass ...
4. *Sind* Komplikationen vermeid*bar*? Nein, ... nicht immer ...
5. *Wären* die Ärzte schon vor 1950 *in der Lage gewesen* solche Organverpflanzungen durchzuführen? Nein, ... noch nicht ...
6. *Wird* man eines Tages *imstande sein* die Abwehrreaktionen des Empfängers zu steuern? Ja, hoffentlich ...
7. *Haben* die Mediziner *die Absicht* die Zahl der Transplantationen noch zu erhöhen? Ich glaube schon, dass ...
8. *Waren* in der Vergangenheit immer genügend Organspender *zu finden*? Nein, ...
9. *Empfiehlt es sich*, sogenannte Organbanken einzurichten? Ja, nach Meinung von Ärzten ...
10. *Ist es notwendig*, den Organhandel mit der Dritten Welt zu überwachen? Ja, auf jeden Fall ...

---

wollen — sollen

(1) Der Theaterdirektor **will**, dass die Stadt den Theateretat erhöht.
Die Stadt **soll** den Theateretat erhöhen.
(2) Der Theaterdirektor **empfiehlt den Schauspielern** sich kollegialer zu verhalten.
Die Schauspieler sollen/sollten sich kollegialer verhalten.

在这组情态动词 *wollen—sollen* 出现了视角的变换：主句动词的主语和从句动词的主语不一致，发生了变换(1)。（参见 67 页）下列动词也是这样：*empfehlen/auffordern/erwarten von*，句子中的两个动词的主语或者执行者不一致(2)。

8 请说说按照剧院院长的建议谁应该做什么。

> 1. Der Theaterdirektor möchte, dass zeitgenössische Autoren ihre Stücke selbst inszenieren.
> 2. Er fordert die Schauspieler auf eigene Ideen in die Probenarbeit einzubringen.
> 3. Er empfiehlt den Schauspielern auch mal Gastrollen an anderen Theatern zu übernehmen.
> 4. Er verlangt vom Personal, dass es bei Bedarf auch bereit ist Überstunden zu machen.
> 5. Er erwartet von der Stadt, dass sie die Theaterarbeit an den Schulen unterstützt.
> 6. Er will, dass die Stadt das Theater vergrößert.
> 7. Er schlägt vor, dass auswärtige Theatergruppen während der Sommerpause Gastspiele geben.

---

erlauben/verbieten 即 *dürfen/nicht dürfen*

(1) Der Institutsdirektor **erlaubt den Studenten** kostenlos zu fotokopieren.
Die Studenten dürfen kostenlos fotokopieren.

(2) Er hat **den Mitarbeitern verboten** im Institut zu rauchen.
Die Mitarbeiter dürfen im Institut **nicht** rauchen.

在这组动词 *erlauben/verbieten–dürfen/nicht dürfen* 中出现了视觉的变换:即句中两个动词所代表动作的发出者和真正执行者不一致,这一点也见于动词 *zustimmen/ermächtigen*。

---

9 请说说谁有院长的许可可以做什么,而谁不可以做什么。

> 1. Der Institutsdirektor hat nichts dagegen, dass die Mitarbeiter ihre Arbeitszeit flexibel gestalten.
> 2. Er stimmt nicht zu, dass sein Stellvertreter Forschungsurlaub nimmt.
> 3. Er hat ihn ermächtigt ihn auf dem nächsten Kongress zu vertreten.
> 4. Er erlaubt den Mitarbeitern nicht ihre Fahrräder im Flur des Instituts abzustellen.
> 5. Er gesteht ihnen aber zu ihre Autos vor dem Institut zu parken.
> 6. Er gestattet Studenten und Mitarbeitern, im Institut ein Fest zu feiern.
> 7. Er erteilt einem Studenten die Genehmigung die Prüfung nochmals zu wiederholen.

10 请用情态动词替换句中的斜体部分。

> **Wie sieht eine ausgewogene Ernährung aus?**
> 1. Solange der Mensch lebt, *ist* er *gezwungen* Nahrung aufzunehmen.
> 2. *Ärzte empfehlen* die Mahlzeiten möglichst abwechslungsreich zusammenzustellen.
> 3. *Es ist* nämlich *notwendig*, dass dem Körper mit der Nahrung Kohlenhydrate, Eiweißstoffe, Fette, Vitamine sowie Mineralien und Spurenelemente zugeführt werden.
> 4. Wer abwechslungsreich isst, *hat es* deshalb nicht *nötig*, diese Nährstoffe in Tablettenform zu sich zu nehmen.

5. *Es gilt* den natürlichen Verlust von Körpergewebe durch regelmäßige Zufuhr von Eiweiß auszugleichen.

6. *Es ist* zwar *möglich*, den täglichen Eiweißbedarf mit Fleisch zu decken, dann *ist es* aber *erforderlich*, jeden Tag etwa 200 Gramm Fleisch zu essen.

7. Wenn man *vorhat* den Eiweißbedarf mit Brot zu decken, so braucht man davon sogar ungefähr 400 Gramm täglich.

8. Der Eiweißverlust, den schon leichte Krankheiten verursachen, *lässt sich* während der Genesung innerhalb weniger Tage wieder ausgleichen.

11 请用情态动词替代句中的斜体部分。

Wahlen

1. In einer Demokratie *ist es notwendig*, dass in regelmäßigen Abständen Wahlen stattfinden.

2. Die Bürger *haben* dann *die Möglichkeit* unter verschiedenen Parteien oder Personen zu wählen, d.h., jeder erwachsene Bürger *ist berechtigt* seine Stimme der von ihm bevorzugten Partei oder dem von ihm gewünschten Kandidaten zu geben.

3. Zu diesem Zweck *ist es erforderlich*, im Wahllokal einen Stimmzettel auszufüllen. Die Bürger *sind* aber nicht unbedingt dazu *verpflichtet*. Wer nicht *gewillt ist* zu wählen, *wird* auch nicht dazu *gezwungen*. Jeder *hat das Recht* zu Hause zu bleiben.

4. Dennoch *wird* jedem *empfohlen* von seinem Wahlrecht Gebrauch zu machen. Wer das 18. Lebensjahr vollendet hat, *ist* dem Grundgesetz nach wahl*berechtigt*. Und wer die Volljährigkeit erreicht hat, *ist* auch wähl*bar*.

5. Von einer lebendigen Demokratie spricht man vor allem dann, wenn möglichst viele Bürger *bereit sind* selber zu kandidieren. In diesem Fall *ist* der Wähler dann auch *in der Lage* seine Wahl unter einer ausreichenden Zahl von Kandidaten zu treffen.

6. *Möglich ist* auch sich an der Briefwahl zu beteiligen. In diesem Fall *ist es empfehlenswert*, sich die Wahlunterlagen rechtzeitig zu besorgen und den ausgefüllten Stimmzettel innerhalb der festgesetzten Frist abzuschicken.

7. Die Briefwahl hat den Vorteil, dass sich der Wähler am Wahltag nicht an seinem Wohnort aufzuhalten *braucht*. Vielleicht *hat* er *vor* gerade an diesem Tag zu verreisen oder einen anderen Termin wahrzunehmen.

12 请根据句中的斜体部分选择正确的情态动词。

„Hauptsache, sie kann Spaghetti kochen!"

Die Erwartungen der heutigen Jugendlichen an ihre Lebenspartner *sind* durchaus mit denen ihrer Elterngeneration vergleich*bar*. Die Heranwachsenden von heute *erwarten* nämlich von ihren Partnern die gleichen Vorzüge (+ haben), die schon ihre Eltern von ihren Partnern verlangten. Was für Lebensgefährten *sich* 10- bis 15-Jährige *wünschen* (+ haben), ergab eine Umfrage der Zeitschrift „El-

tern" unter 2 110 Schülern und Schülerinnen. In der Umfrage kamen vertraute Rollenerwartungen zum Vorschein: *Es wird erwartet, dass* die künftige Partnerin schön, treu und kinderlieb ist. Ein elf Jahre alter Junge stellt hohe Ansprüche an die Kochkunst seiner Partnerin: *„Ich verlange, dass* sie täglich für mich kocht. Dabei *hat* ihr Kochen natürlich hotelreif *zu sein.*" Ein anderer Junge *wünscht*

sich, dass seine Frau *in der Lage ist* Spaghetti
zu kochen. Ein dreizehnjähriger Hauptschüler hat andere Erwartungen: „Ich *wünsche mir* etwas Ausländisches, mit Temperament und Feuer, z.B. eine Brasilianerin.
Lieber was Wildes als was Langweiliges." Bescheiden dagegen ist ein 12-Jähriger: „Ich *ge-
statte* meiner Frau nicht eine Brille zu tragen,
sonst denken meine Freunde, ich sei mit einer Lehrerin verheiratet." Ein anderer Schüler
äußert: „Ich *habe* unter keinen Umständen
vor eine Frau zu heiraten, die schwäbischen
oder sächsischen Dialekt spricht. Das wäre
für mich unerträglich." Und ein 15-jähriger
Gymnasiast erklärt: „Es stört mich nicht,
wenn sie arm ist, aber *es ist unerlässlich, dass*
sie mich liebt."
Die Wünsche der Mädchen sehen etwas anders aus: „Ich *sehne mich nach* einem Mann
wie dem Bundespräsidenten Weizsäcker*: ge-

bildet, gescheit, höflich, gut aussehend – allerdings etwas jünger." Eine 14-Jährige *ist fest
entschlossen* sich nur für einen Mann zu entscheiden, der *willens* und auch *fähig ist* im
Haushalt zu helfen. Viele Mädchen *haben den
Wunsch* einen Mann mit Geld zu heiraten. Eine 13-Jährige meint: „*Es ist absolut notwendig,
dass* er wohlhabend ist. Dann *ist* es ihm auch
gestattet, so auszusehen wie Blüm."** Eine 14
Jahre alte Gymnasiastin *hat* nicht *die Absicht*
sich schon festzulegen: „Ich *habe vor* erst ein
paar Männer gründlich auszuprobieren, bevor ich ja sage."
Ob sie sich dann noch für einen Mann zu
entscheiden *vermag*?

(Nach: RNZ/AP vom 28.6.1990)

*   Bundespräsident der Bundesrepublik
      von 1986 bis 1994

** zur Zeit der Umfrage Bundesarbeitsminister

13 请改写下文，找出适合文中斜线部分的情态动词。

Eltern dürfen ihre Tochter nicht sterben lassen

In den USA *ist es* staatlichen Behörden *möglich*, Angehörige daran zu hindern, bei einem
im Dauerkoma liegenden Schwerkranken die
lebenserhaltenden Geräte abschalten zu lassen. *Es gelang* den Medien mit folgendem Gerichtsurteil weltweites Interesse zu erregen:
Einem amerikanischen Elternpaar *wurde*
nicht *zugestanden* dem Leben seiner im aus-
sichtslosen Koma liegenden 32-jährigen
Tochter ein Ende zu setzen. Medizinisch gesehen *bestand keine Möglichkeit* mehr diese Frau
zu retten. *Es war erforderlich*, sie künstlich zu
ernähren. Ihre Eltern *waren entschlossen* die
Geräte abschalten zu lassen, obwohl die
Tochter nicht mehr *in der Lage war* ihre Zustimmung zu geben.
Nach der Rechtsprechung *ist es möglich*, dass
ein Mensch in noch gesundem und zurech-
nungsfähigem Zustand festlegt, dass er eine
Verlängerung seines Lebens durch Beatmung

und künstliche Ernährung ablehnt. Das Gericht *hat* aber noch darüber *zu* entscheiden,
was geschieht, wenn jemand in gesundem
Zustand keine schriftliche Willenserklärung
abgegeben hat und nicht mehr *fähig ist* selbst
über sein Leben oder seinen Tod zu entscheiden.
Es bleibt nichts anderes übrig, als über diese
moralischen und ethischen Fragen, die durch
die medizinisch-technische Entwicklung auf
uns zugekommen sind, weiter nachzudenken. Die medizinische Fachwelt und die Öffentlichkeit *sind aufgefordert* die Diskussion
fortzuführen. *Es wird* nicht *möglich sein*, eine
Entscheidung ohne vorherige gründliche Diskussion zu treffen. Vor allem Ärzte *haben das
Recht* eine klare Entscheidung zu verlangen,
damit sie wissen, wie sie sich *zu* verhalten *haben*.

(Nach: AP vom 27.6.1990)

IV 主观陈述中的情态动词

Behauptungen und Vermutungen

Er soll gut Französisch und Deutsch sprechen und eine Reihe persischer Flüche beherrschen.

Hamburg. (AP) Die Telefone in der ehemaligen DDR sollen nach Informationen des privaten Fernsehsenders SAT 1 serienmäßig mit Abhöreinrichtungen ausgerüstet worden sein.

Erst nach Chatwins mysteriösem und viel zu frühem Tod im Jahr 1989 – er soll einer äußerst raren Pilzerkrankung, die er sich in China zuzog, zum Opfer gefallen sein – hat ein breiteres Publikum in Deutschland den 1940 geborenen englischen Schriftsteller und Weltreisenden entdeckt.

In anderen Berichten war sogar von 10 000 Demonstranten die Rede, denen ebenso viele Polizisten gegenübergestanden haben sollen. Es kam zu einer regelrechten Straßenschlacht, bei der die Polizisten mit Knüppeln zuschlugen. Es war von Verletzten auf beiden Seiten die Rede. Zehn Polizisten sollen verletzt worden sein.

Karlsruhe/Wiesbaden. (AP) Der Kronzeuge für den Mordanschlag an Alfred Herrhausen, Siegfried Nonne, will den Verfassungsschutz bereits zehn bis zwölf Tage vor dem Attentat am 30. November 1989 telefonisch gewarnt haben.

1933 bot Propagandaminister Goebbels dem Regisseur Fritz Lang die Leitung des deutschen Films an – behauptete jedenfalls Lang. Der will auf der Stelle die Flucht ins Exil angetreten haben. Dokumente belegen, dass die Legende, so schön sie klingt, nicht wahr sein kann.

Wien. (dpa) Mehr als 300 000 Menschen dürften nach jüngsten Schätzungen der sowjetischen Behörden nach dem Reaktorunglück von Tschernobyl umgesiedelt worden sein.

Was der „Duden" auf diesem Gebiet vorschreibt, ist ein geradezu beleidigender Wust von Ungereimtheiten, die kein einziger Schreiber des Deutschen bis ins Detail beherrschen dürfte. Ab 1996 soll es eine Rechtschreibreform geben, Hoffnungen auf eine radikale Vereinfachung dürften sich jedoch nicht erfüllen.

Bhutto kündigte eine gerichtliche Untersuchung des Unglücks an. Zum Zeitpunkt des Unglücks sollen drei Bahnbedienstete nicht auf ihren Posten gewesen sein. „Sie können nicht kollektiv einen Fehler gemacht haben", begründete die Premierministerin ihren Sabotage-Verdacht.

Die Pauke schien als einzige ein bißchen renitent zu sein, das kann aber auch an ihrer Aufstellung und der Akustik des Raums gelegen haben; und die tiefen Blechbläser waren gelegentlich etwas orientierungslos, was nicht des Dirigenten Schuld gewesen sein muss.

Keine konkreten Erkenntnisse gibt es bisher über die Unfallursache. Nach italienischen Zeitungsberichten könnte Peter Kohl infolge überhöhter Geschwindigkeit bei einem Überholmanöver die Kontrolle über das Fahrzeug verloren haben.

1. 表示声称

情态动词 *sollen*

Felix N. **behauptet** gegenüber einer Nachbarin, dass sein früherer Untermieter kriminell war.

Die Nachbarin erzählt das ihrer Freundin weiter und sagt:

Der Untermieter **soll** kriminell gewesen sein.

说话者转述某人对其他人或某件事的断言。说话者的怀疑态度可以用情态动词 *sollen* 来表达，表明他对他转述的内容的正确性没有把握。

情态动词 *sollen* 可以进行如下改写：

Man behauptet/berichtet/erzählt, dass der Untermieter kriminell war.

Ich habe gehört/erfahren, dass der Untermieter kriminell war.

Es heißt, dass der Untermieter kriminell war

Angeblich / Gerüchten zufolge war der Untermieter kriminell.

---

14 现在请您扮演邻居这个角色，并表达出您对 Felix N. 的断言的怀疑态度。

1. Felix N. hat der Nachbarin berichtet, dass die Polizei zweimal das Zimmer des Untermieters durchsucht hat.
2. Außerdem hat sie gehört, dass er sich häufig mit zwielichtigen Personen getroffen hat und diese oft bei ihm waren.
3. Angeblich haben diese auch neulich nachts im Treppenhaus großen Lärm gemacht.
4. Einem Gerücht zufolge haben diese Personen untereinander Streit bekommen.
5. Man erzählt sich auch, dass der Untermieter Mitglied einer Bande ist.

15 下文是某报在大地震后第一天所作的未经证实的报道，请将其时态改为现在完成时。

Ein schweres Erdbeben
1. Es soll weit mehr Tote geben als bei dem letzten großen Erdbeben.
2. Viele Menschen sollen obdachlos sein. (+ innerhalb weniger Sekunden)
3. Die Flucht der Einwohner soll durch eingestürzte Häuser stark behindert sein.
4. Viele Straßen sollen unpassierbar sein. (+ sofort)
5. Die Aufräumungsarbeiten sollen anlaufen.
6. Die Bergung der Verletzten soll am Abend abgeschlossen werden.
7. Viele Menschen sollen bisher vergeblich nach ihren verschütteten Angehörigen suchen.
8. Die ganze Versorgung soll zusammenbrechen. (+ sofort)
9. Aus aller Welt sollen Hilfsangebote eingehen.
10. Die ersten Transportflugzeuge sollen bereits unterwegs sein. (+ in den frühen Morgenstunden)
11. Das Nachbarland soll Zelte und Decken zur Verfügung stellen.
12. Ärzte sollen eingeflogen werden. (+ bereits)
13. Sie sollen schon vor Seuchengefahr warnen.
14. Es sollen leichte Nachbeben registriert werden.

情态动词 *wollen*

Der Schauspieler Lorenzo Bello **behauptet**, dass er schon immer viele Bewunderer hatte. Der Schauspieler Lorenzo Bello **will** schon immer viele Bewunderer gehabt haben.

说话人转述某人关于自身的断言，情态动词 *wollen* 可表达出对此的不信任和怀疑态度。情态动词 *wollen* 可以进行如下改写：

Er behauptet / sagt von sich / versichert / gibt damit an, dass er schon immer viele Bewunderer hatte.

16 现在请您扮演说话人的角角，并用情态动词 *wollen* 表达出您对这位演员所说话的怀疑。

1. Der Schauspieler Lorenzo Bello behauptet von sich, dass er an vielen Bühnen zu Hause war.
2. Er sagt von sich, dass er schon als junger Schauspieler großartige Erfolge hatte.
3. Besonders gibt er damit an, dass er seine Rollen schon nach zweimaligem Lesen beherrscht hat.
4. Dann streicht er besonders heraus, dass er nie Probleme mit seinen Filmpartnern hatte, und fügt hinzu, dass er auf deren Vorschläge immer eingegangen ist.
5. Schließlich versichert er, dass er innerlich jung geblieben ist und deshalb noch mit 70 Jahren den jugendlichen Liebhaber sehr überzeugend gespielt hat.

17 *wollen* 还是 *sollen*? 请改写下列句子。

Eine Schlägerei
1. Ich habe gehört, dass es gestern kurz nach Mitternacht vor dem Gasthof „Ritter" eine Schlägerei gegeben hat.
2. Anwohner der weit entfernt liegenden Ziegelgasse behaupten, dass sie kurz nach Mitternacht laute Hilferufe gehört haben.
3. Angeblich ist bei der Schlägerei einer der Beteiligten mit einem Messer verletzt worden.
4. Aber jeder der Beteiligten bestreitet ein Messer bei sich gehabt zu haben. (Aber keiner der Beteiligten ...)
5. Auch gibt keiner von ihnen zu mit dem Streit angefangen zu haben.
6. Angeblich hat die Lokalpresse heute schon über den Vorfall berichtet.
7. Gerüchten zufolge waren fünf Personen an der Schlägerei beteiligt.
8. Ein Zeuge der Schlägerei versichert, dass er versucht hat den Streit zu schlichten.
9. Heute morgen hörte ich beim Einkaufen, dass auch eine Frau in die Schlägerei verwickelt war.
10. Jemand sagte, dass politische Meinungsverschiedenheiten zu der Auseinandersetzung geführt haben.
11. Ihren eigenen Angaben zufolge haben sich die Beteiligten in ihrem ganzen Leben noch nie für Politik interessiert.
12. Sie tun so, als ob sie ganz unschuldig wären und in die Schlägerei nur hineingezogen worden wären.
13. Gerüchten zufolge war aber auch Alkohol im Spiel.
14. Ein Zeuge behauptet, dass er die Beteiligten auch schon an anderer Stelle bei Schlägereien gesehen hat.
15. Es heißt, dass sie zur kriminellen Szene gehören und der Polizei längst bekannt sind.

2. 表示猜测

情态动词 *müssen, dürfen, können*
和 *mögen*

(1a) Die Alarmanlage wurde bei dem Einbruch ausgeschaltet. Ich bin **überzeugt**,
dass der Einbrecher den Mechanismus
der Alarmanlage gekannt hat.
Der Einbrecher **muss** den Mechanismus
der Alarmanlage gekannt haben.

(1b) Ich **glaube** aber **nicht**, dass es ein Angestellter der Bank war.
Es **muss** aber **kein** Angestellter der Bank
gewesen sein.

(2) **Wahrscheinlich** hat er sich in den Räumen der Bank gut ausgekannt.
Ich **nehme an**, dass er sich in den Räumen der Bank gut ausgekannt hat.
Er **dürfte** sich in den Räumen der Bank
gut ausgekannt haben.

(3a) Es ist auch **möglich**, dass er genaue Pläne der Bank hatte.
Er **kann** auch genaue Pläne der Bank gehabt haben.

(3b) Denn sonst ist es **unmöglich**, dass er so
genau Bescheid wusste.
Denn sonst **kann** er **nicht** so genau Bescheid gewusst haben.

(4) Es ist aber auch **möglich**, dass er Beziehungen zum Personal hatte.
Er **mag** aber auch Beziehungen zum Personal gehabt haben.

情态动词 *müssen*，*dürfen*（只用第二虚拟式），*können* 和
mögen 可以表达说话者的主观猜测，而选用上述不同的
情态动词则可说明说话者对所说事情、事实或信息的信
息。

说明

第一将来时(=一般现在时)和第二将来时(=过去时)也
可以表示猜测(参见 321 页)：

Er wird sich in den Räumen der Bank auskennen.

Er wird sich in den Räumen der Bank ausgekannt haben.

(= Er dürfte sich in den Räumen der Bank
auskennen / ausgekannt haben.)

---

müssen

Sie **muss** übertreiben / übertrieben haben.
Sie **müsste** eigentlich informiert sein / informiert gewesen sein.

意义：合乎逻辑的推断，基于客观事实、观察或考虑之上的有力的猜测
可靠性几乎达到百分之百
第二虚拟式形式稍稍削弱了这种可靠性。

改写：Bestimmt/Sicher/Gewiss/Zweifellos übertreibt sie.
Mit Sicherheit / Auf jeden Fall / Ohne Zweifel übertreibt sie.
Ich bin überzeugt / bin (mir) sicher, dass sie übertreibt.
Alle Anzeichen sprechen dafür, dass sie übertreibt.
Alles deutet darauf hin, dass sie übertreibt.

否定：nicht müssen / nicht brauchen ... zu
Sie **muss nicht** übertreiben / übertrieben haben.
Sie **braucht nicht zu** übertreiben / übertrieben **zu** haben.

Sie **muss nicht** informiert sein / informiert gewesen sein.
Sie **braucht nicht** informiert **zu** sein / informiert gewesen **zu** sein.

意义：没有把握，怀疑；可靠性约为百分之五十猜测是否合乎实际还尚未可知。

改写：Vielleicht / Möglicherweise / Unter Umständen übertreibt sie nicht.
Es ist unsicher / zweifelhaft, ob sie übertreibt.
Ich bin (mir) nicht sicher, ob sie übertreibt.

dürfen(只用于第二虚拟式)

Das **dürfte** stimmen / gestimmt haben.

意义：表达谨慎的一种猜测，可靠性约为百分之八十

改写：Wahrscheinlich / Vermutlich stimmt das.
Es ist ziemlich sicher / wahrscheinlich, dass das stimmt.
Ich bin (mir) ziemlich sicher, dass das stimmt.
Ich nehme an, dass das stimmt.
Viele Anzeichen sprechen dafür, dass das stimmt.
Vieles deutet darauf hin, dass das stimmt.
Es scheint zu stimmen.
Es wird wohl stimmen.

können

Er **kann** Recht haben / gehabt haben.
Das **könnte** ein Versehen sein / gewesen sein.

意义：多种可设想到的可能性中的一种猜测的可能性，可靠性约为百分
之五十第二虚拟式形式稍稍削弱了这种可靠性。

改写：Er hat vielleicht / möglicherweise / unter Umständen Recht.
Es ist möglich / denkbar / nicht ausgeschlossen, dass er Recht hat.
Ich halte es für möglich / nicht ausgeschlossen, dass er Recht hat.

nur ... können (= *müssen*)

Das **kann nur** eine Verwechslung sein / gewesen sein.
(= Das muss eine Verwechslung sein / gewesen sein.)

否定：nicht können
Er **kann nicht** Recht haben / gehabt haben. (= Er muss Unrecht haben / gehabt haben.)
Das **kann kein** Versehen sein / gewesen sein. (= Das muss Absicht sein / gewesen sein.)

意义：一种假想的可能性，而且完全可以排除这种可能性。

改写：Er hat auf keinen Fall / keinesfalls / unter keinen Umständen Recht.
Es ist unmöglich / undenkbar / ausgeschlossen, dass er Recht hat.
Ich halte es für unmöglich / ausgeschlossen, dass er Recht hat.
Alle Anzeichen sprechen dagegen, dass das ein Versehen ist.
Nichts deutet darauf hin, dass das ein Versehen ist.

mögen

a) Sie **mögen** Recht haben / gehabt haben, aber das interessiert niemanden.
Sie **mag** noch so schwierig sein, ich komme gut mit ihr aus.

意义：不充分的反对意见(让步)，后接一个意义相反的句子

改写：Obwohl Sie vielleicht Recht haben, interessiert das niemanden.
Selbst wenn sie noch so schwierig ist, ich komme gut mit ihr aus.

b) Wie **mag** der Einbrecher wohl in die Bank gekommen sein?

意义：没有把握，不知所措(只用于问句)

改写：Wer weiß, wie der Einbrecher in die Bank gekommen ist.

---

18 发生了一场事故，您碰巧经过事故现场。请根据您所看到的情况作出推断。

a) Die Straßen sind nass. → Es muss geregnet haben.
b) Auf der Straßenmitte liegen viele Scherben.
c) Am Straßenrand stehen zwei beschädigte Autos.
d) Ein Krankenwagen kommt.
e) Die Bremsspuren beider Autos sind ziemlich lang

现在请谈谈您认为可能发生的事情或情况。

f) Die Betroffenen wirken erleichtert.
→ Es kann keine Verletzten gegeben haben.
→ Es kann nicht so schlimm gewesen sein.
g) Die Reifen beider Autos sind unbeschädigt.
h) Die Polizei gibt einem der beiden Fahrer den Führerschein zurück.
i) Der Alkoholtest war bei beiden Fahrern negativ.

请您推测可能导致事故发生的原因。

j) Der Fahrer kann am Lenkrad eingeschlafen sein.
k) Die Sonne ...
l) Auf der regennassen Straße ...
m) Beim Überholen ...
n) Seine Beifahrerin ...

请您推测事故可能会造成的后果。

o) In kürzester Zeit dürfte es wegen des Unfalls zu einem Stau kommen.
p) Die Schnittwunden und Prellungen der Autoinsassen ...
q) Beide Unfallautos ...
r) Die Reparaturkosten ...
s) Der an dem Unfall Schuldige ...

19 请将您确信的事情表达出来。

Beispiel: Eine Frau im Kimono ...
              Eine Frau im Kimono muss eine Japanerin sein.
              Eine Frau im Kimono kann nur eine Japanerin sein.

              Kleider machen Leute
    1. Ein Mann mit Turban ...
    2. Ein Mann im Poncho mit großem Sonnenhut ...
    3. Ein Mann mit weißer Schürze und weißer Mütze ...
    4. Ein Mann mit Tomahawk und Federschmuck ...
    5. Ein Mann im Frack mit einem Dirigentenstab in der Hand ...
    6. Ein Mann ...

20 请将您确信的情况清楚地表达出来。

Beispiel: Der Bau auf Abbildung 1 ...
              Der Bau auf Abbildung 1 muss ein antiker griechischer Tempel sein.
              Dieser Bau kann keine Pyramide sein.

              Sakralbauten
    1. Der Bau auf Abbildung 2 ...
    2. Der Bau auf Abbildung 3 ...
    3. Der Bau auf Abbildung 4 ...
    4. Der Bau auf Abbildung 5 ...
    5. Der Bau auf Abbildung 6 ...
    6. Der Bau auf Abbildung 7 ...

21 事实？断言？还是猜测？用表示过去的时态可以表达得更清楚（客观陈述用过去时，主观陈述用现在完成时）。

    1. Er soll viel Alkohol trinken. (Das sagt man.)
    2. Er soll viel Wasser trinken. (Diesen Rat gab ihm die Ärztin.)
    3. Diesen Rat will er befolgen. (Das ist seine Absicht.)
    4. Sie kann nicht nach Hause fahren. (Sie hat kein Geld.)
    5. Sie kann nicht in Berlin sein. (Ich habe sie doch hier gesehen!)
    6. Er will studieren.
    7. Das soll auch der Wunsch seiner Eltern sein.
    8. Er kann aber nicht studieren.
    9. Er muss ein schlechtes Abschlusszeugnis haben.
    10. Sie will unbedingt bewundert werden.
    11. Das dürfte jedem auf die Nerven gehen.
    12. Auch bei ihren Freunden soll das nicht gut ankommen.
    13. Ein Freund will mal mit ihr reden.
    14. In diesem Haus soll es spuken.
    15. Einige Hausbewohner wollen um Mitternacht unheimliche Geräusche
        horen.

(Folgende Sakralbauten sind abgebildet:
ein mexikanischer Tempel, ~~ein antiker griechischer Tempel~~, eine Pagode, eine Pyramide,
eine Moschee, eine Kathedrale, eine russisch-
orthodoxe Kirche)

16. Da müssen sie wohl einer Sinnestäuschung unterliegen.
17. Der Fahrer will an dem Unfall nicht schuld sein.
18. Er soll nach Kneipenbesuchen oft noch Auto fahren.
19. Seine Aussagen gegenüber der Polizei müssen falsch sein.
20. Vor Gericht muss er dann die Wahrheit sagen.

22 主观陈述还是客观陈述？作出判断以后，再用情态动词进行改写。

Eine Sportlerin

1. Sie darf an dem morgigen Wettkampf teilnehmen.
2. Sie soll starke Gegnerinnen haben.
3. Sie dürfte aber trotzdem gute Gewinnchancen haben.
4. Sie muss tüchtig trainieren.
5. Sie will sich auch intensiv mit Sportmedizin beschäftigen.
6. Sie möchte dieses Fach später noch studieren.
7. Sie soll sehr ehrgeizig sein.
8. Sie muss eine über die Landesgrenzen hinaus bekannte Sportlerin sein.
9. Sie kann Niederlagen nur schwer hinnehmen.
10. Das könnte für viele Sportler zutreffen.

V 综合练习

23 请用下列表达方式改写文中用斜体印刷的情态动词（每种表达式只用一次）。

möglicherweise – nicht sicher sein – erreichbar sein – angeblich – unmöglich sein –
bestimmt – vermutlich – nicht ausgeschlossen sein – vielleicht – zweifellos – wahrscheinlich

Der Treibhauseffekt

Die globale Umweltverschmutzung *dürfte* unser Klima nachhaltig verändern. Wenn weiterhin so viele fossile Brennstoffe verfeuert werden, *muss* der Kohlendioxidgehalt in der Atmosphäre ansteigen. Selbst durch radikale Maßnahmen *dürfte* der Treibhauseffekt nicht mehr aufzuhalten sein. *Erreicht werden kann* eine langsamere Zunahme des Treibhauseffekts. Das *muss* eine länderübergreifende Anstrengung wert sein.
Der Anstieg der Temperaturen auf der Erde *kann nicht* mehr aufgehalten werden. (mehr → noch) In den heißen Sommern der letzten Jahre *könnte* sich der vorhergesagte Treibhauseffekt schon abgezeichnet haben. Die ungewöhnlich starken Wirbelstürme der letzten Jahre zum Beispiel *sollen* schon eine Folge der Erwärmung der Ozeane sein. Nach vorsichtigen Schätzungen von Experten wird der Meeresspiegel infolge des Abschmelzens der Gletscher in überschaubarer Zeit um vierzig Zentimeter ansteigen; es *können* aber auch bis zu einhundertvierzig Zentimeter sein. Das *muss* aber *nicht* unbedingt für alle Länder nachteilig sein, für manche *kann* es sogar von Vorteil sein.

24 请改写文中斜体印刷的情态动词，或者用情态动词改写文中其他的斜体部分。

Doping und Hochleistungssport

Fast jeder Sportler *soll* zur Leistungssteigerung schon mal Drogen genommen haben. Alle Sieger *müssen* sich deshalb einer Dopingkontrolle* unterziehen. 1988 *sah sich* der schnellste Läufer der Welt in Seoul** *gezwungen* seine Goldmedaille nach der Dopingkontrolle zurückzugeben.

Sportler *können* aber Mittel einnehmen, die den Dopingnachweis erschweren. Aus diesem Grund *ist beabsichtigt* die Bestimmungen zu liberalisieren. *Angeblich* hat dieser Plan bei den Sportverbänden schon viel Zustimmung gefunden. So *dürfte* sich im olympischen Sport bald etwas ändern. Vielleicht *ist es* Sportlern in nicht allzu ferner Zukunft *erlaubt*, Dopingmittel unter ärztlicher Kontrolle einzunehmen. Bis dahin *bliebe* dem Publikum eigentlich *nichts anderes übrig als* mit dem Beifall bis zum Abschluss der Dopinganalyse zu warten.

* das Doping = unerlaubte Anwendung von Mitteln zur Leistungssteigerung vor Wettkämpfen

** Seoul = Hauptstadt Südkoreas

25 请用情态动词改写文中的斜体部分，或者用其他表达方法改写文中用斜体印刷的情态动词。

Wer eignet sich zum Wissenschaftler?

Man ist allgemein der Meinung, das Leben eines Wissenschaftlers sei sehr aufregend und befriedigend. In Wirklichkeit jedoch *bleibt* den Wissenschaftlern oft *nichts anderes übrig als* mit Enttäuschungen und Rückschlägen fertig zu werden. Nur selten *haben sie Gelegenheit* die Befriedigung für eine gelungene Arbeit auszukosten. Selbst Sigmund Freud *behauptete* dieses „ozeanische Gefühl" nicht oft erlebt zu haben.

Welche *Fähigkeiten* muss ein Wissenschaftler *haben*? (Welche → Was) Zunächst einmal *muss* er einen gewissen Forscherdrang besitzen, d.h., er sollte *in der Lage sein* ausdauernd und methodisch zu forschen. Auch *hat* er *zu* prüfen, ob er sich gut auf eine wissenschaftliche Aufgabe konzentrieren *kann* und ob er *entschlossen ist* gründlich und sorgfältig zu arbeiten.

Die an einen Wissenschaftler gestellten Ansprüche *dürften* manchen, der sich für die Wissenschaft entschieden hat, überfordern. Deshalb *ist* jungen Wissenschaftlern, die sich diesen Anforderungen nicht gewachsen fühlen, *zu* raten gründlich über die eigenen Möglichkeiten nachzudenken und unter Umständen die Wissenschaft aufzugeben. Nach dem Rückzug aus der wissenschaftlichen Arbeit fühlt sich so mancher *vermutlich* richtiggehend befreit.

26 请用情态动词改写文中斜体部分，或者用其他表达方法改写文中用斜体印刷的情态动词。

Charles Darwin

Es *ist* durchaus *berechtigt*, Charles Darwin zu den bekanntesten Naturforschern des 19. Jahrhunderts zu zählen. Zeitgenössische Kritiker Darwins sagten, er sei ein guter Beobachter, aber er *verstehe* nicht *zu* argumentieren. Dennoch: Sein Buch „Die Entstehung der Arten" hätte keinen so großen Erfolg gehabt, wenn es ihm nicht *möglich gewesen wäre*, überzeugend zu argumentieren. Darwins Argumente *sind* zudem durchaus nachvollziehbar.

Im Jahre 1831 *konnte* Darwin eine Weltumseglung begleiten. *Berichten zufolge* war zuerst ein anderer Naturforscher für diese Reise ausgewählt worden. Erst als dieser von der Reise zurücktrat, wählte man Darwin aus. Diese

Reise, *so behaupten viele*, hat das spätere Leben und Denken dieses Mannes bestimmt. Auf der Weltumseglung *hatte* Darwin *Gelegenheit* viele faszinierende Entdeckungen zu machen, die die Naturforschung in höchstem Maße bereichert haben. Wenn er auch nicht das Phänomen der Evolution entdeckte, so *dürfte* er auf dieser Reise schon auf das Problem der Entstehung der Tierarten gestoßen

sein. Diese Reise *muss* seine Gedankenwelt entscheidend beeinflusst haben, denn was er in der Folge publizierte, wird zu Recht als Vorbereitung zur „Entstehung der Arten" angesehen. Nach dieser Reise *konnte* die Darwinsche „Revolution" nicht mehr aufgehalten werden.

(Nach: F. M. Wuketits:
Charles Darwin – der stille Revolutionär)

27 请用情态动词改写文中的斜体部分，或者用其他表达方法来改写文中用斜体印刷的情态动词。

US-Raucher auf dem Weg ins soziale Abseits

Es heißt, dass Trends der amerikanischen Gesellschaft einige Jahre brauchen, bis sie nach Europa kommen. Wenn diese Behauptung stimmt, *dürfte* den europäischen Rauchern bald das Lachen vergehen. In den Metropolen der Vereinigten Staaten *haben* Raucher eigentlich nur noch in ihren eigenen vier Wänden *die Möglichkeit* unbehelligt zu rauchen. In der Öffentlichkeit *kann* man kaum noch seine Zigarette genießen.
Der Anti-Raucher-Bewegung *sind* erstaunliche Erfolge *gelungen*. (+ erringen) Seit 1990 *darf* auf inneramerikanischen Flügen bis zu sechs Stunden Dauer nicht mehr geraucht werden. In den meisten öffentlichen Gebäuden und Verkehrsmitteln, in Krankenhäusern, Theatern, Kinos und Restaurants *gilt* Rauch*verbot*. Eine ähnliche Tendenz *ist* in der Privatindustrie *zu* beobachten. Auch Zigarettenautomaten *dürfen* nicht mehr aufgestellt werden. Ob man auf diese Weise den Rauchern den Zugang zu Zigaretten verwehren *kann*? Das gelingt *vermutlich* nicht.
Den Rauchern *bleibt* seit 1986 *nichts anderes übrig als* eine Niederlage nach der anderen einzustecken. Auch die Tabakstaaten North Carolina und Virginia *konnten* die Anti-Raucher-Gesetze nicht verhindern. Der Trend gegen das Rauchen *ist* unaufhalt*bar*. Wer seinem Verlangen nach Nikotin trotzdem noch nachgibt, *kommt um* eine beträchtliche Geldstrafe *nicht herum*. (+ bezahlen) Die Gegner des blauen Dunstes verdienen Respekt. Ihre Erfolge *dürften* Auswirkungen auf die Anti-Raucher-Bewegung in anderen Ländern haben. Dass nur noch knapp 25 Prozent der erwachsenen Amerikaner rauchen, *ist* zweifellos auf den sozialen Druck und das wachsende Gesundheitsbewusstsein zurückzuführen. Alle Nichtraucher *haben* also *Anlass* sich zu freuen.

28 请用情态动词改写文中的斜体部分，或者用其他表达方法来改写文中用斜体印刷的情态动词。

Senioren als Zielgruppe der Wirtschaft

Es ist nicht länger *möglich*, die Senioren als Zielgruppe der Wirtschaft zu übersehen. Wenn man *die Absicht hat* ältere Käufer zu gewinnen, *muss* man die Besonderheiten ihres Konsumverhaltens berücksichtigen. Man *kann* um sie nicht mit den gleichen Mitteln werben wie um jüngere Menschen, denn ältere Menschen haben eigene Wunschvorstellungen. *Es ist erforderlich, dass* sich die Werbung an diesen Wünschen orientiert.

Da Senioren viel Zeit haben, *haben* sie auch *die Möglichkeit* die Angebote in Ruhe zu prüfen und zu vergleichen. Sie *wünschen sich* beim Einkaufen gut und persönlich beraten zu werden. Das ist *vermutlich* der Grund dafür, dass sie lieber in kleineren Geschäften in der Nähe ihrer Wohnung einkaufen, denn sie sind dort bekannt und *haben Gelegenheit* Kontakte *zu* pflegen. Senioren haben außerdem Qualitätsbewusstsein: Sie *haben den*

Wunsch gute Waren zu kaufen und wechseln nicht gern die Marken. Fast alle älteren Menschen *wollen* sich gut und gesund ernähren; viele von ihnen *sind* zudem *gezwungen* sich an Diätvorschriften zu halten. So *ist es ratsam,* Lebensmittel als gesund und aktivierend anzubieten, dann finden sie *sehr wahrscheinlich* Abnehmer. Die Reformhäuser *haben Anlass* sich zu freuen: 45 Prozent des Marktes werden von älteren Menschen bestritten. Bei einem Rückblick in die letzten Jahrzehnte *lässt sich* feststellen, dass die Werbung erst vor einiger Zeit die Älteren als Kunden entdeckt hat. Heute *können* die großen Werbebemühungen, vor allem im Bereich Gesundheit, Körperpflege und Freizeit, nicht mehr übersehen werden. Da Rentner normalerweise nicht *in der Lage sind* viel Geld auszugeben, *ist es notwendig,* ihnen preisgünstige Angebote zu machen. Dass zum Beispiel die Werbung der Deutschen Bundesbahn für verbilligte Seniorenpässe sehr erfolgreich war, *ist* als Beweis anzusehen.

带有不加 *zu* 的动词不定式、与情态动词用法相近的动词

---

(1) Sie **hört/hörte** den Motor plötzlich **auf-heulen**.
Sie **hat/hatte** den Motor plötzlich **auf-heulen hören**.
Sie berichtet, dass sie den Motor plötz-lich **hat/hatte aufheulen hören**.

(2) Der Prüfer **lässt/ließ** den Fahrschüler den Rückwärtsgang **einlegen**.
Der Prüfer **hat/hatte** den Fahrschüler den Rückwärtsgang **einlegen lassen**.
Ich habe mich gewundert, dass der Prü-fer den Fahrschüler den Rückwärtsgang **hat/hatte einlegen lassen**.

(3) Der junge Mann **lernt/lernte** rückwärts **einparken**.
Der junge Mann **hat/hatte** rückwärts **einparken gelernt**.
Ich habe beobachtet, wie der junge Mann rückwärts **einparken gelernt hat**.

(4) Der Fahrlehrer **geht/ging** zwischen-durch **telefonieren**.
Der Fahrlehrer **ist/war** zwischendurch **telefonieren gegangen**.
Ich habe gesehen, dass der Fahrlehrer zwischendurch **telefonieren gegangen ist**.

下列动词可以像情态助动词一样和完全动词的不定式形式连用：*bleiben, fahren, fühlen, gehen, haben, helfen, hören, kommen, lassen, lehren, lernen, schicken, sehen, spüren*。

这类动词可以带一个宾语(1)，两个宾语(2)，或者不带宾语(3)(4)。

在现在完成时的构成形式上，这些动词是有区别的：*helfen, hören, lassen* 和 *sehen* 和情态动词一样，构成现在完成时的时候完全动词不变位，在从句中变位动词在两个不变位动词的前面(1)(2)。其他动词构成现在完成时形式的时候完全动词用过去分词，从句中变位动词位于句末(3)(4)。表示位置移动的动词(*fahren, gehen, kommen*)和 *bleiben* 在构成现在完成时的时候助动词为 *sein*(4)。

与情态动词用法相近的动词在和完全动词的不定式连用时，不能构成被动态。

动词 *helfen, lehren, lernen, schicken* 也可构成加 *zu* 的动词不定式的句子：

Der junge Mann **lernt** rückwärts **einparken**.
Der junge Mann **lernt** rückwärts **einzuparken**.
Die Sekretärin **hat** den Autoschlüssel **suchen helfen**.
Die Sekretärin **hat geholfen** den Autoschlüs-sel **zu suchen**.

---

1 请用一般现在时讲述驾校考试那一天所发生的事情。

Beispiel: Der Fahrschüler erklärt Verkehrsschilder. (der Prüfer / lassen)
Der Prüfer lässt den Fahrschüler Verkehrsschilder erklären.

1. Die Fahrschüler füllen die Anmeldebögen aus. (der Fahrlehrer / helfen)
2. Im Büro hängen Landkarten. (die Fahrschule / haben)
3. Ein Kandidat buchstabiert seinen komplizierten Namen (der Prüfer / lassen)
4. Ein junger Mann läuft aufgeregt hin und her. (der Prüfer / sehen)
5. Er diskutiert mit anderen Prüflingen über die Prüfungsbedingungen. (der Prüfer / hören)
6. Nervosität kommt auf. (der Prüfling / spüren)
7. Ein Fahrlehrer holt die Autoschlüssel. (der Prüfer / schicken)
8. Nach der Prüfung holt ein Vater seinen Sohn ab. (kommen)
9. Die anderen trinken noch ein Bier. (gehen)
10. Der Fahrlehrer hat keine Zeit; er holt seine Eltern vom Bahnhof ab. (fahren)

2 如果题中没有另作要求,请用现在完成时造句。

Beispiel:　Der Flugingenieur hat die Klimaanlage repariert. (der Pilot / helfen)
　　　　　　Der Pilot hat dem Flugingenieur die Klimaanlage reparieren helfen.

Flugbetrieb
1.　Der letzte Passagier ist eingestiegen. (die Stewardess / sehen)
2.　Die Turbinen laufen. (der Pilot / hören / Präs.)
3.　In seiner Aktentasche steckt ein Talisman. (der Pilot / haben / Prät.)
4.　Gestern abend haben die Piloten mit Freunden gegessen. (gehen)
5.　Sie haben noch an der Hotelbar gesessen. (bleiben)
6.　Der Pilot ist schon mit 20 Jahren bei der Bundeswehr geflogen. (lernen)
7.　Vor dem Start hat der Flugingenieur einen kleinen technischen Fehler beseitigt.
　　(der Kopilot / helfen / Prät.)
8.　Danach hat er die Stewardess informiert. (gehen / Prät.)
9.　Vor einem Jahr lief eine Bewerbung bei einer anderen Fluggesellschaft.
　　(der Pilot / haben / Prät.)
10.　Der Kopilot startet und landet öfter. (der Pilot / lassen / Präs.)

动词 *lassen*(=veranlassen, auffordern)(参见 85 页)

3 请用动词 *lassen* 讲述法官在审判中所要求的事情。

Beispiel:　Der Richter veranlasst, dass ein Justizbeamter die Fenster öffnet.
　　　　　　Der Richter lässt einen Justizbeamten die Fenster öffnen.

Der Richter veranlasst,
1.　dass der Angeklagte aufsteht.
2.　dass er Angaben zu seiner Person macht.
3.　dass er zu den Anschuldigungen Stellung nimmt.
4.　dass er über seine Tatmotive spricht.
5.　dass die Zeugen einzeln vortreten.
6.　dass ein Justizbeamter den Gerichtssaal räumt.
7.　dass die Zuhörer bei der Verlesung des Urteils aufstehen.
8.　dass ein Justizbeamter den Verurteilten abführt.

动词 *lassen*(=erlauben, zulassen)(参见 85 页)

4 请用动词 *lassen* 讲讲严厉的父母不允许儿子做哪些事情。

Beispiel:　Die Eltern haben ihrem Sohn nicht erlaubt, dass er mit anderen
　　　　　　Kindern auf dem Spielplatz herumtobt.
　　　　　　Die Eltern haben ihren Sohn nicht mit anderen Kindern auf dem Spielplatz
　　　　　　herumtoben lassen.

　　　　　　Die Eltern haben ihrem Sohn nicht erlaubt,
1.　dass er abends ausgeht.
2.　dass er mitentscheidet, in welche Schule er geht.
3.　dass er viel fernsieht.

4. dass er jeden Krimi ansieht.
5. dass er auf Partys geht.
6. dass er Popmusik hört.
7. dass er allein in die Ferien fährt.
8. dass er selbständig wird.

与情态动词用法相近的动词：带有一个完全动词的不定式和一个情态动词

Der Prüfer **will/wollte** ihn nicht **durchfallen lassen**.

Der Prüfer **hat/hatte** ihn nicht **durchfallen lassen wollen**.

Ich glaube, dass der Prüfer ihn nicht **hat/ hatte durchfallen lassen wollen**.

如果一个用法与情态动词相近的动词除了和一个完全动词的不定式连用外，还有一个情态动词，那么这个情态动词在构成一般现在时和过去时形式时要变位，用法与情态动词相近的动词不变位，它的不定式形式位于完全动词的不定式形式之后。在现在完成时中，助动词为 *haben*，与情态动词用法相近的动词的不定式形式位于其他两个动词的不定式之间。在从句中，变位动词位于不变位动词之前。

5 请描述一次考试的情况。

Beispiel:　Der Fahrschüler lässt sich prüfen. (wollen).
　　　　　Der Fahrschüler will sich prüfen lassen.

1. Der Fahrschüler lernte Auto fahren. (unbedingt wollen)
2. Man hört beim Schalten das Getriebe krachen. (nicht dürfen)
3. Der Fahrlehrer hilft dem Kandidaten lenken. (nicht dürfen)
4. Der Fahrlehrer hat keine Prüfungsbögen im Auto rumliegen. (wollen)
5. Der Prüfer lässt den Fahrschüler die Prüfung nicht bestehen. (können)
6. Der Fahrschüler lässt sich seine Enttäuschung nicht anmerken. (wollen)
7. Er lässt sich von niemandem Vorwürfe machen. (möchte)
8. Er geht zur Entspannung erst einmal angeln. (müssen)

6 请用第二虚拟式讲讲考官或者驾驶学员（不）必须、允许或者可以做哪些事情。

Beispiel:　Der Prüfer ließ den Fahrschüler durchfallen. (nicht müssen)
　　　　　Der Prüfer hätte den Fahrschüler nicht durchfallen lassen müssen.

1. Der Prüfer ließ den Fahrschüler eine halbe Stunde im Auto warten. (nicht dürfen)
2. Er ließ ihn mehrmals an einem steilen Berg bremsen und wieder anfahren. (nicht müssen)
3. Er ließ ihn auf einer schmalen Straße wenden. (nicht müssen)
4. Er ließ ihn in der Hauptverkehrszeit durch die Innenstadt fahren. (nicht müssen)
5. Er ließ ihn nachts auf der Autobahn fahren. (nicht müssen)
6. Der Fahrschüler hat den Motor ein paar Mal ausgehen lassen. (nicht dürfen)
7. Er blieb mitten auf der Kreuzung stehen. (nicht dürfen)
8. Er ließ die Fußgänger nicht über den Zebrastreifen gehen. (müssen)
9. Der Prüfer ließ den Fahrschüler die Prüfung nicht wiederholen. (können)

II　带有加 *zu* 的动词不定式、与情态动词用法相近的动词

(1) Für die Gastgeber **gibt/gab es** viel **zu tun**.
   Für die Gastgeber **hat/hatte es** viel **zu tun gegeben**.

(2) Die Gäste **scheinen/schienen sich wohl zu fühlen**.
   Die Gäste **scheinen sich wohl gefühlt zu haben**.

下列动词中大部分在作为助动词使用的时候，具有情态的含义（表示必要性、要求或可能性），有些还有被动的含义（相当于被动态的改写形式）。
在构成现在完成时的时候，用法与情态动词相近的动词为过去分词形式（1）。与主观陈述中的情态动词一样，动词 *scheinen* 构成现在完成时的时候使用完全动词的现在完成时的不定式形式（2）。与客观陈述中的情态动词一样，动词 *brauchen* 则用完全动词的不定式形式（*Die Gastgeber haben nichts mehr vorzubereiten brauchen.*）。动词 *es heißt* 没有不定式形式。有些动词的现在完成时极少使用。

bekommen; kriegen (ugs.)
= möglich sein; eine Gelegenheit haben; etw. können:
   Er bekommt/kriegt die Gastgeber den ganzen Abend kaum zu sehen.

bleiben
= etw. muss/soll noch getan werden (Perfekt selten) (vgl. S. 84):
   Der Erfolg dieses Abends bleibt abzuwarten.

nicht/nur/kaum brauchen
= etw. nicht/nur/kaum müssen (Perfekt und Plusquamperfekt
   selten, vorwiegend im Konjunktiv I und II) (vgl. S. 135 und 160):
   Er braucht auf seine Traumfrau nicht lange zu warten.
   (in der gesprochenen Sprache auch ohne *zu*)

drohen
= man muss etw. Unangenehmes befürchten (Perfekt selten):
   Die Party droht eine Enttäuschung für ihn zu werden.

geben
= jdn. zu etw. veranlassen:
   Das Verhalten seiner Traumfrau gibt ihm zu denken.

es gibt
= etw. muss/soll getan werden (vgl. S. 84):
   Für die Gastgeber gibt es viel zu tun.

gedenken
= etw. beabsichtigen/wollen (Perfekt selten):
   Er gedenkt seine Traumfrau seinen Eltern vorzustellen.

es gilt
= etw. muss/soll getan werden (Perfekt selten) (vgl. S. 83):
   Es gilt abzuwarten.

haben

=   etw. müssen/sollen/nicht dürfen/nur dürfen; selten: können (vgl. S. 160f.):
     Er hat mit ihr zu sprechen.

es heißt

=   etw. muss/soll getan werden (kein Perfekt) (vgl. S. 83):
     Es heißt jetzt einen guten Eindruck auf sie zu machen.
     (wenig erweiterter Infinitiv auch ohne *zu* möglich: Es heißt jetzt warten.)

kommen auf

=   zu etw. Gelegenheit haben; mit etw. anfangen:
     Bei Freunden kam er auf ihre anderen Verehrer zu sprechen.

pflegen

=   die Gewohnheit haben (Perfekt selten):
     Er pflegt sie wöchentlich einmal anzurufen.

scheinen

=   einen bestimmten Eindruck machen; den Anschein haben:
     Heute abend scheint sie ihn völlig zu übersehen.

sein

=   etw. muss/soll/kann/darf nicht/darf nur getan werden (vgl. S. 83ff. und S. 160f.):
     Eine Traumfrau ist nicht so leicht zu erobern.

stehen

=   etw. muss erwartet/befürchtet werden (Perfekt selten) (vgl. S. 83):
     Es steht zu befürchten/zu erwarten, dass seine Bemühungen umsonst sind.

suchen

=   sich bemühen; etw. wollen:
     Schon seit einiger Zeit sucht er sie zu vergessen.

sich trauen

=   zu etw. den Mut haben:
     Er traut sich niemanden mehr auf dieses Thema anzusprechen.

vermögen

=   zu etw. fähig sein; etw. können (meist negiert):
     Er vermag sich seine Gefühle nicht recht zu erklären.

versprechen

=   positiv bevorstehen; unwillkürlich geschehen:
     Für seine Traumfrau verspricht der Abend ein Erfolg zu werden.

verstehen

=   zu etw. fähig sein; etw. können:
     Sie versteht den Männern den Kopf zu verdrehen.

wissen

=   zu etw. fähig sein; etw. können:
     Sie weiß nicht zu schätzen, was sie an ihm hat.

Sie **hat** den Männern den Kopf **zu verdrehen** **verstanden**.
Sie **hat es verstanden**, den Männern den Kopf **zu verdrehen**.

当 *es gilt, es heißt, suchen, sich trauen, vermögen* 和 *verstehen* 等动词后接有带 *zu* 的不定式时，可将带 *zu* 的不定式置于主句之后。

动词 *drohen* 和 *versprechen* 也可构成带不定式的句子，但意义却有所不同：

Er drohte (damit,) sie anzuzeigen. (=jdm. unangenehme Folgen ankündigen, wenn es sein Verhalten nicht ändert)

Er versprach ihr sie in den nächsten Tagen anzurufen. (=jdm. etw. zusichern)

---

7 请用括号中的动词改写下列句子。

Beispiel:　Für den Abend muss viel vorbereitet werden. (es gibt)
　　　　　Für den Abend gibt es viel vorzubereiten.

Vergebliche Liebesmüh

1. Er trinkt gewöhnlich nicht viel. (pflegen)
2. Aber auf der heutigen Party kann er sich nicht beherrschen. (vermögen)
3. Es muss befürchtet werden, dass er viel zu viel trinkt. (stehen)
4. Deshalb fangen einige Gäste bereits an über seinen Alkoholkonsum zu sprechen. (kommen auf)
5. Es gelingt ihnen, den jungen Mann vorübergehend abzulenken. (verstehen)
6. Es ist zu befürchten, dass seine Bemühungen total scheitern. (drohen)
7. Es hat den Anschein, als ob sich seine Erwartungen nicht erfüllten. (scheinen)
8. Er muss den Tatsachen ins Auge sehen. (es heißt)
9. Eine unglückliche Liebe kann nicht so leicht überwunden werden. (sein)
10. Er kann nicht begreifen, warum sie nichts von ihm wissen will. (vermögen)
11. Dabei wird er ein erfolgreicher Anwalt. (versprechen)
12. Er kann mit Menschen gut umgehen. (wissen)
13. Um Klienten muss er sich sicher nicht bemühen. (brauchen)
14. Wann hat er endlich den Mut mit ihr zu sprechen? (sich trauen)
15. Er hatte in letzter Zeit wenig Gelegenheit sie zu sehen. (bekommen)
16. Es sieht so aus, als ob sie einen großen Bekanntenkreis hätte. (scheinen)
17. Er will sie aber auf gar keinen Fall aufgeben. (gedenken)
18. Tag und Nacht kann er an nichts anderes mehr denken. (vermögen)
19. Er bemüht sich ihr seltsames Verhalten zu verstehen. (suchen)
20. Er weiß natürlich, dass sie ihm keine Rechenschaft geben muss. (haben)
21. Auch ist ihm klar, dass er keine Ansprüche an sie stellen darf. (haben)
22. Trotzdem kann er seine Enttäuschung nicht verbergen. (vermögen)

动词 *nicht/nur/kaum brauchen*(=nicht/nur/kaum müssen)(参见 135 页)

8 请讲讲 Petra 不必做哪些事情。

Beispiel: Petra muss nicht jeden Tag in die Bibliothek gehen.
             Petra braucht nicht jeden Tag in die Bibliothek zu gehen.

1. Petra muss nicht noch mehr lernen.
2. Sie muss nicht den gesamten Stoff wiederholen.
3. Sie muss im nächsten Semester nicht noch eine Klausur schreiben.
4. Sie muss keine Angst haben.
5. Sie muss nicht auf die Party verzichten.
6. Sie muss das Referat ja noch nicht in dieser Woche abgeben.

Petra 和 Hermann 聊天,Hermann 给 Petra 提了一些好的建议。

Beispiel: Ich benötige deine Hilfe. (mir nur sagen)
             Du brauchst es mir nur zu sagen.

7. Ich muss die Hausarbeit ganz neu schreiben. (kaum verändern)
8. Ich muss noch drei Referate schreiben. (nur noch ein Referat schreiben)
9. Ich muss mich auf die mündliche Prüfung vorbereiten. (kaum noch vorbereiten)
10. Ich schlafe immer so schlecht ein. (nur etwas mehr an die frische Luft gehen)
11. Ich muss noch früher aufstehen als bisher. (kaum früher aufstehen)
12. Ich muss mir teure Bücher kaufen. (die Bücher nur in der Bibliothek ausleihen)

可惜太迟了,Hermann 还给了 Petra 一些劝告(用第二虚拟式)。

Beispiel: Ich habe viel zu viel gelernt.
             Du hättest doch nicht so viel zu lernen brauchen.

13. Ich wurde nervös.
14. Ich war vor Angst wie gelähmt.
15. Ich hatte Angst, dass mir die Zeit nicht reicht.
16. Ich habe meiner Nachbarin geholfen.
17. Ich habe die Arbeit zu früh abgegeben.
18. Ich habe die ganze Nacht schlaflos im Bett gelegen.

Die Verben haben und sein

(1) Der Personalrat **hat** alle Bewerber gleich
zu behandeln.
Alle Bewerber **sind** gleich **zu
behandeln.**

(2) Jeder Bewerber **hat** eine Kopie seiner Bewerbung an den Personalrat **zu
schicken.**
Von jeder Bewerbung **ist** eine Kopie an
den Personalrat **zu schicken.**

(3) Der Personalrat **hat nur** sachbezogene
Kriterien **zu berücksichtigen.**
Es **sind nur** sachbezogene Kriterien **zu
berücksichtigen.**

(4) Ohne vollständige Information **ist** keine
Entscheidung **zu treffen.**

动词 *haben* 和 *sein* 与带 *zu* 的不定式连用，表达一种必
要性(*müssen*)(1)，一种要求(*sollen* 的直陈式)以及一种
劝告 (*sollen* 或其第二虚拟式)(2)，一种禁止(*nicht
dürfen*，委婉的表达 *sollte nicht*)以及有限制的许可(*nur
dürfen*)(3)或者一种可能性(*können*)(4)。动词 *haben* 在
固定词组中主要具有 *können* 的含义。但是动词 *haben*
和 *sein* 与带 *zu* 的不定式连用表达的是哪种情态意义需
根据上下文获悉，有时比较含糊。

动词 *haben* 含有主动的意义 *(Der Personalrat muss alle
Bewerber gleich behandeln.)*；动词 *sein* 含有被动的含义
(Alle Bewerber müssen gleich behandelt werden.)。(关
于 *sein* + 带 *zu* 的不定式参见 83 页)

---

9 *haben* 还是 *sein*?

Die Aufgaben des Personalrats bei Einstellungen

1. Jede frei werdende Stelle sollte auch intern ausgeschrieben werden.
2. Der Personalrat muss bei der Besetzung von Dauerarbeitsplätzen gehört werden.
3. Die einzelnen Dienststellen müssen das akzeptieren.
4. Der Personalrat kann bei Stellenbesetzungen nicht übergangen werden.
5. Er muss alle Bewerbungen sorgfältig prüfen.
6. Er muss darauf achten, dass Schwerbehinderte bei gleicher Qualifikation
bevorzugt eingestellt werden.
7. Niemand darf wegen Schwerbehinderung benachteiligt werden.
8. Nach dem Schwerbehindertengesetz müssen Schwerbehinderte zu einem
Vorstellungsgespräch eingeladen werden.
9. Bei gleichwertiger Eignung männlicher und weiblicher Bewerber sollen
bevorzugt Frauen eingestellt werden.
10. Der Personalrat muss überprüfen, ob diese Aspekte berücksichtigt wurden,
denn er muss über die Einhaltung der genannten Grundsätze wachen.
11. Die einstellende Behörde muss dem Personalrat auch die Kriterien der
Bewerberauswahl mitteilen.
12. Der Personalrat muss innerhalb von sieben Arbeitstagen zu dem Vorschlag
der einstellenden Behörde Stellung nehmen.

和动词 *haben* 构成的固定词组：

etw./nichts aufzuweisen haben (z. B. Erfolge)
nichts/nicht mehr viel zu erwarten haben
nichts/nicht viel zu lachen haben
nichts/nicht viel zu melden haben
etw./nichts zu sagen haben

sich (=D) viel/nichts mehr zu sagen haben
etw./nichts Besseres zu tun haben
nichts/nicht viel zu verlieren haben
nichts/nicht viel zu versäumen haben

Ⅲ 综合练习

10 请用括号中的动词写一篇连贯的文章。

Beispiel: Märchen (helfen – erziehen) Kinder
             Märchen helfen Kinder erziehen.

Kinder brauchen Märchen

Kinder (sich lassen – erzählen oder vorlesen) gern Märchen. Dabei (sehen – stillsitzen) man sogar unruhige Kinder. Die komplexe moderne Welt (drohen – überfordern) Kinder. Deshalb (suchen – eintauchen) sie in die Märchenwelt. Kinder (lassen – wirken) Märchen auf sich. Märchen (vermögen – anregen) die Fantasie der Kinder. Kinder (sehen – überwinden) die Märchenfiguren alle möglichen Gefahren. Märchen wie „Das tapfere Schneiderlein" (helfen – stärken) das Vertrauen der Kinder in ihre eigenen Kräfte. Die Kinder (sehen – hinausziehen/finden) „Hans im Glück" allein in die weite Welt und sein Glück. Kinder (suchen – sich identifizieren) mit den Märchenfiguren. Auf diese Weise (vermögen – vermitteln) Märchen den Kindern eine optimistische Lebenshaltung. Die ausgleichende Gerechtigkeit und der gute Ausgang der Märchen geben den Kindern die Zuversicht, dass sie (brauchen – sich nicht fürchten). Märchen (sich lassen – deuten) als Projektionen menschlicher Wünsche und Ängste. Die Welt der Märchen (helfen – bewältigen) dem Kind seine Ängste. Trotz mancher Grausamkeiten (vermögen – stärken) Märchen das Vertrauen in einen sinnvollen Weltzusammenhang. Kinder (lernen – verstehen) die Welt durch Märchen besser. Märchen (vermögen – geben) ihnen wichtige Einsichten über die Menschen. Durch Märchen (scheinen – angesprochen werden) die Gefühle der Kinder stark. Märchenhandlungen (geben – denken) den Kindern. Sie (bleiben – haften) in der Vorstellungswelt der Kinder. Märchen (scheinen – beeindrucken) aber nicht nur Kinder im „Märchenalter" von sechs bis acht Jahren.

§10 名词化与动词化

| 名词语体与动词语体

Computer

(1) Computer war ursprünglich die Bezeichnung für einen maschinellen Rechner. Heute ist das Wort fast ausschließlich Synonym für ein System von Geräten zur Behandlung umfangreicher Aufgaben der Datenverarbeitung. Die fortschreitende Miniaturisierung und die Entwicklung von Mikrocomputern führt zu einer Vielzahl von kleineren Computertypen. Neben programmierbaren Taschenrechnern finden vor allem mit Tastatur, Mikroprozessor-Zentraleinheit und Speicher ausgerüstete Heimcomputer Verwendung. Die Speicherkapazität wird durch den Einsatz von floppy disks beträchtlich erhöht.
(Aus: Meyers Lexikon, Mannheim, Wien, Zürich 1987)

(2) Das menschliche Erinnerungsvermögen ist begrenzt. Könntet ihr alles im Kopf behalten, würdet ihr bei Prüfungen immer mit „sehr gut" abschneiden, stimmt's? Der Computer dagegen hat ein ganz unmenschlich gutes Gedächtnis. Er kann nicht nur eingegebene Daten im Gedächtnis behalten, sondern vermag auch noch logische Vorgänge wie Ordnen und Einteilen mit großer Geschwindigkeit durchzuführen. Das ist seine Stärke. Das kommt daher, dass er zahllose Speicherplätze – vergleichbar mit Schubladen – hat, die alle ihre eigene Platznummer haben. Wenn man befiehlt: nimm die Daten von Platz Nummer 4126, so kann er sie sofort herausholen und das Resultat auf Papier drucken oder auf einem Bildschirm zeigen.
(Aus: Computer – Was ist das? IBM Stuttgart 1975)

在名词语体中以使用名词性词语，即名词为主，它常有定语修饰或是复合词。名词是意义的载体，而动词很少具有独立的意义（1）。与此相反，在动词语体中动词和名词分配适当，动词具有独立的意义（2）。名词语体显得抽象，主要用于专业、科普文章和新闻报刊中。动词语体则显得生动，多用于叙述性文章和谈话中。

II 动词性词语名词化

(1) Man begrüßt **die Delegierten**.
Die Delegierten werden begrüßt.
die Begrüßung **der Delegierten**

(2) **Der Parteivorsitzende** begrüßt die Delegierten.
Die Delegierten werden **vom Parteivorsitzenden** begrüßt.
die Begrüßung der Delegierten **durch den Parteivorsitzenden**

(3) **Die Delegierten** reisen zum Parteitag an.
die Anreise **der Delegierten** zum Parteitag

(4) Die Partei diskutiert **über die Änderung des Parteiprogramms**.
die Diskussion der Partei **über die Änderung des Parteiprogramms**

(5) Der Parteivorsitzende dankt **dem Parteivorstand**.
der Dank des Parteivorsitzenden **an den Parteivorstand**

(6) Die Delegierten wünschen **eine Abstimmung**.
der Wunsch der Delegierten **nach einer Abstimmung**

(7) Der Generalsekretär **kann** sich durchsetzen.
das Durchsetzungs**vermögen** des Generalsekretärs

(8) Das Parteiprogramm **erfährt eine Korrektur**.
die **Korrektur** des Parteiprogramms

(9) Man **ist** zu Kompromissen **bereit**.
die **Bereitschaft** zu Kompromissen/
Kompromiss**bereitschaft**

(10) Die Delegierten arbeiten **konstruktiv** zusammen.
die **konstruktive** Zusammenarbeit der Delegierten

(11) **Sie** werden freundlich verabschiedet.
ihre freundliche Verabschiedung

(12) **Im Saal** werden **Unterlagen** verteilt.
die Verteilung/das Verteilen **von Unterlagen im Saal**

通过将动词((9)除外)或形容词(9)变为名词的方法,可以将动词性词语转换为名词性词语,即动词性词语名词化。

在将及物动词名词化的时候,主动句中的第四格宾语及被动句中的主语成为名词性词语的第二格定语(1),在名词性词组中总是用介词 *durch* 引出(2)动作的执行者或者发出者。

在将不及物动词和反身动词名词化的时候,主动句中的主语成为第二格定语(3),介词宾语成为介词短语定语(4),第三格宾语也成为介词短语定语(5)。有些第四格宾语在名词化时也成为介词短语定语(例如:achten→ *die Achtung vor*, *bewundern*→*die Bewunderung für*, *fordern*→*die Forderung nach*, *suchen*→*die Suche nach*, *wünschen*→*der Wunsch nach*)(6)。

情态动词也可以名词化(例如 *müssen*→*Pflicht*, *wollen*→*Absicht*, *können*→*Fähigkeit/Vermögen*, *dürfen*→*Erlaubnis*)(7)。

在将动名词结构名词化时省略动词(8)。

副词变为形容词定语(10),人称代词变为物主代词(11)。

介词说明语(例如时间、地点说明语)形式不发生变化,但在名词性词组中成为介词定语(12)。

有时也可以用复合名词来代替动词性词语(7)(9)。

不带冠词、代词或者形容词的名词不能表达出第二格的含义,因此不可以作名词性词语的第二格定语,而用介词 *von* 取而代之(12)。

名词化的不定式可以相当于一个动词性词语(12),尤其是在该动词没有相应的名词的情况下,例如 *Der Parteivorsitzende trifft ein.*→ *das Eintreffen des Parteivorsitzenden*。

1 请用名词性词语将下列句子表达得更抽象一些。

Der Parteitag

1. Am Parteitag nehmen 380 Delegierte teil.
2. Sie treffen pünktlich ein.
3. Parteitage werden in regelmäßigen Abständen abgehalten.
4. Der mehrtägige Parteitag wird durch den Parteivorsitzenden eröffnet.
5. Der Parteivorsitzende verliest den Rechenschaftsbericht.
6. Der Schatzmeister der Partei legt die Finanzen offen.
7. Es wird eine Änderung der Tagesordnung gefordert.
8. Verschiedene Punkte des Parteiprogramms werden zur Diskussion gestellt.
9. Alle Delegierten beteiligen sich rege an den Diskussionen.
10. Die Mitgliederzahl ist im letzten Jahr stark angestiegen.
11. Man diskutiert heftig über höhere Mitgliedsbeiträge.
12. Die Delegierten stimmen über verschiedene Anträge ab.
13. Der Parteivorstand wird um zwei Mitglieder erweitert.
14. Der Parteivorsitzende wird einstimmig wieder gewählt.
15. Dem Parteivorsitzenden wird ein Blumenstrauß überreicht.
16. Der Vorsitzende steht bei den Schwesterparteien in anderen Ländern in hohem Ansehen.
17. Er ist auch bei jüngeren Mitgliedern sehr beliebt. (sehr → große)
18. Er dankt allen Delegierten für ihren Einsatz.
19. Der Parteitag ist zu Ende.
20. Der Parteitag ist erfolgreich verlaufen.
21. Die Nationalsozialisten hatten die Partei im Jahr 1934 verboten.
22. Die Partei wurde nach 1945 neu gegründet. (→ Neu-)

2 请用名词性词语将下列句子补充完整。

Beispiel: Jeder Bürger möchte gesichert und geschützt leben.
Der ... ist verständlich.
Der Wunsch jedes Bürgers nach Sicherheit und Schutz ist verständlich.

Der Bürger im Staat

1. Die Bürger interessieren sich immer weniger für das politische Leben. (für → an) Das ... ist alarmierend.
2. Die Bürger können nur bei den Wahlen Einfluss auf politische Prozesse nehmen. Die Bürger haben nur bei den Wahlen die ...
3. Politiker und Journalisten informieren die Bürger oft unzureichend. Die ... ist oft unzureichend.
4. An der fehlenden Kommunikation zwischen Politikern und Bürgern sind auch die Medien mitschuldig. Niemand bezweifelt ...
5. Die Bürger empören sich über die Verschwendung von Steuergeldern. Der Staat sollte die ... ernst nehmen.
6. Eine derartige Finanzpolitik schadet dem Ansehen der Politiker. Der ... ist nicht zu unterschätzen.
7. Der Bundeskanzler fordert eine gründliche Überprüfung. Die ... ist begrüßenswert.

8. Alleinerziehende Mütter erheben Anspruch auf mehr Unterstützung.
   Der ... ist berechtigt.
9. Die Sozialleistungen können in dem bisherigen Umfang nicht mehr finanziert werden.
   Die ... ist in Frage gestellt.
10. Sozial Schwache müssen aber unterstützt werden.
   Ein Sozialstaat hat aber die ... zu gewährleisten.
11. In den nächsten Jahren können kaum weitere Arbeitsplätze geschaffen werden.
   Die ... ist kaum zu leisten.
12. Die Unternehmen werden weiter rationalisieren.
   Durch ... werden Kosten eingespart.

wachsen–Wachstum–
　der wachsende Wohlstand

有些动词和形容词可以被名词化，或者作为分词定语及形容词定语位于名词之前(1)(2)。而有些动词和形容词只能作为分词定语或形容词定语修饰名词(3)(4)。

(1) Der Wohlstand wächst.
　　das Wachstum des Wohlstands
　　der wachsende Wohlstand
(2) Die Wirtschaftslage ist stabil.
　　die Stabilität der Wirtschaftslage
　　die stabile Wirtschaftslage
(3) Die Prognosen treffen zu.
　　die zutreffenden Prognosen
(4) Die Arbeitslosenquote ist niedrig.
　　die niedrige Arbeitslosenquote

3　请用名词性词语表达下列句子。

Aus dem Wirtschaftsleben
1. Die Produktion steigt.
2. Die Preise werden spürbar gesenkt.
3. Die Wirtschaftspolitik ist erfolgreich.
4. Der Wirtschaftsminister ist einflussreich.
5. Eine Zinserhöhung steht bevor.
6. Die Zinspolitik ist fragwürdig.
7. Die Investitionsbereitschaft ist groß.
8. Eine Steigerung des Sozialprodukts wird erwartet. (eine → die)
9. Die Arbeitslosigkeit geht zurück.
10. Der Optimismus ist verständlich.

III 名词性词语动词化

(1) die Begrüßung **der Neuimmatrikulierten**
(1a) Man begrüßt **die Neuimmatrikulierten**.
(1b) **Die Neuimmatrikulierten** werden begrüßt.

(2) die Begrüßung der Neuimmatrikulierten **durch den Rektor**

(2a) **Der Rektor** begrüßt die Neuimmatrikulierten.

(2b) Die Neuimmatrikulierten werden **vom Rektor** begrüßt.

(3) der Beginn **des Semesters**/der Semesterbeginn
Das Semester beginnt.

(4) die Teilnahme der Studenten **an der Semestereröffnungsfeier**
Die Studenten nehmen **an der Semestereröffnungsfeier** teil.

(5) der Bericht des Rektors **an das Kultusministerium**
Der Rektor berichtet **dem Kultusministerium**.

(6) die Forderung der Studenten **nach höheren BAföG-Sätzen**
Die Studenten fordern **höhere BAföG-Sätze**.

(7) **die Erlaubnis** zum Parken/die Parkerlaubnis
Es **darf** geparkt werden.

(8) während seiner **Vorträge**
Während er **Vorträge hält**, ...

(9) **die Beliebtheit** alter Universitätsstädte
Alte Universitätsstädte **sind beliebt**.

(10) für das Projekt zur Verfügung **stehende** Forschungsmittel
Für das Projekt **stehen** Forschungsmittel zur Verfügung.

(11) der **pünktliche** Beginn von Universitätsveranstaltungen
Universitätsveranstaltungen beginnen **pünktlich**.

(12) **seine** Bemühungen um ein Stipendium
Er bemüht sich um ein Stipendium.

(13) der Wandel der Universitäten **im Laufe der Jahrhunderte**
Die Universitäten haben sich **im Laufe der Jahrhunderte** gewandelt.

动词化与名词化相反：通过将承载意义的名词变为动词（(8)(9)除外）或 *sein*+形容词的结构(9)的方法，可以将名词性词语转换为动词性词语。分词可以改为变位的动词(10)。

在将名词性词组转换为及物动词的时候，第二格定语（第二格名词或者 *von* 的介词结构）成为主动句的第四格(1a)(2b)，或者被动句的主语(1b)(2b)。动作的执行者或发出者成为主动句的主语 (2a)，或成为被动句中由 *von* 或 *durch* 带起的名词(2b)。

在将名词性词语转换为不及物动词或反身动词的时候，第二格定语成为主动句中的主语(3)。介词定语成为介词宾语(4)或者第三格宾语(5)，这取决于动词本身；在有些及物动词中介词定语成为第四格宾语(6)。

带有情态意义的名词（例如 *Pflicht, Absicht, Fähigkeit, Erlaubnis*）变为情态动词（*müssen, wollen, können, dürfen*)(7)。

在动名词的固定结构中须补充相应的动词(8)。许多复合名词也可以动词化(3)(7)。

形容词成为副词(11)，物主代词成为人称代词(12)。说明时间、地点和原因的介词定语不变，仍然是说明语(13)。

---

4 请用完整的句子来叙述（时态为一般现在时），有时存在多种动词化的可能。

Universitätsbetrieb
1. das rechtzeitige Eintreffen der Studenten am Studienort
2. die ständig steigenden Studentenzahlen
3. Zulassungsbeschränkungen

4. die Kritik der Studenten am Numerus clausus
5. die Forderung der Studenten nach Abschaffung des Numerus clausus
6. die Gründung neuer Universitäten
7. der Vorschlag des Rektors zur Verkürzung der Studienzeit
8. die Finanzierung der Universitäten durch die einzelnen Bundesländer
9. Studenten auf Zimmersuche
10. Zimmervermittlung durch das Studentenwerk
11. der drastische Anstieg der Mieten
12. die Empörung der Studenten über die hohen Mietpreise
13. die Befragung der Neuimmatrikulierten durch Meinungsforscher
14. die Hoffnung vieler Studenten auf ein Stipendium
15. die Förderung begabter Studenten durch verschiedene Stiftungen
16. Versicherungspflicht für Studenten
17. die Einführung der Studienanfänger in ihr Fach
18. gute Ratschläge von Professoren und Assistenten
19. die Semestereröffnungsfeier
20. Rauchverbot in den Hörsälen
21. Möglichkeiten der Fächerkombination
22. die Einrichtung neuer Studiengänge
23. die Wahl von Studentenvertretern in die Verwaltungsgremien
24. der Dank des Rektors an die Studentenvertreter für ihre Mitarbeit
25. die mangelnde Bereitschaft im Ausland zu studieren
26. die Einrichtung und erfolgreiche Durchführung von EU-Programmen

5 请用主动句或被动句来描述旅游业所造成的损害。

Schadensquelle Tourismus
Boden z. B.
- Zersiedlung des Bodens durch touristische Infrastruktur (Unterkunft, Sportanlagen, Verkehr)
- Vergiftung des Bodens durch Öl, Ruß und Blei aus Auspuffrohren
- Verursachung von Erosion durch Wegebau, Schneeraupen usw.

Wasser z. B.
- Wasserverbrauch von 400 Litern pro Tag und Hotelgast am Mittelmeer
- Meeresverschmutzung wegen fehlender Kläranlagen
- Bewässerung von Sportanlagen (z. B. Golfplätze)
- Verunreinigung des Wassers durch Müll, Sonnenöl usw.

Luft z. B.
- Belästigung der Bewohner durch Verkehrslärm
- Luftverschmutzung durch Verkehr (Stickoxide, Kohlendioxid) und Heizungen touristischer Unterkünfte (Schwefeldioxid) = saurer Regen
- Verwendung FCKW-haltiger Sprays

Menschen z. B.
- Überfremdung der eigenen Kultur
- Verbrauch knapper Lebensmittel und Ressourcen
- Beeinträchtigung von Sitten und Gebräuchen
- Zerstörung kultureller Güter (Denkmäler) durch sauren Regen und Beschädigung
- Verkauf wertvoller Antiquitäten

Tiere z. B.
- Korallenbeschädigung durch Taucher
- Kauf von Souvenirs aus Tierprodukten (Schildkrötenpanzer, Korallen ...)
- Zerstörung von Lebensräumen durch touristische Anlagen
- Verunsicherung der Tiere durch Skifahrer
- Fotografieren von exotischen Tieren

Pflanzen z. B.
- Bedrohung der Wälder durch Luftschadstoffe aus Verkehr und Heizungen
- Zerstörung der alpinen Pflanzenwelt durch 40 000 Kilometer Skipisten
- Abholzen von Bäumen
- Reduzierung der Pflanzenvielfalt durch Grünanlagen

(Nach : Politische Ökologie 11/1988)

6 请用带情态动词 *sollen* 的被动句表达种花女工的要求（时态为现在时）。

Blumenindustrie

Blumen sind für viele Menschen etwas ganz Besonderes. Aber kaum jemand weiß, dass ein großer Teil dieser Blumen heute wie ein industrielles Massenprodukt hergestellt wird. Der massive Einsatz von Chemikalien belastet Mensch und Umwelt in Holland, Kolumbien, Kenia und anderswo. Gleichzeitig verschwinden bei uns immer mehr Blumenarten aus der freien Natur. Die Folge ökologischer Zerstörung.
Was können wir tun? Keine Blumen mehr kaufen, bei deren Herstellung Umwelt und Menschenrechte verletzt werden? Die betroffenen Blumenarbeiterinnen lehnen ausdrücklich jeden Boykott ab. Ein Boykott würde ihren Arbeitsplatz und ihre Existenzgrundlage gefährden. Statt dessen bitten sie ihre auf dieser Seite aufgeführten Forderungen zu unterstützen. Dies ist ein erster Schritt der Veränderung, der nicht die Blumenarbeiterinnen zu den Leidtragenden macht.
Doch langfristig hilft nur ein grundsätzliches Umdenken.

Forderungen der Blumenarbeiterinnen:

1. Einhaltung der Menschenrechte, insbesondere des Rechts auf Nahrung, gesundheitliche Unversehrtheit und auf Interessenvertretung
2. Einhaltung der vorgeschriebenen Lohn- und Arbeitsgesetze
3. Respektierung der Gewerkschaftsfreiheit
4. Verbesserung der Arbeitsbedingungen und der Mindestlöhne vor allem für Frauen
5. Überwachung der arbeitsmedizinischen Vorschriften
6. Einsetzung betrieblicher Gesundheitskomitees
7. Ausreichende Bereitstellung von Trinkwasser, Duschen und der notwendigen Arbeitskleidung
8. Verbesserung der medizinischen Versorgung
9. Einhaltung und Kontrolle der gesetzlich vorgeschriebenen Sicherheitsbestimmungen beim Umgang mit Pestiziden
10. Durchführung von unabhängigen wissenschaftlichen Untersuchungen über die Verseuchung von Böden und Wasser
11. Einführung einer Deklarationspflicht bei Schnittblumen nach Herkunftsländern und chemischen Behandlungsstoffen
12. Verbot des Exports von gesundheitsgefährdenden Pestiziden

§11 不定式结构

不定式结构的现在时和现在完成时

(1) Der Richter bittet den Angeklagten, dass er sich zum Tathergang äußert.
Der Richter bittet den Angeklagten **sich zum Tathergang zu äußern**.

(2) Dem Angeklagten kommt zugute, dass er nicht vorbestraft ist.
Dem Angeklagten kommt zugute nicht **vorbestraft zu sein**.

(3) Er konnte damit rechnen, dass er fair behandelt wurde.
Er konnte damit rechnen, fair **behandelt zu werden**.

(4) Er erinnert daran, dass er beim Eintreffen der Polizei stehen geblieben ist und den Polizisten gewinkt hat.
Er erinnert daran, beim Eintreffen der Polizei **stehen geblieben zu sein** und den Polizisten **gewinkt zu haben**.

(5) Er gesteht, dass er bei seiner Festnahme fast erleichtert war.
Er gesteht, bei seiner Festnahme fast **erleichtert gewesen zu sein**.

(6) Er wunderte sich darüber, dass er nicht schon früher festgenommen worden war.
Er wunderte sich darüber, nicht schon früher **festgenommen worden zu sein**.

不定式结构只有两种时态:现在时和现在完成时。在同时性的情况下,即不定式结构及其上级句中的动作同时在现在或过去进行,主动态和被动态的不定式结构中的动词为现在时(1)—(3)。在先时性的情况下,即不定式结构中的动作发生于它的上级句中的动作之前,主动态和被动态的不定式结构中的动词为现在完成时(4)—(6)。如果被动态的不定式动词为现在完成时,则更多使用 *dass* 从句。

---

1 下列不定式结构的时态是现在时还是现在完成时?

Der Kaufhauserpresser Arno Funke alias Dagobert*

1. Arno Funke wird vorgeworfen, dass er sechs Bombenanschläge auf Kaufhäuser verübt hat. Er leugnet nicht, dass er 1988 vom Berliner „Kaufhaus des Westens" (KaDeWe) 500 000 Mark erpresst hat.

2. Er erinnert sich, dass er nach Erhalt des Geldes in der Welt herumgereist ist und auf den Philippinen seine Frau kennen gelernt hat. In den Jahren 1992 bis 94 hoffte er, dass er durch Bombendrohungen 1,4 Millionen Mark vom Kaufhauskonzern Karstadt erpressen und damit seine inzwischen wieder leere Kasse füllen könnte.

3. Er stand vor dem Problem, dass er Frau und Kind ernähren musste. Doch die Aussicht, dass er an die Karstadt-Millionen herankam, wurde immer geringer.

4. In den Monaten vor seiner Festnahme hielt er es durchaus für möglich, dass er irgendwann aufgeben und sich der Polizei stellen würde. Die Polizei ging davon aus, dass sie ihn durch Verzögerungen der Geldübergabetermine verunsichern und zermürben könne.

5. Er gibt zu, dass er bei diesen Terminen bewaffnet war.
6. Er entsinnt sich, dass er in der Zeit vor seiner Festnahme ziemlich im Stress war. Er behauptet, dass er der Polizei den Erfolg gegönnt hat.
7. Er erinnert daran, dass er im Oktober 92 der Polizei um Haaresbreite entkommen ist. Ihm war es wichtig, dass er mit seinen Bombenanschlägen keine Menschenleben gefährdete.
8. Zur Entschuldigung für seine Straftaten führt er an, dass er nach Aufgabe seiner Berufstätigkeit als Lackierer kein Geld gehabt und von Sozialhilfe gelebt hat. Er versichert, dass er unter seiner berufsbedingten Arbeitsunfähigkeit sehr gelitten hat und von Selbstmordgedanken gequält wurde.
9. Er betont, dass er von niemandem beeinflusst und unterstützt worden ist.
10. Das Gericht bescheinigt ihm, dass er intelligent sowie technisch und handwerklich sehr begabt ist. Er muss sich darauf einstellen, dass er zu sechs bis acht Jahren Haftstrafe verurteilt wird.

* Arno Funke nannte sich „Dagobert" nach dem Erpel, der in dem Comic „Donald Duck" in Talern badet. Er wurde am 14.6.96 zu einer Freiheitsstrafe von neun Jahren verurteilt.

2 下列不定式结构是现在时还是现在完成时?

Eine Aussteiger-Kommune auf Ithaka

1. Im Jahre 1979 entschlossen sich 100 gleichgesinnte Deutsche aus der Gesellschaft (aussteigen) und auf der griechischen Insel Ithaka eine Kommune (gründen).
2. Sie geben zu damals zivilisationsmüde (sein). Sie sehnten sich danach, ein einfaches und stressfreies Leben (führen).
3. Sie bereuen nicht auf der Insel Land (kaufen) und seitdem dort (leben).
4. Es war nicht leicht, auf dem felsigen Gelände eine Infrastruktur (schaffen). Die meisten von ihnen waren unerfahren darin, Zisternen (anlegen), Toiletten und Duschen (bauen) und Wege (ebnen).
5. Sie entsinnen sich in der ersten Zeit hart (arbeiten).
6. Es war sinnvoll, die anfänglich benutzten Zelte nach und nach durch feste Behausungen (ersetzen). Besonders stolz sind sie darauf, inzwischen schon viele Häuser an ein Solar- oder Windstromsystem (anschließen). Es ist ihnen gelungen, eine eigene Energieversorgung (aufbauen) und dabei Sonne und Wind als Energiequellen (nutzen).
7. Keiner erhebt den Anspruch ein eigenes Telefon, Auto oder einen eigenen Fernseher (besitzen). Sie haben es sich abgewöhnt, hohe Ansprüche (stellen), und sind bereit auf Komfort und Luxus (verzichten).
8. Mit Stolz weisen sie darauf hin, außer einem alten VW-Bus kein Auto, kein Telefon und auf dem ganzen Gelände nur ein, zwei Fernsehapparate (haben). Sie sind froh inzwischen auf Unnötiges (verzichten lernen).
9. Sie versichern, von Anfang an Kontakt zu den Griechen (suchen). Sie sind froh die griechische Sprache (lernen) und sich jetzt mit den Einheimischen gut (unterhalten können).
10. Für sie ist es selbstverständlich, ihre Kinder in die griechische Schule (schicken).
11. Einige der Einwanderer sind Imker geworden und leben davon, Thymian- und Salbeihonig (verkaufen). Andere haben das Glück früher viel (verdienen)

und Geld (zurücklegen) und jetzt von den Ersparnissen (leben können). Andere versuchen künstlerisch tätig (sein) und Kunsthandwerk (verkaufen).

12. Alle genießen es, Muße (haben) und keine Hektik mehr (kennen). Sie bereuen es nicht, dieses Experiment (beginnen) und eine Aussteiger-Kommune (gründen).

13. Sie erinnern sich, anfangs von den Griechen als Exoten (angesehen werden). Sie sind aber glücklich darüber, inzwischen viele Freunde unter den Griechen (finden) und voll (integriert sein).

(Nach: Was macht eigentlich ...; stern Nr. 50 vom 8.12.1994)

3 请用同时性及先时性不定式结构的主动态及被动态将下列句子补充完整。

Beispiel: Ich erinnere mich nicht ...
              Ich erinnere mich nicht dir gegenüber unhöflich gewesen zu sein.
              Ich hoffe noch immer ...
              Ich hoffe noch immer befördert zu werden.

1. Ich habe vor ...
2. Ich habe immer den Anspruch erhoben ...
3. Ich habe oft das Gefühl ...
4. Ich hatte schon mal das Pech ...
5. Ich hatte nie das Bedürfnis ...
6. Ich habe Angst ...
7. Mir war es noch nie möglich, ...
8. Ich habe mir angewöhnt ...

Ⅱ 不定式结构或 *dass* 从句

(1) Heutzutage sind viele Menschen daran gewöhnt, hart zu arbeiten.
(= Heutzutage sind **viele Menschen** daran gewöhnt, dass **sie** hart arbeiten.)

(2) Vielen Menschen gelingt es, sich durch ihren Beruf Sozialprestige zu verschaffen.
(= **Vielen Menschen** gelingt es, dass **sie** sich durch ihren Beruf Sozialprestige verschaffen.)

(3) Im 19. Jahrhundert zwang man Kinder in den Fabriken zu arbeiten.
(= Man zwang **Kinder** dazu, dass **sie** in den Fabriken arbeiteten.)

(4) Es war das Schicksal der Industriearbeiter, am Rande des Existenzminimums zu leben.
(= Es war das Schicksal **der Industriearbeiter**, dass **sie** am Rande des Existenzminimums lebten.)

不定式结构是由带 *zu* 的不定式构成，不含主语。不定式结构中的主语是它所从属的句子中已出现的一个句子成分。如果不定式结构中的动词主语和它所从属的句子中的主语（1），第三格宾语（2），第四格宾语（3），定语（4），物主代词（5）或者介词宾语一致，可以构成不定式结构。还有一种情况：当不定式结构所从属的句子的主语是 *es*，不定式的主语是 *man*，也可构成不定式结构（6）。有些动词（例如 *anordnen*, *auffordern (dazu)*, *sich aussprechen dafür/dagegen*, *bitten (darum)*, *empfehlen*, *erlauben*, *gestatten*, *plädieran dafür*, *protestieren dagegen*, *raten (dazu)*, *veranlassen*, *verbieten*, *vorschlagen*, *vorschreiben*, *warnen davor*）面向公众的时候，也可构成不定式结构，不定式的语词是 *man*（7）。

(5) Ihr Leben bestand darin, täglich bis zu 18 Stunden zu arbeiten.
(= **Ihr** Leben bestand darin, dass **sie** täglich bis zu 18 Stunden arbeiteten.)

(6) Im 19. Jahrhundert war es nicht üblich, Urlaub zu machen.
(= Im 19. Jahrhundert war **es** nicht üblich, dass **man** Urlaub machte.)

(7) Die verschiedensten Organisationen – Vereine, Gewerkschaften, die Kirchen – plädierten dafür, das soziale Elend zu mildern.
(= Die verschiedensten Organisationen – Vereine, Gewerkschaften, die Kirchen – plädierten dafür, dass **man** das soziale Elend mildert.)

(8a) Die Industriearbeiter fanden sich nicht damit ab, **arm und benachteiligt zu sein.**

(8b) Die Industriearbeiter fanden sich nicht damit ab, in sozialem Elend **leben zu müssen.**

(8c) Die Industriearbeiter fanden sich nicht damit ab, arm **zu sein** und in Mietskasernen **zu wohnen.**

不定式结构中有两个或多个形容词、分词时,用一个 *zu* 即可(8a);有多个彼此关联的不定式时,*zu* 位于最后一个不定式之前(8b);有多个独立的不定式时,每个不定式前都需要加 *zu*(8c)。

一些动词之后几乎只接不定式结构（例如 *es ablehnen, anfangen, aufhören (mit), beabsichtigen, befehlen, beginnen, sich bemühen (darum), beschließen, sich entscheiden (dafür), sich entschließen (dazu), gelingen, neigen (dazu), planen, probieren, (es) verbieten, vergessen, es vermeiden, versuchen, verzichten darauf, vorhaben, es wagen, sich weigern*）。

许多表示"说"的动词（例如 *antworten, berichten, erzählen, fragen, sagen, behaupten*）和表示"知觉"的动词（例如 *auffallen, bemerken, beobachten, erkennen, feststellen, hören, riechen, sehen, spüren, wahrnehmen*），以及动词 *wissen* 不能和不定式结构连用。

没有连词的不定式结构相当于有连词 *dass* 的从句,有连词 *um ... zu, (an) statt ... zu, ohne ... zu* 的不定式结构相当于带连词 *damit, (an) statt dass, ohne dass* 的从句(参见 198 页,210 页和 211 页)。更多关于不定式结构和 *dass* 从句的练习请参见 12 页。

---

4 不定式结构还是 *dass* 从句? 尽可能使用不定式结构。

Beispiel: Heute erleichtern Maschinen und Computer dem Menschen die Arbeit.
Heute dienen Maschinen und Computer dazu, ...
Heute dienen Maschinen und Computer dazu, dem Menschen die Arbeit zu erleichtern.

Einstellung zur Arbeit

1. In der Antike führte nur die Beschäftigung mit Kunst und Wissenschaften zu gesellschaftlichem Ansehen. Man weiß, ...

2. Nur Männer aus der Oberschicht konnten politische Ämter bekleiden. Nur Männer aus der Oberschicht hatten die Möglichkeit ... (*können* entfällt)

3. Handwerker und Sklaven übten keinen politischen Einfluss aus. Es war nicht denkbar ...

4. Die Sklaven mussten niedere Arbeiten ausführen und konnten nicht frei leben. Es war das Schicksal der Sklaven ...

5. Die Oberschicht war auf die Arbeit der Handwerker und Sklaven angewiesen.
   Es ist bekannt ...
6. Auch noch in späteren Jahrhunderten hielt man Sklaven.
   Nach dem Völkerrecht ist es heute verboten ...
7. Heute gewinnt man durch beruflichen Aufstieg Sozialprestige und Macht.
   Erst in der Neuzeit wurde es möglich ...
8. Viele Menschen beziehen ihr Selbstbewusstsein aus dem beruflichen Erfolg.
   Es lässt sich nicht leugnen ...
9. Die Erwachsenen machen schon kleine Kinder mit der Arbeitswelt vertraut.
   Die Erwachsenen versuchen ...
10. Schon kleine Kinder sollen Leistungen erbringen. Die Erwachsenen halten schon
    kleine Kinder dazu an ... (*sollen* entfällt)
11. Die Einstellung zur Arbeit hat sich also im Laufe der Jahrhunderte gewandelt.
    Man kann also beobachten ...
12. Man hat der Arbeit nicht zu allen Zeiten eine überragende Bedeutung
    beigemessen. Es war nicht zu allen Zeiten üblich ...

5 不定式结构还是 *dass* 从句？尽可能使用不定式结构（省略情态动词）。

   Amnesty International
1. Auf der ganzen Welt werden unschuldige Menschen verhaftet, gefoltert und
   hingerichtet. Unerträglich ist der Gedanke ...
2. Viele Staaten behaupten, dass sie nicht foltern.
   Die Behauptung vieler Staaten ... entspricht durchaus nicht immer der
   Wahrheit.
3. Jeder Mensch möchte seine Meinung frei äußern und in Freiheit leben können.
   Jeder Mensch hat den Wunsch ...
4. Amnesty International (ai) will die Menschenrechte weltweit durchsetzen.
   ai hat die Absicht ...
5. ai will unschuldige Menschen vor Folterung und Hinrichtung bewahren.
   Der Versuch von ai ... ist nicht immer erfolgreich.
6. ai-Aktionen haben nicht immer Erfolg. (*nicht* entfällt)
   Die Annahme ... ist falsch.
7. Weltweite ai-Aktionen haben mehr Erfolg als lokal begrenzte Aktionen.
   Es ist bewiesen ...
8. ai mobilisiert die Weltöffentlichkeit.
   Die Bemühungen von ai ... finden nicht immer genügend Resonanz.
9. Jeder sollte die ai-Aktionen unterstützen.
   Jeder ist aufgefordert ...
10. Man kann der Organisation z.B. Geld spenden.
    Man hat z.B. die Möglichkeit ...
11. Das Engagement für ai geht zurück.
    Die Befürchtung ... ist begründet.
12. Immer mehr Menschen engagieren sich in Umwelt- und Bürgerinitiativen.
    Es ist eine Tatsache ...
13. Die ai-Mitarbeiter leisten wichtige und sinnvolle Arbeit.
    Die Überzeugung der ai-Mitarbeiter ... bestärkt sie in ihrem Engagement.

14. Das norwegische Parlament zeichnete die Organisation mit dem Friedens-
    nobelpreis aus.
    Die Entscheidung des norwegischen Parlaments ... wurde 1977 realisiert.

    Wie kam es zur Gründung dieser Organisation?
    Im Mai 1961 war in der britischen Zeitung „Observer" ein Artikel unter der
    Überschrift „The Forgotten Prisoners" (= Die vergessenen Gefangenen) erschie-
    nen. Sein Autor war der Londoner Anwalt Peter Benenson. Er forderte zur Hilfe
    für politische Gefangene auf. Dieser Zeitungsartikel hatte ein weltweites Echo.

15. Wenig später gründeten in einem Café in Luxemburg acht Personen eine un-
    parteiische internationale Organisation zur Befreiung politischer Gefangener.
    Wenig später trafen sich acht Personen in einem Café in Luxemburg mit der
    Absicht ...

16. Sie gaben der Organisation den Namen Amnesty International.
    Ihre Entscheidung ... fiel noch am gleichen Tag.

6 不定式结构还是 *dass* 从句？尽可能使用不定式结构（省略情态动词）。

Der Heidelberger Ausländerrat

1. Die Bundesrepublik ist längst zu einem Einwanderungsland geworden.
   Einige Städte haben Konsequenzen aus der Tatsache gezogen ...
2. In der Stadt Heidelberg z. B. betrug der Ausländeranteil im Jahre 1990 12 Prozent.
   Der Gemeinderat konnte nicht länger darüber hinwegsehen ...
3. Einige Städte haben zur Beteiligung der Ausländer an der Kommunal-
   politik Ausländerräte geschaffen.
   Einige Städte beschlossen ...
4. Der Heidelberger Ausländerrat setzt sich aus siebzehn ausländischen
   und sechs deutschen Mitgliedern zusammen.
   Der Heidelberger Gemeinderat hat in einer Satzung festgelegt ...
5. Die ausländischen Einwohner wählen die ausländischen Mitglieder des
   Ausländerrates.
   Den ausländischen Einwohnern steht das Recht zu ...
6. Der Gemeinderat bestimmt die deutschen Mitglieder des Ausländerrates.
   Die Satzung überträgt dem Gemeinderat die Aufgabe ...
7. Der Vorsitzende muss ein Ausländer sein.
   Es ist vorgeschrieben ...
8. Der Ausländerrat vertritt die Interessen der ausländischen Einwohner.
   Der Heidelberger Gemeinderat hat dem Ausländerrat die Aufgabe übertragen ...
9. Der Ausländerrat soll zwischen den ausländischen Bürgern und der Stadt
   vermitteln.
   Die Funktion des Ausländerrates besteht darin ...
10. Der Ausländerrat soll den Gemeinderat der Stadt in allen Ausländerfragen be-
    raten.
    Es ist die Aufgabe des Ausländerrates ...
11. Die Stadt stellt dem Ausländerrat die notwendigen Mittel zur Verfügung.
    Die Stadt verpflichtet sich ...

12. In den öffentlichen Sitzungen des Ausländerrates kann jeder Heidelberger
Bürger Fragen stellen.
In den öffentlichen Sitzungen des Ausländerrates hat jeder Heidelberger
Bürger die Möglichkeit ...

13. An der ersten Wahl des Ausländerrates 1990 haben sich leider nicht alle ausländischen Bürger beteiligt.
In Heidelberg wurde bedauert ...

用将主动句转换为被动句的方法构成不定式结构

Ein Arbeitsloser kann damit rechnen, dass
das Arbeitsamt ihn unterstützt.
(= **Ein Arbeitsloser** kann damit rechnen,
dass **er** vom Arbeitsamt unterstützt wird.)
Ein Arbeitsloser kann damit rechnen, vom
Arbeitsamt unterstützt zu werden.

如果一个主动态的 *dass* 从句在一个复合句中作第四格
宾语，可以将这个 *dass* 从句由主动态改为被动态，再从
被动句变为不定式结构，原被动态的 *dass* 从句中的主
语由 *von* 或 *durch* 带起。

---

7 请用被动态的不定式结构造句。

1. Ein Arbeitsloser rechnet damit, dass das Arbeitsamt ihn vermittelt.
2. Ein Arbeitnehmer ist es gewohnt, dass die Firma ihn über wichtige
Veränderungen unterrichtet.
3. Er kann davon ausgehen, dass der Betrieb ihn versichert.
4. Er ist darauf eingestellt, dass man ihn innerhalb des Betriebs versetzt.
5. Er verlässt sich darauf, dass der Betriebsrat ihn gegenüber der Geschäftsleitung
vertritt.

用将被动句转换为主动句的方法构成不定式结构

(1) Es ist üblich, dass in Betrieben mit mehr
als fünf Angestellten ein Betriebsrat eingerichtet wird.
(= **Es** ist üblich, dass **man** in Betrieben
mit mehr als fünf Angestellten einen
Betriebsrat einrichtet.)
Es ist üblich, in Betrieben mit mehr als
fünf Angestellten einen Betriebsrat einzurichten.

(2) Auf Initiative des Betriebsrats wurde beschlossen, dass Fortbildungsseminare
eingerichtet werden.
(= Auf Initiative des Betriebsrats beschloss **man**, dass **man** Fortbildungsseminare einrichtet.)
Auf Initiative des Betriebsrats wurde beschlossen Fortbildungsseminare einzurichten.

往往将被动句转换成主动句后，才能认识到将其改写成
不定式结构的可能性，这个不定式结构相应地也是主动
态，被动句中的主语成为主动句中的第四格宾语。

8 请用主动态的不定式结构造句。

1. In großen Betrieben wird versucht, dass der Betriebsrat teilweise oder ganz von seiner Arbeit freigestellt wird.
2. Es ist üblich, dass viermal im Jahr eine Betriebsversammlung einberufen wird.
3. Dann ist es möglich, dass zu den Beschlüssen des Betriebsrats Stellung genommen wird.
4. Es ist Gesetz, dass der Betriebsrat vor jeder Kündigung angehört wird.
5. Dem Betriebsrat wird garantiert, dass er in allen seinen Belangen geschützt wird.

9 主动态的不定式结构还是被动态的不定式结构?

Gastarbeiter
1. Die Bundesrepublik hat ausländische Arbeitnehmer angeworben.
   Viele ausländische Arbeitnehmer waren froh ...
2. Man bezeichnet die ausländischen Arbeitnehmer als Gastarbeiter.
   Die ausländischen Arbeitnehmer akzeptieren es wohl, ...
3. Man behandelt die Gastarbeiter aber nicht so freundlich wie Gäste.
   Viele Gastarbeiter bedauern aber ...
4. Die meisten Gastarbeiter waren bei ihrer Einreise in die Bundesrepublik nicht auf so viele Probleme gefasst.
   Viele Gastarbeiter geben zu ...
5. Viele von ihnen sind von den Deutschen enttäuscht.
   Viele von ihnen gestehen ...
6. Man setzt ungelernte Gastarbeiter für schwere und schmutzige Arbeiten ein.
   Ungelernte Gastarbeiter müssen sich damit abfinden, ...
7. Die Gastarbeiter sind nicht gleichberechtigt.
   Viele Gastarbeiter leiden darunter, ...
8. Den Gastarbeitern wurde das Wahlrecht nicht gewährt.
   Bislang konnte man sich nicht dazu entschließen, ...
9. Die Gastarbeiter wurden bisher weder rechtlich noch menschlich integriert.
   (weder ... noch → und)
   Man hat es bisher nicht geschafft, ...
10. Die Deutschen waren auf die langfristige Anwesenheit so großer ausländischer Personengruppen nicht vorbereitet.
    Viele Deutsche entschuldigen sich damit, ...
11. Man braucht Gastarbeiter heute nicht mehr so dringend wie früher.
    Viele Gastarbeiter empfinden es als bitter, ...
12. Bei der Rückkehr in die Heimat sind die meisten Gastarbeiter für den neuen Start finanziell gut ausgestattet.
    Die Gastarbeiter freuen sich ...

Ⅲ 不定式结构的位置

(1) Es ist ein Gebot der Menschlichkeit, Minderheiten zu schützen.

(1a) Minderheiten zu schützen ist ein Gebot der Menschlichkeit.

(1b) Minderheiten zu schützen, das ist ein Gebot der Menschlichkeit.

(2) Unbestritten ist die Notwendigkeit tolerant zu sein.

(2a) Die Notwendigkeit tolerant zu sein ist unbestritten.

(3) Man beabsichtigt die Ursachen von Intoleranz und Gewalt zu erforschen.

(3a) Die Ursachen von Intoleranz und Gewalt beabsichtigt man zu erforschen.

(4) Jeder sollte versuchen die fremde Mentalität zu verstehen.

(4a) Jeder sollte die fremde Mentalität zu verstehen versuchen.

(4b) Die fremde Mentalität sollte jeder zu verstehen versuchen.

不定式在句中的位置有多种可能：它在大多数情况下后置，但也可以前置。前置的不定式结构作主语，可以与句子其他部分融为一体(1a)，省略形式主语 *es*；或者用逗号与句子其他部分分隔开，它所从属的句子用 *das* 作主语来引导(1b)，形式主语 *es* 成了 *das*。和主语有关联的不定式结构有时还可以插入句子之中(2a)(在句(1)中不可以)。其他有些不定式结构也可以插入句子之中(3a)(4a)(4b)。

正字法要求：如果句中有一个预示性的词组、有 *das* 引导的句子(1b)或者将它从一个惯常的句子结构中突出出来，则用逗号将不定式结构与句子其他部分分开。如果想使句子的结构更清楚或避免误解，也可以使用逗号。

---

10 请改变不定式在句中的位置，并非每个句子都有多种变位的可能。

Toleranz gegenüber Ausländern

1. Es ist dringend notwendig, Vorurteile und Unwissenheit abzubauen.
2. Es muss als intolerant bezeichnet werden, Menschen auf Grund ihrer Hautfarbe, Herkunft, Religion oder Nationalität abzulehnen.
3. Es ist ein erstrebenswertes Ziel, Toleranz und Weltoffenheit durchzusetzen.
4. Man kann jedem die Empfehlung geben seine Einstellung gegenüber Ausländern zu überdenken.
5. Viele haben die Hoffnung noch nicht aufgegeben in naher Zukunft ein selbstverständliches Zusammenleben von Deutschen und Ausländern zu erreichen.
6. Nicht alle Deutschen versuchen Kontakte zu Ausländern aufzunehmen.
7. Viele Bürger empfehlen ausländerfeindlich motivierte Straftaten noch härter zu bestrafen.
8. Der Staat ist verpflichtet Gewalttaten zu verhindern.
9. Niemand sollte zögern Gewalttaten zu verhindern.
10. Jeder sollte versuchen Fremde in ihrer Andersartigkeit zu akzeptieren.
11. Die Regierung hat beschlossen die Integration der Ausländer zu verbessern.

(1) Manchen Menschen machen **längere Arbeitszeiten** nichts aus.
Manchen Menschen macht **es** nichts aus, **länger zu arbeiten**.

(2a) Andere fordern **mehr Freizeit**.
Andere fordern, **dass ihnen mehr Freizeit zugestanden wird**.

(2b) Viele Menschen berichten gern **von ihren beruflichen Erfolgen**.
Viele Menschen berichten gern **davon, wie erfolgreich sie im Beruf sind**.

(3) Jedes Jahr gibt es Tarifgespräche **über Lohnerhöhungen**.
Jedes Jahr gibt es Tarifgespräche **darüber, ob die Löhne erhöht werden**.

有些句子成分可以从句子中分离出来而成为从句,例如:主语成为主语从句(1),宾语成为宾语从句(2),定语成为定语从句(3)。在这种转换中,需要将有关的句子成分动词化。与之相反,可以将从句名词化而转换为句子成分。从内容上看,这两种句式没有区别;从修辞学上看,名词化的表达更多用于书面表达中。

主语从句、宾语从句以及定语从句可以由连词 *dass* (2a)、*ob*(3)或者疑问词(2b)引导,也可以是不定式结构(1)。

在一个含有从句及不定式结构的句子中,主句有时需要有一个关联词(*es* 或者代副词)来起到指示后面的从句的作用。关联词是必须的、可用可不用的还是不必用的,对此有明确规定。(见附表)

关于名词化和动词化参见第 10 章,关于哪些情况可以用不定式结构参见第 11 章。

间接问句
（由连词 *ob* 和疑问代词引导的从句）

(1) **Warum** passieren so viele Tankerunfälle?
Experten ist klar, **warum** so viele Tankerunfälle passieren.

(2) **Mit welchen ökologischen Folgen** muss gerechnet werden?
Viele stellen die Frage, **mit welchen ökologischen Folgen** gerechnet werden muss.

(3) Ist schon wieder ein Tankerunfall passiert?
Jemand fragt, **ob** schon wieder ein Tankerunfall passiert ist.

表达补充疑问句的间接疑问句, 即 *Warum? Wann? Wie? Wofür?* 作疑问词的问句(=W-Fragen),由疑问词(加上介词)引导(1)(2)。

表达一般疑问句的间接疑问句, 既是非疑问句(=Ja/Nein-Fragen), 由连词或 *ob* 引导(3)。

间接疑问句可以是主语从句(1)、宾语从句(3)或者定语从句(2)。

1 疑问代词还是连词 *ob*?

Tankerunfälle
1. Wie viele schwere Tankerunfälle haben sich in den letzten Jahren ereignet?
   Experten können Auskunft darüber geben, ...
2. Mit welchen Schäden muss bei Tankerunfällen gerechnet werden?
   Experten können einschätzen, ...
3. Gibt es besonders gefährliche Tankerrouten?
   Viele fragen, ...
4. Wohin wird das Öl hauptsächlich transportiert?
   Jemand möchte wissen, ...
5. Werden die vorgeschriebenen Routen eingehalten?
   Es wäre interessant zu wissen, ...
6. Auf welche Weise kann der Öltransport sicherer gemacht werden?
   Man muss überlegen, ...
7. Könnte der Schaden nicht dadurch begrenzt werden, dass Öl auf kleineren
   Tankern transportiert wird?
   Man muss sich fragen, ...
8. Muss der Öltransport nicht strenger überwacht werden?
   Jeder stellt sich die Frage, ...

---

ob 引导的间接问句还是 *dass* 从句

(1) Wissen Sie, **ob** Herr Müller viel arbeitet?
    (d. h.: Der Fragende weiß nicht, **ob** Herr Müller viel arbeitet oder nicht.)
(2) Ich weiß nicht, **ob** Herr Müller zu viel arbeitet oder nicht: Er arbeitet viel.
(3) Seinem Chef ist es bestimmt nicht gleichgültig, **ob** er viel arbeitet (oder nicht).
(4) Wissen Sie, **dass** Herr Müller viel arbeitet?
    (d. h.: Der Fragende weiß, **dass** Herr Müller viel arbeitet.)
(5) Nein, ich wusste bisher nicht, **dass** Herr Müller viel arbeitet.
(6) Ich halte es aber für möglich/wahrscheinlich, **dass** er viel arbeitet.

连词 *ob* 引导一个间接问句, 对一种有疑问的情况提出两种可能性之一, 但是否正确尚未可知(1); 如果说话者知道两种或多种可能性中的一种是正确的(2), 或者在表达一种无所谓的词语后面(3), 也可以用 *ob*。
连词 *dass* 引导的从句表达某种情况是正确无误的, 或者是错误的(4)(5), 还可以表示一种猜测, 认为某种情况是(不)可能的(6)。

---

2 *dass* 还是 *ob*? 一个好奇的同事想了解所有的事情。

Herrn Müllers übertriebener Arbeitseifer
1. Arbeitet Herr Müller immer so viel? Es ist möglich, ... er immer so viel arbeitet.
   Sein Chef weiß bestimmt, ... er immer oder nur manchmal so viel arbeitet.
2. Arbeitet er auch an den Wochenenden im Büro? Seine Frau wird uns sicher sagen
   können, ... er auch an den Wochenenden im Büro ist.
3. Macht er keinen Urlaub? Ich weiß nicht, ... er in diesem Jahr Urlaub macht. Ich
   weiß nur, ... er im letzten Jahr mit seiner Familie am Meer war.

4. Wissen Sie, ... er neben seiner Arbeit überhaupt noch Zeit für seine Kinder hat?
   Es ist ziemlich unwahrscheinlich, ... er noch Zeit für seine Kinder hat.
   Aber fragen Sie doch seine Kinder. Die können Ihnen bestimmt sagen, ... er
   Zeit für sie hat.

5. Wissen Sie, ... er mittags zum Essen nach Hause geht? Nein, ich weiß es nicht,
   aber seine Frau weiß doch, ... er mittags zu Hause, in der Betriebskantine, in
   einem Lokal oder vielleicht gar nicht isst.

6. Wissen Sie, ... er irgendwelche Hobbys hat? Wissen Sie denn nicht, ... er Tennis
   spielt? Nein, ich wusste nicht, ... er Tennis spielt. Ich wüsste gern, ... er noch
   weitere Hobbys hat.

7. Wundern Sie sich denn nicht, ... seine Frau seinen übertriebenen Arbeitseifer
   akzeptiert? Ich bin gar nicht so sicher, ... seine Frau seinen Lebensstil akzeptiert.
   Ich glaube eher, ... sie darunter leidet. Ich kann nicht gerade behaupten, ... sie
   einen glücklichen Eindruck macht.

8. Können Sie mir die Frage beantworten, ... er sich wohl fühlt? Ich kann nur sagen,
   ... er nicht so wirkt, als würde er sich besonders wohl fühlen.

9. Glauben Sie, ... man seinen Arbeitseifer schon als Sucht bezeichnen kann? Ich
   glaube schon, ... es eine Art Sucht ist.

10. Hat er schon mal mit einem Psychologen darüber gesprochen? Ich habe keine
    Ahnung, ... er sich schon mal an einen Psychologen gewandt hat. Aber seine Frau
    weiß vermutlich, ... er schon mal bei einer Beratung war.

11. Meinen Sie, ... es sich hier vor allem um Ehrgeiz handelt? Zum Teil schon, aber
    ich habe Zweifel, ... es das allein ist.

12. Was meinen Sie damit? Ich halte es für wahrscheinlich, ... er sich selbst unter
    Druck setzt. Meiner Meinung nach ist es ziemlich unwahrscheinlich, ... er da so
    leicht wieder herauskommt.

13. Halten Sie es für möglich, ... seine Arbeitswut irgendwann mal nachlässt? Meiner
    Meinung nach ist es ziemlich unwahrscheinlich, ... das je der Fall sein wird.

‖ 主语从句

(1) **Energiesparen** ist möglich.
(1a) **Es** ist möglich, **Energie zu sparen.**
(1b) Möglich ist (**es,**) **Energie zu sparen.**
(1c) Natürlich ist **es** immer möglich, **Energie zu sparen.**
(2) Vielen Leuten gefällt **Energiesparen** nicht.
   Vielen Leuten gefällt **es** nicht, **Energie zu sparen.**
(3) **Der sparsame Umgang mit Energie** ist jedem freigestellt.
   Jedem ist (**es**) freigestellt(**,**) **mit Energie sparsam umzugehen oder nicht.**

如果一个句子中的主语成为从句(即主语从句),在该句主语的位置常用关联词 *es* 来占位,起到指示后面的从句的作用:

Energiesparen	ist möglich.
Es	ist möglich, Energie zu sparen.

Es 总可位于句首(1a)。

如果在句子结构为 *sein* + 形容词,分词或名词的句子中,另有一个句子成分位于句首,*es* 可用可不用(1b),但在扩展句中须用 *es*(1c)。在完全动词作谓语的句子中,*es* 位于句中,根据不同的动词有时必须用(2),有时可用可不用(3)。(只有在少数动词后面不用,例如 *jdm. bleibt nichts anderes übrig, jdm. fällt ein/auf, jdm. schwebt vor*)。

3 请将下列句子的主语转换为不定式结构。

Wie verhält man sich als energie- und umweltbewusster Verbraucher?

1. Energiesparen ist angesichts des hohen Energieverbrauchs unerlässlich.
2. Klagen über die auslaufenden Energievorräte helfen uns nicht weiter.
3. Eine Senkung des Energieverbrauchs ist in jedem Haushalt möglich.
4. Beispielsweise kostet der Austausch konventioneller Glühlampen gegen Energiesparlampen nicht viel.
5. Die Isolation der Außenwände bleibt keinem energiebewussten Hausbesitzer erspart.
6. Das Abdichten der Fugen an Fenstern und Türen empfiehlt sich ebenfalls.
7. Der Einbau von Doppelglasfenstern macht sich auf jeden Fall bezahlt.
8. Die Verwendung von Heizungsthermostaten wirkt sich energiesparend aus.

4 请将下列句中的不定式结构改为句子的主语。

1. Beim Einkaufen ist es ratsam, sich umweltbewusst zu verhalten.
2. Es versteht sich von selbst, auf überflüssige Verpackungen zu verzichten.
3. Außerdem bietet es sich an, Agrarerzeugnisse aus biologischem Anbau zu kaufen.
4. Es hat manchmal Erfolg, umweltschädliche Produkte zu boykottieren.
5. Jedem ist es zumutbar, die Haushaltsabfälle richtig zu entsorgen.
6. Es lohnt sich, gute Ratschläge zu befolgen.
7. Aber es reicht nicht aus, gute Vorsätze zu haben.
8. Es ist wichtiger, die guten Vorsätze in die Tat umzusetzen.

III 宾语从句

(1) Viele Menschen halten **Nichtstun** nicht lange aus.
Viele Menschen halten **es** nicht lange aus, **nichts zu tun**.

(2) Andere sind **an Stress** gewöhnt.
Andere sind **daran** gewöhnt, **im Stress zu sein**.

(3) Manche bedauern **die nachlassende Arbeitsmoral**.
Manche bedauern **(es,) dass die Arbeitsmoral** nachlässt.

(4) Aber viele Arbeitnehmer sind auch **zu Überstunden** bereit.
Aber viele Arbeitnehmer sind auch **(dazu)** bereit(,) **Überstunden zu machen**.

(5) Andere fordern **eine Verkürzung der Arbeitszeit**.
Andere fordern, **dass die Arbeitszeit verkürzt wird**.

如果一个句子的第四格宾语或介词宾语成为从句（即宾语从句），在该句第四格宾语的地方用关联词 *es* 占位，在介词宾语的地方代副词(da(r)+Präposition)作关联词，关联词指示后面的从句：

Arbeitsfanatiker halten | Nichtstun | nicht lange aus.
Arbeitsfanatiker halten | es | nicht lange aus, nichts zu tun.
Sie sind | an Stress | gewöhnt.
Sie sind | daran | gewöhnt, im Stress zu sein.

根据不同的动词、形容词和分词，关联词有时是必须的(1)(2),有时可有可无(3)(4),或者不用关联词(5)。作为宾语的关联词 *es* 从来不可以位于句首。（见附表）

5 请将下列句子的宾语改为 *dass* 从句或者不定式结构,必要时添加关联词。

Woran erkennt man einen Arbeitsfanatiker?

1. Man erkennt den Arbeitsfanatiker an seiner zwanghaften Aktivität.
2. Ein Arbeitsfanatiker ist tägliche Arbeitszeiten von 12 bis 16 Stunden gewohnt.
3. Er neigt zur Überbewertung der Arbeit.
4. Seine Abhängigkeit von der Arbeit gibt er aber nicht gerne zu.
5. Er wünscht sich eine glänzende Karriere.
6. Er ist von seiner Unersetzbarkeit fest überzeugt.
7. Einem Arbeitsfanatiker kommt es auf berufliche Anerkennung und Sozialprestige an.
8. Niemand kann die besondere Anfälligkeit anspruchsvollerer Berufsgruppen für die Arbeitssucht bestreiten.

6 请将下列 *dass* 从句和不定式结构改写为句子的宾语。

Die Folgen übertriebenen Arbeitseifers

1. Einem Arbeitsfanatiker dient Arbeit dazu, vor Konflikten zu fliehen.
2. Wenn möglich, vermeidet er es, sich mit sich selbst und anderen auseinanderzusetzen.
3. Er beklagt sich darüber, dass er in der Familie isoliert ist.
4. Er will nicht zugeben, dass er ständig überanstrengt ist.
5. Er leugnet so lange wie möglich, körperliche Beschwerden zu haben.
6. Bis kurz vor dem Zusammenbruch lehnt er es ab, zum Arzt zu gehen.
7. Er wehrt sich auch dagegen, sich psychotherapeutisch behandeln zu lassen.
8. Der Arbeitsfanatiker begreift nicht, dass sein Verhalten krankhaft ist.

7 请填写关联词(*es* 或者代副词)。

Tankerunfall vor den Shetland-Inseln

Die Bergungsmannschaften wagten … wegen des Orkans nicht, sich dem gestrandeten Tanker zu nähern. So schaffte man … nicht, den Tanker zu bergen. Der hohe Seegang machte
5 … auch unmöglich, das im Wrack verbliebene Öl abzupumpen. Bergungsexperten rechneten …, dass das Öl auslaufen würde. Man konnte nichts … tun, dass sich ein etwa 40 Kilometer langer Ölteppich bildete. Man
10 bemühte sich …, das ausgelaufene Öl mit Hilfe von Lösungsmitteln, die man versprühte, zum Verdunsten zu bringen. Aber die Inselbewohner bestanden nach einigen Tagen …, diese Aktion abzubrechen. Das Besprühen
15 des Ölteppichs hatte nämlich … geführt, dass die Bevölkerung unter Atembeschwerden und Hautreizungen litt. Die Betroffenen hielten … wegen des beißenden Gestanks von Öl und Chemikalien nicht länger aus, in ihren Häusern auszuharren. Die Anwohner im Um-
20 kreis des Tankerwracks wurden … aufgefordert, sich auf Gesundheitsschäden untersuchen zu lassen. Die Lachszüchter an der betroffenen Küste mussten … rechnen, dass die Nachfrage nach Lachs stark zurückgeht.
25 Verständlicherweise verzichteten viele Lachsliebhaber in den nächsten Monaten …, Shetland-Lachs zu essen. Vogelschützer waren … beschäftigt, die ölverklebten Vögel einzusammeln. Sie zogen … vor, die nicht mehr le-
30 bensfähigen Vögel zu töten. Sie wollten … den Vögeln ersparen, langsam und hilflos zu verenden.

Seit Juli 1993 sind auf den Weltmeeren neue
35 Sicherheitsvorschriften in Kraft. Lange hat ...
gedauert, bis sich die Staaten auf diese Regelungen einigten. Doch großzügige Über-
gangsregelungen bis zum Jahre 2010 sorgen
..., dass es auf den Weltmeeren noch einige
40 Zeit gefährlich zugehen wird. Beobachter
weisen ... hin, dass die Zahl der Tankerunfälle in den letzten Jahren sprunghaft gestiegen
ist. Der harte Konkurrenzkampf unter den
Tankerflotten trägt ... bei, dass an der Aus-
45 stattung der Schiffe drastisch gespart wird.
Alle haben ... ... abgesehen, Kosten einzusparen. Deshalb verzichten sie ..., die Schiffe sicher auszustatten. Reedereien haben sich bisher nicht ... abbringen lassen, billiges, also
schlecht oder gar nicht ausgebildetes Perso- 50
nal einzusetzen. Angesichts der Konkurrenz
ist ... nur den billigsten Anbietern möglich,
einigermaßen zu überleben. Man vertraut ...,
dass schon alles gut gehen wird. Die internationale Schifffahrt sollte sich aber nicht ... 55
abfinden, dass wirtschaftliche Gesichtspunk-
te über die Sicherheit auf den Weltmeeren
entscheiden.

IV 定语从句

(1) Im Augenblick ist die Gefahr **einer Massenarbeitslosigkeit** gering.
Im Augenblick ist die Gefahr, **dass es zu
einer Massenarbeitslosigkeit kommt,**
gering.

(2) Die Frage **nach den Berufsaussichten**
ist verständlich.
Die Frage, **wie die Berufsaussichten
sind/welche Berufsaussichten man
hat,** ist verständlich.

(3) Nicht jeder hat die Möglichkeit **zu
selbständiger Arbeit.**
Nicht jeder hat die Möglichkeit **selbständig zu arbeiten.**

第二格定语和介词定语也可构成从句(即定语从句),极
少使用关联词(即代副词)。定语从句可以由连词 *dass*(1)
或者疑问代词(*ob; wie, wann, wo* 等)引导(2)。定语从
句也可以是不定式结构(3)。

8 请造定语从句。

Berufswahl

1. Peters Entscheidung für einen praktischen Beruf stand fest.
2. Vor allem beschäftigte ihn die Frage nach seiner Eignung für den gewählten
Beruf.
3. Er hatte Freude an kreativer Arbeit. (+ Korrelat)
4. Für ihn bestand noch Unsicherheit hinsichtlich der Finanzierbarkeit der
geplanten Ausbildung. (+ Korrelat)
5. Deshalb war für ihn die Frage nach der Dauer und den Kosten der Ausbildung
wichtig.
6. Er hatte Angst vor Arbeitslosigkeit in dem gewählten Beruf.
7. Meldungen über die steigende Arbeitslosigkeit beunruhigten ihn. (+ Korrelat)
8. Niemand konnte ihm eine Garantie für einen gesicherten Arbeitsplatz geben.
(+ Korrelat)

9 请用一句话来表述。

Beispiel: Stellenbewerbern wird oft die Frage gestellt, was sie sich von ihrem Beruf
            erwarten.
            Stellenbewerbern wird oft die Frage nach ... gestellt.
            Stellenbewerbern wird oft die Frage nach ihren beruflichen Erwartungen gestellt.

Ein Arbeitnehmer

1. Die Frage des Arbeitnehmers, ob er Aufstiegschancen im Betrieb hat, ist legitim.
    Die Frage des Arbeitnehmers nach ... ist legitim.
2. Jeder hat ein Anrecht darauf, adäquat eingestuft und bezahlt zu werden.
    Jeder hat ein Anrecht auf ...
3. Der Wunsch des Arbeitnehmers Benno D., in eine andere Abteilung versetzt
    zu werden, wird erfüllt.
    Der Wunsch des Arbeitnehmers Benno D. nach ... wird erfüllt.
4. Benno D. hat den Entschluss gefasst sich weiterzubilden.
    Benno D. hat den Entschluss zur ... gefasst.
5. Frühere Versuche sich umzuorientieren waren gescheitert.
    Frühere Versuche einer ... waren gescheitert.
6. Den Gedanken sich beruflich nochmals zu verändern hat er inzwischen
    aufgegeben.
    Den Gedanken an ... hat er inzwischen aufgegeben.
7. Seine Bereitschaft im Betriebsrat mitzuarbeiten hat er noch nie bereut.
    Seine Bereitschaft zur ... hat er noch nie bereut.
8. Er bedauert, dass es für Arbeitnehmer zu wenig Möglichkeiten gibt bei
    betrieblichen Entscheidungen mitzuwirken.
    Er bedauert, dass es für Arbeitnehmer zu wenig Möglichkeiten zur ... gibt.
9. Das Recht der Arbeitnehmer im Betrieb mitzubestimmen ist im Betriebs-
    verfassungsgesetz festgelegt.
    Das Recht der Arbeitnehmer auf ... ist im Betriebsverfassungsgesetz festgelegt.
10. Seine Bemühungen das Betriebsklima zu verbessern hatten durchaus Erfolg.
    Seine Bemühungen um ... hatten durchaus Erfolg.

V 综合练习

10 请将文中斜体的句子成分改写成 *dass* 从句或不定式结构；或相反。

Wirtschaftsfragen

Arbeitnehmer müssen sich immer wieder *auf die Umstrukturierung ihrer Arbeitsplätze* einstellen. Die Betriebe sind *auf Kapazitätserweiterung* angewiesen. Die Wirtschaft unterliegt
5 nämlich dem Zwang *die Umsätze ständig zu steigern*. Daher sind die Unternehmen besonders darauf aus, *immer neue Marktlücken zu entdecken*. Es ist nämlich unerlässlich für sie, *die Produktion dem Bedarf anzupassen*. Aller-
10 dings erfüllt sich ihre Hoffnung *auf gute Um*sätze nicht automatisch. Die Sorge *um die Verknappung der Energien und der Rohstoffe* macht die Industrie zunehmend nachdenklicher. Bis vor kurzem galt es noch als unbedenklich, *die
15 vorhandenen Rohstoffreserven hemmungslos auszubeuten*. *Der Widerstand der Industrie gegen den Erlass strengerer Gesetze zum Umweltschutz* ist bekannt. Deshalb verlangen die Unternehmen auch die *Subventionierung der Umwelt-
20 schutzmaßnahmen*. Dies ist ihrer Meinung

nach eine Bedingung dafür, *dass die Wirtschaft stabil bleibt und dass Arbeitsplätze gesichert werden.* Die Unternehmer bedauern *die negative Einstellung eines großen Teils der Öffentlichkeit zur technologischen Entwicklung.* 25

11 请改写课文:将句子成分改为从句;或相反。

Vom Umgang miteinander

Vera Hintze ärgert sich oft über ihre Mitmenschen. Sie übt daraufhin Selbstkritik und stellt einige „goldene" Regeln für sich selbst auf:

1. Taktlosigkeiten sollte man unterlassen.
2. Der höfliche Umgang miteinander ist empfehlenswert.
3. Der Versuchung andere ständig zu kritisieren sollte man widerstehen.
4. Ein Charakterfehler ist es, sich selbst zu überschätzen.
5. Rücksichtnahme auf die Schwächen anderer Menschen ist selbstverständlich.
6. Die Verteidigung des eigenen Standpunkts ist aber auch legitim.
7. Die Bereitschaft Kompromisse einzugehen erleichtert den Umgang miteinander.
8. Man sollte nicht auf der Realisierung unausgereifter Pläne bestehen.
9. Man sollte bedenken, dass es oft nicht ausreicht, gute Absichten zu haben.
10. Entscheidungen unter Zeitdruck sollte man unbedingt vermeiden.
11. Vorsicht ist vor Menschen geboten, bei denen das Bedürfnis gelobt und anerkannt zu werden besonders stark ausgeprägt ist.
12. Niemandem bleibt es erspart, auch Enttäuschungen hinnehmen zu müssen.

§13 状语从句

概述

(1) Es wurden zu viele Waren produziert. Die Preise fielen.

(2a) **Nachdem** zu viele Waren produziert worden waren, fielen die Preise.

(2b) Die Preise fielen, **nachdem** zu viele Waren produziert worden waren.

(2c) Die Preise fielen, **nachdem** zu viele Waren produziert worden waren, schneller als erwartet.

(3a) Es wurden zu viele Waren produziert; **danach** fielen die Preise schneller als erwartet.

(3b) Es wurden zu viele Waren produziert; die Preise fielen **danach** schneller als erwartet.

(3c) Es wurden zu viele Waren produziert; die Preise fielen zur Freude der Verbraucher **danach** schneller als erwartet.

(4a) **Nach der Überproduktion von Waren** fielen die Preise schneller als erwartet.

(4b) Die Preise fielen **nach der Überproduktion von Waren** schneller als erwartet.

(4c) Normalerweise fallen die Preise **nach einer Überproduktion von Waren**.

连词(2)及连词性副词(具有连词功能的副词)(3)可以连接句子(1),并在句子间建立起内容上的相互联系(原因、目的、反对的理由、后果、条件、方式方法、时间等),这种内容上的联系也可以用介词和名词结构来表达(4)。

除了连词、连词性副词和介词以外,还有一些连词性短语（例如 *für den Fall, dass*=falls; *aus diesem Grund*= deshalb; *auf Grund=wegen*)。

连词引导的从句可以前置(2a)、后置(2b)或者插入句子之中(2c)。

连词性副词(后文中简称为副词)引导的主句总是后置,而副词可以位于句首(3a),或者变位动词之后(3b)(3c)。介词和名词构成的介词说明语可以位于句首(4a)、句中(4b)或者在简单动词作谓语的句子中位于句末(4c)。

关系副词引导从句,也可构成并列复合句,从句总是后置:*Es wurden zu viele Waren produziert, woraufhin die Preise fielen.* 以下副词极少用这种用法:(表示目的)*wozu, wofür;*(表示后果)*weshalb, weswegen, warum;*(表示方式方法)*wodurch, womit, wobei;*(表示时间)*worauf (hin), wonach*。

(关于名词化和动词化参见第 10 章,关于不定式结构的构成参见第 11 章)

重要连词、副词和介词一览表

	连词	副词	介词
原因从句	weil; da; zumal; denn	deshalb; deswegen; daher; aus diesem Grund	wegen G; auf Grund/aufgrund G; auf Grund/aufgrund von D; aus D; vor D mangels G
目的从句	damit; um...zu	dazu; dafür	zu D; für A; zwecks G
让步从句	obwohl; obgleich zwar ... aber auch wenn; selbst wenn	trotzdem; dennoch; allerdings	trotz G; ungeachtet G auch bei D; selbst bei D
结果从句	..., so dass; so ..., dass	infolgedessen; folglich; deshalb; deswegen; daher	infolge G/ infolge von D
条件从句	wenn; falls; sofern; im Falle, dass; vorausgesetzt, (dass)		bei D; mit D; durch A; unter D; im Falle G/ im Falle von D
	es sei denn, (dass)	sonst; andernfalls	ohne A
情况状语从句	indem; dadurch, dass	dadurch; damit; dabei	durch A; mit D; unter A; mittels G
	ohne dass; ohne... zu		ohne A
	(an)statt dass; (an)statt...zu	statt dessen	(an)statt G
	wie; als		nach D; entsprechend D; laut G/D; gemäß D; zufolge G/D
	je...desto/um so		bei D; mit D; durch A; unter D
	je nachdem		entsprechend D; gemäß D
时间从句	während; solange	währenddessen; solange	während G; zeit G
	als; wenn	damals; da	bei D; in D; mit D; auf D/A bei jedem D
	sooft; immer wenn		
	nachdem; sobald; sowie	dann; danach; daraufhin	nach D; gleich nach D
	seitdem; seit	seitdem; seither	seit D
	bis	bis dahin	bis D; bis zu D
	bevor; ehe	davor; vorher; zuvor	vor D

‖ 原因从句

说明原因/理由的从句及主句

提问： *Warum? Weshalb? Aus welchem Grund?*

连词：	weil	从句大多后置
	da	从句大多前置
	zumal (= vor allem/besonders deshalb, weil)	从句后置
	denn	主句后置

副词：	原因：	nämlich (hinter dem Verb)	
		eben (= resignativ) (hinter dem Verb)	} 主句后置
	后果：	deshalb; deswegen; daher; darum;	
		aus diesem Grund	

介词：	wegen G/(D ugs.)
	auf Grund/aufgrund G; auf Grund/aufgrund von D
	aus D; vor D
	angesichts G/angesichts von D; dank G/D; kraft G
	mangels G (= weil ... nicht (genügend))
	infolge G/infolge von D

(1a) Die Trinkwasserqualität hat große Bedeutung für den Menschen, **weil** Wasser lebensnotwendig ist.

(1b) **Da** es in Deutschland häufig regnet, herrscht selten Wassermangel.

(1c) Flüsse und Meere sind (wegen ihres Fischreichtums) für die Menschen sehr wichtig, **zumal** sie auch als Handelswege benutzt werden.

(1d) Die Trinkwasserqualität hat große Bedeutung für den Menschen, **denn** Wasser ist lebensnotwendig.

(2a) Wasser hat große Bedeutung für den Menschen; es ist **nämlich** lebensnotwendig.

(2b) Wasser aus Flüssen und Seen ist in ungereinigtem Zustand nicht trinkbar; es enthält **eben** zu viele Giftstoffe.

(2c) Wasser ist lebensnotwendig; **deshalb** hat die Wasserqualität große Bedeutung für den Menschen.

(3) Die Wasserqualität hat **angesichts der wachsenden Umweltverschmutzung** eine große Bedeutung für den Menschen.

连词 weil 引导重要的原因(1a),而一些不太重要且众所周知的原因用连词 da 引导(1b)。

连词 zumal 引导的从句是在第一个已经提到或者尚未提到的原因外,再补充另外一个尤其重要的、能加强意义的原因(1c)。

介词 angesichts 跟视觉有联系 (angesichts des verschmutzten Wassers, angesichts der überschwemmten Felder)。

介词 dank 表达的总是褒义 (dank des sparsamen Umgangs mit Wasser, 而不可以说 dank der Verschwendung von Wasser)。

介词 kraft(=durch Kraft von)只和一些抽象名词连用,表示才干、能力和权力 (kraft seines Amtes, kraft seines umfassenden Wissens)。

在高雅的语言中,介词 wegen 大多后置 (der schweren Regenfälle wegen)。

介词 dank 的单数名词既可是第二格、也可是第三格 (dank ihrem/ihres Umweltbewußtsein/s), 复数时大多是第二格(dank der vorgelegten Beweise)。

介词 wegen 和 mangels 后面的名词如果是没有冠词和没有形容词定语的单数名词,第二格词尾-(e)s 大多省略 (wegen Wassermangel),介词后的名词为复数,则为第三格(mangels Wasservorräten)。如果介词后面有两个名词都有第二格词尾-(e)s,那么也用第三格(wegen dem geringen Wasserverbrauch des Dorfes)。

1 请用连词 *weil, denn* 和 *deshalb* 连接句子。注意两句话中哪句表示原因，哪句表示后果。

Erziehung heute

1. Erziehung ist schwieriger geworden.
   Die Einflüsse von außen sind vielfältiger geworden.
2. Es gibt keine allgemein gültigen Wertvorstellungen mehr.
   Viele Mütter fühlen sich in Erziehungsfragen unsicher.
3. Viele Mütter werden bei der Erziehung von den Vätern kaum unterstützt.
   Sie fühlen sich überfordert.
4. Viele Frauen fühlen sich den an sie gestellten Anforderungen nicht gewachsen.
   Sie sind zu sehr mit ihren eigenen Problemen beschäftigt.
5. Viele Mütter haben Angst um ihre Kinder.
   Unter Jugendlichen steigt der Zigaretten-, Alkohol- und Drogenkonsum.
6. Kinder sind heute sehr anspruchsvoll.
   Sie kosten viel Geld.
7. Viele Mütter trauern der Zeit ihrer Berufstätigkeit nach.
   Als „Nur-Hausfrauen" haben sie wenig gesellschaftliches Ansehen.
8. Kinder sind heute sehr früh selbständig.
   Viele Mütter geben ihre Berufstätigkeit nicht auf.

2 请将下列原因从句改写为介词说明语。

Warum entscheiden sich heute viele Frauen gegen Kinder?

Heute entscheiden sich viele Frauen gegen Kinder,
1. weil viele Partnerschaften instabil sind und häufig wechseln.
2. weil Familien mit Kindern wirtschaftlich benachteiligt sind.
3. weil sie Angst vor der ungewissen Zukunft ihrer Kinder haben.
4. weil die Umwelt kinderfeindlich ist.
5. weil sie Angst vor der Isolierung in der Kleinfamilie haben.
6. weil in Erziehungsfragen eine allgemeine Verunsicherung herrscht.
7. weil Erziehungsprobleme mit Kindern und Jugendlichen zunehmen.

3 请您从相反的立场出发，用原因从句说明妇女决定生小孩的原因。

1. ...

Wird Bangladesch vom Meer geschluckt?
UNO-Studie kam zu dramatischen Ergebnissen – 23 Millionen Menschen in gefährdeter Region

„Am Ende des kommenden Jahrhunderts wird Bangladesch in der Form, wie wir es heute kennen, aufgehört haben zu existieren." Diese dramatische Einschätzung zur Lage eines der ärmsten und bevölkerungsreichsten Länder der Erde veröffentlichten amerikanische Umweltforscher vom Worldwatch Institute bereits vor einem Jahr in dem Report „State of the World 1990". Er basiert auf Daten der Umweltorganisation der Vereinten Nationen (UNEP). Der Lebensraum von mehr als 23 Millionen Menschen in Bangladesch liegt weniger als fünf Meter über dem mittleren Wasserspiegel und ist deshalb besonders vom stürmischen Meer gefährdet. Die jetzige verheerende Flut scheint den Trend zu immer mehr und schwereren Katastrophen zu bestätigen.

Bangladesch ist seit Menschengedenken Überflutungen ausgesetzt, das flache Land verdankt ihnen sogar seine Existenz. Sie kommen vom regenreichen Himalaya und vom warmen Golf von Bengalen. Die Wassermassen aus den Bergen brachten früher fruchtbare Sedimente, die bei jedem Hochwasser die Ackerfelder mit neuen Nährstoffen versorgten. Salziges Meerwasser förderte das Wachstum breiter Mangrovenwälder, die letztlich eine Art natürlichen Schutzwall gegen ozeanische Fluten bildeten.

Eingriffe des Menschen in den Naturhaushalt im Land selbst, aber auch in aller Welt, bringen Bangladesch längerfristig den Untergang, wie Wissenschaftler befürchten. Absenkungen des Grundwassers, Kanalisierung und Bedeichung der großen Flüsse sowie wegen des Treibhauseffekts zunehmende Niederschläge und Stürme und ein langsam ansteigender Meeresspiegel wirken zusammmen. Die Wechselwirkungen sind kompliziert, die Auswirkungen eindeutig. Das Meer erobert das Land und nimmt Abermillionen Menschen ihren Lebensraum.

Oberflächige Abholzungen im Himalaya führen zu einem rasanten Abfluss der gewaltigen Monsunregenfälle. Die Wassermassen tragen die Berge ab, transportieren den fruchtbaren Boden in trüben Fluten zu Tal. Hier treten die Flüsse immer häufiger über die Ufer. Dagegen werden auch mit internationaler Unterstützung hohe Deiche gebaut. Jetzt fehlt das fruchtbare Sediment auf den Äckern, düngt nur noch den Golf von Bengalen. Zur Bewässerung der Felder wird nun das rare Grundwasser gefördert. Fachleute haben festgestellt, dass sich dadurch die Landoberfläche weiträumig absenkt.

Im Zusammenhang mit dem vom Menschen verursachten Treibhauseffekt wird neben einem allgemeinen Anstieg des Meeresspiegels um einige Dezimeter pro Jahrhundert auch eine Zunahme der Häufigkeit extremer Wettersituationen diskutiert. In Bangladesch ebenso wie in Ägypten, Gambia, Indonesien, den Malediven, Pakistan, Mosambik, Senegal, Surinam und Thailand hat das tödliche Folgen. Die Fluten fordern nicht nur Menschenleben, sie zerstören auch unwiederbringlich Wohngebiete, Äcker und Industrieregionen. Die genannten Staaten gehören nach der UNEP-Studie zu den „am meisten verwundbaren Ländern der Welt, sind aber an den Ursachen ihres Untergangs am wenigsten beteiligt".

(Hinrich Bäsemann, dpa vom 3.5.1991)

4 请用表示原因的连词、副词和介词造句。

Warum ist Bangladesch gefährdet?
1. Bangladesch ist gefährdet, weil das Land weniger als fünf Meter über dem mittleren Meeresspiegel liegt.
2. Es gibt einen Trend zu immer mehr und immer schwereren Katastrophen, deshalb ist Bangladesch gefährdet.
3. ...

介词 *aus* 和 *vor*

(1) Die Mutter wird ganz bleich **vor Schreck**.
(2) Sie schlägt ihr Kind **aus Überzeugung** nicht.

介词 *aus* 和 *vor* 后面的名词是表达情感、特性或者态度的词，能引起某种反应。介词 *vor* 后面的名词是无意识的、偶然的身体反应，介词 *aus* 后面的名词是有意识的、有计划的行为。由 *aus* 和 *vor* 构成的介词说明语大多没有冠词。

5 *aus* 还是 *vor*?

Kindliche Launen

1. Das Kind wirft sich ... Zorn auf den Boden. Es läuft ... Zorn rot an. Es schlägt ... Wut mit der Faust auf den Tisch. ... Angst vor der Strafe der Mutter schließt es sich in seinem Zimmer ein. Es heult ... Wut. Es zittert ... Angst am ganzen Leib. Es geht ... Trotz nicht ins Bett.
2. Das Kind ist krank ... Eifersucht auf sein kleines Brüderchen. Es quält sein Brüderchen ... Eifersucht. Manchmal fängt es ... Langeweile Streit an.
3. Das Kind erblasst ... Neid auf die Spielsachen seines Freundes. Es hat ihm ... Neid schon öfter Spielsachen weggenommen. ... Enttäuschung hat der Freund dann einige Tage nicht mit ihm gespielt.
4. ... Freude auf seinen Geburtstag kann das Kind kaum noch schlafen.
5. Das Kind macht ... Übermut sein Spielzeug kaputt und strahlt dabei ... Freude übers ganze Gesicht. Die Mutter hat ihm ... Gutmütigkeit gleich ein neues Spielzeug gekauft.
6. Die Mutter kann sich ... Zeitmangel nur wenig um ihr Kind kümmern. ... Zeitmangel gerät sie oft in Panik. Abends sinkt sie ... Erschöpfung in den Sessel und sieht ... Gewohnheit fern.
7. ... Liebe zu ihrem Kind nimmt sie aber alle Anstrengungen auf sich.

6 请用介词 *aus* 构成介词说明语。

Manche Politiker beginnen Kriege,
1. weil sie Vorurteile gegenüber anderen Völkern, Religionen oder Ideologien haben.
2. weil sie ehrgeizig und machthungrig sind.
3. weil sie fanatisch sind.
4. weil sie eine Großmacht werden wollen. (*werden wollen* → -streben)
5. weil sie die Erfahrung gemacht haben, dass Kriege von innenpolitischen Schwierigkeiten ablenken. (bestimmter Artikel bleibt)
6. weil sie vom Ausgang des letzten Krieges enttäuscht sind. (von → über)
7. weil sie sich für erlittenes Unrecht rächen wollen. (*wollen* entfällt)
8. weil sie überzeugt sind den begonnenen Krieg zu gewinnen. (+ bestimmter Artikel)
9. weil sie Angst haben, dass der Gegner ihrem Angriff zuvorkommt.
10. weil sie sich mit einem angegriffenen Land solidarisch fühlen. (zusammengesetztes Substantiv)
11. Und so werden, weil es die verschiedensten Gründe gibt, immer wieder Kriege geführt.

⫿ 目的从句

说明意图/目的/目标的从句及主语

提问：*Wozu? Mit welcher Absicht? Zu welchem Zweck? Mit welchem Ziel?*

连词：	damit; um...zu	从句大多后置
副词：	dazu; dafür	主句后置
介词：	zu D; für A;	
	zwecks G; zum Zwecke G;	
	um G willen	

(1a) Eine private Stiftung hat der Studentin ein Stipendium gewährt, **damit** sie eine Doktorarbeit schreiben kann.
(= ... **weil** sie eine Doktorarbeit schreiben **soll**.)

(1b) Die Studentin ist nach Deutschland gekommen **um** hier zu studieren.
(= ... **weil** sie hier studieren will.)

(2) Die Studentin will studieren; **dazu** ist sie nach Deutschland gekommen.

(3) Die Studentin ist **zum Studieren** nach Deutschland gekommen.

主句和从句的主语不一致时，用连词 *damit* (1a)；主、从句的主语一致时，用连词 *um...zu*(1b)。连词 *damit* 和 *um...zu* 含有情态动词 *sollen* 和 *wollen* 的意义，因此这两个情态动词从来不会用于目的从句中(1a)(1b)。*damit* 引导的目的从句相当于带有情态动词 *sollen* 的原因从句(1a)，*um...zu* 引导的不定式结构相当于带有情态动词 *wollen* 的原因从句(1b)。在目的从句常有情态动词 *können*(1a)。

---

7 请用原因从句和目的从句复述大学生学习的目标。（ „Ich studiere,... "）

1. Ich möchte weiterkommen als meine Eltern.
2. Mein Berufsleben soll interessanter werden als das meiner Eltern.
3. Mein Leben soll wirtschaftlich gut abgesichert sein.
4. Ich möchte vor dem Einstieg ins Berufsleben noch das Studentenleben genießen.
5. Meine Fähigkeiten sollen gefördert werden.
6. Ich möchte einen Beitrag zu gesellschaftlichen Veränderungen leisten.
7. Ich will später keine untergeordnete Tätigkeit ausüben müssen.
   (*müssen* entfällt im Kausalsatz.)
8. Der elterliche Betrieb soll in Familienhand bleiben.

8 原因还是意图？请把下列句子改为原因从句或目的从句。（ „Ich studiere,... "）

1. Für meinen Traumberuf ist ein Studium erforderlich.
2. Ich zögere den Einstieg ins Berufsleben noch etwas hinaus.
3. Akademiker genießen ein hohes gesellschaftliches Ansehen.
4. Ich möchte auf die Übernahme der elterlichen Praxis gut vorbereitet sein.
5. Heutzutage ist eine qualifizierte Ausbildung sehr wichtig.
6. In unserer immer komplizierter werdenden Welt sind Experten gefragt.
7. Ein praktischer Beruf kommt für mich nicht in Frage.
8. Akademiker haben auf dem Arbeitsmarkt bessere Chancen.

9 请用目的从句回答问题。

Multikulturelles in alten Gemäuern
Der Pädagoge Kurt Hahn gründete 1962 in einem alten Schloss in Wales/ Großbritannien das Atlantic College, in dem 350 16- bis 18-jährige Schüler aus aller Welt zusammen leben und lernen.

Mit welcher Absicht gründete Hahn das Atlantic College?
Hahn gründete das College,
1. die Schüler / Erlernen fremder Sprachen / im täglichen Umgang
2. den Schülern / Vermittlung von Fachwissen / in englischer Sprache
3. Erziehung der Schüler zur Selbständigkeit
4. die Schüler / Kennenlernen fremder Kulturen
5. die Schüler / Übung und Erfahrung von Toleranz
6. die Schüler / tägliches Praktizieren von Völkerverständigung
7. Verwirklichung seiner Vorstellung von der ganzheitlichen Bildung junger Menschen
8. Sensibilisierung der Schüler für soziale Probleme
9. die Schüler / Möglichkeiten zum sozialen Engagement
10. die Schüler / Sammeln von Erfahrungen / bei der Betreuung lernschwacher Jugendlicher

10 请选用表示目的的连词、副词和介词造句。

Schnelle neue Welt
1. Die Menschen wollen mehr Mobilität. Sie arbeiten an immer schnelleren Fortbewegungsmitteln.
2. Die Menschen wollen Entfernungen schneller überwinden. Sie haben Flugzeuge entwickelt.
3. Sie wollen Nachrichten und Mitteilungen aller Art möglichst schnell verbreiten. Sie haben die verschiedensten Informationssysteme eingerichtet.
4. Sie wollen sich gut und schnell informieren. Sie schießen Nachrichtensatelliten in den Weltraum.
5. Sie wollen schriftliche Mitteilungen schneller an den Empfänger übermitteln. Sie bauen Telefaxgeräte.
6. Sie wollen Denkvorgänge beschleunigen. Sie benutzen Computer.

Bertolt Brecht
Der Zweckdiener

Herr K. stellt die folgenden Fragen:
„Jeden Morgen macht mein Nachbar Musik auf einem Grammophonkasten. Warum macht er Musik? Ich höre, weil er turnt. Warum turnt er? Weil er Kraft benötigt, höre ich. Wozu benötigt er Kraft? Weil er seine Feinde in der Stadt besiegen muss, sagt er. Warum muss er Feinde besiegen? Weil er essen will, höre ich."

Nachdem Herr K. dies gehört hatte, dass sein Nachbar Musik mache, um zu turnen, turne, um kräftig zu sein, kräftig sein wolle, um seine Feinde zu erschlagen, seine Feinde erschlage, um zu essen, stellte er seine Frage: „Warum isst er?"

IV 让步从句

说明不充分的或者无效的反对理由的从句及主句

提问： *Trotz welchen Grundes? Trotz welcher Umstände?*

连词： obwohl, obgleich; wenngleich; obschon }
ungeachtet der Tatsache, dass
zwar ..., aber
wenn ... auch (noch so); auch wenn; selbst wenn

副词： trotzdem; dennoch; gleichwohl; allerdings
介词： trotz G; ungeachtet G
bei all D; auch bei D; selbst bei D

从句
主句+主句
从句大多前置
主句后置

(1a) **Obwohl** die Straßen schon überfüllt sind, nimmt die Zahl der Autos in der BRD weiter zu.

(1b) **Zwar** sind die Straßen schon überfüllt, **aber** es wird (trotzdem) Auto gefahren.

(1c) **Wenn** die Straßen **auch (noch so)** überfüllt sind, die Zahl der Autos nimmt dennoch zu.

(1d) **Auch wenn / Selbst wenn** die Straßen **(noch so)** überfüllt sind, es wird weiterhin Auto gefahren.

(1e) Sind die Straßen **auch (noch so)** überfüllt, (so) wird (doch) weiterhin Auto gefahren.

(2) Die Straßen sind schon überfüllt; **trotzdem** fahren wir weiterhin Auto.

(3a) **Trotz überfüllter Straßen** nimmt die Zahl der Autos weiterhin zu.

(3b) **Bei allen Kosten**, die mit dem Unterhalt eines Fahrzeugs verbunden sind, hat das Auto seine Attraktivität nicht verloren.

连词 *zwar...,aber* 引导两个主句(1b)，*zwar* 和 *aber* 也可位于句中变位动词之后。

连词 *wenn...auch/auch wenn/selbst wenn* 引导的主从复合句中，后置的主句中主语位于第一位(1c)(1d)。连词 *wenn* 可以省略，省略连词的从句中变位动词位于首位，后置的主句的动词位于首位或者第二位(1e)。

介词 *trotz* 后面的名词如果是没有冠词的单数名词，则可以为第三格(*trotz starkem Verkehr*)。如果介词后的名词没有冠词和形容词定语，第二格词尾-*(e)s* 大多省略(*trotz Verkehr*)，复数时为第三格(*trotz Unfällen*)。如果介词 *trotz* 后面有两个名词都有第二格词尾-*(e)s*，则用第三格 (*trotz dem verkehrsgerechten Verhalten des Radfahrers*)。

11 请用副词和连词造句。

　　　Frauen werden öfter krank, aber Männer sterben früher

1. Bei Männern ist die Lebenserwartung trotz besserer Gesundheit deutlich niedriger als bei Frauen.

2. Trotz ihrer höheren Widerstandskraft leben Männer nicht so lange wie Frauen.

3. Männer sind trotz ihrer nicht so gesunden Lebensweise (Rauchen, Alkohol, Übergewicht) seltener krank als Frauen.

4. Frauen werden trotz regelmäßigeren Schlafs und gesünderer Ernährung öfter krank als Männer.

5. Trotz engerer zwischenmenschlicher Beziehungen finden sich bei Frauen mehr psychosomatische Symptome und Depressionen als bei Männern.

6. Aber trotz ihrer höheren Anfälligkeit für Krankheiten haben Frauen eine um etwa sieben Jahre höhere Lebenserwartung als Männer.

12 请用所给的连词、副词和介词造句。

Schwierige Verhandlungen

1. Man beriet von morgens bis abends. Die Verhandlungen zogen sich über mehrere Tage hin. (obwohl / trotzdem)
2. Die Kompromissbereitschaft ist groß. Man einigt sich selten in allen Fragen. (selbst wenn / selbst bei)
3. Es wird sehr offen diskutiert. Es kann Missverständnisse geben. (auch wenn / auch bei)
4. Die Gesprächspartner bemühten sich. Nicht alle Meinungsverschiedenheiten konnten ausgeräumt werden. (wenn ... auch noch so / bei all)
5. Einige Teilnehmer wollten die Konferenz früher als vorgesehen beenden. Sie wurde wie geplant zu Ende geführt. (zwar ..., aber)
6. Einige Konferenzteilnehmer reisten vorzeitig ab. Man führte noch Abstimmungen durch. (ungeachtet der Tatsache, dass / ungeachtet)
7. Man einigte sich in den meisten Fragen. Einige Teilnehmer waren mit dem Ergebnis der Konferenz nicht zufrieden. (trotzdem / trotz)
8. Alles war gut vorbereitet. Es gab einige Pannen. (obwohl / trotz)

13 请改写下文：用介词代替文中斜体的连词和副词；或相反。（原因、目的让步从句的练习）

Frauenarbeit in Südostasien

Die Industriestaaten lassen, *um* die Produktionskosten *zu* reduzieren, Mikrochips in Ostasien fertigen. Sie exportieren die Konstruktionsteile *zur* dortigen Verarbeitung. Dann werden die fertigen Chips wieder in die Industriestaaten importiert *um* in Computer und Konsumgüter eingebaut *zu* werden. Die Lohnkosten sind in Ostasien niedrig, *deshalb* lohnt sich der weite Transport.

Trotz der allgemeinen Bewunderung für die Mikrochip-Revolution interessiert sich kaum jemand für den Alltag der in dieser Industrie arbeitenden Menschen. Die Firmen stellen, *da* Frauen lernbereit und geduldig sind, zu 90 Prozent Frauen ein. *Wegen* der für die Arbeit erforderlichen Geschicklichkeit beschäftigen die Firmen vorwiegend Frauen im Alter von 18 bis 25 Jahren. Die Arbeiterinnen setzen sich *zur* Bewältigung der festgesetzten Produktionsmenge selbst unter Druck. Sie wagen, *weil* sie Angst vor dem Verlust ihres Arbeitsplatzes haben, während der Arbeit nicht mal einen Gang zur Toilette. Aber *trotz* der harten Arbeitsbedingungen bemühen sich Hunderttausende junger Frauen um einen Arbeitsplatz in diesem Industriezweig. Viele der Frauen verfügen *dank* eines Arbeitsplatzes zum ersten Mal in ihrem Leben über selbstverdientes Geld. *Um* ihre finanzielle Unabhängigkeit *zu* sichern nehmen sie fast jede ihnen angebotene Stelle an. Viele arbeiten auch *aus* Verantwortungsgefühl gegenüber ihrer Familie.

Es gibt viele Probleme am Arbeitsplatz; *trotzdem* sind nur wenig Frauen gewerkschaftlich organisiert. *Mangels* Arbeitsverträgen können sie jederzeit entlassen werden. Für die Firmen sind *wegen* der großen Konkurrenz in der Chipindustrie leicht kündbare Beschäftigte eine Grundvoraussetzung. *Wenn* (→Bei) die Frauen ihren Arbeitsplatz verlieren, stehen sie vor einer ungewissen Zukunft. Sie müssen sich rechtzeitig um einen neuen Arbeitsplatz bemühen. *Wegen* mangelnder Beschäftigungsmöglichkeiten in ländlichen Gebieten sind Frauen vom Land auf Arbeitsplätze in der Industrie angewiesen. Viele Frauen haben eine abgeschlossene Schulbildung; *trotzdem* haben sie kaum Aufstiegschancen.

(Nach: Gudrun Dalibor: Frauen sind geduldig, allzu geduldig. epd vom 21.1.1984)

V 结果从句

说明结果的从句及主句

提问：　*Mit welcher Folge? Mit welchem Ergebnis?*

连词：	..., so dass; so ..., dass	从句后置
	ohne dass, ohne ... zu (= so dass ... nicht)	从句大多后置
副词：	infolgedessen; folglich; so; also; deshalb;	
	deswegen; daher; darum;	主句后置
	aus diesem Grund;	
	demnach; somit; demzufolge; mithin	
介词：	infolge G / infolge von D (Grund)	

(1a) Die Weltbevölkerung wächst, aber nicht die Ressourcen, **so dass** immer mehr Menschen hungern.

(1b) Die Weltbevölkerung wächst **so/derart/ dermaßen** schnell, **dass** immer mehr Menschen hungern.

(1c) Es gibt **ein solches/ein derartiges/ solch ein** Bevölkerungswachstum, **dass** immer mehr Menschen hungern.

(1d) Es gibt ein **so/solch/derart/dermaßen** schnelles Bevölkerungswachstum, **dass** immer mehr Menschen hungern.

(1e) Die Ernte fiel schlecht aus, **ohne dass** es zu einer Hungersnot kam.

(2) Die Weltbevölkerung wächst schnell; **infolgedessen** hungern immer mehr Menschen.

(3) **Infolge des schnellen Bevölkerungswachstums** hungern immer mehr Menschen.

so, derart, dermaßen, solch 强调主句中发生的事情，它们从不与比较级连用（不可以说：*Die Bevölkerung wächst so schneller, dass...*)。

连词 *ohne dass/ohne ... zu* 可以有情态的意义（参见 210 页），*ohne dass* 引导的从句的动词可以用第二虚拟式。（参见 110 页）

介词 *infolge* 后面的名词只能说明发生的事情，而不可以是事或人（*infolge des Bevölkerungswachstums*，不可以说 *infolge alter Maschinen* 或者 *infolge unfähiger Politiker*)。

---

14 请选用表示结果的连词、副词和介词造句。

Folgen der Bevölkerungsexplosion

1. rapide Zunahme der Weltbevölkerung → Gefährdung der Versorgung mit Nahrungsmitteln
2. Fortschritte der Medizin → Rückgang der Kindersterblichkeit
3. Nahrungsmangel → Hungertod vieler Menschen
4. Zunahme der Geburtenrate → große Armut
5. gewaltige Ausdehnung der Städte → Entstehung großer Ballungsräume
6. Besiedlung bisher unberührter Gebiete → Zerstörung von Landschaften
7. steigende Nachfrage nach Gütern und Nahrungsmitteln → Wachstum der Industrie
8. zunehmende Industrialisierung → steigender Verbrauch von Energie und Rohstoffen

9. starke Belastung der Umwelt → allmähliche Zerstörung des natürlichen Lebens-
    raums der Menschen
10. Umweltverschmutzung → immer häufigeres Auftreten umweltbedingter
    Krankheiten
11. hohe Bevölkerungsdichte → Stressreaktionen der Menschen (→ mit Stress)

15 请用括号中给出的词改写句子。

Städtewachstum in der Dritten Welt

1. Infolge des schnellen Städtewachstums in den Ländern der Dritten Welt geraten
    die Metropolen außer Kontrolle. (dermaßen, dass / deswegen)
2. Die ländlichen Lebensbedingungen verschlechtern sich; infolgedessen ziehen
    immer mehr Menschen vom Land in die Städte. (derart, dass / infolge)
3. Die Landflucht hält an, so dass in den Städten Chaos herrscht. (folglich / infolge)
4. Infolge des Zusammenlebens zu vieler Menschen auf zu engem Raum kommt
    es zu sozialen Konflikten. (so dass / deshalb)
5. Das Verkehrsaufkommen ist stark; folglich ist die Schadstoffkonzentration in
    der Luft sehr hoch. (so dass / infolge)
6. Politiker und Städteplaner sind ratlos; deshalb läuft die Entwicklung nach
    eigenen Gesetzmäßigkeiten ab. (so dass / infolgedessen)
7. Infolge des Tempos und Ausmaßes der Landflucht erscheint fast jede Planung
    unmöglich. (ein solches ... annehmen, dass)
8. Armut und Wohnungsnot sind so extrem, dass am Rand der Städte riesige
    Elendsviertel entstehen. (daher / infolge)

VI 条件从句

说明条件的从句及主语

提问： *Unter welcher Bedingung? In welchem Falle?*

连词：	wenn; falls	从句大多前置
	sofern	从句大多后置
	gesetzt den Fall, (dass); im Falle, dass; für den Fall, dass; angenommen, (dass); in der Annahme, dass	从句或主句大多前置
	vorausgesetzt, (dass); unter der Voraussetzung, dass; unter der Bedingung, dass	从句或主句大多后置
	es sei denn, (dass) (= wenn ... nicht)	从句后置
	außer wenn	从句后置
副词：	sonst; andernfalls (= wenn ... nicht, dann)	主句后置
介词：	bei D; mit D; durch A; unter D im Falle G / im Falle von D; unter der Voraussetzung G; unter der Bedingung G ohne A (= wenn ... nicht)	

(1a) **Wenn** man verschiedene Kulturen vergleicht, zeigt sich, dass dem Menschen aggressives Verhalten angeboren ist.

(1b) **Vergleicht** man verschiedene Kulturen, zeigt sich, dass dem Menschen aggressives Verhalten angeboren ist.

(1c) **Falls** Aggressionen nicht angeboren sind, sind sie gesellschaftlich bedingt.

(1d) Menschen können nicht zusammenleben, **es sei denn, dass** sie ihre Aggressionen beherrschen.

(1e) Menschen können nicht zusammenleben, **es sei denn**, sie beherrschen ihre Aggressionen.

(2) Menschen müssen ihre Aggressionen beherrschen, **sonst** können sie nicht zusammenleben.

(3a) **Beim Vergleich verschiedener Kulturen** zeigt sich, dass dem Menschen aggressives Verhalten angeboren ist.

(3b) Menschen können **ohne die Beherrschung ihrer Aggressionen** nicht zusammenleben.

连词 *wenn* 可以省略，变位动词则位于句首(1b)。
带 *wenn* 或者不带 *wenn* 的从句除了可以说明条件外，还可以表示时间(1a)(1b)。但是连词 *falls* 引导的从句只能说明条件(1c)。
一些连词性的短语可以和 *dass* 连用(相当于从句)(1d)，或者不用 *dass*(相当于主句)(1e)。
介词 *ohne* 表示条件时相当于连词 *wenn...nicht*， *außer wenn* 和 *es sei denn, (dass)*。连词 *ohne dass/ohne...zu* 要么表示结果，要么表示情态。（参见 202 页和 210 页）

wenn–falls/sofern

(1) **Wenn/Immer wenn** die Patientin Beschwerden hat, geht sie zu ihrem Hausarzt.

(2) Oft ist, **wenn** Medikamente nicht mehr helfen, eine Operation der letzte Ausweg.

(3) **Nur wenn/Erst wenn** die Patientin auf die Therapie anspricht, ist mit einer Besserung zu rechnen.

(4) **Falls (Wenn)** die Therapie erfolglos bleibt, muss die Patientin operiert werden.

(5) Ihr bleibt eine Operation erspart, **sofern (wenn)** sie doch noch auf die Therapie anspricht.

在下列情况下，连词 *wenn* 不可以省略：连词 *wenn* 引导的从句既表示条件，又表示时间(1)；从句包含一般化的内容(*immer wenn /jedesmal wenn; oft*)(1)(2)；或者含有 *nur wenn/ erst wenn* 的含义(3)。*immer, nur, erst* 也可以位于前置的主句中。
下列情况可以用 *falls/sofern* 代替连词 *wenn*：只表示条件(4)，涉及到个别情况(4)(5)，或者对能否满足某种条件表示怀疑或者某种条件的实现是一种偶然(5)。

16 *wenn* 还是 *falls*? 如果可能，请填 *falls*。

Ein Krankenhausaufenthalt

1. Kranke werden immer dann an Fachärzte überwiesen, ... der Hausarzt es für notwendig hält.

2. Fachärzte überweisen Patienten nur dann ins Krankenhaus, ... diese ihre Zustimmung geben.

3. Manche Patienten stimmen erst zu, ... der Arzt wirklich keine andere Möglichkeit sieht.
4. Sie sehen ein, dass sie am besten überwacht und betreut werden können, ... sie im Krankenhaus liegen.
5. Gestern wurde Frau Dietz ins Krankenhaus eingeliefert. ... die verabreichten Medikamente anschlagen, dürften die Schmerzen bald nachlassen.
6. ... das Fieber in den nächsten Tagen zurückgeht, darf sie aufstehen.
7. Jedesmal, ... der Arzt zur Visite kommt, fragt sie ihn nach ihrer Entlassung.
8. Er will sie aber erst dann entlassen, ... kein Rückfall mehr zu erwarten ist.
9. Immer ... Komplikationen auftreten, wird ein weiterer Arzt hinzugezogen.
10. Das wird man auch tun, ... dieser Fall bei ihr eintritt.
11. ... etwas schief geht, haften beide Ärzte.
12. ... Frau Dietz nicht so schnell entlassen wird, wird ihr Mann Urlaub nehmen.
13. Die Kinder sollen, ... sie von der Schule heimkommen, keine leere Wohnung vorfinden.
14. Frau Dietz weiss aus Erfahrung, dass die Kinder gut versorgt sind, ... sie von ihrem Mann betreut werden.
15. Und ... sie doch überraschend schnell entlassen wird, erübrigen sich diese Pläne.

17 请用 *wenn* 引导的从句改写下列句中的介词说明语。(„Aggressives Verhalten tritt bei Affen und Menschen bevorzugt auf, wenn...")

Vergleichende Untersuchungen zeigten schließlich, dass aggressives Verhalten bei Affen und Menschen gleicherweise bevorzugt in folgenden Situationen auftritt:
a. Bei Konkurrenz um Nahrung
b. Bei Verteidigung eines Jungen
c. Beim Kampf um die Vormachtstellung zwischen zwei etwa Gleichrangigen
d. Bei Weitergeben erlittener Aggressionen an Rangniedere
e. Bei Wahrnehmung eines sich abweichend verhaltenden Gruppenmitgliedes
f. Beim Wechsel im Ranggefüge
g. Bei der Paarbildung
h. Beim Eindringen eines Fremden in die Gruppe
i. Beim Rauben von Gegenständen, typisch für das Kleinkind

(Aus: Irenäus Eibl-Eibesfeldt: Der vorprogrammierte Mensch)

---

es sei denn,(dass)/außer wenn
(=wenn...nicht)

(1) Aggressionen können zerstörerisch wirken, **wenn** man sie **nicht** bekämpft.

如果在 *es sei denn, (dass)* 句中和 *außer wenn* 句中所提到的条件没有实现，就会出现前面句子所描述的情况。

(1a) Aggressionen können zerstörerisch wirken, **es sei denn, dass** man sie bekämpft.
(1b) Aggressionen können zerstörerisch wirken, **es sei denn**, man bekämpft sie.
(1c) Aggressionen können zerstörerisch wirken, **außer wenn** man sie bekämpft.

18 *wenn* 还是 *es sei denn, dass?*

Konfliktvermeidung

1. Aggressionen sind schwerer zu bekämpfen, ... sie angeboren sind.
2. Eine friedliche Welt kann nur geschaffen werden, ... alle Völker es wollen.
3. Aber es wird auch in Zukunft Kriege geben, ... die Menschen sich ändern.
4. Es würde friedlicher in der Welt zugehen, ... man die Nutzlosigkeit militärischer Auseinandersetzungen einsehen würde.
5. Die Nationen rüsten weiterhin auf, ... sie sich darauf einigen, ihre Konflikte friedlich zu lösen.
6. Das Wettrüsten hört nicht auf, ... die Politiker zu der Einsicht kommen, dass heutzutage ein Krieg allgemeine Vernichtung bedeuten kann.
7. Spannungen werden nicht abgebaut, ... die Politiker ehrlicher miteinander umgehen.

19 *wenn* 还是 *es sei denn, dass?*

Kampf gegen Drogen und Mafia

1. Das weltweite Drogenproblem wird sich verschärfen, ... alle Länder im Kampf gegen Drogen und gegen die Mafia zusammenarbeiten.
2. Das Drogenproblem ist eingrenzbar, ... es weltweit energisch bekämpft wird.
3. Kein Land wird von der Drogenwelle verschont bleiben, ... es der internationalen Drogenmafia gelingt, überall Absatzorganisationen aufzubauen.
4. Es wäre schon ein Erfolg, ... der Rauschgifthandel wenigstens teilweise unter Kontrolle gebracht werden könnte.
5. Das Drogenproblem kann nicht aus der Welt geschafft werden, ... die Polizei unnachgiebig nach den Tätern fahndet.
6. Die Zahl der Rauschgiftdelikte wird weiter zunehmen, ... immer mehr Rauschgift beschlagnahmt werden kann.
7. Bauern werden weiterhin Pflanzen für den Drogenkonsum anbauen, ... sie mit dem Anbau z. B. von Getreide mehr Geld verdienen können.
8. So wird z. B. im sogenannten Goldenen Dreieck Südostasiens das Drogenproblem seine gefährliche Aktualität nicht verlieren, ... der Mohnanbau aufgegeben wird.
9. Man kann den Drogenhändlern auf die Spur kommen, ... das Bankgeheimnis wenigstens teilweise außer Kraft gesetzt wird, ... also die Banken bei regelmäßigen Geldüberweisungen ab einer bestimmten Höhe die Behörden informieren.
10. Das Drogenproblem wird sich auch in der Bundesrepublik bedrohlich ausweiten, ... der von der Bundesregierung beschlossene Rauschgiftbekämpfungsplan schnell in die Tat umgesetzt wird.
11. Die Nachfrage nach Drogen wird nicht abnehmen, ... Aufklärungskampagnen Erfolg haben.
12. Es würde weniger Drogentote geben, ... den Drogenabhängigen mehr Hilfen und Therapien angeboten würden.

sonst/andernfalls=(wenn...nicht, dann)

(1a) Wenn Babys keine Liebe erfahren, lernen sie nicht, was Liebe ist.

Babys müssen Liebe erfahren, **sonst/andernfalls** lernen sie nicht, was Liebe ist.

(1b) Wenn Babys vernachlässigt werden, verkümmern sie seelisch.

Babys dürfen nicht vernachlässigt werden, **sonst** verkümmern sie seelisch.

(1c) Wenn besorgte Mütter ihre Kinder aus den Augen lassen, haben sie Angst, dass ihnen etwas zustößt.

Besorgte Mütter lassen ihre Kinder nicht aus den Augen, **sonst** haben sie Angst, dass ihnen etwas zustößt.

(2a) **Ohne die Erfahrung von Liebe** lernen Babys nicht, was Liebe ist.

(2b) **Bei Vernachlässigung** verkümmern Babys seelisch.

如果位于 *sonst/andernfalls* 之前的主句中所提到的条件没有实现，则会导致 *sonst/andernfalls* 句中的结果。位于 *sonst/andernfalls* 之前的句子中常有一个情态动词，*sonst/andernfalls* 句中的动词也可以用第二虚拟式。（参见 105 页）

20 请用 *sonst/andernfalls* 以及 *bei* 或 *ohne* 造句。

Streicheln macht stark

1. Wenn Babys keine Bezugsperson haben, gewinnen sie kein Vertrauen.
2. Wenn Babys keine Zuwendung bekommen, bleiben sie in ihrem körperlichen Wachstum zurück.
3. Wenn das Kontaktbedürfnis von Babys nicht befriedigt wird, fühlen sie sich nicht angenommen.
4. Wenn Babys isoliert werden, muss mit Entwicklungsstörungen gerechnet werden.
5. Wenn Babys keinen körperlichen Kontakt haben, wird ihr Nervensystem nicht ausreichend aktiviert.
6. Wenn Babys sich nicht geborgen fühlen, entwickeln sie ihre mentalen und motorischen Fähigkeiten nicht altersgemäß.

(Nach: Streicheln macht stark. GEO 4/1988)

21 请以"父母—成年的孩子"或"成年人—青少年"为主题，用 *sonst/andernfalls* 造条件句。

1. ...

22 请改写下文：用介词替换文中斜体的连词和副词；或相反。

Soziale Rangordnung

Beim Zusammenleben aggressiver höherer Wirbeltiere in Verbänden entwickelt sich regelmäßig eine soziale Rangordnung. *Wenn* z.B. eine Hühnerschar neu zusammengesetzt wird, raufen die Hennen reihum; ihr weiteres Verhalten richtet sich nach Sieg oder Niederlage. Die Sieger haben am Futter- und am Schlafplatz Vortritt vor den besiegten Hüh-

nern und übernehmen *bei* drohender Gefahr
10 eine Reihe von Aufgaben wie die Verteidigung der Küken, die Anführung der Gruppe und die Suche nach Auswegen. Die besiegten Hühner dürfen nicht gegen die erkämpfte Rangordnung verstoßen, *sonst* werden sie ge-
15 hackt. *Ohne* eine allgemeine Respektierung der Rangordnung geht es in einer Hühnerschar nicht friedlich zu. Die Herausbildung einer Rangordnung ist für das Zusammenleben wichtig, weil es *bei* Gleichrangigkeit der
20 Tiere ständig Reibereien gäbe. Die Rangordnung hat aber nur *bei* einem seinem Rang entsprechenden Verhalten jedes Tieres Bestand.
Wenn man verschiedene Kulturen vergleicht,
25 sieht man, dass Rang und Prestige in irgend-

einer Form auch beim Menschen fast immer eine große Rolle spielen. *Bei* Gruppenbildung wird meist sehr schnell ein Anführer gesucht. Schon Kinder halten, *wenn* sie spielen, eine bestimmte Rangordnung ein. Man kann, 30 *wenn* die Rangordnung so weit verbreitet ist, von einer angeborenen Disposition dazu ausgehen, allerdings nicht bei allen Wirbeltieren. Das zeigt sich *bei* der Aufzucht einzelgängerischer Säugetiere. *Wenn* man z.B. Dachse 35 oder Eisbären zu erziehen versucht, wird man schnell feststellen, dass sie sich dem Menschen nicht unterordnen, weil sie keine Rangordnung kennen.

(Nach: Irenäus Eibl-Eibesfeldt:
Der vorprogrammierte Mensch)

VII 情况状语从句

说明方式、方法和手段的从句和主句

提问：*Auf welche Weise? Wie? Wodurch? Womit?*

情况状语从句（1）

连词：	indem; dadurch, dass	} 从句大多后置
副词：	dadurch; damit; dabei; so; auf diese Weise	主句后置
介词：	durch A; mit D; unter D nur instrumental: mittels G; mit Hilfe G / mit Hilfe von D; unter Zuhilfenahme G / unter Zuhilfenahme von D	

(1a) Der menschliche Körper wird mit Energie versorgt, **indem** er Nahrung aufnimmt.

(1b) Der menschliche Körper kann **(nur) dadurch** mit Energie versorgt werden, **dass** er Nahrung aufnimmt.

(1c) **Dadurch, dass** der menschliche Körper Nahrung aufnimmt, wird er mit Energie versorgt.

(2) Der menschliche Körper nimmt Nahrung auf; **dadurch** wird er mit Energie versorgt.

(3a) **Durch die Aufnahme von Nahrung** wird der menschliche Körper mit Energie versorgt.

(3b) Die Landwirtschaft konnte **mit Hilfe von Maschinen** rationalisiert werden.

复合连词 *dadurch, dass* 中 *dadurch* 属于主句，并起到指示后面的从句的作用（1b）(1c)。小品词 *nur, bloß, allein, vor allem* 等能起到强调语气的作用（1b）。
介词 *mittels* 后面的名词如果没有冠词和形容词定语，单数时第二格词尾 -(e)s 省略（*mittels Draht*），复数时为第三格（*mittels Drähten*）。如果介词 *mittels* 后有两个名词都有第二格词尾 -e(s)，也用第三格（*mittels Mutters neuem Staubsauger*）。

23 请用所给的连词和介词造句。

Vom Hunger zum Überfluss

1. Auf welche Weise gelang es in Europa, den Hunger zu bekämpfen? (Steigerung der landwirtschaftlichen Produktion / dadurch, dass)
2. Wodurch konnte die Ernährung der Bevölkerung im Industriezeitalter sichergestellt werden? (Vergrößerung der landwirtschaftlichen Anbaufläche / indem)
3. Wodurch verbesserte die moderne Landwirtschaft ihre Ergebnisse? (Maschinen und Kunstdünger / mit Hilfe)
4. Auf welche Weise wurde der Transport von Lebensmitteln erleichtert? (Entwicklung neuer Verkehrsmittel und Ausbau von Verkehrswegen / dadurch, dass)
5. Wie hat man die Abhängigkeit der Menschen von den Erntezeiten im Laufe der Jahrhunderte zu lösen versucht? (Haltbarmachung von Lebensmitteln / indem)
6. Wie hat man Lebensmittel in früheren Zeiten konserviert? (Kochen, Räuchern, Trocknen / indem)
7. Wodurch wurde die Abhängigkeit der Menschen von guten und schlechten Ernten fast ganz überwunden? (Verbesserung der alten und Entwicklung neuer Konservierungsmethoden / durch)
8. Auf welche Weise wurden die alten Konservierungsmethoden ergänzt? (Erhitzung der Lebensmittel unter Luftabschluss oder Einfrieren / indem)
9. Wie kann der heutige Konsument vor Giftstoffen in der Nahrung geschützt werden? (regelmäßige Lebensmittelkontrollen und Verbot schädlicher Zusatzstoffe / dadurch, dass)

24 请用连词 dadurch, dass 引导的从句改写下文中的情况状语。

Möglichkeiten der Hypnose

Man kann einen Menschen durch Hypnose beeinflussen. Man kann die Wahrnehmung eines bestimmten Ausschnitts der Außenwelt durch die Herbeiführung eines hypnotischen
5 Zustands verbessern. Diesen Hypnosezustand kann man durch die Konzentration auf einen ganz bestimmten Bereich und durch die Ausschaltung aller anderen wahrnehmbaren Reize erreichen. Der Zustand der Hypnose ist
10 mit jenen menschlichen Mechanismen vergleichbar, mit denen sich Körper und Geist durch Ausgrenzung bestimmter Umstände vor drohenden Überforderungen schützen. Durch das Wirksamwerden eines solchen Mechanismus kann in der Hypnose das Gefühl 15 für Schmerzen verringert werden. So kann man z.B. teilgelähmte Patienten durch die hypnotische Linderung ihrer Schmerzen zum Verlassen ihres Rollstuhls bewegen.

25 请改写下文中含有斜体介词的句子。

Das Grüßen auf Distanz

Begegnen Menschen einander ohne feindliche Absicht, dann begrüßen sie sich bereits über größere Entfernungen. Die Grußdistanz wechselt. Im offenen Gelände grüßt man
5 über größere Distanzen als etwa im Bereich einer Siedlung. Über große Entfernungen grüßt man *durch* Gesten, wie etwa *durch* das Heben der offenen Hand, Lüften des Hutes oder das Zeigen eines Friedenszeichens (Blattwedel oder dergleichen). Einige Gesten, wie 10 das Handheben, sind weit verbreitet. Oft meldet man seine Annäherung über große Distanzen *durch* Ausrufen an. Auf meinen Fußmärschen durch das noch recht wilde Ge-

15 biet der Kukukuku, Biami, Daribi und Woi-
tapmins meldeten meine Träger unsere Ankunft *durch* laute Rufe von den Berghängen
über einige Kilometer. Als einmal dieses Aus-
singen unserer Ankunft versäumt wurde, war
20 der Empfang in dem betreffenden Dorfe ausgesprochen unfreundlich. In solchen und
ähnlichen Fällen grüßt der Ankommende zuerst, so seine friedliche Absicht verkündend.
Das Anmelden der Ankunft von weitem
25 gehört auch bei anderen Völkern zum guten
Ton. DORNAN (1925) beschreibt, dass die
Buschleute der Kalahari ihr Anliegen schon
von weitem ausrufen. Er erwähnt die gleiche
Sitte von den Nambiquara Brasiliens und von
30 den alten Sachsen, die ein Gesetz hatten,
nach dem ein Mann, der ohne zu rufen oder
das Horn zu blasen, sich einer fremden Gruppe näherte, getötet werden konnte. Nach
SPENCER und GILLEN (1904) unterrichtet
35 bei den nordaustralischen Stämmen ein Be-

sucher die Gruppe, der er sich nähert, *durch*
eine Reihe von Rauchfeuern.
Ist man nahe genug an seinen Grußpartner
herangekommen, so dass dieser mimische
Äußerungen lesen kann, dann grüßt man 40
auch *mit* Kopf- und Gesichtsbewegungen.
Neben verschiedenen kulturellen Mustern
gibt es ein offenbar weltweit verbreitetes
Grundmuster. Selbst jene Papuas, die kaum
Kontakt mit Europäern gehabt hatten, grüß- 45
ten *durch* Zunicken, Lächeln und ein schnelles Anheben und Senken der Augenbrauen,
genau wie wir. Bei einer anderen, eher „her-
ablassenden" Form des Grüßens werden die
Augenlider für kurze Zeit über das Auge her- 50
abgezogen. Auch dabei nickt man und
lächelt ein wenig, aber das Anheben der Augenbrauen unterbleibt.

(Irenäus Eibl-Eibesfeldt:
Der vorprogrammierte Mensch)

情况状语从句(2)

连词 : ohne dass; ohne ... zu (= negierend) 从句大多后置
介词 : ohne A (= negierend)
  nur instrumental: ohne Zuhilfenahme G/von D

(1a) Manche Menschen fühlen sich an ihrem
  Arbeitsplatz überlastet, **ohne dass** es
  einen ersichtlichen Grund dafür gibt.
  (= Es gibt **keinen** ersichtlichen Grund
  dafür.)
(1b) Andere machen Überstunden **ohne**
  dazu gezwungen **zu** sein.
  (= Sie sind **nicht** dazu gezwungen.)
(2) Manche Menschen fühlen sich **ohne**
  ersichtlichen Grund an ihrem Arbeitsplatz überlastet.

带有连词 *ohne dass /ohne ... zu* 的情况状态从句具有
否定的意义，说明从句中的动作并没有像期待的那样伴
随主句中的动作一起发生(1a)(1b)。主、从句中主语一致
的情况下，可以构成不定式结构(1b)。
连词 *ohne dass/ohne...zu* 也可以表示结果（参见 202
页），*ohne dass* 引导的从句的动词可以是第二虚拟式。
（参见 110 页）

---

26 请用连词 *ohne ... zu* 造句。

Weniger Arbeit, mehr Freizeit?
1. Viele Menschen haben heutzutage viel Freizeit, aber sie können nichts damit
   anfangen.
2. Viele Menschen verdienen genügend Geld, aber sie genießen ihren
   Wohlstand nicht.
3. Viele wollen in einer leitenden Stellung arbeiten, aber sie wollen keine
   Verantwortung übernehmen.

4. Viele wünschen sich mehr Urlaub, aber sie erholen sich an den arbeitsfreien Tagen nicht.
5. Viele sehnen sich nach einem zwanglosen, arbeitsfreien Leben, aber sie können diese Freiheit nicht ertragen.
6. Viele verwünschen ihren vollen Terminkalender, aber sie tun nichts gegen die Überlastung.
7. Viele fordern mehr Freizeit, aber sie akzeptieren keine Lohnkürzungen.
8. Viele sind mit ihrem Arbeitsplatz unzufrieden, aber sie bemühen sich nicht um eine passendere Stelle.

情况状语从句(3)

连词 :	(an)statt dass; (an)statt ... zu (= negierend)	从句大多前置
副词 :	stattdessen	主句后置
介词 :	(an)statt G;	
	an Stelle/anstelle G; an Stelle/anstelle von D (= negierend)	

(1a) **Statt dass** sich beim Glücksspiel der Traum vom Glück erfüllt, führt Spielen oft in den finanziellen Ruin.
(= Beim Glücksspiel erfüllt sich der Traum vom Glück **nicht**.)

(1b) **Anstatt** Kontakte zu ihren Mitmenschen **zu** knüpfen suchen Spieler Spielhallen auf.
(= Spieler knüpfen **keine** Kontakte zu ihren Mitmenschen.)

(1c) **Anstatt** Spielhallen aufzusuchen sollten sie Kontakte zu ihren Mitmenschen suchen.
(= Sie sollten **keine** Spielhallen aufsuchen, sondern...)

(2) Beim Glücksspiel erfüllt sich der Traum vom Glück nicht, **stattdessen** führt Spielen oft in den finanziellen Ruin.

(3) **Statt Freunden** sucht ein Spieler Spielhallen auf.

连词 *(an)statt dass /(an) statt ...zu* 引导的情态状语从句含有否定的意义：从句中描写的是与主句中不同的另一种动作过程，且主句中描写的动作过程被视为是不合适或者错误的(1a)(2b)。主、从句中主语一致时，可以用动词不定式结构(1b)。

如果要表达惊讶的语气，连词 *(an)statt dass* 引导的从句中动词用第二虚拟式：*Anstatt dass der Spieler Kontakte zu seinen Mitmenschen geknüpft hätte, ging er jeden Abend in die Spielhalle.*

带有 *(an) statt* 的句子也可以表示劝告，*(an) statt* 带起的内容是不合适的或者错误的动作。在这样的句子中，具有否定意义的不是从句，而是主句(1c)。

动词常常也涉及介词说明语 ((3): *Spielhallen aufsuchen/Freunde aufsuchen)*。

在介词 *(an) statt* 后面的名词是没有冠词和形容词定语的复数名词时，则为第三格((*an*)statt *Arbeitstagen*)。介词 *(an) statt* 后有两个名词都有第二格词尾-(e)s, *(an) statt* 也用第三格 ((*an*) statt dem *Terminkalender meines Chefs*)。

27 请选用连词 *anstatt...zu* 和副词 *stattdessen* 造句。

Untersuchungen zum Glücksspiel an Automaten

1. Der Spieler setzt sich mit seinen Mitmenschen nicht offen auseinander. Er benutzt den Spielautomaten als Kampfplatz für gefahrlose Auseinandersetzungen.
2. Der Spieler geht nicht auf andere Menschen zu. Er zieht sich in Spielhallen zurück.
3. Der Spieler trägt Konflikte nicht verbal aus. Er reagiert sie am Spielautomaten ab.
4. Der Spieler interessiert sich nicht für Menschen. Er denkt nur an Spielautomaten.
5. Der Spieler setzt sich mit seinem eigenen Verhalten nicht selbstkritisch auseinander. Er verdrängt seine Probleme beim Glücksspiel.
6. Der echte Spieler bekämpft seine Spielsucht nicht. Er versucht seine Leidenschaft zu rechtfertigen.
7. Der Spieler sucht Erfolgserlebnisse nicht im Beruf. Er erhofft sie sich vom Glücksspiel.
8. Der Spieler zeigt seine Geschicklichkeit nicht als Hobbybastler, Handwerker oder Künstler. Er funktioniert das Automatenspiel zum Geschicklichkeitsspiel um.
9. Der Spieler scheut den hohen Geldeinsatz nicht. Er investiert immer höhere Summen.
10. Der Spieler zieht keine Konsequenzen aus dem Verlustgeschäft. Er träumt von großen Gewinnen.

情况状语从句(4)

---

1. 比较从句

连词：　　wie　　从句大多后置
　　　　　als　　从句后置

(1a) Das Rauchen beeinträchtigt den Geruchssinn **so/genauso/ebenso** (stark), **wie** es auch den Geschmackssinn beeinflusst.

(1b) Im Allgemeinen riechen wir **nicht so gut, wie** wir glauben.

(1c) Hunde haben einen **besseren** Geruchssinn, **als** sich Menschen vorstellen können.

(1d) Unser Geruchssinn ist in Wirklichkeit oft **anders, als** wir ihn einschätzen.

(2) Tiere haben oft einen besseren Geruchssinn **als** Menschen.
(= Tiere haben oft einen besseren Geruchssinn, **als** ihn Menschen haben.)

wie 引导的比较句表示同级比较及同级比较的否定句 (1a)(1b)，非同级比较或者在 *anders* 后面用连词 *als* (1c)(1d)。

如果主、从句中的动词一致，从句大多用带 *wie/als* 的简略句(2)。(关于非现实比较句参见 106 页)

28 *wie* 还是 *als*?

Wie gut ist unser Geruchssinn? Ergebnisse eines Geruchstests

1. Nur wenige Menschen haben einen so guten Geruchssinn, ... sie vermuten.
2. Gerüche lassen uns weniger gleichgültig, ... wir annehmen.
3. Im Gegenteil: Sie beeinflussen uns mehr, ... wir denken.
4. Ein gut funktionierender Geruchssinn ist für unser Wohlbefinden wichtiger, ... wir generell meinen.
5. Gerüche lassen sich schlechter beschreiben, ... man denkt. (Probieren Sie es mal aus und versuchen Sie den Duft des Waldes nach Regen zu beschreiben!)
6. Manche Menschen haben keine so gute Nase, ... sie glauben.
7. Manche Gerüche dagegen nimmt unsere Nase besser wahr, ... wir wünschen.
8. Wir schätzen unseren Geruchssinn oft anders ein, ... er in Wirklichkeit ist.
9. Den Geruch von Bananen können ältere Menschen nicht so gut wahrnehmen, ... sie glauben.
10. Dagegen können sie den Duft von Rosen besser wahrnehmen, ... sie vermuten.

---

2. 内容复述

连词: wie 从句大多前置
介词: nach D; entsprechend D; laut G/D; gemäß D;
zufolge (vorangestellt G / nachgestellt D)

(1) **Nach Meinung der Schlafforscher** gehört Schlaf zu den biorhythmischen Vorgängen im Organismus.
(= **Wie** Schlafforscher meinen, gehört Schlaf zu den biorhythmischen Vorgängen im Organismus.)

(2) **Neueren Schlaftheorien zufolge** wird der Schlaf-Wach-Rhythmus u.a. durch neurochemische Substanzen gesteuert.
(= **Wie** neuere Schlaftheorien besagen, wird der Schlaf-Wach-Rhythmus u.a. durch neurochemische Substanzen gesteuert.)

连词 *wie* 引导的从句是主句中发生的事情的信息来源，但是这种由 *wie* 引导的从句更多地被介词说明语替代。介词 *nach*(大多没有冠词)和 *entsprechend* 可以置于名词之前或名词之后 (*nach Meinung, seiner Meinung nach; entsprechend seinem Vorschlag, seinem Vorschlag entsprechend*)。*gemäß* 和 *zufolge* 大多后置 (*seinen Erwartungen gemäß, neueren Theorien zufolge*)；*laut*(大多没有冠词)多数情况下位于名词之前，且名词没有第二格词尾-(e)s (*laut Wetterbericht*)，或者是第三格 (*laut gestrigem Wetterbericht, laut Presseberichten*)。*laut* 只与表示书面成文或口头叙述的名词连用 (*laut Statistik*, 而不可以说 *laut Meinung der Schlafforscher*)。*laut* 也可以包含因果关系。
短语 *nach Ansicht von/nach Auffassungen von* 相当于 *dass* 从句 (*Jemand vertritt die Ansicht/die Auffassung, dass...*)。

29 请用带 *wie* 的从句解释下文中的介词说明语。

Lob des Mittagsschlafs

Nach Meinung amerikanischer Schlafforscher ist die Müdigkeit am Nachmittag ein Teil unseres natürlichen Bio-Rhythmus. Wenn man Versuche in zeitlich völlig abgeschirmten
5 Schlaflabors durchführt, legen sich nach Mitteilung der Forscher die Versuchspersonen von sich aus zweimal täglich ins Bett. Den Beobachtungen der Schlafexperten zufolge schlafen sie mehrere Stunden und haben
10 zwölf Stunden nach der Mitte des Schlafs eine zweite Phase, in der sie eine oder zwei Stunden schlummern. Nach Ansicht der Forscher widersprechen die Arbeitszeiten am frühen Nachmittag dem natürlichen Ruhebedürfnis. Untersuchungen der Schlafforscher 15 zufolge fällt die Leistungsfähigkeit am Nachmittag stark ab. Den Erwartungen der Forscher entsprechend ist die Zahl der Autounfälle in den Nachmittagsstunden besonders hoch. Aber ein Mittagsschläfchen von einer 20 Viertelstunde reicht laut Expertenaussagen nicht aus. Dem Rat der Schlafforscher zufolge sind 30 Minuten das Minimum.

(Nach: Lob des Mittagsschlafs.
Psychologie heute 2/1990)

情况状语从句(5)

连词: je ... desto/um so
介词: bei D; mit D; durch A; unter D

(1) **Je größer** der Wohlstand eines Landes ist, ...
(= Der Wohlstand eines Landes ist groß.)

(a) **desto/um so höher** ist die Lebenserwartung.
(= Die Lebenserwartung ist hoch.)

(b) **desto mehr** geht die Kindersterblichkeit **zurück.**
(= Die Kindersterblichkeit geht zurück.)

(c) **desto niedrigere Geburtenraten** sind zu beobachten.
(= Niedrige Geburtenraten sind zu beobachten.)

(d) **mit desto größerer Wahrscheinlichkeit** sinkt die Kindersterblichkeit.
(= Die Kindersterblichkeit sinkt mit großer Wahrscheinlichkeit.)

(e) **eine desto geringere Rolle** spielt die Familie.
(= Die Familie spielt eine geringe Rolle.)

(f) **mit einer desto höheren Lebenserwartung** ist zu rechnen.
(= Mit einer hohen Lebenserwartung ist zu rechnen.)

(g) **desto mehr Benachteiligungen** haben kinderreiche Familien.
(= Kinderreiche Familien haben Benachteiligungen.)

带 *je* 的从句大多前置

je +比较级和 *desto/um so*+比较级构成固定搭配，不可以分开。*je* 引导的是从句，动词放在句末，*desto/um so* 引导的是主句。在这种句式中将两种情况进行对比，从句中所描述的情况发生变化会引起主句中的情况的变化。如果不能构成比较级形式，则在动词(1b)或名词(1g)(1h)前用 *mehr* 构成无词尾的比较级，有时也可以用 *besser*, *eher*, *leichter*, *stärker* (*gelingen→desto eher/leichter gelingen*)。表示否定的时候，在动词和名词前用 *weniger* 构成无词尾比较级 (*keine /kaum Nachteile → desto weniger Nachteile*)。

不定冠词位于 *desto/um so* 之前 (1e)；介词位于 *desto/um so*(1d) (1h)和不定冠词(1f)之前。主句前置，大多用：

Die Lebenserwartung ist um so höher, je größer der Reichtum eines Landes ist. 前置的
主句也可以由 *immer* + 比较级构成：**Die Kindersterblichkeit geht immer weiter** zurück, **je größer** der Wohlstand eines Landes ist.
比例比较句 *desto/um so/immer* 也包含因果关系。

(h) **mit desto mehr Benachteiligungen** haben kinderreiche Familien zu rechnen.
(= Kinderreiche Familien haben mit Benachteiligungen zu rechnen.)

(2) **Bei einem höheren Lebensstandard**
geht die Kindersterblichkeit immer
mehr zurück.

---

30 请用 *je...desto/um so* 造比例句。

Das Ich im Test

1. Die Testpersonen schnitten in einem Test schlecht ab. Der Test wurde
    energisch abgelehnt.
2. Der eigene Intelligenzquotient war beim IQ-Test niedrig. Begierig wurde nach
    noch schlechteren IQ-Ergebnissen gefragt.
3. Die Testergebnisse schmälerten das eigene Selbstwertgefühl. Die Eigenschaften
    anderer Personen wurden gering bewertet.
4. Die Testergebnisse waren unerfreulich. Häufig wurde die Schuld für die
    Misserfolge äußeren Umständen gegeben.
5. Die Testpersonen konnten sich mit dem Testergebnis nicht identifizieren. Sie
    zweifelten an der Aussagekraft von Tests.
6. Die Testergebnisse schmeichelten den getesteten Personen. Das Vertrauen in
    die Tests war groß.
7. Die Testpersonen schnitten erfolgreich ab. Sie fühlten ihre eigenen Fähigkeiten
    durch den Test bestätigt.

(Nach: Psychologie heute 9/1986)

31 请用 *je...desto* 造比例句，除 *mehr* 以外多使用其他形容词比较级，例如 *besser, eher, leichter*。

Frauen in der Dritten Welt
Frauen sind gut ausgebildet.

1. Sie können ihr Leben verändern.
2. Sie nehmen Benachteiligungen nicht als natürliche Gegebenheit hin.
3. Sie wissen viel über Familienplanung.
4. Sie können zu einer gesünderen Ernährung der Familie beitragen.
5. Die Kindersterblichkeit kann verringert werden.
6. Sie haben gute berufliche Chancen.
7. Sie werden für die Ausbildung ihrer Kinder sorgen.
8. Sie können gegen Analphabetismus kämpfen.
9. Es gelingt ihnen, sich aus Abhängigkeit und Unterordnung zu lösen.

32 请用 *je...desto* 造句。

Das Artensterben bei Vögeln

1. Die Artenvielfalt der einheimischen Vogelwelt geht zurück. Unsere
    Umwelt wird arm.
2. Die Bedürfnisse der Menschen wachsen. Das Artensterben nimmt bedenkliche
    Ausmaße an.

3. Viele Grünflächen werden zersiedelt, viele Feuchtgebiete werden trockengelegt, viele Flussläufe werden kanalisiert. Den Vögeln bleibt ein kleiner Lebensraum.
4. Luft und Wasser werden durch Öl und andere Schadstoffe verschmutzt. Die Vögel finden wenig Nahrung.
5. Die moderne Kulturlandschaft ist vogelfeindlich. Die Brutplätze für Vögel werden knapp.
6. Die Eingriffe des Menschen in den Lebensraum der Vögel sind brutal. Umweltbewusste Gruppen setzen sich mit großem Engagement für den Schutz der Vögel ein.
7. Das Klima verändert sich. Man muss schwerwiegende Auswirkungen auf die Vogelwelt befürchten.
8. Die europäischen Winter werden wärmer. Das Zugverhalten der Vögel verändert sich.
9. Viele Zugvögel bleiben im Winter in Mitteleuropa. Sie verdrängen heimische Vogelarten.
10. Es wird weniger Vögel geben. Bauern und Förster müssen einen harten Kampf gegen Schädlinge wie z.B. Raupen und Mäuse führen.

33 请用 *je...desto/um so* 造句。

Das ökologische Gleichgewicht

1. Durch den Einsatz von Chemikalien gerät die ökologische Ordnung aus dem Gleichgewicht.
2. Durch den energischen Protest der Ökologiebewegung kamen weniger Schädlingsbekämpfungsmittel auf den Markt.
3. Bei einer intensiven Bodennutzung werden Wälder und Ackerflächen zerstört.
4. Bei einem Eingreifen des Menschen in die Natur werden natürliche Lebensräume vernichtet.
5. Durch die nachhaltige Zerstörung des natürlichen Gleichgewichts schreitet der Artentod vieler Pflanzen schnell voran.
6. Mit der rücksichtslosen Jagd auf bestimmte Tiere verschwinden Tierarten von der Erde. (*auf* entfällt)

情况状语从句(6)

连词： je nachdem + Fragewort
(z. B. *ob, wer, wie, wann, was für ein*)
介词： entsprechend D; gemäß D

从句大多后置。

(1a) Richter verhängen mildere oder härtere Strafen, **je nachdem was** für eine Straftat vorliegt.
(= Richter verhängen mildere oder härtere Strafen. Das hängt von der Straftat ab.)
(1b) Zeugen können vereidigt werden, **je nachdem ob** ihre Aussagen wichtig sind oder nicht.

主句中包含多种可能性，而其中哪种可能性正确则取决于从句，从句列举决定的标准。比例比较句 *je nachdem* 也表示条件，介词 *gemäß* 大多后置，介词 *entsprechend* 也可后置(2)。
在 *nachdem* 和疑问副词之间可以有逗号。

(= Wenn ihre Aussagen wichtig sind,
werden Zeugen vereidigt; wenn ihre
Aussagen nicht wichtig sind, werden sie
nicht vereidigt.)
(2) Richter verhängen **entsprechend der
begangenen Straftat / der begangenen
Straftat entsprechend/gemäß** mildere
oder härtere Strafen.

34 请选择介词说明语和 *je...nachdem* 引导的从句造句。

Rechtsprechung

1. Ein Rechtsfall wird vor einem Zivilgericht oder Strafgericht verhandelt.
   (die vorliegende Straftat)
2. Angeklagte werden vor einen Einzelrichter oder vor ein Schöffengericht gestellt.
   (das zu erwartende Strafmaß)
3. 21-Jährige unterliegen dem Jugendstrafrecht oder dem Erwachsenenstrafrecht.
   (die Einschätzung ihrer Reife durch das Gericht)
4. Richter können Zeugenaussagen verwerten. (ihre Glaubwürdigkeit)
5. Gutachter können das Urteil des Gerichts beeinflussen.
   (die Überzeugungskraft ihrer Argumente)
6. Ein Prozess kann Tage oder Wochen dauern. (die Schwierigkeit des zu verhandelnden Sachverhalts)
7. Gerichtsurteile fallen unterschiedlich aus. (die Berücksichtigung mildernder Umstände)
8. Richter können am Jugendgericht, Zivilgericht, Arbeitsgericht oder Strafgericht tätig sein. (ihre Interessen)

VIII 时间从句

说明时间的从句和主句

(1) **Während** die Konkurrenz im Flugverkehr **zunahm, fielen** die Preise.
(2) **Nachdem** die Konkurrenz im Flugverkehr **zugenommen hatte, fielen** die Preise.
(3) **Bevor** die Konkurrenz nicht **zunahm, waren** die Preise nicht **gefallen (fielen).**

同主句相比较,时间从句可以表示同时性(1),先时性(2)或者后时性(3)。但有时并不能够准确地表达出这种时间关系,例如大多用同时性来代替后时性(3)。(参见 324 页)

表示同时性、先时性和后时性的连词(箭头指示惯常使用的时态。):

		先时性	同时性	后时性
时间从句	(1):		während; solange	
	(2):	als (= nachdem); wenn; sooft; immer wenn; jedesmal wenn	als; wenn; sooft; immer wenn; jedesmal wenn	
	(3):	nachdem; sobald →; sowie →;kaum dass →	sobald; sowie; kaum dass	
	(4):	seitdem; seit	seitdem; seit	
	(5):		bis	← bis
	(6):		bevor; ehe	← bevor; ← ehe

时间从句(1)

提问: *Wann? Wie lange?*

连词: während GZ
　　　solange GZ 　　　　　　　}从句大多前置

副词: währenddessen; unterdessen; inzwischen; gleichzeitig; zugleich; zur gleichen Zeit solange 　　　}主句后置

介词: während G
　　　zeit G (in der Wendung: zeit seines Lebens = solange er lebte)

(1a) **Während** Mozart Konzertreisen durch Europa machte, schrieb er viele Musikstücke.

(1b) **Solange** er lebte, hat er komponiert.

(2) Mozart war oft auf Reisen; **währenddessen** schrieb er viele Musikstücke.

(3a) **Während seiner Konzertreisen durch Europa** schrieb Mozart viele Musikstücke.

(3b) **Zeit seines Lebens** hat Mozart komponiert.

连词 *während* 回答由疑问词 *wann* 提出的问题, *solange* 回答由疑问词 *wie lange* 提出的问题。这两个时间从句都是表示主、从句中的动作同时发生, 但 *während* 引导的从句的动作和主句的动作有时是部分同时, 有时是完全同时, 而 *solange* 引导的从句的动作总是与主句的动作完全同时进行(1a)(1b)。

如果介词 *während* 后是没有冠词和形容词定语的复数名词, 则为第三格(*während Fortbildungskursen*); 如果介词后有两个名词均有第二格词尾-*(e)s*, 也用第三格(*während dem Besuch eines gemeinsamen Freundes*)。

连词 *während* 还可以表示对比（转折的用法）:*Während heute kaum jemand die Kompositionen seines Vaters kennt, ist Mozarts Musik weltberühmt.*

35 请把下列句子中的介词说明语改为从句。

Wolfgang Amadeus Mozart (1756 Salzburg – 1791 Wien)

1. Während der Vorbereitungen für seine ersten Konzertreisen schrieb der fünfjährige Mozart schon seine ersten Stücke.
2. Er schrieb während der Komposition seiner ersten Oper im Jahre 1768 noch ein Singspiel.
3. Mozarts Musikstil formte sich während seiner Tätigkeit als Konzertmeister in Salzburg (1779-1781).
4. Während der Entstehung seiner sechs Joseph Haydn gewidmeten Streichquartette (1782-1785) hatte er viele Konzertverpflichtungen.
5. Während der Uraufführung seiner Oper „Die Zauberflöte" am 20. September 1791 reagierte das Publikum reserviert.
6. Während seines Aufenthaltes in Prag im Sommer 1791 verschlechterte sich sein Gesundheitszustand.
7. Er starb während der Arbeit an seinem „Requiem" im Alter von nur 35 Jahren.
8. Mozart hat zeit seines Lebens schöpferisch gearbeitet.

时间从句(2)

提问:	*Wann? Wie oft?*
连词:	als GZ/VZ (= nachdem)
	wenn GZ/VZ (= nachdem)
	sooft
	immer wenn; jedesmal wenn; wann immer GZ/VZ
副词:	damals; da
介词:	bei D; in D; mit D; auf D, auf A ... (hin)
	bei jedem D

} 从句大多前置
主句后置

(1a) **Als** das europäische Bürgertum im 18. Jahrhundert wirtschaftlich erstarkte, wollte es auch politische Macht haben.

(1b) **Als/Nachdem** der Adel seine politische Vormachtstellung verloren hatte, begann im 19. Jahrhundert das bürgerliche Zeitalter.

(1c) **Wenn** man früher von Bürgern sprach, meinte man meist die freien Bürger einer Stadt.

(1d) **Sooft / Immer wenn** man heute den Begriff „Bürger" verwendet, meint man damit den politisch und sozial vollberechtigten Staatsbürger.

(2) Das europäische Bürgertum erstarkte im 18. Jahrhundert wirtschaftlich; **damals** wollte es auch politische Macht haben.

(3) **Mit dem wirtschaftlichen Erstarken im 18. Jahrhundert** wollte das europäische Bürgertum auch politische Macht haben.

连词 *als* 表示过去一次性的事情(1a)。当 *als* 表示先时性时,其意义和连词 *nachdem* 相同(1b)。

连词 *wenn* 表示过去多次重复的事情(1c)、现在和将来一次性的或多次重复的事情(1d)。

连词 *sooft/immer wenn/jedesmal wenn/wann immer* 表示过去、现在和将来定期重复的事情。

介词 *auf (hin)* 后面的名词带有冠词或代词 (*auf die Nachricht hin, auf ihre Bitte hin*)。如果有形容词或后置定语修饰名词,*hin* 可以省略 (*auf höheren Befehl (hin), auf Anregung seines Chefs (hin)*)。介词 *auf(hin)* 可以表示原因、条件和地点(*auf seinen Wunsch hin=weil/wenn/als er es wünschte*)。

36 *wenn* 还是 *als?*

Deutschland und die Französische Revolution

1. ... 1789 die Französische Revolution ausbrach, drangen ihre Ideen sofort über Frankreichs Grenzen nach Deutschland.
2. Immer ... sich damals in Frankreich etwas Neues ereignete, nahmen die deutschen Intellektuellen unmittelbar daran teil.
3. ... in Frankreich wichtige literarische oder politische Schriften erschienen, wurden sie sofort ins Deutsche übersetzt.
4. ... in Deutschland über die Prinzipien der Französischen Revolution diskutiert wurde, ging es auch immer um die Frage der eigenen nationalen Identität.
5. ... sich die Machtverhältnisse in Frankreich durch die Revolution änderten, erwachte auch in Deutschland die Hoffnung auf eine neue Gesellschaftsordnung.
6. ... in Deutschland die Anhänger der Französischen Revolution zur Feder griffen, kamen zum ersten Mal breite Schichten der Bevölkerung zu Wort.
7. Aber ... deutsche Intellektuelle für die Ideen der Französischen Revolution eintraten, mussten sie mit hohen Strafen rechnen.
8. ... sich die Französische Revolution ab 1792 radikalisierte, waren die deutschen Intellektuellen enttäuscht.
9. ... Napoleon Bonaparte an die Macht kam, wurden die sozialen Errungenschaften von 1789 gesetzlich verankert.
10. ... heute über die Französische Revolution diskutiert wird, wird ihre historische Bedeutung hervorgehoben.

37 *als* 还是 *wenn?* 请把下列句子中的介词说明语改为从句。

Können Affen sprechen lernen?

1. Bei Versuchen mit Menschenaffen in den USA hat man immer wieder Überraschungen erlebt.
2. Bei seinem ersten Versuch in den vierziger Jahren hatte ein Psychologen-Ehepaar wenig Glück.
3. Der Affe konnte am Ende dieses Experiments gerade mühsam vier Wörter artikulieren: auf deutsch „Mama", „Papa", „hoch" und „Tasse".
4. Bei dem Bemühen einem Affen die amerikanische Taubstummensprache beizubringen hatte ein anderes Psychologen-Ehepaar in den sechziger Jahren mehr Glück.
5. Dieser Affe verwendete bei „Gesprächen" mit dem Psychologen-Ehepaar weit über hundert sprachliche Zeichen und verstand ein Vielfaches davon.
6. Einer Gorilla-Dame mit Namen Koko konnten bei einem anderen Versuch in den Siebzigerjahren noch mehr Zeichen beigebracht werden.
7. Koko benutzte in „Unterhaltungen" mit menschlichen Gesprächspartnern weit über hundert sprachliche Zeichen.
8. Auf unangenehme Fragen hin konnte Koko auch lügen.
9. In Momenten der Wut konnte Koko sogar schimpfen. (*Momente* entfällt)

(Nach: D. E. Zimmer: Ich Gorilla gut. DIE ZEIT vom 28.10.1988)

时间从句(3)

提问：　*Wann?*

连词：	nachdem VZ
	sobald; sowie; kaum dass VZ / meist GZ
副词：	dann; danach; daraufhin
介词：	nach D
	gleich nach D

从句大多前置

主句后置

(1a) **Nachdem** die Bahn viele Bahngleise stillgelegt hat, müssen die Leute häufiger mit dem eigenen Auto fahren.

(1b) **Kaum dass** die neue Autobahnstrecke für den Verkehr freigegeben wurde / freigegeben worden war, ereignete sich der erste Unfall.

(2) In den letzten Jahrzehnten wurden viele Straßen ausgebaut; **daraufhin** fuhren die Leute vermehrt mit dem eigenen Auto.

(3) **Nach dem Ausbau vieler Straßen in den letzten Jahrzehnten** fuhren die Leute vermehrt mit dem eigenen Auto.

连词 *nachdem* 引导的时间从句中的行为发生在主句中的行为之前，必须遵守这种先时性的时态顺序（1a）。但是在连词 *sobald/sowie/kaum dass*（= *gleich nachdem*）引导的时间从句中，因为时间间隔小，所以大多使用同时性的时态顺序（1b）。

38　请用动词的正确时态填空。

Verkehrsprobleme in der Bundesrepublik

1. Nachdem viele Straßen … (ausgebaut werden), wurden immer mehr Autos verkauft und gefahren.
2. Die Bundesbürger … (benutzen), nachdem sie ein Auto gekauft haben, nur noch selten Bus und Bahn.
3. Nachdem sie die „Mobilität" durch das eigene Auto … (erfahren), möchten sie auf dieses Gefühl der Beweglichkeit nicht gern verzichten.
4. Nachdem der individuelle Personenverkehr stark zugenommen hatte, … (kommen) es zu immer längeren Staus.
5. Auch nachdem die Staus in den letzten Jahren … (anwachsen), steigen die Bundesbürger nur ungern auf öffentliche Verkehrsmittel um.
6. Die Deutsche Bahn legte, nachdem sie sich immer stärker … (verschulden), viele Bahnstrecken still.
7. 1989 hatte beispielsweise das Land Schleswig-Holstein, nachdem unprofitable Bahn-Nebenstrecken … (gestrichen werden), nur noch halb so viele Bahnhöfe wie 1960.

时间从句(4)

提问：　*Seit wann?*

连词：　　　seitdem; seit VZ/GZ　　　　　　　从句大多前置
副词：　　　seitdem; seither　　　　　　　　　主句后置
介词：　　　seit D; von D … an/auf

(1a) **Seitdem** es die Frauenbewegung gibt, kämpfen Frauen für Gleichberechtigung.

(1b) **Seit** Frauen in der Französischen Revolution Frauenrechte formuliert hatten, haben sie schon viel erreicht.

(2) In der Französischen Revolution wurden Frauenrechte formuliert; **seitdem** kämpfen Frauen für Gleichberechtigung.

(3) **Seit dem Bestehen der Frauenbewegung** kämpfen Frauen für Gleichberechtigung.

含连词 *seitdem* 的主、从句的行为可以是同时性的，表示主句的动作自从句动作的发生开始，并持续下去(1a)。如果从句中的动作已经完成，这时主、从句中行为的时态顺序为先时性(1b)。

介词 *von … an/auf* 主要用于固定词组中：*von Jugend an, von kein auf, von Kindheit an/auf, von Montag an, von frühester Jugend an, von heute an, von da an, von mun an*。

·39 用括号中所给动词的正确时态填空。

Gleichberechtigung von Mann und Frau (1)

1. Seitdem Frauen … (beginnen) sich zusammenzuschließen, haben ihre Forderungen mehr Durchschlagskraft.

2. Seit Frauen den Weltbund für Frauenwahlrecht … (gründen), kämpften die Frauen vieler Länder gemeinsam für ihr Wahlrecht.

3. Die deutschen Frauen haben das Wahlrecht, seit Deutschland im Jahre 1918 zu einer Demokratie … (werden).

4. Seit das Wahlrecht auch für Frauen … (gelten), nutzen sie es in gleichem Umfang wie Männer.

5. Frauen sind nicht mehr von Staat und Gesellschaft ausgeschlossen, seitdem sie das Wahlrecht … (durchsetzen).

6. Frauen ist die Mitgliedschaft in Parteien und politischen Organisationen erlaubt, seitdem das Vereinsverbot für Frauen zu Beginn unseres Jahrhunderts … (aufgehoben werden).

7. Seitdem sich die Großfamilie … (auflösen), arbeiten Frauen auch außerhalb des häuslichen Betriebes.

8. Immer mehr Frauen wollen berufstätig sein, seit die Kinderzahl … (zurückgehen) und die Hausarbeit durch technische Hilfsmittel immer leichter … (werden).

9. Seitdem Frauen berufstätig … (sein), sind schlecht bezahlte Arbeitsplätze z.B. für Krankenschwestern, Sekretärinnen, Verkäuferinnen oder Putzfrauen vorwiegend weiblich besetzt.

10. Seit Frauen sich stärker am öffentlichen Leben … (beteiligen), steht für viele Frauen die Mutterrolle nicht mehr im Mittelpunkt ihres Lebens.

11. Frauen kämpfen um eine gerechtere Verteilung der Aufgaben bei Haushaltsführung und Kindererziehung, seitdem sich das Rollenverständnis … (verändern).

12. Seit die familienrechtlichen Bestimmungen des Bürgerlichen Gesetzbuches im Jahre 1953 … (aufgehoben werden), hat der deutsche Ehemann nicht mehr die alleinige Entscheidungsgewalt in allen Familienangelegenheiten.

13. Seit Frauen Spitzenpositionen in Staat, Wirtschaft und Gesellschaft … (besetzen), müssen manche Männer alte Vorurteile überprüfen.

时间从句(5)

提问： *Bis wann? Wie lange?*

连词： bis NZ / meist Gebrauch der GZ 从句大多前置
副词： bis dahin 主句后置
介词： bis D; bis zu D

(1a) Frauen kämpften so lange (hatten ... gekämpft), **bis** die Gleichheit gesetzlich verankert wurde.
(1b) **Bis** die Frauen ihr Ziel **nicht** erreicht hatten, gaben sie **nicht** auf.
(1c) Die Frauen gaben **nicht** auf, **bis** sie ihr Ziel (nicht) erreicht hatten.
(2) Die Gleichheit wurde gesetzlich verankert; **bis dahin** mussten die Frauen lange kämpfen.
(3) **Bis zur gesetzlichen Verankerung der Gleichheit von Männern und Frauen** mussten die Frauen lange kämpfen.

连词 *bis* 表示主句动作结束的终点。和主句相比,从句的动作发生在主句动作之后,但是主、从句的时态顺序大多为同时性。只有当主句的动作被认为已经结束了,主句时态才为先时性(1a)。出于同样的原因,从句的时态也可以为先时性(1b)(1c)。
关于否定的用法:如果 *bis* 引导的时间从句前置或者插入主句之中,主、从句均须否定(1b)。如果 *bis* 引导的从句后置,只须否定主句(1c)。
bis 位于时间副词和钟点之前:*bis jetzt, bis 9 Uhr*。在没有冠词的时间说明语前多用 *bis*, 在有冠词的时间说明语前用 *bis zu*: 例如 *bis Ostern, bis zu den Wahlen, bis (zum) Montag, bis (zum) Jahre 2010, bis Ende 2010/bis (zum) Ende des Jahres 2010, bis nächste Woche/bis zur nächsten Woche*。

40 请将下列句子中的介词说明语改为从句。

Gleichberechtigung von Mann und Frau (2)

1. Bis zur Einführung des Wahlrechts für Frauen im Jahre 1918 hatten die Frauen als Staatsangehörige zwar Pflichten, aber keine Rechte.
2. Bis zur Lockerung des Vereinsrechts zu Beginn des 20. Jahrhunderts war Frauen die Mitgliedschaft in Parteien und politischen Organisationen nicht erlaubt.
3. Bis zur Auflehnung gegen ihre Rechtlosigkeit hatten Frauen ihre Benachteiligung jahrhundertelang geduldig hingenommen.
4. An Gleichberechtigung war bis zur Veränderung der traditionellen Familienstruktur nicht zu denken.
5. Bis zur Auflösung der Institution Großfamilie gab es eine geschlechtsspezifische Arbeitsteilung.
6. Frauen waren bis zur Aufhebung der traditionellen Rollenverteilung für die unbezahlte Haus- und Familienarbeit zuständig.
7. Bis zum Beginn der neuen Frauenbewegung in den 60er Jahren unseres Jahrhunderts hatten Frauen kaum theoretische Konzepte und Programme.
8. Bis zur Umsetzung der in der Verfassung der Bundesrepublik festgelegten Gleichberechtigung vergingen etwa 30 Jahre.

时间从句(6)

提问：　　**Wann?**

连词：　　bevor; ehe NZ / meist Gebrauch der GZ　　从句大多前置
副词：　　davor; vorher; zuvor　　　　　　　　　　　主句后置
介词：　　vor D

(1a) **Bevor/Ehe** Bücher gedruckt wurden,
　　　gab es nur handgeschriebene Bücher.
　　　(hatte ... gegeben)

(1b) **Bevor** das Taschenbuch in Deutschland
　　　eingeführt wurde, hatte es sich in Eng-
　　　land und Amerika schon durchgesetzt.

(1c) **Bevor** Gutenberg den Buchdruck **nicht**
　　　erfunden hatte, konnten Bücher **nicht**
　　　zur Massenware werden.

(1d) Bücher konnten **nicht** zur Massenware
　　　werden, **bevor** Gutenberg den Buch-
　　　druck (nicht) erfunden hatte.

(2)　 Bücher wurden ab Mitte des 15. Jahr-
　　　hunderts gedruckt; **davor** gab es nur
　　　handgeschriebene Bücher.

(3)　 **Vor der Erfindung des Buchdrucks**
　　　konnten Bücher nicht zur Massenware
　　　werden.

连词 *bevor/ehe* 引导的从句中的动作和主句中的动作相
比具有后时性，但主、从句的时态顺序多为同时性(1a)。
但是如果一个动作已经结束，主、从句的时态顺序也可
以为先时性(1b)-(1d)。
主、从句中动作之间的时间间隔可以更准确地说明：
kurz bevor, lange bevor, noch ehe。
其否定句的用法(1c)(1d)和其他时间从句相同(5)。

41　请用 *bevor* 引导的从句改写下列句子中的介词说明语。

　　　　　Bücher
　1.　Vor der Entwicklung des Druckverfahrens wurden Bücher vervielfältigt,
　　　indem man sie gleichzeitig mehreren Schreibern diktierte.
　2.　Vor der Erfindung des Papiers durch die Chinesen im 1. Jahrhundert n. Chr.
　　　wurde auf Papyrusrollen, Palmblätter, Holz- und Tontafeln und auf Pergament
　　　geschrieben.
　3.　Die Ägypter, Griechen und Römer hatten vor dem Aufkommen der flachen,
　　　viereckigen Buchform im 1./2. Jahrhundert n. Chr. Bücher in Form von Rollen.
　4.　Vor der Verwendung von Pappe als Bucheinband wurden Bücher in Metall,
　　　Leder, Pergament oder Leinen gebunden.
　5.　Man kannte Bücher vor der Herstellung in hohen Auflagen nur als handge-
　　　schriebene Einzelexemplare.
　6.　Bücher waren vor der Mechanisierung der Papier- und Buchherstellung eine
　　　große Kostbarkeit.
　7.　Vor der Einführung der allgemeinen Schulpflicht konnten nur relativ wenig
　　　Menschen lesen und schreiben.
　8.　In Asien und Europa wurde vor der Erfindung des Buchdrucks durch Gutenberg
　　　mit eingefärbten Stempeln und Platten auf Stoffe und Papier gedruckt.
　9.　Vor dem Druck des ersten Buches hatte sich Gutenberg etwa zwanzig Jahre mit
　　　dem Problem des Buchdrucks beschäftigt.

42 改写课文：请把下文中斜体的连词和副词改为介词；或相反。（时间从句的练习）

Jean-François Champollion – der Erforscher der Hieroglyphen (1790-1832 in Frankreich)

Bevor Jean-François Champollion geboren wurde, war seinen Eltern ein Wunderknabe prophezeit worden. Seine Begabung zeigte sich schon *in* seiner Kindheit. Er konnte ei-
5 nen Text *nach* nur einmaligem Hören wörtlich wiederholen. Und noch *vor* dem Schuleintritt fand er ganz allein die Bedeutung der Silben und Buchstaben heraus. *Als* Champollion in Grenoble zur Schule ging, interessier-
10 te er sich für Hieroglyphen. Er wurde Mitglied der Akademie in Grenoble, *damals* war er 16 Jahre alt. *Vor* seiner Abreise nach Paris, wo er studieren wollte, hielt er in der Akademie eine Abschiedsrede mit dem Titel „Ägyp-
15 ten unter den Pharaonen"*. Er kehrte, *als er* 19 Jahre alt war, als Professor nach Grenoble zurück. *Während* seiner Lehrtätigkeit als Professor schrieb er politische Lieder gegen die vom Königsthron vertriebenen Bourbonen**.
20 Sie kehrten auf den Königsthron zurück, *daraufhin* wurde er nach Italien verbannt. *Während* er verbannt war, konnte sich Champollion mit dem Problem der Hieroglyphen beschäftigen. *Nach* seiner Begnadigung kehr-
25 te er 1821 nach Paris zurück. *Bis zur* Entzifferung der in Hieroglyphen überlieferten Na-

men Kleopatra, Ptolemäus und Xerxes verging dann noch ein weiteres Jahr. Zwei Jahre *nach* der Entschlüsselung dieser Namen ver-
30 öffentlichte Champollion sein Buch „Abriss des hieroglyphischen Systems". Die Kenntnis der koptischen*** Sprache war ihm *bei* der Erforschung der Hieroglyphen von Nutzen. *Während* er sich mit der alten Hieroglyphen-
35 sprache beschäftigte, gelang es ihm auch, in ihre grammatischen Strukturen vorzudringen. Er hatte Aufsehen erregende Erfolge, *danach* reiste er – zum ersten und letzten Mal in seinem Leben – in das Land der Pharaonen.
40 *Nach* einem einjährigen Aufenthalt in Ägypten wurde er Professor für Ägyptische Altertumsforschung in Paris. Es verging nur noch ein Jahr, *bis* er starb. *Zeit* seines Lebens hat er sich mit dem ägyptischen Altertum beschäf-
45 tigt.

*   Pharaonen = die Könige im alten Ägypten
**   Bourbonen = französisches Königsgeschlecht
*** koptische Sprache = im 3. Jh. entstandene Sprache der Kopten (= christliche Nachkommen der alten Ägypter)

43 请用带有连词、介词和副词的时间从句写一份您本人的或虚构的简历。

IX 综合练习

44 请用连词填空。

Experiment in einem amerikanischen Supermarkt

… es exakte Wissenschaften gibt, versuchen die Menschen immer mehr über sich zu erfahren. … amerikanische Psychologen in den 70er Jahren einen Versuch durchführten,
5 ging es ihnen um das Kaufverhalten von

Konsumenten. Die Psychologen spielten, … sie in einem Kaufhaus Kunden befragten, Marktforscher. Die Kunden sollten aus einem bestimmten Warenangebot den „besten" Artikel aussuchen. Die Kunden durften, … sie 10 sich entschieden, einige Zeit überlegen, ... sie die Entscheidung in Ruhe treffen konnten. ... sie das Warenangebot überprüften, wurden sie von den „Marktforschern" beobachtet. ... die Kunden das Warenangebot gründlich be- gutachtet hatten, mussten sie den „besten" Artikel auswählen. Die Kunden entschieden sich immer für den Artikel, der rechts lag, ... alle Artikel gleich waren, was sie aber nicht wussten.

45 请用连词填空。

Im Gefängnis

Menschen leiden, ... sie in Haft sind, physisch und psychisch. ... die Haftbedingungen nur schwer erträglich sind, sind die Gefangenen nach langer Haft oft seelisch zerstört. Sie sind von Frau und Kindern getrennt, ... es häufig zur Auflösung der Familien kommt. ... es wenig Arbeitsmöglichkeiten gibt, ist der Alltag der Gefangenen monoton. Sie werden schlecht bezahlt, ... sie sich ausgenutzt fühlen. ... sie gute Leistungen erbringen, erhalten sie eine Monatsprämie. Sie können ihre Haftzeit ... verkürzen, ... sie sich gut führen. ... die Besuchszeit beschränkt ist, haben sie wenig Kontakte zur Außenwelt. Sie sind von der Außenwelt isoliert, ... ihre spätere Wiedereingliederung in die Gesellschaft schwierig ist. Die Gefangenen bekommen aber im Jahr einige Tage „Urlaub auf Ehrenwort", ... sie sich auf ihre Resozialisierung vorbereiten können. Dieser Urlaub ist notwendig, ... familiäre Bindungen gefestigt und abgebrochene Kontakte wieder aufgenommen werden können. Auch jugendliche Strafgefangene bekommen zeitlich begrenzten Urlaub ... Verwandte besuchen zu können.

46 请用连词或副词连接两个句子。

Die Betonung liegt auf Freizeit

1. Bei den sogenannten Zeitpionieren liegt die Betonung auf Freizeit. Sie entscheiden sich für Teilzeitarbeit. (Kausalsatz)
2. Arbeitnehmer verändern ihre Lebensweise. Sie wollen mehr Zeit für sich haben. (Finalsatz)
3. Zeitpioniere lehnen Vollzeitarbeit ab. Sie verkürzen ihre Arbeitszeit. (Kausalsatz)
4. Sie arbeiten nur 20 bis 25 Wochenstunden. Sie haben ein geringeres Einkommen. (Konsekutivsatz)

请按逻辑关系将下列每对句子连成一句，有时存在多种可能。

5. Zeitpioniere haben weniger Geld zur Verfügung. Sie können sich keinen Luxus leisten.
6. Sie erreichen keinen materiellen Wohlstand. Sie erreichen „Zeitwohlstand".
7. Sie arbeiten weniger. Sie arbeiten intensiver und produktiver.
8. Die Arbeitszeit ist kürzer. Die Arbeitsleistung kann gesteigert, manchmal sogar verdoppelt werden.
9. Die Zeitpioniere bereuen ihre Entscheidung für Teilzeitarbeit nicht. Der Druck am Arbeitsplatz erhöht sich gegenüber der Vollerwerbstätigkeit.
10. Die Zeitpioniere verkraften den größeren Stress am Arbeitsplatz besser als vorher. Sie haben mehr Distanz zum Arbeitsbereich.
11. Ihnen ist eine flexible und kürzere Arbeitszeit wichtig. Sie nehmen Nachteile hin.

12. Am Arbeitsplatz können Konflikte entstehen. Viele Vorgesetzte sind nicht bereit die Arbeitsweise der Zeitpioniere zu akzeptieren.
13. Viele Vorgesetzte wollen keine Zeitpioniere als Mitarbeiter haben. Diese sind schwerer kontrollierbar.
14. Die Zeitpioniere nutzen die gewonnene Zeit. Sie gehen ihren Interessen nach.
15. Sie verbringen ihre Freizeit sinnvoll. Sie weiten z.B. ihre sozialen Kontakte aus.
16. Sie sind zufriedener und ausgeglichener als früher. Sie können Berufs- und Privatleben besser vereinbaren.
17. Vollzeitkollegen reagieren manchmal mit Neid. Sie haben weniger Freizeit.
18. Es wird noch einige Zeit vergehen. Es werden mehr Untersuchungen über die Zeitpioniere vorliegen.

47 请将下文中的介词短语改为从句。

Schwertwale

Trotz seiner Harmlosigkeit galt der Schwertwal lange Zeit als Raubtier und wurde der Gefährlichkeit von Haien gleichgesetzt. Heute sind die sogenannten Killerwale *dank* der in-
5　tensiven Erforschung ihres Verhaltens rehabilitiert. *Wegen* ihrer großen Beliebtheit legen die Zoodirektoren weltweit besonderen Wert darauf, Schwertwale in ihren Zoos präsentieren zu können. *Auf* Befehl vollführen dres-
10　sierte Schwertwale in den Zoos die höchsten Sprünge. *Beim* Zurückplatschen ins Wasser spritzen sie die Zuschauer nass.
Wissenschaftlern ist es *nach* langjähriger Beobachtung dieser Tiere gelungen, die Walsprache teilweise zu entschlüsseln. Junge
15　Schwertwale benötigen *bis zur* ungefähren Beherrschung ihrer Sprache etwa fünf Jahre. *Zur* Verständigung innerhalb der eigenen

Gruppe benutzen Schwertwale eine Art „Dialekt". *In* Gefahr können sie sich mit Schwertwalen anderer Gruppen *durch* Verwendung 　20 einer gemeinsamen „Hochsprache" verständigen.
Angesichts der erfolgreichen Dressuren in Zoos und Vergnügungsparks wird häufig vergessen, dass Schwertwale in Gefangenschaft 　25 ständig unter Stress stehen und oft nach wenigen Jahren sterben. Dagegen können Schwertwale, die in der freien Natur leben, ungefähr so alt wie der Mensch werden. Jedoch werden Wale *wegen* ihrer industriell 　30 nutzbaren Produkte (Vitamin A, Öl, Parfüm) von modernen Fangflotten gejagt und getötet. Dies geschieht *ungeachtet* der Proteste von Tierschützern aus aller Welt auch weiterhin. 　35
(Nach: ZEITmagazin vom 18.11.1988)

48 请用连词或副词造句。

Keine Angst vor der Angst

Jeder Mensch verspürt *bei* Gefahr Angst. Angst entsteht *durch* das Gefühl einer bestimmten Situation nicht gewachsen zu sein. Manche Menschen leiden allerdings auch *oh-*
5　*ne* großes Risiko unter Angstgefühlen. Angst ist jedoch als Alarmsignal für den Menschen unentbehrlich. *Mit* dem Anstieg der Angst nehmen Wachheit und Sorgfalt zu. Diese brauchen wir *zur* Abwehr einer realen Gefahr.
10　Manche Gefahren könnten wir *ohne* die Mobilisierung aller unserer Kräfte nicht abwen-

den. *Durch* Konzentration auf die Gefahr können wir uns in gefährlichen Situationen richtig verhalten, z.B. fliehen oder kämpfen. Auch *bei* der Lösung von Aufgaben z.B. in 　15 Prüfungen spielt Angst eine Rolle. *Bei* leichten und übersichtlichen Aufgaben wird die Leistung durch Angst gesteigert, während sie bei schwierigen Aufgaben *durch* zu große Angst beeinträchtigt wird. 　20
Die Ursachen von Angst haben sich im Laufe der Zeiten verändert. *Infolge* der Erklärbarkeit

vieler Naturphänomene hat der Mensch die Angst z.B. vor Donner und Blitz weitgehend verloren. Andererseits leidet der moderne Mensch *angesichts* der unübersehbaren Folgen von Wissenschaft und Technik unter anderen, bisher unbekannten Ängsten. *Seit* der Möglichkeit von Atomspaltung und Genmanipulation z.B. ist der technologische Fortschritt selbst eine Ursache von Angst. Ängste entstehen aber auch *bei* Zweifeln am Sinn menschlichen Lebens. Jeder Mensch muss gegen zu große Ängste angehen, denn niemand kann *ohne* eine wenigstens teilweise Überwindung seiner Ängste leben.

49 请改写课文：用介词替代文中斜体印刷的连词和副词；或相反。

Endoskopische Chirurgie – Chirurgie ohne Schnitt

Heute verlaufen viele chirurgische Eingriffe *dank* präziserer Instrumente unblutiger. Früher ließ sich der Krankheitsherd *mangels* geeigneter diagnostischer Möglichkeiten nicht genau lokalisieren. Daher musste man *bei* Operationen größere Schnitte als heute machen, d.h., heute kommt man *wegen* der genauen Diagnostizierbarkeit von Krankheiten mit kleineren Schnitten aus. Aber auch schon kleinere Öffnungen, z. B. der Bauchwand, vergrößern das Risiko postoperativer Verwachsungen *aufgrund* der Verletzung der Bauchhöhle beim Operieren.

Bislang wandte man die endoskopische Chirurgie vorwiegend bei kleineren Operationen an, also beispielsweise *bei* der Entfernung von Blinddärmen. Heute werden aber auch schwierigere Operationen *mittels* endoskopischer Instrumente durchgeführt. *Wenn* man z.B. die Bauchhöhle endoskopisch operiert, wird die Bauchwand meist in der Nabelgrube mit einem zehn Millimeter weiten Rohr durchbohrt. *Um* solche Eingriffe durchführen *zu* können wurden spezielle Instrumente entwickelt. Sie müssen *für* die Einführung durch das schmale Operationsrohr zierlich beschaffen sein. *Um* Schlingen und Knoten auszuführen benötigt man kleine Scheren, Zangen usw. *Infolge* der geringen Strapazen bei endoskopischen Operationen können die Patienten rascher aus dem Krankenhaus entlassen werden. Und *dadurch, dass* die Krankenhausaufenthalte kürzer sind, sparen die Krankenkassen eine Menge Geld. Die endoskopischen Eingriffe haben viele Vorteile (+ bestimmter Artikel); *dennoch* wenden viele Ärzte die Technik der Endoskopie nicht an.

(Nach: H.H. Bräutigam:
Operation ohne Schnitt. Viele Eingriffe können
dank raffinierter Instrumente unblutiger werden.
DIE ZEIT vom 2.2.1990)

50 请改写课文：用介词替代文中斜体印刷的连词和副词；或相反。

Stadtentwicklung seit der Industrialisierung

1. *Vor* Beginn der Industrialisierung beherrschte das wohlhabende Bürgertum die Städte politisch und wirtschaftlich.
2. *Als* die Industrialisierung einsetzte, verloren die Stadtzentren ihre Anziehungskraft für die vermögenden Schichten.
3. *Weil* sich die Städte im 19. Jahrhundert grundlegend veränderten, verlagerte sich das private Leben in die Vorstädte.
4. *Nachdem* sich die Innenstädte in ausschließlich kommerziell genutzte Zentren verwandelt hatten, war das Leben in der Stadt für die Bürger nicht mehr attraktiv.
5. Geschäfte und Banken bevorzugten *aufgrund* der Ausrichtung aller Stadtteile auf das Zentrum die Stadtmitte als Standort.

6. *Infolge* des Baus von Fabriken und Bahnhöfen am Rand des Stadtkerns wurde die Bevölkerung aus den Städten verdrängt.

7. *Mit* dem Wachstum der Städte wuchsen auch die Vororte.

8. Lärm und Schmutz nahmen zu; *deshalb* floh das Bürgertum aus den Innenstädten.

9. *Mit* den Einkommenssteigerungen und dem wachsenden Wohlstand in den 50er Jahren dieses Jahrhunderts konnten sich immer mehr Menschen ein Eigenheim im Grünen leisten.

10. Der Strom der Abwanderer hörte nicht auf, *weil* die Motorisierung weiter anhielt.

11. *Wegen* der Abwanderung so vieler Menschen aus den Städten hatte man Angst vor einem allmählichen Verfall der Stadtzentren.

12. Die Abwanderung in die Vorstädte wäre *ohne* den Zuzug von ländlicher Bevölkerung schon im 19. Jahrhundert problematisch geworden.

13. Dieser Zustrom aus den ländlichen Regionen nahm aber allmählich ab, vor allem *als* das Bevölkerungswachstum seit Mitte der 70er Jahre dieses Jahrhunderts nachließ.

14. Doch *dadurch, dass* seit den 60er Jahren Gastarbeiter angeworben wurden, nahm die Bevölkerung in den Innenstädten wieder zu.

15. *Mit* zunehmender Freizeit gewannen die Innenstädte wieder an Bedeutung.

16. *Vor allem* junge Menschen bevorzugen das Leben in den Innenstädten *wegen* der Nähe zu Lokalen, Kinos, Freunden usw.

17. *Obwohl* das Leben durch den Verkehr stark beeinträchtigt ist, sind die Innenstädte als Wohnort wieder beliebt.

18. *Um* die Innenstädte *zu* beleben wurden Fußgängerzonen angelegt.

19. *Ohne* eine gezielte Förderung der Innenstädte wären die Stadtzentren mit der Zeit verfallen.

20. Die Innenstädte sind wiederbelebt worden; *seitdem* regt sich neues Leben in den alten Stadtvierteln.

(Nach: H. Häußermann: Vom Müsli zum Kaviar.
DIE ZEIT vom 3.10. 1986)

Ⅰ 关系代词 *der, die, das*
Ⅱ 关系代词 *wer*
Ⅲ 关系代词 *was*—关系副词 *wo(r)*+介词
Ⅳ 关系副词 *wo, wohin, woher, von wo aus*
Ⅴ 综合练习

由关系代词 *der, die, das* —*welcher, welche, welches* —
wer, was 等及关系副词 *wo(r)*+介词（例如 *wodurch,
worüber*), *wo, wohin, woher, von wo aus* 引导的从句为
关系从句。大多数关系从句是定语从句，进一步修饰相
关词。

| 关系代词 *der, die, das*

(1) Haben Sie schon mal von **Heinrich Heine** gehört, **der** einer der größten
deutschsprachigen Schriftsteller ist?
(= Haben Sie schon mal von Heinrich
Heine gehört? Er ist einer der größten
deutschsprachigen Schriftsteller.)

(2) Nicht **jeder**, **den** man in Deutschland
nach Heine fragt, kennt diesen Schriftsteller.

(3) Die satirischen **Gedichte** Heines, **mit
denen** ich mich intensiv beschäftigt habe, werden häufig zitiert.
(= Die satirischen Gedichte Heines werden häufig zitiert. Ich habe mich intensiv mit ihnen beschäftigt.)

(4) **Er, dessen** politische Ansichten den Re-
gierenden missfielen, bekam Schreibverbot.
(= Er bekam Schreibverbot. Seine politischen Ansichten missfielen den Regie-
renden.)

(5) Mit diesem **Schriftsteller**, **von dessen**
wechselvollem Leben wir viel wissen,
haben sich schon viele Biographen befasst.
(= Mit diesem Schriftsteller haben sich
schon viele Biographen befasst. Wir wissen viel von dem wechselvollen Leben
Heines / von seinem wechselvollen Leben.)

关系代词 *der, die, das*（罕；*welcher, welche, welches*）所修
饰的主句中的相关词是名词(1)(3)(5)，即指代某人的
指示代词和不定代词（例如 *alle, derjenige, einer, einige,
jeder, jemand, keiner, manche, niemand, viele*) (2)或人称
代词(4)。关系代词的数和性由相关词决定，而格取决于
关系从句中的动词(1)(2)或者关系代词前的介词(3)。
关系代词 *dessen/deren* 在关系从句中相当于第二格定
语或者物主代词。关系从句中的动词对 *dessen/deren* 没
有影响，但是它决定从属于 *dessen/deren* 的名词的格。
dessen/deren 后的形容词按照没有冠词的形容词的变
格规律变格，在 *dessen/deren* 和从属于它的名词之间不
可以有冠词(4)(5)。
如果关系从句修饰的相关词是第一、二人称的单、复数
的人称代词，或者作为称呼使用的第三人称复数的人称
代词，在关系从句中须重复这个人称代词：*Ich, die ich
Heines Werk gut kenne, schätze diesen Schriftsteller sehr.*
关系从句紧紧位于相关词之后(1)，可以后置，也可以插
在一个句子之中(2)-(5)。

	Singular			Plural
	Mask.	Fem.	Neutrum	
Nom.	der	die	das	die
Akk.	den	die	das	die
Dat.	dem	der	dem	denen
Gen.	dessen	deren	dessen	deren

1 请用关系从句造句，主句保留。

Beispiel: Gibt es einen Schriftsteller, ...? (besonders schätzen)
             Gibt es einen Schriftsteller, den Sie besonders schätzen?

Bücher
1.   Gibt es einen Schriftsteller, ...?
     a) (sich schon oft ärgern über / Perf.)
     b) (mehr Publikumsresonanz wünschen)
     c) (sich intensiv auseinandersetzen mit / Perf.)
     d) (ablehnen)
     e) (schon mal persönlich begegnen / Perf.)
     f) (allen anderen Schriftstellern vorziehen)
2.   Gibt es eine Schriftstellerin, ...?
     a) (viele Leser wünschen)
     b) (nicht ganz verstehen)
     c) (schwärmen für)
     d) (viel lesen von / Perf.)
     e) (besonders interessant finden)
     f) (den Nobelpreis geben / Konj. II)
3.   Gibt es ein Buch, ...?
     a) (zur Lektüre besonders empfehlen können)
     b) (nichts halten von)
     c) (sich gut erinnern an)
     d) (beeindruckt sein von)
     e) (wichtige Einsichten zu verdanken haben)
     f) (besonders schätzen)
4.   Haben Sie in Büchern schon mal Ideen gefunden, ...?
     a) (sofort zustimmen / Perf.)
     b) (sich distanzieren von / Perf.)
     c) (widersprechen müssen / Prät.)
     d) (lächeln müssen über / Prät.)
     e) (bei Ihnen ein Aha-Erlebnis auslösen / Perf.)
     f) (nichts abgewinnen können / Prät.)
5.   Gibt es einen Autor, ...?
     a) (vor seinem schriftstellerischen Können Respekt haben)
     b) (die Dichterlesungen des Autors gern besuchen)
     c) (seinem großartigen Werk internationale Verbreitung wünschen)
     d) (sich seinem erfrischenden Humor nicht entziehen können)
     e) (sein großer Bekanntheitsgrad nicht überraschen)
     f) (über das Werk des Autors mit anderen viel diskutieren / Perf.)
6.   Gibt es eine Autorin, ...?
     a) (ihrer angekündigten Veröffentlichung mit Neugier entgegensehen)
     b) (an das Talent dieser Autorin glauben)
     c) (an ihren Büchern hängen)
     d) (ihren witzigen Thesen zustimmen)
     e) (sich mit den Büchern der Autorin lange befassen / Perf.)
     f) (ihrem bewundernswerten Verhalten nacheifern wollen / Prät.)

7. Gibt es Bücher, ...?
    a) (von ihren Ideen beeinflusst sein)
    b) (ihre Lektüre immer wieder begeistern)
    c) (ihren kunstvollen Aufbau bewundern)
    d) (von ihrer eigenartigen Sprache fasziniert sein)
    e) (ihre Lektüre empfehlen können)
    f) (ihren schwierigen Gedankengängen kaum folgen können / Prät.)

2 请用关系从句造句。

Kennen Sie diese Schriftsteller?

1. Kennen Sie Heinrich von Kleist? (Ihm war das Leben eine große Last.)
2. Kennen Sie Hugo von Hofmannsthal? (Seine Sprache grenzt an Sprachmagie.)
3. Kennen Sie Thomas Mann? (Sein Bruder Heinrich war ebenfalls ein großer Schriftsteller.)
4. Kennen Sie Gottfried Keller? (Ihn interessierte die soziale Wirklichkeit seiner Zeit.)
5. Kennen Sie Annette von Droste-Hülshoff? (Sie hinterließ der Nachwelt schöne Naturgedichte.)
6. Kennen Sie Joseph von Eichendorff? (Seine bekanntesten Gedichte werden heute als Volkslieder gesungen.)
7. Kennen Sie Arthur Schnitzler? (Ihn faszinierte die Wiener Gesellschaft der Jahrhundertwende.)
8. Kennen Sie Schiller? (Aus seinen Dramen wird heute in Deutschland am häufigsten zitiert.)
9. Kennen Sie Stefan Zweig? (Die Nationalsozialisten trieben ihn ins Exil und in den Selbstmord.)
10. Kennen Sie Bertolt Brecht? (Ihm gelangen im Exil die besten Dramen.)
11. Kennen Sie E.T.A. Hoffmann? (In seinem literarischen Werk verschwimmen die Grenzen zwischen Phantasie und Realität.)
12. Kennen Sie Else Lasker-Schüler? (Von ihren wunderschönen Liebesgedichten werden die Leser verzaubert.)
13. Kennen Sie Günter Grass? (Seine Kindheitserlebnisse fließen sehr stark in sein literarisches Werk ein.)
14. Kennen Sie Jean Paul? (Sein Humor und seine groteske Phantasie machen ihn zu einem der größten deutschsprachigen Dichter.)
15. Kennen Sie Goethe? (Von seinem Jugendroman „Die Leiden des jungen Werther" war Napoleon begeistert.)

3 请用关系代词连接两个句子。

Die Frankfurter Buchmesse

1. Die Frankfurter Buchmesse ist eine der größten Buchmessen der Welt. Sie findet jedes Jahr im Herbst statt.
2. Die Frankfurter Buchmesse ist ein großes Ereignis für Buchhändler und Bücherfreunde. Zu der Frankfurter Buchmesse kommen Verleger und Autoren aus aller Welt.

3. Die Frankfurter Buchmesse ist aus dem Frankfurter Kultur- und Wirtschaftsleben nicht mehr wegzudenken. Die Frankfurter sind auf die lange Tradition ihrer Buchmesse sehr stolz.
4. Verleger und Autoren hoffen auf gute Geschäfte und internationale Resonanz. Für sie ist die Frankfurter Buchmesse der Höhepunkt des Jahres.
5. Jedes Jahr steht ein bestimmtes Land im Mittelpunkt der Frankfurter Buchmesse. Es soll auf die Buchproduktion dieses Landes aufmerksam gemacht werden.
6. Mit dem Friedenspreis des Deutschen Buchhandels werden Persönlichkeiten ausgezeichnet. Sie haben sich um den Frieden verdient gemacht. Die Verleihung des Friedenspreises ist jedes Jahr der Höhepunkt der Frankfurter Buchmesse.
7. Neben der Frankfurter gibt es die Leipziger Buchmesse. Sie findet im Frühjahr statt und gilt als Fachmesse mit Ausrichtung nach Osteuropa.

‖ 关系代词 *wer*

(1) **Wer** ein Buch schreiben will, **(der)** braucht Zeit und Ausdauer.
(= Jemand will ein Buch schreiben. Er braucht Zeit und Ausdauer.)

(2) **Wer** keine Gedichte mag, **dem** gefallen vielleicht Romane.
(= Jemand mag keine Gedichte. Ihm gefallen vielleicht Romane.)

(3) **Wem** Lesen keinen Spaß macht, **der** sieht vielleicht lieber fern.
(= Jemandem macht Lesen keinen Spaß. Er sieht vielleicht lieber fern.)

(4) **Mit wem** man über Bücher reden kann, **mit dem** verbindet einen etwas.
(= Man kann mit jemandem über Bücher reden. Mit ihm verbindet einen etwas.)

Nom. wer
Akk. wen
Dat. wem
Gen. wesen(=selten)

关系代词 *wer* 是中性的, 没有复数形式。
wer 引导的关系从句源自相关词为指代某人的指示代词和不定代词的关系从句 (例如 *derjenige/jeder/jemand/einer, der→wer*)。关系代词 *wer* 用于泛指不确定的人, 因此多用于谚语中 : *Wer andern eine Grube gräbt, fällt selbst hinein.*
后置的主句由指示代词 *der* 引导(2)(3), 如果关系代词和指示代词处于相同的格, *der* 则可以省略(1)。关系代词和指示代词前可以加介词, 但只能是相同的格, 关系从句中的介词必须和主句中的介词相符(4)。

4 请填入关系代词。如有必要, 填入指示代词。

Der strenge Literaturkritiker M.
1. … sich anmaßt, Autoren zu kritisieren, … muss selbst viel lesen.
2. … der Literaturkritiker M. mangelndes Talent vorwirft, … hat es als Schriftsteller schwer.

3. … er nicht mag, … setzt er hart zu.
4. … er für schlecht hält, … entgeht seiner beißenden Kritik nicht.
5. … er kritisiert, … kann er großen Schaden zufügen.
6. … er den literarischen Rang aberkennen möchte, … bekämpft er in den Medien.
7. … er von einer Veröffentlichung abrät, … sollte seinem Rat folgen.
8. … dem Kritiker widerspricht, … entzieht er sein Wohlwollen.
9. Aber … er lobt, … darf auf Erfolg hoffen.
10. … er favorisiert, … wird in kurzer Zeit bekannt.
11. … sich der Kritiker interessiert, … setzt er sich ein.
12. … die Kompetenz des Kritikers bezweifelt, … täuscht sich.

5 请用 *wer* … (*der*)句式造句。

Kontaktpflege
1. Jemand ist schlecht organisiert. Er hat für nichts Zeit.
2. Jemand geht keine Kompromisse ein. Er setzt Freundschaften aufs Spiel.
3. Es gelingt ihm nicht, Freundschaften zu schließen. Er ist wirklich zu bedauern.
4. Jemand will Freunde gewinnen. Er muss sich um andere Menschen bemühen.
5. Jemand war als Kind kontaktarm. Es gelingt ihm später nur schwer, Freunde zu finden.
6. Jemand hilft anderen gerne. Ihm wird auch geholfen.
7. Jede Hilfeleistung ist ihm zu viel. Über fehlende Unterstützung von anderen braucht er sich nicht zu wundern.
8. Das kleinste Geschenk ist ihm zu teuer. Er ist ein Geizhals.
9. Jemand gönnt anderen nichts. Er ist ganz einfach ein Egoist.
10. Jemand gerät in Not. Er merkt schnell, ob er echte Freunde hat.

III 关系代词 *was*——关系副词
wo(r)+介词

(1) In dem Buch steht **etwas, was** mich überrascht hat.
(2) Das Buch enthält **vieles, dem** man widersprechen kann.
(3) Ein Bucherfolg ist **das Schönste, was** einem Autor passieren kann.
(4) Das Buch enthält **einiges, wovon** die Öffentlichkeit bisher nichts wusste.
(5) Literatur ist **etwas, ohne das** die Welt ärmer wäre.
(6) **Was** sich jeder Autor wünscht, **(das)** ist Erfolg.
(= **Das, was** sich jeder Autor wünscht, ist Erfolg.)
(7) Das Buch ist sehr begehrt, **was** der Verlag zufrieden feststellt.
(8) Das Buch wurde aber kein Bestseller, **womit** auch niemand gerechnet hatte.

Nom.: was
Akk.: was
Dat.: dem
Gen.: dessen

关系代词 *was* 的第三格和第二格形式由关系代词 *das* 的第三格和第二格形式构成（即 *dem, dessen*），没有复数形式。

相关词可以是指代物的指示代词和不定代词（例如 *alles, das, dasselbe, einiges, etwas, manches, nichts, vieles*）（例（1）（2））和中性的名词化的形容词，大多为最高级（3）。

关系代词 *was* 前不能接介词。如有介词 *an, auf, aus, bei, durch, für, gegen, in ,mit, nach, über, um, unter, von, vor, zu*，则用 *wo(r)*+介词的形式构成关系副词（4）。其他的介词位于关系代词前面（5）。如果是支配第三格的介词，两种形式都可以：

Das Buch enthält einiges, woran/an dem sich manche stören.

涉及一般性的内容，相关词可以省略 (*das/alles,was*→
was)(6)。关系代词 *was* 常常出现在谚语中：*Was
Hänschen nicht lernt, lernt Hans nimmermehr.*
如果关系从句指代整个主句，也可以使用关系代词 *was*
或者关系副词(7)(8)。

6 请用关系从句造句。

    1. In dem Sachbuch steht manches, ...
        a) Es interessiert die Leser brennend.
        b) In der Öffentlichkeit wird darüber heftig diskutiert.
        c) Über seine Hintergründe bestand bisher Unklarheit.
        d) Manchem muss man zustimmen.
        e) Andere Argumente verblassen daneben.
        f) Einige Bürgerinitiativen setzen sich schon lange dafür ein.
        g) Es sollte unbedingt bald in die Tat umgesetzt werden.
        h) Die Politiker müssen darauf reagieren.
    2. a) Schaffenskrisen sind das Schlimmste, ... (Schriftstellern kann es passieren.)
        b) Aufgeschlossene Verleger, Kritiker und Leser sind das Wichtigste, ... (Autoren brauchen es.)
        c) Erwartungen von Verlegern, Kritikern und Lesern sind nicht das Einzige, ... (Schriftsteller müssen sich ihm stellen.)
        d) Einen Bestseller zu schreiben ist das Höchste, ... (Davon träumen Schriftsteller.)
        e) Stilgefühl ist das Mindeste, ... (Man kann es von einem Autor verlangen.)
        f) Ein Verkaufserfolg ist nicht das Einzige, ... (Man kann Schriftsteller dazu beglückwünschen.)
        g) Ein schlechtes Buch zu verreißen ist das Beste, ... (Kritiker können es tun.)

7 请用关系代词或关系副词填空。

    In Büchern steht vieles, ...
    1. ... man nichts anfangen kann.
    2. ... Wichtigkeit zweifelhaft ist.
    3. ... keinem Kritiker erwähnenswert erscheint.
    4. ... einziger Zweck es ist, die Leser zu unterhalten.
    5. ... man nicht einfach hinnehmen kann.
    6. ... Logik man nur schwer nachvollziehen kann.
    7. ... man ablehnend gegenübersteht.
    8. ... man nicht Ja sagen kann.

9. ... man nicht unwidersprochen lassen kann.
10. ... man energisch entgegentreten sollte.
11. ... gründlicher nachgedacht werden müsste.
12. ... in einer Neuauflage korrigiert werden sollte.

8 请用关系代词或关系副词连接句子。

Ein erfolgreiches Sachbuch

1. Ein Kritiker hat ein gerade erschienenes Sachbuch sehr positiv besprochen. Darüber hat sich der Autor natürlich gefreut.
2. Auch in Fachkreisen wurde das Buch sehr gelobt. Damit hatte der Autor nicht unbedingt gerechnet.
3. Besonders hervorgehoben wurden die hervorragenden Analysen des Buches. Das ist berechtigt.
4. Der Autor hat lange an dem Sachbuch gearbeitet. Das wundert bei dem komplexen Thema niemanden.
5. Das Buch verkaufte sich sehr gut. Dadurch kam der Verlag aus den roten Zahlen.
6. Das Autorenhonorar fiel hoch aus. Dagegen hatte der Autor nichts einzuwenden.
7. Dem Autor wird eine glänzende Karriere vorhergesagt. Das könnte durchaus eintreffen.
8. Der Autor plant weitere Sachbücher. Dabei hat er die volle Unterstützung seines Verlages.

IV 关系副词 wo, wohin, woher, von wo aus

(1a) **Die Großstädte** der Dritten Welt, **wo/ in denen** schon sehr viele Menschen leben, wachsen immer noch weiter an.

(1b) In **Afrika, wo** die Bevölkerungszahl rasant steigt, ist die Hälfte der Menschen jünger als zwanzig Jahre.

(1c) **Wo / Dort, wo** Slums entstehen, gibt es soziale Probleme.

(2) **In den Großstädten, wohin/in die** immer mehr Menschen ziehen, werden die Lebensbedingungen immer schlechter.

(3) **Die Dörfer, woher/aus denen** die Menschen kommen, verfallen.

(4) **Neu-Delhi, von wo aus** 22 Bundesstaaten und 9 Unionsterritorien regiert werden, ist die Hauptstadt Indiens.

(5) In den letzten Jahrzehnten, **wo** (= als, da) die Bevölkerung der Dritten Welt stark wuchs, hatten nicht alle Menschen genügend zu essen.

由关系副词 wo, wohin, woher(=von wo), von wo aus 引导的关系从句修饰表示地点的相关词。如相关词是方向说明语，关系副词为 wo((1)用 wo? 提问)。如相关词是方向说明语，关系副词为 wohin 和 woher((2)，用 wohin? 提问；(3)，用 woher?提问)。如果想强调的是出发的地点，而不是方向时，不用 woher，而用 von wo aus ((4)，用 von wo aus?提问)。

可以用关系代词 der+介词的形式代替关系副词(1a) (2)(3),但相关词是没有冠词的地名(1b) (4)和地点副词(1c)除外。相关词是地点副词时,可以省略(1c)。

有时在口语中主句中的相关词表示时间,也可以使用关系副词 wo(=als/wenn; da)(5)。

9 请填空：*wo, wohin, woher, von wo aus* 还是介词 +*der*?

Eine romantische Stadt

Touristen aus aller Welt kommen nach Heidelberg, … es viele Sehenswürdigkeiten gibt. Der Ort am Neckar, … so bekannte Persönlichkeiten wie der frühere Reichspräsident
5 Friedrich Ebert stammen, hat den Ruf einer romantischen Stadt. Dieser Ruf ist bis nach Ostasien gedrungen, … sehr viele Touristen kommen. Die Stadt, … es schon in den vorigen Jahrhunderten berühmte Schriftsteller,
10 Philosophen und Wissenschaftler zog, ist von vielen Dichtern besungen worden. Überall dort, … früher mal berühmte Leute wohnten, weisen Schilder auf die ehemaligen Bewohner hin.
15 Die Heidelberger sind stolz auf ihre lange Fußgängerzone. Hier, … auch die Bewohner der umliegenden Ortschaften zum Einkaufen kommen, können die Touristen schöne Häuserfassaden bewundern. In der Hauptstraße,
20 … jetzt der Durchgangsverkehr verboten ist, fuhren früher Autos und Straßenbahnen. … keine Autos mehr fahren dürfen, ist viel Platz für Fußgänger, die in Straßencafés sitzen und spazieren gehen können. Die Touristen zieht
25 es besonders in die Altstadt, … es viele gemütliche Lokale gibt. Auch der Marktplatz, … zweimal in der Woche Obst, Gemüse und Blumen verkauft werden, ist ein zentraler Treffpunkt. Er liegt gleich neben der Heilig-Geist-Kirche. Im Umland von Heidelberg, … 30 die Gärtner und Bauern mit ihren frischen Waren kommen, werden Obst und Gemüse angebaut.
In Heidelberg, … viele Ausländer zum Studieren kommen, gibt es eine über 600 Jahre alte 35 Universität. Hier, … es sich gut leben und studieren lässt, nimmt die Zahl der ausländischen Studierenden laufend zu. An einem Hang oberhalb der Stadt liegt das berühmte Schloss, … man einen schönen Blick auf die 40 Altstadt hat. Im Schlosshof, … man eine der schönsten deutschen Renaissancefassaden bewundern kann, finden im Sommer bei schönem Wetter Konzerte und Theateraufführungen statt. Am Neckar, … eine Uferpro- 45 menade zum Spazierengehen einlädt, halten sich viele Einheimische in ihrer Freizeit auf. Die Neckarwiesen, … das Schloss gut zu sehen ist, ist ein Treffpunkt für Jugendliche.

V 综合练习

10 请用关系代词、关系副词、（若有必要）指示代词填空。

Die Messen im mittelalterlichen Frankreich

Das Hauptziel der wandernden europäischen Kaufleute im Mittelalter war die Champagne im Nordosten Frankreichs, … das ganze Jahr über Messen abgehalten wurden. Die Messen,
5 über … Verlauf die Historiker viel herausgefunden haben, waren im mittelalterlichen Frankreich ein bedeutender Wirtschaftsfaktor. Hier, … viele Menschen zusammenkamen, herrschte eine geschäftige Betriebsam-
10 keit. … an den Messen teilnehmen wollte, … musste lange und schwierige Reisen auf sich nehmen. Die Italiener zum Beispiel, … die Alpen überqueren mussten, waren fünf Wochen lang unterwegs, … bei den Verkehrsmit- teln der damaligen Zeit eine enorme Strapaze 15 bedeutete. Anfangs baute man für die Reisenden Baracken, … als behelfsmäßige Unterkünfte dienten. Häufig baute man solche Baracken außerhalb der Städte, … mehr Platz war. Später vermieteten die Stadtbewohner 20 Zimmer, … Ausstattung schon etwas besser war. Schließlich wurden für die Reisenden spezielle Häuser aus Stein gebaut, in … großen Kellern die Waren besser gelagert und vor Feuer geschützt werden konnten. Die 25 Grafen der Champagne taten vieles, … zum wirtschaftlichen Aufschwung dieser Region beitrug. … zum Beispiel Bauland für Messe-

unterkünfte zur Verfügung stellte, ... wurden
30 bestimmte Steuern erlassen. In den Gegenden, durch ... die Kaufleute zogen, wurden die Wegzölle abgeschafft oder eingeschränkt. ... zur Messe in die Städte kam, ... musste weder Einfuhrsteuern noch Standrecht zahlen.
35 Auch waren die Grafen sehr um Ruhe und Ordnung bemüht, ... den Kaufleuten bei ihrem Handel sehr half. Im 14. Jahrhundert begann der Niedergang der Messen, ... viele Gründe angeführt werden können. Einer der
40 Hauptgründe dürfte der Hundertjährige Krieg gewesen sein, ... man sich nicht zu wundern braucht. Die wichtigste französische Handelsroute, ... aus dem Mittelmeerraum kam, wurde aufgegeben, ... dazu führte, dass die Kaufleute von jetzt an mit dem Schiff auf dem 45 Rhein oder vom Mittelmeer über den Atlantik bis nach England fuhren. Dort, ... die Verkehrsverhältnisse günstig waren, entstanden neue Messen wie z. B. in Genf oder in Frankfurt am Main. 50

(Nach: J. Le Goff:
Kaufleute und Bankiers im Mittelalter)

11 请用关系代词、关系副词、(如有必要)指示代词连接句子。

Christoph Kolumbus und Amerika

1. Jemand denkt an Entdeckungsreisen. Ihm fällt sofort Christoph Kolumbus ein.
2. Christoph Kolumbus wurde 1451 geboren. Seine Familie stammt aus Genua.
3. Christoph Kolumbus ist einer der bekanntesten Seefahrer. Kolumbus gelang die Überquerung des Atlantiks.
4. Christoph Kolumbus entdeckte Amerika. Er suchte eigentlich einen Seeweg nach Indien.
5. Ostasien war für die Europäer wegen des Gewürzhandels interessant. Kolumbus wollte nach Ostasien fahren.
6. Die Wikinger hatten vermutlich schon vor Kolumbus Amerika entdeckt. Das wusste man damals aber nicht.
7. Kolumbus beabsichtigte in westlicher Richtung nach Ostasien zu fahren. Dafür fand er zunächst keine Geldgeber.
8. Kolumbus wandte sich an das spanische Königshaus. Er wohnte damals in Spanien.
9. Im Jahre 1492 unterzeichnete Kolumbus den Vertrag über die Expedition nach Asien. Er hatte die spanischen Könige zu dieser Expedition überredet.
10. Im selben Jahr startete er seine Expedition. Er erhielt für diese Expedition von den spanischen Königen drei Schiffe.
11. Kolumbus hatte auch ein finanzielles Interesse an dem Gelingen der Expedition. Laut Vertrag sollte ihm ein Zehntel aller zu erwartenden Gewinne gehören.
12. Jemand sieht Schiffe aus der damaligen Zeit. Ihm erscheinen sie unglaublich klein.
13. Jedes zehnte Schiff erlitt Schiffbruch. Das machte die Schifffahrt gefährlich.
14. Auf seiner ersten Fahrt entdeckte Kolumbus nicht Amerika, sondern die Inseln San Salvador, Kuba und Haiti. Auf den Inseln gründete er spanische Kolonien.
15. Kolumbus glaubte bis zu seinem Tod Indien gefunden zu haben. Seine dritte Expedition führte ihn an die Küste Südamerikas.
16. Von seiner vierten Fahrt kehrte er krank nach Spanien zurück. Er starb vergessen in Spanien.
17. Kolumbus hat einen neuen Kontinent zwischen Europa und Asien entdeckt. Mit der Existenz des Kontinents hatte er nicht gerechnet.

18. Um Kolumbus entstanden bald Geschichten aller Art. In diesen Geschichten wurde er idealisiert.

19. Im Jahre 1992 wollten die Europäer die Entdeckung Amerikas feiern. Das führte zu Protesten besonders in Südamerika.

20. Über die Entdeckungen der Europäer sind in den letzten Jahren viele Bücher erschienen. In den Büchern wird die Geschichte des europäischen und überseeischen Kulturkontakts kritisch beurteilt.

§15 分词定语

| 分词定语的意义

Drama auf dem Neckar: Kind ertrunken

if.Neckarsteinach. Alles lief in Sekunden-schnelle ab: Das Auto machte einen Ruck, durchbrach die Absperrung auf der Fähre und versank mit dem dreijährigen Jungen in den schlammigen Fluten des Hochwasser führen-den Neckars. Entsetzen gestern Mittag auf dem Neckar zwischen Neckarsteinach und Neckarhäuser Hof. Zu dem tragischen Unfall war es gekommen, als eine 29-jährige Frau aus Hirschhorn auf der Fähre ihre Überfahrt bezahlen wollte. In einem unbeachteten Mo-ment dreht der Junge, der im Auto sitzen ge-blieben war, den Zündschlüssel um und der Wagen rollte in den Neckar.

Der beherzte Fährmann erkannte die drama-tische Situation, wollte in den Wagen greifen und wurde ebenfalls in den Neckar gerissen. Während Männer vom Neckarhäuser Hof den Fährmann noch aus dem Wasser ziehen konnten, blieb das Auto mit dem wahr-scheinlich ertrunkenen Jungen verschwun-den. Durch eine groß angelegte Rettungsakti-on konnte zwar Stunden später der Wagen, aber nicht das Kind geborgen werden.

Bis zum späten Abend dauerte die fieberhafte Suche nach dem Kind in den reißenden Flu-ten des Hochwasser führenden Flusses. Die Aktionen wurden am Nachmittag durch schwere Unwetter erschwert. Die Schifffahrt wurde während der gesamten Suchaktion eingestellt.

(RNZ vom 27.6.1992)

---

(1) der **ertrunkene** Junge
(2) der **Hochwasser führende** Neckar
(3) der **wahrscheinlich in den Fluten des Neckars ertrunkene kleine** Junge
(4) der **ertrunkene** Junge **aus Hirschhorn**

分词分为两种：现在分词（即第一分词）:*führend,
reißend* (即动词不定式+-*d*)和过去分词(即第二分词):
beachtet, gebracht (弱变化动词和混合动词:(*ge*) + *t*);
getragen, ertrunken (强变化动词:(*ge*-)+-*en*)。
分词可以作定语，像形容词一样位于名词前面，并像形
容词一样变格。分词定语可以扩展，位于冠词和分词定
语之间(2)(3)，但有时省去冠词，这种扩展性分词定语
主要见于书面语中。在分词定语和它所修饰的名词之间
可以插入其他形容词((3):*kleine*)。
名词的右面还可以有其他定语，例如第二格定语或介词
定语(4)。

---

1 请解释分词的意义。

1. der *im Auto sitzende* Junge → Der Junge sitzt im Auto.
2. der *in den Neckar rollende* Wagen
3. der *zu Hilfe eilende* Fährmann

4. der *Hochwasser führende* Fluss
5. das *im Neckar versunkene* Auto
6. der *von dem Auto in den Neckar gerissene* Fährmann
7. der *einige Stunden später vom Rettungsdienst geborgene* Wagen
8. der *seitdem verschwundene* Junge

现在分词(=第一分词)

(1) Das den Verkehr **blockierende** Flugzeug zieht (zog) viele Schaulustige an.
(= Das Flugzeug, das den Verkehr blockiert (blockierte), zieht (zog) viele Schaulustige an.)

(2) Der nur zäh **fließende** und immer wieder **stockende** Verkehr kommt (kam) ganz zum Erliegen.
(= Der Verkehr, der nur zäh fließt (floss) und immer wieder stockt (stockte), kommt (kam) ganz zum Erliegen.)

(3) Die **sich** um das Flugzeug **versammelnde** Menge der Schaulustigen wächst (wuchs) von Minute zu Minute.
(= Die Menge der Schaulustigen, die sich um das Flugzeug versammelt (versammelte), wächst (wuchs) von Minute zu Minute.)

及物动词(1)、不及物动词(2)和反身动词(3)的第一分词表示和句中变位动词同时进行的、持续的主动的动作过程。反身动词的第一分词和反身代词一起使用。

过去分词(=第二分词)

(4) Der Pilot freut (freute) sich über die glücklich **beendete** Notlandung.
(= Der Pilot freut (freute) sich über die Notlandung, die glücklich beendet worden ist / beendet ist (beendet worden war / beendet war)).

及物动词的第二分词一般用来描写已经结束的被动的动作过程,可以是先时性(相当于过程被动态),也可以是同时性(相当于状态被动态)(4)。

(5) Die bereits **eingetroffene** Polizei sichert (sicherte) die Spuren.
(= Die Polizei, die bereits eingetroffen ist (eingetroffen war), sichert (sicherte) die Spuren.)

sein 作助动词构成的不及物动词的第二分词一般用来描写已经结束的主动的动作过程,是先时性的。但只有表示动作过程开始或结束的不及物动词的第二分词才能作定语(*die eingetroffene Polizei*, 加上地点说明语: *die zum Unfallort gefahrene Polizei*, 但不可以说 *die gefahrene Polizei*)。
haben 作助动词构成的不及物动词的第二分词不可以作定语(错误:*der zugenommene Flugverkehr*)。

(6a) Der auf Krankentransporte **spezialisier-te** Pilot ist (war) ein begeisterter Flieger.
(= Der Pilot, der sich auf Krankentransporte spezialisiert hat / der auf Krankentransporte spezialisiert ist (der sich ... spezialisiert hatte / der ... spezialisiert war), ist (war) ein begeisterter Flieger.)

(6b) Die **empörten** Autofahrer beschimpfen (beschimpften) den Piloten.
(= Die Autofahrer, die sich empören / die empört sind (die sich empörten / die empört waren), beschimpfen (beschimpften) den Piloten.)

反身动词的第二分词描写主动的过程,根据动词的不同可以是先时性(6a)或者同时性(6b),但是状态反身总是同时性(6a)(6b)。只有能够构成状态反身的反身动词的第二分词才可以作定语 (*der spezialisierte Pilot*,错误 *der beeilte Pilot*)。反身动词的第二分词作定语时,反身代词省略。
(关于状态反身参见 71 页及后表)。

		第一分词			*第二分词*
及物动词	(1)	持续性 主动 同时性		(4)	已经结束的 被动 先时性(过程被动态) 或同时性(状态被动态)
不及物动词	(2)	持续性 主动 同时性		(5)	已经结束的 主动 先时性
反身动词	(3)	持续性 主动 同时性		(6)	主动 a) 先时性(6a)或以反身动词形式表示同时性(6b) b) 以状况反身表示同时性(6a)(6b)

及物动词、不及物动词和反身动词的分词的特点

(7) Viele **früher** nur mit großer Angst **flie-gende** Passagiere besteigen Flugzeuge heute unbeschwert.
(= Viele Passagiere, die früher nur mit großer Angst geflogen sind, besteigen Flugzeuge heute unbeschwert.)

(8) Der die Atmosphäre stark **belastende** Flugverkehr hat um 1920 eingesetzt.
(= Der Flugverkehr, der die Atmosphäre stark belastet, hat um 1920 eingesetzt.)

第一分词表示先时性大多和一个时间说明语连用(7)。如果一个尚未结束、常常或一直重复的动作过程持续到现在,时态为一般现在时(8)。

(9) Die schon in den 70er Jahren (immer
wieder) **geäußerte** Kritik am Flugverkehr
wurde damals nicht ernst genommen.
(= Die Kritik am Flugverkehr, die schon
in den 70er Jahren (immer wieder)
geäußert wurde, wurde damals nicht
ernst genommen.)
(10) Die seit Jahrtausenden von den Menschen rücksichtslos **ausgebeutete** Natur
ist aus dem Gleichgewicht geraten.
(= Die Natur, die seit Jahrtausenden von
den Menschen rücksichtslos ausgebeutet
wird, ist aus dem Gleichgewicht geraten.)

如果涉及到一个尚未结束、常常或一直重复的动作过程,第二分词也可以表示同时性(9)。如果动作过程持续到现在,时态为一般现在时(10)。

说明

有些分词失去了动词的特征,成为了形容词,不再存在和这些分词意义相近的动词(例如 *bekannt, beliebt, berühmt, dringend, entlegen, spannend, willkommen*)。这些分词可以用副词加以修饰(*ganz entlegen, sehr bekannt*),还可以升级(*dringend/dringender/am dringendsten*),由此可以看出它们的形容词特征。这些形容词化的分词不是动词性的,应像形容词一样用 *sein* 来加以分解:

Es gibt besonders beliebte Flugrouten.
Es gibt Flugrouten, die besonders beliebt sind.

‖ 分词定语的构成

2 第一分词还是第二分词?

Beispiel:　(ausbauen) Motor → der ausgebaute Motor
　　　　　　(singen) Autofahrer → der singende Autofahrer

1. (voll tanken) Auto
2. (stehen) Auto
3. (laufen) Motor
4. (einschalten) Nebellicht
5. (gut ausbauen) Straße
6. (sich überschlagen) Auto
7. (nicht einhalten) Geschwindigkeitsbegrenzung
8. (beschädigen) Motor
9. (eindrücken) Autotür
10. (schimpfen) Autofahrer
11. (feststellen) Sachschaden
12. (entziehen) Führerschein
13. (sich verfahren) Anfänger

14. (hupen) Autofahrer
15. (verbrauchen) Benzin
16. (verändern) Straßenführung
17. (langsam fahren) Autofahrer
18. (sich umschauen) Beifahrer

3 请将所给动词的第一分词和第二分词分别对应合适的名词。

Beispiel: (schweißen) Lehrling / Autoteile
             der schweißende Lehrling / die geschweißten Autoteile

1. (lackieren) Auto / KFZ-Mechaniker
2. (pfeifen) Lehrling / Lied
3. (beleidigen) Lehrling / Worte
4. (ablenken) Geräusche / Lehrling
5. (gut beraten) Verkäufer / Kunde
6. (scharf kalkulieren) Preise / Chef
7. (bar bezahlen) Rechnung / Kunde
8. (überholen) Sportwagen / Radfahrer
9. (tanken) Benzin / Autofahrer
10. (blenden) Sonne / Motorradfahrer

4 如果意义发生变化,是否也可以用第二分词?

Beispiel: die zum Unterricht erscheinenden Schüler
             die zum Unterricht **erschienenen** Schüler

1. die gut aussehende Lehrerin
2. der mit Begeisterung musizierende Lehrer
3. die sehr genau beobachtende Lehrerin
4. die sich nicht überarbeitende Lehrerin
5. eine aus dem Schuldienst ausscheidende Kollegin
6. die mit Bus, Mofa oder Fahrrad fahrenden Schüler
7. die sich nach den Ferien sehnenden Schüler
8. die zu schnell vergehenden Ferien
9. der pünktlich beginnende Unterricht
10. ein nicht rechtzeitig aus den Ferien zurückkehrender Schüler

III 分词定语转换成关系从句

及物动词、不及物动词和反身动词的第一分词

5 请将下列分词定语转换成关系从句。

Eine Notlandung

1. Der auf der Autobahn landende Pilot hatte mit den beiden Motoren seines Flugzeugs Probleme.
2. Der einen Stau verursachende Pilot konnte mit seiner Maschine nirgendwo anders landen.
3. Dem seit acht Jahren fliegenden Piloten ist noch nie etwas Ähnliches passiert.
4. Im Polizeirevier stellt der den Vorfall protokollierende Polizist dem Piloten viele Fragen.
5. Der sich zum Hergang der Notlandung äußernde Pilot steht unter leichtem Schock.
6. Die Polizisten machen dem in der Notsituation schnell und richtig reagierenden Piloten keine Vorwürfe.
7. Der den Polizisten von ähnlichen Vorfällen berichtende Pilot ist bisher unfallfrei geflogen.
8. Der einer möglichen Anzeige ruhig entgegensehende Pilot ist froh über den guten Ausgang der Notlandung.

及物动词的第二分词

6 请用过程被动态的关系从句造句。

Im Lesesaal einer Bibliothek

1. Der laufend auf den aktuellen Stand gebrachte Bücherbestand des Lesesaals kommt allen Benutzern zugute.
2. Die dafür ausgegebenen Geldmittel gehen in die Millionen.
3. Die im letzten Haushaltsplan für den Kauf von Büchern und Zeitschriften bewilligten Gelder reichen bei weitem nicht aus.
4. Die in den letzten Jahren mit Hilfe von Sponsoren nach und nach angeschafften Bücher und Zeitschriften haben den Bestand sinnvoll ergänzt.
5. Die den Benutzern in der letzten Woche präsentierten Neuerwerbungen stehen bereits in den Regalen.
6. Besonders viel benutzte Bücher sind im Lesesaal in mehreren Exemplaren vorhanden.
7. Der Präsenzbibliothek entnommene Bücher dürfen nicht mit nach Hause genommen werden.
8. Die von allen Benutzern bevorzugten Plätze des Lesesaals sind die Fensterplätze.

7 请用状态被动态的关系从句造句。

Eine Ausstellung in der Universitätsbibliothek

1. Die finanziell nicht besonders gut ausgestattete Universitätsbibliothek will mit einer Ausstellung auf sich aufmerksam machen.
2. Die in ihren Räumen ausgestellten alten Handschriften interessieren nicht nur Experten.

3. Farbig ausgemalte Handschriften haben schon immer als besondere Kostbarkeit gegolten.
4. Die mittelalterlichen Handschriften liegen in Vitrinen aus mehrfach gesichertem Glas.
5. Zu der auch an den Wochenenden geöffneten Ausstellung sind sogar schon Besucher aus dem Ausland angereist.
6. Angemeldete Gruppen werden sofort eingelassen.

8 过程被动态还是状态被动态？请用关系从句造句。

Das Sportinstitut der Universität

1. Das im letzten Jahr vergrößerte Sportinstitut liegt am Stadtrand.
2. Der von einem angesehenen Architekten entworfene Bauplan fand allgemeine Zustimmung.
3. Mit dem zu Beginn des Wintersemesters in Betrieb genommenen Anbau sind alle zufrieden.
4. Der intensiv genutzte Raum ist mit modernsten Sportgeräten ausgestattet.
5. Die im letzten Jahr zurückgestellte Vergrößerung der Turnhalle wird jetzt realisiert.
6. Die mit den Baumaßnahmen verbundenen Störungen des Lehrbetriebs sind lästig.
7. Der von Kollegen und Studenten ständig bedrängte Institutsdirektor versucht die Baumaßnahmen zu beschleunigen.
8. Die immer wieder zu Überstunden aufgeforderten Bauarbeiter tun ihr Bestes.

反身动词的第二分词

9 请用谓语为反身动词和状态反身的关系从句造句。

Beispiel:　Der für die Stellung geeignete Direktor ist noch jung.
　　　　　Der Direktor, der sich für die Stellung eignet, ist noch jung.
　　　　　Der Direktor, der für die Stellung geeignet ist, ist noch jung.

Der Direktor der Universitätsbibliothek

1. Der zur Vergrößerung der Bibliothek entschlossene Direktor wirbt um Gelder.
2. Der an alten Büchern interessierte Direktor möchte den Bestand erweitern. (für / an)
3. Der auf mittelalterliche Handschriften spezialisierte Direktor ist ein weithin bekannter Experte.
4. Der von seinem Beruf begeisterte Bibliotheksdirektor ist bei seinen Mitarbeitern sehr angesehen. (für / von)
5. Der um ein gutes Betriebsklima bemühte Direktor begeistert alle Mitarbeiter für ihre Aufgaben.
6. Die sehr engagierten Mitarbeiter unterstützen ihren Chef nach Möglichkeit.
7. Die an Überstunden gewöhnten Mitarbeiter arbeiten oft auch noch an den Wochenenden.
8. Die Mitarbeiter raten ihrem völlig überarbeiteten Chef zu einem baldigen Urlaub.

10 请用关系从句解释下列概念。(第一分词和第二分词的练习)

Buch und Leser

1. Immer wieder gern gelesene Bücher sind Bücher, ...
2. Illustrierte Bücher sind Bücher, ...
3. Die Phantasie anregende Bücher sind Bücher, ...
4. Wenig verkaufte Bücher sind Bücher, ...
5. In den letzten Jahren bereits mehrfach aufgelegte Bücher sind Bücher, ...
6. Schon in mehreren Auflagen erschienene Bestseller sind Bestseller, ...
7. Zum Verschenken besonders geeignete Bücher sind Bücher, ...
8. Oft zitierte Bücher sind Bücher, ...
9. Über Neuerscheinungen informierte Leser sind Leser, ...
10. Spannend geschriebene Bücher sind Bücher, ...
11. Verloren gegangene Bücher sind Bücher, ...
12. In ein bestimmtes Sachgebiet einführende Bücher sind Bücher, ...
13. An Sachbüchern interessierte Leser sind Leser, ...
14. Kontrovers diskutierte Bücher sind Bücher, ...

复合分词

(1) Ein **abendfüllendes** Programm ist ein Programm, das den Abend füllt.

(2) Ein **computergesteuertes** Verkehrssystem ist ein Verkehrssystem, das von Computern gesteuert wird.

(3) Eine **hochgestellte** Persönlichkeit ist eine Persönlichkeit in einer hohen Stellung/Position.

在复合分词中，分词的扩展部分为限定词。

---

11 请用关系从句造句。

Was ist was?

1. Ein umweltschonendes Verhalten ist ein Verhalten, ...
2. Ein handgeknüpfter Teppich ist ein Teppich, ...
3. Ein leistungsorientiertes Verhalten ist ein Verhalten, ...
4. Ein herzerfrischendes Lachen ist ein Lachen, ...
5. Ein nervenberuhigendes Medikament ist ein Medikament, ...
6. Irreführende Informationen sind Informationen, ...
7. Hasserfüllte Reden sind Reden, ...
8. Jugendgefährdende Bücher sind Bücher, ...
9. Ein freudestrahlender Gewinner ist ein Gewinner, ...
10. Schlafstörender Lärm ist Lärm, ...

动形词

(1) Das ist eine **zu lösende** Aufgabe.
(= Das ist eine Aufgabe, die zu lösen ist / gelöst werden muss/soll/kann.)

(2) Die Studenten schreiben an der spätestens am Semesterende **abzugebenden** Hausarbeit.
(= Die Studenten schreiben an der Hausarbeit, die spätestens am Semesterende abzugeben ist / abgegeben werden muss.)

(3) Die Prüfung enthält einfach **zu lösende** Aufgaben.
(= Die Prüfung enthält Aufgaben, die einfach zu lösen sind / gelöst werden können / lösbar sind / die sich einfach lösen lassen.)

(4) Die Prüfungsordnung führt die nicht **zu benutzenden** Hilfsmittel auf.
(= Die Prüfungsordnung führt die Hilfsmittel auf, die nicht zu benutzen sind / nicht benutzt werden dürfen.)

动形词是由能构成被动态的及物动词的第一分词加上 *zu* 构成的。它相当于被动态的替代形式 *sein* + 带 *zu* 的不定式或者带情态动词的被动态动词。动形词表达一种必须实现的（必要性）(2)，应该实现的（要求或者建议），可能实现的（可能性）(3)或者不准许被实现的事情（禁止）(4)。但是动形词究竟表达的是哪种情态含义，须从上下文中获悉，有时较为模糊(1)。
(关于 *sein*+带 *zu* 的不定式参见 83 页和 160 页，*haben*+带 *zu* 的不定式参见 160 页)

12 请用关系从句造句。

Beispiel: ein einfach zu bearbeitendes Thema
ein Thema, das einfach zu bearbeiten ist
ein Thema, das einfach bearbeitet werden kann

1. der unbedingt nachzuholende Stoff
2. ein nur schwer zu verstehendes Sachgebiet
3. möglichst zu vermeidende Fehler
4. die nicht zu versäumende Studieneinführung
5. die in der vorlesungsfreien Zeit problemlos zu lesenden Bücher
6. von den Studenten leicht zu bewältigende Aufgaben
7. der bis zur Prüfung unbedingt zu lernende Stoff
8. nur schwer zu ertragende Prüfungsängste
9. die von allen leicht zu verstehende Vorlesung
10. das während der Klausur unter keinen Umständen zu benutzende Wörterbuch

13 请选择关系从句或动形词造句。

Beispiel: unbeherrschbare Wut
= Wut, die man nicht beherrschen kann
= Wut, die nicht beherrscht werden kann
= Wut, die unbeherrschbar/nicht beherrschbar ist
= Wut, die sich nicht beherrschen lässt
= Wut, die nicht zu beherrschen ist
= nicht zu beherrschende Wut

Was ist was?

1. ein unerreichbares Ziel
2. unermesslicher Ärger
3. ein schwer beeinflussbarer Charakter
4. ein unvermeidlicher Konflikt
5. unauslöschliche Erinnerungen
6. eine unüberwindbare Abneigung
7. ein unentschuldbares Verhalten
8. unersetzbare Freunde
9. ein unverantwortlicher Leichtsinn
10. eine verständliche Aufregung

IV 关系从句转换成分词定语

(1) Nomaden sind Völker, **die** in Savannen, Steppen oder Wüsten **umherziehen**.
Nomaden sind in Savannen, Steppen oder Wüsten **umherziehende** Völker.

(2) Nomaden sind Völker, **die** von sesshaften Völkern meist **gemieden werden**.
Nomaden sind von sesshaften Völkern meist **gemiedene** Völker.

(3) Nomaden leben in Stammesverbänden, **die** recht **klein sind**.
Nomaden leben in recht **kleinen** Stammesverbänden.

把一个关系从句转换成一个(扩展性)分词定语时,省略关系代词,变位动词的第一分词或第二分词作定语,位于名词之前(1)(2)。省去作为完全动词的 *sein*(3)。

14 请将关系从句转换成定语。

Nomaden

1. Nomaden sind Hirten, die sich auf steter Wanderschaft befinden.
2. Die Nomadenstämme, die ihren Standort periodisch wechseln, können keinem Land zugeordnet werden.
3. Nomaden sind Menschen, die in großer Genügsamkeit leben.
4. Die Nomaden, die bei den sesshaften Völkern oft nicht gern gesehen werden, haben ihre eigenen Gesetze.
5. Nomaden sind Völker, die vom Aussterben bedroht sind.
6. Nomadismus ist eine Lebensform, die durch staatliche Kontrolle heute immer mehr eingeschränkt wird.
7. Die Nomaden, die von anderen Kulturen bedrängt werden, verlieren allmählich ihre kulturelle Identität.
8. Zu den Nomaden zählen auch die Eskimos, die früher an gänzliche Genügsamkeit gewöhnt waren.
9. Inzwischen haben die Eskimos ihre Lebensweise aufgegeben, die einst voll an die arktischen Polargebiete angepasst war.
10. Bei den Eskimos treten heute Probleme auf, die durch den Einfluss der westlichen Zivilisation bedingt sind.

第四格的关系代词

Der Verkehr, den alle als problematisch empfinden, nimmt weiter zu. (= **Der Verkehr, der** (von allen) als problematisch empfunden wird, nimmt weiter zu.) Der (von allen) als problematisch **empfundene Verkehr** nimmt weiter zu.	关系代词为第四格的关系从句只有经过转换成被动态之后才能变成相关词的定语，这个定语总是过去分词，原关系从句中的主语由介词 *von* 或者 *durch* 引导。

15 请将关系从句转换成定语。

Der Umweltdenker Frederic Vester

1. Das Verkehrskonzept, das Vester entwickelt hat, plädiert für andere Autos und für einen anderen Einsatz der Autos.
2. Die Studie Vesters über den Verkehr der Zukunft, die ein deutscher Automobilhersteller in Auftrag gab, beschäftigt sich auch mit gegenwärtigen Verkehrsproblemen.
3. Die Studie, die der Auftraggeber zwei Jahre lang geheim hielt, erregte nach ihrer Veröffentlichung großes Aufsehen.
4. An der Studie, die Vester 1991 als Buch herausgab, haben die Automanager keine Freude.
5. In seinem Buch stellt der Autor, den viele für zu radikal halten, den Autoverkehr in Frage.

现在请注意关系代词的格。

6. Die Technik, die mit Mensch und Umwelt nicht im Einklang steht, muss nach Vesters Meinung neu überdacht werden.
7. Das überlieferte Verkehrskonzept, das die Automobilindustrie bisher nicht aufgegeben hat, ist überholt.
8. Der Mensch, der die Folgewirkungen seines Handelns missachtet, zerstört die natürlichen Lebensgrundlagen.
9. Beim Autofahren, das Vester „abenteuerlich unwirtschaftlich" nennt, gehen 95 Prozent der investierten Energie für Reibung, Wärme und Abgase und die Fortbewegung des Leergewichts verloren.
10. Unsere Autos, die täglich tausendfach von den Fließbändern rollen, sind nach Vesters Urteil technische Fossilien.
11. Verbesserungen wie der Drei-Wege-Katalysator, den Vester nur als „vorübergehende Notlösung" akzeptiert, sind keine ausreichenden Umweltschutzmaßnahmen.
12. Außerdem braucht das Auto, das er als „Relikt des vorigen Jahrhunderts" bezeichnet, zu viel Park- und Straßenraum.
13. Das Auto, das schon den gegenwärtigen Verkehrsbedürfnissen nicht gerecht wird, ist erst recht nicht für die Zukunft geeignet.
14. Natürlich beurteilt die Automobilindustrie, die Vester heftig kritisiert, das alles ganz anders.
15. Die Alternative, die Vester vorschlägt, besteht nicht in der Abschaffung der Autos.

16. Die „Stadtmobile", die Vester entworfen hat, sind leicht und völlig anders gebaut als die Autos, die heute auf unseren Straßen verkehren.

17. Vesters „Ökomobile" nutzen die Energie, die eingesetzt wird, zu 90 Prozent.

(Nach: Wolfgang Kaden: Dinosaurier auf Rädern. DER SPIEGEL 1/1991, S. 36 ff.)

V 综合练习

16 请将（扩展性）定语转换成关系从句。

Was im Knoblauch wirklich steckt – Wissenschaft bestätigt Volksmedizin

Nach einer vor kurzem *veröffentlichten* Studie hat Knoblauch eine *blutgerinnungshemmende* Wirkung. Schon an der ihm in Sagen *zugeschriebenen* Abwehrwirkung gegen Vampire erkennt man, dass der Knoblauch nicht nur ein Nahrungsmittel, sondern ein Mythos ist. Die Volksmedizin erkennt ihm *blutverdünnende* und *lebensverlängernde* Eigenschaften zu. Chemiker und Physiologen in den USA und in der Bundesrepublik haben nun die dahinter *stehende* medizinische Realität sichtbar gemacht. Schon vor rund einem Jahrzehnt war erstmals beobachtet worden, dass chemisch *gewonnener* Knoblauchextrakt die Verklumpung der Blutplättchen (Thrombozyten) verhindert. Bei Herzoperationen an Tieren konnte das normalerweise zur Gerinnungsverhinderung *verwendete* Arzneimittel durch einen aus Knoblauch *isolierten* Wirkstoff (Ajoen) ersetzt werden. Offenbar hat man mit diesem Stoff ein noch weiterhin auf seine Wirkung zu *testendes* medizinisches „Werkzeug" gefunden. Bei der Gerinnungshemmung greift das Ajoen in einen auch die Zellteilung *regulierenden* biochemischen Zyklus ein. Denn Ajoen hat schon in minimalen Dosen eine die Zellteilung *hemmende* und somit vielleicht krebsartige Wucherungen *stoppende* Wirkung. Diese von der Wissenschaft bislang *erforschten* Zusammenhänge lassen hoffen, dass mit dem Knoblauch-Wirkstoff eine gegen bösartige Wucherungen *einzusetzende* biologische Substanz gefunden worden ist.

(Nach: Harald Steiner: Was im Knoblauch wirklich steckt. RNZ vom 24.4.1989)

17 请将扩展性定语转换成关系从句，或者将关系从句转换成定语。

Fremdenfurcht und Reaktion auf Außenseiter

Die bei geselligen Tieren häufig *beobachtete* Fremdenfurcht ist ein Prinzip, *das* im Tierreich nahezu durchgeht. Auch wir Menschen entwickeln bereits im Kindesalter Fremdenfurcht, ohne dass es dazu schlechter Erfahrungen mit Fremden bedarf. Kinder entwickeln sie im Alter von 6 bis 9 Monaten, und zwar in allen Kulturen, *die* daraufhin untersucht wurden. Eine noch genauer zu *untersuchende* Aggressionsform ist die sich nicht gegen gruppenfremde Tiere, sondern gegen Gruppenmitglieder *richtende* Ausstoßreaktion. Hühner greifen ein von der Norm *abweichendes* Gruppenmitglied heftig an oder töten es unter Umständen sogar. Forscher fanden heraus, dass drei Pinguine, *die* anders gefärbt waren, ständig von ihresgleichen angegriffen wurden. Andere Forscher haben davon berichtet, dass Schimpansen die infolge einer Kinderlähmung *behinderten* Gruppenmitglieder fürchteten oder gelegentlich sogar angriffen. Diese Schimpansen, *die* vorher voll in die Gruppe integriert waren, lösten nun aufgrund ihres veränderten Verhaltens bei den anderen Tieren Aggressionen aus. So bewirkte z.B. ein solcher sich der Gruppe langsam *nähernder* Schimpanse, dass die anderen sich vor ihm fürchteten. Ein anderer Schimpanse, *der* ebenfalls gelähmt war, löste durch seine Annäherung an die Gruppe sogar den Angriff der Männchen aus.

Auch Menschen neigen dazu, Gruppenmitglieder, *die* sich abnorm verhalten, zu verstoßen. Jeder kennt aus seiner Schulzeit wegen körperlicher Gebrechen *ausgelachte* oder gar *misshandelte* Mitschüler. Der Grund für die Ausstoßreaktionen dürfte der Zusammenhalt der Gruppe sein, *der* gesichert werden soll.

(Nach: Irenäus Eibl-Eibesfeldt: Grundriss der vergleichenden Verhaltensforschung)

18 请将定语转换成关系从句，或者将关系从句转换成定语。

Suche nach den Krebsursachen

Nach einer Umfrage fühlen sich 85 Prozent der Bundesbürger durch die Vergiftung von Wasser, Luft und Boden, *die* ständig zunimmt, in ihrer Gesundheit bedroht. Die in diesem Zusammenhang häufig *genannten* Umweltchemikalien sind für diese Menschen die Ursache der Krebserkrankungen. Nach langjähriger Forschungsarbeit verstehen Wissenschaftler jetzt besser, was Substanzen sind, *die* Krebs erregen. Die Forscher konnten beweisen, dass die Karzinome, *die* durch die Umwelt bedingt sind (= umwelt...), nur zwei Prozent aller Krebserkrankungen ausmachen. Auch die häufig als Ursache für Krebs *angeführten* Nahrungsmittelzusätze und Haushaltschemikalien sind nur mit weniger als einem Prozent an der Entstehung von Krebs beteiligt. Dagegen sind zwei Drittel aller in unserer Wohlstandsbevölkerung zu *beobachtenden* Krebserkrankungen den heute üblichen Ernährungsgewohnheiten sowie dem Tabakrauchen (Überernährung 35 %, Tabak 30 %) zuzuschreiben. Überernährung und zum kleineren Teil einseitige Ernährung wirken also in einem Maße, *das* den Laien überrascht, Krebs erregend. Aus Tierversuchen weiß man, dass Nahrung mit hohem Fettgehalt, *die* unbeschränkt aufgenommen wird, zu einer drastischen Erhöhung der Krebserkrankungen führt. Vorwiegend in den USA und in China *durchgeführte* epidemiologische Untersuchungen bestätigen diese Beobachtungen für den Menschen. Nahrung, *die* fleisch- und fettreich ist, lässt die Krebsraten steigen. Hinzu kommt eine Vielzahl anderer teilweise schon *identifizierter* Faktoren. So weiß man beispielsweise, dass die Hitzebehandlung besonders von Fleischprodukten zur Bildung von *kanzerogenen* und *erbgutverändernden* Stoffen führt. Starkes Anbraten oder Grillen sind *beliebte*, aber *gesundheitsgefährdende* Methoden der Nahrungszubereitung. Maßnahmen, *die* Krebs vermeiden, sind nach Meinung der Forscher der größtmögliche Verzicht auf Fett, Zucker und Fleisch, auf Tabak und Alkohol sowie Zurückhaltung beim Sonnenbaden.

(Nach: Suche nach den Krebsursachen. DIE ZEIT vom 12.9.1991)

19 请将定语转换成关系从句。

Stellenangebot

1. Die von uns *ausgeschriebene* Stelle verspricht eine vielseitige und abwechslungsreiche Tätigkeit.
2. Einer an übersichtliche Organisation *gewöhnten* und selbständig *arbeitenden* Fachkraft bieten wir einen auch hohe Ansprüche *befriedigenden* Wirkungsbereich und ein überdurchschnittlich hohes Einkommen, denn die zu *erbringende* Leistung verdient eine angemessene Bezahlung.
3. Unter unseren Angestellten herrscht ein auf langjähriger Zusammenarbeit

basierendes Vertrauen.

4. Der Firmenleitung liegt daran, das in seiner Auswirkung auf die Arbeitsleistung nicht zu *unterschätzende* gute Betriebsklima zu erhalten.

5. Unser gut aufeinander *eingespieltes* Team arbeitet in nach modernsten Gesichtspunkten *gestalteten* und heutigen Anforderungen *entsprechenden* Räumen.

6. Die Aufsicht über die in unseren Hallen *gelagerten* Warenbestände ist eine viel Sachkenntnis *erfordernde* Tätigkeit.

7. Wir setzen die für diesen Arbeitsplatz *notwendige* Qualifikation voraus.

8. Da unserer Meinung nach nicht nur die direkt zur Herstellung von Gütern *führenden* Tätigkeiten produktiv sind, erwarten wir eine von Selbständigkeit und Kreativität *bestimmte* Arbeitsweise.

9. Ein seinen Aufgaben *gewachsener,* erfahrener Abteilungsleiter wird Ihnen bei Ihrer Tätigkeit hilfreich zur Seite stehen.

10. Wir wollen den in der engagierten Mitarbeit unserer Angestellten *begründeten* Erfolg unserer Firma kontinuierlich steigern.

11. An diesem von uns bisher *verfolgten* und weiter zu *verfolgenden* Ziel werden wir auch in Zukunft fest halten.

12. Es gilt, die in unserer Branche *anstehenden* Aufgaben und die in den nächsten Jahren *vorzunehmenden* Veränderungen mit Umsicht und Tatkraft anzugehen.

13. In naher Zukunft zu *erwartende* Marktverschiebungen werden an unsere Fantasie und Flexibilität hohe Ansprüche stellen.

14. Wenn Sie meinen diesen in der Stellenausschreibung *gestellten* Anforderungen gewachsen zu sein, reichen Sie bitte Ihre Bewerbungsunterlagen in unserem Personalbüro ein.

15. Sollten Sie noch Fragen haben, so rufen Sie unseren rund um die Uhr *besetzten* Telefondienst an.

20 请将定语转换成关系从句，或者将关系从句转换成定语。

Das Auto der Zukunft?

Nach Meinung des Umweltdenkers Frederic Vester wird die Umweltsituation, *die* sich immer mehr zuspitzt, dazu führen, dass wir auf das Auto verzichten müssen. Vester hält das
5 uns so unentbehrlich *gewordene* Auto für nicht mehr zeitgemäß. Die Kohlendioxid und andere Abgase in riesigen Mengen *ausstoßenden* Autos werden unserer heutigen Umweltsituation nicht gerecht. Der viele Todesopfer
10 *fordernde* Verkehr zerstört mit dem Straßennetz ganze Landstriche. Das gängige Auto, *das* rund 1500 Kilogramm wiegt, befördert im Durchschnitt 1,3 Menschen, also etwa 100 Kilogramm. Diese Art der Fortbewegung, *die*
15 sehr unwirtschaftlich ist, verursacht wiederum Verkehrschaos, Staus und Umweltbelastungen. Vester weist auch auf das Missverhältnis von Stand- und Fahrtzeit hin, *das* nicht zu übersehen ist. Ein Auto steht im Durchschnitt 18 Stunden um dann eine 20 Stunde bewegt zu werden. Bei den immer perfekter *ausgestatteten* Autos wird das Missverhältnis zwischen Aufwand und Ertrag immer größer.

Vester empfiehlt nur auf kurzen Strecken *fahrende* Autos mit Elektromotor. Er meint, die 25 Zeit für das ganze Verkehrssystem *verändernde* Stadtfahrzeuge sei gekommen. Auf langen Strecken soll das Auto auf extra für diesen Zweck zu *entwickelnde* Bahnwaggons gestellt 30 werden. Die Autofahrer werden mittransportiert. Diese Art der Fortbewegung mit am Zielort wieder als Stadtfahrzeug zu *benutzenden* Fahrzeugen würde einen nahtlosen Über-

35 gang zwischen Individualfahrzeug und Massenverkehrsmittel schaffen. Dieses mit viel Fantasie in Vesters Kopf *entstandene* Stadtmobil schafft höchstens 50 Kilometer und wiegt nur 200 Kilogramm. Es besitzt eine aus extra
40 leichtem Kunststoff *gefertigte* Karosserie. Der Kofferraum, *der* unter die Fahrgastzelle verlegt ist, beansprucht in dem kurzen, hohen Fahrzeug keinen eigenen Raum. Vesters „Ökomobil" ist ein mit Elektronik *voll gestopftes* Auto. Es ist ein wenig Energie *verbrau-* 45 *chendes* und wenig oder keine Abgase *produzierendes* Fahrzeug. Und es fährt leise.

(Nach: Wolfgang Kaden: Dinosaurier auf Rädern. DER SPIEGEL 1/1991, S. 36 ff.)

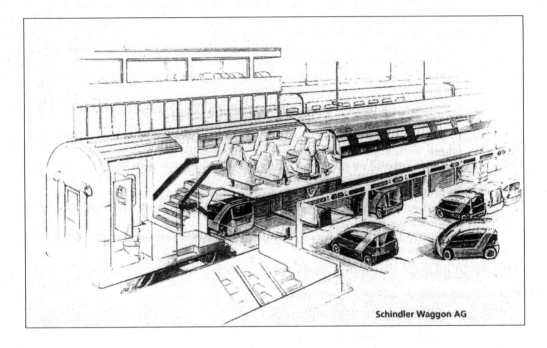

Schindler Waggon AG

(1) Eine Gruppe, aus mehr oder weniger erfahrenen Wanderern **zusammengesetzt**, plante eine Bergtour.

(= Eine Gruppe, **die** aus mehr oder weniger erfahrenen Wanderern **zusammengesetzt war**, plante eine Bergtour.)

(2) Jeder hatte einen Rucksack, **vollgepackt** mit Proviant und Regenzeug.

(= Jeder hatte einen Rucksack, **der** mit Proviant und Regenzeug **vollgepackt war**.)

(3) Die Wanderung, langfristig **geplant**, wurde für die meisten ein großes Erlebnis.

(= Die Wanderung, **die** langfristig geplant (worden) war, wurde für die meisten ein großes Erlebnis.)

(= **Weil / Dadurch, dass / Nachdem** die Wanderung langfristig geplant (worden) war, wurde sie für die meisten ein großes Erlebnis.)

(4) Sie wanderten mehrere Stunden bergauf schwere Rucksäcke auf dem Rücken (tragend) und den Gipfel vor Augen.

(= Sie wanderten mehrere Stunden bergauf, **wobei** sie schwere Rucksäcke auf dem Rücken trugen und den Gipfel vor Augen hatten.)

(5) Für die untrainierten Teilnehmer wurde die Wanderung, **obwohl** lange **herbeigesehnt**, zur Qual.

(= Für die untrainierten Teilnehmer wurde die Wanderung, **obwohl** sie sie lange herbeigesehnt hatten, zur Qual.)

(6) **Streng genommen** hätten sie im Ort zurückbleiben müssen.

(= **Wenn man** es streng nimmt, hätten sie im Ort zurückbleiben müssen.)

分词短语相当于没有独立主语的、关系从句或状语从句的缩写形式,它的主语可能是主句中的主语(1)或者宾语(2)。

没有词尾的分词一般位于句末。意义较弱的分词省略(*habend, seiend, geworden*)或者可以省略(例如 *haltend, tragend*)(4)。第一分词短语和第二分词短语的用法规则和分词定语的用法规则相同。(参见 245 页)

分词短语可以用关系从句(1)(2)或者表示原因、情状、时间、让步及条件的状语从句(4)—(6)来加以分解,有时存在多种解释的可能(3)。表示让步的分词短语保留连词(5)。

许多表示条件的分词短语是固定词组,主语为 *man*,一般主要由表示"说"或"想"的动词构成,例如 *anders/ genau/kurz/offen gesagt, anders formuliert, milde ausgedrückt, bildlich gesprochen, bei Licht/genauer/ oberflächlich betrachtet, langfristig/so gesehen, genau/ streng/im Grunde genommen, richtig verstanden, verglichen mit, grob geschätzt, ausgehend von, abgesehen von, angenommen (dass), vorausgesetzt (dass), zugegeben (dass)* (6)。

分词短语可以前置(6),也可以后置(2)(4),也可以插入句中(1)(3)(5)。

如果分词短语位于句子结构之外(1)(3),或者由一个让步连词引导(5),需要用逗号隔开。也可以用逗号(2)使句子的划分更清楚或避免误解。

分词短语主要用于书面语中高雅的语言风格。

1 请将下列分词短语转换成关系从句或者状语从句。

Ein aufregender Urlaub

1. Die Koffer packend bekamen die jungen Eheleute richtig Reisefieber.
2. Im Taxi sitzend fiel der Stress der letzten Tage von ihnen ab.
3. Der Taxifahrer, vom Trinkgeld enttäuscht, ließ den jungen Mann die Koffer allein tragen.
4. Am Flughafen angekommen erfuhren die jungen Leute, dass das Flugzeug Verspätung hatte.
5. Am Urlaubsort eingetroffen gingen sie gleich an den Strand.
6. Den Rest des Tages in der prallen Sonne liegend hatten sie beide am Abend den schlimmsten Sonnenbrand.
7. Sie schliefen, vom Sonnenbrand geplagt, erst gegen Morgen ein.
8. Bereits um sieben Uhr von Kinderlärm geweckt saßen sie missgelaunt am Frühstückstisch.
9. Karten spielend vertrieben sie sich die Zeit bis zum Mittagessen.
10. Vom Mittagsschlaf aufgewacht entschlossen sie sich zu einer Fahrt ins Landesinnere.
11. Die meiste Zeit des Urlaubs verbrachten sie am Swimming-Pool des Hotels, faul in Liegestühlen liegend.
12. In der Sonne schmorend träumten sie von einem Abenteuer-Urlaub.
13. Abends saßen sie meistens vor dem Fernseher, gelangweilt von den abendlichen Folklore-Veranstaltungen im Hotel.
14. Aus dem Urlaub zurückgekehrt erzählten sie allen Bekannten von ihrer abwechslungsreichen Reise.
15. Dabei hatten sie, abgesehen von der Fahrt ins Landesinnere, kaum etwas gesehen oder erlebt.

2 请用分词短语造句。

Wie machen Sie Urlaub?

1. Durch Lektüre auf die Reise gut vorbereitet weiß ich etwas über Land und Leute.
2. ...

3 请将下列分词短语转换成关系从句或者状语从句。

Lebenslügen

1. Viele Menschen flüchten sich, bittere Wahrheiten einfach nicht zur Kenntnis nehmend, in eine „Lebenslüge".
2. Ihre Probleme verharmlosend schützen sie sich vor möglicherweise deprimierenden Entdeckungen über ihre persönliche Situation.
3. Unangenehme Wahrheiten, „unter den Teppich gekehrt", können auf diese Weise das positive Selbstbild solcher Menschen nicht gefährden.
4. Theaterstücke wie Ibsens „Wildente" oder A. Millers „Tod eines Handlungsreisenden" sind, solche Lebenslügen aufzeigend, weltberühmt geworden.
5. Die Augen vor der Realität verschließend leben die in diesen Theaterstücken dargestellten Personen angenehmer und bequemer.

6. Sie vermeiden, obwohl von unbequemen Erinnerungen bedrängt, die Auseinandersetzung mit der eigenen Vergangenheit.
7. Viele unangenehme Gedanken dringen, im richtigen Augenblick blockiert, erst gar nicht ins Bewusstsein.

4 请将条件从句转换成分词短语。

Beispiel: Wenn man es milde ausdrückt, ist die deutsche Grammatik für den Anfänger nicht ganz einfach.
Milde ausgedrückt ist die deutsche Grammatik für den Anfänger nicht ganz einfach.

Deutsche Sprache – schwere Sprache
1. Wenn man sich bildlich ausdrückt, irrt der Anfänger beim Deutschlernen in einem Labyrinth umher.
2. Wenn man es genau nimmt, ist keine Sprache leicht zu lernen.
3. Wenn man grob schätzt, gibt es in der deutschen Grammatik 180 starke Verben.
4. Wenn man es genauer betrachtet, folgen diese Verben einem bestimmten Schema.
5. Wenn man es so sieht, sind auch die Partizipialsätze nicht so schwer zu verstehen.
6. Die deutsche Adjektiv-Deklination ist, wenn man sie mit der russischen vergleicht, sehr einfach.
7. Nur wenn man es oberflächlich betrachtet, erscheint die deutsche Adjektiv-Deklination kompliziert.
8. Wenn man es aber bei Licht betrachtet, reduzieren sich die Schwierigkeiten auf wenige Fälle.
9. Wenn man von einigen Ausnahmen und idiomatischen Wendungen absieht, hält sich die deutsche Sprache genau an die Regeln.
10. Wenn man voraussetzt, dass der Anfänger zum Erlernen der deutschen Sprache motiviert ist, wird er bald in gutem Deutsch über die Schwierigkeiten dieser Sprache klagen können.
11. Wenn man es langfristig sieht, lohnt es sich auf jeden Fall, die Mühen des Sprachenlernens auf sich zu nehmen.

5 请将斜体的分词短语转换成关系从句或者条件从句。

Drei Gedichte von Bertolt Brecht

1. Tagesanbruch

Nicht umsonst
Wird der Anbruch jeden neuen Tages
Eingeleitet durch das Krähen des Hahns
Anzeigend seit alters
Einen Verrat.

2. Die Maske des Bösen

An meiner Wand hängt ein japanisches Holzwerk
Maske eines bösen Dämons, *bemalt mit Goldlack.*
Mitfühlend sehe ich
die geschwollenen Stirnadern, *andeutend*
Wie anstrengend es ist, böse zu sein.

3. Nachdenkend über die Hölle

Nachdenkend, wie ich höre, *über die Hölle*
Fand mein Bruder Shelley*, sie sei ein Ort
Gleichend ungefähr der Stadt London. Ich
Der ich nicht in London lebe, sondern in Los Angeles
finde, *nachdenkend über die Hölle,* sie muss
Noch mehr Los Angeles gleichen.

Auch in der Hölle
Gibt es, ich zweifle nicht, diese üppigen Gärten
Mit den Blumen, so groß wie Bäume, *freilich verwelkend*
Ohne Aufschub, wenn nicht gewässert mit sehr teurem Wasser.
Und Obstmärkte
Mit ganzen Haufen von Früchten, die allerdings
Weder riechen noch schmecken. Und endlose Züge von Autos
Leichter als ihr eigener Schatten, schneller als
Törichte Gedanken, schimmernde Fahrzeuge, in denen
Rosige Leute, *von nirgendher kommend,* nirgendhin fahren.
Und Häuser, *für Glückliche gebaut, daher leerstehend*
Auch wenn bewohnt.

Auch die Häuser in der Hölle sind nicht alle häßlich.
Aber die Sorge, auf die Straße geworfen zu werden
Verzehrt die Bewohner der Villen nicht weniger als
Die Bewohner der Baracken.

*Shelley: englischer Dichter, 1792–1822

6 请将分词短语转换成关系从句或者状语从句。

Das Heulen der Wölfe
1. Das Heulen, ein langgezogener, melodischer U-Laut, ist der wohl charakteristischste Laut des Wolfes.
2. Den Kopf gehoben und die Ohren zurückgelegt heulen Wölfe um über weite Entfernungen zu Wölfen des eigenen Rudels oder fremder Rudel Kontakt aufzunehmen bzw. zu halten. Das Heulen eines Wolfes ist oft mehrere Stunden lang zu hören.
3. Eine besondere Heulzeremonie, von Erik Zimen beschrieben und als „Chorheulen" bezeichnet, läuft folgendermaßen ab: Nach einer langen Ruhepause am Nachmittag steht ein Wolf langsam auf und verschwindet, auf dem Boden herumschnüffelnd, im Gebüsch.
4. Die meisten Wölfe, im Umkreis von etwa fünfzig Metern liegend, schlafen noch.

5. Plötzlich fängt der im Gebüsch verschwundene Wolf, unterhalb des Rudels auf einem Stein stehend, zu heulen an.

6. Immer lauter werdend weckt das Heulen die anderen Wölfe aus ihrem Schlaf.

7. Sie erheben sich, strecken sich und rennen mit den Schwänzen wedelnd aufeinander zu.

8. Nun zu einem engen Haufen zusammengekommen hat jeder mit jedem direkten körperlichen Kontakt.

9. Dann fängt ein zweiter Wolf, den Kopf hebend, zu heulen an.

10. Bald heulen die Wölfe, nacheinander in das Geheul einfallend, im Chor.

11. Allerdings stoßen die Jüngeren und Rangniederen, noch unruhig hin- und herlaufend, zunächst quäkende Laute aus.

12. Endlich zur Ruhe gekommen heben auch sie den Kopf ganz hoch und heulen im Chor mit.

13. Diese Heulzeremonie, auch in freier Wildbahn beobachtet, hat eine integrierende Funktion.

14. Auf das engste Rudel beschränkt deutet sie darauf hin, dass sie dem Zusammenhalt der Gruppe dient.

15. Gut ausgeruht kommen die Wölfe durch diese Zeremonie in eine freundliche, kooperative Stimmung, die beste Voraussetzung für gemeinsame Aktivitäten.

16. Vorwiegend vor dem abendlichen Start zur Jagd und früh am Morgen stattfindend sind diese Zusammenkünfte vermutlich der Auftakt zu einem gemeinsamen Aufbruch.

(Nach: Erik Zimen: Der Wolf. Verhalten, Ökologie und Mythos)

Ⅰ 并列复合句
Ⅱ 主从复合句

并列复合句

1.并列连词

(1) Schon mit 16 Jahren beherrschte Zamenhof acht Sprachen **und** später kamen noch weitere hinzu.

(2) Der junge Zamenhof wuchs dreisprachig auf, **aber** er belieẞ es nicht dabei.
aber dabei belieẞ er es nicht.
er belieẞ es **aber** nicht dabei.
dabei **aber** belieẞ er es nicht.
dabei belieẞ er es **aber** nicht.

(3) …, dass Zamenhof der Erfinder der Kunstsprache Esperanto ist **und** (dass) diese Sprache über 100 Jahre alt ist.

(4) Esperanto beruht auf 16 Grundregeln **und** kennt keine Ausnahmen.

(5a) …, dass Sprachenlernen ihm **keine** Mühe, **sondern** Spaẞ machte.

(5b) Der Erfinder des Esperanto war allerdings **nicht** Sprachwissenschaftler, **sondern** Augenarzt.

(5c) Er lernte **nicht nur** Hebräisch und Aramäisch, **sondern auch** Latein, Griechisch, Französisch und Deutsch.

(6) In seinem Geburtsort Bialystok sprach die Bevölkerung Polnisch, in den umliegenden Dörfern wurde Litauisch gesprochen, (und) die von Moskau eingesetzte Verwaltung bestand auf der russischen Sprache.

并列连词连接相同句型的句子,即主句(1)(2)或同级的从句(3),这样的句子称为并列复合句。并列连词并非独立的句子成分,所以它不影响语序。

根据意义的不同,有下列连词。

表示添加:*und*

表示选择:*oder, entweder...oder*

表示对立或转折:*oder, denn, doch, jedoch, allein (= aber)*

表示更改:*sondern, nicht nur...sondern auch*

表示原因:*denn*

表示解释、说明:*d.h.(=das heiẞt)*

连词 *und, oder, denn, allein, sondern* 及 *d.h.*不仅连接并列复合句,也出现在多部分连词中,不占位(1)(3)。

连词 *aber, doch, jedoch, entweder* 在语序上较为自由,既可置于变位动词之前,占首位,又可以位于变位动词之后(2),连词 *nicht nur* 总是位于句中,在变位动词之后(5c)。

连词 *sondern* 只用于否定句中,常常扩展为 *nicht nur ... sondern auch* 的句式(5)。

在表示添加和选择的连词前没有逗号,除非想使句子结构更清楚或者避免误会。

如果在并列复合句中有一个或多个句子成分一致,这个(些)句子成分不再重复:

Esperanto beruht auf 16 Grundregeln und Esperanto/es kennt keine Ausnahmen.
Esperanto beruht auf 16 Grundregeln und kennt keine Ausnahmen.
(identisch: Subjekt)
Sprachenlernen machte ihm keine Mühe, sondern Sprachenlernen machte ihm Spaẞ.

Sprachenlernen machte ihm keine Mühe, sondern Spaß.
(identisch: Subjekt, Prädikat, Dativobjekt)

这种经过缩减的并列复合句称为紧缩句(4)(5)。由 *und* 连接的并列复合句中，主语只有位于首位时，才可以省略(4)。而句子也可以无需连词连接而并列存在(6)。

1 请用并列连词连接下列主句，如有可能，请改变词序。

Esperanto (1)
1. Esperanto ist eine systematische Sprache. Sie ist folgerichtig aufgebaut.
2. Man führt Esperanto nicht als Hauptfach ein. Es wird sich nie durchsetzen.
3. Esperanto sollte als Universalsprache der weltweiten Verständigung dienen. Es sollte die einzelnen Nationalsprachen ergänzen.
4. Der Wortschatz dieser Sprache stammt vorwiegend aus dem Englischen und Französischen. Die Schreibung ist phonetisch.
5. Es gibt noch andere Kunstsprachen. Esperanto ist die bekannteste.
6. Die Idee einer Kunstsprache fasziniert Sprachwissenschaftler. Auch Philosophen haben sich immer wieder mit dieser Idee beschäftigt.
7. Der Erfinder des Esperanto, Ludwig Lazarus Zamenhof, hatte nicht Sprachwissenschaft studiert. Er hatte Medizin studiert.
8. Zamenhof machte als Kind Erfahrungen mit vielen Sprachen. Er wuchs in einem Sprachengewirr auf.
9. Stark vertreten war auch das Jiddische. Die Hälfte der etwa 20 000 Einwohner waren Juden. Zu dieser Bevölkerungsgruppe gehörte die Familie Zamenhof.
10. Zamenhof wollte eine Universalsprache entwickeln. Er hat darunter gelitten, dass sich in seiner Heimat viele Menschen nicht miteinander verständigen konnten.
11. Er lernte in der Synagogenschule und im Gymnasium vier Sprachen. Das reichte dem Vater nicht. Dieser wollte die Sprachbegabung seines Sohnes fördern.
12. Über weitere europäische Sprachen – vor allem Italienisch und Spanisch – verschaffte sich Zamenhof ebenfalls Kenntnisse. Er bastelte aus ihnen seine Kunstsprache Esperanto zusammen.
13. Zamenhof muss sehr sprachbegabt gewesen sein. Er beherrschte viele Sprachen.

2 请将下列句子表达得更简洁些。

1. Esperanto ist eine systematische Sprache und es ist deshalb eine leicht zu lernende Sprache.
2. Esperanto ist leicht zu lernen, weil es auf nur 16 Grundregeln beruht und weil es keine Ausnahmen kennt.
3. Vater Zamenhof brachte seinem Sohn Französisch bei und er brachte ihm Deutsch bei.

4. Zamenhof lernte Fremdsprachen nicht nur bei seinem Vater, sondern er lernte Fremdsprachen auch in der Synagogenschule und im Gymnasium.

5. Es ist nicht bekannt, ob Zamenhof sich lieber von seinem Vater unterrichten ließ oder ob er sich lieber von fremden Lehrern unterrichten ließ.

6. Vater Zamenhof hielt von den „Spinnereien" seines Sohnes nicht viel und er überredete diesen zum Medizinstudium.

3 请用两个完整的句子来解释下列复合句的意思。

1. Zamenhof ist nicht als Augenarzt, sondern als Erfinder des Esperanto berühmt geworden.

2. Zamenhof konnte nicht vorhersehen, ob sich Esperanto durchsetzen würde oder nicht.

3. Man weiß, dass Zamenhof den Sprachenwirrwarr in seiner Heimatstadt nicht als bereichernd, sondern als problematisch empfunden hat.

4. Man kann Esperanto oder andere Kunstsprachen wie Ido, Occidental oder Uropi lernen.

5. Hebräisch und Aramäisch lernte Zamenhof in der Synagogenschule und Latein und Griechisch im Gymnasium.

6. Es ist klar, dass Esperanto die Nationalsprachen nicht ersetzen, sondern ergänzen sollte.

2. 连词性副词

(1) Der Grundwortschatz von Esperanto umfasst nur etwa 1 000 Wörter, (und) **trotzdem** kann man sich in dieser Sprache verständigen.

man kann sich **trotzdem** in dieser Sprache verständigen.

man kann sich in dieser Sprache **trotzdem** verständigen.

(2) **Zwar** wünschen sich Esperantisten Esperanto als Weltsprache,

Esperantisten wünschen sich **zwar** Esperanto als Weltsprache,

Esperantisten wünschen sich Esperanto **zwar** als Weltsprache,

aber die Nationalsprachen sollen (trotzdem) weiter gesprochen werden.

连词性副词只连接主句，是独立的句子成分，因此构成句子的一个部分。它们可以直接位于变位动词之前占第一位，或者位于变位动词之后。这种复合句也称为并列复合句。

根据内容上的关系可以将连词性副词分为以下几类：

表示添加：*auch, außerdem, daneben, darüber hinaus, desgleichen, ebenfalls, ebenso, ferner, gleichfalls, sogar, überdies, übrigens, zudem*；*weder ... noch, bald ... bald, einerseits ... andererseits, zum einen ...zum anderen, erstens ... zweitens ... drittens, teils ... teils*

表示对立或转折：*dagegen, hingegen, indessen, vielmehr*

作状语（表示原因、后果、方式方法等）：例如 *deshalb, dafür, trotzdem, zwar ... aber, infolgedessen, sonst, dadurch, inzwischen, seitdem, dort*（参见第 13 章）

表示解释：*und zwar, sozusagen, bzw. (=beziehungsweise), z.B.(=zum Beispiel)*

und, oder, aber, denn, doch 这些并列连词可以位于句首，在连词性副词之前占第一位：*und daher, oder dann, aber trotzdem, denn sonst, doch dabei*。

4 请用连词性副词连接句子，有时存在多种可能。请改变词序。

Esperanto (2)

1. Zamenhof träumte von einer einzigen Sprache. Er dachte an eine Universalsprache.
2. Der Vater hielt von der Beschäftigung des Sohnes mit der Kunstsprache nichts. Er warf dessen erste Aufzeichnungen ins Feuer.
3. Er unterstützte das Sprachenlernen seines Sohnes. Er versuchte ihn von der Beschäftigung mit der Universalsprache abzubringen.
4. Esperanto ist leicht erlernbar: Es ist folgerichtig aufgebaut. Es basiert auf 16 Grundregeln. Es kennt keine Ausnahmen.
5. Es gibt zusätzlich zum Grundwortschatz etwa 40 Silben mit fester Bedeutung. Man kann den Wortschatz beliebig erweitern. „buso" heißt Bus. „busisto" heißt Busfahrer („isto" = Nachsilbe für Berufsbezeichnungen).
6. Esperanto wurde vor gut 100 Jahren erfunden. Es hat sich noch nicht durchgesetzt.
7. Esperanto ist die bekannteste Universalsprache. Nach vagen Schätzungen beherrschen diese Sprache nur einige Millionen Menschen.
8. Es gibt noch andere Kunstsprachen. Mir fallen Ido, Occidental und Uropi ein.
9. Esperanto und die anderen Kunstsprachen sind leicht zu erlernen. Sie haben noch nicht die erhoffte Verbreitung gefunden.
10. Esperanto ist eine neutrale Sprache. Sie ist für eine weltweite Kommunikation geeignet.
11. Esperanto hat in internationalen Gremien keine Chance. Es wird nicht über die Einführung des Schulfachs Esperanto nachgedacht.
12. Kenner dieser Sprache können Radiosendungen hören. Sie können die Esperantozeitung aus Peking lesen.

II 主从复合句

1. 从属连词

(1) Es ist wahrscheinlich, **dass** die Arbeitszeit in Zukunft noch kürzer wird.

(2) Immer mehr Menschen fragen sich, **ob** sie ihre Zeit sinnvoll verbringen.

(3) Man muss sich die Frage stellen, **warum** Zeit heute so knapp ist.

(4a) **Obwohl** die Arbeitszeit immer kürzer wird, haben die Menschen immer weniger Zeit.

(4b) Die Menschen haben, **obwohl** die Arbeitszeit immer kürzer wird, immer weniger Zeit.

(5) Viele Menschen klagen heute über Stress, **der** eine Folge des Zeitmangels ist.

(6) Die Menschen von heute geben vor wenig Zeit **zu haben**.

由主句和一个或多个从句组成的复合句称为主从复合句。从句可以后置，例如(1)，前置(4a)，或插入主句之中(4b)。除不定式结构(6)和分词短语以外，用逗号将从句和主句分开。

引导从句的词有：
——从属连词：

dass, ob; 作状语（表示原因，后果，方式方法等）：例如 *weil, damit, um ... zu, obwohl, so dass, wenn, indem, ohne dass, ohne ... zu, als ob, je ... desto, nachdem, bis, bevor*

(7) Viele Menschen meinen, sie **hätten** keine Zeit.

(8) **Ist** die Arbeitszeit auch noch so kurz, so klagen die Menschen doch über Zeitmangel.

(9) **Wird** die Arbeitszeit kürzer, haben die Menschen mehr Freizeit.

(10a) Viele Menschen haben von Termin zu Termin **eilend** wenig Zeit zum Nachdenken.

(= indem sie von Termin zu Termin eilen)

(10b) Der Kontakt mit der Familie, fast nur auf das Wochenende **beschränkt**, wird als unbefriedigend empfunden.

(= der fast nur auf das Wochenende beschränkt ist)

——疑问词: *wann, warum, was, wer, wie, wo, woher, wohin*

——关系代词: *der, die, das; welcher, welche, welches; wer, was*

——关系副词: *womit, worüber* (=*wo* (*r*)+介词); *wo, wohin, woher, von wo aus*。

按照引导词的不同,可以将从句分为:

——带连词的从句(1)(2)(4)

——间接疑问句(3)

——关系从句(5)。

连词引导的从句中变位动词位于句末(1)-(5)。

按照从句所代表的句子成分可以将从句分为:

——主语从句,宾语从句,定语从句(即连词 *dass* 引导的从句及间接疑问句)(1)(2)(3)(参见第 12 章)

——状语从句(即状语性连词引导的从句)(4)(参见第 13 章)

——关系从句(5)(参见第 14 章,第 15 章)

除了有连词引导的从句外,还有没有连词引导的从句:

——不定式结构作没有连词引导的主语从句,宾语从句和定语从句代替 *dass* 从句(6)(参见第 11 章,第 12 章)

——下列动词可按没有连词引导的宾语从句(代替 *dass* 从句):表达"说"、"通知"、"想"、"认识"及"感知"的动词(例如 *antworten, begreifen, bemerken, denken, erkennen, erklären, fühlen, meinen, merken, sagen, sehen, spüren, wissen*),表达"愿望"和"意愿"的动词(例如 *erwarten, hoffen, wünschen*),表达"促使"和"要求"的动词(例如 *auffordern, bitten, raten, verlangen*)(7)(参见 199 页)

——没有连词引导的让步及条件从句(代替 *wenn* 从句)(8)(9)(参见 200 页,99 页及 203 页)

——分词短语作没有连词引导的状语从句(10a)或者关系从句(10b)。(参见第 16 章)

如果没有连词引导的从句后置,动词位于第二位(7);前置,动词则位于第一位(8)(9)。

2. 含有多个从句的主从复合句

(1a) Er vertrieb sich die Zeit, bis die Frau kam, indem er Münzen in den Automaten warf und andere Leute für sich drücken ließ.

(1b) Als Bloch aufschaute, sah er, dass die Sonne unterging.

(2) Bloch bildete sich ein, Geräusche zu hören, mit denen die Bierflaschen aufs Spielfeld fielen.

(3) Eine Zeitlang hörte er dem Gespräch zu, das er, weil er früher einige Male mit seiner Mannschaft zu einem Turnier in New York gewesen war, leidlich verstehen konnte.

(4) Bloch hatte die Ausweise, statt sie den beiden zurückzugeben, nur vor sich hin auf den Tisch gelegt, als sei er gar nicht berechtigt gewesen, sie anzuschauen.

(5) Zu der Frau, die ihm schon im Bus, indem sie die Handtasche aufmachte und darin mit verschiedenen Gegenständen spielte, angedeutet hatte, dass sie unwohl sei, sagte er: …

(Peter Handke: Die Angst des Tormanns beim Elfmeter)

在有多个从句的主从复合句中,必须区分同级从句和不
同级从句。同级从句依附于同一个主句(1)。而在有多个
不同级从句中的主从复合句中, 第一级从句依附于主
句,第二级从句依附于第一级从句,依此类推(2)(4)。从
属的从句可以依次排列(2),但也可以插入上一级从句
中(3)或上一级主句中(4)。可将从句插入从句(3)和将
从句插入主句(4)这两种方法结合起来(5)。

同级从句可以彼此分离(1b),而不同级从句却不可以(2)
(3)(4)。

句子还可以组合得更加复杂,即可以由多个主从复合句
和并列复合句构成。这种多重结构的句子称为多元组合
句(或套叠长句)。

多元组合句在现代日常口语中几乎没有什么作用,而是
文学和科技文章中的一种修辞手法。在日常口语中,从
句大多位于主句的前场或后场,这样课文更简单易懂。

Er hatte beabsichtigt, das Werk, für welches
er lebte, bis zu einem gewissen Punkte zu fördern, bevor er aufs Land übersiedelte, und
der Gedanke einer Weltbummelei, die ihn
auf Monate seiner Arbeit entführen würde,
schien allzu locker und planwidrig, er durfte
nicht ernstlich in Frage kommen.

(Thomas Mann: Tod in Venedig)

5 请研究下列主从复合句,并用图解的方式表明主、从句间的从属关系。

Nach einer mutmaßlichen Entlassung

1. Dem Monteur Bloch, der früher ein bekannter Tormann gewesen war, wurde, als
   er sich am Vormittag zur Arbeit meldete, mitgeteilt, dass er entlassen sei. Jedenfalls legte Bloch die Tatsache, dass bei seinem Erscheinen in der Tür der Bauhütte,
   wo sich die Arbeiter gerade aufhielten, nur der Polier von der Jause aufschaute,
   als eine solche Mitteilung aus und verließ das Baugelände.
2. Bloch fuhr wieder mit dem Bus zu seinem Zimmer und nahm in einer Reisetasche
   zwei Pokale, die freilich nur Nachfertigungen von Pokalen waren, die seine

Mannschaft einmal in einem Turnier, einmal im Cup gewonnen hatte, und ein Anhängsel, zwei vergoldete Fußballschuhe, mit.

3. Er setzte sich zurück auf die letzte Sitzbank, wo er, wenn nötig, bequem nach hinten hinausschauen konnte. Als er sich setzte, sah er, obwohl das nichts zu bedeuten hatte, in die Augen des Fahrers im Rückspiegel.

4. Der Briefträger hatte Bloch, noch während dieser sprach, den Rücken zugekehrt und unterhielt sich leise mit der Postbeamtin in einem Gemurmel, das Bloch hörte wie jene Stellen in ausländischen Filmen, die man nicht übersetzte, weil sie ohnedies unverständlich bleiben sollten.

(Peter Handke: Die Angst des Tormanns beim Elfmeter)

6 请给下文加上逗号。

Felix Krull

Wenn aber so träumerische Experimente und Spekulationen geeignet waren mich von meinen Alters- und Schulgenossen im Städtchen die sich auf herkömmliche Weise beschäftig-
5 ten innerlich abzusondern so kam hinzu dass diese Burschen Weingutsbesitzers- und Beamtensöhne von seiten ihrer Eltern wie ich bald gewahr werden musste vor mir gewarnt und von mir ferngehalten wurden ja einer von ih-
10 nen den ich versuchsweise einlud sagte mir mit kahlen Worten ins Gesicht dass man ihm den Verkehr mit mir und den Besuch unseres Hauses verboten habe weil es nicht ehrbar bei uns zugehe. Das schmerzte mich und ließ
15 mir einen Umgang begehrenswert erscheinen an dem mir sonst nichts gelegen wäre. Allein nicht zu leugnen war dass es mit der Mei-

nung des Städtchens über unser Hauswesen gewissermaßen seine Richtigkeit hatte.

Ich ließ schon weiter oben eine Anspielung 20 einfließen auf Störungen welche durch die Anwesenheit des Fräuleins aus Vevey in unser Familienleben getragen wurden. In der Tat stellte mein armer Vater diesem Mädchen in verliebtem Sinne nach und gelangte auch 25 wohl zu dem gesteckten Ziel worüber sich Meinungsverschiedenheiten zwischen ihm und meiner Mutter entspannen die weiter dahin führten dass mein Vater sich auf mehrere Wochen nach Mainz begab um dort wie er es 30 manches Mal zu seiner Erfrischung tat das Leben eines Junggesellen zu führen.

(Thomas Mann: Bekenntnisse des
Hochstaplers Felix Krull)

哪儿可以插入从句？

(1) Es ist klar, dass man Zeit spart, wenn man Maschinen einsetzt.

(1a) Es ist klar, **dass** man, **wenn** man Maschinen einsetzt, Zeit spart.

(2) Heute beherrscht die Uhr das Leben der Menschen, die sich überfordert fühlen, weil sie mit dem schnellen Lebensrhythmus nicht Schritt halten können.

(2a) Heute beherrscht die Uhr das Leben der Menschen, **die** sich, **weil** sie mit dem schnellen Lebensrhythmus nicht Schritt halten können, überfordert fühlen.

内容与从句相关的地方可以插入从句。但是第一个句子成分和反身代词大多位于前场。应该避免两个连词前后相连的结构。(错误：*Es ist klar, dass, wenn man Maschinen einsetzt, man Zeit einspart.*)

7 请在上一级从句中插入从句。

Zeitprobleme?

1. Das Seltsame ist, dass die Menschen immer mehr unter Zeitdruck stehen, obwohl ihnen technische Geräte viele Arbeiten abnehmen.
2. Den Historikern ist bekannt, dass der Uhrzeit im 19. Jahrhundert ein völlig neuer Stellenwert zukam, auch wenn sie schon in früheren Jahrhunderten wichtig war.
3. Man kann sich sicher vorstellen, dass den Menschen viel Disziplin abverlangt wurde, bis sie an die zeitlichen Zwänge gewöhnt waren.
4. Inzwischen ist die Uhrzeit für uns Menschen eine Selbstverständlichkeit geworden, weil unsere Aktivitäten zeitlich koordiniert werden müssen, wenn sie nicht sinnlos aneinander vorbeilaufen sollen.
5. Der heutige Mensch macht sich nicht klar, dass er sich ständig selbst überfordert, wenn er sein Lebenstempo weiter beschleunigt.
6. Die schnelle Lebensweise ist wie ein Zwang, dem man sich nicht entziehen kann, auch wenn man dies gern möchte.
7. Viele Menschen haben heute das Problem, dass sie keine Ruhe mehr finden, weil die Hektik des Alltags sie nervös macht.
8. Allerdings erkennen die Menschen allmählich, dass sie sich unnötigem Stress aussetzen, wenn sie zu viele Freizeitangebote wahrnehmen.

在下面这篇 Wolfgang Hildesheimer 的文章中，故意将多元组合句中的从句和主句交叉在一起，以至于难以理解。这个例子表明，应该避免使用以下句式：

——一个单个的句子成分孤立地位于句子的后部

——第二个部分距离第一个部分太远

——动词或谓语堆积在主从复合句的句末。

---

8 请分解文中的主从复合句以使其更易于理解。

Wieder ist, wie Du, lieber Max, wahrscheinlich bereits festgestellt hast, ein Jahr vergangen, und ich weiß nicht, ob es Dir so geht wie mir: allmählich wird mir dieser ewigwährende Zyklus ein wenig leid, wozu verschiedene Faktoren, deren Urheber ich in diesem Zusammenhang, um mich keinen Unannehmlichkeiten, deren Folgen, die in Kauf zu nehmen ich, der ich gern Frieden halte, gezwungen wäre, nicht absehbar wären, auszusetzen, nicht nennen möchte, beitragen.

(Wolfgang Hildesheimer:
Mitteilungen an Max über den
Stand der Dinge und anderes)

§18 句子成分及其位置

| 词类和句子成分

句子	DER	SPIEGEL	berichtete	vor	kurzem	über die	Ergebnisse einer	Umfrage.
词类:	冠词	名词	动词	介词	形容词	介词 冠词	名词	冠词 名词
句子成分:	主语		谓语	说明语		宾语		

Vor kurzem / berichtete / DER SPIEGEL /
　über die Ergebnisse einer Umfrage.
Über die Ergebnisse einer Umfrage / berichte-
　te / DER SPIEGEL / vor kurzem.
(aber z.B. nicht möglich: Über die Ergebnisse /
　berichtete/ DER SPIEGEL / vor kurzem /
　einer Umfrage.)

词是句子中最小的单位。仅比词大的单位是句子成分，它由一个词或者词组构成，包括不同的词类。句子成分在句子内部只能作为一个整体来调换位置，而且在主句中围绕总是位于第二位的变位动词变化。通过位置的变换可以确认哪些词属于哪个句子成分。

1. 词类

词可以分为以下几类：

名词: 　　　*Jugend, Lebensgefühl*

动词: 　　　*hoffen, erleben*

形容词: 　　*glücklich, unkompliziert*
　　　　　数量形容词（数词）：*ein, einer, einmalig, einzeln, vereinzelt, zwei, zweiter, beide,*
　　　　　zweifach, doppelt, zweierlei, letzter, ein halber/ganzer (Liter)

冠词: 　　　*der, die, das; ein, eine, ein*

代词: 　　　*ich, er*（人称代词）；*sich*（反身代词）；　*mein, sein*（物主代词）；　*der, dieser, jener,*
　　　　　derjenige, derselbe, solche, derartige（指示代词）；*der, welche tliche, verschiedene, sonstige,*
　　　　　cher（关系代词）；　*jemand, niemand, man, jeder, einige, andere, manche, mehrere,*
　　　　　weitere, wenige, viele, alle, sämtliche; endungslos: nichts, wenig, etwas, mehr, mancherlei,
　　　　　allerlei, viel, genug（不定代词）；*wer, was, welcher, was für ein, was für welche*（疑问代词）

副词: 　　　*heute, morgen, nie*（时间副词）；*dort, überall, oben*（地点副词）；*gern, üblicherweise,*
　　　　　sehr, besonders, fast, vielleicht, nicht（情态副词）；　*deshalb, dafür, trotzdem, sonst*
　　　　　（原因副词）；　*wo, wohin, woher, wann, wie, warum, wieso, weswegen, womit*（疑问副
　　　　　词）；*daran, hieran, woran; dafür, hierfür, wofür*（代副词）；　*außerdem, ebenso, dagegen,*
　　　　　deshalb（连词性副词）

介词:	*aus, durch, von, wegen, trotz, mit, bei*
连词:	*und, aber, sondern, weil, dass, ob*
小品词:	*aber, bloß, denn, doch, eben, einfach, halt, ja, nur, sogar, wohl, ziemlich*
情态词:	*bestimmt, grundsätzlich, hoffentlich, leider, überhaupt, vielleicht, wahrscheinlich, wirklich*
感叹词:	*ach! ah! pfui! pst! oh, hm, na ja*

除了少数特殊情况外名词、动词、(数量)形容词、冠词和代词的词形可以发生变化:动词的变位和名词、代词、形容词的变格。但是副词、介词、连词、小品词、情态词和感叹词的词形没有变化。

一个词根据它在句中功能的不同可以属于不同的词类,例如

aber	连词:	*Er ist intelligent, aber nicht fleißig.*
	语气小品词:	*Es ist aber schon spät.*
doch	连词:	*Er wollte wegfahren, doch sein Auto war kaputt.*
	情态副词:	*Er hat das Buch doch nicht gelesen.*
	语气小品词:	*Du kommst doch morgen?*
	替代句子的词:	*Kommst du nicht? – Doch.*
über	副词:	*Er ist über 18 Jahre.*
	介词:	*Er springt über den Zaun.*

1 请确定下文中斜休单词的词类。

Jugend 94: Freiheit

„Es gibt *drei* verschiedene *Arten* von Menschen", so fing Marlon Brando in *dem* Film „Der Mann *in* der Schlangenhaut" an. Ich war *gerade* zwölf Jahre alt, legte meine Barbiepuppe weg, setzte *mich* in *meinem* Sessel auf *und* hörte aufmerksam zu: „Die Käufer, die Gekauften und die Menschen, *die* ohne Beine sind wie diese *kleinen* Vögel. Im ganzen Leben *berühren* sie *nur* einmal die Erde – *wenn* sie sterben." *Ich* wollte wie *dieser* kleine *blaue* Vogel sein. (...) Ich wollte mich *nie* kaufen lassen und auch *niemanden* kaufen. Aber wie weit kommst du *ohne* Bein, wenn du nicht fliegen kannst?

(DER SPIEGEL 38/1994, S. 58 ff. Hier wurden die Ergebnisse einer Umfrage veröffentlicht, bei der junge Deutsche zwischen 14 und 29 Jahren nach ihrem Lebensgefühl bef agt worden waren.)

2. 句子成分

句子成分可分为以下几种:

主语:	**Meinungsforscher** fragten Jugendliche nach ihrem Lebensgefühl.
谓语:	Die Jugendlichen **mussten** viele Fragen **beantworten**.
补足语:	

Die Jugend von 1994 ist **eigensinnig und ohne Illusionen**.(＝表语)
DER SPIEGEL veröffentlichte **interessante Umfrageergebnisse**.(＝宾语)
In den Interviews **kamen** auch sehr persönliche Dinge **zur Sprache**.(＝功能动词结构方式/方法等)
Die Meinungsumfrage dauerte **ca. sechs Wochen**.(＝状语补足语:地点、时间、方式方法等)

说明语:	Über die Ergebnisse der Umfrage wurde (**in der Öffentlichkeit**) (**lange Zeit**) (**eifrig**) diskutiert.(状语说明语:地点、时间、方式主法等)

补充语是必要的句子成分，在语法上有其存在的必要性，是某些动词要求的。

说明语是选用性的、自由的句子成分，在语法上没有存在的必要性。它并不与某个特定的动词建立联系，可以对任何一个动词进行补充说明。

可以通过动词化将许多主语、宾语和说明语转化成从句。(参见 184 页的主语从句，185 页的宾语从句、192 页的状语从句)

主语

主语为第一格，回答由 *wer?* 提出的针对人的问题和由 *was?* 提出的针对物的问题。从词类来看，主语多为名词 (*Jugend*) 或者代词 (*er, man*), 但也可以是名词化的形容词 (*Jugendliche*)、分词 (*Befragte*)、不定式 (*das Nachforschen*)、副词 (*das Hin und Her*)、介词 (*das Für und Wider*) 以及连词 (*das Wenn und Aber*)。

2 请划出下文中所有的主语

Jugend 94: Glück

„Ich bekenne: Ich gehöre zu den vier Millionen Menschen, die täglich diese Zeitungen mit den großen Buchstaben lesen. Natürlich interessiert mich, wie man einen Fenstersturz
5 aus dem 12. Stockwerk überlebt, wie man Regenwürmer zubereitet und was man gegen die Grippe des Yorkshire-Terriers machen kann. Mich fesseln die Schlagzeilen des Glücks: „Mutter machte Kind glücklich",
10 „Politiker K. hatte wieder einmal Glück",

„Rufen Sie an, ich mache Sie glücklich". Jedes Kind beginnt früh das Glück zu suchen. Bei Umfragen über die großen Wünsche ist es immer auf den vordersten Plätzen zu finden,
15 aber nur wenige meiner Freunde haben es jemals erlebt, das große, schöne, strahlende Glück. Vielleicht sollte ich eine Annonce aufgeben."

(Ebd.)

谓语

谓语可以由一个部分 (*fragte*) 或多个部分 (*hat gefragt; wollte fragen; begann zu fragen; dachte...nach*) 组成。变位的动词形式称为第一谓语，不变位的动词形式 (第二分词，不定式，可分前缀) 称为第二谓语。

3 请划出下文中所有的谓语，并区分第一和第二谓语。

Jugend 94: Mut

„Es kam mal ein Typ auf meine Taxe zugesteuert, den zwei Kollegen schon abgelehnt
hatten, weil er aussah, als wäre er gerade in
eine Schlägerei verwickelt gewesen. Er war
5　ziemlich betrunken und machte nicht den
Anschein, als wollte er die Fahrt bezahlen.
Ich habe ihn dann mitgenommen und er hat
mir erzählt, dass drei Männer ihn überfallen
hätten. Die drei Männer haben den jungen
10　Mann ausgeraubt, zusammengeschlagen und
auf ihn geschossen. Er konnte sich gerade
noch mit einem Sprung in die Elbe retten. Er
ist dann, weil er tatsächlich kein Geld hatte,
zu einem Freund gefahren.
Es gibt Leute, deren Mut besteht darin, sich　15
an einem Gummiband hundert Meter in die
Tiefe zu stürzen und dafür Geld zu bezahlen.
Mein Mut ist völlig umsonst, mein Mut will
geben – auch wenn ich gelegentlich ein
Trinkgeld dafür kassiere."　20
(Ebd.)

表语

表语是一些动词的必用性补足语，主要是 *sein*，*werden*，
bleiben。以下动词也可以有表语，如 *heißen*；*scheinen*，
nennen，*halten für*，*finden*(=*halten für*)，*gelten als*，
aussehen/ sich vorkommen/wirken wie，*benutzen/
betrachten/ bezeichnen/empfinden als*，*auftreten/ sich
fühlen/handeln als/wie*。如果表语是一个名词，那么它
们和主语或第四格宾语处于同一个格：

Er ist **ein Angeber**. Er hält den Jugendlichen
für einen Neonazi.

从词类来看，表语为主语(*Journalist sein*)，形容词(*alt
werden*)，分词(*ihn anregend finden*)或者副词(*von hier
sein*)。

作表语的形容词和分词词形不发生变化：

Die Journalisten finden die Aussagen der Jugendlichen **interessant**.

---

4 请划出下文中所有的表语。

Jugend 94: Jugend

„Es gab schon schlechtere Zeiten um aufzuwachsen. Auch heutzutage ist es kein Kinderspiel, aber für ein Dach über dem Kopf und
einen Hamburger in der Hand reicht es.
5　Woran es liegt, dass „die Jugend" nicht mehr
so einfach von Werten zu überzeugen ist? Es
ist unwahrscheinlich, dass es an „der Jugend"
liegt. Immerhin sind die Gene in den letzten
tausend Jahren ziemlich gleich geblieben.
Die Menschen sind alle gleich, lehrt die Bi-　10
bel. Alle Menschen? Na ja, bis auf die Asoziale, die unser Dachgeschoss mieten wollte. Die
brach ihre Ausbildung ab, weil sie schwanger
war. Anschließend wollte sie dem Kind Erzie-

15 hung spendieren und seitdem lässt sie sich von unseren Steuern durchfüttern. Nicht alle Menschen sind gleich, schon gar nicht Punks, Langhaarige, Querulanten oder Linke.

Es ist wichtig, seinen Nächsten zu lieben, aber für das Rasenmähen muss auch noch 20 Zeit bleiben."

(Ebd.)

宾语

宾语取决于动词，根据不同的动词它们可以是动词必用性的或者选用性的说明语。(*jdm. begegnen/gefallen; etw. besitzen/nehmen; (jdm.) etw. empfehlen/glauben/ zeigen; (mit jdm.) sprechen über etw.; mit jdm. sprechen (über etw.); (jdm.) etw. (an etw.) erläutern*)。宾语可以分为两类：格宾语和介词宾语。所有可以作主语的词类均可以作宾语，即名词，代词，名词化的形容词、分词、不定式、副词、介词和连词。

格宾语：

第四格宾语：   Die Meinungsforscher befragten **einen Jugendlichen nach dem anderen**.
(Frage: *Wen?* bei Personen bzw. *Was?* bei Sachen)

第三格宾语：   Sie hörten **den Jugendlichen** gespannt zu.
(Frage: *Wem?*)

第二格宾语：   Die Befragung bedurfte **der Genehmigung der Schule**.
(Frage: *Wessen?*)

介词宾语：

Die Jugendlichen warteten **auf die Journalisten**.
Die Jugendlichen freuten sich **auf das Interview**.
(Frage: *Auf wen?* bei Personen bzw. *Worauf?* bei Sachen)

---

5 请划出并确定所有的宾语。

Jugend 94: Liebe

„Bei den meisten Leuten fängt das Leben mit Liebe an. Bei mir war da nichts. Irgendwie bin ich mit meinen Eltern ausgekommen, aber Liebe? Als ich vor der Entscheidung
5 stand, entweder meine Eltern zu verlassen oder meine Freundin, war klar: hin zu ihr, die mir alles gab, wonach ich mich sehnte. Ich wollte sie gar nicht mehr loslassen. Nach zwei Jahren konnte sie nicht mehr. Sie ging.
10 Es war zu spät.

Viele Freunde habe ich nicht, denn ich will mit ihnen nicht über Autos und Weiber fachsimpeln. (...)
Mit dem Hass-Kult komme ich nicht mit, warum hassen viele so gern? Wenn ich noch 15 mal eine Frau finde, die ich liebe und sie mich, dann sollen Kinder kommen. Was die Leute in meinem Alter immer mit Karriere am Hut haben, ist mir schleierhaft. Ist Arbeit Spaß? Bringt Arbeit Glück?" 20

(Ebd.)

状语说明语和补足语 (即状语)

状语说明语和补足语可更准确地说明动作发生的情况，分为时间、地点、情态、原因 (=原因、目的、让步、结果、条件) 说明语和补足语，回答由 *Wann? Wie lange? Wie oft? Wo? Wohin? Woher? Wie? Womit? Warum? Wozu? Wofür? Trotz welchen Grundes? Mit welcher Folge? Unter welcher Bedingung?* 提出的问题。

从词类来看，状语说明语和补足语可以是名词 (*in der Öffentlichkeit diskutiert werden*)、形容词、分词 (*eifrig/überzeugend argumentieren*)、代词 (*neben ihr stehen*) 或者副词 (*von hier sein*)。

表示时间 (*jeden Tag, eines Tages*)、空间延伸 (*den Berg hinabsteigen, des Weges kommen*)、方式 (*Auto fahren*) 及个人观点 (*meines Erachtens*) 的第四格和第二格不是宾语，而是状语 (即状语第四格／第二格)。

---

6 请划出并确定所有的状语。

Jugend 94: Heimat

„Vor wenigen Tagen fragte mich ein Freund, ob ich in den letzten Monaten mal zu Hause war. Er wunderte sich, dass ich nie in meine Heimat zu Besuch fahre, und fragte, ob es für
5　mich eine Heimat gebe oder nur einen Ort, wo meine Eltern wohnen. Einer, der mich seit zwei Jahren kennt, fragt mich nach meinem Heimatgefühl!
Ich habe einfach keine Lust zu meinen Eltern
10　zu fahren, in meine Heimat-, Geburts- und alte Wohnstadt zu fahren. Sie ist mir lästig, diese Konfrontation mit der Familie und der alten Zeit.
Es gab eine Zeit, als ich an dieser Umgebung
15　hing, damals, während des Zivildienstes in der weit entfernten Großstadt. Obwohl ich aus der Enge meiner Heimatstadt fliehen

wollte, zog es mich in den ersten sechs Monaten zurück. Heimweh. Doch das verlor sich, als die alten Freunde wegzogen. Ich zog　20 in immer größere Städte, besuchte immer weiter entfernte Länder und sah immer seltener bei meinen Eltern vorbei.
(...) Ich habe auch das letzte Band zu meiner Heimat gekappt und bin dort nun ein Frem-　25 der. Ich kenne mich nicht mehr aus, die Leute schauen mich komisch an. Heimat lebt nur noch in meiner Erinnerung. Ich werde nicht mehr dorthin zurückkehren können. Ich suche Heimat und bin auf eine Weise hei-　30 matlos und das ist nicht schön. Ich suche die zweite Heimat.“

(Ebd.)

3. 作为句子成分的定语

定语进一步修饰或限定句子成分中的一个词,这个词大多为名词,回答 *was für ein-?* 的提问。相关词在句中的位置发生变动时,定语随其一起变动。

定语可分为前置定语和后置定语:

前置定语包括:

代词:	**einige** Computer
(扩展性)形容词:	ein **kleiner** Computer; ein **wegen seiner handlichen Form auch auf Reisen verwendbares** Notebook
(扩展性)分词:	ein **Text verarbeitender** Computer; ein **nach einem halben Jahr fast schon wieder veralteter** Computer
副词:	**nur** Fachleute; ein **unglaublich** hoher Preis; **sehr** leistungsfähig
第二格:	**Japans** Computerindustrie; **Peters / Herrn Müllers** Computer
介词短语:	die **an der Umfrage** Beteiligten
复合词中的限定词:	**reparatur**anfällig (= anfällig für Reparaturen); **Geschäfts**aufgabe (= die Aufgabe des Geschäfts)

后置定语包括:

第二格:	die Leistung **moderner Computer**; einer **der Experten**
介词短语:	der Bedarf **an Computern**; zufrieden **mit euch**;
介词 von 代替不带冠词的名词、代词的第二格:	
副词:	die Leistung **von Computern**; der Computer **von Peter/ von Herrn Müller**
	der Computer **dort**; leistungsfähig **genug**
wie 和 als 引导的比较:	Geräte **wie Schreibmaschinen und Computer**; ein Computer **wie dieser hier**; leistungsfähiger **als gedacht**
不定式:	die Fähigkeit **zu abstrahieren**
同格的名词(同位语):	Karl **der Große**
	Viele Geschäftsleute besitzen ein Notebook, **einen tragbaren Personalcomputer**.

带有介词的名词有时被视为定语,有时被视为独立的句子成分,尤其是地点说明语:

Oft lässt die Beratung der Kunden **in Fachgeschäften** zu wünschen übrig.
Die Beratung der Kunden **in Fachgeschäften** lässt oft zu wünschen übrig.
(Was für eine Beratung lässt zu wünschen übrig? = Attribut)
Die Beratung der Kunden lässt **in Fachgeschäften** oft zu wünschen übrig.
In Fachgeschäften lässt die Beratung der Kunden oft zu wünschen übrig.
(Wo lässt die Beratung zu wünschen übrig? = Lokalangabe)

很多定语可以通过动词化转换成从句。(参见第 187 页和第 249 页)

7 请先用竖线划分句子成分,然后再划出并确定句子成分中的定语。

Picasso (1881–1973)

Picasso, Pablo (...), spanischer Maler, Grafiker, Bildhauer, Keramiker und Dichter, (...) besuchte, 15-jährig, die Kunstschule in Barcelona, 1897 kurze Zeit die Academia San Fernando in Madrid. Von 1900 bis zu seiner endgültigen Übersiedlung 1904 reiste Picasso jährlich nach Paris, wo ihn nachimpressionistische Bilder von H. Toulouse-Lautrec, P. Gauguin, aber auch E. Delacroix, H. Daumier, E. Degas und Th. Steinlen beeinflussten. 1901 begann die „Blaue Periode" (schwermütige Frauenbilder in verschiedenen Blautönen), die bis 1904 reichte, 1905 folgten Zirkusthemen, 1906 die „Rosa Periode". Gleichzeitig entstanden neben Radierungen und Kupferstichen die ersten Plastiken. Für die Stilwende von 1907 waren afrikanische Masken, aber auch die Auseinandersetzung mit P. Cézanne wichtig, die zeitgleich mit G. Braque zum analytischen Kubismus führten. (...) Seit 1915 trat neben den Kubismus eine in konventioneller Sehweise arbeitende Technik, vor allem bei Portraitzeichnungen. (...) Picassos Hinwendung zum Surrealismus zeigt sich in der Malerei seit 1927 (...). Ein Höhepunkt in Picassos Schaffen ist das 1937 entstandene großformatige Gemälde „Guernica". Picassos Protest gegen den Krieg, den er im besetzten Paris erlebte, führte zu stärkerem politischem Engagement (...). Seit 1947 entstand in Vallauris (bei Cannes) eine große Zahl bemalter Keramiken. (...) Seit 1961 lebte Picasso in Mougins (bei Cannes). Seinen Nachlass erhielt der französische Staat (Picasso-Museum, Paris).

(dtv-Lexikon)

8 请划出下文中的第二格定语和介词定语。

Erfindungen

Die Geschichte der menschlichen Zivilisation ist eine Geschichte menschlichen Erfindungsgeistes von den ersten primitiven Geräten der Altsteinzeit bis zu den kompliziertesten technischen Apparaturen unserer Tage. Erfindungen und Entdeckungen (...) gehen dabei zeitweilig ineinander über. Die Entdeckung einer Gesetzmäßigkeit in der Natur kann zu einer Erfindung führen, aber auch umgekehrt kann eine Erfindung helfen den Gesetzen der Natur auf die Spur zu kommen. (...) Die Entdeckung der elektrischen Natur des Blitzes machte die Erfindung des Blitzableiters möglich und die Erfindung des Fernrohrs (...) erlaubte Galilei neue Entdeckungen im Weltall. (...)

Manche Erfindungen sind das Ergebnis langjährigen Nachdenkens und vielleicht auch Experimentierens, andere die Frucht eines genialen Augenblicks oder einfach nur des Zufalls. Aus kleinen Erfindungen können große hervorgehen; große Forschungsprojekte können, wie heute etwa die zahlreichen Nebenprodukte der Weltraumforschung beweisen, kleinere Erfindungen nach sich ziehen. Viele, ja wohl die meisten Erfinder standen und stehen auch heute noch auf den Schultern ihrer Vorgänger, bauen auf schon bekannten Erfindungen auf.

(Erfindungsberichte. Arbeitstexte für den Unterricht. Hrsg. von Heinrich Pleticha)

第二格定语和介词定语的承接

(1) die Versorgung **der Menschen** mit Nahrungsmitteln

(2) die Verarbeitung **von Rohstoffen** zu Gütern

如果多个第二格定语、介词定语修饰一个相关词，这种
语法现象称为并列定语。多个并列定语之中，第二格定
语总是位于介词定语之前。这里说到的第二格定语也包
括带 *von* 的第二格替代形式 (*die Einführung von
Maschinen*)。

(3) Überlegungen zur weiteren Rationalisierung der Arbeit

(4) Nebenprodukte der Weltraumforschung der 80er Jahre dieses Jahrhunderts

第二格定语和介词定语还可以通过定语进一步修饰。修
饰定语的定语称为从属定语。在并列定语和从属定语的
语序中，并列定语总是位于从属定语之前。

9 请判断哪些定语修饰哪些相关词。

Elektrizität
1. erste Untersuchungen zur Elektrizität von W. Gilbert im Jahre 1600
2. die Erfindung der Glühbirne durch einen amerikanischen Elektrotechniker namens Edison
3. die Lösung des Problems der Massenproduktion von Lichtquellen
4. die Entwicklung praktischer Anwendungsmöglichkeiten der Elektrizität in Maschinenbau und Beleuchtungstechnik
5. der Anstieg der Nachfrage nach elektrischem Strom
6. die Inbetriebnahme des ersten Elektrizitätswerks der Welt im Jahre 1882 durch Edison
7. Einrichtungen zur Versorgung der Haushalte und Industriebetriebe mit Strom

10 请排列定语的顺序。

Industrialisierung

1. die Folgen (für das Normen- und Wertesystem / der Industrialisierung / der Gesellschaft)
2. die Veränderung (des 18. Jahrhunderts / durch die Industrialisierung / der Arbeits- und Lebensbedingungen / seit der zweiten Hälfte)
3. der Beginn (mit der Einführung / der Industrialisierung / in der Textilindustrie / der Maschinen)
4. die Revolutionierung (der Eisenbahn und des Dampfschiffes / des Verkehrswesens / durch die Entwicklung / des 19. Jahrhunderts / seit der Mitte)
5. die grundlegende Veränderung (der europäischen Länder / der sozialen Struktur)
6. die starke Konzentration (von Arbeitsplatz und Wohnung / in Ballungsgebieten / der arbeitenden Menschen / bei räumlicher Trennung)
7. die industrielle Revolution (der Weltgeschichte / als das vermutlich wichtigste Ereignis / der Landwirtschaft und der Städte / seit der Entwicklung)

11 根据所给的词汇和您已掌握的词汇写征婚广告，用前置定语或后置定语对征婚人和应征人加以修饰。双方必须适合！

Beispiel: *Ein* schon seit vier Jahren verwitweter, vom langen Alleinsein frustrierter, beruflich erfolgreicher, gutaussehender, sehr dynamischer und sportlicher *Manager* ohne Anhang in leitender Position mit überdurchschnittlich hohem Einkommen und im Besitz einer Villa am Starnberger See
sucht
eine attraktive, gewandte, für vielseitige Freizeitinteressen aufgeschlossene, nicht ortsgebundene *Partnerin* zwischen 25 und 30 Jahren mit weiblicher Ausstrahlung und dem Wunsch nach einem sorglosen, glücklichen Leben in einer festen Beziehung.

Wortmaterial für Heiratsannoncen

einsam	elegant	verständnisvoll
gefühlsbetont	gebildet	häuslich
ledig	ausgeglichen	offen
außergewöhnlich sympathisch	modisch	wohlhabend
liebesbedürftig	temperamentvoll	reiselustig
naturliebend	positiv denkend	tolerant
bildhübsch	gepflegt	belesen
solide	gesellig	fröhlich
anpassungsfähig	liebevoll	fleißig
unternehmungslustig	lebensbejahend	ehrgeizig
schlank	treu	etwas schüchtern
jung	allein stehend	zuverlässig
kinderlieb	sparsam	unkonventionell
	umgänglich	humorvoll

mit vielseitigen Interessen
mit Sportwagen
voll Begeisterung für alles Schöne
zum Liebhaben
mit guter Figur
mit einem Herz aus Gold
mit langen, blonden Haaren
voller Sehnsucht nach Liebe, Zärtlichkeit
und Vertrauen
mit Herz und Hirn
mit Niveau
voll Unternehmungsgeist
mit 10-jährigem Kind
mit dem Wunsch nach einer glücklichen
Partnerschaft

mit Kochkenntnissen und langjähriger
Übung
mit Liebe zu Kunst, Theater, Kino und klassi-
scher Musik
mit Vorliebe für Geselligkeit und Gespräche
über Gott und die Welt
mit dem Herzen auf dem rechten Fleck
mit unwiderstehlichem Charme
mit viel Herzenswärme
mit vielen Hobbys
mit Traumfigur
ohne Schulden
mit blauen Augen
mit Freude an Natur und Kultur

Suchende(r) / Gesuchte(r):

Witwe(r)	Lehrer(in)	Sekretärin
Angestellte(r)	Akademiker(in)	Unternehmer
Junggeselle	Architekt(in)	Pensionär
Handwerker	Französin	Arzt
Arzthelferin	Single	Ärztin
Geschäftsmann	Kaufmann	Hausfrau ...

12 请您确定文中斜体的句子成分是介词定语,介词宾语还是状语?

Gute Berufschancen für Informatiker?

Noch immer sind die Aussichten *für Berufsan-fänger mit abgeschlossenem Informatikstudium* gut. Heute haben diplomierte Computer-Fachleute *als Berufsgruppe* gute Chancen *am akademischen Arbeitsmarkt.* Computer-Fachleute *an der Universität Karlsruhe* halten die Berufsaussichten *von Berufsanfängern* für gut. Statistisch gesehen sind allerdings die Chancen schlecht, dass Computer-Fachleute *nach Studienabschluss* einen Arbeitsplatz *in der Computerindustrie* finden. Früher gingen Industrielle *in die technischen Universitäten*, um für die schnell wachsenden Unternehmen akademischen Nachwuchs anzuwerben. Die größte Nachfrage *nach Informatikern* herrscht heute bei den Kunden von Computer- und Programmherstellern. Derzeit werden 80 Prozent der Informatiker *im Dienstleistungsbereich* eingestellt. In der Industrie kümmern sie sich als Computer-Fachleute *um die hauseigenen Computernetze.* Von den jährlich 4000 Informatik-Absolventen der Universitäten wird inzwischen ein hohes Maß *an Anpassungsbereitschaft und Weiterbildungswillen* verlangt. Momentan zählt die Medizininformatik *zu den aussichtsreichsten Berufsfeldern für spezialisierte Informatiker.* Denn Sparmaßnahmen *im Gesundheitswesen* haben einen Zwang *zum kostensparenden Computereinsatz in Kliniken und Arztpraxen* verursacht. So erklärt sich der stark wachsende Bedarf *an Informatikspezialisten.*

(Nach: Abschied vom Schmalspur-Hacker.
DER SPIEGEL vom 1.11.1993)

13 请将括号中的同位语用正确的格插入句中。

Beispiel:　Pythagoras wurde auf Samos, ..., geboren. (eine griechische Insel vor der Küste Kleinasiens)
Pythagoras wurde auf Samos, einer griechischen Insel vor der Küste Kleinasiens, geboren.

Die Großen der Antike

1. Pythagoras musste im Alter von 35 Jahren vor Polykrates, ..., von der Insel fliehen. (der tyrannische Herrscher von Samos)
2. Pythagoras ist bis heute für seine mathematische Formel, ..., bekannt. (der Lehrsatz $a^2 + b^2 = c^2$)
3. Das Werk des Griechen Herodot, ..., ist das erste Zeugnis abendländischer Geschichtsschreibung. (der „Vater" der Historiker)
4. Auf seinen großen Reisen, ..., fand Herodot das Material für seine Aufzeichnungen. (die Voraussetzung für seine Geschichtsschreibung)
5. Für den jungen Griechen Platon, ..., war der Tod von Sokrates, ..., ein tiefer Schock und eine Wende in seinem Leben. (der Sohn wohlhabender Eltern / sein Freund und Lehrer)
6. Bis heute ist sich die Wissenschaft nicht sicher, ob die von Platon im „Phaidon" niedergeschriebene Ideenlehre von ihm oder von Sokrates, ..., stammt. (sein Lehrer)
7. Platon gründete eine Akademie in Athen, ... (seine Geburtsstadt)
8. Mit dem griechischen Philosophen Aristoteles, ..., begann eine neue Ära der Philosophie. (ein Schüler Platons)
9. Im Gegensatz zur platonischen Ideenlehre, ..., geht die aristotelische Philosophie von der Welt des Alltags aus. (eine auf das Schöne und Ideale gerichtete Philosophie)
10. In seinen philosophischen Schriften zur Logik, ..., stellt Aristoteles zum erstenmal Gesetze des Denkens systematisch auf. (die Lehre vom logischen Schlussfolgern)

II 句子成分在句场中的分布和位置

1. 句子成分在前场、中场和后场的分布

前场	中场		后场
1. 第一位	2. 第二位	其他位	末位
(1) Der Referent	**begann** nicht **zu sprechen,**		bevor alle saßen.
(2) Der Referent, ein Biologe,	**hat** noch nie so ausführlich **referiert**		wie heute.
(3) Solange referiert wurde,	**war** es im Saal **ganz still.**		
(4) Warum	**reisten** einige Wissenschaftler vorzeitig **ab?**		
(5)	**Könnten** Sie etwas lauter **sprechen?**		
(6)	**Fangen** Sie doch **an,**		bitte!
(7)	**Hätte** ich mir den Vortrag doch bloß **angehört!**		

框架结构是德语句子的典型的特征，它由动词的两个分离的部分构成。框架的中间部分为句子的中场，并同时将中场与前场和后场隔离开来。动词的这种固定位置决定句子的结构。

只有在陈述句（1）（2）（3）和补充疑问句（*W*-Fragen）（4）中前场才被占据，在简单疑问句（*Ja/Nein*-Fragen）（5）、命令句（请求、要求、命令）（6）和没有连词引导的愿望句和条件句（7）中前场空缺。

在所有句型中，后场均可被占据，但从语法上来看，这并不必要。

前场

(1) **Ladendiebe** gehen oft sehr raffiniert vor.

(2) **Im Jahre 1988** wurden in der BRD rund 350 000 Ladendiebstähle registriert.

(3) **In Selbstbedienungsläden** wird besonders viel gestohlen.

(4) **Wie man weiß**, sind viele Diebe Wiederholungstäter.

(5) **Ladendiebstähle zu verhindern** ist kaum möglich.

(6) Man weiß heute noch zu wenig über die Ursachen der Kleptomanie. **Deshalb** läuft seit 1988 in Hamburg ein Forschungsprojekt. **Es** wird von einem Psychiater geleitet. **Dieser** hat inzwischen mit seinen Mitarbeitern eine Therapie entwickelt. **Seitdem** können Kleptomanen behandelt werden. **Das** ist zwar ein Fortschritt, **aber damit** ist man noch nicht am Ziel.

(7) Ladendiebe wagen sich nicht in kleine Geschäfte.
In kleine Geschäfte wagen sich Ladendiebe nicht.

(8) Die Polizei kommt Ladendieben nur schwer auf die Spur.
Ladendieben kommt die Polizei nur schwer auf die Spur.

(9) Man wird die Ursachen der Kleptomanie nicht restlos klären können.
Restlos wird man die Ursachen der Kleptomanie nicht klären können.

(10) Immer mal wieder wird ein Ladendieb erwischt.
Erwischt wird immer mal wieder ein Ladendieb.

前场是句子中的第一位，它只容纳一个句子成分。除了少数特殊情况，几乎每个句子成分都可以位于前场，有些语气中性，而有些则起到强调的作用。

表示中性语气的时候，位于前场的多是主语（1）、时间说明语（2）、问答由 *wo?* 提出的问题的地点说明语（3）、从句（4）或者（扩展性）动词不定式（5）。此外，为了承接上文，代词和副词也可以位于第一位，而且在它们前面还可以有一个并列连词（例如 und, aber, oder, denn, doch: und dieser, aber damit）（6）。

如果将位于中场靠后位置的句子成分移至前场，则起到加强语气的作用，尤其像状语补足语（7）、宾语（8）、情态说明语（9）等句子成分。原因说明语和谓语位于第一位，则起到削弱语气的作用（10）。

第四格的代词 *es*、反身代词、小品词及情态词 *nämlich wirklich* 不可以位于第一位（参见 298 页）。

14 请将位于前场的主语和其他句子成分交换位置。您注意到区别了吗？

Ladendiebe wider Willen

1. Helmut H. muss den Wochenvorrat an Lebensmitteln aus ganz bestimmten Gründen ohne seine Frau einkaufen.
2. Seine Frau hat nämlich seit einiger Zeit in Supermärkten und Kaufhäusern Hausverbot.
3. Sie hat von ihren Streifzügen durch die Innenstadt jahrelang unbezahlte Waren mit nach Hause genommen.
4. Ein ganzes Warenlager türmt sich zum Entsetzen des Ehemannes in ihrem Schlafzimmer.
5. Frau H. kann das Stehlen trotz Strafanzeigen, Hausverbot und Gerichtsverfahren einfach nicht lassen.
6. Kleptomanen haben keine Bereicherungsabsichten.
7. Kleptomanie betrifft Frauen nicht stärker als Männer.
8. Kleptomanen gestehen ihre Diebereien nur ungern ein.
9. Sie weichen klaren Antworten so lange wie möglich aus.
10. Sie entschließen sich fast immer erst auf Anraten von Angehörigen und Freunden zu einer Therapie.
11. Psychiater vermuten als Ursache der Kleptomanie seelische Probleme.

(Nach: Dorian Weickmann: Ladendiebe wider Willen.
Die Kleptomanie: Suchtkrankheit oder Symptom einer Neurose?
DIE ZEIT vom 2.3.1990)

中场

所有的句子成分都可位于中场，中场容纳的句子成分最多。在中场变位动词和非限定动词形式之间可以自由容纳其他句子成分。

后场

后场破框将句子成分后置大多是为了使句子更加清楚，或者补充遗忘的内容（尤其在口头表达中）。后置很少起到加强语气的作用。
位于后场的句子成分可以是：

(1) Kleptomanie kann so zwanghaft sein **wie Spielsucht**.

—— 由 *wie* 和 *als* 带起的比较(1)

(2) Kleptomanen verhalten sich nicht kontrolliert, **sondern zwanghaft**.

—— 更正、后补语、较长的列举(2)(3)

(3) Oft kommen sie erfolgreich nach Hause, **mit kleineren oder größeren Gegenständen in der Tasche**.

(4) Manche fangen schon in der Jugend an **zu stehlen**.

—— 带 *zu* 的(扩展性)不定式(4)

(5) Es ist bekannt, **dass Kleptomanen keinen moralischen Defekt haben**.

—— 从句(5)

2. 句子成分的位置

(1) Konnte der Referent seinen Zuhörern das Problem verständlich machen?
Ja, zweifellos hat **er es ihnen** verständlich dargelegt.

(2) Gestern haben sie **den nächsten Kongress** um ein halbes Jahr verschoben.

(3) Zum Abschluss des Kongresses hat man den Organisatoren **ein großes Lob** ausgesprochen.

(4) Gestern haben sie nach vielen Überlegungen in einer Abstimmung endlich **den nächsten Tagungsort** festgelegt.

(5) **Einen interessanteren Kongress** kann man sich wirklich kaum vorstellen.

中场句子成分的位置一般遵循以下规则：信息值越大，位置越靠后。右边的句子成分从内容上看更重要。从形式上可以认识句子成分的信息值：

人称代词、反身代词以及不定代词 *man* 总是指代已知的信息，所以信息值最小，它们位于变位动词之后中场开始的地方(1)。

由定冠词、指示代词、物主代词限定的名词说明某种特定的已知的事情，信息值居中，位于代词之后、中场的中部(2)。

带有不定冠词、不定代词或者没有冠词的非限定性名词说明未知的新信息，所以最引人注意，信息值也最大。它们位于中场后部、限定的句子成分之后(3)。

中场句子成分的顺序如下：代词性句子成分→限定句子成分→非限定句子成分

如果偏离这种顺序，则起到强调的作用(4)(5)。

主语的位置

(1) **Die industrielle Revolution/Sie** veränderte die Dörfer und Städte.

(2) Ohne Zweifel veränderte **die industrielle Revolution/sie** die Dörfer und Städte.

(3) Zu diesen Fragen haben sich natürlich auch immer wieder **die Volkskundler** geäußert.

(4) Natürlich haben **Wissenschaftler** die Veränderungen genau untersucht.

(5) In ganzen Landstrichen verwandelten sich seit der Industrialisierung nicht nur in Deutschland **alte Dörfer** in Arbeitersiedlungen.

(6) Diese Entwicklung konnte am Anfang des vorigen Jahrhunderts natürlich **niemand** voraussehen.

(7) **Ganze Landstriche** veränderten sich durch die Industrialisierung.

主语在句中没有固定的位置。限定性名词、人称代词或不定代词作主语总是直接位于变位动词前后(1)(2)。限定性主语位于句子后部，起到强调的作用(3)。

非限定性主语极少位于变位动词之前，而是位于变位动词之后(4)或句子的后部(5)。不定代词（例如 *andere, einige, jemand, niemand, alles, etwas, nichts*）作主语也可以位于句子的中部或后部(6)。位于前场的非限定性主语常起到强调的作用(7)。

与事发性动词（参见 19 页）或者类似动词（例如 *erfolgen, geschehen, passieren, auftreten, bestehen, entstehen, fehlen, gelingen, herrschen, sich vollziehen*）连用的主语大多位于句子的后部(8)。

代词 *es* 在主动句或者被动句（参见 63 页）中代替主语时，只能位于句首、变位动词之前。

(8)　Bekanntlich entstanden infolge der in-
　　　dustriellen Revolution nicht nur in
　　　Deutschland **die schwersten sozialen**
　　　Probleme.

Es entstanden schwere soziale Probleme.
Bekanntlich entstanden schwere soziale Pro-
bleme.
Es wurden Veränderungen beobachtet.
Überall wurden Veränderungen beobachtet.

---

15 请用所给的句子成分造句，并讨论不同的可能性。

Die Entwicklung von Dörfern und Städten

1. verschiedene Siedlungsformen / überall auf der Welt / sich / bekanntlich / lassen / unterscheiden
2. untergebracht / in vielen Gegenden / sind / im Bauernhaus / Mensch, Vieh, Vorräte und Geräte
3. Dorfgemeinschaften / im Laufe der Zeit / aus der Ansammlung einzelner Bauernhöfe / entstanden / sind
4. regelmäßig / ausgetauscht / Rohstoffe und fertige Produkte / wurden / auf den Märkten
5. zwischen den Händlern / ausgetragen / heftige Konkurrenzkämpfe / natürlich / wurden
6. sich / in der Nähe der Handelsplätze / siedelten ... an / mit der Zeit / immer mehr Menschen
7. Städte / allmählich / entwickelten / aus den Siedlungen / sich
8. entstanden / große Fabriken und Arbeitersiedlungen / mit der Industrialisierung / an verkehrsgünstigen Plätzen
9. sich / durch die Entstehung von Industrie- und Arbeiterdörfern / die soziale Struktur / natürlich / änderte
10. hinsichtlich seiner Struktur / das heutige Dorf / eine reiche Differenzierung / weist ... auf
11. durch die Verstädterung / zurückgedrängt oder ganz aufgegeben / im Laufe der Zeit / wurde / das dörfliche Brauchtum
12. große Bedeutung / Historiker und Soziologen / schon lange / messen ... bei / diesem Problem
13. eine Selbstverständlichkeit / heute / ist / in den Industriestaaten / die Trennung von Wohn- und Arbeitsstätte / für jeden

补足语的位置

	主语	第一谓语	第三格宾语	第四格宾语
(1)	Der Vortrag	hat	den Zuhörern	
(2)	Der Referent	hat		interessante Thesen
(3)	Er	zeigte	einem Kollegen	einen Film.
(4)	Er	dankte	dem Auditorium	
(5)	Er	hat	den Kollegen	seine Thesen
(6)	Er	hat		sich
(7)	Das Gesagte	bedarf		
(8)	Einige	enthielten		sich
(9)	Der Kongress	ist		
(10)	Viele	halten		den Referenten
(11)	Der Kongress	dauerte		
(12)	Die Teilnehmer	haben		
(13)	Der Vortrag	hat		
(14)	Die Stadt	stellte	den Wissenschaftlern	Tagungsräume

基本规律是：一个句子成分和动词的关系越紧密，在句中时位置越靠后，所以介词宾语(4)—(6)，第二格宾语(7)(8)，表语(9)(10)，状语补足语(11)(12)以及功能动词(13)(14)在句中固定地位于尾部，非限定动词之前。当一个动词有两个介词宾语时，表示人的宾语位于实物宾语之前(16)，第三格宾语(大多为人)和第四格宾语(大多为物)为名词时，它们在句中位于主语之后，上面已经提到的句子成分之前(1)—(3)，而第三格宾语位于第四格宾语之前(3)。限定性第四格宾语也可以位于第三格宾语之前：Er zeigte den Film einem/dem Kollegen.

介词宾语 第二格宾语	表语 状语补足语 功能动词结构	第二谓语
		gefallen.
		vertreten.
fürs Zuhören.		
an Beispielen		erläutert.
mit den Kollegen über seine Arbeit		unterhalten.
weiterer Erklärungen.		
der Stimme.		
	sehr interessant/ein Erfolg	gewesen.
	für einen Experten.	
	eine Woche.	
	im gleichen Hotel	gewohnt.
	starke Beachtung	gefunden.
	zur Verfügung.	

16 请排列中场句子成分的顺序。

Der Referent

1. Seit kurzem ... (den Kongressteilnehmern / bietet / moderne Vortrags- und Seminarräume / das renovierte Kongresszentrum)
2. Bis vor kurzem ... (stellen / den Teilnehmern / zur Verfügung / die Stadt / keine großzügigen Räume / konnte)
3. In den Vortragsräumen ... (außergewöhnlich gut / seit dem Umbau / ist / die Akustik)
4. Nach dem Vortrag ... (einige Kollegen / rieten / zur Veröffentlichung des Vortrags / dem Referenten)
5. Im Anschluss an den Vortrag ... (zur Diskussion / standen / die Forschungsergebnisse des Referenten / eine Stunde lang)
6. Offensichtlich ... (jeder Logik / ermangelten / einige Argumente / schon bei oberflächlicher Betrachtung)
7. Nach der Diskussion ... (für ihre rege Beteiligung / sich / bei den Zuhörern / bedankte / der Referent)
8. Einige Kongressteilnehmer ... (zum Essen / nach der Diskussion / gingen)
9. Zu Recht ... (als Experte / der Referent / gilt / in Fachkreisen)
10. Schon seit längerem ... (Beachtung / auch im Ausland / findet / die Arbeit des Referenten)
11. Wegen seiner wissenschaftlichen Methodik ... (sehr überzeugend / auch ausländische Wissenschaftler / finden / die Arbeit des Referenten)
12. Der Referent ... (vor seinem Ruf an eine angesehene deutsche Universität / hat / im Ausland / verbracht / einige Jahre)

名词性句子成分和代词性句子成分的位置

1. 第一位	第一谓语	第四格宾语	第三格宾语	主语
(1) Gestern	zeigte			der Referent
(2) Gestern	zcigte			er
Gestern	sahen			sie
(3) Gestern	zeigte			der Referent / er
Gestern	sahen			die Kollegen / sie
(4) Gestern	zeigte		ihnen	der Referent
Gestern	sahen		sich	die Kollegen
(5) Gestern	zeigte			der Referent / er
Gestern	zeigte	es		der Referent
(6) Gestern	zeigte			der Referent
Gestern	sahen			die Kollegen
(7) Gestern	zeigte	es		der Referent
Gestern	sahen	es		die Kollegen
(8) Gestern	zeigte	es	ihnen	der Referent.
Gestern	sahen	es	sich	die Kollegen
(9) Gestern	bat			ein Journalist
(10) Gestern	sprach			er

中场句子成分的顺序是：

主语、第三格宾语和第四格宾语是名词时,顺序如前所述(1)。

主语、第三格宾语和第四格宾语是代词时，顺序为:主语、第四格宾语、第三格宾语(2)。

宾语和主语同为代词时，宾语总是在主语之后(2);但如果主语为名词,宾语可以位于主语之前(4)(5)(7)(8)。

如果既有代词宾语又有名词宾语，代词宾语位于名词宾语之前(3)(4)(5)。

一个名词主语可以位于代词宾语之前(6),之中(7)或之后(8)。

第三格宾语	第四格宾语	第三格宾语	介词宾语	第二谓语
den Kollegen	sein Institut.			
	es	ihnen.		
	es	sich		an.
ihnen	sein Institut.			
sich	sein Institut			an.
	sein Institut.			
	sein Institut			an.
	es	den Kollegen.		
		den Kollegen.		
	es	ihnen.		
	es	sich		an.
ihnen.				
sich				an.
				an.
	den Referenten		um ein Interview / darum.	
			mit dem Referenten / mit ihm	
			über sein Institut / darüber.	

名词和代词(代指人)构成的介词宾语及代副词
(da(r)+介词代指物)位于主语和宾语之后。如果一
个动词有两个介词宾语,宾语为人的介词宾词位
于宾语为物的介词宾语之前(9)(10)。

使用反身代词时需要注意的是:反身用法的动词
如果还有一个第四格宾语, 反身代词则为第三
格:*sich* (D) *etw.* (A) *ansehen*。

17 请回答问题：用代词或代副词替代句中斜体的句子成分。有时存在多种可能性。

Beispiel: Hat *der Institutsleiter dem Journalisten* ein Interview gegeben?
Ja, natürlich hat er ihm ein Interview gegeben.

In einem Institut

1. Hat sich *der Institutsleiter bei den Mitarbeitern* für die gute Zusammenarbeit bedankt? – Ja, am Jahresende ...
2. Hat *der Institutsleiter seinen Assistenten* die Korrektur der Prüfungsarbeiten überlassen? – Ja, aus Zeitgründen ...
3. Beschweren sich die Assistenten *über das viele Korrigieren*? – Aber natürlich ...
4. Hat der Institutsleiter *dem Mitarbeiter das gewünschte Dienstzeugnis* schon ausgestellt? – Ich hoffe, dass ...
5. Hat sich der Chef *das viele Kaffeetrinken* noch nicht abgewöhnt? – Soviel ich weiß, ...
6. Hat *der Institutsleiter* dem Dozenten *ein Forschungssemester* bewilligt? – Ich glaube, dass ...
7. Legt *der Assistent dem Chef seine Veröffentlichungen* vor? – Ja, bestimmt ...
8. Hat der Student *dem Assistenten die geliehenen Bücher* zurückgegeben? – Ich hoffe, ...
9. Haben sich manche Studenten *das Studieren* leichter vorgestellt? – Es ist wohl richtig, dass ...
10. Kann sich *der Assistent die Namen der Studenten* merken? – Ja, erstaunlicherweise ...
11. Kann sich *der Assistent teure Fachbücher* kaufen? – Ich glaube schon, dass ...
12. Konnte *der Assistent* den Studenten *das schwierige Problem* erklären? – Ja, natürlich ...
13. Hat *der Assistent seinem Chef* schon *die Literaturliste* übergeben? – Ja, bestimmt ...
14. Kann sich der Institutsleiter *auf seine Assistenten* verlassen? – Ich bin sicher, dass ...
15. Kümmert sich *der Institutsleiter um die Verwaltung des Instituts*? – Ja, Gott sei Dank ...

状语说明语的位置

(1) Viele Bundesbürger sitzen **täglich stundenlang aus Gewohnheit völlig passiv in bequemen Sesseln** vor dem Fernseher.
aus Gewohnheit täglich stundenlang

(2) **In den letzten Jahren** ist die Zahl der Sender **in Deutschland sprunghaft** angestiegen.
In Deutschland ist die Zahl der Sender **in den letzten Jahren sprunghaft** angestiegen.

(3) Der Junge hat sich **trotz des elterlichen Verbots** einen Krimi angesehen.
Er hat sich den Krimi **trotz des elterlichen Verbots** angesehen.

状语说明语的位置没有固定的规律。如果语气中性，顺序大多为时间、原因、情态、地点，或者原因、时间、情态、地点(1)。情态说明语大多在句子的后部，紧紧位于非限定动词之前，甚至在地点说明语之后(2)。含有四个说明语的句子很罕见，一般仅限于一个或两个。

(4) Pädagogen weisen Eltern **immer wieder eindringlich** auf die Gefahren des Fernsehens hin.

(5) Fernsehabende reichen für „Vielseher" **nicht selten** bis weit in die Nacht hinein.

(6) **Völlig passiv** sitzen viele Bundesbürger **täglich** vor dem Fernseher.

(7) **Aus Gewohnheit** sitzen viele Bundesbürger **völlig passiv** vor dem Fernseher.

(8) Die Eltern haben ihrem Sohn **erst gestern wieder** das Anschauen von Krimis verboten.

(9) Der Vater hat **heute schon wieder** eine Kürzung des Taschengeldes angedroht. **Heute** hat der Vater **schon wieder**...

(10) Die Eltern haben ihrem Sohn das Anschauen von Krimis **erst gestern wieder** verboten.

(11) Der Junge hat **heute wieder** einen Krimi **im Nachtprogramm** gesehen.

说明语总是位于人称代词、反身代词(3)、甚至在代词 *man* 之后，但是在补足语之前，如在介词宾语(4)和状语补足语之前(1)(5)(6)(7)。

说明语和名词性的第三格、第四格宾语在中场的分布情况如下：说明语大多位于限定性宾语之后及非限定性宾语之前(3)，常常位于宾语之间(8)，有时直接位于变位动词之后或者主语之后(9)。

说明语的位置可以根据说话者的意图改变。想加以强调的说明语置于句子的后部(10)；只有当中场另有一个说明语时，说明语才能位于非限定性宾语之后(11)。将句子成分后置以加强语气的方法在较长的句子中达到的效果比在短的句子中的效果强。

尤其是回答 *Wo?* 提问的地点说明语和时间说明语常位于前场。这种顺序使语气显得中性(2)(9)，而将情态说明语前置能够大大加强语气(6)，将原因说明语前置也能略微起到强调的作用(7)。

18　请写一篇连贯的课文。

Immanuel Kant (1724–1804)

1. gehören / Zerstreutheit, Weltfremdheit und eine eigentümliche Pedanterie / nach einer weit verbreiteten Ansicht / zu einem rechten Professor

2. ein Pedant / Immanuel Kant / zeit seines Lebens / war

3. genau / hatte / seinen Tagesablauf / festgelegt / er

4. stand ... auf / jeden Morgen / er / um 5 Uhr

5. Vorlesungen / in geregeltem Ablauf / der Arbeit am Schreibpult / folgten

6. mittags / nahm ... ein / er / im Kreise von Freunden / ein längeres Essen

7. besuchte / zur selben Zeit / seinen Freund Green / jeden Nachmittag / er

8. abends / er / nach Hause / ging / pünktlich um 7 Uhr

9. genau auf 10 Uhr abends / festgesetzt / auch das Schlafengehen / er / hatte

10. aufs Genaueste / er / auch seine Umgebung / ordnete

11. geraten / beim Anblick eines verschobenen Stuhls / er / konnte / in Verzweiflung

12. ihn / einmal / der Hahn eines Nachbarn / irritierte

13. nicht / er / kaufen / den Hahn / konnte

14. zog ... um / er / in eine andere Wohnung / daher

15. nie / verließ / seine Heimatstadt Königsberg in Preußen / er

16. in einem pietistischen Elternhaus / aufgewachsen / dort / war / er

17. verbrachte / in Königsberg / er / sein ganzes Leben

18. wurde / an der Universität Königsberg / Kant / neun Jahre nach Beendigung seines Studiums / Privatdozent

19. er / Privatdozent / 15 Jahre lang / dort / blieb

20. an dieser Universität / er / eine Professur / mit 46 Jahren / bekam / endlich

21. in Königsberg / 1804 / achtzigjährig / starb / er

22. eine der größten Leistungen auf dem Gebiet der Philosophie / trotzdem / er / in diesem unscheinbaren Rahmen / vollbrachte

23. einen Wendepunkt / in der Geschichte des philosophischen Geistes / sein Denken / stellt ... dar
24. fragt / Kants Philosophie / nach den Grenzen der menschlichen Vernunft
25. erstmals / Kant / beschrieben / die Unmöglichkeit objektiver Erkenntnis / hat

19 请造句。考虑不同的可能性，及句子成分位于前场的情况。

Das Fernsehzeitalter

1. das Fernsehen / besonders in den Industrieländern / die Hauptquelle gesellschaftlicher Kommunikation / ist / seit vielen Jahren / ohne Zweifel
2. serienmäßig / im Jahre 1934 / in Deutschland / die ersten Fernsehgeräte / stellte ... her / man
3. sich / man / mit der Entwicklung des Farbfernsehens / beschäftigte / intensiv / in Europa / von 1956 an
4. ausgestrahlt / nur von öffentlichen Anstalten / wurden / bis vor wenigen Jahren / in Deutschland / die Fernsehsendungen
5. wenden ... zu / privaten Fernsehsendern / auch in Deutschland / die Fernsehzuschauer / vermehrt / heute / sich
6. unterschiedlich / geregelt / nach dem Beginn des privaten Fernsehens 1984 / die Zulassung privater Sender / in ihren Landesmediengesetzen / die einzelnen Bundesländer / haben
7. im Wesentlichen / derzeit / finanzieren / durch Werbeeinnahmen / ihre Programme / die privaten Programmanbieter
8. ist / durch seine Wirkungsmöglichkeiten / in vieler Hinsicht / überlegen / den anderen Medien / das Fernsehen
9. verfolgen / das politische Geschehen / am Bildschirm / passiv / fast alle Bundesbürger / können / vom Wohnzimmer aus
10. nicht mehr / vorstellen / ohne Massenmedien / Politik / sich / kann / in modernen Industriegesellschaften / man
11. durchschnittlich / der Fernseher / dreieinhalb Stunden / lief / im Jahre 1985 / an einem Wochentag / in den Haushalten der BRD
12. können / mit Hilfe der Erwachsenen / der Faszination des Fernsehens / sich / besonders Kinder / entziehen / wohl nur
13. einen „Ehrenplatz" im Wohnzimmer / wie selbstverständlich / gestehen ... zu / viele / heute / dem Fernsehapparat
14. erschienen / auf dem Buchmarkt / sind / viele medienkritische Bücher / in den letzten Jahren
15. die Bundesbürger / am einsamsten / nach Umfrageergebnissen / vor dem Fernseher / sind
16. eindringlich / Fernsehkritiker / vor den realitätsverzerrenden Darstellungen des Fernsehens / warnen / schon seit langem

---

情态词

(1) Zu viel Fernsehen kann **wirklich** schädlich sein.
(2) Man lastet dem hohen Fernsehkonsum von Kindern heute **bekanntlich** viele Schäden an.

情态词反映说话者主观的、常常是凭感觉的态度。它们针对事实的可能性（例如 *bestimmt, gewiss, natürlich, sicher, vermutlich, wahrscheinlich, vielleicht*），说话者（凭感情）的判断（例如 *bedauerlicherweise, leider,*

Bekanntlich lastet man heute dem hohen Fernsehkonsum von Kindern viele Schäden an.	*glücklicherweise, hoffentlich, dummerweise, eigentlich, nämlich)*,所说的话的可信度（例如 *angeblich, offensichtlich, bekanntlich, wirklich, zweifellos*)以及生效的条件、范围（例如 *absolut, an sich, grundsätzlich, im Allgemeinen, im Großen und Ganzen, im Prinzip, jedenfalls, überhaupt, theoretisch, praktisch, physisch, psychisch*)等方面对句子加以修饰。情态词位于它所修饰的句子成分的前面，但也常常位于前场（*nämlich, wirklich* 除外）。（关于情态词的否定参见 309 页）

20 请将括号中给出的词补入句子中。

Zu hoher Fernsehkonsum

1. Das Fernsehen verführt Kinder und Jugendliche in der Zukunft noch mehr zu passivem Fernsehkonsum. (bestimmt)
2. Hoher Fernsehkonsum beeinträchtigt Kinder und Jugendliche in ihrer Entwicklung. (wahrscheinlich)
3. Das Fernsehverhalten vieler Kinder und Jugendlicher wird von den meisten Pädagogen kritisiert. (bekanntlich)
4. Man setzt Kinder zu früh elektronischer Kommunikation aus. (bedauerlicherweise)
5. In den letzten Jahren ist die Kritik an den Medien deshalb stark gewachsen. (zweifellos)
6. Aber man kann die Wirkungen des Fernsehkonsums nicht genau einschätzen. (natürlich)
7. Pädagogen warnen die Eltern heute vor einem zu hohen Fernsehkonsum ihrer Kinder. (jedenfalls)
8. Gewalt im Fernsehen verstärkt Untersuchungen zufolge die Ängste der Kinder. (nämlich)
9. Die schnelle Aufeinanderfolge der Fernsehbilder überfordert die psychische Aufnahmefähigkeit der Kinder ständig. (offensichtlich)
10. Die Eltern sprechen mit ihren Kindern zu wenig über die Fernsehsendungen. (leider)

21 请造句：将斜体的句子成分置于句首，和动词关系紧密的句子成分必须位于句子尾部，非限定动词之前。

Max Planck (1858–1947)

1. nicht nur in Fachkreisen / *Max Planck* / heute / als bedeutender Physiker / gilt
2. natürlich / jeder / an den Erfinder der Quantentheorie / denkt / sofort / *wenn der Name Max Planck auftaucht*

3. nicht so schnell / er / geraten / *mit Sicherheit* / wird / in Vergessenheit / als Begründer der Quantentheorie

4. bewusst / die Fachwelt / sich / *längst* / ist / der Bedeutung dieses Wissenschaftlers

5. *zu Recht* / Max Planck / gezählt / zu den bedeutendsten Physikern des 19. und 20. Jahrhunderts / heute / wird

6. zum Abschluss / *erstaunlicherweise* / er / gebracht / schon mit 21 Jahren / hat / seine Doktorarbeit

7. die Fachwelt / in Erstaunen / hat / mit seinen Thesen / er / versetzt / *immer wieder*

8. sind / auf großes Interesse / *stets* / seine Entdeckungen / gestoßen / bei Physikern

9. so schnell / *in Deutschland* / die einsteinsche Relativitätstheorie / gefunden / nicht zuletzt dank seiner Unterstützung / hat / Anerkennung

10. Max Planck / *wie bekannt* / jahrzehntelang / in Berlin / gelebt / als Professor der Physik / hat

11. ihm / *sicher* / zur Verfügung / in seinem Institut / standen / gute Forschungsmöglichkeiten

12. sich / bei Kollegen und Studenten / *wie man weiß* / erfreute / als Professor / er / großer Beliebtheit

13. ihn / seine Zeitgenossen / als Mensch und Wissenschaftler / fanden / imponierend / *wie bekannt*

14. in Biographien / hingewiesen / *aus gutem Grund* / wird / auf seinen vornehmen und gradlinigen Charakter

15. anderen gegenüber / *zeit seines Lebens* / er / hat / menschlich / verhalten / sich

16. seine Leistungen / gefunden / durch die Verleihung des Nobelpreises / haben / Anerkennung / *erfreulicherweise*

17. Nobelpreisträger / einige seiner Schüler / *wie er* / sind / wegen Aufsehen erregender Entdeckungen / geworden

3. 从句中句子成分的位置

(1a) ..., dass **er** ein Lokal **aufsucht**.

(1b) ..., dass **er** ein Lokal **aufgesucht hat**.

(1c) ..., dass **er** ein Lokal **aufsuchen wollte**.

(1d) ..., dass **er** ein Lokal **aufgesucht haben soll**.

(1e) ... um etwas **zu trinken**.

(1f) ... heute abend **essen zu gehen**.

(2a) ..., dass er etwas **hat/wird trinken müssen**.

(2b) ..., dass er nichts **hätte trinken sollen**.

(3) Er sagte, er wolle nicht viel trinken.

(4a) Nachdem sie ein Glas Bier getrunken hatten, **bestellten sie** ein zweites.

(4b) Geht er in die Kneipe, **trifft er** meist Freunde.

(4c) Ist er auch noch so müde, **geht** er abends in die Kneipe.

..., er **geht** abends / abends **geht** er in die Kneipe.

由连词引导的从句中主语紧接在连词的后面(1a)-(1d)(2),变位动词位于句末(1a)。多部分动词构成的谓语,顺序为过去分词,不定式,变位动词(1b)-(1d)。在有连词或没有连词引导的不定式结构中,主语省略,带 zu 的不定式位于句末(1e)(1f)。一个动词形式中包含多个不定式(现在完成时,过去完成时,将来时,虚拟式的过去时+情态动词),变位动词位于两个不定式前(2)。

当没有连词引导的陈述句后置时,主语位于句首,变位动词位于第二位(3)。

从句可以位于主句之前,前置的从句主要是 da 引导的原因从句、条件从句和时间从句(4a)。没有连词引导的条件从句(4b)和让步从句(4c)总是位于主句之前。如果从句位于第一位,主句由变位动词开始,主语紧随其后(4a)(4b)。但有一种例外情况:在没有连词引导的让步

(5)   Vorhin brachte die Kellnerin dem Gast das Getränk.

(5a) ..., als die Kellnerin dem Gast das Getränk brachte.

(6)   Vorhin brachte sie es ihm.

(6a) ..., als sie es ihm brachte.

(7)   Er ist bisher abends immer in die Kneipe gegangen.

(7a) ..., weil er bisher abends immer in die Kneipe gegangen ist.

从句之后，变位动词既可以位于第一位也可以位于第二位(4c)。

从句中其他句子成分的位置和主句中的位置规律相同(5)—(7)。

---

22 请用所给的句子成分造主从复合句。

1. Wer, aufsucht, ein Lokal / in dem, verkehren, hauptsächlich Männer / eine Welt, betritt / in der, herrschen, eigene Regeln

2. an eine Bar, ein Mann, tritt / an der, stehen, drei Männer / und, ein Glas, bestellt / das, halb austrinkt, er

3. nachdem, bei dem Barkeeper, er / der, steht, hinter der Theke / bestellt, vier Glas Alkohol, hat / eine Unterhaltung, beginnt

4. gibt, nach und nach, jeder der Männer / von denen, ist, arbeitslos, einer / aus, eine Runde / bis, sind, die Runden, beendet

5. nachdem, sind, die Gläser, hingestellt / das Lokal, der Arbeitslose, verlässt / wobei, zum Zeichen dafür, er / dass, zurückkehren, er, wird / hinterlässt, sein halb volles Glas

6. nachdem, fünf Minuten später, ist, er, zurückgekommen / sein Glas, er, leert / dann, vier weitere Gläser, bestellt, er

7. später, er, erzählt / dass, konnte, nicht, er, mithalten / da, nicht genügend Geld, hatte, er, bei sich

8. gehen, er, nach Hause, musste / um, welches, holen, sich, zu / weil, nicht, durfte, sich, von der Runde, er, ausschließen

9. kennt, diese Verpflichtung, jeder / teilzunehmen, an einer Trinkrunde / auch wenn, es, eigentlich, nicht, kann, man, sich, leisten / weil, glaubt, man / dass, würde, sein Gesicht, man, verlieren / wenn, nicht, man, mitmachte

10. wenn, hat, das Rundentrinken, begonnen / verpflichtet, jeder Teilnehmer, ist / zu übernehmen, mindestens, eine Runde

11. wenn, begonnen, die Runden, haben / die ursprüngliche Gruppe, zusammen ... bleibt, gewöhnlich / bis, hat, jeder, geleistet, seine Runde

12. nachdem, hat, er, bezahlt, eine Runde / ein Teilnehmer, in eine andere Ecke, sich, wird, manchmal, begeben / was, nichts, aber, ändert, daran / dass, trotz dieser physischen Abwesenheit, betrachten und behandeln, als Mitglied ihrer Gruppe, die Teilnehmer der Gruppe, ihn, weiterhin

13. er, umgekehrt, wird, jedes Glas / das, lässt, die Gruppe, zukommen, ihm / bestätigen, mindestens, durch eine Geste / bis, sind, beendet, die Runden / so dass, bleibt, auf diese Weise, erhalten, die Verbindung

14. das gemeinschaftliche Trinken / das, stiftet, eine brüderliche Verbundenheit, zwar / das, zugleich, bestimmt, von Verpflichtung und Wettkampf, ist, aber / gekennzeichnet, durch eine merkwürdige Ambivalenz, ist / was, lässt, gar nicht so freundschaftlich, es, erscheinen / wie, zeigt, sich, hier

(Nach: Wolfgang Schievelbusch:
Das Paradies, der Geschmack und die Vernunft.
Eine Geschichte der Genussmittel)

§19 否定

概述

(1) Für die Reisegruppe war die lange Fahrt **kein** Problem. **Niemand** beklagte sich. Es gab **weder** Staus **noch** Pannen.

(2) Für die Reisegruppe war die lange Fahrt **gar kein** Problem.
Fast keiner (= **Kaum einer**) hat sich beklagt.

(3) Es gab **keine einzige / nicht eine einzige** Verzögerung.

(4) Alle Befüchtungen waren **un**begründet. Die Fahrt verlief reibungs**los**.

(5) Die Reisenden **unterließen** es, im Bus zu rauchen. (= Sie rauchten nicht.)

(6) Die Fahrt war **zu** interessant, **als dass** sich jemand gelangweilt hätte. (= Niemand langweilte sich.)

(7) Die Fahrt verlief **ohne** Probleme. (= Es gab keine Probleme.)

(8) Wenn das Hotel doch zentraler gelegen hätte! (= Das Hotel lag nicht zentral.)

(9) Was haben die Touristen **nicht** alles gesehen!
(= Die Touristen haben wirklich viel gesehen.)

(10) Waren Sie **nicht** auf dem Eiffelturm?
(= Sie waren doch sicher auf dem Eiffelturm.)

(11) Die Touristen gaben dem Reiseleiter ihre Adressen **nicht**.
Der Reiseleiter stammt **nicht** aus Südfrankreich.

(12) Die Touristen gaben dem Reiseleiter **nicht** ihre Adressen, **sondern** ihre Telefonnummern.

(13) Der Reiseleiter stammt **nicht** aus Südfrankreich.

(14) Die Touristen sind wegen des Rockfestivals **nicht** nach Paris gefahren. (= Satznegation)
Die Touristen sind **nicht** wegen des Rockfestivals nach Paris gefahren.
(= Teilnegation)

(15) Der Tourist war lange **nicht** in Paris.
(= Satznegation)
Der Tourist war **nicht** lange in Paris.
(= Teilnegation)

可以通过不同的方式否定一句话：

1. 否定词：*nein, nicht, nichts, nie, niemals, niemand, nirgends, nirgendwo, nirgendwohin, nirgendwoher, kein, keiner, keineswegs, keinesfalls, auf keinen Fall, unter keinen Umständen, weder ... noch* (1)
bestimmt, durchaus, gar, ganz und gar, sicher(lich), überhaupt, absolut (口)等小品词可以加强 *nicht, nichts, niemand, kein* 等否定词的语气，而小品词 *fast* 可以削弱否定语气(2)。
否定词 *kein* 的语气也可以得到加强(3)。(参见 311 页)

2. 前缀：*nicht-,un-,*外来前缀：*a-,(an)-,* non-,后缀：*-frei, -leer, -los;* 有时还可用前缀 *miss-*和外来前缀 *ab-, de, (des)-, dis-, in-, (il-, im-, ir-)*(4)。(参见 313 页)

3. 含有否定意义的动词，例如：*ablehnen, leugnen, unterlassen, verbieten* (5)。(参见 314 页)

4. 连词：*ohne dass; (an) statt dass; zu ... als dass*(多为第二虚拟式)，含有否定意义的介词：(*ohne, (an) statt*)(6)(7)。(参见 109 页,202 页,210 页)

5. 第二虚拟式的愿望句和条件句(8)。(参见 97 页)否定词 *nicht* 和 *kein* 也可以表示肯定的意义
——在否定的感叹句中(9)
——在期待作出肯定回答的否定疑问句中(10)。
否定可分为句子的否定和部分否定。
在句子的否定中，包括所有成分的整个句子都被否定，不会特别强调对某个成分的否定(11)。
在部分否定中，只是对句子的某个部分(一个句子成分或句子成分的一部分)加以否定，对被否定的部分有时会在其后用 *sondern* 加以改正(12)，但是 *sondern* 也可以省略。
在句子否定中的句子总体是被否定的，而在部分否定中的句子从整体来看是肯定的(14)—(16)。句子的否定和部分否定在意义上有明显区别(14)—(16)。

(16) Die Sonne schien die ganze Woche
nicht. (= Satznegation)
Die Sonne schien **nicht** die ganze Woche. (= Teilnegation)

‖ 句子的否定

1. 否定词 *nicht*

(1) Heute klappt die Organisation / sie
nicht.

(2) Die Touristen haben sich ihre Enttäuschung **nicht** anmerken lassen.

(3) Man hat ihnen die Anstrengungen der
Reise **nicht** angesehen.

(4) Trotz des Regens fiel der Spaziergang
durch den Schlosspark **nicht** aus.

(5) Die Besichtigung des Schlosses bedurfte
nicht der Zustimmung des Besitzers.

(6) Einige Reiseteilnehmer interessierten
sich **nicht** für das Schloss / für eine
Schlossbesichtigung / für Schlösser /
dafür.

(7) Unser Reiseleiter, der **nicht** der beliebte-
ste Reiseleiter zu sein scheint, gilt **nicht**
als Experte. Er ist **nicht** geschwätzig. Er
ist **nicht** hier.

(8a) Der Reiseleiter besitzt **nicht** die Fähigkeit anschaulich zu erzählen.

(8b) Die Touristen haben den Reiseleiter
nicht in Verlegenheit gebracht.

否定词 *nicht* 否定带定冠词和代词的名词、带介词(不管有无冠词)的名词、代词、代副词、形容词和副词。

在句子的否定中对谓语加以否定,而使得整个句子被否定。否定词 *nicht* 倾向于位于句末,与变位动词一起构成所谓的否定框架,中间包容其他的句子成分:

Heute **klappt** die Organisation **nicht.**
Man **hat** ihnen die Anstrengungen der Reise **nicht angesehen.**

否定词 *nicht* 位置如下:

——谓语由一个部分构成时则位于句末,在主语、带有定冠词和代词的第三格和第四格宾语之后(1)。谓语由多个部分构成时,*nicht* 位于非限定性动词形式之前(动词不定式/第二分词)(2)(3)或者可分前缀之前(4)
——大多位于第三格宾语之前(5)
——大多位于介词宾语之前(6)
——位于表语之前(7)
——位于功能动词结构之前(8)。

有时候 *nicht* 和 *kein* 两个否定词均可使用:

Er rechnet **nicht** mit einer Niederlage.
Er rechnet mit **keiner** Niederlage.
Die Reisegruppe ist **nicht** in Gefahr.
Die Reisegruppe ist in **keiner** Gefahr.

---

1 请否定下列句子。

Beispiel:　　Der eine genießt die Reise.
　　　　　　Der andere genießt die Reise nicht.

1. Den einen begeistert die herrliche Landschaft.
2. Der eine begeistert sich für Kunst.
3. Der eine beschäftigt sich damit.
4. Die eine Reisegruppe bekommt die Erlaubnis, das Schloss zu besichtigen.
5. Die Erwartungen des einen gehen in Erfüllung

6. Der eine erfreut sich der besten Gesundheit.
7. Der eine bekommt den Auftrag einen Reisebericht zu schreiben.
8. Den einen empfinden die Touristen als idealen Reiseleiter.
9. Bei der einen Reise ist die Stadtrundfahrt im Preis inbegriffen.
10. Der eine Reiseleiter ist der geborene Organisator.
11. Der eine Reiseleiter zeigt den Touristen die Regierungsgebäude.
12. Der eine ist der Star der Gruppe.
13. Der eine hört seinem Reiseleiter zu.
14. Dem einen schmeckt das Essen.
15. Der eine unternimmt den Versuch den Reisepreis herunterzudrücken.
16. Der eine bringt den Reiseleiter zur Verzweiflung.
17. Die eine Information ist von Interesse.
18. Der eine ist an Kultur interessiert.

2. 否定词 *kein*

(1) Es steht eine Überraschung bevor.
 Es steht **keine** Überraschung bevor.
(2) Der Reiseleiter gibt sich Mühe.
 Der Reiseleiter gibt sich **keine** Mühe.
(3) Er macht gute Vorschläge.
 Er macht **keine** guten Vorschläge.
(4) Er kennt andere Länder.
 Er kennt **keine** anderen Länder.
(5) Er mag solche Reisegruppen.
 Er mag **keine** solchen Reisegruppen.
 Er mag solche Reisegruppen **nicht**.

否定词 *kein*(+词尾)否定带不定冠词的名词(1)、没有冠词的名词(2)(3)以及没有冠词而有代词 *andere* 的名词(4)。没有冠词而有代词 *solche* 的名词既可以用 *kein* 也可以用 *nicht* 否定(5)。如果 *ein* 不是冠词,而是数词并应重读时,用 *nicht+ein*,而不用 *kein*:

Das Reiseunternehmen hat nicht einen Konkurrenten.

2 *nicht* 还是 *kein*?

Beispiel: Der eine hat Kontakte zu Einheimischen.
 Der andere hat keine Kontakte zu Einheimischen.

1. Der eine Reiseleiter hat gute Sprachkenntnisse.
2. Der eine Reiseleiter scheint ein ausgebildeter Archäologe zu sein.
3. Der eine Reiseleiter kann anderen zuhören.
4. Der eine Mitreisende stellt hohe Ansprüche an die Reiseleitung.
5. Der eine hat andere Erwartungen an den Reiseleiter.
6. Der eine Reiseleiter nimmt Rücksicht auf Sonderwünsche.
7. Der eine kennt die anderen europäischen Länder.
8. Der eine mag solche Reisen. (zwei Möglichkeiten)
9. Bei der einen Reise treten Schwierigkeiten auf. (zwei Möglichkeiten)
10. Der eine hat solche Erfahrungen gemacht. (zwei Möglichkeiten)
11. Der eine trinkt zum Frühstück Kaffee.
12. Der eine schreibt seinen Freunden Postkarten.

3. 用 *nicht*, 而不是 *kein*

(1) Der Reiseleiter mag Peter / Herrn Müller / London **nicht**.
(2) Der Reiseleiter heißt **nicht** Jacques, oder doch?
(3) Es wird noch lange **nicht** Herbst.
(4) Die Touristen mussten vor dem Museum **nicht** Schlange stehen.

下列情况用 *nicht*,而不用 *kein*
——在作主语和格宾语的无冠词专有名词之后(1)
——在作无冠词表语的专有名词和日、季节等名词之前 (2)(3)
——在无冠词名词之前,这些名词几乎已经成为动词的一部分,例如:*Auto/Boot/Bus / Karussell/Kolonne/Lift/ Rad/Rollschuhe/Schlitten/Schlittschuhe/Schritt/Seilbahn / Ski fahren; Wort halten; Radio hören; Amok/Gefahr /Ski / Spießruten / Sturm laufen; Bankrott / Feierabend / Schluss machen; Pfeife rauchen; Bescheid sagen; Maschine schreiben; Flöte /Fußball / Karten /Klavier /Schach / Skat / Tennis spielen; Schlange stehen* (4)。
有时候 *nicht* 和 *kein* 均可使用:

Er ist **nicht/kein** Arzt/Angestellter/ Professor/Moslem/Franzose.

---

3 *nicht* 还是 *kein*?

Beispiel: Der eine raucht Pfeife.
              Der andere raucht nicht Pfeife.

1. Der eine spielt Skat.
2. Der eine hört Radio.
3. Der eine muss Schlange stehen.
4. Der eine fährt Taxi.
5. Dem einen gefällt Frankreich.
6. Der eine hat Wort gehalten.
7. Der eine spielt Gitarre.
8. Der eine Reiseleiter ist Kunsthistoriker.
9. Der eine Reiseleiter will Dolmetscher werden.
10. Das eine Reiseunternehmen hat Bankrott gemacht.

III 部分否定

(1) Der Hotelier gab gestern Herrn Meier **nicht** die Zimmerrechnung (, sondern die Telefonrechnung).
(2) Der Hotelier gab gestern **nicht** Herrn Meier (, sondern Herrn Huber) die Zimmerrechnung.
(3) Der Hotelier gab **nicht** gestern (, sondern heute früh) Herrn Meier die Zimmerrechnung.

如果不是否定整个句子,而只是否定一个句子成分(1) —(4)或者句子成分的一部分(5),应将否定词 *nicht* 直接置于被否定的内容之前。和句子的否定相反,部分否定的句子总体上仍是肯定的。(例如(1)(2);*Der Hotelier gab gestern Herrn Meier etwas, aber nicht die Zimmerrechnung.   Der Hotelier gab gestern jemandem die Zimmerrechnung,aber nicht Herrn Meier.*)

(4) **Nicht** der Hotelier (, sondern der Portier) gab gestern Herrn Meier die Zimmerrechnung.

(5) Herr Meier reiste **nicht** an, sondern ab.

(6) Die Zimmerrechnung gab der Hotelier Herrn Meier gestern **nicht**.

如果重读被否定的句子成分,后面会大多用 *sondern* 加以改正,同样也需重读。

如果没有 *sondern* 加以修正时,可以仅通过重读,尤其是重读位于句首的句子成分来表示部分否定(6)。

如果否定词 *nicht* 在否定句子时位于一个句子成分前面,句子的否定和部分否定就重合在一起了。如果不加以重读,则视为句子的否定:

Der Reiseleiter holte die Touristen **nicht** am Flughafen ab.

如果否定的部分加以重读,或者用 *sondern* 进行修改,则被视为部分否定:

Er holte die Touristen **nicht** am Flughafen, **sondern** am Bahnhof ab.

---

4 请否定整个句子(即句子的否定),然后再对句子中的一个或多个句子成分加以否定(即部分否定)。

Beispiel: Der berühmte Flohmarkt interessiert ihn.
Der berühmte Flohmarkt interessiert ihn nicht. (= Satznegation)
Der berühmte Flohmarkt interessiert nicht ihn, sondern seine Reisebegleiterin.
(= Teilnegation)
Nicht der berühmte Flohmarkt, sondern der Eiffelturm interessiert ihn.
(= Teilnegation)

In Paris
1. Er besichtigt den Eiffelturm.
2. Er schreibt den Arbeitskollegen eine Ansichtskarte.
3. Er fragt den Portier nach einem Souvenirladen.
4. Ihm imponieren die großen Geschäfte.
5. Der starke Verkehr stört ihn.
6. Die Lichterfahrt auf der Seine hat ihm gefallen.
7. Er spricht mit dem Nachtportier über die Stadt.

5 请用 *nicht ... sondern* 造句。

Beispiel: Die Touristen sind mit dem Zug angereist. (Omnibus)
Die Touristen sind nicht mit dem Zug, sondern mit dem Omnibus angereist.

1. Die Touristen waren bei Sonnenschein in Paris angekommen.
(bei strömendem Regen)

2. Sie haben im Hotel Ritz gewohnt. (im Hotel Métropole)
3. Sie haben ihre Sachen eingepackt. (auspacken)
4. Der gewünschte Reiseleiter hat die Gruppe begrüßt. (eine Reiseleiterin)
5. Die Reiseleiterin stammt aus der Hauptstadt. (aus einer Provinzstadt)
6. Die Gruppe hatte jeden Tag ein gemeinsames Programm. (jeden zweiten Tag)
7. Die Touristen haben in billigen Restaurants gegessen. (teuer)
8. Sie haben den Einkaufsbummel vor dem Essen gemacht. (nach dem Essen)
9. Am Besuch des Louvre haben sich alle beteiligt. (nur die Kunstinteressierten)
10. Einige sind abends ins Theater gegangen. (ins Varieté)
11. Ihnen ist der Abschied von Paris leicht gefallen. (schwer fallen)
12. Nur einige wollen bald wiederkommen. (alle)
13. Sie werden Paris nur als Weltstadt in Erinnerung behalten. (auch als Kunstmetropole)

IV 否定状语说明语和补足语

句子和部分否定

(1a) Die Bootsfahrt auf der Seine fand wegen des Regens **nicht** statt.
(1b) Es regnete. Die Bootsfahrt fand deswegen **nicht** statt.
(2a) Einige Touristen schliefen in der Nacht / die ganze Nacht / gestern **nicht**.
(2b) Andere schliefen **nicht** sofort ein.
(3a) Der Reiseleiter holte die Touristen **nicht** am Flughafen ab.
(3b) Er holte sie **nicht** dort / dort **nicht** ab.
(4a) Die Touristen verlassen Paris **nicht** ohne Bedauern / **nicht** gern.
(4b) Eine Verlängerung der Reise klappte leider **nicht**.
(5) Die Stadtführung dauerte **nicht** den ganzen Tag.
(6) Der Reiseleiter stammt **nicht** aus Paris.

否定词 *nicht* 可位于状语说明语之前或之后：

——大多位于带介词的原因说明语(还有：目的说明语、让步说明语、结果说明语及条件说明语)之后(1a)，总在副词之后(1b)

——大多位于带介词的时间说明语之后，总在第四格时间说明语或限定副词之后（例如，*bisher*，*damals*，*demnächst*，*gestern*，*häufig*，*heute*，*jetzt*，*manchmal*，*mehrmals*，*meistens*，*mittags*，*montags*，*oft*，*seither*，*vorher*，*zunächst*)(2a)

——在以下时间副词之前：*bald*，*beizeiten*，*eher*，*früh*，*gleich*，*immer*，*jährlich*，*monatlich*，*nochmals*，*pünktlich*，*rechtzeitig*，*selten*，*sofort*，*sogleich*，*spät*，*stets*，*täglich*，*wöchentlich*，*zeitig*，*zugleich* (2b)（所有其他的时间副词如(2a)）

——大多位于带介词的地点说明语之后(3a)，地点副词之前或之后(3b)

——位于带介词的情态说明语，或形容词、副词情态说明语之前(4a)

——在情态词之后（例如：*absolut*，*angeblich*，*anscheinend*，*bekanntlich*，*bestimmt*，*eigentlich*，*grundsätzlich*，*hoffentlich*，*im Allgemeinen*，*körperlich*，*leider*，*möglicherweise*，*natürlich*，*siche*(*lich*)，*theoretisch*，*vermutlich*，*wahrscheinlich*，*wirklich*，*zweifellos*，*zu seinem Bedauern*，*zum Glück*，*Gott sei Dank*，*zu allem Unglück*) (4b)。情态词表现说话者的主观态度。(参见 298 页) 否定词 *nicht* 总是位于状语补足语之前 (5)(6)。如果否定词 *nicht* 位于一个状语说明语或补足语之前，句子的否定和部分否定则重合在一起，如果这个状语说明语或补足语是时间副词 (2b) 或者情态说明语 (4a)，则为部分否定。

6 请用 *nicht* 填空。

Ein Theaterabend

1. Das neue Theaterstück wird ... täglich ... gegeben. 2. Aufführungen gibt es ... montags .... 3. Der Theaterraum ist dem Publikum ... tagsüber ... zugänglich. 4. Der Erfolg eines Stückes ist ... häufig ... vorauszusagen. 5. Dem Publikum gefallen moderne Stücke ... manchmal .... 6. Generalproben klappen ... meistens .... 7. Schauspieler wechseln ... jährlich ... zu anderen Bühnen. 8. Die gestrige Aufführung fing ... pünktlich ... an. 9. Zwei Schauspieler waren ... rechtzeitig ... eingetroffen. 10. So etwas hat es ... bisher ... gegeben. 11. Der eigentliche Star dieser Aufführung hat wegen einer Grippe ... mehrmals ... mitgespielt. 12. Manche Theaterbesucher hatten das Programm ... vorher ... gelesen. 13. Der Bühnenvorhang ging ... eher ... auf, bis alle Zuschauer auf ihren Plätzen saßen. 14. Stimmung kam ... anfangs ... auf. 15. Gelacht wurde ... zunächst .... 16. Geklatscht wurde aber ... selten .... 17. Pannen gab es ... gestern .... 18. Nach dem Ende der Vorstellung stand das Publikum ... sofort ... auf. 19. Die Schauspieler traten vor den Vorhang und verbeugten sich, sie zeigten sich dann ... nochmals .... 20. Die meisten Zuschauer gingen nach der Aufführung ... gleich ... nach Hause.

7 请将括号内的说明语插入句子中。

Beispiel:　　Sie trinkt ihren Kaffee nicht im Hotelzimmer.
　　　　　　(morgens, gern)
　　　　　　Sie trinkt ihren Kaffee morgens nicht im Hotelzimmer.
　　　　　　Sie trinkt ihren Kaffee nicht gern im Hotelzimmer.

1. Der Reiseleiter spricht nicht mit dem Busfahrer.
   (anscheinend, viel, heute, Gott sei Dank)
2. Der Reiseleiter erkundigt sich nicht nach dem Befinden des erkrankten Touristen.
   (täglich, ernsthaft, aus Gleichgültigkeit, deswegen, bestimmt)
3. Der Reiseleiter langweilt die Gruppe nicht mit seinen Erklärungen.
   (meistens, zum Glück, absolut, bisher, nochmals)
4. Die Reisegruppe interessiert sich nicht für seine Erklärungen.
   (zu seinem Bedauern, manchmal, wahrscheinlich, übermäßig)
5. Der Reiseleiter spricht nicht über die Geschichte Frankreichs.
   (ausführlich, den ganzen Tag, gleich, vermutlich, ohne Vorbereitung)
6. Die Touristin kauft keine teuren Souvenirs.
   (natürlich, hoffentlich, im Allgemeinen)
7. Der Reiseleiter führt die Touristen nicht durch das Museum.
   (immer, wegen des schönen Wetters, mit Engagement, aus Zeitmangel, nachmittags)

8 否定的是哪个句子成分：请注意上下文。

Beispiel: Er konnte in den letzten Tagen mittags nach Hause fahren.
Er konnte in den letzten Tagen mittags nicht nach Hause fahren.

1. Der Louvre war im letzten Jahr während der Feiertage abends geöffnet.
2. Der Reiseleiter war deshalb während dieser Zeit dort.
3. Die Touristen bummeln an ihrem freien Nachmittag aus verständlichen Gründen gemeinsam über den Flohmarkt.
4. Der Reiseleiter geht morgens bestimmt sehr früh aus dem Haus.
5. Er ist gestern nach dem Klingeln des Weckers gleich aufgestanden.
6. Er ist deshalb bei seiner Reisegruppe pünktlich eingetroffen.
7. Das wird ihm bei dieser Gruppe wahrscheinlich noch mal passieren.
8. Das Restaurant bietet den Touristen normalerweise mittags ein Menü.
9. Die Touristen essen abends gern im Hotel.
10. Sie sind deshalb abends meistens im Hotel.
11. Der Reiseleiter ist heute mit seiner Reisegruppe ins Regierungsviertel gefahren.
12. Einige Touristen konnten ihre Reise dieses Mal aus den verschiedensten Gründen gründlich vorbereiten.

V *nicht* 以外的否定词

1. 否定词 *kein, nie, niemals, nichts*

Keiner der / Kein Teilnehmer war auf die Reise gut vorbereitet.
(= **Alle** Teilnehmer waren **nicht** gut vorbe tet. / Satznegation: 100% der Teilnehmer)
Nicht alle Teilnehmer waren auf diese Reise gut vorbereitet.
(= **Nicht alle**, aber die meisten Teilnehmer waren gut vorbereitet. / Teilnegation)

在对句子进行否定时，常常用其他一些否定词替代 *nicht*：
alle/sämtliche/jeder...nicht → *kein*
immer/jedesmal...nicht → *nie, niemals*
alles...nicht → *nichts*
还可加强否定词 *kein* 的语气：

Kein einziger / Nicht ein einziger Teilnehmer war auf diese Reise gut vorbereitet.

9 请用句子的否定和部分否定造句。

1. Sie kannte alle Reiseteilnehmer.
2. Sie hat alles mitgemacht.
3. Sie ist in sämtliche Künstlerlokale gegangen.
4. Sie war in jedem Museum.
5. Sie hat sich auf jeder Reise verliebt.
6. Sie ist immer teuer essen gegangen.
7. Sie ist jedesmal in ein Bistro gegangen.
8. Sie hat sich bei jedem Reiseteilnehmer Geld geliehen.
9. Sie hat alle Sehenswürdigkeiten besichtigt.
10. Sie war immer von morgens bis abends unterwegs.

2. 否定词 noch nicht/noch kein

(1) Er hat seine Koffer **schon** gepackt.
    Sie hat ihre Koffer **noch nicht** gepackt.
(2) Er hat **schon** Reisefieber.
    Sie hat **noch kein** Reisefieber.
(3) Ihn hat **schon jemand** für 40 gehalten.
    Sie hat **noch niemand** für 40 gehalten.
(4) Er hat sich **schon etwas** überlegt.
    Sie hat sich **noch nichts** überlegt.
(5) Er ist **schon oft / schon einmal** geflogen. Sie ist **noch nie / noch kein einziges Mal** geflogen.

小品词 schon 和否定形式 noch nicht/noch kein 可从时间上修饰一件事情；schon 描述已经发生或者结束的事情；noch nicht/noch kein 描述尚未发生的事情。小品词 noch 可以和 nicht, kein, niemand, nichts 和 nie 等否定词连用。

10 请否定下列句子。

1. Er hat schon Urlaub, aber sie ...
2. Er hat schon etwas für die Urlaubstage geplant, aber sie ...
3. Ihm hat schon jemand Tips gegeben, aber ihr ...
4. Er hat schon Landkarten und Stadtpläne studiert, aber sie ...
5. Er hat schon etwas über das Reiseland gelesen, aber sie ...
6. Er hat seine Sprachkenntnisse schon aufgefrischt, aber sie ...
7. Er hat schon oft große Reisen gemacht, aber sie ...
8. Er war schon einmal in dem Land, aber sie ...

3. 否定词 nicht mehr/kein ... mehr

(1) Sie packt **noch**. Er packt **nicht mehr**.
(2) Sie nimmt **noch** einen Rucksack mit.
    Er nimmt **keinen** Rucksack **mehr** mit.
(3) Sie bittet **noch jemanden** um Karten.
    Er bittet **niemanden mehr** um Karten.
(4) Sie muss **noch etwas** einkaufen.
    Er braucht **nichts mehr** einzukaufen.
(5) Sie muss **noch mehrmals / noch einmal** zum Zahnarzt gehen. Er muss **nicht mehr** zum Zahnarzt gehen.

小品词 noch 和否定形式 nicht mehr/kein ... mehr 从时间上修饰一个事情；noch 描述一件持续到现在的事情，nicht mehr/kein ... mehr 描述一个发生在过去、但未持续到现在的事情。小品词 mehr 可以和 nicht, kein, niemand 及 nichts 等否定词连用。

11 请否定下列句子。

1. Sie arbeitet noch, aber er ...
2. Sie muss noch jemanden anrufen, aber er ...
3. Sie hat noch Resturlaub, aber er ...
4. Sie muss noch Reisevorbereitungen treffen, aber er ...
5. Sie muss noch etwas Wichtiges erledigen, aber er ...
6. Sie benutzt ihren alten Rucksack noch, aber er ...
7. Sie will in diesem Jahr noch einmal verreisen, aber er ...
8. Sie hat noch einen Fensterplatz bekommen, aber er ...

4. 否定词 *nicht einmal*

Sie sind in diesem Jahr **sogar** drei Wochen
unterwegs gewesen.
Sie sind in diesem Jahr **nicht einmal** drei
Wochen unterwegs gewesen.

小品词 *sogar* 有加强语气的作用，用可以削弱语气的否
定词 *nicht einmal* 来加以否定。

12 *sogar* 还是 *nicht einmal*?

1. Das Flugzeug ist mit Verspätung gestartet. Es ist ... noch pünktlich angekommen.
2. Sie wollten oft baden gehen. Sie haben ... Badehandtücher mitgenommen.
3. Sie haben in Eile gepackt. Sie haben ... an den Reisewecker gedacht.
4. Es war ein heißer Tag. Sie haben auf die Bergwanderung ... etwas zu trinken mitgenommen.
5. Sie waren keine geübten Bergsteiger. Sie haben ... den höchsten Berg der Gegend erstiegen.
6. Der Aufstieg war anstrengend. Sie haben ... eine Pause gemacht.
7. Sie waren immer unterwegs. Sie hatten ... Zeit für ein Mittagsschläfchen.
8. Die Landessprache gefiel ihnen so gut, dass sie ... einen Sprachkurs belegt haben.

VI 其他否定形式

1. 用前缀、后缀来否定

否定前缀有：

nicht-: *nichtöffentlich,Nichtraucher*

un-: *unsicher,Unglück*

a-(an-): *Anomalie,anorganisch,Analphabet*

non-: *nonverbal,Nonkonformismus*

否定后缀有：

-frei: *bleifrei,rostfrei,keimfrei*

-leer: *luftleer,menschenleer*

-los: *bargeldlos,obdachlos,Arbeitslosigkeit,Hilf-
losigkeit*

下列前缀只是有时含有否定的意义：

miss-: *misstrauisch,misslingen,Misserfolg*

ab-: *abnorm,Abstinenz*

de-(des-): *destruktiv,Dezentralisierung;desorien-
tiert,Desinteresse*

dis-: *disproportioniert,Disharmonie*

in-(il-,im,ir): *inhuman,Inkompetenz;illegitim,
Illegalität;immateriell,Immobilien;irreparabel,Ir-
realität*

13 按照例句改写句子。

Beispiel: Sind die Menschen in diesem Land gastlich?
Von der Ungastlichkeit der Menschen in diesem Land kann nicht die Rede sein.

Fragen zu einem Land
1. Sind die Menschen in diesem Land freundlich?
2. Sind die Straßen sicher?
3. Sind die Menschen politisch interessiert?
4. Sind die Minister kompetent?
5. Verhalten sich die Intellektuellen konform?
6. Ist die Regierung erfolgreich?
7. Ist das Regime menschlich?
8. Sind die politischen Verhältnisse stabil?
9. Sind die öffentlichen Verkehrsmittel zuverlässig?
10. Haben die jungen Menschen Arbeit?

2. 含有否定意义的动词

下列动词含有否定的意义：

(1) Der Passagier sagt: „Ich führe **keine** Waren mit.“
Der Passagier **bestreitet** Waren mitzuführen.
(2) Er will mit den Zollbeamten **nicht** weiter diskutieren.
Er **lehnt** es **ab**, mit den Zollbeamten weiter zu diskutieren.

abhalten, ablehnen, abraten, absehen, abstreiten, ausbleiben, bestreiten, bewahren, bezweifeln, entkräften, hindern, sich hüten, leugnen, negieren, sich sparen, unterlassen, untersagen, untersagen, hindern, vermeiden, verneinen, vermeiden, verneinen, versäumen, verweigern, verzichten, warnen, sich weigern, zurückhalten, zurückweisen, zweifeln
等等

14 如果题中没有另作要求，请用括号中所给的动词将句子改写为不定式结构。

Beim Zoll
1. Die Zollbeamten sagen zu dem Passagier: „Verlassen Sie das Flughafengelände nicht.“ (untersagen)
2. Der Passagier sagt: „Ich habe keine zollpflichtigen Waren bei mir.“ (leugnen)
3. Die Zollbeamten sagen: „Sie sind nicht ehrlich.“ (bezweifeln / *dass*-Satz)
4. Der Passagier sagt: „Ich öffne meinen Koffer nicht.“ (sich weigern)
5. Der Passagier sagt zu den Zollbeamten: „Fassen Sie mein Gepäck nicht an.“ (hindern an)
6. Der Passagier gesteht: „Ich habe drei Stangen Zigaretten nicht deklariert.“ (versäumen)
7. Die Zollbeamten sagen: „Wir nehmen keine Leibesvisitation vor.“ (absehen von)
8. Die Zollbeamten sagen: „Wir zeigen Sie nicht an.“ (verzichten auf)
9. Die Zollbeamten sagen zu dem Passagier: „Verschweigen Sie in Zukunft mitgeführte Waren nicht.“ (warnen vor)
10. Der Passagier sagt: „Ich nehme zukünftig keine Zigaretten aus dem Urlaub mit.“ (sich hüten vor)

VII 表示肯定的双重否定

(1) Es gab **keine Miss**verständnisse zwischen dem Künstler und dem Veranstalter.
(= Der Künstler und der Veranstalter verstanden sich gut.)

(2) Die Ausstellung zeigt **kein** Bild, das
nicht von hohem künstlerischem Wert
wäre.
(= Alle Bilder der Ausstellung sind von
hohem künstlerischem Wert.)

(3a) Die Ausstellung ist **nicht un**interessant.
(= Die Ausstellung ist ganz/recht/ziem-
lich interessant.)

(3b) Die Besucher hatten die Ausstellung
nicht ohne Spannung erwartet.
(= Die Besucher hatten die Ausstellung
mit ziemlicher Spannung erwartet.)

双重否定具有肯定的意义(1)(2)。

双重否定是一种修辞手法，常用以表示谨慎的肯定，但只用于下面两种情况：

—— *nicht+un-* +形容词(3a)

—— *nicht+ohne* +名词(3b)。

---

15 请按例句改写下列句子。

Beispiel:　Die Ausstellung war *ziemlich interessant.*
　　　　　Die Ausstellung war nicht uninteressant.

Eine Ausstellung
1. Die Begrüßungsrede des Veranstalters wurde *mit Beifall* aufgenommen.
2. Die Ausstellung kam für Kunstinteressierte *erwartet.*
3. Der Künstler ist *recht erfolgreich.*
4. Die Aufregung des Künstlers vor der Ausstellung war *verständlich.*
5. Der Künstler war *dankbar* für das Verständnis des Publikums.
6. Die Ausstellungsräume waren *recht attraktiv.*
7. Die Presse verfolgt die künstlerische Entwicklung des Malers *mit Interesse.*
8. Die Bilder des Malers sind *wirklich reizvoll.* (→ Reiz)
9. Diese Ausstellung war für das Bekanntwerden des Künstlers *ziemlich wichtig.*
10. Solche Ausstellungen sind nur *mit erheblichem finanziellem Aufwand* möglich.
(*nur* entfällt)

I 概述

时间大致分为三级(现在、过去和将来),相当于德语中的六个时态(现在时、过去时、现在完成、过去完成时、第一将来时和第二将来时)。每个时间级可以由多个时态来表示。

时间:	时态:	例句:
过去	过去完成时	(1) Familie Meier **hatte** eine Ferienwohnung am Meer **gemietet**.
	现在完成时	(2) Die Reise **ist** ohne Zwischenfälle **verlaufen**.
	过去时	(3) Nach dem Abendessen **ging** das Ehepaar Meier immer auf der Uferpromenade spazieren.
	现在时	(4) Eines Abends **treffen** sie dort Bekannte aus Köln.
	第二将来时	(5) Die Bekannten **werden** schon viele Urlaubsbekanntschaften **gemacht haben**. (Vermutung) (= Die Bekannten haben wahrscheinlich schon viele Urlaubsbekanntschaften gemacht.)
现在	现在时	(6) Die Kinder **sind** im Hotel.
	第一将来时	(7) Sie **werden** im Bett **liegen** und **schlafen**. (Vermutung) (= Sie liegen jetzt wahrscheinlich im Bett und schlafen.)
将来	第一将来时	(8) Familie Meier **wird** morgen einen Ausflug **machen**.
	第二将来时	(9) In drei Wochen **wird** Familie Meier ihren Urlaub **beendet haben**.
	现在时	(10) Familie Meier **macht** morgen einen Ausflug.
	现在完成时	(11) In drei Wochen **hat** Familie Meier ihren Urlaub **beendet**.

II 时态的用法

1. 现在时

(1) Heute **beginnt** die Verhüllung des Berliner Reichstags durch den Verpackungskünstler Christo und seine Lebensgefährtin Jeanne-Claude. Sie **dürfen** den künftigen Sitz des Deutschen Bundestags zu einem monumentalen Paket **verschnüren**. Für das Künstlerpaar **erfüllt sich** mit dem Kunstprojekt „Verhüllter Reichstag 1971–1995" – wie der offizielle Titel der Verpackungsaktion **lautet** – ein Traum, den sie bis auf einige Sponsorengelder selbst **bezahlen**. Durch den Verkauf seiner Skizzen, Zeichnungen und Collagen **erhofft sich** Christo eine erfolgreiche Refinanzierung wie schon bei seinen vorangegangenen Projekten.

(2) Die Berliner Tourismusbranche rechnet damit, dass in den zwei Wochen Verpackung zwei bis drei Millionen Besucher nach Berlin **kommen** (statt: kommen werden).

(3) 1989: Wende auch für Christo
Etwa ein Vierteljahrhundert hat das Künstlerpaar Christo und Jeanne-Claude für sein Vorhaben gekämpft, den Berliner Reichstag verhüllen zu dürfen. Erst nach vielen Jahren, mit der deutschen Wiedervereinigung, **ändert** sich die ablehnende Haltung des Bundestages und seines Präsidiums.
1989: Am 9. November **fällt** die Mauer. Mit der deutschen Wiedervereinigung (1990) und dem Beschluss, das Parlament von Bonn nach Berlin zu verlegen (1991), ist auch für Christos Pläne eine neue politische Situation entstanden. Die Zustimmung **wächst**.
1992: Bundestagspräsidentin Rita Süssmuth (CDU) **empfängt** Christo und Jeanne-Claude in Bonn und **sagt** ihre Unterstützung **zu**.

1993: Süssmuth **eröffnet** eine Ausstellung zum Reichstag-Projekt in der Lobby des Bonner Bundestages. Bundeskanzler Helmut Kohl (CDU) und Fraktionschef Wolfgang Schäuble **lehnen** die Verhüllung **ab**.
1994: In einer namentlichen Abstimmung **stimmen** am 25. Februar 292 vom Fraktionszwang befreite Abgeordnete des Bundestages für das Projekt, 223 dagegen.
          (Nach: RNZ (dpa) vom 17./18.6.1995)

(4) Ein Künstler **ist** ein kreativ Tätiger vor allem auf dem Gebiet der bildenden oder darstellenden Kunst, Schöpfer oder Interpret. Oft **werden** damit auch Vertreter der anderen Künste **bezeichnet**, z.B. Dichter oder Komponisten. Das Wort Künstler **stammt** wohl aus dem 15. Jh., ist im 16. Jh. zum ersten Mal nachgewiesen. In der heutigen Bedeutung **wird** es erst seit dem 18. Jh. **gebraucht**.

(Nach: Meyers Großes Taschenlexikon in 24 Bänden)

现在时用于下列情况
——持续到说话的时间的(即现在)、目前的动作(1)
——替代第一将将来时,表示将来的动作。须通过上下文或时间说明语将将来时表达清楚(2)
——生动描写过去的动作(即历史现在时)(3)
——反复出现的动作,普遍存在的事实(4)。

1 请解释下列句子中现在时的意义。

Christo verhüllt den Berliner Reichstag
1. Der verpackte Reichstag lockt bestimmt viele Neugierige nach Berlin.
2. Es gibt aber bestimmt auch Menschen, die grundsätzlich nichts von solchen Verpackungsprojekten und ähnlichen Verfremdungseffekten halten.
3. Über 20 Jahre lang bemühte sich das Künstlerpaar vergeblich um die Genehmigung zur Verhüllung des Berliner Reichstags. Da eröffnen sich plötzlich mit der Wiedervereinigung neue Chancen, die sie sogleich wahrnehmen.
4. In ein paar Tagen sieht man keinen Stein, kein Fenster mehr vom Reichstag.
5. Solche Aufsehen erregenden Aktionen lassen sich gut vermarkten.

6. Das Auto des Künstlerpaares parkt als einziges Fahrzeug innerhalb der Absperrung vor dem Südportal des Reichstags.
7. Unter denen, die sich das Projekt in den nächsten zwei Wochen anschauen, halten sich Begeisterung und Skepsis wahrscheinlich die Waage.
8. Ob Verpackung Kunst ist, kann niemand endgültig entscheiden.
9. Gespannt warten Tausende Schaulustige vor dem Reichstagsgebäude darauf, dass die Verhüllung beginnt.
10. Am Samstag hatte man den Innenhof des Reichstags verhüllt, was die Öffentlichkeit aber nicht zu sehen bekam. Am nächsten Tag nun sollte das Spektakel in großem Stil beginnen. Die ersten beiden silbrigen Stoffbahnen waren an der Außenfassade des Reichstags herabgelassen, da kommt ein heftiger Wind auf. Er bläst so stark, dass Christo sich gezwungen sieht die Arbeiten vorübergehend einzustellen.
11. Mehrere Millionen Menschen, viel mehr als erwartet, besichtigen den Reichstag, bevor er nach zwei Wochen wieder ausgepackt wird.

2. 过去时、现在完成时和过去完成时

Zeitungsbericht: Ein ganzes Dorf unter Lava begraben
(1) Nach 21jähriger Ruhe **ist** am Montag der Vulkan Oyama auf der japanischen Insel Miyakejima, 180 km südlich von Tokio, wieder **ausgebrochen**.
(2) Der Ausbruch **begann** am Montag früh um 7.05 Uhr MEZ. Der Berg **spie** hohe Fontänen flüssiger Lava und Asche in den Himmel. Ein Dorf **wurde** unter Strömen flüssiger Lava und einem Ascheregen **begraben**, ein zweites Dorf **wurde** völlig **zerstört**.
(3) Viele Menschen **haben** ihre Dörfer **verlassen** und sind jetzt obdachlos.
(4) Die Meldung über den Vulkanausbruch **hat** in der ganzen Welt Anteilnahme **ausgelöst**.
(5) Meldungen über Tote und Verletzte **lagen** zunächst nicht **vor**.
(6) Zum letzten Mal **war** der Oyama am 24. August 1962 **ausgebrochen**. Damals **waren** 31 Menschen **verletzt worden**.
(7) Erst wenn sich der Vulkan **beruhigt hat** (statt: beruhigt haben wird), wird man eine endgültige Schadensbilanz ziehen können.

过去时用于下列情况
——截止说话的时刻(即现在)已经过去和结束了的动作;
——书面语中的叙述时态(叙述、报告、描写历史的文学、报刊、广播、电视中的报道)(2)(5)
——动词 *haben、sein、werden* 以及情态动词的过去时(而不用现在完成时),也常见于波动句中;

Der Vulkanausbruch war ein Schock für mich, weil mein ältester Sohn gerade in Japan ist.
Den ganzen Tag konnte ich nichts essen.
Im japanischen Rundfunk wurden ausländische Urlauber zur Heimreise aufgefordert.

现在完成时用于下列情况
——截止说话时刻(现在)已经过去和结束的动作,如时间过去词不间接表示事情虽已过去,仍和现在有联系,事情的结果或后果对现在的情况产生影响(1)(3)(4)
——口头表达中的叙述时态,尤其是在南德地区(8)
——在一篇过去时为基本时态的文章中,篇首(1)或篇尾进行总结的时态
——表示相对于现在时(3)和第一将来时(7)的先时性

(8) Frau Bunse erzählt einer Nachbarin: Am Montag **ist** in Japan ein Vulkan **ausgebrochen**. Er **hat** ein ganzes Dorf unter sich **begraben**. Ich **habe** eben noch mal Nachrichten **gehört**, man weiß immer noch nicht, wie viele Tote und Verletzte es **gegeben hat**. Diese Nachricht **hat** mich sehr **erschüttert**.

——替代第二将来时，须通过上下文或时间说明语将将来时表达清楚(7)。

过去时和现在完成时表示的时间是一样的，常常可以互换(*begann/hat begonnen*, *spie/hat gespieen* (2), *lagen vor/haben vorgelegen*(5))。但如果一个已经结束的动作对现在仍有影响(3)(4)或者表示将来时(7)，过去时不能替代现在完成时。

过去完成时不能作为一个独立的时态使用，而是用作表达相对于过去时和现在完成时的先时性(6)。

---

2 用动词的正确时态填空。

Storchenmänner als Pinguin-Eltern

Für eine zoologische Sensation (sorgen) im Osnabrücker Tierpark ein männliches Storchenpaar. Die beiden in einer gleichgeschlechtlichen Beziehung lebenden Männ-
5　chen (ausbrüten) ein Pinguin-Ei erfolgreich. Der kleine Humboldt-Pinguin „Pingu" mit den ungewöhnlichen Pflegeeltern (sein) mittlerweile drei Wochen alt und wohlauf. Die Obhut (übernehmen) eine Tierpflegerin, die
10　den Kleinen sechsmal am Tag mit einem Fläschchen (füttern). Tierpflegerin Gisela Küppers (entdecken) das von den Eltern aus der Bruthöhle geworfene Pinguinei. Weil es nicht (zurücklegen dürfen /
15　Pass.), (unterschieben) sie es „aus einer Laune heraus" dem Storchenpaar. Die beiden Männchen (bauen) zuvor mit Übereifer nach dem Vorbild eines echten Storchenpaares in der Nachbarschaft ein Nest. 14 Tage (sitzen) die beiden Störche abwechselnd auf dem Ei. „Die 20 beiden (sorgen) für eine Brutpflege, wie sie besser nicht hatte sein können", meint Zoodirektor Wolf Everts.

Als Pingu (beginnen), die Eierschale zu durchbrechen, (legen) Tierpflegerin Küppers 25 das Ei in den Brutkasten. Dort (kommen) der Geselle mit den kleinen grauen Flügeln zur Welt.

(Nach: RNZ (dpa) vom 28.6.1995)

---

3. 第一和第二将来时

Die Legenden berichten von einem Mann, der eines Tages erscheinen und dank seiner zauberfähigen Augen die Erde leerblicken wird. Es heißt, dass seine Blicke über die Fähigkeit verfügen werden die erblickten Dinge von ihren Stellen zu lösen und unversehrt hinter seinen Pupillen und Lidern anzusiedeln. Dieser Mann, vermutet man, wird zuletzt, vom vielen, lückenlosen Betrachten müde, den ganzen Erdball hinter seinen Augen versammelt haben, und das verlagerte Leben wird in seinem Kopfe weitergehen mit Ebbe und Flut, Jahrmärkten und Mondaufgängen. Als es selbst oder als seine Erinnerung? Als Zerrbild oder verworrenes Echo?

(Christoph Meckel: Im Land der Umbramauten)

(1) Morgen **werde** ich eine neue Stelle **antreten** (trete ... an).

(2) Am Ende der Woche **wird sich herausgestellt haben** (hat sich herausgestellt), ob meine Entscheidung richtig war.

(3a) Die Computer-Revolution **wird** unser Leben (bestimmt) stark **verändern**.
Ich **werde versuchen** mich darauf einzustellen.

(3b) Am Ende dieser Entwicklung **wird** es wahrscheinlich ganz andere Arbeitsplätze **geben**.

(4) Auch du **wirst** dich **umstellen müssen**!

(5a) Viele Arbeitnehmer **werden sich** jetzt (vermutlich) Sorgen um die Sicherheit ihrer Arbeitsplätze **machen**.
(= Viele Arbeitnehmer machen sich jetzt vermutlich Sorgen um die Sicherheit ihrer Arbeitsplätze.)

(5b) Jeder **wird** (wohl) schon mal etwas von Tele-Arbeitsplätzen **gehört haben**.
(= Jeder hat wohl schon mal etwas von Tele-Arbeitsplätzen gehört.)

第一将来时和第二将来时用于表示到说话时间（现在）为止尚未开始的动作（第一将来时）或者在将来某一时刻被认为已经结束的动作（第二将来时）。

第一将来时大多被现在时代替，而第二将来时则被现在完成时代替，通过上下文或者时间说明语来表达将来时(1)(2)。

但是在下面几种情况下则最好选用第一将来时和第二将来时，因为它们能加强语气，强调将来时：

——预言、预告、许诺、坚定的看法和决定(3)。在对将来的某种情况非常肯定时，表达"确信"的情态成分可用可不用(*sicher, bestimmt*)(3a)。而在没有把握的时候，则必须用表示"推测"的情态成分(*wahrscheinlich, vermutlich, wohl, vielleicht*)(3b)

——第二人称坚决的要求和轻度的威胁(4)。

将来时也可以表示推测：

第一将来时表示对现在的推测(5a)，第二将来时表示对过去的推测(5b)，表示"推测"的情态成分可用可不用。如果用现在时或现在完成时来替代时则必须用（例如：*vermutlich, wahrscheinlich, wohl,* 情态动词 *dürfte*)，并且还应明确表明时态（现在时或过去时）。

3 请解释将来时的意义。

Trends in der Arbeitswelt

1. Viele der traditionellen Strukturen der Arbeitswelt werden sich auflösen.
2. Auf die sich ständig verändernde Arbeitswelt werden Sie, liebe Kollegen, flexibel reagieren müssen.
3. Als Erstes werden alle, die noch nicht mit Computern gearbeitet haben, einen Computer-Kurs besuchen!
4. Ich werde mir morgen einen Computer kaufen.
5. Aber auf meinem Konto wird nicht genügend Geld sein.

6. Spätestens die übernächste Generation wird sich an die veränderten Arbeitsbedingungen gewöhnt haben.
7. Nächste Woche werde ich mich nach einem neuen Job umsehen.
8. Die Jobs der Zukunft werden sehr viel mehr mit Kreativität zu tun haben.
9. Manche Menschen werden das Ausmaß der Veränderungen noch gar nicht begriffen haben.
10. Die Betriebsleitung wird Sie, liebe Kollegen, aber nicht überfordern. Wir werden Sie nicht im Stich lassen.

4 请用第二将来时造句。

Beispiel: der pazifische Raum / wirtschaftlich an Bedeutung zunehmen
             Der pazifische Raum wird wirtschaftlich an Bedeutung zugenommen haben.

Was wird die Menschheit in 100 Jahren erreicht haben?
1. die Medizin / die meisten Krankheiten besiegen
2. die Menschen / viele Wüsten und Steppen fruchtbar machen
3. die Biologie / zur wichtigsten Wissenschaft werden
4. die Menschen / weitere Galaxien erforschen
5. es / ein kosmopolitischer Lebensstil / sich herausbilden
6. die Grenzen zwischen den meisten Staaten / verschwinden
7. viele Völker / Frieden miteinander schließen
8. man / den Traum vom Paradies auf Erden / noch nicht verwirklichen

5 一位女同事今天看上去非常高兴,喜形于色。请用第一和第二将来时对其原因作出推断。

Beispiel: Für ihre Zufriedenheit gibt es vermutlich verschiedene Gründe.
             Für ihre Zufriedenheit wird es verschiedene Gründe geben.

Die zufriedene Kollegin
1. Sie freut sich wahrscheinlich schon auf ihren Urlaub in der nächsten Woche.
2. Sie hat ihr heutiges Arbeitspensum vermutlich schon geschafft.
3. Sie dürfte gerade ein schwieriges Problem gelöst haben.
4. Sie ist wohl deswegen vorhin vom Chef gelobt worden.
5. Vermutlich bekommt sie demnächst eine Gehaltserhöhung.
6. Sie hat wahrscheinlich Spaß an ihrer Arbeit.
7. Sie dürfte eine motivierte Arbeitnehmerin sein.
8. Sie hatte wohl mal wieder eine gute Idee.
9. Sie hat wahrscheinlich heute abend ein Rendezvous.
10. Vermutlich ist sie mit ihrem Freund verabredet.

Ⅲ 时态的顺序

(1) Wenn er lernt, lässt er sich nicht ablenken.

(2) Als er seine Lehre machte, besuchte er einmal wöchentlich die Berufsschule.

(3) Als er seine Lehre machte, hat er einmal wöchentlich die Berufsschule besucht.

(4) Wenn er sein Meisterstück machen wird, wird er sich anstrengen müssen.

(5) Wenn er sein Meisterstück macht, wird er sich anstrengen müssen.

(6) Wenn er sein Meisterstück macht, muss er sich anstrengen.

(7) Wie lange er nach einer Lehrstelle gesucht hat, weiß ich nicht.

(8) Wie lange er nach einer Lehrstelle suchte, weiß ich nicht.

(9) Nachdem er die Lehre abgeschlossen hatte, suchte er einen Arbeitsplatz.

(10) Er hat einen Arbeitsplatz gesucht, nachdem er die Lehre abgeschlossen hatte.

(11) Wenn er genügend Berufserfahrungen gesammelt hat (statt: gesammelt haben wird), wird er sich bestimmt selbständig machen.

(12) Wenn er genügend Berufserfahrungen gesammelt hat, macht er sich bestimmt selbständig.

(13) Bevor er zur Arbeit geht, hat er schon ausgiebig gefrühstückt.

(14) Bevor er zur Arbeit geht, frühstückt er ausgiebig.

(15) Bevor er eine Lehre begann, hatte er schon in einem anderen Beruf gearbeitet.

(16) Bevor er eine Lehre begann, arbeitete er schon in einem anderen Beruf.

(17) Bis er sich selbständig machen wird, hat er genügend Geld zurückgelegt (statt: wird … zurückgelegt haben).

(18) Bis er sich selbständig macht, legt er genügend Geld zurück.

主、从句中的内容在时间上存在依赖关系。按照从句中动作发生在主句动作的同时、之前或者之后,语法上分为同时性、先时性或后时性。关于时态的顺序有一定的规则。(参见 217 页"时间从句")

用相同的时态来表达同时性(1)(2)(4),但是也可以用不同的时态来表达,因为现在完成时和过去时(3),第一将来时和现在时(5)(6)常常可以互换。

先时性由不同的时态来表达:相对于现在时的先时性是现在完成时(7),相对于过去时的先时性是过去完成时(9),相对于第一将来时是现在完成时(而不是第二将来时)(11)。因为现在完成时和过去时(8)(10),第一将来时和现在时(12)有时可以互换,所以还有其他可能性。

后时性(即反向的先时性)也是通过不同的时态来表达:相对于现在完成时的后时性是现在时(13),相对于过去完成时是过去时(15),相对于现在完成时(而不是第二将来时)是第一将来时(17)。但是很多时候用同时性代替后时性 (14)(16)(18)。另外由于现在完成时和过去时,第一将来时和现在时有时可以互换,所以有些可能性在这里没有列举。

6 请用动词的正确时态填空。

Erdgeschichte und Klima

Nachdem es vor 450 Mio. Jahren schon eine Eiszeit auf der südlichen Halbkugel der Erde (geben), (beginnen) vor 2,5 Mio. Jahren auf der nördlichen Halbkugel fünf Eiszeiten.
5 Während auf der Nordhälfte der Erde eine dicke Eisschicht (sich bilden), (entstehen) auf der Südhälfte die heutige Tier- und Pflanzenwelt und der Mensch (treten) in Erscheinung. Während der Meeresspiegel in den vier
10 Haupteiszeiten weltweit um 100 bis 200 Meter (fallen), (sein) viele Wüsten und Trockengebiete der Erde feucht und grün. Bevor das Eis auf der nördlichen Halbkugel der Erde langsam bis nach Grönland (sich zurückzie-
15 hen), (ruhen) der nördliche Erdteil unter einer teilweise weit über 1 000 Meter dicken Eisschicht. Als es 65 Mio. Jahre vor unserer Zeitrechnung weltweit warm (sein), (sich entwickeln) Säugetiere und Vögel. Bevor es wie-
20 der kühler (werden), (geben) es weltweit Palmen. Als es vor 100 000 Jahren auf der Erde wieder einmal sehr warm (sein), (leben) nördlich der Alpen, wie heutige Knochenfunde (belegen), Löwen und Elefanten. Nachdem
25 vor 10 000 Jahren die letzte Eiszeit (enden), (sich erwärmen) die Erde von durchschnittlich 11,5 auf 14,5 Grad Celsius. Dabei (ansteigen) der Meeresspiegel allmählich um über 100 Meter. Erst nachdem das Eis auf den heu-
30 tigen Stand (schmelzen), (erhalten) die Küsten der Erde ihre heutige Form. Historiker und Klimaforscher (ausgehen) heute davon, dass das Klima die bisherige Menschheitsgeschichte wesentlich (beeinflussen): Als die Er-
35 de wärmer (werden), (betreiben können) die Menschen, die vorher als Nomaden (leben), Ackerbau. Als um das Jahr 0 unserer Zeitrechnung ein für das Leben auf der Erde optimales Klima von durchschnittlich 15 Grad Celsius (sich entwickeln), (werden), so (sagen) die
40 Klimaforscher heute, die Blütezeit der römischen Kultur möglich. Nachdem die Erde wieder einmal minimal (sich abkühlen), (fliehen) die germanischen Völker ab dem Jahre 375 n. Chr. in den warmen Süden. Als da-
45 nach ein mildes Klima (sich durchsetzen), (erreichen) die mittelalterliche Kultur einen ersten Höhepunkt. Auch die Herrschaft des Islams (sich ausweiten), bevor im nachfolgenden Zeitalter eine kleine Eiszeit in Europa
50 Einzug (halten). In dieser Zeit (dezimieren) die Pest die Bevölkerung Europas um ein Drittel. Erst als die Industrialisierung (zunehmen), (sich erwärmen) die Erde wieder. Diese Klimaerwärmung um bislang 1,7 Grad ist auf
55 die vom Menschen verursachten Gase wie Kohlendioxid und Methan zurückzuführen. Wenn die nächsten 100 Jahre (vergehen), (sein) es auf der Erde im Durchschnitt drei Grad wärmer. Und wenn, wie Wissenschaftler
60 heute (befürchten), die Kohlendioxid-Emissionen in den nächsten Jahren weiter (zunehmen), (schmelzen) die arktischen Eisberge und das Meer (überfluten) Teile unserer Erde.

IV 综合练习

7 请用动词的正确时态填空。

Das Jahrzehnt der Frauen: Zukunftsprognosen

Die nächsten zehn Jahre werden die Jahre der größten Herausforderungen sein, die die Wirtschaft bis heute (erleben). Europa, das bald der größte Markt der Welt (sein), sowie
5 die USA und die zu Wohlstand gekommenen asiatischen Länder (sich schlagen) in den nächsten Jahren bei der Erschließung ausländischer Märkte. Zukünftig (ausgehen) die Führungsimpulse zu einem großen Teil von Frauen.
10 Seit dem Zweiten Weltkrieg (steigen) die Zahl der berufstätigen Frauen um 200 Prozent. In

den letzten zwanzig Jahren (besetzen) Frauen zwei Drittel der unzähligen neuen Arbeits-
15 plätze, die durch den Einbruch des Informationszeitalters (entstehen). Diese Entwicklung (sich fortsetzen) in den nächsten Jahrzehnten. In der Wirtschaft und den freien Berufen (anwachsen) die Anzahl berufstätiger Frauen
20 in den letzten zwanzig Jahren von einer 10-Prozent-Minderheit auf gegenwärtig 30 bis 50 Prozent. Heute (gründen / Passiv) neue Unternehmen doppelt so oft von Frauen wie von Männern. In Kanada (gehören) derzeit
25 schon ein Drittel der kleinen Unternehmen Frauen. In Frankreich (sein) es zur Zeit ein Fünftel. In Großbritannien (sich erhöhen) gegenwärtig die Zahl der selbständigen Frauen dreimal so schnell wie die der selbständigen
30 Männer.
Bald (dominieren) Frauen als Arbeiterinnen, Freiberuflerinnen und Unternehmerinnen die Informationsgesellschaft. In der Zukunft (sein) es kein Nachteil mehr, eine Frau zu
35 sein, wenn man eine Führungsposition in der Wirtschaft anstrebt. Nach zwei Jahrzehnten der Vorbereitung im Stillen, in denen die Frauen viele Erfahrungen (sammeln) und immer wieder durch das männliche Manage-

ment in die Knie (zwingen / Passiv), (errei- 40 chen / Zustandspassiv) heute der Zeitpunkt, an dem sich eine Veränderung bemerkbar (machen). Heute (sein) die Frauen endlich so weit, dass sie die Hürden (nehmen), die sie in der Vergangenheit von der Spitze (fernhal- 45 ten). Im Verlauf des nächsten Jahrzehnts (sich durchsetzen) die Überzeugung, dass Frauen und Männer für leitende wirtschaftliche Positionen gleichermaßen (befähigen / Zustandspassiv). Die Frauen (einnehmen) in 50 Zukunft die Spitzenpositionen, die ihnen früher (verwehren / Zustandspassiv). Frauen (sich erobern) schon bis zum heutigen Tag einen großen Anteil in praktisch allen Angestelltenberufen. Noch vor zwanzig Jahren 55 (sein) Frauen, die als leitende Angestellte (arbeiten), eine absolute Minderheit. Die Frauen, die damals in den Unternehmen (aufsteigen), (abschieben / Passiv) auf Positionen wie Assistentinnen. Heute (machen) Frauen in 60 der von Männern dominierten Welt große Fortschritte und diese Entwicklung (anhalten) weiterhin.

(Nach: Trends für das Jahr 2000.
Psychologie heute 3/1990)

答案

Bei Übungen, die mehrere Varianten verlangen,
sind jeweils die ersten Lösungssätze in allen
Varianten angegeben. Die folgenden Lösungen
zeigen nur noch eine Variante, die Varianten
der ersten Lösungssätze gelten hier entsprechend.

§ 1

Übung 1: 1. Viele Besucher sind von weit her zu dem Konzert angereist. 2. Der Verkehr ist fast zum Erliegen gekommen. 3. Viele haben sich nur im Schrittempo fortbewegt. 4. Die meisten Besucher haben das Konzert aber trotzdem pünktlich erreicht. 5. Die Besucher sind den Anweisungen der Platzanweiser gefolgt. 6. Viele sind in der Pause dem Gedränge entflohen und haben sich ins Freie begeben. 7. Nur wenige sind schon in der Pause nach Hause gegangen. 8. Am Ende des Konzerts hat sich das Publikum vor Begeisterung von seinen Plätzen erhoben. 9. Die Fans haben sich nach vorn gedrängt. 10. Sie sind dicht an das Podium herangegangen. 11. Sie haben sich den Künstlern so weit wie möglich genähert. 12. Einige Fans sind sogar auf das Podium geklettert. 13. Die Künstler sind wegen des starken Beifalls immer wieder auf der Bühne erschienen. 14. Erst dreißig Minuten nach Ende der Veranstaltung haben die letzten die Konzerthalle verlassen.

Übung 2: 1. Die Rennfahrer sind täglich zum Training gefahren. 2. Sie haben ihre Rennwagen in die Garage gefahren. 3. Die Fahrer haben ihre Rennwagen gestartet. 4. Für die Bundesrepublik sind vier Fahrer gestartet. 5. Einige Rennfahrer sind mit eigenen Sportflugzeugen zum Rennen geflogen. 6. Sie haben die Sportflugzeuge zum Teil selbst geflogen. 7. Vor dem Rennen haben sie genaue Erkundigungen über das Wetter eingezogen. 8. Die Rennfahrer sind unter dem Jubel der Zuschauer in das Stadion eingefahren. 9. Mechaniker haben Ersatzreifen herangerollt. 10. Die Rennwagen sind langsam zum Start gerollt. 11. Staubwolken sind hinter ihnen hergezogen. 12. Ein Transporter hat einen Ersatzwagen hinter sich hergezogen. 13. Der Fahrer ist mit einem Ruck angefahren. 14. Zum Glück hat er niemanden angefahren. 15. Die Wagen sind davongejagt. 16. Der ohrenbetäubende Lärm der Motoren hat einige Zuschauer in die Flucht gejagt.

Übung 3: 1. Sicherheitskräfte sind durch das Gelände gestreift. / Sicherheitskräfte haben das Gelände durchstreift. 2. Ballonfahrer sind während des Rennens über das Gelände geflogen / haben das Gelände überflogen. 3. Die Rennfahrer sind in ihre Rennwagen gestiegen / haben ihre Rennwagen bestiegen. 4. Ein Rennwagen ist durch eine Absperrung gefahren / hat eine Absperrung durchfahren. 5. Die Rennfahrer sind um den verunglückten Wagen herumgefahren / haben den verunglückten Wagen umfahren. 6. Einige Fans sind auf die Ehrentribüne geklettert / haben die Ehrentribüne erklettert. 7. Der Sieger ist zur Siegerehrung auf das Siegerpodest gestiegen / hat das Siegerpodest bestiegen. 8. Einige Fans sind über die Absperrungen gesprungen / haben die Absperrungen übersprungen.

Übung 4: Bald nachdem Brigitte und Thomas in den Stand der Ehe getreten waren, ist das erste Kind zur Welt gekommen. Damit ist ihr größter Wunsch in Erfüllung gegangen. Die junge Mutter ist sehr liebevoll mit ihrem Kind umgegangen. Dem jungen Vater ist diese Fürsorge manchmal zu weit gegangen. Und das Kindergeschrei ist ihm oft auf die Nerven gegangen. Trotzdem ist er nicht aus der Haut gefahren. Im Gegenteil: Bei der Kinderpflege ist er ihr oft zur Hand gegangen. Und wenn das Kind geschlafen hat, ist er wie auf Eiern durch die Wohnung gegangen. Allerdings ist Thomas bei seiner Frau immer mehr in den Hintergrund getreten. In ihren Gesprächen ist es fast nur noch um das Kind gegangen. Finanziell sind sie über die Runden gekommen, obwohl das Kind ins Geld gegangen ist. Der vielbeschäftigten Mutter ist zu Hause mit der Zeit die Decke auf den Kopf gefallen. Brigittes Unzufriedenheit ist klar zutage getreten. Deshalb ist sie auf die Idee gekommen wieder halbtags zu arbeiten. Thomas ist sofort auf diesen Vorschlag eingegangen. Sein Organisationstalent ist jetzt voll zum Zuge gekommen. Mit seiner Hilfe ist die Arbeitssuche glatt über die Bühne gegangen. Brigitte ist bei einer angesehenen Firma untergekommen. Gleichzeitig ist eine akzeptable Kinderfrau in Erscheinung getreten. Das neue Leben ist manchmal über Brigittes Kräfte gegangen, aber im Allgemeinen ist die junge Familie mit der neuen Organisation ihres Alltags gut zurechtgekommen.

Übung 5: 1. Sie ist mit der Tür ins Haus gefallen und (ist) nicht wie die Katze um den heißen Brei herumgegangen/herumgeschlichen. 2. Er ist aus allen Wolken gefallen. 3. Das ist ihm gegen den Strich gegangen. 4. ..., bis ihm der Hut hochgegangen ist. 5. ... und sei nicht aus dem Rahmen gefallen. 6. Schon bisher ist sie auf keinen grünen Zweig gekommen. 7. Sie ist noch nicht auf den (richtigen) Trichter gekommen. 8. ... ist er mit ihr hart ins Gericht gegangen. 9. Ihr ist ein Stein vom Herzen gefallen. 10. ..., sie ist der Sache bisher noch nicht auf den Grund gegangen.

Übung 6: 1. hat am Kran gependelt 2. ist aus dem Felsen gesprudelt 3. ist hinausgeschwappt 4. hat gesprudelt 5. ist geschossen 6. ist getropft 7. hat getropft 8. hat geschwankt 9. ist geschwebt 10. ist gebummelt 11. ist gewankt 12. haben geflattert 13. hat gebebt 14. ist gependelt 15. ist umgedreht

Übung 7: Im letzten Sommer sind wir einen Tag auf Exkursion gegangen. Wir sind mehrere Stunden mit dem Bus gefahren. Einer der Studenten hat den Bus gefahren. Gleich nach der Ankunft sind wir einen steilen Berg hinaufgeklettert und (sind) auf der Suche nach Steinen den ganzen Bergrücken entlanggelaufen. So sind wir den halben Tag durch die Natur gestreift. Plötzlich ist ein Student ausgerutscht und (ist) den Hang hinuntergestürzt. Wir sind dann auch den Berg hinuntergerannt und (sind) ihm zu Hilfe gekommen. Zwei haben ihn zum Bus getragen und (haben ihn) gleich ins Krankenhaus gefahren. Wir sind zu Fuß zum nächsten Ort gegangen. Wir sind drei Stunden marschiert und (sind) dann mit dem Zug zurückgefahren. So hat die Exkursion ein vorzeitiges Ende gefunden.

Übung 8: 1. ..., bin ich Bus / Straßenbahn / Rad / Zug gefahren. 2. ... bin ich ... Schlittschuh gelaufen. 3. ... bin ich ... Galopp / Schritt / Trab geritten. 4. ... bin ich Achterbahn / Karussell / Riesenrad gefahren. 5. ... bin ich nicht mehr Ski gelaufen. 6. ... bin ich Boot / Kahn / Kajak / Kanu / Schiff gefahren. 7. Ich bin ... Auto / Motorrad gefahren. 8. ... bin ich Lift / Seilbahn / Schlitten / Ski / Boot gefahren;

... Rollschuh / Ski gelaufen. 9. ... bin ich Sturm gegen ... gelaufen.

Übung 9: 1. Er ist noch nie größere Strecken ohne Sicherheitsgurt gefahren. 2. Er ist noch nie mehr als acht Stunden ... Auto gefahren. 3. Er hat seine neuen Autos ... gut eingefahren. 4. Er ist noch nie ... gerast. 5. Er hat noch nie einen Radfahrer angefahren. 6. Er ist ... immer Schritt gefahren. 7. Er hat noch nie etwas umgefahren. 8. Er hat sich ... selten verfahren. 9. Er ist noch nie Gefahr gelaufen ... 10. Er hat ... Kollegen nach Hause gefahren. 11. Er ist gegen ... Sturm gelaufen. 12. Er ist ... noch nie Auto gefahren.

Übung 10: 1. ist/hat geschwommen 2. ist geklettert 3. hat/ist gesurft 4. ist gesurft 5. ist geschwommen 6. haben/sind gerodelt 7. sind gerodelt 8. ist geritten 9. hat/ist gerudert 10. ist gerudert

Übung 11: 1. sind sich in die Haare geraten 2. hatte sich verspätet 3. waren sich auf die Nerven gegangen 4. waren sie sich nie in den Rücken gefallen 5. sind sie sich aus dem Wege gegangen 6. sind sie sich in die Quere gekommen 7. sind sie sich begegnet 8. sind sich entgegengekommen 9. sind sie sich nicht ausgewichen, sondern haben sich aufeinander zu bewegt und sind sich um den Hals gefallen 10. sind sie sich wieder näher gekommen

Übung 12: Zustand: (2) (4) (7) (9) (13) (18) (19) Zustandsveränderung: (1) (3) (5) (6) (8) (10) (11) (12) (14) (15) (16) (17) (20)

Übung 13: 1. Die Suppe hat gekocht. (Zustand) – Sie ist übergekocht. (Zustandsveränderung) 2. Das Mädchen hat gekränkelt. (Zustand) – Es ist aber nicht ernsthaft erkrankt. (Zustandsveränderung) 3. Er ist um sechs aufgestanden. (Zustandsveränderung) – Er hat lange an der Haltestelle gestanden. (Zustand) 4. Das Kind ist schnell eingeschlafen (Zustandsveränderung) – Es hat zwölf Stunden geschlafen. (Zustand) 5. Es ist gestern getaut. (Zustand) – Das Eis ist aufgetaut. (Zustandsveränderung) 6. Tom ist spät aufgewacht. (Zustandsveränderung) – Ein Krankenpfleger hat bei ihm gewacht. (Zustand) 7. Das Feuer hat lichterloh gebrannt. (Zustand) – Das Haus ist ausgebrannt. (Zustandsveränderung) 8. Es ist Sachschaden entstanden. (Zustandsveränderung) – Es hat ausreichend Versicherungsschutz bestanden. (Zustand) 9. Sie hat mehrere Wochen im Krankenhaus gelegen. (Zustand) – Sie ist der Krankheit erlegen. (Zustandsveränderung)

Übung 14:　1. ..., wo Land durch viel Wasser versumpft ist. 2. ..., die versteppt sind. 3. das versandet ist. 4. die durch Entwaldung verkarstet sind. 5. also versteinert sind. 6. die verkalkt sind. 7. die verrostet/gerostet sind. 8. die verschimmelt sind. 9. die verstaubt sind. 10. das verrußt ist. 11. die vereist sind. 12. weil Feuchtigkeit verdunstet war. 13. wenn eine Flüssigkeit vollständig verdampft ist. 14. wenn Glas zersplittert ist.

Übung 15:　1. ..., der erblindet ist. 2. ..., der erkrankt ist. 3. die ergraut sind 4. die erschlafft sind 5. die verblasst sind 6. das gereift ist 7. die verfault sind 8. die verwelkt sind 9. der verwildert ist 10. die verödet sind 11. die erkaltet ist 12. der gealtert ist

Übung 16:　1. ..., ist sie verkommen. 2. ..., ist es verfallen. 3. ist sie vertrocknet 4. ist sie eingegangen 5. sind viele Pflanzen erfroren 6. sind bereits viele Tier- und Pflanzenarten ausgestorben 7. sind sie verdorben 8. sind sie verkümmert 9. ist er verunglückt 10. ist er gestorben 11. ist er ertrunken 12. ist er erstickt 13. ist er verdurstet 14. ist er verhungert

Übung 17:　1. Nach dem Baden haben wir unsere Haare getrocknet. 2. Unsere Handtücher sind ... getrocknet. 3. Unser ganzer Proviant ist ... verdorben. 4. Das hat uns den Spaß ... verdorben. 5. Beim Abspülen ist das ... Glas zerbrochen. 6. Das Kind hat eine Tasse zerbrochen. 7. Der Hausmann hat Erdbeeren ... aufgetaut. 8. Im warmen Zimmer sind die Erdbeeren ... aufgetaut. 9. Eines Tages ist Anne die Geduld gerissen. 10. Sie hat ihrem Freund den Brief aus der Hand gerissen. 11. Sie hat die Verbindung ... abgebrochen. 12. Auch der Kontakt ... ist bald abgebrochen. 13. Anne ist ... fast das Herz gebrochen. 14. Die Autofahrt hat den Fahrer ermüdet. 15. Dieser ist sonst nicht ... ermüdet.

Übung 18:　1. Kinder haben gestern abend im Schuppen eines Bauernhofs Papier verbrannt. 2. Dabei ist im Schuppen ein Feuer ausgebrochen. 3. Das Holz im Schuppen ist verbrannt. 4. Der Schuppen ist bis auf die Grundmauern niedergebrannt. 5. Fast wäre auch ein daneben stehendes Haus abgebrannt. 6. Durch die Hitze ist das Plexiglas der Veranda geschmolzen. 7. Die Feuerwehr hat das Feuer nicht gleich erstickt. 8. Im Qualm wären die Feuerwehrleute fast erstickt. 9. Schließlich hat die Feuerwehr das Feuer gelöscht.

Übung 19:　Direktor: Ist in meiner Abwesenheit irgend etwas Aufregendes passiert? Assistent: Nein, es hat sich nichts Aufregendes ereignet. Dir.: Sind Schwierigkeiten aufgetreten? Ass.: Erfreulicherweise ist nichts schief gegangen. Dir.: Sind alle Laborarbeiten und Versuche nach Plan verlaufen? Ass.: Ja, alles hat wie geplant geklappt, kein Versuch ist missglückt. Auch ist keinem der Mitarbeiter ein schwer wiegender Fehler unterlaufen. Dir.: Ist auch privat keinem Mitarbeiter etwas zugestoßen? Ass.: Nein, es ist wirklich nichts Beunruhigendes vorgefallen. Dir.: Haben die Vorlesungen und Übungen regelmäßig stattgefunden? Ass.: Auch hier sind keine Unregelmäßigkeiten vorgekommen. Dir.: Und was ist in der Zwischenzeit hinsichtlich der beantragten Laborerweiterung geschehen? Ass.: Da hat sich allerdings manches Neue zugetragen: In den Verhandlungen ... ist ein Stillstand eingetreten. Von unserer Seite sind keine Anstrengungen unterblieben ... Die Verhandlungen sind zwar nicht ... fehlgeschlagen, aber auf unseren Kompromissvorschlag ist bisher keine Reaktion erfolgt. Schon im Vorfeld haben sich merkwürdige Dinge abgespielt. Gestern ist es ... gelungen, das Bauvorhaben auf die Liste ... zu setzen.

Übung 20:　Im Hamburger Hafen hat sich ... ereignet. Dabei ist Folgendes geschehen: Ein Frachter hat ... gerammt. Er ist nicht... hindurchgefahren, sondern ist gegen ... geprallt. Dabei ist ... eingestürzt, Brückenteile sind ... gefallen. Das Schiff hat ... gestreift und hat es eingedrückt. Die beiden Wächter sind ... davongekommen. Der Frachter hat ... beschädigt. Zusätzlich ist ... abgerissen. An der Brücke ist ... entstanden. Der Frachter selbst ist ... geblieben. Er hat ... transportiert. Ein Schlepper hat ... begleitet. Im Hafen hat sich ... gestaut. Die Polizei hat ... gesperrt.

Übung 21: Mit dem Schlusspfiff ... hat ... eine lange Jubelnacht begonnen. Sie hat für viele ... bis weit nach Mitternacht gedauert. Sekt ist ... geflossen. Die Nachricht vom Sieg hat sich ... verbreitet. Aus Wohnungen, ... sind die Menschen ... geströmt. Fußballfans sind ... durch die Straßen gezogen. Autos haben sich ... gedrängt. Sie sind ... durch die Innenstadt gefahren. In einigen Städten hat man Busse ... aus dem Verkehr gezogen. Sie sind erst ... zum Einsatz gekommen. Zum Schluss ist es noch zu ... gekommen, die Verletzte ... gefordert haben. Auch Schaufensterscheiben sind zu Bruch gegangen. Die Polizei hat ... eingegriffen. Am nächsten Tag haben alle Zeitungen ... die Vorfälle kommentiert und verurteilt.

Übung 22: Ein ... Mopedfahrer hat die Kreuzung ... überquert. Auf seinem Anhänger hat sich ... befunden. Mitten auf der Kreuzung hat sich ... gelöst und es ist heruntergefallen. Der Mopedfahrer ist ... erschrocken und (ist) sofort abgestiegen. Auf den ... Straßen ist sofort ... entstanden. Unglücklicherweise hat es ... geregnet. Dem Mopedfahrer ist es nicht gelungen, das Moped ... auf seinen Anhänger zu laden – es hat ... nicht geklappt. Kaum hat die eine Hälfte ... gelegen, war sie ... heruntergerutscht. Ihm selbst ist es ... schwer gefallen, das Gleichgewicht zu halten. Die ... Anstrengungen haben ihn ermüdet und seine Kräfte haben nachgelassen. Die Autofahrer haben ... beobachtet, haben gelacht, geflucht und gehupt, aber niemand ist ausgestiegen. Auch Fußgänger sind stehen geblieben und haben das Geschehen verfolgt. Aber niemand ist ... gekommen dem unglücklichen Mopedfahrer zu helfen. Dann ist etwas Unerwartetes geschehen. Eine ... Dame ist ... erschienen. Entschlossen ist sie auf ... zugegangen. Sie ist sehr ... aufgetreten. Sie hat ... angefasst und hat es ... geladen. Sie hat ihm geholfen, es ... zu befestigen. Dem ... Mopedfahrer hat es ... verschlagen. Er hat ihr

... zugelächelt. Dann hat er ... bestiegen und ist davongefahren.

Übung 23: Der Schiefe Turm von Pisa ist ... noch immer nicht eingestürzt. Aber am 6. Januar 1990 ist etwas geschehen, was niemand für möglich gehalten hatte. Der Turm ist ... zum ersten Mal ... geschlossen worden. Bereits in den Mittagsstunden hatten sich ... versammelt. Kurz vor 15 Uhr sind die letzten Touristen ... hinaufgestiegen. Zuvor hatten sie ... Schlange gestanden. Die Bauarbeiten haben ... begonnen. Die Idee von der Schließung ... war ... ausgegangen. Er hatte die Debatte ... begonnen, (...) Das hatte eine ... Diskussion ausgelöst. In Pisa war es zu ... gekommen. Die Stadt war ... in Panik geraten. (...), denn schon immer hat die Stadt Pisa vom ... gelebt. Allein durch die Eintrittskarten ... sind jährlich ... in die Kassen ... geflossen. Die meisten Touristen sind nämlich wegen ... gekommen: Sie haben ihn bestiegen und sind dann ... gebummelt. So sind die meisten Gäste nur ... geblieben, haben aber viel Geld ... gelassen. Seit 1922, als man ... verkauft hatte, sind fast 18 Millionen Menschen auf ... gestiegen. Entsprechend sind auch die Einnahmen ... gewachsen. Der Besucherrekord ... hat ... alle Erwartungen überstiegen. Der ... überhängende Turm ist jedes Jahr ... schiefer geworden. Im April 1992 hat der Neigungswinkel ... betragen. Bei Messungen sind Experten ... gelangt. Die Neigung ... hatte schon ... eingesetzt. Deshalb hatte man die Bauarbeiten ... unterbrochen. Erst zwischen 1350 und 1370 war es gelungen, die ... Seitdem hat sich der Zustand ... verschlechtert.

§ 2

Übung 1: Der Produzent hofft auf einen Verkaufserfolg. / Der Produzent erhofft einen Verkaufserfolg. 2. Er zweifelt nicht an der Qualität des Drehbuchs. / Er bezweifelt die Qualität des Drehbuchs nicht. 3. Der Regisseur zögert mit der Verteilung der Rollen / zögert die Verteilung der Rollen hinaus. 4. Er schweigt noch über die Besetzung der Hauptrollen / verschweigt noch die Besetzung der Hauptrollen. 5. Die hohen Produktionskosten lasten auf dem Produzenten / belasten den Produzenten. 6. Der Regisseur antwortet geduldig auf alle Fragen des Produzenten / beantwortet geduldig alle Fragen des Produzenten. 7. Die Regieassistentin wartet mit Spannung auf den Drehbeginn / erwartet mit Spannung den Drehbeginn. 8. Sie bittet um einen Vorschuss / erbittet einen Vorschuss. 9. Das Filmteam folgt gewissenhaft den Anweisungen des Regisseurs / befolgt gewissenhaft die Anweisungen des Regisseurs. 10. In dem historischen Film herrscht ein Tyrann über ein ganzes Volk / beherrscht ein Tyrann ein ganzes Volk.

Übung 2: 1. Einige lagen auf der hintersten Sitzreihe. 2. Leere Pappbecher standen auf den Bänken. 3. An ihren Hemden steckten Buttons. 4. Ihre Jacken lagen auf dem Boden. 5. Knallrote Fähnchen steckten im Rasen. 6. An der Umrandung des Spielfeldes hingen große Werbeplakate. 7. Einer der Trainer stand am Rande des Spielfelds. 8. Der Trainer ... saß in der hintersten Reihe des Stadions. 9. Der Sportteil einer Tageszeitung lag auf seinen Knien. 10. Einige Spieler saßen neben ihm.

Übung 3: 1. Der Bademeister hat es auf die Leine im Waschraum gehängt. 2. Er hat sie in die Schublade im Kassenraum gelegt. 3. Er hat es in den Abstellraum gestellt. 4. Er hat ihn in die Tasche gesteckt. 5. Er hat sie gebeten sich ins Restaurant zu setzen. 6. Er hat es auf den Tisch im Kassenraum gelegt. 7. Er hat ihn in den Geräteschuppen gelegt. 8. Er hat ihn in den Schrank gestellt. 9. Er hat ihn auf die Liegewiese gestellt. 10. Er hat sie in das Regal im Kassenraum gelegt.

Übung 4: 1. verschwendet – verschwunden 2. geschwemmt – geschwommen 3. gesprengt – gesprungen 4. gesenkt – gesunken 5. gesteigert – gestiegen 6. erschreckt – erschrocken 7. gefällt – gefallen; gefallen

Übung 5: 1. ist gesunken – haben gesenkt 2. ist gesunken 3. versunken 4. ist gesunken 5. ist gesunken – hat (sich) gesenkt 6. gesenkt – gesenktem 7. ist gesunken 8. gesenkt 9. ist gesunken 10. hat (sich) gesenkt

Übung 6: 1. hat gesteigert 2. ist gestiegen 3. sind gestiegen 4. hat (sich) gesteigert 5. ist (an)gestiegen 6. hat gesteigert 7. sind gestiegen 8. ist gestiegen 9. hat (sich) gesteigert

Übung 7: 1. ist aufgeschreckt 2. ist zusammengeschreckt – hochgeschreckt 3. erschreckt hat 4. zurückgeschreckt ist 5. haben abgeschreckt 6. erschreckt hat 7. ist erschrocken

Übung 8: *bewegen:* 1. hat bewegt 2. hat bewogen 3. hat bewegt 4. haben bewogen – *gären:* 1. hat gegoren 2. hat gegärt – *schaffen:* 1. hat geschafft 2. hat geschaffen/geschafft 3. geschaffen 4. hat geschafft 5. haben geschafft 6. geschaffen – *scheren:* 1. hat geschoren 2. hast geschert – *schleifen:* 1. hat geschliffen 2. geschliffen 3. geschliffen 4. geschliffene – *senden:* 1. zugesandt 2. gesendet 3. gesandt 4. gesendet hat 5. zugesandt hast – *wachsen:* 1. ist gewachsen 2. ist gewachsen 3. erwachsen – *weichen:* 1. hat aufgeweicht 2. sind aufgeweicht 3. sind ausgewichen 4. ist gewichen – *wenden:* 1. hat (sich) gewendet / gewandt 2. hat angewendet / angewandt 3. hat verwendet / verwandt 4. hat gewendet 5. gewendet haben 6. entwendet hat 7. hat (sich) gewendet – *wiegen:* 1. hat gewiegt 2. hat gewogen 3. hat gewogen

Übung 9: geschafft – gewogen – abgesandt – bewogen – gesendet – gegärt – geschert

Übung 10: 1. hat Kuchen gebacken – hat Mehl abgewogen – hat Rosinen eingeweicht 2. hat den Braten gewendet – hat sich hin und her bewegt 3. hat Tobias gelegen 4. hat ein Mülleimer gestanden – das hat den Hausmann bewogen, ... 5. hat Messer geschliffen 6. ist nicht vom Herd gewichen 7. hat er den Blick zugewendet / zugewandt 8. ist fast das Herz geschmolzen 9. „Wie hast du das nur geschafft!", hat sie gesagt und hat den Tisch gedeckt.

Übung 11: 1. abgesandt – bewogen 2. nahe gelegt – gewogen – geschafft 3. bewegt – geschafft 4. geschaffen – geschafft 5. gewendet / gewandt – ausgehangen 6. erloschen 7. gestellt 8. beschafft – gesteckt – abgesandt 9. gehängt 10. geschaffen – geschafft

Übung 12: 1. legten – hängten 2. setzten – sind aufgestanden – haben (sich) aufgestellt 3. standen 4. sitzen – scherten 5. verschwendete 6. hängte – bewegte – senkte 7. schwanden – gefallen – sprang ... ab 8. lagen – gelegt 9. setzten – saßen 10. bewegten – schleiften 11. stieg 12. steckte – hängte

Übung 13: hing – hat aufgeschreckt – hat bewogen – hat gelegt – hat gelegen – hat geschaffen/geschafft – lag – haben (sich) gewendet / gewandt – hat aufgewendet / aufgewandt – gehängt – hat gesteigert – hat gelegt – hat gewiegt – ist verschwunden

§ 3

Übung 3: 1. ... wichtige Termine zu besprechen / abzusprechen 2. ... ein Thema gründlich auszuarbeiten / zu bearbeiten. 3. ... Türen abzuschließen / zu verschließen. 4. ... unglaubwürdige Behauptungen zu bezweifeln / anzuzweifeln. 5. ... steile Berge hinaufzusteigen / zu besteigen. 6. ... immer und überall zu gefallen / aufzufallen.

Übung 4: 1. zu erziehen – zu verziehen 2. zu entlassen – zuzulassen 3. nachzudenken – zu bedenken 4. zu zerbrechen – zusammenzubrechen

Übung 5: 1. freigesprochen – versprochen 2. befallen – abgefallen 3. verfallen – aufgefallen 4. verladen – ausgeladen 5. eingeschätzt – verschätzt 6. aufgeregt – erregt

Übung 6: erfand – hinterließ – hatte ... angestellt – zurückgestellt – beschloss – aufzunehmen – fortzuführen – kehrte ... zurück – ermöglichte – einzustellen – zu hinterfragen – misslangen – setzte ... fort – entwickelte – herstellte – steckte ... hinein – brachte ... ein – abzudecken – verkaufte – verbesserte – ging ... zurück – verlor – nahmen ... zu – drückte ... herab – brachte ... herein – wird hergestellt

Übung 7: hat ... einberufen – anberaumt – einzubeziehen – setzt ... voraus – vorzuenthalten – umzugestalten – zu beurteilen – veruntreut – abverlangt wird – herabzusetzen – zu beanspruchen – verabscheuen – bevormundet – hineingeredet wird – hatte ... verunsichert – hat ... beunruhigt – zuvorzukommen – ist ... übereingekommen – auseinanderzusetzen – stimmten ... überein – zu veranstalten

Übung 8: 1. wiedergekommen 2. widersprochen 3. wiederholt 4. wiederbekommen 5. widerfahren 6. widergespiegelt 7. widerstrebt 8. wiedergebracht 9. wiederzuhaben 10. zu widerrufen 11. widergehallt 12. hat sich ... widersetzt

Übung 9: 1. übertraf 2. griff … durch 3. unterließ 4. leitete … über 5. überarbeitete 6. brachte … unter

Übung 10: 1. überschätzt 2. überfordert 3. unterstützt 4. durchgebracht 5. durchgefeiert 6. untergegangen

Übung 11: 1. zu überschlagen 2. zu überreden 3. zu überzeugen 4. durchzusprechen 5. unterzuordnen 6. durchzusehen

Übung 12: trennbar: durchkommen, untertauchen, durchlassen, sich nicht unterkriegen lassen, übersiedeln, durchstreichen, durchhalten, durchregnen – untrennbar: unterbleiben, überblicken, überqueren, durchleben, unterwerfen, überlassen, übertreiben, übersenden, unterschreiben, übersiedeln, überdenken, überdauern, überweisen, durchsuchen

Übung 13: Veränderung: umfallen, umleiten, sich umblicken, umwehen, umtauschen, sich umziehen, umgraben, umsteigen, umwenden, umformen, umrennen, umstülpen, umerziehen, umbetten, umstimmen – kreis- oder bogenförmige Bewegung: umklammern, umfassen, umschwärmen, umarmen, umrunden, umwickeln

Übung 14: Frau Müller hat 1. das Wohnzimmer umgeräumt. 2. einige Bilder umgehängt. 3. die Kinder am Esstisch umgesetzt. 4. Blumen umgepflanzt. 5. ihren Garten umgestaltet. 6. eine geplante Reise umgebucht. 7. lange gehegte Wünsche in die Tat umgesetzt. 8. auf Ernährungsberaterin umgeschult.

Übung 15: 1. umzurühren 2. umzublättern / umzuschlagen 3. umzukrempeln / umzuschlagen 4. umzukrempeln 5. umzukehren / umzudrehen 6. umzudrehen 7. umzuhören / umzusehen 8. umzuhören / umzuschauen / umzutun

Übung 16: 1. umzubiegen 2. warfen … um 3. stießen … um 4. umzuknicken 5. umgestürzt 6. umgekippt 7. umzustoßen 8. fiel … um

Übung 17: 1. umschlossen 2. umfahren 3. umspielt 4. umhüllt 5. umgeben 6. umzäunt 7. umrankt 8. umringt

Übung 18: 1. umkämpft 2. umfasst 3. umgeben – umringt 4. umgedacht 5. umrandet 6. umfunktioniert 7. umbenannt 8. umgebildet 9. umstrukturiert 10. umlagert – umjubelt

Übung 19: A: 1. überzugehen 2. überzutreten 3. zu unterhalten 4. zu durchlaufen 5. sich bei … zu unterziehen 6. zu überstehen 7. sich bei … unterzustellen – B: 1. zu überziehen 2. überzugehen 3. zu übertreten 4. zu unterstellen 5. zu untergraben 6. zu übergehen 7. sich mit … zu überwerfen 8. zu übersetzen

Übung 20: 1. umstellte 2. hat … umgestellt 3. ging … um 4. zu umgehen 5. hat … umrissen 6. zu umschreiben 7. geht … um 8. umgefahren 9. umfährt 10. umgeht 11. hat … umgeschrieben 12. zu umschreiben 13. zu umgehen 14. umzugehen 15. umzustellen

Übung 21: überprüft – überzieht – unterlässt – setzt voraus – missdeutet – unterschlägt – übernimmt – setzt … um – überbewertet – unterstellt – durchkreuzt – bricht … ab

Übung 22: 1. umgestoßen – hinterfragt 2. überlegt – überprüft 3. zu übersehen – überarbeitet 4. überschlagen 5. überfallen – überfordert – unterlegen 6. umgestimmt – unterstellt 7. unterhalten – überzeugt 8. unterlassen – zu unterrichten – übergangen 9. unterschätzt – durchkreuzt 10. umzusetzen

Übung 23: überlegt – wache … auf – schlafe … weiter – nehmen sich … wahr – beobachten sich – haben … entdeckt – bewegt … hin und her – wurde … eingeleitet – sich … vorgestellt hat – durchlaufen – haben … festgestellt – hat herausgefunden – gehen … nach – übergehen – überdenken – unterliegen – schlägt sich … nieder – unterbrochen wird

Übung 24: zu reduzieren – einzusparen – unternommen – ausdiskutiert – hält … bereit – halten … stand – abzusenken – sichergestellt – eingeschränkt – überschreiten – verabschiedet – eingebaut – ergriffen – unterschritten – arbeitet

... aus – eingeführt – einbezogen – vorgeschrieben – zu erreichen – einzuhalten – freigesprochen – sieht ... vor – veranlasst

Übung 25: angereist – ausgestiegen – umzuschauen – umgeben – überragt – herum geführt – hinzuweisen – unternommen – anzupassen – festzustellen – durchgeführt – fährt fort – zu überstehen – abbekommen – herangewagt – zu umgehen – abzureißen – umzubauen – umgewandelt – erweitert – umgestaltet – ausgestattet – herumzutoben – umbenannt – veranstaltet – eingeladen – ausgewandert – zurückgekehrt – zurechtzufinden – zu erhalten – anzumerken – aufgenommen – zugewiesen – vorübergegangen – hinterlassen – umzudenken – umfahren – freigehalten – umgestellt – auszusetzen – umgestiegen – veranlasst – zu überdenken – sich angeschafft – hervorgeholt – angelegt – verunsichert – hereingebrochen – unterbrochen – abgeschlossen

§ 4

Übung 1: Im Jahre 1589 wurde ... der 25-jährige Galilei von der Universität Pisa zum Professor berufen. Ein paar Jahre später wurde er an die Universität in Padua gerufen. (...) Sein Buch ... wurde innerhalb von zwei Monaten verkauft. Die Zeitgenossen Galileis wurden durch seine Thesen in ihrem Weltbild zutiefst erschüttert. Von der Kirche der damaligen Zeit wurden seine Ideen bestritten. Er wurde im Jahre 1632 vor das Inquisitionsgericht ... geladen. Auf Befehl des Papstes wurden ... seine Thesen überprüft. Vom Inquisitionsgericht wurde daraufhin seine Lehre verurteilt. Er wurde ... zum Widerruf gezwungen. (...) Dennoch wurde er lebenslänglich ... verbannt. Sein Buch ... wurde verboten. Es wurde aber ... ins Ausland gebracht. Dort wurde es veröffentlicht. Von der Kirche wurde er bis zu seinem Tod ... überwacht. Seine Erkenntnisse wurden von der Nachwelt begeistert aufgenommen. Galilei wird heute als Begründer der ... bezeichnet. Mehrfach ist Galileis Konflikt ... zum Stoff dichterischer Darstellungen gewählt worden.

Übung 2: 1. Die ganze Stadt wurde von der Fußballbegeisterung erfasst. 2. Die erfolgreiche Mannschaft wurde von Autogrammjägern umringt. 3. In einigen Stadtteilen wurde bedauerlicherweise großer Schaden angerichtet. 4. Aus allen Stadtteilen wurden Zwischenfälle gemeldet. 5. Es wurden Flaschen geworfen. 6. Aus Übermut wurden Fensterscheiben eingeschlagen. 7. Es wurden Angriffe auf Passanten beobachtet. / Angriffe auf Passanten wurden beobachtet. 8. Der Verkehr wurde durch wild durcheinander parkende Autos blockiert. 9. Hemmungslos wurden Autos beschädigt. 10. Etliche Verkehrsunfälle wurden registriert. 11. Einige Fußballfans wurden wegen Trunkenheit vorläufig festgenommen. 12. Es wurden Überlegungen angestellt, wie sich Gewalt bei Sportveranstaltungen vermeiden lässt.

Übung 3: 1. Meistens wird schon im Morgengrauen gestartet. 2. Beim Wandern wird gern und viel gesungen. 3. Mehrere Stunden wird in zügigem Tempo gewandert. 4. Zwischendurch wird immer wieder einmal gerastet. 5. Mittags wird an einem besonders schönen Platz gepicknickt. 6. Es wird gelacht und gescherzt. 7. Ununterbrochen wird fotografiert. 8. Meist wird am Ende in einer gemütlichen Gastwirtschaft eingekehrt. 9. Es wird gegessen und getrunken. 10. Geraucht wird nicht mehr soviel wie früher. 11. Über alles mögliche wird geplaudert, erzählt oder diskutiert. 12. Auch über frühere Wanderungen und gemeinsame Erlebnisse wird gesprochen.

Übung 4: 1. wird 2. wird 3. wird 4. werden 5. wird 6. werden 7. wird 8. wird 9. werden 10. wird 11. wird 12. wird 13. werden 14. werden 15. wird

Übung 6: Im letzten Jahr konnte endlich die Umgehungsstraße fertig gestellt werden. Auch das öffentliche Verkehrsnetz konnte großzügig ausgebaut werden. Für bessere Verkehrsverbindungen ... können nun ... wieder Gelder bereitgestellt werden. Vor allem muss die Renovierung des Rathauses ... in Angriff genommen werden, damit diese Gebäude beim ... Jubiläum ... eingeplant werden können. Für die Finanzierung der ... Renovierungsarbeiten konnten von der/durch die Oberbürgermeisterin ... Sponsoren gewonnen werden. Hätte im vorletzten Jahr nicht das Konzerthaus vergrößert werden müssen, hätte bestimmt ... das Schwimmbad modernisiert werden können. Das muss nun ... nachgeholt werden. Nach Fertigstellung aller ... Gebäude können dann von den Bürgern die Stadtfeste ... gefeiert werden. Das städtische Krankenhaus konnte bislang noch nicht umgebaut werden. Vom Finanzressort wurde bekannt gegeben, dass das dafür notwendige Geld bisher noch nicht habe aufgebracht werden können. Deshalb mussten die Baumaßnahmen leider um ein Jahr zurückgestellt werden. Auch konnte den Frauen bisher kein Gebäude ... zur Verfügung gestellt werden. Der Kauf eines passenden Gebäudes konnte von der Stadt bisher nicht finanziert werden. Um so großzügiger kann ... die Jugendarbeit unterstützt werden. Hier darf der Rotstift auf keinen Fall angesetzt werden.

Übung 7: In der Presse wird immer wieder darauf hingewiesen, dass die Vorschriften beachtet werden müssen. ... Es ist klar, dass das Trinkwasser nicht durch gesundheitsgefährdende Stoffe verschmutzt werden darf. Nach Möglichkeit sollte für die Wasserversorgung Grundwasser ... verwendet werden. Durch die Anlage von Brunnen konnte die Grundwassererfassung ... wesentlich erhöht werden. Damit Quellwasser als Trinkwasser verwendet werden kann, müssen Quellen ... vor Verschmutzung geschützt werden. Sie müssen deshalb eingefasst werden. Wegen des steigenden Wasserbedarfs muss aber auch auf Oberflächenwasser ... zurückgegriffen werden. Es muss aufbereitet (werden), d. h. von Giftstoffen gereinigt werden. Vor allem durch Filter können Schadstoffe ... entfernt werden. Leider kann aber bei der Reinigung ... nicht immer auf Chlor verzichtet werden. Da die Bevölkerung von den Städten mit sauberem Wasser versorgt werden muss, muss das Trinkwasser regelmäßig ... überprüft werden. Außerdem muss von ihnen viel Geld in ... investiert werden. Es wäre zu fragen, ob mit einem verstärkten Schutz des Trinkwassers nicht schon viel früher hätte begonnen werden müssen. Heute steht fest, dass die Gefahren ... schon viel früher hätten erkannt werden können. Die Trinkwasservorschriften hätten schon vor langem verschärft werden müssen. Auch sollte Trinkwasser nicht so leichtfertig verschwendet werden, ...

Übung 8: 1. Die Bürger wollen nicht mehr ständig überwacht werden. 2. Die bisherigen Machthaber sollen vor Gericht gestellt werden. 3. Sie wollen an der Meinungsbildung beteiligt werden. 4. Sie wollen wie mündige Bürger behandelt werden. 5. In den Betrieben sollen Mitbestimmungsmodelle eingeführt werden. 6. Sie wollen über alle öffentlichen Angelegenheiten informiert werden. 7. Freie Wahlen sollen durchgeführt werden. / Es sollen freie Wahlen ... werden. 8. Die Menschenrechte sollen geachtet werden. 9. Sie wollen gleich behandelt werden. 10. Das Demonstrationsrecht soll in die Verfassung aufgenommen werden. 11. Alle Parteien sollen zugelassen werden. 12. Die Wirtschaft soll liberalisiert werden.

Übung 9: Zunächst soll durch Umfragen festgestellt werden, mit welchen Verkehrsmitteln die Arbeitnehmer zur Arbeit fahren. Ein Verkehrschaos soll verhindert werden. / Es soll ein

Verkehrschaos ... werden. Zu diesem Zweck soll der Straßenraum neu verteilt weden. Für Radfahrer und Fußgänger soll ausreichend Platz geschaffen werden. Radfahrer und Fußgänger wollen als gleichberechtigte Verkehrsteilnehmer behandelt werden. Außerdem soll der Umstieg der Autofahrer auf öffentliche Verkehrsmittel beschleunigt werden. Deshalb sollen die öffentlichen Verkehrsmittel attraktiver gemacht werden. Um das zu erreichen sollen verbilligte Firmentickets eingeführt werden. Im Verkehrsministerium soll ein Konzept entwickelt werden, nach dem große Firmen verbilligte Fahrkarten ... kaufen können. Diese verbilligten Fahrkarten sollen von den Firmen kostenlos an die Arbeitnehmer weitergegeben werden. Die Firmen wollen vom Verkehrsministerium in die Planung einbezogen werden. Dieser Sondertarif soll im ganzen Land angeboten werden. Später sollen auch kleinere Betriebe an dem Projekt beteiligt werden. Diese wollen aber finanziell nicht zu stark belastet werden.

Übung 10: empfehlen, aussuchen, schimpfen, antworten, rechnen mit, verteilen, warten auf, hungern, verwenden

Übung 11: (...) 200 Millionen Jahre wurde die Erde von ihnen beherrscht. (...) Vor 65 Millionen Jahren wurde die Erde von einem riesigen Meteoriten getroffen. Von diesem Meteoriten wurden alle Lebewesen vernichtet, die mehr als 20 Kilogramm wogen, denn als Folge des Meteoriteneinschlags wurde die Sonne viele Jahre lang von Aschenwolken verdunkelt. (...) Jeden Tag stirbt eine Tierart aus, ohne dass von uns etwas dagegen getan wird.

Übung 12: 1976 wurde in der Bundesrepublik die Gurtpflicht ... eingeführt. Seit 1985 wird derjenige mit Bußgeld bestraft, der sich nicht daran hält. (...) Von Gegnern der Anschnallpflicht werden gern Statistiken zitiert, wonach zwar ... ums Leben kommen. (...) Wenn Autofahrer vor den Konsequenzen ihres schlechten Fahrverhaltens geschützt werden, werden sie unvorsichtig. (...) Aus einer Studie ... ergibt sich, dass amerikanische Autofahrer durch verbesserte Bremssysteme zu unvorsichtigen Fahrmanövern ermutigt wurden. Bereits 1976 wur-

de von Psychologen darauf hingewiesen, dass Autofahrer ... sehr viel rasanter in die Kurven gingen als Fahrer mit normalen Reifen. (...) Durch mehr Sicherheit im Auto wird also ein Anstieg der kollektiven Risikobereitschaft provoziert.

Übung 13: 1. Nein, die alten Wohnheime sind noch nicht renoviert. 2. Nein, bislang sind noch nicht alle Studenten untergebracht. 3. Ja, schon seit Anfang des Semesters sind Notquartiere für obdachlose Studenten eingerichtet. 4. Ja, inzwischen sind schon alle obdachlosen Studenten ... informiert. 5. Ja, die Öffentlichkeit ist schon seit Semesterbeginn über die schwierige Situation ... unterrichtet. 6. Ja, der Bedarf an Zimmern ist schon lange exakt festgehalten. 7. Ja, die Jugendherberge ist bereits in die Planung einbezogen. 8. Nein, bis jetzt ist der Bau weiterer Wohnheime noch nicht geplant.

Übung 14: 2. Dächer sind abgedeckt und Fernsehantennen (sind) umgeknickt. 3. Häuser sind z. T. schwer beschädigt. 4. Deiche sind zerstört. 5. Fast die Hälfte der ... ist überschwemmt. 6. Landstraßen sind wegen Überflutung ... gesperrt. 7. Einige Dörfer sind von der Außenwelt abgeschnitten. 8. Strom- und Telefonleitungen sind unterbrochen. 9. Hunderte von Menschen sind evakuiert. 10. Sie sind in Notquartieren untergebracht.

Übung 15: Das Gericht 1. hat drei Sachverständige geladen. 2. hat keine Journalisten zugelassen. 3. hat die Zeugen bereits vernommen. 4. hat die Beweisaufnahme abgeschlossen. 5. hat den Angeklagten schuldig gesprochen. 6. hat ihn nur zur Zahlung ... verurteilt. 7. hat das Urteil gefällt und verkündet. 8. hat den Fall damit abgeschlossen.

Übung 16: 1. Die Zimmer sind belegt. 2. Die Türen sind frisch gestrichen. 3. Vor dem bissigen Hund wird gewarnt. 4. Das Geschäft ist wegen Umbau geschlossen. 5. Der Tisch ist reserviert. 6. Es sind Winterreifen vorgeschrieben. 7. Im Winter wird nicht gestreut. 8. Der Film ist für Jugendliche ... verboten. 9. Die Karten sind ausverkauft. 10. Hier werden Mietwagen verliehen. 11. In Nichtraucherabteilen wird

nicht geraucht. 12. Die Tiefgarage ist besetzt.
13. Der Durchgang ist gesperrt. 14. Der Fahrbetrieb ist seit ... eingestellt.

Übung 17: wird – war – wurden – wird – wurden – sind – wird – wird – wird – ist – werden –
werden – ist – ist – werden – wird – werden –
werden – ist – ist

Übung 18: werden – ist – werden – werden –
ist – ist – werden – werden – ist – wird – wird –
sind – wird – werden – ist – sind

Übung 19: Nachts wurde ein Stacheldraht
zwischen Ost- und West-Berlin gezogen. Die
Straßenverbindungen ... wurden blockiert und
die ... Telefonleitungen (wurden) gekappt. Bald
danach wurde der Stacheldraht ... ersetzt. In
den nächsten Jahren wurde die Absperrung
noch weiter perfektioniert. Anfang der 80er
Jahre wurde schließlich die alte Mauer ... ersetzt. West-Berlin wurde durch die ... Mauer
ringsherum eingeschnürt. Zusätzlich wurden
Gräben ... angelegt. Zur Überwachung der
Grenze wurden Beobachtungstürme errichtet.
Zwischen 1961 und 1989 wurden fast 80 Menschen von Grenzposten an dieser Mauer erschossen. In der Bundesrepublik wird jedes Jahr
... der Menschen, die von Grenzpolizisten ...
erschossen oder verletzt wurden, gedacht.
Während der friedlichen Revolution ... wurden
von Ost-Berliner Demonstranten Teilstücke der
Mauer herausgerissen. In den nächsten drei
Jahren wurde dann die Berliner Mauer ganz
entfernt. Mit dem Abriss ... wurden auch die
bunten Bilder ... zerstört. Die Wände waren
von anonymen Künstlern mit Graffiti bemalt
worden. Viele Mauerstücke wurden versteigert.
Das Geld wurde für humanitäre Zwecke verwendet. Nach und nach wurden die alten Tele-
fon- und Straßenverbindungen ... wieder hergestellt.

Übung 20: Von der BRD wurden zwischen
1963 und 1989 fast 34000 Häftlinge ... freigekauft. Auf diesem Weg wurden auch politische
Häftlinge befreit. Dieser Menschenhandel wurde von den beiden deutschen Staaten regelmäßig getätigt. Der Tausch ... war von der DDR
vorgeschlagen worden. Die ... Häftlinge wurden vom Außenministerium der DDR ausge-

wählt. Der Kopfpreis betrug ..., ab 1977 wurde
er auf ... erhöht. Die DDR bekam nicht nur
Bargeld ..., der Freikauf wurde von der BRD
auch in Gold bezahlt. In der DDR wurde das
Geld ... in ... investiert. Mit den Einnahmen ...
konnten die Versorgungsschwierigkeiten ...
teilweise beseitigt werden. Die erste Gutschrift
wurde von der DDR für Apfelsinen verwendet.
Weil die DDR ... viele Häftlinge „verkaufen"
wollte, wurden von der Justiz auch unschuldige
DDR-Bürger ... verurteilt. Von der BRD wurden
solche Häftlinge später nicht mehr freigekauft.
Daraufhin wurden in der DDR diese Verurteilungen eingestellt. Die freigekauften Häftlinge
wurden ... in die BRD gebracht. Da die Transporte verschwiegen werden sollten, wurden die
Häftlinge zum Stillschweigen ermahnt.
Während der friedlichen Revolution ... wurde
in der DDR eine Amnestie ... erlassen. Damit
endete der deutsch-deutsche Menschenhandel.

Übung 21: Bei der Bekämpfung von Infektionskrankheiten konnten mit Bakterien erstaunliche Erfolge erzielt werden. Trotzdem
wird/ist dieser Begriff mit ... Krankheit ... verbunden. Dabei wird vergessen, dass Bakterien
auch nützlich sein können und dass sie von
Biologen als ... Studienobjekte verwendet werden. Bakterien müssen exakt untersucht werden, bevor sie sinnvoll genutzt oder bekämpft
werden können. Zu diesem Zweck werden sie
in Reinkulturen gezüchtet. Hierfür sind von
Biologen ... Methoden entwickelt worden: Die
Nährböden müssen ... verschieden zusammengesetzt werden/sein, ebenso muss die ... Zuchttemperatur beachtet werden. Wenn Bakterien
... bekämpft werden sollen, können die Lebensmittel mit ... eingemacht, getrocknet oder eingefroren werden. Soll Milch pasteurisiert werden, darf sie nur auf ... erhitzt werden.
Bakterien ... können bekämpft werden, indem
sie sterilisiert werden. Dabei muss das, was sterilisiert werden soll, etwa ... Minuten lang Wasserdampf ... ausgesetzt werden. Zur Desinfektion ... werden Chemikalien ... verwendet. Luft
kann mit Hilfe von UV-Strahlen teilentkeimt
werden.

Übung 22: Unter Jugendlichen gibt es immer
mehr Raucher. Deshalb soll der Kampf gegen
das Rauchen bereits in der Schule aufgenom-

men werden. Die Schüler sollen ... zur Auseinandersetzung mit dem Rauchen gezwungen werden. Bisher wurde der Erfolg ... bezweifelt. Inzwischen ist aber bewiesen worden, dass mit einer Anti-Raucher-Kampagne ... Erfolge erzielt werden können. 50 Jugendliche ... wurden nach ihren Rauchgewohnheiten gefragt. Dann wurde ihnen eine ... Gesamtinformation angeboten. Sie wurden über eine gesunde Ernährungsweise ... aufgeklärt. Dabei wurde der Zusammenhang zwischen ... besonders herausgestellt. Es sollte allerdings keine „Angstmache" betrieben werden. So etwa wurden keine Bilder von ... gezeigt. 27 Monate später wurden die Schüler wieder befragt. Wo die Anti-Raucher-Kampagne durchgeführt worden war, wurden 50 Prozent weniger Raucher registriert. (...) Übrigens wurden unter Hauptschülern ... mehr Zigarettenraucher ausgemacht als unter Gymnasiasten. (...) Diese Tatsache soll bei der Vorbereitung weiterer Anti-Raucher-Kampagnen berücksichtigt werden.

Übung 23: Altes Glas ... soll von den Bürgern in Altglascontainer geworfen werden. (...) Altglas wird gesammelt, weil es aufgearbeitet und als Rohstoff wieder verwendet werden kann. Aus ... Altglas kann ... Neuglas gewonnen werden. Dazu muss das Altglas eingeschmolzen werden. Weil das Ausgangsmaterial rein sein muss, dürfen Plastik, Keramik ... nicht in Altglascontainer geworfen werden. Flaschenverschlüsse ... sollten ... entfernt werden. (...) Das Glas braucht auch nicht gespült zu werden. Von den Bürgern soll nicht zu viel verlangt werden, sonst ... Und gerade das soll ja erreicht werden. ... Per Hand werden von Mitarbeitern die größten Fremdkörper ... heraussortiert; die alten Gefäße werden von Maschinen zerkleinert; alle Eisenteile werden von einem Magnetabscheider abgesondert; nichtmagnetische Metalle werden fotomechanisch entfernt; alle leichten Stoffe ... werden abgesaugt. Die Scherben werden nicht gewaschen, das wäre ... Ganz zum Schluss wird das ... Rohmaterial in einen ... Ofen gegeben, in dem es bei 1500 Grad eingeschmolzen wird. Dann wird die ... Masse in Formen gegossen. So werden ... neue Flaschen gewonnen. Wichtig ist, dass verschiedenfarbiges Glas getrennt eingeschmolzen wird. Denn die Farbe wird durch ... erzielt. Grün wird

durch ... gewonnen, für die Gewinnung der Farbe Braun müssen ... eingesetzt werden. Wenn beim Recycling die ... Gläser gemischt werden, entsteht eine ... Farbe, die von niemandem gekauft wird. Deswegen wird Glas nach Farben getrennt gesammelt.

§ 5

Übung 1: Die Vorteile von Radioweckern sind unbestreitbar. 2. Der Preis … ist akzeptabel. 3. Die Helligkeit … ist verstellbar. 4. Die Lautstärke … ist regelbar. 5. Der Weckton … ist unüberhörbar. 6. Die Batterien sind auswechselbar. 7. Die meisten R. sind … programmierbar. 8. Radiowecker sind … reparierbar, was …

Übung 2: 1. Die Probleme … sind unübersehbar. 2. Viele Abfallprodukte sind nicht wieder verwertbar. 3. Bei anderen ist die Wiederverwertung unbezahlbar. 4. Das bedeutet, dass das Anwachsen … unvermeidbar ist. 5. Was das Recycling betrifft, sind viele Versprechungen … nicht einlösbar. 6. Ein Abbau ist … erreichbar. 7. Eine solche Einsparung ist … realisierbar. 8. Aber manches Verpackungsmaterial, das nicht recycelbar ist, ist auch nicht durch anderes ersetzbar.

Übung 3: 1. Der verfallene … Turm kann restauriert werden. 2. Die … Bauzeit kann nicht mehr genau bestimmt werden. 3. Ein Teil … kann allerdings nicht mehr verwendet werden. 4. Die hohen Kosten … können gerade noch vertreten werden. 5. Wegen der hohen Baukosten kann auf Eintrittsgelder … nicht verzichtet werden. 6. Die Wendeltreppe kann … begangen werden. 7. Die Aussichtsplattform kann … erreicht werden. 8. Das Herumklettern … kann allerdings nicht verantwortet werden. 9. Die Freude … kann nicht beschrieben werden. 10. Der Turm kann … nicht verwechselt werden.

Übung 4: 1. Sie lässt sich nicht mehr reparieren. 2. Es lässt sich originalgetreu nicht wieder aufbauen. 3. Er lässt sich nicht verlängern. 4. Es ließ sich nicht vorhersehen. 5. Es lässt sich nur schwer beschreiben. 6. Das lässt sich nicht leugnen. 7. Sie lässt sich nicht beeinflussen. 8. Sie lassen sich nicht verhindern.

Übung 5: 1. Der Mordfall ließ sich erst nach Monaten aufklären. 2. Aber die Tatumstände ließen sich … rekonstruieren. 3. Für die Schuld … ließen sich genügend Beweise finden. 4. Aufgrund der Zeugenaussagen ließen sich viele De-

tails klären. 5. Die Zeugenaussagen ließen sich … überprüfen. 6. Das harte Urteil lässt sich … nicht aufrechterhalten. 7. Gegen die Beweisführung lässt sich nichts einwenden. 8. Eine Vorverurteilung … ließ sich nicht verhindern.

Übung 6: 1. Nicht alle Produkte vermarkten sich problemlos. 2. Nicht jeder Verdacht bestätigt sich … 3. Nicht jeder Kriminalroman verkauft sich gut. 4. Nicht alle Wohnungen vermieten sich schnell. 5. Nicht jeder Teppich pflegt sich leicht. 6. Nicht jedes Haar frisiert sich gut. 7. Nicht jeder … Gegenstand findet sich wieder. 8. Nicht jedes Auto fährt sich so gut …

Übung 7: 1. Viele Probleme klären sich mit der Zeit. 2. Nicht alle Probleme lösen sich von selbst. 3. Auf Anhieb fand sich ein Ausweg. 4. Dieser Roman liest sich … flüssig. 5. Manche Silben sprechen sich schlecht aus. 6. Viele … Gegenstände finden sich … wieder. 7. Im Stehen isst es sich nur schlecht.

Übung 8: 1. Es hieß die Probleme energisch anzugehen. 2. Es galt die Infrastruktur zu verbessern. 3. Es stand zu befürchten, dass hohe Investitionen … 4. Es galt Häuser instand zu setzen. 5. Die Eigentumsverhältnisse galt es zu klären. 6. Das Verkehrsnetz galt es auszubauen. 7. Es galt Umweltprobleme in Angriff zu nehmen. 8. Die Verwaltung galt es aufzubauen. 9. Es galt die Arbeitslosigkeit zu bekämpfen. 10. Es hieß tüchtig zu sparen.

Übung 9: 1. Manche Sicherheitsvorschriften sind nicht … einzuhalten. 2. Sie sind aber … ernst zu nehmen. 3. Absolute Sicherheit ist … nicht zu garantieren. 4. Fluchtwege sind zu kennzeichnen. 5. Sie sind von Schränken … freizuhalten. 6. Brennbare Gase sind in … zu lagern. 7. Kühlschränke … sind vor … zu schützen. 8. Giftige Chemikalien sind mit … zu behandeln. 9. Sie sind in … aufzubewahren. 10. Alle Sicherheitsvorrichtungen sind … zu überprüfen.

Übung 10: 1. Im Bausektor können viele „Krankmacher" leider nur schwer ersetzt werden. 2. Beim Einkauf … muss/sollte deshalb Verschiedenes beachtet werden. 3. Beim Gebrauch ... können Gefahren ... nicht ausge-schlossen werden. 4. Deshalb muss auf schad-stoffarme Produkte zurückgegriffen werden. 5. Sie können an ... Aufschriften ... erkannt werden. 6. Holzschutzmittel müssen mit ... Vorsicht behandelt werden. 7. Aber manchmal kann die Verwendung ... nicht vermieden wer-den. 8. Von der Verwendung ... muss dringend abgeraten werden. 9. Seine ... Wirkung darf auf keinen Fall verharmlost werden. 10. Holz kann auch mit ... geschützt werden. 11. Genaueres ... kann / muss der ... Fachliteratur entnom-men werden.

Übung 11: Der Richter 1. lässt einen Pflicht-verteidiger bestellen. 2. lässt sich mit dem Dienstwagen abholen. 3. lässt den Zeugen rechtzeitig zur Gerichtsverhandlung laden. 4. lässt den Angeklagten in den Gerichtssaal führen. 5. lässt dem Angeklagten die Hand-schellen abnehmen. 6. lässt sich alle Beweis-stücke vorlegen. 7. lässt den Angeklagten auf Zurechnungsfähigkeit untersuchen 8. lässt die Zeugenaussagen protokollieren. 9. lässt die Öffentlichkeit von ... ausschließen 10. lässt sich von ... Unterlagen bringen.

Übung 12: Aschenputtel ließ sich 1. wie eine Küchenmagd behandeln. 2. alle schweren Arbeiten aufbürden. 3. ihre schönen Kleider wegnehmen. 4. einen grauen alten Kittel anzie-hen. 5. von den Stiefschwestern kränken und verspotten. 6. von den Stiefschwestern herum-kommandieren. 7. von den Stiefschwestern ausnutzen. 8. von einem Königssohn auf sein Schloss entführen. 9. bei ihrer Hochzeit von den Stiefschwestern ... begleiten. 10. Die Stief-schwestern mussten sich die Augen ... aus-picken lassen.

Übung 13: 1. Der Richter lässt nicht zu, dass er mitten im Satz unterbrochen wird. 2. Er ver-anlasst, dass der Zeuge vereidigt wird. 3. Er ver-anlasst, dass Ruhestörer aus dem Raum gewie-sen werden. 4. Er lässt nicht zu, dass er in lange Diskussionen verwickelt wird. 5. Er veranlasst, dass der Gerichtssaal geräumt wird. 6. Er lässt nicht zu, dass er ungerechtfertigt beschuldigt wird. 7. Er veranlasst, dass ihm immer die Pro-tokolle ... vorgelegt werden. 8. Er veranlasst, dass er an den Tatort gefahren wird.

Übung 14: 1. Die Schulabgänger erhalten / bekommen / kriegen (vom Rektor) die Ab-schlusszeugnisse ausgehändigt. 2. Der Jahres-beste bekommt (von ihm) den Schulorden ver-liehen. 3. Jeder Schulabgänger bekommt (von ihm) ein Buch ... überreicht. 4. Das Lehrerkol-legium bekommt (von den Schülern) ein ... Programm geboten. 5. Die Lehrer bekommen (von ihnen) den Schulalltag ... vor Augen ge-führt. 6. Die Lehrer kriegen (von ihnen) auf witzige Art die Leviten gelesen. 7. Nicht alle Lehrer bekommen (von ihnen) pädagogische Fähigkeiten bescheinigt. 8. Der ... Vertrauens-lehrer bekommt (von zwei Schülern) einen Blu-menstrauß in die Hand gedrückt.

Übung 15: 1. Der Patient bekommt / erhält / kriegt Röntgenbilder vorgelegt. 2. Er erhält strenge Bettruhe verordnet. 3. Er bekommt täg-lich eine Spritze verabreicht. 4. Eine Patientin bekommt die Theorie erklärt. 5. Sie bekommt Medikamente verschrieben 6. Sie kriegt ein At-test ausgestellt. 7. Sie bekommt eine Überwei-sung an den Hausarzt ausgehändigt. 8. Die meisten Patienten erhalten die Krankenhaus-kosten erstattet.

Übung 17: 1. Einzelne Paragraphen ... stehen zur Änderung an. 2. Der Finanzausschuss hat den Auftrag erhalten, ... 3. Die Arbeit des Finanzausschusses hat ... die Billigung des Fi-nanzministers gefunden. 4. Bei der Überarbei-tung ... muss die veränderte Wirtschaftslage Berücksichtigung finden. 5. Im übrigen soll das Steuerrecht eine Vereinfachung erfahren. 6. Ab wann es zur Anwendung kommt, ist unbe-stimmt. 7. Die Beratungen ... kommen dem-nächst zum Abschluss. 8. Nach der Verabschie-dung ... geht das Gesetz in Druck. 9. Die Änderungsvorschläge sind in der Öffentlichkeit auf heftige Kritik gestoßen. 10. Sie stoßen meist auf Ablehnung und erfahren von kaum jeman-dem Unterstützung.

Übung 18: 1. Zur Zeit wird das Altersheim umgebaut. 2. Seit Monaten werden / sind Bau-maschinen eingesetzt. 3. Einige ... Mängel sind schon korrigiert. 4. Die Baumaßnahmen wer-den ständig kontrolliert. 5. In einem Monat ist die ... Bausaison beendet. 6. Die Baumaßnah-

men sollen ... abgeschlossen werden / sein 7.
Danach soll das umgebaute Altersheim gleich
den Bewohnern übergeben werden. 8. Nach
dem Umbau können ... mehr alte Menschen
aufgenommen werden ... 9. Vor einigen Jahren
sollte das Altersheim schon verkauft werden.
10. Auch wurde über den Abriss des Gebäudes
debattiert. 11. Dann wurde ein einheimischer
Architekt beauftragt ... 12. Dieser Architekt ist
sehr angesehen. 13. Seine Arbeiten sind ...
auch im Ausland beachtet worden. 14. Mit
dem Umbau werden viele Wünsche ... erfüllt.

Übung 19: Psychologen haben herausgefunden, dass sich zwischen Vätern und Kindern
intensive Beziehungen aufbauen lassen. Eine
enge Vater-Kind-Beziehung ist deshalb erstrebenswert, weil spätere Problemsituationen
dann eher zu bewältigen sind. Wenn Kinder
von ihren Vätern genügend Aufmerksamkeit
geschenkt bekommen, lassen sie sich von Vätern ebenso beruhigen und trösten wie von
Müttern. In den Untersuchungen waren keine
typisch männlichen und weiblichen Verhaltensmuster festzustellen. Ein nur bei Müttern
angeborenes Pflegeverhalten war nicht feststellbar. Mit diesem Experiment haben die Vermutungen der Psychologen eine Bestätigung erfahren.

Übung 20: (...) Diese Veranstaltung hat in der
Öffentlichkeit große Beachtung gefunden. Sie
lässt sich durchaus als Erfolg bezeichnen. Das
zuständige Ministerium bekam das vom Gesundheitsamt mitgeteilt. Erfreulicherweise
ließen sich auch neue ehrenamtliche Mitarbeiter gewinnen. (...) Dieses starke Interesse war
besonders an der regen Teilnahme an ... Gesprächskreisen zu erkennen. Dort ließen sich
die Teilnehmer ... intensiv beraten. Es standen
auch ganz persönliche Dinge zur Diskussion.
Gemeinsam wurde überlegt, wie sich das theoretische Wissen ... in die Praxis umsetzen lässt.
Wissenslücken ... ließen sich bei Schülerinnen
und Schülern... feststellen, wenn Lehrer das
Thema ... nicht behandelt hatten. Nach dem
Lehrplan ... muss das Thema schon in der
8. Klasse zur Sprache kommen. Es gilt heutzutage, Jugendliche schon früh über Aids aufzu-
klären, weil zu berücksichtigen ist, dass ... Es
lässt sich nämlich eine Zunahme der Schwan-

gerschaften ... beobachten. Trotz des Erfolgs
der Veranstaltung sind noch einige Korrekturen
denkbar. Deshalb gilt es, möglichst rasch ein ...
Programm zu entwickeln.

§ 6

Übung 1: 1. würden es sehen 2. er hätte gefragt werden wollen 3. sie riefe / würde rufen 4. sie müsste arbeiten 5. es wäre gewaschen worden 6. er wäre glücklich 7. sie hätte ihn gefragt 8. er würde helfen 9. sie würde kommen 10. es wäre schade 11. sie hätte arbeiten müssen 12. er stürbe / würde sterben 13. ihm würde geholfen 14. es dürfte geraucht werden 15. er ließe das Rauchen / würde das Rauchen lassen 16. wir hätten es gewollt 17. es wäre gearbeitet worden 18. er würde frieren 19. wir wären betroffen gewesen 20. es hätte getan werden müssen 21. ich wäre beeindruckt gewesen 22. Würdest du mich mitnehmen? 23. sie würden rennen 24. es könnte verkauft werden 25. sie hätten sich entscheiden sollen 26. er hätte Angst gehabt 27. wir wüssten es / würden es wissen 28. sie wären gefahren 29. du wolltest ihnen helfen 30. wir bekämen Besuch / würden Besuch bekommen 31. sie sollte sich entscheiden 32. es würde brennen 33. sie hätten ihr geholfen 34. es wäre besprochen worden 35. sie hätten dabei helfen können 36. es würde beginnen 37. es wäre erledigt 38. er würde schießen 39. wir würden uns fragen / fragten uns 40. sie wären aufgestanden

Übung 2: Fast / Beinahe 1. hätte Herr Reisemann am Abreisetag verschlafen. 2. hätte er Geld und Ausweis zu Hause vergessen. 3. wäre ihm der Bus vor der Nase weggefahren. 4. wäre er von einem Auto angefahren worden. 5. hätte er sein Flugzeug verpasst. 6. hätte er keinen Fensterplatz mehr bekommen. 7. wäre kein Hotelzimmer mehr zu bekommen gewesen. 8. wäre das Hotel seiner Wahl schon ausgebucht gewesen. 9. hätte die angekündigte Segelregatta abgesagt werden müssen. 10. wäre er in Seenot geraten. 11. hätte er ... von der Rettungswacht an Land geholt werden müssen. 12. hätte er bei der zweiten Regatta das Schlusslicht gemacht. 13. hätte ihm das den ganzen Urlaub verdorben. 14. wäre er vor Wut nach Hause gefahren. 15. hätte er es bereut, dass er diese Urlaubsidee gehabt hat. 16. hätte er die Schönheit der Landschaft nicht wahrgenommen. 17. hätte er den angenehmen Ort ... nicht ausreichend genossen. 18. hätte er die vielen netten Leute übersehen. 19. Aber dann hat er einfach abgeschaltet und hätte seinen Urlaub beinahe noch verlängert.

Übung 3: An seiner Stelle 1. hätte ich mich an die Geschwindigkeitsbegrenzung gehalten. 2. hätte ich vor der Autofahrt keinen Alkohol getrunken. 3. wäre ich in der Kurve nicht so weit links / weiter rechts gefahren. 4. hätte ich nicht so spät / früher gebremst. 5. würde ich langsam / nicht so schnell / langsamer fahren. 6. würde ich weniger / nicht so oft überholen. 7. würde ich weniger / nicht so viel Geld für Autos ausgeben. 8. würde ich nicht so teure und schnelle / keine so teuren und schnellen Wagen fahren. 9. würde ich mir nicht mehr den Luxus eines Zweitwagens leisten. 10. würde ich an die Folgen für die Umwelt denken. 11. würde ich mich immer anschnallen. 12. würde ich mich nicht immer gleich aufregen. 13. hätte ich gleich mit dem Unfallgegner gesprochen. 14. würde ich nicht immer gleich auf mein Recht pochen. 15. wäre ich auch zu den anderen Betroffenen freundlicher / nicht so unfreundlich gewesen. 16. hätte ich mich nicht nur für den Schaden an meinem Auto interessiert / auch für den Schaden an dem anderen Auto interessiert. 17. würde ich den Unfallwagen nicht gleich verkaufen. 18. wäre ich höflicher / nicht so unhöflich gegenüber den Polizisten. 19. würde ich mich nicht zu rechtfertigen versuchen. 20. würde ich nicht damit prahlen, ...

Übung 4: 1. Hätten Sie Zeit für mich? 2. Könnten / Würden Sie mir diesen Mantel umtauschen? 3. Ich hätte gern einen wärmeren Mantel. 4. Wären Sie so freundlich mir noch weitere Modelle zu bringen? 5. Könnten / Würden Sie mir schwarze Hosen ... zeigen? 6. Ich hätte auch gern Blusen zum Anprobieren. 7. Wären Sie so freundlich mich zu beraten? / Könnten Sie mich beraten? 8. Würden Sie alles einpacken und zu mir nach Hause bringen lassen? / Dürfte ich Sie bitten alles einzupacken und ...? / Wären Sie so freundlich alles einzupacken und ...?

Übung 5: 1. Hätte ich im vergangenen Jahr bloß nicht so viele / weniger Probleme gehabt! 2. Wenn ich es nur geschafft hätte, vieles leichter zu nehmen! 3. Wäre ich doch nicht so / weniger passiv! 4. Wenn ich im vergangenen Jahr doch produktiver gewesen wäre! 5. Hätte ich doch bloß mehr neue Kontakte geknüpft! 6. Wenn ich mich doch nur nicht so oft aufgeregt hätte! 7. Hätte ich doch bloß mehr Distanz zu meinen Problemen gehabt! 8. Wäre ich doch nur nicht so pessimistisch gewesen!

Übung 7: 1. Würde die Zeit doch stillstehen! / Wenn doch nur die Zeit stillstehen würde! 2. Wenn ich nur Klavier spielen könnte! / Könnte ich nur Klavier spielen! 3. Wenn ich doch bloß hätte studieren können! / Hätte ich doch bloß studieren können! 4. Wenn ich doch bald dem Mann meines Lebens begegnen würde! 5. Wenn ich nur bald von meinen Eltern unabhängig wäre! 6. Wäre doch mein Wunsch, einen ... Job zu finden, in Erfüllung gegangen!

Übung 8: 2. Wenn ich doch / nur nicht so frieren würde! 3. Könnte ich doch bloß ein Feuer anmachen und mich wärmen! 4. Fände ich doch etwas Holz zum Feueranmachen! 5. Könnte ich doch zu dem goldenen Schlüssel auch das Schloss finden! 6. Wenn der Schlüssel doch nur passte / passen würde! 7. Wären doch kostbare Sachen in dem Kästchen! / Wenn doch kostbare Sachen in ... wären! 8. Könnte ich doch das Schlüsselloch finden! 9. Könnte ich das Kästchen doch aufschließen und den Deckel aufmachen! / Wenn ich doch ... könnte!

Übung 9: 1. Wir sind noch nicht mit der Arbeit fertig. 2. Wir haben zu spät mit dem Packen begonnen. 3. Alles muss einzeln verpackt werden. 4. Wir haben uns zu wenig / nicht genug Kisten ... besorgt. 5. Unsere Helfer sind zu spät / nicht früh genug gekommen. 6. Sie trinken viel / zu viel Bier. 7. Ich habe die Bücherkiste sehr / zu voll gepackt. 8. Wir haben den Umzug nicht gut vorbereitet.

Übung 10: 1. Dann würde ich versuchen Kontakt aufzunehmen. 2. Dann würde ich mich sehr wundern. 3. Dann würde ich in meinem Ausweis nachsehen. 4. Dann würde ich nach dem Verwendungszweck fragen. 5. Dann würde / müsste ich mich nach einer neuen Arbeitsstelle umsehen. 6. ...

Übung 11: 1. Gäbe es keine Regierungen, so könnten sie nicht gestürzt werden; könnten sie nicht gestürzt werden, fänden keine Wahlen statt; fänden keine Wahlen statt, gäbe es auch keine Demokratie; gäbe es keine Demokratie, herrschten Willkür und Ungerechtigkeit; herrschten Willkür und Ungerechtigkeit, wären alle unzufrieden: Also brauchen wir Regierungen.
2. Gäbe es keine Raumfahrt, wären die Menschen nicht gezwungen, neue Materialien zu entwickeln; wären die Menschen nicht gezwungen, neue Materialien zu entwickeln, würden sie keine Erfindungen machen; würden keine Erfindungen gemacht, wäre Teflon nicht erfunden worden; wäre Teflon nicht erfunden worden, gäbe es keine Teflonpfannen; gäbe es keine Teflonpfannen, machte das Kochen weniger Spaß: Also muss es die Raumfahrt geben.
3. ...

Übung 12: 1. Wenn kein Land Kriege führen wollte, brauchte nicht aufgerüstet zu werden. 2. Wenn kein einziger Soldat bereit wäre zu kämpfen, könnten keine Kriege ausgetragen werden. 3. Wenn der Waffenhandel generell verboten wäre, könnten Waffen nicht so leicht verkauft werden. 4. Wenn die Nationen nicht so reichlich mit Waffen ausgestattet wären, würden sie vielleicht eher verhandeln. 5. Wenn die Menschen vernünftiger wären, könnten Konflikte friedlich geregelt werden. 6. Wenn es keine allgemeine Wehrpflicht gäbe, könnte niemand zum Militärdienst gezwungen werden. 7. Wenn nicht ständig aufgerüstet würde, stünde mehr Geld für sinnvollere Projekte zur Verfügung. 8. Wenn die internationalen Abkommen über bewaffnete Konflikte eingehalten würden, verliefen Kriege vielleicht weniger grausam.

Übung 13: Wenn jeder nach seiner Leistung beurteilt würde, 1. herrschten vollkommene Gerechtigkeit und Objektivität. 2. entfielen subjektive (Fehl-)Urteile. 3. bestünde absolute Chancengleichheit für alle. 4. würde niemand mehr wegen seines Geschlechts ... benachteiligt oder bevorzugt. 5. entschieden ... über Stellenbesetzung ... allein Eignung und Leistung. 6. fände eine perfekte ... Leistungsauslese statt. 7. würde das Leben ... zum Sport. 8. gäbe es ein

Wettrennen aller gegen alle. 9. entstünde dadurch eine unerhörte Dynamik. 10. würde … die Wechselwirkung von … ein unerbittliches „Vorwärts" erzwingen. 11. würde der objektiv … Beste gewinnen. 12. würden die Schwachen zum Versorgungsfall und müssten von … unterhalten werden. 13. würde dies die Behinderten … am meisten treffen. 14. würden sie als Belastung empfunden. – Würde die Leistungsgesellschaft immer perfekter, 15. würde unsere schöne … Welt perfekt unmenschlich. 16. hätten wir eher die Hölle als das Paradies. 17. würden menschliche Werte nicht mehr zählen. 18. wäre als Gegenpol … eine Gegenelite erforderlich, die dem Leistungsprinzip widersprechen würde 19. müsste diese Gegenelite den … Menschen bestimmte Werte aufzeigen, die für die ganze Gesellschaft verbindlich wären. 20. brauchten wir als Gegenwerte noch mehr Solidarität … 21. würden die sich an diesen Werten orientierenden Menschen noch weltfremder wirken. 22. wären wir noch stärker auf solche Menschen angewiesen.

Übung 14: 1. Hätte er als Kind nicht so viele traumatische Erfahrungen gemacht (Wenn er nicht … gemacht hätte), wäre er jetzt nicht so ängstlich. 2. Wäre er als Kind nicht im Aufzug stecken geblieben, hätte er keine / nicht so große Angst vor Fahrstühlen. 3. Wäre dies nicht der Fall, ginge er die zehn Stockwerke … nicht zu Fuß. 4. Hätte ihn als Kind jemand bei Gewittern beruhigt, geriete er heute … nicht in Panik. 5. Wenn die Eltern in seiner Kindheit sein Selbstwertgefühl gestärkt hätten (Hätten die Eltern … gestärkt), hätte er Vertrauen in seine Fähigkeiten entwickeln können. 6. Wenn seine Eltern nicht beide den ganzen Tag … gearbeitet hätten, wäre er als Junge nicht so viel allein gewesen. 7. Hätte er unter dem Alleinsein nicht so gelitten, würde er als Erwachsener das Alleinsein besser ertragen. 8. Wäre er in der Schule nicht so oft überfordert gewesen, hätte ihm das Lernen mehr Spaß gemacht 9. Wenn seine Eltern ihn nicht so häufig … mit neuen Situationen konfrontiert hätten, wäre er heute gegenüber allem Neuen nicht so / weniger misstrauisch. 10. Wäre er als Kind nicht im Auto verunglückt, hätte er jetzt keine / nicht so große Angst vor Autos. 11. Wenn er nicht so ängstlich wäre, ginge er nicht so selten / öfter

aus und hätte mehr Kontakt zu anderen Menschen.

Übung 15: 1. Die Lebensbedingungen im Mittelalter waren schlecht, deshalb hatten die Menschen eine geringere Lebenserwartung. 2. Die Herrscher dachten zu wenig an das Wohl ihrer Untertanen, weil es ihnen um die Ausdehnung ihrer Macht ging. 3. Das Volk hatte keine politische Vertretung, so konnte es die Machtverhältnisse nicht durchschauen. 4. Weil das Volk sehr ungebildet war, konnte es seine Interessen nicht wahrnehmen. 5. Epidemien konnten sich leicht ausbreiten, weil die hygienischen Verhältnisse mangelhaft waren. 6. Die Kirche war sehr mächtig, deshalb konnte sich das Volk ihrem Einfluss nicht entziehen. 7. Weil im Vordergrund der Gedanke an den Tod stand, wurde wenig Energie auf die Bewältigung der Alltagsprobleme verwendet.

Übung 16: 1. Die Alpen sind landschaftlich sehr reizvoll, deshalb ziehen sie viele Besucher an. 2. Da viele Menschen Spaß am Skifahren haben, werden die Alpenländer … von Touristenmassen überflutet. 3. Das Reisen konnte zur Volksbewegung werden, weil mit der Erfindung von Eisenbahn … die Voraussetzungen dafür geschaffen worden waren. 4. Die Urlauber können bequem anreisen, weil die Alpenländer verkehrsgerechte Straßen gebaut haben. 5. Die Alpenländer haben viel Geld … investiert, deshalb sind sie auf die Einnahmen aus dem Tourismus angewiesen. 6. Weil der Wintersport Mode wurde / geworden ist, haben sich viele Alpenländer zu Wintersportorten entwickelt. 7. Seit Jahren wird auf die Gefahren des Massentourismus hingewiesen, weil die Folgen der Umweltzerstörung überall sichtbar sind. 8. Die Lawinengefahr und die … Überschwemmungen sind gestiegen, weil man große Waldflächen abgeholzt hat.

Übung 17: 1. Weil Münz- und Papiergeld erfunden wurden / worden sind, bezahlen wir heute nicht mehr mit Waren … 2. Die Bezahlung mit Waren hatte sich nicht bewährt, deshalb ist man … zu ungeprägtem Metallgeld übergegangen (ging man … über). 3. Man hatte in der Metallverarbeitung Fortschritte gemacht, deshalb konnte man mit der Prägung von

Münzen beginnen. 4. Bei Ausgrabungen hat man Münzen gefunden, deshalb weiß man, dass Münzen schon ... 5. Im 17. Jahrhundert ist man zu Papiergeld übergegangen (ging man ... über), weil sich ... das Gewicht des Münzgeldes als Nachteil herausgestellt hatte. 6. Man hat die Vorteile des Papiergeldes schätzen gelernt, deshalb ist es ... in alle Länder vorgedrungen. 7. Der Welthandel konnte die heutigen Ausmaße annehmen, weil sich Münz- und Papiergeld als internationale Zahlungsmittel durchgesetzt haben. 8. Papier- und Münzgeld sind keine optimalen Zahlungsmittel, deshalb erleben wir heute den Übergang zum bargeldlosen Zahlungsverkehr.

Übung 18: 1. Hätte man keinen großen Freundeskreis, wäre der Alltag nicht sehr abwechslungsreich. 2. Wenn man den Freundeskreis vernachlässigen würde, wäre man bald allein. 3. Hätte die Frau keine Kinder großgezogen, hätte sie vielleicht Karriere gemacht. 4. Hätten Ehepartner keine gemeinsamen Interessen, lebten sie sich schnell auseinander (würden sie sich ... auseinanderleben). 5. Wenn Ehepartner einander keine eigenen Aktivitäten zugestehen würden, wäre das Zusammenleben unerträglich. 6. Wenn Ehepartner sich nicht aufeinander verlassen könnten, ginge die Vertrauensbasis verloren. 7. Wir bedeuten uns sehr viel, sonst würden wir nicht seit fünfzig Jahren zusammenleben. 8. Unser Familienleben war uns wichtig, andernfalls hätten wir uns beruflich sicher stärker engagiert. 9. Man muss dem Ehepartner und den Kindern gegenüber tolerant sein, sonst kommt man nicht gut miteinander aus. 10. Wir haben immer ein offenes Haus gehabt, sonst wären nicht so viele interessante Leute unter den Gästen gewesen.

Übung 19: 1. ..., als ob ein Mädchen mit aufgetürmten Tellern den Flur entlang zum Speisezimmer ginge / als ginge ein Mädchen zum Speisezimmer. 2. ..., als ob die Teller in ihren Armen in Gefahr wären / als wären die Teller ... in Gefahr. 3. ..., als ob sie das Gleichgewicht verlieren würde / als würde sie das Gleichgewicht verlieren. 4. ..., als ob das Geschirr zu rutschen anfinge / als finge das Geschirr zu rutschen an. 5. ..., als ob sie sich ganz sicher fühlte und kein Unglück befürchtete / als fühlte sie

sich ganz sicher und befürchtete kein Unglück. 6. ..., als ob ich sie warnen müsste / als müsste ich sie warnen. 7. ..., als ob das Mädchen an der Tür gestürzt wäre / als wäre das Mädchen ... gestürzt. 8. ..., als ob das ganze Geschirr zu Boden gefallen wäre / als wäre das ganze Geschirr ... gefallen. 9. ..., als ob tausend Scherben auf dem Boden klirrten / als klirrten ... Scherben auf dem Boden. 10. ..., als ob man sie wirklich erlebt hätte / als hätte man sie ... erlebt.

Übung 21: In Geschichtsbüchern wird so getan, 1. als ob Könige die Felsbrocken herbeigeschleppt hätten / als hätten Könige die Felsbrocken herbeigeschleppt. 2. als ob das vielbesungene Byzanz nur Paläste für seine Bewohner gehabt hätte / als hätte Byzanz ... gehabt. 3. als ob der junge Alexander allein Indien erobert hätte / als hätte Alexander ... erobert. 4. als ob Cäsar die Gallier geschlagen hätte / als hätte Cäsar ... geschlagen. 5. als ob außer Philipp von Spanien niemand geweint hätte, als seine Flotte untergegangen war / als hätte niemand ... geweint ... 6. als ob außer Friedrich dem Zweiten im Siebenjährigen Krieg niemand gesiegt hätte / als hätte ... gesiegt.

Übung 23: 1. Die Missstände sind so offensichtlich, dass der Hausbesitzer unbedingt etwas tun müsste. 2. Das Dach ist undicht, so dass es unbedingt neu gedeckt werden müsste. 3. Die Treppen sind so steil, dass jemand stürzen könnte. 4. Das Heizsystem ist so veraltet, dass es schon vor Jahren hätte umgestellt werden sollen. 5. Nicht alle elektrischen Leitungen liegen unter Putz, so dass Unfälle passieren könnten. 6. Die Stahlträger ... sind so verrostet, dass sie ersetzt werden müssten. 7. Das ganze Haus ist in einem so schlechten Zustand, dass die Miete herabgesetzt werden müsste. 8. Die Mieter haben soviel Anlass zum Klagen, dass sie die Zahlung der Miete verweigern könnten.

Übung 24: 1. In Deutschland gibt es zu viele Museen, als dass man alle besuchen könnte. 2. Deutschland hat zu wenig Bodenschätze, als dass es ohne Importe auskäme. 3. Die Deutschen produzieren zu viel Müll, als dass sie wüssten, wo sie ihn lassen sollten. 4. Die deutschen Universitäten sind zu überlaufen, als dass man sofort einen Studienplatz bekäme.

5. In Deutschland gibt es zu viele Biersorten, als dass man sie alle probieren könnte. 6. Die Deutschen lieben ihr Auto zu sehr, als dass sie darauf verzichten wollten.

Übung 26: 1. In manchen Gegenden … sind die Niederschläge zu gering, als dass Pflanzen ohne … Bewässerung hohe Erträge erbringen würden. 2. In weiten Teilen Australiens ist es zu trocken, als dass Reisfelder angelegt würden. 3. Die Fels- und Schuttwüsten … sind zu steinig, als dass Nutzpflanzen angebaut würden. 4. Die Steppen sind zu unfruchtbar, als dass intensiver Getreideanbau betrieben werden könnte. 5. Die … Sandwüsten sind zu unwegsam, als dass sie sich … durchqueren ließen. 6. In Höhen über … ist der Sauerstoffgehalt … zu niedrig, als dass Menschen dort leben könnten. 7. Manche Flüsse … sind zu reißend, als dass sie zur Schifffahrt genutzt werden könnten. 8. Das Tote Meer ist zu salzhaltig, als dass Fische darin leben könnten. 9. In der Sahara sind die Temperaturschwankungen … zu extrem, als dass der menschliche Organismus sich … darauf einstellen könnte. 10. Das Klima … ist zu heiß und feucht, als dass es Menschen … ohne weiteres vertragen würden.

Übung 27: 1. Er erwartet von anderen Hilfe, ohne dass er selbst zum Helfen bereit wäre. 2. Sie nimmt Geschenke entgegen, ohne dass sie sich dafür bedanken würde. 3. Er nimmt immer wieder Einladungen an, ohne dass er auch nur eine Gegeneinladung gegeben hätte. 4. Er leiht sich Bücher aus, ohne dass er sie zurückgeben würde. 5. Er kommt herein, ohne dass er vorher anklopfen würde. 6. Er mischt sich in Gespräche ein, ohne dass er sich vorgestellt hätte. 7. Er schwärmt von Büchern, ohne dass er sie gelesen hätte. 8. Er gibt sich als Musikexperte aus, ohne dass er viel von Musik verstünde.

Übung 28: 1. Es gibt keinen Menschen, der immer Recht hätte. 2. Ich kenne niemanden, der immer gut gelaunt wäre. 3. Es gibt keinen Menschen, der allen Situationen gewachsen wäre. 4. Ich kenne niemanden, der seine Fehler gern zugeben würde. 5. Es gibt keinen, der nicht schon mal andere Menschen enttäuscht hätte und nicht schon von anderen Menschen enttäuscht worden wäre. 6. Es gibt niemanden, der nicht schon mal Rachegefühle empfunden hätte. 7. Ich kenne niemanden, der nicht schon mal eine Notlüge gebraucht hätte. 8. Es gibt wohl keinen Menschen, dem das allzu Menschliche fremd wäre.

Übung 29: 1. Es gibt kein Land, das eine größere Fläche hätte als Kanada. 2. Es gibt keinen Fluss der Erde, der länger wäre als der Amazonas. 3. Es gibt kein Gebiet der Erde, das kälter wäre als die Antarktis. 4. Es gibt keine Gegend der Erde, die wärmer wäre als das Death Valley. 5. Es gibt keine Zone, die höhere Niederschläge hätte als der Äquator. 6. Es gibt keine Stelle in den Weltmeeren, die tiefer wäre als der Marianengraben. 7. Es gibt keine Stadt der Erde, die höher läge als La Paz. 8. Es gibt keinen Berg der Erde, der höher wäre als der Mount Everest.

Übung 30: 1. Wohngemeinschaften wären bei Jugendlichen nicht so beliebt, wenn sie nicht so viele Vorteile hätten. Es sieht so aus, als ob sie sich als neue Lebensform durchgesetzt hätten. 2. Es scheint, als fänden auch ältere Menschen an dieser Lebensform Gefallen. Manche älteren Menschen wünschen sich: Hätte es doch schon früher Wohngemeinschaften gegeben. 3. Jugendliche wachsen heute zu selbstständig auf, als dass sie sich noch von den Eltern kontrollieren ließen. Wenn sie noch zu Hause wohnen würden, wären sie nicht so frei und könnten ihr Leben nicht nach eigenen Vorstellungen gestalten. 4. Oft verlassen Jugendliche das Elternhaus zu früh, als dass die Eltern sich damit abfinden könnten. Aber die Jugendlichen haben ihre Freiheit, ohne dass sie auf den von zu Hause gewohnten Komfort verzichten müssten. 5. Manche Menschen allerdings sind zu ausgeprägte Einzelgänger, als dass sie sich in einer Wohngemeinschaft wohl fühlten / fühlen würden. 6. In Wohngemeinschaften leben oft zu unterschiedliche Menschen zusammen, als dass es langweilig werden könnte. Das Leben in Wohngemeinschaften wäre nicht so interessant und abwechslungsreich, wenn die Bewohner nicht so unterschiedliche Interessen … hätten. 7. Aber wenn die Mitglieder allzu unterschiedliche Vorstellungen vom Zusammenleben hätten, gäbe es Probleme.

8. Natürlich gibt es keine Wohngemeinschaft, in der es nicht mal zu Auseinandersetzungen käme. Die Mitglieder müssen sich an die gemeinsamen Absprachen halten, sonst gäbe es Streit. 9. Es gibt keinen Mitbewohner, der nicht/keine Kompromisse eingehen müsste. 10. Wenn in einer Wohngemeinschaft nur Egoisten zusammenlebten, wären ständige Konflikte nicht zu vermeiden. (...) Wenn keiner die ihm übertragenen Aufgaben übernehmen würde, entstünde (würde ... entstehen) unweigerlich ein Chaos. 11. Wenn das Zusammenleben leichter/leicht wäre, wechselte (würde ... wechseln) die Besetzung nicht so häufig. Wenn über Probleme nicht oft und offen gesprochen würde, stauten sich Spannungen auf (würden sich ... aufstauen). 12. Das Zusammenleben muss harmonisch sein, sonst würden sich die Mitglieder der Gemeinschaft nicht wie zu Hause fühlen. Und es gibt niemanden, der das nicht wollte.

Übung 31: 1. Es gibt weltweit zu viele Straßenkinder, als dass das Thema verharmlost werden dürfte. In den Medien wird inzwischen häufiger über das Straßendasein von Kindern berichtet, so dass man nahezu niemanden trifft, der darüber nicht informiert wäre. 2. Wenn in vielen Familien nicht krasse wirtschaftliche Not, Hunger ... herrschten, müssten die Kinder nicht mitverdienen. Wenn sie nicht schon gelernt hätten allein für sich zu sorgen, verließen (würden ... verlassen) sie ihr Zuhause nicht. 3. Oft sind die gesellschaftlichen Rahmenbedingungen zu ungünstig, als dass es für die Kinder eine Alternative zum gefährlichen Leben ... gäbe. 4. Es gibt aber kein Kind, das sich nicht nach einem Zuhause sehnte. Fände doch / doch nur jedes Straßenkind irgendwann wieder ein Zuhause, in dem es sich geborgen fühlt! 5. Es scheint aber, als ob sich die Verhältnisse nicht so schnell bessern würden. Wenn die Armut und die Verelendung nicht immer noch zunehmen würden, stiege die Zahl der Straßenkinder nicht weiter. 6. Die Straßenkinder arbeiten als Autowäscher ..., sonst könnten sie nicht überleben. Sie sind noch zu jung ..., als dass sie sich dagegen wehren könnten, als billige Arbeitskräfte ausgenutzt zu werden. 7. Die Straßenkinder müssen sich durchschlagen, als ob sie Erwachsene wären. Es gibt kein Kind, das lieber arbeiten als spielen wollte. Anstatt dass sie unbeschwert Kind sein dürften, müssen sie ... als Erwachsene leben. 8. Das Geldverdienen ... lässt ihnen zu wenig Zeit, als dass sie in die Schule gehen könnten. Aber wenn sich „Streetworker" um die Kinder kümmern würden, hätten sie eine Chance von der Straße geholt zu werden. 9. Wenn man die Straßenkinder doch / nur / doch nur wieder in Familien integrieren könnte! Wenn sie wieder eine feste Bleibe fänden (finden würden) und die Schulbildung nachholen könnten, dann hätten sie eine echte Chance für eine neue Existenz. 10. Aber die Zahl der Straßenkinder ist zu groß, als dass dieses Problem leicht und schnell gelöst werden könnte.

§ 7

Übung 1: Sie sagt, 1. sie habe keine Zeit. 2. er wolle schon gehen. 3. sie würden abgeholt. 4. sie könne es schaffen. 5. sie werde studieren können. 6. er schlafe noch. 7. sie seien gefragt worden. 8. es habe sofort erledigt werden müssen. 9. er lese den ganzen Tag. 10. es sei erlaubt worden. 11. sie sollten nur ruhig fahren. 12. sie hätten gelacht. 13. er wisse nichts. 14. es werde gleich erledigt. 15. es sei erledigt. 16. sie gehe jetzt weg. 17. sie dürfe nicht gesehen werden. 18. sie seien bestraft worden. 19. er habe viel gearbeitet. 20. sie solle abreisen. 21. sie hätten immer spazierengehen wollen. 22. er sei verschwunden. 23. sie sei gut versichert gewesen. 24. sie hätten eine Stunde gewartet. 25. er nehme das Paket mit. 26. sie seien gestartet.

Übung 2: Der Mann denkt, was wäre, wenn der Nachbar ihm den Hammer nicht leihen wolle. Gestern schon habe er ihn nur so flüchtig gegrüßt. Vielleicht sei er in Eile gewesen. Aber vielleicht sei die Eile nur vorgeschützt gewesen, und er habe etwas gegen ihn. (…) Er habe ihm nichts angetan; der bilde sich da etwas ein. Wenn jemand von ihm ein Werkzeug borgen wollte, er würde es ihm sofort geben. (…) Wie könne man einem Mitmenschen einen so einfachen Gefallen abschlagen? Leute wie dieser Kerl vergifteten einem das Leben. Und dann bilde er sich noch ein, er sei auf ihn angewiesen. Bloß weil er einen Hammer habe. Jetzt reiche es ihm wirklich … schreit unser Mann seinen Nachbarn an, er sei ein Rüpel und solle seinen Hammer behalten.

Übung 3: Ein Fisch biss in einen Angelhaken. Die anderen Fische fragten ihn, was er so hektisch herumflattere. Der Fisch an der Angel sagte, er flattere nicht hektisch herum, er sei Kosmonaut und trainiere in der Schleuderkammer. Die anderen Fische sagten, wer's glaube, und sahen zu, wie es weitergehen sollte. (…) Die Fische sagten, er habe ihre Sphäre verlassen und sei in den Raum hinausgestoßen. Sie wollten hören, was er erzähle, wenn er zurückkomme. (…) Die Fische sagten, dass es also stimme, was die Ahnen ihnen überliefert hätten, dass es da oben schöner sei als hier unten. (…) Am Ufer saß ein einsamer Angler … Einer der Kosmonauten sprach ihn an und fragte, was der große Fisch weine, ob er auch gedacht habe, dass es hier oben schöner sei. – Der Angler sagte, darum weine er nicht, er weine, weil er niemandem erzählen könne, was hier und heute geschehe. Achtundfünfzig Fische habe er in einer Stunde gefangen, und es gebe keinen Zeugen weit und breit.

Übung 4: (…) Die Menschen sagten immer, dass Spatzen frech und zänkisch seien, dachte Frau Lups, womit sie natürlich nur die Männchen meinten. Sie könne es von ihrem Mann eigentlich nicht finden. Ein fertiger Ehespatz sei er zwar noch nicht, aber er mache sich. Herrn Lups wurde es langweilig. Er bemerkte, dass er sich auch mal auf die Eier setzen wolle. Nein, sagte Frau Lups (…) Herr Lups sagte empört, es seien auch seine Eier. Nein, sagte Frau Lups. Herr Lups schlug erregt mit den Flügeln. Er habe das Recht, auf den Eiern zu sitzen, er sei der Vater, schrie er. Frau Lups sagte, er solle nicht so mit den Flügeln schlagen, es sei unschicklich, wenigstens hier im Nest. Außerdem mache es sie nervös. Die Männer müssten immer gleich mit den Flügeln schlagen. Er solle sich ein Beispiel an ihr nehmen. Sie sei stets ruhig. Gewiss seien es auch seine Eier. Aber es seien mehr ihre Eier als seine Eier. Das habe sie gleich gesagt. Er solle daran denken, dass er verheiratet sei. Daran denke er unaufhörlich, sagte Herr Lups. Aber sie habe es vorhin anders gesagt. Das sei unlogisch. Frau Lups sagte, er solle sie nicht mit seiner Logik stören, sie seien verheiratet und nicht logisch. (…) Ob er das etwa nicht finde, fragte Frau Lups. Herr Lups hörte auf zu klappen und sagte, sie sei seine Liebe. Frau Lups dachte, dass er sich mache. Er werde jetzt in den Klub gehen, sagte Herr Lups … Er könne sich auch mal auf die Eier setzen, sagte Frau Lups vorwurfsvoll, sie sitze schon den ganzen Vormittag darauf. Ob er glaube, dass es ein Vergnügen sei. Dabei seien es seine Eier. Herr Lups dachte, die Sonne müsse aufhören zu scheinen. (…) Ihm stehe der Schnabel still, schrie er. Eben habe er auf den Eiern sitzen wollen, da seien es ihre Eier gewesen. Jetzt wolle er in den Klub gehen, da seien es seine Eier. Wessen Eier seien es nun endlich? Er solle nicht so schreien, sagte Frau

Lups, natürlich seien es seine Eier. Sie habe es ihm doch schon vorhin gesagt. (...) Herr Lups sagte matt, dass sie sich irre. Frau Lups sagte, dass Frauen sich nie irrten. Herr Lups sagte, sie sei seine Liebe, und setzte sich auf die Eier, die nicht seine Eier und doch seine Eier waren. Männer seien so wenig rücksichtsvoll, sagte Frau Lups mit sanftem Tadel, er habe eben auch die weibliche Hand in seinem Leben zu wenig gefühlt. O doch, sagte Herr Lups und blickte auf die Krällchen seiner Gemahlin. Frau Lups horchte aufmerksam an den Eiern und sagte glücklich, dass eins sogar schon im Ei piepse. Dann werde es ein Weibchen, sagte Herr Lups. Frau Lups sah ihren Gatten scharf an und sagte, dass es gewiss ein Weibchen werde. Die Intelligenz rege sich am frühesten. Herr Lups ärgerte sich sehr ... Aber das erste, das herauskomme, werde ein Männchen, sagte er patzig. Frau Lups blieb ganz ruhig. Das, was zuerst piepse, komme auch zuerst heraus, sagte sie, es werde also ein Weibchen. Im übrigen solle er sie jetzt auf die Eier lassen. Es werde kritisch. Das verstünden Frauen besser. Außerdem seien es ihre Eier. Sie sei seine Liebe, sagte Herr Lups. Nach kurzer Zeit kam das Erste aus dem Ei. Es war ein Männchen. Herr Lups ... zwitscherte schadenfroh. Frau Lups sagte, ob er es sehe, sie habe es ihm gleich gesagt, es werde ein Männchen. Aber sie müssten es eben alles besser wissen. Herr Lups sperrte den Schnabel ... auf ... (...) Aber er kriegte keinen Ton heraus. Da klappte er den Schnabel zu. Endgültig. Jetzt sei er ganz entwickelt, es werde eine glückliche Ehe, dachte Frau Lups. ... Nun müsse ihr liebes Männchen in den Klub gehen, flötete sie, er müsse sich etwas zerstreuen. Sie habe ihn schon lange darum gebeten. Auf dem Rückweg solle er Futter mitbringen. Sie sei seine Liebe, sagte Herr Lups. – Herr Lups hielt eine Rede im Klub. Sie seien Männer! Taten müssten sie sehen, Taten!, schrie er ... – Frau Lups wärmte ihre Kleinen im Nest. Zärtlich piepste sie, dass alle seinen Namen tragen würden, dass alle Lups heißen würden. Denn dem Namen nach ...

Übung 5:　Das ZEITmagazin fragt, ob Herr Dr. Hammer sich manchmal wie Noah fühle. – Karl Hammer antwortet, das (die Genbank) sei die Notaufnahme, die Arche Noah. Genau das sei sie. Ringsum schwinde die Artenvielfalt in einem erschreckenden Maße. Es verschwinde auch die Vielfalt unterhalb der Arten. (...) Und mit ihnen gingen wichtige Qualitäten und Resistenzen verloren. Sie konservierten, sie würden aufheben. – Das ZEITmagazin fragt, ob ein Pflänzchen von jeder Art (genommen werde). – Karl Hammer erwidert, Noah habe nur zwei von einer Art genommen. Bei ihm sei nicht viel genetische Variabilität hereingekommen. Sie nähmen (würden nehmen) jeweils ein Pfund Samen ... – Das ZEITmagazin stellt die Frage, woher die Samen stammten. – Karl Hammer erklärt, sie sammelten dort, wo sich ein schneller Wandel anzeige. (...) Dort verdränge neues Saatgut ... das traditionelle Getreide ... Sie hätten noch das letzte Einkorn finden können ... – Auf die Frage, ob die Bauern mitmachten (mitmachen würden), berichtet Karl Hammer, er sei auf mehr als fünfzig Sammelreisen ... gewesen. In der Regel seien die Bauern stolz und sagten, sie hätten das noch von ihren Großvätern. Das Schlimmste, was ihm passiert sei, sei in Österreich gewesen. Dort habe ein Bauer sie von den Feldern gejagt. Er habe es als Zumutung empfunden zu sagen, was er anbaue. – Das ZEITmagazin will wissen, ob in der Genbank Gatersleben die Samen dann in die Tiefkühltruhe kämen. – Karl Hammer erläutert, dass Zwiebeln und Salat zum Beispiel tiefgekühlt würden. Sie besäßen (würden ... besitzen) nur eine kurze Keimfähigkeit. Getreidesamen bewahrten (würden ... aufbewahren) sie bei null Grad im Kühllagerhaus auf. Aber ganz so einfach sei es nicht. In bestimmten Abständen müsse das Saatgut regeneriert werden. Auf ihren Feldern bauten sie deshalb ... 100.000 Sorten an. – Das ZEITmagazin fragt, wer von der Genbank abhebe. – Karl Hammer erklärt, Forscher, Pflanzenzüchter ... – sie seien völlig offen. Sie würden auch Leuten helfen, die sagten, es gebe eine Apfelsorte, die bei ihrem Großvater im Garten gewachsen sei, deren Namen sie sogar noch wüssten, und fragten, wo sie die herkriegen könnten. 15.000 Muster gäben (würden ... ausgeben) sie jedes Jahr aus. Kostenlos, weil sie davon ausgingen, dass sie ein Erbe der Menschheit verwalteten. – Das ZEITmagazin stellt die Frage, ob Karl Hammer sich auch von Proben seiner besten Stücke trenne. – Er meint, dass der Direktor eines Museums sagen könnte, das sei ihr bestes Stück.

Sie könnten das nicht sagen. Der besondere Wert ihrer Sammlungen liege in ihrer Vollständigkeit. Sie hätten beispielsweise Gerstenmaterial aus Afghanistan ... Insgesamt seien das mehr als 10.000 verschiedene Muster. Erst wenn die gesamte Fülle da sei, hätten sie es geschafft. – Auf die Bemerkung, dass der Laie da wohl kaum Unterschiede sehe, erläutert Karl Hammer, dass es bei der Gerste ... auffällige Merkmale der Granne ... gebe. Die ergäben (würden ... ergeben) schon mal eine grobe Ordnung. Dann gebe es natürlich noch Feinmerkmale. – Das ZEITmagazin meint, dass sich die Vielfalt von Karl Hammers Sammlung nicht auf unseren Speisezetteln wiederfinde (wiederfinden würde). – Er sagt, dass sie 4800 verschiedene Kulturpflanzen kennen würden. Aber die Welt stütze und stürze sich nur auf sieben. Das seien Reis, Mais, ... Er halte diese Einengung für sehr gefährlich. Die Welt könne sich das nicht leisten, wenn nicht noch mehr Menschen verhungern sollten. – Das ZEITmagazin fragt, ob Genbanken nicht all jenen eine Ausrede lieferten, die für das ... Artensterben verantwortlich seien, getreu dem Motto: Im Kühlschrank gebe es ja noch alle. – Karl Hammer antwortet, dass der Kühlschrank ein Notbehelf sei. Auf ihren Sammelreisen gehe es daher nicht nur ums Sammeln. Sie wollten der Generosion vor Ort Einhalt gebieten und dafür sorgen, dass sich die Pflanzen in Gärten ... weiterentwickeln. Sie könnten doch nicht einfach alles auf die Genbank tragen.

Übung 6: (...) Die Centrale Marketinggesellschaft der Deutschen Agrarwirtschaft teilte am Montag in Berlin mit: „Im vergangenen Jahr wurden vor allem sehr teure oder ganz billige Nahrungsmittel gekauft. Der Handel erwartet ein hartes Jahr. Zudem essen die Bundesbürger bewusster. Der Kalorienverbrauch pro Kopf ist in den letzten Jahren von rund 3000 auf etwa 2500 zurückgegangen." CMA-Geschäftsführer A.N. sagte: „Sogenannte Discountlebensmittel aus Billigsupermärkten haben mittlerweile einen Marktanteil von 40 Prozent. Dagegen ist der Anteil mittelteurer Ware 1993 von 40 auf unter 30 Prozent gesunken und wird wahrscheinlich weiter zurückgehen. Grund dafür sind die wachsende Arbeitslosigkeit und die Einwanderung von Flüchtlingen aus Osteuro-

pa. Dies sind auch die Ursachen für den gesunkenen Gesamtverbrauch. Überraschenderweise ist der Export von Agrarprodukten nach Osteuropa 1993 von vier auf sechs Milliarden Mark gestiegen", sagte N. „Vor allem hochwertige Nahrungsmittel sind in den Ländern des früheren Ostblocks gefragt. Offensichtlich ist durch die Einführung der Marktwirtschaft eine reiche Oberschicht entstanden." Die CMA teilte mit: „Der Gesamtexport blieb mit 33 Milliarden Mark konstant."
Weiter sagte N.: „Die Nachfrage nach Spezialitäten aus Ostdeutschland ist vor allem in den neuen Ländern stark gestiegen. 1990 haben nur 22 Prozent der Ostdeutschen Nahrungsmittel aus der eigenen Produktion bevorzugt, mittlerweile sind es 70 Prozent. Der tatsächliche Anteil von Lebenmitteln aus Ostdeutschland liegt aber nur bei 40 Prozent. Hier ist ein erhebliches Potential vorhanden."

Übung 7: (...) „Bei der ... Zusammensetzung des Europarates ist eine neue Situation entstanden. Deutsch ist ... die ... Sprache, ... als erste Fremdsprache", sagte Frau Lalumière ... in Madrid. „Deshalb muss der Antrag, Deutsch zur Amtssprache zu machen, abermals beraten und abgestimmt werden, nachdem er einige Male abgelehnt worden ist. ... Die Lage hat sich zugunsten des Deutschen gewandelt und das früher gebrauchte Argument, zwei Sprachen reichten aus und seien auch billiger, gilt nicht mehr. Der Europarat hat am schnellsten von allen internationalen Organisationen und schneller als die meisten europäischen Staaten auf die Veränderungen in Mittel- und Osteuropa reagiert. Ohne die rasche Kontaktaufnahme mit dem Europarat wäre vielen Staaten ... die Neuorientierung schwerer gefallen. Die guten ... Beziehungen zu den Politikern der ost- und zentraleuropäischen Staaten und die während meiner Tätigkeit erworbene Kenntnis dieser Länder sind auch der wichtigste Grund meiner Bereitschaft, für eine zweite Amtsperiode zu kandidieren. Das Vertrauen der sich im Umbruch befindenden Staaten zum Europarat ist eine zarte Pflanze, die mit Takt und guten Kenntnissen gepflegt werden muss. Außerdem muss der Europarat reformiert werden; das geht besser mit Personen, welche diese Strukturen kennen. Auch deshalb kandidiere ich zum zweiten Mal. Ein wichtiges Anliegen des Europarates in den vergangenen Jahren war der Schutz der Minderheiten. Man muss sich nicht nur um die juristischen Rechte kümmern, sondern auch um die kulturellen, selbst wenn das oft nur kleine Volksgruppen betrifft. Aber auch diese haben ein Recht auf Schulen, auf Radios und Zeitungen in ihrer Sprache. Das gehört zu den vertrauensbildenden Maßnahmen. Der Europarat unterstützt bilaterale Abkommen zwischen Ländern, welche die Rechte der jeweiligen Minderheit garantieren. Ein solches Abkommen ist zwischen Ungarn und Rumänien notwendig, so wie Polen es schon mit seinen Nachbarstaaten abgeschlossen hat."

Übung 8: „In früheren Jahren ist der Konjunktiv vom Aussterben bedroht gewesen", erzählte mir kürzlich ein Sprachkritiker, „heute jedoch kann man geradezu von einem Grassieren des Konjunktivs sprechen, obgleich er oft falsch gebraucht wird. Er grassiert, weil ohne diese Möglichkeitsform vieles nicht möglich wäre." (…) „Heute herrscht der sauerstoffarme, neblige Konjunktiv, der um so nebliger ist, als seine Benutzer dessen Möglichkeiten in der Regel nicht gewachsen sind. Ich muss, um das zu erklären, ein paar anfängerhafte Bemerkungen machen", sagte der Sprachkritiker. „Im Deutschen gibt es nämlich, was den meisten nicht klar ist, zwei Konjunktive. Der Konjunktiv I, wie die Grammatik ihn kurz nennt, wird vom Präsens abgeleitet und dient hauptsächlich der indirekten Rede, wobei in den Fällen, wo der Konjunktiv des Präsens dem Indikativ gleicht, die Konjunktivformen des Präteritums ersatzweise Verwendung finden um Verwechslungen auszuschließen. Der Konjunktiv II hingegen wird vom Präteritum abgeleitet und ist immer dann zu benutzen, wenn etwas Nicht-Wirkliches oder bloß Vorgestelltes, Vermutetes, Gewünschtes zur Rede steht. Der Benutzer des Konjunktivs I also betrachtet die mitgeteilte Information in der Regel als zutreffend, aber er muss für den Wahrheitsgehalt nicht selber geradestehen, sondern er ruft einen wirklichen oder imaginären Sprecher als Gewährsmann auf. Der Benutzer des Konjunktivs II aber gibt zu erkennen, dass die mitgeteilte Information nicht oder nur unter gewissen Bedingungen zutreffend ist. Dies ist", so fuhr der allmählich in

Eifer geratene Sprachkritiker, während mir der Kopf schwirrte, fort, „ein gewaltiger Unterschied, und wenn der endlich zur Kenntnis genommen würde, so hätte es mit dem herrschenden Konjunktiv-Chaos bald ein Ende. Was mich aber mit Sorge erfüllt, ist die Beobachtung, dass sogar bekannte Gegenwartsautoren den Konjunktiv nur unzureichend beherrschen. So habe ich etwa in der jüngsten Erzählung ‚Nachmittag eines Schriftstellers' des zu Recht für sein Sprachgefühl gerühmten Peter Handke folgenden Satz gefunden: ‚Während der letzten Stunden im Haus, je lautloser um ihn herum alles geworden war, hatte dem Schriftsteller die Zwangsvorstellung zugesetzt, es gäbe draußen in der Zwischenzeit keine Welt mehr und er in seinem Zimmer sei der letzte Überlebende'. Hier wechselt Handke völlig grundlos von einem Konjunktiv in den anderen. Entweder wollte er sagen, dass diese Zwangsvorstellung völlig irreal gewesen ist, und dann hätte er in beiden Fällen den Konjunktiv II benutzen müssen. Oder er wollte zu verstehen geben, dass für ihn diese Vorstellung dermaßen zwingend war, dass er sie für wirklich halten musste, und dann wäre der Konjunktiv I richtig gewesen. An anderer Stelle schreibt Handke: ‚… in den Ohren ein Summen, als sei die Schreibmaschine – was nicht der Fall war – elektrisch'. Dies ist eine eklatante Verwechslung von Konjunktiv I und II, denn weil die Schreibmaschine in der Tat nicht elektrisch war, hätte es heißen müssen: ‚… als wäre sie elektrisch'. Ähnliche Beispiele lassen sich bei Handke noch viele finden, woraus hervorgeht, dass weder der Lektor noch der Schriftsteller in Dingen des Konjunktivs sonderlich bewandert sind."

§ 8

Übung 1: *müssen:* unerlässlich sein; es bleibt nichts anderes übrig; gezwungen sein; nicht brauchen ... zu; erforderlich sein – *sollen:* es wird erwartet; einen Rat bekommen; es empfiehlt sich; Plan; vorgesehen sein; es ist ratsam; es gehört sich – *wollen:* bereit sein; gewillt sein; sich etwas vornehmen; Plan; entschlossen sein; etwas vorhaben – *mögen:* Wunsch; Bedürfnis – *können:* in der Lage sein; fähig sein; geeignet sein; Gelegenheit; Begabung; vermögen; machbar sein; imstande sein; sich machen lassen – *dürfen:* das Recht haben; Erlaubnis; Befugnis; Berechtigung; es gehört sich nicht; berechtigt sein; untersagt sein; zulässig sein; genehmigt sein

Übung 2: 1. kann 2. will 3. muss 4. will 5. will 6. kann 7. muss 8. kann / muss 9. dürfen 10. kann 11. will 12. können 13. kann 14. kann 15. müssen

Übung 3: soll – darf / soll(te) – muss / soll(te) – müssen / soll(t)en – muss – soll(te) – können – muss – dürfen – soll – können – darf – darf / kann – können – wollen – kann – muss

Übung 4: 1. Sie müssen Ihren Antrag immer vollständig ausfüllen. 2. Sie müssen die Fragen genau beantworten. 3. Sie sollten sich genügend Zeit zum Ausfüllen nehmen. 4. Sie können / könnten um Fristverlängerung bitten. 5. Sie sollten / müssen alle erforderlichen Unterlagen beifügen. 6. Sie müssen die beigefügten Fotokopien beglaubigen lassen. 7. Sie müssen die Hinweise ... auf der Rückseite unbedingt beachten. 8. Sie sollten nicht mit Bleistift schreiben. 9. Sie müssen / sollten Ihre Briefsendung ausreichend frankieren. 10. Sie sollten Ihre Telefonnummer für ... angeben. 11. Sie sollten dem Sachbearbeiter keine unnötige Arbeit machen. 12. Das sollte / müsste Ihnen eigentlich klar sein. 13. Sie können / könnten dem Sachbearbeiter die Bearbeitung erleichtern. 14. Sie können / könnten den Sachbearbeiter auf die Dringlichkeit ... hinweisen. 15. Sie könnten / können den Sachbearbeiter um eine möglichst schnelle Bearbeitung ... bitten.

Übung 5: 1. Jemand, der gesund ist, muss nicht vorbeugend Medikamente einnehmen / braucht nicht ... einzunehmen. 2. Ein herzkranker Patient darf das Herzmittel nicht absetzen. 3. Jemand, der einen schweren Herzinfarkt hatte, darf nicht nach vier Wochen schon wieder arbeiten. 4. Der Patient darf noch nicht aufstehen. 5. Ein Lungenkranker darf nicht rauchen. 6. Ein Kettenraucher muss / darf sich nicht wundern / braucht sich nicht zu wundern, dass er Lungenkrebs bekommt. 7. Jemand, der ein normales Gewicht hat, muss keine strenge Diät einhalten / braucht keine ... einzuhalten. 8. Eine untergewichtige Frau darf nicht weiter abnehmen. 9. Die Patientin darf nicht / muss nicht so viel liegen / braucht nicht ... zu liegen. 10. Ein magenkranker Patient darf keine zu schwere Kost zu sich nehmen.

Übung 6: Man hätte, 1. nicht so viele Autos in die Innenstädte lassen dürfen. 2. das öffentliche Verkehrsnetz früher ... ausbauen müssen. 3. die Fahrpreise ... nicht laufend anheben dürfen. 4. die Privatautos nicht in den Mittelpunkt der Verkehrsplanung stellen dürfen. 5. Kinder, Fußgänger ... mehr in die Verkehrsplanung einbeziehen müssen. 6. Fußgängerzonen, Radfahrwege ... eher anlegen müssen. 7. die Straßen nicht auf Kosten der Grünflächen verbreitern dürfen. 8. die Städte weitsichtiger ... planen müssen.

Übung 7: 1. Ja, es ist bekannt, dass menschliche Organe transplantiert werden können. 2. Nein, Ärzte dürfen ohne das Einverständnis des Patienten keine Organverpflanzungen durchführen. 3. Ja, es ist erstaunlich, dass die Ärzte die Operationstechniken immer weiter verbessern konnten. 4. Nein, Komplikationen können nicht immer vermieden werden. 5. Nein, vor 1950 konnten die Ärzte solche Organverpflanzungen noch nicht durchführen. 6. Ja, hoffentlich wird man eines Tages die Abwehrreaktionen des Empfängers steuern können. 7. Ich glaube schon, dass die Mediziner die Zahl der Transplantationen noch erhöhen wollen. 8. Nein, in der Vergangenheit konnten nicht immer genügend Organspender gefunden werden. 9. Ja, nach Meinung von Ärzten sollen / sollten sogenannte Organbanken eingerichtet werden. 10. Ja, auf jeden Fall muss der Organhandel ... überwacht werden.

Übung 8: 1. Zeitgenössische Autoren sollen ihre Stücke selbst inszenieren. 2. Die Schauspieler sollen eigene Ideen ... einbringen. 3. Die Schauspieler sollen / sollten auch mal Gastrollen ... übernehmen. 4. Das Personal soll ... auch bereit sein, Überstunden zu machen. 5. Die Stadt soll die Theaterarbeit ... unterstützen. 6. Die Stadt soll das Theater vergrößern. 7. Auswärtige Theatergruppen sollen / sollten ... Gastspiele geben.

Übung 9: 1. Die Mitarbeiter dürfen ihre Arbeitszeit flexibel gestalten. 2. Sein Stellvertreter darf keinen Forschungsurlaub nehmen. 3. Er darf ihn auf dem nächsten Kongress vertreten. 4. Die Mitarbeiter dürfen ihre Fahrräder nicht im Flur ... abstellen. 5. Sie dürfen ihre Autos aber vor dem Institut parken. 6. Studenten ... dürfen im Institut ein Fest feiern. 7. Ein Student darf die Prüfung ... wiederholen.

Übung 10: 1. Solange der Mensch lebt, muss er Nahrung aufnehmen. 2. Die Mahlzeiten sollen / sollten möglichst abwechslungsreich zusammengestellt werden. 3. Dem Körper müssen mit der Nahrung Kohlehydrate ... zugeführt werden. 4. Wer abwechslungsreich isst, muss diese Nährstoffe nicht in Tablettenform zu sich nehmen. / braucht ... nicht ... zu sich zu nehmen. 5. Der ... Verlust von Körpergewebe muss / sollte durch ... Zunahme von Eiweiß ausgeglichen werden. 6. Der ... Eiweißbedarf kann zwar mit Fleisch gedeckt werden, dann muss man aber jeden Tag ... Fleisch essen. 7. Wenn man den Eiweißbedarf mit Brot decken will, so braucht man davon ... 400 Gramm täglich. 8. Der Eiweißverlust, den ... Krankheiten verursachen, kann während der Genesung ... wieder ausgeglichen werden.

Übung 11: 1. In einer Demokratie müssen in regelmäßigen Abständen Wahlen stattfinden. 2. Die Bürger können dann unter verschiedenen Parteien ... wählen, d.h., jeder erwachsene Bürger darf seine Stimme der von ihm bevorzugten Partei ... geben. 3. Zu diesem Zweck muss im Wahllokal ein Stimmzettel ausgefüllt werden. Die Bürger müssen das aber nicht unbedingt. Wer nicht wählen will / möchte, muss / braucht das auch nicht. Jeder darf / kann zu Hause bleiben. 4. Dennoch sollte jeder von seinem Wahlrecht Gebrauch machen. Wer das 18. Lebensjahr vollendet hat, darf dem Grundgesetz nach wählen. Und wer die Volljährigkeit erreicht hat, kann gewählt werden. 5. Von einer lebendigen Demokratie spricht man vor allem dann, wenn möglichst viele Bürger selber kandidieren wollen. In diesem Fall kann der Wähler dann auch seine Wahl ... treffen. 6. Man kann sich auch an der Briefwahl beteiligen. In diesem Fall sollte man sich die Wahlunterlagen rechtzeitig besorgen ... 7. Die Briefwahl hat den Vorteil, dass sich der Wähler ... nicht an seinem Wohnort aufhalten muss / aufzuhalten braucht. Vielleicht will / möchte er gerade an diesem Tag verreisen ...

Übung 12: Die Erwartungen der heutigen Jugendlichen ... können durchaus mit denen ihrer Elterngeneration verglichen werden. Ihre Partner sollen die gleichen Vorzüge haben, die schon ihre Eltern ... verlangten. Was für Lebensgefährten 10- bis 15-Jährige haben möchten, ergab eine Umfrage ... unter ... Schülern. (...) Die künftige Partnerin soll schön, treu ... sein. Ein elf Jahre alter Junge stellt hohe Ansprüche ...: „Sie muss täglich für mich kochen. Dabei muss ihr Kochen ... hotelreif sein." Ein anderer Junge möchte, dass seine Frau Spaghetti kochen kann. Ein ... Hauptschüler hat andere Erwartungen: „Ich möchte etwas Ausländisches, mit Temperament ...". Bescheiden dagegen ist ein 12-Jähriger: „Meine Frau darf keine Brille tragen, sonst ... " Ein anderer Schüler äußert: „Ich will unter keinen Umständen eine Frau heiraten, die ... Dialekt spricht." (...) Und ein 15-jähriger Gymnasiast erklärt: „Es stört mich nicht, wenn sie arm ist, aber sie muss mich lieben." – Die Wünsche der Mädchen ... : „Ich möchte einen Mann wie den Bundespräsidenten ..." Eine 14-Jährige will sich nur für einen Mann entscheiden, der im Haushalt helfen will und kann. Viele Mädchen möchten einen Mann mit Geld heiraten. Eine 13-Jährige meint: „Er muss ... wohlhabend sein. Dann darf er auch so aussehen wie Blüm." Eine 14 Jahre alte Gymnasiastin will sich nicht festlegen: „Ich will erst ein paar Männer ... ausprobieren, bevor ich ja sage." Ob sie sich dann noch für einen Mann entscheiden kann?

Übung 13: In den USA können staatliche Behörden Angehörige daran hindern, bei einem im Dauerkoma liegenden Schwerkranken die lebenserhaltenden Geräte abschalten zu lassen. Die Medien konnten mit folgendem Gerichtsurteil weltweites Interesse erregen: Ein amerikanisches Ehepaar durfte dem Leben seiner im ... Koma liegenden Tochter kein Ende setzen. Medizinisch gesehen konnte diese Frau nicht mehr gerettet werden. Sie musste künstlich ernährt werden. Ihre Eltern wollten die Geräte abschalten lassen, obwohl die Tochter ihre Zustimmung nicht mehr geben konnte. Nach der Rechtsprechung kann ein Mensch in noch gesundem ... Zustand festlegen, dass er eine Verlängerung seines Lebens ... ablehnt. Das Gericht muss aber noch darüber entscheiden, was geschieht, wenn jemand ... keine schriftliche Willenserklärung abgegeben hat und nicht mehr selbst über sein Leben ... entscheiden kann. Über diese moralischen ... Fragen, die ... auf uns zugekommen sind, muss weiter nachgedacht werden. Die medizinische Fachwelt und die Öffentlichkeit müssen / sollten die Diskussion fortführen. Es kann keine Entscheidung ohne ... Diskussionen getroffen werden. Vor allem Ärzte dürfen eine klare Entscheidung verlangen, damit sie wissen, wie sie sich verhalten müssen.

Übung 14: 1. Die Polizei soll zweimal das Zimmer des Untermieters durchsucht haben. 2. Außerdem soll er sich häufig mit zwielichtigen Personen getroffen haben und diese sollen oft bei ihm gewesen sein. 3. Diese sollen auch neulich nachts im Treppenhaus großen Lärm gemacht haben. 4. Diese Personen sollen untereinander Streit bekommen haben. 5. Der Untermieter soll Mitglied einer Bande sein.

Übung 15: 1. Es soll weit mehr Tote gegeben haben als bei dem letzten großen Erdbeben. 2. Viele Menschen sollen innerhalb weniger Sekunden obdachlos gewesen sein. 3. Die Flucht der Einwohner soll durch eingestürzte Häuser stark behindert worden sein. 4. Viele Straßen sollen sofort unpassierbar gewesen sein. 5. Die Aufräumungsarbeiten sollen angelaufen sein.

6. Die Bergung der Verletzten soll am Abend abgeschlossen worden sein. 7. Viele Menschen sollen bisher vergeblich nach ihren ... Angehörigen gesucht haben. 8. Die ganze Versorgung soll sofort zusammengebrochen sein. 9. Aus aller Welt sollen Hilfsangebote eingegangen sein. 10. Die ersten Transportflugzeuge sollen bereits in den frühen Morgenstunden unterwegs gewesen sein. 11. Das Nachbarland soll Zelte ... zur Verfügung gestellt haben. 12. Ärzte sollen bereits eingeflogen worden sein. 13. Sie sollen schon vor Seuchengefahr gewarnt haben. 14. Es sollen leichte Nachbeben registriert worden sein.

Übung 16: 1. Der Schauspieler Lorenzo Bello will an vielen Bühnen zu Hause gewesen sein. 2. Er will schon als junger Schauspieler großartige Erfolge gehabt haben. 3. Schon nach zweimaligem Lesen will er seine Rollen beherrscht haben. 4. Er will nie Probleme mit seinen Filmpartnern gehabt haben und auf deren Vorschläge (will er) immer eingegangen sein. 5. Er will innerlich immer jung geblieben sein und (will) deshalb noch mit 70 Jahren den jugendlichen Liebhaber sehr überzeugend gespielt haben.

Übung 17: 1. Gestern kurz nach Mitternacht soll es vor dem Gasthof ... eine Schlägerei gegeben haben. 2. Kurz vor Mitternacht wollen Anwohner der ... Ziegelgasse laute Hilferufe gehört haben. 3. Bei der Schlägerei soll einer der Beteiligten mit einem Messer verletzt worden sein. 4. Aber keiner der Beteiligten will ein Messer bei sich gehabt haben. 5. Keiner von ihnen will mit dem Streit angefangen haben. 6. Die Lokalpresse soll heute schon über den Vorfall berichtet haben. 7. An der Schlägerei sollen fünf Personen beteiligt gewesen sein. 8. Ein Zeuge der Schlägerei will versucht haben den Streit zu schlichten. 9. Auch eine Frau soll in die Schlägerei verwickelt gewesen sein. 10. Zu der Auseinandersetzung sollen politische Meinungsverschiedenheiten geführt haben. 11. Die Beteiligten wollen sich ... noch nie für Politik interessiert haben. 12. Sie wollen ganz unschuldig sein und in die Schlägerei nur hineingezogen worden sein. 13. Aber auch Alkohol soll im Spiel gewesen sein. 14. Ein Zeuge will die Beteiligten auch schon an anderer Stelle bei Schlägereien gesehen haben. 15. Sie sollen zur kriminellen Szene gehören und der Polizei längst bekannt sein.

Übung 18: b) Es muss sich ein Unfall ereignet haben. c) Es müssen zwei Autos zusammengestoßen sein. d) Es muss Verletzte gegeben haben. e) Die Geschwindigkeit beider Autos muss ziemlich hoch gewesen sein. – g) Es kann kein Reifen geplatzt sein. h) Der eine Fahrer kann nicht schuld an dem Unfall gewesen sein. i) Alkohol kann nicht die Unfallursache gewesen sein. – k) Die Sonne kann / könnte den Fahrer geblendet haben. l) Auf der regennassen Straße kann / könnte das Auto ins Schleudern gekommen sein. m) Beim Überholen kann / könnte ihm ein Fahrzeug in der Kurve entgegengekommen sein. n) Seine Beifahrerin kann / könnte ihn abgelenkt haben. – p) Die Schnittwunden … der Autoinsassen dürften durch den / bei dem Aufprall entstanden sein. q) Beide Unfallautos dürften kaum noch zu reparieren sein. r) Die Reparaturkosten dürften ziemlich hoch sein. s) Der an dem Unfall Schuldige dürfte den Führerschein entzogen bekommen.

Übung 19: 1. muss / kann nur ein Inder sein. 2. muss / kann nur ein Mexikaner sein. 3. muss / kann nur ein Koch sein. 4. muss / kann nur ein Indianer sein. 5. muss / kann nur ein Dirigent sein. 6. …

Übung 20: Der Bau 1. auf Abbildung 2 muss eine Moschee sein. Er kann kein antiker griechischer Tempel sein. 2. auf Abbildung 3 muss eine russisch-orthodoxe Kirche sein. Er kann keine Kathedrale sein. 3. auf Abbildung 4 muss ein mexikanischer Tempel sein. Er kann keine russisch-orthodoxe Kirche sein. 4. …

Übung 21: 1. Er soll viel Alkohol getrunken haben. 2. Er sollte viel Wasser trinken. 3. Diesen Rat wollte er befolgen. 4. Sie konnte nicht nach Hause fahren. 5. Sie kann nicht in Berlin gewesen sein. 6. Er wollte studieren. 7. Das soll auch der Wunsch seiner Eltern gewesen sein. 8. Er konnte aber nicht studieren. 9. Er muss ein schlechtes Abschlusszeugnis gehabt haben. 10. Sie wollte unbedingt bewundert werden. 11. Das dürfte jedem auf die Nerven gegangen sein. 12. Auch bei ihren Freunden soll das nicht gut angekommen sein. 13. Ein Freund wollte mal mit ihr reden. 14. In diesem Haus soll es gespukt haben. 15. Einige Hausbewohner wollen … unheimliche Geräusche gehört haben. 16. Da müssen sie wohl einer Sinnestäuschung unterlegen gewesen sein. 17. Der Fahrer will an dem Unfall nicht schuld gewesen sein. 18. Er soll nach Kneipenbesuchen oft noch Auto gefahren sein. 19. Seine Aussagen gegenüber der Polizei müssen falsch gewesen sein. 20. Vor Gericht musste er dann die Wahrheit sagen.

Übung 22: 1. Sie hat die Erlaubnis an dem … Wettkampf teilzunehmen. (objektiv) 2. Es heißt, dass sie starke Gegnerinnen hat. (subjektiv) 3. Wahrscheinlich hat sie aber trotzdem gute Gewinnchancen. (subjektiv) 4. Es ist notwendig, dass sie tüchtig trainiert. (objektiv) 5. Sie hat die Absicht sich intensiv mit Sportmedizin zu beschäftigen. (objektiv) 6. Sie hat den Wunsch dieses Fach zu studieren. (objektiv) 7. Man behauptet, dass sie sehr ehrgeizig ist. (subjektiv) 8. Alle Anzeichen sprechen dafür, dass sie eine … bekannte Sportlerin ist. (subjektiv) 9. Sie ist kaum fähig Niederlagen hinzunehmen. (objektiv) 10. Es ist möglich, dass das vielen Sportlern ebenso geht. (subjektiv)

Übung 23: Die globale Umweltverschmutzung verändert unser Klima vermutlich/wahrscheinlich nachhaltig. Wenn weiterhin so viele fossile Brennstoffe verfeuert werden, steigt zweifellos/bestimmt der Kohlendioxidgehalt in der Atmosphäre. Selbst durch radikale Maßnahmen ist der Treibhauseffekt wahrscheinlich/vermutlich nicht mehr aufzuhalten. Erreichbar ist eine langsamere Zunahme des Treibhauseffekts. Das ist bestimmt/zweifellos eine länderübergreifende Anstrengung wert. – Der Anstieg der Temperaturen ist unmöglich noch aufzuhalten. In den heißen Sommern der letzten Jahre hat sich möglicherweise/vielleicht der vorhergesagte Treibhauseffekt schon abgezeichnet. Die ungewöhnlich starken Wirbelstürme der letzten Jahre waren angeblich schon eine Folge der Erwärmung der Ozeane. Nach … ansteigen; es sind aber auch bis zu einhundertvierzig Zentimeter nicht ausgeschlossen. Das ist aber sicher nicht unbedingt für alle Länder nachteilig, für manche ist es vielleicht/möglicherweise sogar von Vorteil.

Übung 24: Man behauptet, dass fast jeder Sportler zur Leistungssteigerung schon mal Drogen genommen hat. Es ist deshalb notwendig/unerlässlich, dass sich alle Sieger einer Dopingkontrolle unterziehen. 1988 musste der schnellste Läufer der Welt ... seine Goldmedaille ... zurückgeben. Sportler haben aber die Möglichkeit Mittel einzunehmen, die den Dopingnachweis erschweren. Aus diesem Grund sollen die Bestimmungen liberalisiert werden / will man die Bestimmungen liberalisieren. Dieser Plan soll bei den Sportverbänden schon viel Zustimmung gefunden haben. Wahrscheinlich ändert sich im olympischen Sport bald etwas. Vielleicht dürfen Sportler in ... Zukunft Dopingmittel unter ärztlicher Kontrolle einnehmen. Bis dahin müsste das Publikum eigentlich mit dem Beifall bis zum Abschluss der Dopinganalyse warten.

Übung 25: Das Leben eines Wissenschaftlers soll sehr aufregend und befriedigend sein. In Wirklichkeit jedoch müssen Wissenschaftler oft mit Enttäuschungen und Rückschlägen fertig werden. Nur selten können sie die Befriedigung für eine gelungene Arbeit auskosten. Selbst Sigmund Freud will dieses „ozeanische Gefühl" nicht oft erlebt haben. Was muss ein Wissenschaftler können? Zunächst einmal ist es notwendig/erforderlich, dass er einen gewissen Forscherdrang besitzt, d. h., er sollte ausdauernd und methodisch forschen können. Auch muss er prüfen, ob er in der Lage / fähig / imstande ist, sich auf eine wissenschaftliche Aufgabe zu konzentrieren und ob er gründlich und sorgfältig arbeiten will. Die an einen Wissenschaftler gestellten Ansprüche überfordern wahrscheinlich/vermutlich manchen, der sich für die Wissenschaft entschieden hat. Deshalb sollten junge Wissenschaftler, die sich diesen Anforderungen nicht gewachsen fühlen, gründlich über die eigenen Möglichkeiten nachdenken und unter Umständen die Wissenschaft aufgeben. Nach dem Rückzug aus der wissenschaftlichen Arbeit dürfte sich so mancher richtiggehend befreit fühlen.

Übung 26: Man darf Charles Darwin durchaus zu den bekanntesten Naturforschern ... zählen. Zeitgenössische Kritiker Darwins sagten, er sei ein guter Beobachter, aber er könne nicht argumentieren. Dennoch: Sein Buch ... hätte keinen so großen Erfolg gehabt, wenn er nicht überzeugend hätte argumentieren können. Darwins Argumente können zudem durchaus nachvollzogen werden. Im Jahre 1831 hatte Darwin Gelegenheit / die Möglichkeit eine Weltumseglung zu begleiten. Zuerst soll aber ein anderer Naturforscher für diese Reise ausgewählt worden sein. (...) Diese Reise soll das spätere Leben ... dieses Mannes bestimmt haben. Auf der Weltumseglung konnte Darwin viele ... Entdeckungen machen, die ... Wenn er auch nicht das Phänomen der Evolution entdeckte, so ist er wahrscheinlich/vermutlich auf dieser Reise schon auf das Problem der Entstehung der Tierarten gestoßen. Diese Reise hat seine Gedankenwelt zweifellos / mit Sicherheit entscheidend beeinflusst, denn was er in der Folge publizierte, wird zu Recht ... Nach dieser Reise war es unmöglich, die Darwinsche „Revolution" noch aufzuhalten.

Übung 27: Trends der amerikanischen Gesellschaft sollen einige Jahre brauchen, bis sie nach Europa kommen. Wenn diese Behauptung stimmt, wird den europäischen Rauchern vermutlich/wahrscheinlich bald das Lachen vergehen. In den Metropolen ... können Raucher eigentlich nur noch in den eigenen vier Wänden unbehelligt rauchen. In der Öffentlichkeit ist es kaum noch möglich, seine Zigarette zu genießen. Die Anti-Raucher-Bewegung konnte erstaunliche Erfolge erringen. Seit 1990 ist es auf inneramerikanischen Flügen ... nicht mehr gestattet / erlaubt / ist es verboten zu rauchen. In den meisten öffentlichen Gebäuden ... darf nicht geraucht werden. Eine ähnliche Tendenz kann in der Privatindustrie beobachtet werden. Es ist auch untersagt/verboten, Zigarettenautomaten aufzustellen. Ob es auf diese Weise möglich ist, den Rauchern den Zugang zu Zigaretten zu verwehren? Das dürfte nicht gelingen. Die Raucher müssen seit 1986 eine Niederlage nach der anderen einstecken. Auch die Tabakstaaten ... waren nicht imstande / nicht in der Lage die Anti-Raucher-Gesetze zu verhindern. Der Trend gegen das Rauchen

kann nicht aufgehalten werden. Wer seinem
Verlangen nach Nikotin trotzdem noch nachgibt, muss eine beträchtliche Geldstrafe bezahlen. (...) Ihre Erfolge haben wahrscheinlich/
vermutlich Auswirkungen auf die Anti-Raucher-Bewegung in den anderen Ländern. Dass
nur noch knapp 25 Prozent der erwachsenen
Amerikaner rauchen, muss auf den sozialen
Druck ... zurückgeführt werden. Alle Nichtraucher können sich also freuen.

Übung 28: Man kann die Senioren als Zielgruppe der Wirtschaft nicht länger übersehen.
Wenn man ältere Käufer gewinnen will, ist es
erforderlich, die Besonderheiten ihres Konsumverhaltens zu berücksichtigen. Es ist nicht
möglich, um sie mit den gleichen Mitteln zu
werben wie um jüngere Menschen, denn ... Die
Werbung muss sich an diesen Wünschen orien-
tieren. Da Senioren viel Zeit haben, können sie
die Angebote auch in Ruhe prüfen ... Sie möchten beim Einkaufen gut ... beraten werden. Das
dürfte der Grund dafür sein, dass sie lieber ...
in der Nähe ihrer Wohnung einkaufen, denn
sie sind dort bekannt und können Kontakte
pflegen. (...) Sie möchten gute Waren kaufen
und wechseln nicht gern die Marken. Fast alle
älteren Menschen haben die Absicht / sind gewillt, sich gut und gesund zu ernähren; viele
von ihnen müssen sich zudem an Diätvorschriften halten. So sollten Lebensmittel als gesund und aktivierend angeboten werden, dann
dürften sie Abnehmer finden. Die Reformhäuser können sich freuen: 45 Prozent des Marktes
... Bei einem Rückblick ... kann man feststellen, dass die Werbung ... die Älteren als Kunden entdeckt hat. Es ist heute nicht mehr möglich, die großen Werbebemühungen ... zu
übersehen. Da Rentner normalerweise nicht
viel Geld ausgeben können, müssen ihnen
preisgünstige Angebote gemacht werden. Dass
zum Beispiel die Werbung der Deutschen Bundesbahn ... sehr erfolgreich war, muss/kann als
Beweis angesehen werden.

§ 9

Übung 1: 1. Der Fahrlehrer hilft dem Fahrschüler die Anmeldebögen ausfüllen. 2. Die
Fahrschule hat im Büro Landkarten hängen.
3. Der Prüfer lässt einen Kandidaten seinen
komplizierten Namen buchstabieren. 4. Der
Prüfer sieht einen jungen Mann aufgeregt
hin und her laufen. 5. Der Prüfer hört ihn mit
anderen Prüflingen über die Prüfungsbedingungen diskutieren. 6. Der Prüfling spürt Nervosität aufkommen. 7. Der Prüfer schickt einen
Fahrlehrer die Autoschlüssel holen. 8. Nach der
Prüfung kommt ein Vater seinen Sohn abholen. 9. Die anderen gehen noch ein Bier trinken. 10. Der Fahrlehrer hat keine Zeit; er fährt
seine Eltern vom Bahnhof abholen.

Übung 2: 1. Die Stewardess hat den letzten
Passagier einsteigen sehen. 2. Der Pilot hört die
Turbinen laufen. 3. Der Pilot hatte in seiner Aktentasche einen Talisman stecken. 4. Gestern
abend sind die Piloten mit Freunden essen gegangen. 5. Sie sind noch an der Hotelbar sitzen
geblieben. 6. Der Pilot hat schon mit 20 Jahren
bei der Bundeswehr fliegen gelernt. 7. Der Kopilot half vor dem Start dem Flugingenieur einen kleinen technischen Fehler beseitigen.
8. Danach ging er die Stewardess informieren.
9. Der Pilot hatte vor einem Jahr eine Bewerbung bei einer anderen Fluggesellschaft laufen.
10. Der Pilot lässt den Kopiloten öfter starten
und landen.

Übung 3: Der Richter lässt 1. den Angeklagten aufstehen. 2. ihn Angaben zu seiner Person
machen. 3. ihn zu den Anschuldigungen Stellung nehmen. 4. ihn über seine Tatmotive sprechen. 5. die Zeugen einzeln vortreten. 6. einen
Justizbeamten den Gerichtssaal räumen. 7. die
Zuhörer bei der Verlesung des Urteils aufstehen. 8. einen Justizbeamten den Verurteilten
abführen.

Übung 4: Die Eltern haben ihren Sohn nicht
1. abends ausgehen lassen. 2. mitentscheiden
lassen, in welche Schule er geht. 3. viel fernsehen lassen 4. jeden Krimi ansehen lassen.
5. auf Partys gehen lassen. 6. Popmusik hören

lassen. 7. allein in die Ferien fahren lassen. 8. selbständig werden lassen.

Übung 5: 1. Der Fahrschüler wollte unbedingt Auto fahren lernen. 2. Man darf beim Schalten das Getriebe nicht krachen lassen. 3. Der Fahrlehrer darf dem Kandidaten nicht lenken helfen. 4. Der Fahrlehrer will keine Prüfungsbögen im Auto rumliegen haben. 5. Der Prüfer kann den Fahrschüler die Prüfung nicht bestehen lassen. 6. Der Fahrschüler will sich seine Enttäuschung nicht anmerken lassen. 7. Er möchte sich von niemandem Vorwürfe machen lassen. 8. Er muss zur Entspannung erst einmal angeln gehen.

Übung 6: 1. Der Prüfer hätte den Fahrschüler nicht ... warten lassen dürfen. 2. Er hätte ihn nicht mehrmals ... bremsen und wieder anfahren lassen müssen. 3. Er hätte ihn nicht ... wenden lassen müssen. 4. Er hätte ihn ... nicht durch die Innenstadt fahren lassen müssen. 5. Er hätte ihn nachts nicht auf der Autobahn fahren lassen müssen. 6. Der Fahrschüler hätte den Motor nicht ... ausgehen lassen dürfen. 7. Er hätte nicht mitten auf der Kreuzung stehen bleiben dürfen. 8. Er hätte die Fußgänger über den Zebrastreifen gehen lassen müssen. 9. Der Prüfer hätte den Fahrschüler die Prüfung wiederholen lassen können.

Übung 7: 1. Er pflegt gewöhnlich nicht viel zu trinken. 2. Aber auf der heutigen Party vermag er sich nicht zu beherrschen. 3. Es steht zu befürchten, dass er zu viel trinkt. 4. Deshalb kommen einige Gäste bereits auf seinen Alkoholkonsum zu sprechen. 5. Sie verstehen den jungen Mann vorübergehend abzulenken. 6. Seine Bemühungen drohen total zu scheitern. 7. Seine Erwartungen scheinen sich nicht zu erfüllen. 8. Es heißt für ihn, den Tatsachen ins Auge zu sehen. 9. Eine unglückliche Liebe ist nicht so leicht zu überwinden. 10. Er vermag nicht zu begreifen, warum sie nichts von ihm wissen will. 11. Dabei verspricht er ein erfolgreicher Anwalt zu werden. 12. Er weiß mit Menschen gut umzugehen. 13. Er braucht sich um Klienten sicher nicht zu bemühen. 14. Wann traut er sich endlich mit ihr zu sprechen? 15. Er bekam in letzter Zeit wenig Gelegenheit sie zu sehen. 16. Sie scheint einen großen Bekanntenkreis zu haben. 17. Er gedenkt sie aber auf gar keinen Fall aufzugeben. 18. Tag und Nacht vermag er an nichts anderes mehr zu denken. 19. Er sucht ihr seltsames Verhalten zu verstehen. 20. Sie hat ihm natürlich keine Rechenschaft zu geben. 21. Auch hat er keine Ansprüche an sie zu stellen. 22. Trotzdem vermag er seine Enttäuschung nicht zu verbergen.

Übung 8: 1. Petra braucht nicht noch mehr zu lernen. 2. Sie braucht nicht den gesamten Stoff zu wiederholen. 3. Sie braucht ... nicht noch eine Klausur zu schreiben. 4. Sie braucht keine Angst zu haben. 5. Sie braucht nicht auf die Party zu verzichten. 6. Sie braucht das Referat ja noch nicht ... abzugeben. 7. Du brauchst die Hausarbeit kaum zu verändern. 8. Du brauchst nur noch ein Referat zu schreiben. 9. Du brauchst dich auf die mündliche Prüfung kaum noch vorzubereiten. 10. Du brauchst nur etwas mehr an die frische Luft zu gehen. 11. Du brauchst kaum früher aufzustehen als bisher. 12. Du brauchst die Bücher nur in der Bibliothek auszuleihen. 13. Du hättest nicht nervös zu werden brauchen. 14. Du hättest vor Angst nicht wie gelähmt zu sein brauchen. 15. Du hättest keine Angst zu haben brauchen, dass dir die Zeit nicht reicht / reichen würde. 16. Du hättest deiner Nachbarin nicht zu helfen brauchen. 17. Du hättest die Arbeit nicht so früh abzugeben brauchen. 18. Du hättest nicht die ganze Nacht schlaflos im Bett zu liegen brauchen.

Übung 9: 1. Jede freie Stelle ist auch intern auszuschreiben. 2. Der Personalrat ist bei der Besetzung von Dauerarbeitsplätzen zu hören. 3. Die einzelnen Dienststellen haben das zu akzeptieren. 4. Der Personalrat ist bei Stellenbesetzungen nicht zu übergehen. 5. Er hat alle Bewerbungen sorgfältig zu prüfen. 6. Er hat darauf zu achten, dass Schwerbehinderte ... 7. Niemand ist wegen Schwerbehinderung zu benachteiligen. 8. Nach dem Schwerbehindertengesetz sind Schwerbehinderte zu einem Vorstellungsgespräch einzuladen. 9. Bei gleichwertiger Eignung ... sind bevorzugt Frauen einzustellen. 10. Der Personalrat hat zu überprüfen, ob ..., denn er hat über die Einhaltung der ... Grundsätze zu wachen. 11. Die einstellende Behörde hat dem Personalrat auch die Kriterien der Bewerberauswahl mitzuteilen. 12. Der Personalrat hat innerhalb von sieben Arbeitstagen zu dem Vorschlag ... Stellung zu nehmen.

Übung 10: Kinder lassen sich gern Märchen erzählen oder vorlesen. Dabei sieht man sogar unruhige Kinder stillsitzen. Die komplexe moderne Welt droht Kinder zu überfordern. Deshalb suchen sie in die Märchenwelt einzutauchen. Kinder lassen Märchen auf sich wirken. Märchen vermögen die Fantasie der Kinder anzuregen. Kinder sehen die Märchenfiguren alle möglichen Gefahren überwinden. Märchen wie „Das tapfere Schneiderlein" helfen das Vertrauen der Kinder in ihre eigenen Kräfte zu stärken. Die Kinder sehen „Hans im Glück" allein in die weite Welt hinausziehen und sein Glück finden. Kinder suchen sich mit den Märchenfiguren zu identifizieren. Auf diese Weise vermögen Märchen den Kindern eine optimistische Lebenshaltung zu vermitteln. Die ausgleichende Gerechtigkeit und der gute Ausgang der Märchen geben den Kindern die Zuversicht, dass sie sich nicht zu fürchten brauchen. Märchen lassen sich als Projektionen menschlicher Wünsche und Ängste deuten. Die Welt der Märchen hilft dem Kind seine Ängste bewältigen (... seine Ängste zu bewältigen). Trotz mancher Grausamkeiten vermögen Märchen das Vertrauen in einen sinnvollen Weltzusammenhang zu stärken. Kinder lernen die Welt durch Märchen besser verstehen (... besser zu verstehen). Märchen vermögen ihnen wichtige Einsichten über die Menschen zu geben. Durch Märchen scheinen die Gefühle der Kinder stark angesprochen zu werden. Märchenhandlungen geben den Kindern zu denken. Sie bleiben in der Vorstellungswelt der Kinder haften. Märchen scheinen aber nicht nur Kinder im „Märchenalter" von sechs bis acht Jahren zu beeindrucken.

§ 10

Übung 1: 1. die Teilnahme von 380 Delegierten am Parteitag 2. ihr pünktliches Eintreffen 3. das Abhalten von Parteitagen in regelmäßigen Abständen 4. die Eröffnung des mehrtägigen Parteitags durch den Parteivorsitzenden 5. die Verlesung des Rechenschaftsberichts durch den Parteivorsitzenden 6. die Offenlegung der Finanzen durch den Schatzmeister der Partei 7. die Forderung nach einer Änderung der Tagesordnung 8. die Diskussion verschiedener Punkte des Parteiprogramms 9. die rege Beteiligung aller Delegierten an den Diskussionen 10. der starke Anstieg der Mitgliederzahl im letzten Jahr 11. die heftige Diskussion über höhere Mitgliedsbeiträge 12. die Abstimmung der Delegierten über verschiedene Anträge 13. die Erweiterung des Parteivorstandes um zwei Mitglieder 14. die einstimmige Wiederwahl des Parteivorsitzenden 15. die Überreichung eines Blumenstraußes an den Parteivorsitzenden 16. das hohe Ansehen des Vorsitzenden bei den Schwesterparteien in den anderen Ländern 17. seine große Beliebtheit auch bei jüngeren Mitgliedern 18. sein Dank an alle Delegierten für ihren Einsatz 19. das Ende des Parteitags 20. der erfolgreiche Verlauf des Parteitags 21. das Verbot der Partei im Jahre 1934 durch die Nationalsozialisten 22. die Neugründung der Partei nach 1945

Übung 2: 1. Das immer geringere Interesse der Bürger am politischen Leben ist alarmierend. 2. Die Bürger haben nur bei den Wahlen die Möglichkeit der Einflussnahme auf politische Prozesse. 3. Die Information der Bürger durch Politiker ... ist oft unzureichend. 4. Niemand bezweifelt die Mitschuld der Medien an der fehlenden Kommunikation zwischen ... 5. Der Staat sollte die Empörung der Bürger über die Verschwendung von ... ernst nehmen. 6. Der Schaden für das Ansehen der Politiker durch ... ist nicht zu unterschätzen. 7. Die Forderung des Bundeskanzlers nach einer gründlichen Überprüfung ist begrüßenswert. 8. Der Anspruch alleinerziehender Mütter auf mehr Unterstützung ist berechtigt. 9. Die Finanzierung der Sozialleistungen ... ist in Frage gestellt. 10. Ein Sozialstaat hat aber die Unterstützung sozial Schwacher zu gewährleisten. 11. Die Schaffung weiterer Arbeitsplätze ... ist kaum zu leisten. 12. Durch die weitere Rationalisierung der Unternehmen werden Kosten eingespart.

Übung 3: 1. der Anstieg der Produktion / die steigende Produktion 2. die spürbare Preissenkung 3. der Erfolg der Wirtschaftspolitik / die erfolgreiche Wirtschaftspolitik 4. der Einfluss des Wirtschaftsministers / der einflussreiche Wirtschaftsminister 5. die bevorstehende Zinserhöhung 6. die Fragwürdigkeit der Zinspolitik / die fragwürdige Zinspolitik 7. die große Investitionsbereitschaft 8. die erwartete Steigerung des Sozialprodukts 9. der Rückgang der Arbeitslosigkeit / die zurückgehende Arbeitslosigkeit 10. der verständliche Optimismus

Übung 4: 1. Die Studenten treffen rechtzeitig am Studienort ein. 2. Die Studentenzahlen steigen ständig. 3. Die Zulassungen sind beschränkt. 4. Der Numerus clausus wird von den Studenten kritisiert. / Die Studenten kritisieren den ... 5. Die Studenten fordern die Abschaffung des Numerus clausus. 6. Es werden neue Universitäten gegründet. 7. Der Rektor schlägt eine Verkürzung der Studienzeit vor. 8. Die ... Bundesländer finanzieren die Universitäten. / Die Universitäten werden von den einzelnen Bundesländern finanziert. 9. Die Studenten suchen Zimmer. 10. Das Studentenwerk vermittelt Zimmer. / Zimmer werden vom ... vermittelt. 11. Die Mieten steigen drastisch an. 12. Die Studenten empören sich über die hohen Mietpreise. 13. Meinungsforscher befragen die Neuimmatrikulierten. / Die Neuimmatrikulierten werden von Meinungsforschern befragt. 14. Viele Studenten hoffen auf ein Stipendium. 15. Verschiedene Stiftungen fördern begabte Studenten. / Begabte Studenten werden durch ... gefördert. 16. Studenten sind versicherungspflichtig. / ... müssen sich versichern. 17. Die Studienanfänger werden in ihr Fach eingeführt. 18. Die Ratschläge von Professoren ... sind gut. / Professoren und ... geben gute Ratschläge. 19. Das Semester wird mit einer Feier eröffnet. 20. Das Rauchen ist in den Hörsälen verboten. / In den Hörsälen darf nicht geraucht werden. 21. Fächerkombinationen sind möglich. / Fächer können kombiniert werden. 22. Es wer-

den neue Studiengänge eingerichtet. 23. Es werden Studentenvertreter in die Verwaltungsgremien gewählt. 24. Der Rektor dankt den Studentenvertretern für ihre Mitarbeit. 25. Es fehlt an der Bereitschaft, im Ausland zu studieren. 26. EU-Programme werden eingerichtet und erfolgreich durchgeführt.

Übung 5: Boden: Die touristische Infrastruktur zersiedelt den Boden. / Der Boden wird durch die touristische Infrastruktur zersiedelt. Öl, Ruß ... vergiften den Boden. / Der Boden wird durch ... vergiftet. Wegebau, Schneeraupen usw. verursachen Erosion. / Durch Wegebau ... wird Erosion verursacht. – Wasser: Ein Hotelgast am Mittelmeer verbraucht pro Tag 400 Liter Wasser. / Pro Tag und Hotelgast werden ... 400 Liter Wasser verbraucht. Das Meer wird wegen fehlender Kläranlagen verschmutzt. Sportanlagen werden bewässert. Müll, Sonnenöl usw. verunreinigen das Wasser. / Das Wasser wird durch Müll ... verunreinigt. – Luft: Verkehrslärm belästigt die Bewohner. / Die Bewohner werden durch Verkehrslärm belästigt. Verkehr und Heizungen ... verschmutzen die Luft. / Die Luft wird durch ... verschmutzt. Es werden FCKW-haltige Sprays verwendet. / Man verwendet ... – Menschen: Die eigene Kultur wird überfremdet. Knappe Lebensmittel ... werden verbraucht. Sitten und Gebräuche werden beeinträchtigt. Saurer Regen und Beschädigung zerstören kulturelle Güter. / Durch ... werden kulturelle Güter zerstört. Wertvolle Antiquitäten werden verkauft. / Man verkauft ... – Tiere: Taucher beschädigen Korallen. / Durch ... werden Korallen beschädigt. Es werden Souvenirs aus Tierprodukten gekauft. / Man kauft ... Touristische Anlagen zerstören Lebensräume. / Durch ... werden Lebensräume ... zerstört. Skifahrer verunsichern die Tiere. / Die Tiere werden durch ... verunsichert. Exotische Tiere werden fotografiert. / Man fotografiert ... – Pflanzen: Luftschadstoffe ... bedrohen die Wälder. / Die Wälder werden durch ... bedroht. 40.000 Kilometer Skipisten zerstören die alpine Pflanzenwelt. / Die alpine Pflanzenwelt wird durch ... zerstört. Bäume werden abgeholzt. / Man holzt ... ab. Grünanlagen reduzieren die Pflanzenvielfalt. / Die Pflanzenvielfalt wird durch ... reduziert.

Übung 6: 1. Die Menschenrechte, insbesondere das Recht auf Nahrung ..., sollen eingehalten werden. 2. Die vorgeschriebenen Lohn- und Arbeitsgesetze sollen eingehalten werden. 3. Die Gewerkschaftsfreiheit soll respektiert werden. 4. Die Arbeitsbedingungen und die Mindestlöhne ... für Frauen sollen verbessert werden. 5. Die arbeitsmedizinischen Vorschriften sollen überwacht werden. 6. Es sollen betriebliche Gesundheitskomitees eingesetzt werden. 7. Trinkwasser, Duschen und die notwendige Arbeitskleidung sollen ausreichend bereitgestellt werden. 8. Die medizinische Versorgung soll verbessert werden. 9. Die gesetzlich vorgeschriebenen Sicherheitsbestimmungen sollen ... eingehalten und kontrolliert werden. 10. Es sollen unabhängige wissenschaftliche Untersuchungen über ... durchgeführt werden. 11. Bei Schnittblumen soll eine Deklarationspflicht nach ... eingeführt werden. 12. Der Export von ... Pestiziden soll verboten werden.

§ 11

Übung 1: 1. Arno Funke wird vorgeworfen sechs Bombenanschläge ... verübt zu haben. Er leugnet nicht 1988 ... 500.000 Mark erpresst zu haben. 2. Er erinnert sich nach Erhalt des Geldes ... herumgereist zu sein und seine Frau auf den Philippinen kennen gelernt zu haben. In den Jahren 1992 bis 94 hoffte er durch Bombendrohungen 1,4 Millionen Mark ... zu erpressen und damit seine ... leere Kasse füllen zu können. 3. Er stand vor dem Problem Frau und Kind ernähren zu müssen. Doch die Aussicht an die Karstadt-Millionen heranzukommen wurde immer geringer. 4. In den Monaten vor seiner Festnahme hielt er es durchaus für möglich, irgendwann aufzugeben und sich der Polizei zu stellen. Die Polizei ging davon aus, ihn durch Verzögerungen der Geldübergabetermine verunsichern und zermürben zu können. 5. Er gibt zu bei diesen Terminen bewaffnet gewesen zu sein. 6. Er entsinnt sich in der Zeit vor seiner Festnahme ziemlich im Stress gewesen zu sein. Er behauptet der Polizei den Erfolg gegönnt zu haben. 7. Er erinnert daran, im Oktober 92 der Polizei um Haaresbreite entkommen zu sein. Ihm war es wichtig, mit seinen Bombenanschlägen keine Menschenleben zu gefährden. 8. Zur Entschuldigung für seine Straftaten führt er an nach Aufgabe seiner Berufstätigkeit ... kein Geld gehabt und von der Sozialhilfe gelebt zu haben. Er versichert unter seiner ... Arbeitsunfähigkeit sehr gelitten zu haben und von Selbstmordgedanken gequält worden zu sein. 9. Er betont von niemandem beeinflusst und unterstützt worden zu sein. 10. Das Gericht bescheinigt ihm intelligent sowie technisch ... sehr begabt zu sein. Er muss sich darauf einstellen, zu ... Haft verurteilt zu werden.

Übung 2: 1. auszusteigen – zu gründen 2. gewesen zu sein – zu führen 3. gekauft zu haben – zu leben 4. zu schaffen – anzulegen – zu bauen – zu ebnen 5. gearbeitet zu haben 6. zu ersetzen – angeschlossen zu haben – aufzubauen – zu nutzen 7. zu besitzen – zu stellen – zu verzichten 8. zu haben – verzichten gelernt zu haben 9. gesucht zu haben – gelernt zu haben – unterhalten zu können 10. zu schicken 11. zu verkaufen – verdient (zu haben) – zurückgelegt zu haben – leben zu können – zu sein – zu verkaufen 12. zu haben – zu kennen – begonnen (zu haben) – gegründet zu haben 13. angesehen worden zu sein – gefunden zu haben – integriert zu sein

Übung 3: 1. mich beruflich zu verändern. 2. die Wahrheit gesagt zu haben. 3. von anderen nicht richtig eingeschätzt zu werden. / mich falsch zu verhalten. 4. in einen Autounfall verwickelt zu werden. / mich im Wald zu verirren. 5. mich anderen gegenüber hervorzutun. / bevorzugt behandelt zu werden. 6. mit dem Flugzeug zu fliegen. / benachteiligt worden zu sein. 7. etwas gegen meine Überzeugung zu tun. 8. vor dem Einschlafen noch eine halbe Stunde zu lesen.

Übung 4: 1. ..., dass in der Antike nur die Beschäftigung mit Kunst ... zu gesellschaftlichem Ansehen führte. 2. ... politische Ämter zu bekleiden. 3. ..., dass Handwerker und Sklaven politischen Einfluss ausübten. 4. ..., niedere Arbeiten ausführen zu müssen und nicht frei leben zu können. 5. ..., dass die Oberschicht auf die Arbeit der Handwerker und Sklaven angewiesen war. 6. ..., Sklaven zu halten. 7. ..., durch beruflichen Aufstieg Sozialprestige und Macht zu gewinnen. 8. ..., dass viele Menschen ihr Selbstbewusstsein aus dem beruflichen Erfolg beziehen. 9. ... schon kleine Kinder mit der Arbeitswelt vertraut zu machen. 10. ..., Leistungen zu erbringen. 11. ..., dass sich die Einstellung zur Arbeit im Laufe der Jahrhunderte gewandelt hat. 12. ..., der Arbeit eine überragende Bedeutung beizumessen.

Übung 5: 1. Unerträglich ist der Gedanke, dass auf der ganzen Welt unschuldige Menschen verhaftet ... werden. 2. Die Behauptung vieler Staaten nicht zu foltern, entspricht nicht ... 3. Jeder Mensch hat den Wunsch seine Meinung frei zu äußern und in Freiheit leben zu können. 4. ai hat die Absicht die Menschenrechte weltweit durchzusetzen. 5. Der Versuch von ai unschuldige Menschen vor Folterung ... zu bewahren ist nicht ... 6. Die Annahme, dass die ai-Aktionen immer Erfolg haben, ist falsch. 7. Es ist bewiesen, dass weltweite ai-Aktionen mehr Erfolg haben als begrenzte Aktionen.

8. Die Bemühungen von ai die Weltöffentlichkeit zu mobilisieren ... 9. Jeder ist aufgefordert die ai-Aktionen zu unterstützen. 10. Man hat z. B. die Möglichkeit der Organisation Geld zu spenden. 11. Die Befürchtung, dass das Engagement für ai zurückgeht, ist begründet. 12. Es ist eine Tatsache, dass sich immer mehr Menschen in Umwelt– und Bürgerinitiativen engagieren. 13. Die Überzeugung der ai-Mitarbeiter wichtige und sinnvolle Arbeit zu leisten bestärkt sie ... 14. Die Entscheidung des norwegischen Parlaments die Organisation mit dem Friedensnobelpreis auszuzeichnen wurde 1977 realisiert. 15. Wenig später trafen sich acht Personen ... mit der Absicht eine unparteiische internationale Organisation zu gründen. 16. Ihre Entscheidung der Organisation den Namen Amnesty International zu geben fiel noch am gleichen Tag.

Übung 6: 1. ..., dass die Bundesrepublik längst zu einem Einwanderungsland geworden ist. 2. ..., dass z. B. in der Stadt Heidelberg der Ausländeranteil ... 12 Prozent betrug. 3. ... zur Beteiligung der Ausländer ... Ausländerräte zu schaffen. 4. ... dass sich der Heidelberger Ausländerrat aus siebzehn ausländischen und sechs deutschen Mitgliedern zusammensetzt. 5. ..., die ausländischen Mitglieder des Ausländerrates zu wählen. 6. ... die deutschen Mitglieder des Ausländerrates zu bestimmen. 7. ..., dass der Vorsitzende ein Ausländer sein muss. 8. ..., die Interessen der ausländischen Einwohner zu vertreten. 9. ..., zwischen den ausländischen Bürgern und der Stadt zu vermitteln. 10. ..., den Gemeinderat der Stadt in allen Ausländerfragen zu beraten. 11. ... dem Ausländerrat die notwendigen Mittel zur Verfügung zu stellen. 12. ... Fragen zu stellen. 13. ..., dass sich an der ersten Wahl des Ausländerrates 1990 nicht alle ausländischen Bürger beteiligt haben.

Übung 7: 1. Ein Arbeitsloser rechnet damit, vom Arbeitsamt vermittelt zu werden. 2. Ein Arbeitnehmer ist es gewohnt, von der Firma über wichtige Veränderungen unterrichtet zu werden. 3. Er kann davon ausgehen, durch den Betrieb versichert zu werden / zu sein. 4. Er ist darauf eingestellt, innerhalb des Betriebes versetzt zu werden. 5. Er verlässt sich darauf, durch den Betriebsrat gegenüber der Geschäftsleitung vertreten zu werden.

Übung 8: 1. In großen Betrieben wird versucht den Betriebsrat teilweise oder ganz von seiner Arbeit freizustellen. 2. Es ist üblich, viermal im Jahr eine Betriebsversammlung einzuberufen. 3. Dann ist es möglich, zu den Beschlüssen des Betriebsrats Stellung zu nehmen. 4. Es ist Gesetz, den Betriebsrat vor jeder Kündigung anzuhören. 5. Dem Betriebsrat wird garantiert ihn in allen seinen Belangen zu schützen.

Übung 9: 1. ... von der Bundesrepublik angeworben zu werden. 2. ..., als Gastarbeiter bezeichnet zu werden. 3. ... nicht so freundlich wie Gäste behandelt zu werden. 4. ... bei ihrer Einreise nicht auf so viele Probleme gefasst gewesen zu sein. 5. ... von den Deutschen enttäuscht zu sein. 6. ..., für schwere ... Arbeiten eingesetzt zu werden. 7. ..., nicht gleichberechtigt zu sein. 8. ..., den Gastarbeitern das Wahlrecht zu gewähren. 9. ..., die Gastarbeiter rechtlich und menschlich zu integrieren. 10. ..., auf die langfristige Anwesenheit ... nicht vorbereitet gewesen zu sein. 11. ..., heute nicht mehr so dringend wie früher gebraucht zu werden. 12. ..., bei der Rückkehr in die Heimat für den neuen Start finanziell gut ausgerüstet zu sein.

Übung 10: 1. Vorurteile und Unwissenheit abzubauen ist dringend notwendig /..., das ist dringend notwendig. 2. Menschen auf Grund ihrer Hautfarbe ... abzulehnen muss als intolerant bezeichnet werden / ..., das muss als intolerant bezeichnet werden. 3. Toleranz und Weltoffenheit durchzusetzen ist ein erstrebenswertes Ziel / ..., das ist ... 4. Die Empfehlung, seine Einstellung ... zu überdenken, kann man jedem geben. 5. Die Hoffnung, in naher Zukunft ein selbstverständliches Zusammenleben ... zu erreichen, haben viele noch nicht aufgegeben. Viele haben die Hoffnung, in naher Zukunft ... zu erreichen, noch nicht aufgegeben. 6. Kontakte zu Ausländern versuchen nicht alle Deutschen aufzunehmen. 7. Ausländerfeindlich motivierte Straftaten empfehlen viele Bürger noch härter zu bestrafen. 8. Umstellung nicht möglich. 9. Umstellung nicht möglich. 10. Jeder sollte Fremde in ihrer Andersartigkeit zu akzeptieren versuchen. / Fremde in ihrer Andersartigkeit zu akzeptieren, das sollte jeder versuchen. 11. Die Integration der Ausländer zu verbessern, das hat die Regierung beschlossen.

§ 12

Übung 1: ..., wie viele schwere Tankerunfälle sich ... ereignet haben. 2. ..., mit welchen Schäden bei Tankerunfällen gerechnet werden muss. 3. ..., ob es besonders gefährliche Tankerrouten gibt. 4. ..., wohin das Öl hauptsächlich transportiert wird. 5. ..., ob die vorgeschriebenen Routen eingehalten werden. 6. ..., auf welche Weise der Öltransport sicherer gemacht werden kann. 7. ..., ob der Schaden nicht dadurch begrenzt werden könnte, dass Öl auf kleineren Tankern transportiert wird. 8. ..., ob der Öltransport nicht strenger überwacht werden muss.

Übung 2: 1. dass – ob 2. ob 3. ob – dass 4. ob – dass – ob 5. ob – ob – 6. ob – dass – dass – ob 7. dass – ob – dass – dass 8. ob – dass 9. dass – dass 10. ob – ob 11. dass – ob 12. dass – dass 13. dass – dass

Übung 3: 1. Es ist angesichts des hohen Energieverbrauchs unerlässlich, Energie zu sparen. Angesichts des ... Energieverbrauchs ist es unerlässlich, Energie zu sparen. 2. Es hilft uns nicht weiter, über die auslaufenden Energievorräte zu klagen. 3. In jedem Haushalt ist es möglich, den Energieverbrauch zu senken. Es ist in jedem Haushalt möglich, den Energieverbrauch zu senken. 4. Es kostet ... nicht viel, konventionelle Glühlampen gegen Energiesparlampen auszutauschen. 5. Es bleibt keinem energiebewussten Hausbesitzer erspart, die Außenwände zu isolieren. Keinem ... Hausbesitzer bleibt (es) erspart(,) ... 6. Es empfiehlt sich ..., Fugen an Fenstern und Türen abzudichten. 7. Es macht sich ... bezahlt, Doppelglasfenster einzubauen. Bezahlt macht sich ... 8. Es wirkt sich energiesparend aus, Heizungsthermostaten zu verwenden. Energiesparend wirkt (es) sich aus(,) ...

Übung 4: 1. Beim Einkaufen ist umweltbewusstes Verhalten ratsam. 2. Der Verzicht auf überflüssige Verpackungen versteht sich von selbst. 3. Außerdem bietet sich der Kauf von Agrarerzeugnissen aus biologischem Anbau an. 4. Der Boykott umweltschädlicher Produkte hat manchmal Erfolg. 5. Die richtige Entsorgung der Haushaltsabfälle ist jedem zumutbar.

6. Die Befolgung / Das Befolgen guter Ratschläge lohnt sich. 7. Gute Vorsätze reichen aber nicht aus. 8. Die Umsetzung / Das Umsetzen guter Vorsätze in die Tat ist wichtiger.

Übung 5: 1. Man erkennt den Arbeitsfanatiker daran, dass er zwanghaft aktiv ist. 2. Ein Arbeitsfanatiker ist es gewohnt, täglich 12 bis 16 Stunden zu arbeiten. 3. Er neigt dazu, die Arbeit überzubewerten. 4. Er gibt aber nicht gerne zu von der Arbeit abhängig zu sein. 5. Er wünscht sich eine glänzende Karriere zu machen. 6. Er ist fest (davon) überzeugt(,) unersetzbar zu sein. 7. Einem Arbeitsfanatiker kommt es darauf an, anerkannt zu sein und Sozialprestige zu besitzen / zu haben. 8. Niemand kann (es) bestreiten, dass anspruchsvollere Berufsgruppen für die Arbeitssucht besonders anfällig sind.

Übung 6: 1. Einem Arbeitsfanatiker dient Arbeit als Flucht vor Konflikten. 2. Wenn möglich vermeidet er die Auseinandersetzung mit sich selbst und (mit) anderen. 3. Er beklagt sich über seine Isolierung in der Familie. 4. Er will seine ständige Überanstrengung nicht zugeben. 5. Er leugnet seine körperlichen Beschwerden so lange wie möglich. 6. Bis kurz vor dem Zusammenbruch lehnt er den Gang zum Arzt ab. 7. Er wehrt sich auch gegen eine psychotherapeutische Behandlung. 8. Der Arbeitsfanatiker begreift sein krankhaftes Verhalten nicht.

Übung 7: es – es – es – damit – dagegen – darum – darauf – dazu – es – dazu – damit – darauf – damit – es – es – es – dafür – darauf – dazu – es darauf – darauf – davon – es – darauf – damit

Übung 8: 1. Peters Entscheidung einen praktischen Beruf zu wählen stand fest. 2. Vor allem beschäftigte ihn die Frage, ob er sich für den gewählten Beruf eignet / eigne. 3. Er hatte Freude daran, kreativ zu arbeiten. 4. Für ihn bestand noch Unsicherheit darüber, ob er die geplante Ausbildung finanzieren kann / ob die geplante Ausbildung finanzierbar ist. 5. Deshalb war für ihn die Frage wichtig, wie lange die Ausbildung dauert und was / wie viel sie kostet. 6. Er hatte Angst in dem gewählten Beruf arbeitslos zu werden. 7. Meldungen darüber, dass die Arbeitslosigkeit steigt, beunruhigten ihn. 8. Niemand konnte ihm eine Garantie dafür geben, dass der Arbeitsplatz gesichert ist.

Übung 9: 1. nach Aufstiegschancen im Betrieb 2. auf adäquate Einstufung und Bezahlung 3. nach Versetzung in eine andere Abteilung 4. zur Weiterbildung 5. einer Umorientierung 6. an eine nochmalige berufliche Veränderung 7. zur Mitwirkung im Betriebsrat 8. zur Mitwirkung bei betrieblichen Entscheidungen 9. auf Mitbestimmung im Betrieb 10. um eine Verbesserung des Betriebsklimas

Übung 10: Arbeitnehmer müssen sich immer wieder darauf einstellen, dass ihre Arbeitsplätze umstrukturiert werden. Die Betriebe sind darauf angewiesen, ihre Kapazität zu erweitern. Die Wirtschaft unterliegt nämlich dem Zwang einer ständigen Umsatzsteigerung. Daher sind die Unternehmen besonders auf die Entdeckung immer neuer Marktlücken aus. Die Anpassung der Produktion an den Bedarf ist nämlich unerlässlich für sie. Allerdings erfüllt sich ihre Hoffnung gute Umsätze zu erzielen, nicht automatisch. Die Sorge, dass die Energien und Rohstoffe knapp werden, macht die Industrie zunehmend nachdenklicher. Bis vor kurzem galt die hemmungslose Ausbeutung der vorhandenen Rohstoffreserven noch als unbedenklich. Es ist bekannt, dass die Industrie Widerstand gegen den Erlass strengerer Gesetze zum Umweltschutz leistet. Deshalb verlangen die Unternehmen auch, dass die Umweltschutzmaßnahmen subventioniert werden / die Umweltschutzmaßnahmen zu subventionieren. Dies ist ihrer Meinung nach eine Bedingung für die Stabilität der Wirtschaft und die Sicherung der Arbeitsplätze. Die Unternehmer bedauern, dass ein großer Teil der Öffentlichkeit eine negative Einstellung zur technologischen Entwicklung hat / zur technologischen Entwicklung negativ eingestellt ist.

Übung 11: 1. Man sollte es unterlassen, taktlos zu sein. / Taktlosigkeiten zu begehen. 2. Es ist empfehlenswert, höflich miteinander umzugehen. 3. Der Versuchung zu ständiger Kritik an anderen sollte man widerstehen. 4. Selbstüberschätzung ist ein Charakterfehler. 5. Es ist selbstverständlich, auf die Schwächen anderer Menschen Rücksicht zu nehmen. 6. Es ist aber auch legitim, den eigenen Standpunkt zu verteidigen. 7. Die Bereitschaft zu Kompromissen / Kompromissbereitschaft erleichtert den Umgang miteinander. 8. Man sollte nicht darauf bestehen, unausgereifte Pläne zu realisieren. 9. Man sollte bedenken, dass gute Absichten oft nicht ausreichen. 10. Man sollte (es) unbedingt vermeiden(,) sich unter Zeitdruck zu entscheiden / Entscheidungen unter Zeitdruck zu treffen. 11. Vorsicht ist vor Menschen mit besonders stark ausgeprägtem Bedürfnis nach Lob und Anerkennung geboten. 12. Niemandem bleibt die Hinnahme von Enttäuschungen erspart. / Niemandem bleiben Enttäuschungen erspart.

§ 13

Übung 1: 1. Erziehung ist schwieriger geworden, weil die Einflüsse von außen vielfältiger geworden sind. / denn die Einflüsse … sind vielfältiger geworden. 2. Es gibt keine allgemein gültigen Wertvorstellungen mehr, deshalb fühlen sich viele Mütter … unsicher. 3. Viele Mütter werden bei der Erziehung … kaum unterstützt, deshalb fühlen sie sich überfordert. 4. Viele Frauen fühlen sich den … Anforderungen nicht gewachsen, weil sie zu sehr mit ihren eigenen Problemen beschäftigt sind / denn sie sind zu sehr … beschäftigt. 5. Viele Mütter haben Angst um ihre Kinder, weil unter Jugendlichen der … Drogenkonsum steigt / denn unter Jugendlichen steigt der … Drogenkonsum. 6. Kinder sind heute sehr anspruchsvoll, deshalb kosten sie viel Geld. 7. Viele Mütter trauern der Zeit ihrer Berufstätigkeit nach, weil sie als „Nur-Hausfrauen" wenig gesellschaftliches Ansehen haben / denn sie haben als … wenig gesellschaftliches Ansehen. 8. Kinder sind heute sehr früh selbstständig, weil viele Mütter ihre Berufstätigkeit nicht aufgeben / denn viele Mütter geben ihre Berufstätigkeit nicht auf. / Viele Mütter geben … nicht auf, weil Kinder … selbstständig sind.

Übung 2: Heute entscheiden sich viele Frauen … gegen Kinder 1. wegen / auf Grund / infolge vieler instabiler und häufig wechselnder Partnerschaften. 2. wegen / auf Grund / infolge der wirtschaftlichen Benachteiligung von Familien mit Kindern. 3. aus Angst vor der ungewissen Zukunft ihrer Kinder. 4. wegen / auf Grund / infolge der kinderfeindlichen Umwelt. 5. aus Angst vor der Isolierung in der Kleinfamilie. 6. auf Grund / aus einer allgemeinen Verunsicherung in Erziehungsfragen. 7. wegen / auf Grund / infolge der Zunahme der Erziehungsprobleme mit Kindern und Jugendlichen.

Übung 4: 3. Weil Menschen in den Naturhaushalt im Land selbst, aber auch in aller Welt eingreifen, ist Bangladesch längerfristig vom Untergang bedroht. 4. Infolge von Absenkungen des Grundwassers … sowie der auf Grund des Treibhauseffektes zunehmenden Niederschläge und Stürme … besteht Gefahr für Bang-

ladesch. 5. Weil das Meer das Land erobert, nimmt es Abermillionen Menschen ihren Lebensraum und gefährdet Bangladesch. 6. Bangladesch ist gefährdet, weil oberflächige Abholzungen im Himalaya zu einem rasanten Abfluss der Monsunregenfälle führen. 7. Wassermassen tragen die Berge ab, Flüsse treten immer häufiger über die Ufer, darum / deshalb / aus diesem Grund ist Bangladesch gefährdet. 8. Wegen des fehlenden fruchtbaren Sediments auf den Äckern ist Bangladesch gefährdet. 9. Weil zur Bewässerung der Felder das rare Grundwasser gefördert werden muss, senkt sich die Landoberfläche ab, weshalb Bangladesch gefährdet ist. 10. Weil der Meeresspiegel … ansteigt und (weil) mit einer Zunahme extremer Wettersituationen zu rechnen ist, ist Bangladesch gefährdet. 11. Bangladesch ist in Gefahr, denn die Fluten fordern nicht nur Menschenleben, sie zerstören auch unwiederbringlich Wohngebiete, Äcker …

Übung 5: 1. aus / vor Zorn – vor Zorn – aus / vor Wut – aus Angst – vor Wut – vor Angst – aus Trotz 2. vor Eifersucht – aus Eifersucht – aus Langeweile 3. vor Neid – aus Neid – aus Enttäuschung 4. vor Freude 5. aus Übermut – vor Freude – aus Gutmütigkeit 6. aus Zeitmangel – vor Zeitmangel – vor Erschöpfung – aus Gewohnheit 7. aus Liebe

Übung 6: Manche Politiker beginnen Kriege 1. aus Vorurteilen gegenüber anderen Völkern, … 2. aus Ehrgeiz und Machthunger. 3. aus Fanatismus. 4. aus dem Streben (heraus), eine Großmacht zu werden / aus Großmachtstreben. 5. aus der Erfahrung, dass Kriege … 6. aus Enttäuschung über den Ausgang des letzten Krieges. 7. aus Rache für erlittenes Unrecht. 8. aus der Überzeugung, den begonnenen Krieg zu gewinnen. 9. aus Angst, dass der Gegner … 10. aus Solidaritätsgefühl mit einem angegriffenen Land. 11. Und so werden aus den verschiedensten Gründen immer wieder Kriege geführt.

Übung 7: Ich studiere, 1. weil ich weiterkommen möchte als meine Eltern / denn ich möchte weiterkommen … / damit ich weiterkomme … / um weiterzukommen … 2. weil mein Berufsleben interessanter werden soll als das meiner Eltern / denn mein Berufsleben soll… / da-

mit mein Berufsleben interessanter wird …
3. weil mein Leben wirtschaftlich gut abgesichert sein soll / denn mein Berufsleben soll … / damit mein Berufsleben gut abgesichert ist.
4. weil ich vor dem Einstieg ins Berufsleben noch das Studentenleben genießen möchte / denn ich möchte … / damit ich vor dem Einstieg ins Berufsleben … genießen kann / um vor dem Einstieg … zu genießen. 5. weil meine Fähigkeiten gefördert werden sollen / denn meine Fähigkeiten sollen gefördert werden / damit meine Fähigkeiten gefördert werden.
6. weil ich einen Beitrag zu gesellschaftlichen Veränderungen leisten möchte / damit ich einen Beitrag … leiste / um einen Beitrag … zu leisten. 7. weil ich später keine untergeordnete Tätigkeit ausüben will / denn ich will später keine … ausüben / damit ich später keine untergeordnete Tätigkeit ausüben muss / um später keine … Tätigkeit ausüben zu müssen.
8. weil der elterliche Betrieb in Familienhand bleiben soll / denn der elterliche Betrieb soll … bleiben / damit der elterliche Betrieb … bleibt.

Übung 8: Ich studiere 1. …, weil für meinen Traumberuf ein Studium erforderlich ist / denn für meinen Traumberuf ist ein Studium erforderlich. 2. damit ich den Einstieg … noch etwas hinauszögere / um den Einstieg … noch etwas hinauszuzögern. 3. …, weil Akademiker ein hohes gesellschaftliches Ansehen genießen / …, denn Akademiker genießen … 4. …, damit ich auf die Übernahme der elterlichen Praxis gut vorbereitet bin / um auf die Übernahme … gut vorbereitet zu sein. 5. …, weil heutzutage eine qualifizierte Ausbildung sehr wichtig ist / …, denn heutzutage ist … sehr wichtig. 6. …, weil in unserer immer komplizierter werdenden Welt Experten gefragt sind / denn … Experten sind gefragt. 7. …, weil ein praktischer Beruf für mich nicht in Frage kommt / …, denn für mich kommt … nicht in Frage. 8. …, weil Akademiker auf dem Arbeitsmarkt bessere Chancen haben / …, denn Akademiker haben … bessere Chancen.

Übung 9: Hahn gründete das College 1. …, damit die Schüler fremde Sprachen im täglichen Umgang erlernen. 2. um den Schülern Fachwissen in englischer Sprache zu vermitteln. 3. um die Schüler zur Selbstständigkeit zu

erziehen. 4. …, damit die Schüler fremde Kulturen kennen lernen. 5. …, damit die Schüler Toleranz üben und erfahren. 6. …, damit die Schüler täglich Völkerverständigung praktizieren. 7. um seine Vorstellungen von der ganzheitlichen Bildung junger Menschen zu verwirklichen. 8. um die Schüler für soziale Probleme zu sensibilisieren. 9. damit die Schüler Möglichkeiten zum sozialen Engagement haben / sich sozial engagieren können. 10. …, damit die Schüler Erfahrungen bei der Betreuung lernschwacher Jugendlicher sammeln.

Übung 10: 1. Die Menschen arbeiten an immer schnelleren Fortbewegungsmitteln um mobiler zu werden. Die Menschen wollen mehr Mobilität; dafür arbeiten sie an … Für / Zum Zwecke von mehr Mobilität arbeiten die Menschen an … 2. Die Menschen haben Flugzeuge entwickelt um Entfernungen schneller zu überwinden. Die Menschen wollen Entfernungen schneller überwinden; dazu haben sie … entwickelt. Für eine schnellere / Zum Zwecke einer schnelleren Überwindung von Entfernungen haben die Menschen … entwickelt. 3. Sie haben die verschiedensten Informationssysteme eingerichtet um Nachrichten möglichst schnell zu verbreiten. Sie wollen Nachrichten … verbreiten; dazu haben sie … eingerichtet. Zur möglichst schnellen Verbreitung von Nachrichten haben sie … eingerichtet. 4. Sie schießen Nachrichtensatelliten in den Weltraum um sich gut und schnell zu informieren. 5. Für eine schnellere / Zum Zwecke einer schnelleren Übermittlung schriftlicher Mitteilungen an den Empfänger bauen sie Telefaxgeräte. 6. Sie wollen Denkvorgänge beschleunigen; dazu benutzen sie Computer.

Übung 11: 1. Männer sind gesünder als Frauen; trotzdem / dennoch ist ihre Lebenserwartung deutlich niedriger als bei Frauen. Obwohl / Obgleich Männer gesünder sind als Frauen, ist ihre Lebenserwartung deutlich niedriger. Zwar sind Männer gesünder als Frauen, aber ihre Lebenserwartung ist (trotzdem) niedriger.
2. Männer haben eine höhere Widerstandskraft als Frauen; trotzdem / dennoch leben sie nicht so lange wie Frauen. Obwohl / Obgleich Männer eine höhere Widerstandskraft haben als

Frauen, leben sie nicht so lange. Zwar haben Männer eine höhere Widerstandskraft als Frauen, aber sie leben (trotzdem) nicht so lange. Ungeachtet der Tatsache, dass Männer eine höhere Widerstandskraft haben ..., leben sie nicht so lange. 3. Obwohl / Obgleich Männer keine so gesunde Lebensweise haben wie Frauen, sind sie seltener krank. 4. Frauen schlafen regelmäßiger und ernähren sich gesünder als Männer; dennoch / trotzdem werden sie öfter krank. 5. Ungeachtet der Tatsache, dass Frauen engere zwischenmenschliche Beziehungen haben als Männer, finden sich bei ihnen mehr psychosomatische Symptome ... 6. Zwar sind Frauen anfälliger für Krankheiten, aber sie haben (trotzdem) eine ... höhere Lebenserwartung als Männer.

Übung 12: 1. Obwohl man von morgens bis abends beriet, zogen sich die Verhandlungen über mehrere Tage hin. Man beriet von morgens bis abends; trotzdem zogen sich die Verhandlungen ... hin. 2. Selbst wenn die Kompromissbereitschaft groß ist, einigt man sich selten in allen Fragen. Selbst bei großer Kompromissbereitschaft einigt man sich ... 3. Auch wenn sehr offen diskutiert wird, Missverständnisse kann es geben. Auch bei sehr offenen Diskussionen kann es ... 4. Wenn sich die Gesprächspartner auch noch so bemühten, alle Meinungsverschiedenheiten konnten nicht ausgeräumt werden. Bei allen Bemühungen der Gesprächspartner konnten nicht ... 5. Zwar wollten einige Teilnehmer die Konferenz früher ... beenden, aber sie wurde wie geplant zu Ende geführt. 6. Ungeachtet der Tatsache, dass einige Konferenzteilnehmer vorzeitig abreisten, führte man noch Abstimmungen durch. Ungeachtet der vorzeitigen Abreise einiger Konferenzteilnehmer führte man ... durch. 7. Man einigte sich in den meisten Fragen; trotzdem waren einige Teilnehmer mit dem Ergebnis ... nicht zufrieden. Trotz Einigung in den meisten Fragen waren einige Teilnehmer ... nicht zufrieden. 8. Obwohl alles gut vorbereitet war, gab es einige Pannen. Trotz guter Vorbereitung gab es ...

Übung 13: Die Industriestaaten lassen zur / zwecks Reduzierung der Produktionskosten Mikrochips in Ostasien fertigen. Sie exportieren die Konstruktionsteile um sie dort verarbeiten zu lassen / ..., damit sie dort verarbeitet werden. Dann werden die fertigen Chips zwecks Einbau in Computer und Konsumgüter wieder in die Industriestaaten importiert. Wegen / Auf Grund der niedrigen Lohnkosten in Ostasien lohnt sich der weite Transport. Obwohl / Obgleich alle die Mikrochip-Revolution bewundern / die Mikrochip-Revolution allgemein bewundert wird, interessiert sich kaum jemand für den Alltag der in dieser Industrie arbeitenden Menschen. Die Firmen stellen wegen ihrer Lernbereitschaft und Geduld zu 90 Prozent Frauen ein. Weil für die Arbeit Geschicklichkeit erforderlich ist, beschäftigen die Firmen vorwiegend Frauen ... Die Arbeiterinnen setzen sich selbst unter Druck um die festgesetzte Produktionsmenge zu bewältigen. Aus Angst vor dem Verlust ihres Arbeitsplatzes wagen sie während der Arbeit nicht mal einen Gang zur Toilette. Obwohl / Obgleich die Arbeitsbedingungen hart sind, bemühen sich Hunderttausende junger Frauen um einen Arbeitsplatz ... Weil sie einen Arbeitsplatz haben, verfügen viele der Frauen zum ersten Mal ... über selbstverdientes Geld. Zur / Zwecks Sicherung ihrer finanziellen Unabhängigkeit nehmen sie fast jede ihnen angebotene Stelle an. Viele arbeiten auch, weil sie sich gegenüber ihrer Familie verantwortlich fühlen. Trotz / Ungeachtet vieler Probleme am Arbeitsplatz sind nur wenig Frauen gewerkschaftlich organisiert. Sie haben keine Arbeitsverträge, deshalb können sie jederzeit entlassen werden. Da in der Chipindustrie eine große Konkurrenz herrscht, sind leicht kündbare Beschäftigte für die Firmen eine Grundvoraussetzung. Bei Verlust ihres Arbeitsplatzes stehen die Frauen vor einer ungewissen Zukunft. (...) Frauen vom Land sind auf Arbeitsplätze in der Industrie angewiesen, denn in ländlichen Gebieten gibt es wenig Beschäftigungsmöglichkeiten. Trotz / Selbst bei einer abgeschlossenen Schulbildung haben viele Frauen kaum Aufstiegschancen.

Übung 14: 1. Die Weltbevölkerung nimmt so / derart / dermaßen rapid zu, dass die Versorgung mit Nahrungsmitteln gefährdet ist. Die Weltbevölkerung nimmt rapid zu, so dass die Versorgung ... Die Weltbevölkerung nimmt rapid zu; infolgedessen / folglich / deshalb / deswegen / darum / aus diesem Grund / demzufolge ist die Versorgung ... gefährdet. Infolge der rapiden Zunahme der Weltbevölkerung ist die Versorgung ... gefährdet. 2. Die Medizin macht große Fortschritte; infolgedessen / darum / deswegen / aus diesem Grund geht die Kindersterblichkeit zurück. 3. Infolge des Nahrungsmangels / Infolge von Nahrungsmangel sterben viele Menschen den Hungertod. 4. Die Geburtenrate nimmt ständig zu; infolgedessen / deshalb vergrößert sich auch die Armut. 5. Die Städte dehnen sich so / derart / dermaßen gewaltig aus, dass große Ballungsräume entstehen. 6. Bisher unberührte Gebiete werden besiedelt; so / infolgedessen kommt es zur Zerstörung von Landschaften / werden Landschaften zerstört. Infolge der Besiedlung bisher unberührter Gebiete kommt es ... 7. Die Nachfrage nach Gütern ... steigt; infolgedessen / deshalb / deswegen / aus diesem Grund wächst die Industrie. 8. Infolge der zunehmenden Industrialisierung steigt der Verbrauch von Energie und Rohstoffen. 9. Die Umwelt ist so / dermaßen / derart stark belastet, dass der natürliche Lebensraum der Menschen allmählich zerstört wird. 10. Infolge der Umweltverschmutzung treten immer häufiger umweltbedingte Krankheiten auf. 11. Die Bevölkerungsdichte ist so hoch, dass die Menschen mit Stress reagieren.

Übung 15: 1. Die Städte in den Ländern der Dritten Welt wachsen dermaßen schnell, dass die Metropolen außer Kontrolle geraten. Die Städte ... wachsen schnell; deswegen geraten die Metropolen außer Kontrolle. 2. Die ländlichen Lebensbedingungen verschlechtern sich derart, dass immer mehr Menschen ... in die Städte ziehen. Infolge der Verschlechterung der ländlichen Lebensbedingungen ziehen immer mehr Menschen ... in die Städte. 3. Die Landflucht hält an; folglich herrscht in den Städten Chaos. Infolge der anhaltenden Landflucht herrscht in den Städten Chaos. 4. Zu viele Menschen leben auf zu engem Raum zusammen, so dass es zu sozialen Konflikten kommt. Zu viele Menschen leben ... zusammen, deshalb kommt es zu sozialen Konflikten. 5. Das Verkehrsaufkommen ist so stark, dass die Schadstoffkonzentration in der Luft sehr hoch ist. Infolge des starken Verkehrsaufkommens ist die Schadstoffkonzentration ... sehr hoch.

6. Politiker und Städteplaner sind ratlos, so dass die Entwicklung nach eigenen Gesetzmäßigkeiten abläuft. / ... ratlos; infolgedessen läuft die Entwicklung nach eigenen Gesetzmäßigkeiten ab. 7. Die Landflucht nimmt ein solches Tempo und Ausmaß an, dass fast jede Planung unmöglich erscheint. 8. Armut und Wohnungsnot sind extrem; daher entstehen ... riesige Elendsviertel. Infolge extremer Armut und Wohnungsnot entstehen ... riesige Elendsviertel.

Übung 16: 1. wenn 2. wenn 3. wenn 4. wenn 5. falls 6. falls 7. wenn 8. wenn 9. wenn 10. falls 11. falls 12. falls 13. wenn 14. wenn 15. falls

Übung 17: Agressives Verhalten tritt bei Affen und Menschen bevorzugt auf, a) wenn Konkurrenz um Nahrung besteht / wenn sie um Nahrung konkurrieren. b) wenn sie ein Junges verteidigen. c) wenn zwei etwa Gleichrangige um die Vormachtstellung kämpfen. d) wenn erlittene Aggressionen an Rangniedere weitergegeben werden. e) wenn sie ein sich abweichend verhaltendes Gruppenmitglied wahrnehmen. f) wenn ein Wechsel im Ranggefüge erfolgt. g) wenn sich Paare bilden. h) wenn ein Fremder in die Gruppe eindringt. i) wenn Gegenstände geraubt werden.

Übung 18: 1. wenn 2. wenn 3. es sei denn, dass 4. wenn 5. es sei denn, dass 6. es sei denn, dass 7. es sei denn, dass

Übung 19: 1. es sei denn, dass 2. wenn 3. wenn 4. wenn 5. es sei denn, dass 6. es sei denn, dass 7. wenn 8. es sei denn, dass 9. wenn – wenn 10. es sei denn, dass 11. es sei denn, dass 12. wenn

Übung 20: 1. Babys brauchen eine Bezugsperson, sonst / andernfalls gewinnen sie kein Vertrauen. 2. Ohne Zuwendung bleiben Babys in ihrem körperlichen Wachstum zurück. 3. Das Kontaktbedürfnis von Babys muss befriedigt werden, andernfalls / sonst fühlen sie sich nicht angenommen. 4. Babys dürfen nicht isoliert werden, sonst / andernfalls muss mit Entwicklungsstörungen gerechnet werden. 5. Ohne körperlichen Kontakt wird das

Nervensystem von Babys nicht ausreichend aktiviert. 6. Babys müssen sich geborgen fühlen, sonst / andernfalls entwickeln sie ihre mentalen ... Fähigkeiten nicht altersgemäß.

Übung 22: Wenn aggressive höhere Wirbeltiere in Verbänden zusammenleben, entwickelt sich regelmäßig eine soziale Rangordnung. Bei der neuen Zusammensetzung einer Hühnerschar z.B. raufen die Hennen reihum; ... Die Sieger haben ... Vortritt vor den besiegten Hühnern und übernehmen, wenn / im Falle, dass Gefahr droht, eine Reihe von Aufgaben wie ... Bei Verstoß gegen die erkämpfte Rangordnung werden die besiegten Hühner gehackt. Die Rangordnung muss allgemein respektiert werden, sonst / andernfalls geht es in einer Hühnerschar nicht friedlich zu. Die Herausbildung einer Rangordnung ist ... wichtig, sonst / andernfalls gäbe es bei gleichrangigen Tieren ständig Reibereien. Die Rangordnung hat aber nur Bestand, wenn / für den Fall, dass jedes Tier sich seinem Rang entsprechend verhält. Beim Vergleich verschiedener Kulturen sieht man, dass Rang und Prestige ... auch beim Menschen eine große Rolle spielen. Wenn sich Gruppen bilden, wird meist sehr schnell ein Anführer gesucht. Schon Kinder halten beim Spielen eine bestimmte Rangordnung ein. Bei einer so weit verbreiteten Rangordnung kann man von einer angeborenen Disposition dazu ausgehen, allerdings nicht bei allen Wirbeltieren. Das zeigt sich, wenn einzelgängerische Säugetiere aufgezogen werden. Bei dem Versuch, z. B. Dachse oder Eisbären zu erziehen, wird man schnell feststellen, dass sie sich dem Menschen nicht unterordnen ...

Übung 23: 1. Dadurch, dass die landwirtschaftliche Produktion gesteigert wurde, gelang es in Europa, den Hunger zu bekämpfen. 2. Die Ernährung der Bevölkerung ... konnte sichergestellt werden, indem die landwirtschaftliche Anbaufläche vergrößert wurde. 3. Die moderne Landwirtschaft verbesserte ihre Ergebnisse mit Hilfe von Maschinen und Kunstdünger. 4. Der Transport von Lebensmitteln wurde dadurch erleichtert, dass neue Verkehrsmittel entwickelt und Verkehrswege ausgebaut wurden. 5. Man hat die Abhängigkeit der Menschen von den Erntezeiten ... zu lösen versucht, indem man

Lebensmittel haltbar machte. 6. In früheren Zeiten hat man Lebensmittel konserviert, indem man sie gekocht, geräuchert und getrocknet hat. 7. Durch Verbesserung der alten und (durch) Entwicklung neuer Konservierungsmethoden wurde die Abhängigkeit der Menschen von guten und schlechten Ernten fast ganz überwunden. 8. Die alten Konservierungsmethoden wurden ergänzt, indem Lebensmittel ... erhitzt oder eingefroren wurden. 9. Der heutige Konsument kann dadurch vor Giftstoffen ... geschützt werden, dass die Lebensmittel regelmäßig kontrolliert und schädliche Zusatzstoffe verboten werden.

Übung 24: Man kann einen Menschen dadurch beeinflussen, dass man ihn hypnotisiert. Man kann die Wahrnehmung eines bestimmten Ausschnitts der Außenwelt dadurch verbessern, dass man einen hypnotischen Zustand herbeiführt. Diesen Hypnosezustand kann man dadurch erreichen, dass man sich auf einen ganz bestimmten Bereich konzentriert und alle anderen wahrnehmbaren Reize ausschaltet. Der Zustand der Hypnose ist mit jenen menschlichen Mechanismen vergleichbar, mit denen sich Körper und Geist vor drohenden Überforderungen schützen, indem sie bestimmte Umstände ausgrenzen. Dadurch, dass ein solcher Mechanismus wirksam wird, kann in der Hypnose das Gefühl für Schmerzen verringert werden. Teilgelähmte Patienten kann man z. B. dadurch zum Verlassen ihres Rollstuhls bewegen, dass man ihre Schmerzen hypnotisch lindert.

Übung 25: (...) Über größere Entfernungen grüßt man, indem man gestikuliert, wie etwa, indem man die offene Hand hebt, den Hut lüftet oder ein Friedenszeichen ... zeigt. Oft meldet man seine Annäherung dadurch, dass / indem man über große Distanzen ruft. Auf meinen Fußmärschen durch ... meldeten meine Träger unsere Ankunft, indem / dadurch, dass sie laut von den Berghängen ... riefen. (...) Nach SPENCER und GILLEN unterrichtet bei nordaustralischen Stämmen ein Besucher die Gruppe, der er sich nähert, indem / dadurch, dass er eine Reihe von Rauchfeuern entzündet. Ist man nahe genug an seinen Grußpartner herangekommen, ..., dann grüßt man auch, indem / dadurch, dass man Kopf und Gesicht bewegt. (...) Selbst jene Papuas , die ..., grüßten, indem sie nickten, lächelten und schnell die Augenbrauen anhoben und senkten. (...)

Übung 26: 1. Viele Menschen haben heutzutage viel Freizeit, ohne damit etwas anfangen zu können. 2. Viele Menschen verdienen genügend Geld, ohne ihren Wohlstand zu genießen. 3. Viele wollen in einer leitenden Stellung arbeiten, ohne Verantwortung übernehmen zu wollen. 4. Viele wünschen sich mehr Urlaub, ohne sich an den arbeitsfreien Tagen zu erholen. 5. Viele sehnen sich nach einem zwanglosen ... Leben, ohne diese Freiheit ertragen zu können. 6. Viele verwünschen ihren vollen Terminkalender, ohne etwas gegen die Überlastung zu tun. 7. Viele fordern mehr Freizeit, ohne Lohnkürzungen zu akzeptieren. 8. Viele sind mit ihrem Arbeitsplatz unzufrieden, ohne sich um eine passendere Stelle zu bemühen.

Übung 27: 1. Anstatt sich mit seinen Mitmenschen offen auseinander zu setzen, benutzt der Spieler den Spielautomaten als Kampfplatz ... 2. Der Spieler geht nicht auf andere Menschen zu; stattdessen zieht er sich ... zurück. 3. Anstatt Konflikte verbal auszutragen, reagiert der Spieler sie am Spielautomaten ab. 4. Der Spieler interessiert sich nicht für Menschen; stattdessen denkt er nur an Spielautomaten. 5. Anstatt sich mit seinem eigenen Verhalten ... auseinander zu setzen, verdrängt der Spieler seine Probleme beim Glücksspiel. 6. Anstatt seine Spielsucht zu bekämpfen, versucht der echte Spieler seine Leidenschaft zu rechtfertigen. 7. Der Spieler sucht Erfolgserlebnisse nicht im Beruf; stattdessen erhofft er sie sich vom Glücksspiel. 8. Anstatt seine Geschicklichkeit als Hobbybastler zu zeigen, funktioniert der Spieler das Automatenspiel ... um. 9. Anstatt den hohen Geldeinsatz zu scheuen, investiert der Spieler immer höhere Summen. 10. Der Spieler zieht keine Konsequenzen aus dem Verlustgeschäft, stattdessen träumt er von großen Gewinnen.

Übung 28: 1. wie 2. als 3. als 4. als 5. als 6. wie 7. als 8. als 9. wie 10. als

Übung 29. Wie amerikanische Schlafforscher meinen, ist Müdigkeit am Nachmittag ein Teil

unseres ... Bio-Rhythmus. Wenn man Versuche ... durchführt, legen sich, wie die Forscher mitteilen, die Versuchspersonen von sich aus ins Bett. Wie die Schlafexperten beobachteten, schlafen sie mehrere Stunden ... Wie die Forscher meinen, widersprechen die Arbeitszeiten ... dem ... Ruhebedürfnis. Wie die Schlafforscher in Untersuchungen feststellten, fällt die Leistungsfähigkeit am Nachmittag stark ab. Wie die Forscher erwarteten, ist die Zahl der Autounfälle in den Nachmittagsstunden besonders hoch. Aber ein Mittagsschläfchen ... reicht, wie Experten aussagen, nicht aus. Wie Schlafforscher raten, sind 30 Minuten das Minimum.

Übung 30: 1. Je schlechter die Testpersonen in einem Test abschnitten, desto / um so energischer wurde der Test abgelehnt. 2. Je niedriger der eigene Intelligenzquotient ... war, desto / um so begieriger wurde nach noch schlechteren IQ-Ergebnissen gefragt. 3. Je mehr die Testergebnisse das eigene Selbstwertgefühl schmälerten, desto / um so geringer wurden die Eigenschaften anderer Personen bewertet. 4. Je unerfreulicher die Testergebnisse waren, desto / um so häufiger wurde die Schuld ... äußeren Umständen gegeben. 5. Je weniger sich die Testpersonen mit dem Testergebnis identifizieren konnten, desto / um so mehr zweifelten sie an der Aussagekraft von Tests. 6. Je mehr die Testergebnisse den getesteten Personen schmeichelten, desto / um so größer war ihr Vertrauen ... 7. Je erfolgreicher die Testpersonen abschnitten, desto / um so mehr fühlten sie ihre ... Fähigkeiten ... bestätigt.

Übung 31: Je besser Frauen ausgebildet sind, 1. desto eher können sie ihr Leben verändern. 2. desto eher nehmen sie Benachteiligungen nicht mehr als Gegebenheit hin. 3. desto mehr wissen sie über Familienplanung. 4. desto besser können sie zu einer gesünderen Ernährung ... beitragen. 5. desto eher kann die Kindersterblichkeit verringert werden. 6. desto bessere berufliche Chancen haben sie. 7. desto besser werden sie für die Ausbildung ihrer Kinder sorgen. 8. desto eher können sie gegen Analphabetismus kämpfen. 9. desto leichter gelingt es ihnen, sich aus Abhängigkeit ... zu lösen

Übung 32: 1. Je mehr die Artenvielfalt der einheimischen Vogelwelt zurückgeht, desto ärmer wird unsere Umwelt. 2. Je mehr die Bedürfnisse der Menschen wachsen, desto bedenklichere Ausmaße nimmt das Artensterben an. 3. Je mehr Grünflächen zersiedelt, je mehr Feuchtgebiete trockengelegt, je mehr Flussläufe kanalisiert werden, ein desto kleinerer Lebensraum bleibt den Vögeln. 4. Je mehr Luft und Wasser durch Öl ... verschmutzt werden, desto weniger Nahrung finden die Vögel. 5. Je vogelfeindlicher die moderne Kulturlandschaft ist, desto knapper werden die Brutplätze für Vögel. 6. Je brutaler die Eingriffe des Menschen ... sind, mit desto größerem Engagement setzen sich umweltbewusste Gruppen für den Schutz ... ein. 7. Je mehr sich das Klima verändert, desto schwerwiegendere Auswirkungen ... muss man befürchten. 8. Je wärmer die europäischen Winter werden, desto mehr verändert sich das Zugverhalten der Vögel. 9. Je mehr Zugvögel im Winter in Mitteleuropa bleiben, desto mehr heimische Vogelarten verdrängen sie. 10. Je weniger Vögel es geben wird, einen desto härteren Kampf müssen Bauern ... gegen Schädlinge ... führen.

Übung 33: 1. Je stärker der Einsatz von Chemikalien ist / Je mehr Chemikalien eingesetzt werden, desto / um so mehr gerät die ökologische Ordnung aus dem Gleichgewicht. 2. Je energischer der Protest der Ökologiebewegung war / Je energischer die Ökologiebewegung protestierte, desto / um so weniger Schädlingsbekämpfungsmittel kamen auf den Markt. 3. Je intensiver die Bodennutzung ist / Je intensiver der Boden genutzt wird, desto / um so mehr Wälder werden ... zerstört. 4. Je stärker der Eingriff des Menschen in die Natur ist / Je stärker der Mensch in die Natur eingreift, desto / um so mehr natürliche Lebensräume werden vernichtet. 5. Je nachhaltiger die Zerstörung des natürlichen Gleichgewichts ist / Je nachhaltiger das natürliche Gleichgewicht zerstört wird, desto / um so schneller schreitet der Artentod ... voran. 6. Je rücksichtsloser die Jagd auf bestimmte Tiere ist, desto / um so mehr Tierarten verschwinden von der Erde.

Übung 34: 1. Ein Rechtsfall wird vor einem Zivilgericht oder ... verhandelt, je nachdem was für eine Straftat vorliegt. 2. Angeklagte werden vor einen Einzelrichter oder ... gestellt, je nachdem was für ein Strafmaß zu erwarten ist. 3. 21-Jährige unterliegen dem Jugendstrafrecht oder ..., je nachdem wie ihre Reife durch das Gericht eingeschätzt wird. 4. Richter können Zeugenaussagen verwerten, je nachdem ob sie glaubwürdig sind / wie glaubwürdig sie sind. 5. Gutachter können das Urteil des Gerichts beeinflussen, je nachdem wie überzeugend ihre Argumente sind. 6. Ein Prozess kann der Schwierigkeit des ... entsprechend / gemäß Tage oder Wochen dauern. 7. Gerichtsurteile fallen unterschiedlich aus, je nachdem ob mildernde Umstände berücksichtigt werden. 8. Richter können entsprechend / gemäß ihren Interessen am Jugendgericht ... oder .... tätig sein.

Übung 35. 1. Während sich der fünfjährige Mozart auf seine ersten Konzertreisen vorbereitete, schrieb er schon seine ersten Stücke. 2. Während er im Jahre 1768 seine erste Oper komponierte, schrieb er noch ein Singspiel. 3. Mozarts Musikstil formte sich, während er als Konzertmeister in Salzburg tätig war. 4. Während seine sechs ... Streichquartette entstanden, hatte er viele Konzertverpflichtungen. 5. Während seine Oper „Die Zauberflöte" am ... uraufgeführt wurde, reagierte das Publikum reserviert. 6. Während er sich im Sommer 1791 in Prag aufhielt, verschlechterte sich sein Gesundheitszustand. 7. Während er an seinem „Requiem" arbeitete, starb er im Alter von nur 35 Jahren. 8. Solange Mozart lebte, hat er schöpferisch gearbeitet.

Übung 36: 1. als 2. wenn 3. wenn 4. wenn 5. als 6. als 7. wenn 8. als 9. als 10. wenn

Übung 37: 1. Wenn man in den USA Versuche mit Menschenaffen durchführte, hat man immer wieder Überraschungen erlebt. 2. Als in den vierziger Jahren ein Psychologen-Ehepaar seinen ersten Versuch durchführte, hatte es wenig Glück. 3. Als das Experiment beendet war, konnte der Affe gerade mühsam vier Wörter artikulieren ... 4. Als sich ein anderes Psychologen-Ehepaar ... bemühte, einem Affen die amerikanische Taubstummensprache beizubringen, hatte es mehr Glück. 5. Wenn dieser Affe mit dem Psychologen-Ehepaar „sprach", verwendete er weit über hundert sprachliche Zeichen … 6. Als in den Siebzigerjahren ein anderer Versuch durchgeführt wurde, konnten einer Gorilla-Dame … noch mehr Zeichen beigebracht werden. 7. Wenn Koko sich mit menschlichen Gesprächspartnern „unterhielt", benutzte sie weit über hundert sprachliche Zeichen. 8. Wenn Koko unangenehme Fragen gestellt wurden, konnte sie auch lügen. 9. Wenn Koko wütend war, konnte sie sogar schimpfen.

Übung 38: 1. ausgebaut worden waren 2. benutzen 3. erfahren haben 4. kam 5. angewachsen sind 6. verschuldet hatte 7. gestrichen worden waren

Übung 39: 1. begonnen haben 2. gegründet hatten 3. geworden ist 4. gilt 5. durchgesetzt haben 6. aufgehoben wurde 7. aufgelöst hat 8. zurückgeht – wird 9. wurden / sind 10. beteiligen 11. verändert hat 12. aufgehoben worden sind 13. besetzen

Übung 40: 1. Bis das Wahlrecht für Frauen im Jahre 1918 eingeführt wurde, hatten die Frauen … zwar Pflichten, aber keine Rechte. 2. Bis das Vereinsrecht zu Beginn des 20. Jahrhunderts nicht gelockert wurde, war Frauen die Mitgliedschaft … nicht erlaubt. 3. Bis Frauen sich gegen ihre Rechtlosigkeit auflehnten, hatten sie ihre Benachteiligung … hingenommen. 4. Bis sich die traditionelle Familienstruktur nicht veränderte, war an Gleichberechtigung nicht zu denken. 5. Bis sich die Institution Großfamilie auflöste, gab es eine … Arbeitsteilung. 6. Bis die traditionelle Rollenverteilung aufgehoben wurde, waren Frauen für die … Hausarbeit zuständig. 7. Bis die neue Frauenbewegung in den 60er Jahren … begann, hatten Frauen kaum … Programme. 8. Bis die in der Verfassung der Bundesrepublik festgelegte Gleichberechtigung umgesetzt wurde, vergingen … Jahre.

Übung 41: 1. Bevor das Druckverfahren entwickelt wurde, wurden Bücher vervielfältigt, indem man … (waren … vervielfältigt worden). 2. Bevor die Chinesen das Papier … erfunden hatten, wurde auf Papyrusrollen … geschrieben (war … geschrieben worden). 3. Bevor … die flache … Buchform aufkam, hatten die Ägypter nur Bücher in Form von Rollen. 4. Bevor Pappe als Bucheinband verwendet wurde, wurden Bücher in Metall … gebunden (waren … gebunden worden). 5. Bevor Bücher in hohen Auflagen hergestellt wurden, kannte man sie nur als … Einzelexemplare. 6. Bevor die Papier- und Buchherstellung mechanisiert wurde, waren Bücher eine … Kostbarkeit. 7. Bevor die allgemeine Schulpflicht eingeführt wurde, konnten nur relativ wenig Menschen lesen und schreiben. 8. Bevor Gutenberg den Buchdruck erfunden hatte, wurde in Asien … mit eingefärbten Stempeln gedruckt. 9. Bevor das erste Buch gedruckt wurde, hatte Gutenberg sich mit dem Problem des Buchdrucks beschäftigt.

Übung 42: Vor der Geburt Jean-Francois Champollions war seinen Eltern ein Wunderknabe prophezeit worden. Seine Begabung zeigte sich schon, als er noch ein Kind war. Er konnte einen Text wörtlich wiederholen, nachdem er ihn nur einmal gehört hatte. Noch bevor / ehe er in die Schule eintrat, fand er ganz allein die Bedeutung der Silben und Buchstaben heraus (hatte … herausgefunden). Während seiner Schulzeit in Grenoble interessierte er sich für Hieroglyphen. Mit 16 Jahren wurde er Mitglied der Akademie in Grenoble. Bevor / Ehe er nach Paris abreiste, wo er studieren wollte, hielt er in der Akademie eine Abschiedsrede … Er kehrte mit 19 Jahren als Professor nach Grenoble zurück. Während er als Professor lehrte, schrieb er politische Lieder gegen die … Bourbonen. Nach ihrer Rückkehr auf den Königsthron wurde er nach Italien verbannt. Während seiner Verbannung konnte sich Champollion mit dem Problem der Hieroglyphen beschäftigen. Nachdem er begnadigt worden war, kehrte er 1821 nach Paris zurück. Bis er die in Hieroglyphen überlieferten Namen … entzifferte (entziffert hatte), verging dann noch ein weiteres Jahr. Zwei Jahre, nachdem er diese Namen entschlüsselt hatte, veröffentlichte Champollion sein Buch … Die Kenntnis der koptischen Sprache war ihm, als er die Hieroglyphen erforschte, von Nutzen. Während seiner Beschäftigung mit der alten Hieroglyphensprache gelang es ihm auch, in ihre grammatischen Strukturen vorzudringen. Nach seinen Aufsehen erregenden Erfolgen reiste er … in das Land der Pharaonen. Er hielt sich ein

Jahr in Ägypten auf, danach wurde er Professor ... in Paris (nachdem er sich ... aufgehalten hatte). Bis zu seinem Tod verging nur noch ein Jahr. Solange er lebte, hat er sich mit dem ägyptischen Altertum beschäftigt.

Übung 44: seit – als – als – bevor / ehe – damit – während – nachdem – obwohl

Übung 45: wenn – weil / da – so dass – weil / da – so dass – wenn – dadurch ... dass – weil / da – so dass – damit / so dass – damit – um

Übung 46: 1. Bei den sogenannten Zeitpionieren liegt die Betonung auf Freizeit; deshalb entscheiden sie sich für Teilzeitarbeit. Da bei den ... Zeitpionieren die Betonung auf Freizeit liegt, entscheiden sie sich ... 2. Arbeitnehmer verändern ihre Lebensweise um mehr Zeit für sich zu haben. 3. Zeitpioniere lehnen Vollzeitarbeit ab; darum / deshalb verkürzen sie ihre Arbeitszeit. Da / Weil Zeitpioniere die Vollzeitarbeit ablehnen, verkürzen sie ... 4. Sie arbeiten nur 20 bis 25 Wochenstunden, so dass sie ein geringeres Einkommen haben / infolgedessen haben sie ein ... 5. Zeitpioniere haben weniger Geld zur Verfügung, so dass sie sich keinen Luxus leisten können / deshalb können sie sich keinen Luxus leisten. Da / Weil Zeitpioniere weniger Geld zur Verfügung haben, können sie sich keinen Luxus leisten. 6. Sie erreichen zwar keinen materiellen Wohlstand, aber sie erreichen „Zeitwohlstand". Obwohl / Obgleich sie keinen materiellen Wohlstand erreichen, erreichen sie ... 7. Sie arbeiten weniger, deshalb arbeiten sie intensiver. Weil sie weniger arbeiten, arbeiten sie ... 8. Obwohl / Obgleich die Arbeitszeit kürzer ist, kann die Arbeitsleistung gesteigert ... werden. Die Arbeitszeit ist kürzer; trotzdem / dennoch kann die Arbeitsleistung gesteigert ... werden. 9. Die Zeitpioniere bereuen ihre Entscheidung für Teilzeitarbeit nicht, obwohl sich der Druck am Arbeitsplatz erhöht. 10. Die Zeitpioniere verkraften den größeren Stress am Arbeitsplatz besser als vorher, denn sie haben mehr Distanz ... / weil sie mehr Distanz ... haben. 11. Ihnen ist eine flexible ... Arbeitszeit wichtig, so dass sie Nachteile hinnehmen / deshalb / infolgedessen nehmen sie Nachteile hin. Da / Weil ihnen eine flexible Arbeitszeit wichtig ist, nehmen sie ... 12. Am Arbeitsplatz können Konflikte entstehen, so dass viele Vorgesetzte nicht bereit sind, die Arbeitsweise ... zu akzeptieren / deshalb sind viele Vorgesetzte nicht bereit, ... Da / Weil am Arbeitsplatz Konflikte entstehen können, sind viele Vorgesetzte nicht bereit ... 13. Viele Vorgesetzte wollen keine Zeitpioniere als Mitarbeiter haben, weil diese schwerer kontrollierbar sind / denn diese sind schwerer kontrollierbar. 14. Die Zeitpioniere nutzen die gewonnene Zeit, um ihren Interessen nachzugehen / indem sie ihren Interessen nachgehen. 15. Sie verbringen ihre Freizeit sinnvoll, indem sie z.B. ihre sozialen Kontakte ausweiten. 16. Sie sind zufriedener ... als früher, weil sie Privat- und Berufsleben besser vereinbaren können / denn sie können ... besser vereinbaren. 17. Vollzeitkollegen reagieren manchmal mit Neid, weil sie weniger Freizeit haben / denn sie haben ... 18. Es wird noch einige Zeit vergehen, bis mehr Untersuchungen über die Zeitpioniere vorliegen.

Übung 47: Ungeachtet der Tatsache, dass / Obwohl / Obgleich der Schwertwal harmlos ist, galt er lange Zeit als Raubtier und wurde ... Haien gleichgesetzt. Heute sind die sogenannten Killerwale rehabilitiert, weil ihr Verhalten intensiv erforscht wurde / worden ist. Da / Weil Schwertwale sehr beliebt sind, legen die Zoodirektoren ... besonderen Wert darauf, sie in ihren Zoos präsentieren zu können. Wenn dressierte Schwertwale den Befehl erhalten, vollführen sie in den Zoos die höchsten Sprünge. Wenn sie ins Wasser zurückplatschen, spritzen sie die Zuschauer nass. Nachdem Wissenschaftler diese Tiere jahrelang beobachtet hatten, ist es ihnen gelungen, die Walsprache teilweise zu entschlüsseln. Junge Schwertwale benötigen etwa fünf Jahre, bis sie ihre Sprache ungefähr beherrschen. Um sich innerhalb der eigenen Gruppe verständigen zu können / Damit sie sich ... verständigen können, benutzen Schwertwale eine Art „Dialekt". Wenn / Falls / Für den Fall, dass sie sich in Gefahr befinden, können sie sich mit Schwertwalen anderer Gruppen verständigen, indem / dadurch, dass sie eine gemeinsame „Hochsprache" verwenden. Da / Weil Dressuren in Zoos ... erfolgreich sind, wird häufig vergessen, dass Schwertwale in Gefangenschaft ... oft nach wenigen Jahren sterben. (...) Da / Weil ihre Produkte industriell nutzbar sind / genutzt werden können, werden Wale jedoch von modernen Fangflotten gejagt ... Das geschieht auch weiterhin, obwohl / obgleich / ungeachtet der Tatsache, dass Tierschützer aus aller Welt protestieren.

Übung 48: Jeder Mensch verspürt Angst, wenn er sich in Gefahr befindet. Angst entsteht dadurch, dass man das Gefühl hat, einer bestimmten Situation nicht gewachsen zu sein. Manche Menschen leiden allerdings auch unter Angstgefühlen, ohne dass ein großes Risiko / wenn kein großes Risiko besteht. (...) (Immer) wenn die Angst ansteigt, nehmen Wachheit und Sorgfalt zu. Diese brauchen wir, um eine reale Gefahr abzuwehren. Manche Gefahren könnten wir nicht abwenden, wenn wir nicht alle unsere Kräfte mobilisieren würden. Indem / Dadurch, dass wir uns auf die Gefahr konzentrieren, können wir uns in gefährlichen Situationen richtig verhalten ... Auch wenn wir Aufgaben z.B. in Prüfungen lösen, spielt Angst eine Rolle. Wenn / Falls die Aufgaben leicht und übersichtlich sind, wird die Leistung durch Angst gesteigert, während sie bei schwierigen Aufgaben dadurch beeinträchtigt wird, dass die Angst zu groß ist. (...) Viele Naturphänomene sind erklärbar, so dass der Mensch die Angst z. B. vor Donner ... verloren hat. Andererseits leidet der moderne Mensch, weil die Folgen von Wissenschaft und Technik unübersehbar sind, unter anderen ... Ängsten. Seitdem z.B. Atomspaltung und Genmanipulation möglich sind, ist der technische Fortschritt selbst eine Ursache von Angst. Ängste entstehen aber auch, wenn am Sinn des menschlichen Lebens gezweifelt wird. Jeder Mensch muss gegen zu große Ängste angehen, denn niemand kann leben, ohne seine Ängste wenigstens teilweise zu überwinden.

Übung 49: Heute verlaufen viele chirurgische Eingriffe unblutiger, weil die Instrumente präziser sind / denn die Instrumente sind präziser. Früher ließ sich der Krankheitsherd nicht genau lokalisieren, weil geeignete diagnostische Möglichkeiten fehlten / denn es fehlten ... Daher musste man, wenn man operierte, größere Schnitte als heute machen, d. h., heute kommt man mit kleineren Schnitten aus, denn Krankheiten lassen sich genauer diagnostizieren.

Aber auch schon kleinere Öffnungen ... vergrößern das Risiko postoperativer Verwachsungen, weil die Bauchhöhle beim Operieren verletzt werden kann / denn die Bauchhöhle kann ... verletzt werden. Bislang wandte man die endoskopische Chirurgie vorwiegend bei kleineren Operationen an, also beispielsweise, wenn Blinddärme entfernt wurden. Heute werden aber auch schwierigere Operationen durchgeführt, indem man endoskopische Instrumente verwendet. Bei endoskopischen Operationen der Bauchhöhle z. B. wird die Bauchwand meist ... durchbohrt. Zur Durchführung solcher Eingriffe wurden spezielle Instrumente entwickelt. Sie müssen zierlich beschaffen sein, damit sie durch das schmale Operationsrohr eingeführt werden können / um ... eingeführt werden zu können. Zur Ausführung von Schlingen ... benötigt man kleine Scheren ... Die Strapazen bei endoskopischen Operationen sind gering, so dass die Patienten rascher ... entlassen werden können / deshalb können die Patienten rascher entlassen werden. Durch kürzere Krankenhausaufenthalte sparen die Krankenkassen ... Geld. Trotz / Ungeachtet der vielen Vorteile endoskopischer Eingriffe wenden viele Ärzte die Technik ... nicht an.

Übung 50: 1. Bevor / Ehe die Industrialisierung begann, beherrschte das wohlhabende Bürgertum die Städte (hatte ... beherrscht). 2. Mit dem Einsetzen der Industrialisierung verloren die Stadtzentren ihre Anziehungskraft ... 3. Aufgrund / Infolge / Wegen der grundlegenden Veränderung der Städte ... verlagerte sich das private Leben in die Vorstädte. 4. Nach der Verwandlung der Innenstädte in ... kommerziell genutzte Zentren war das Leben in der Stadt ... nicht mehr attraktiv. 5. Geschäfte und Banken bevorzugten die Stadtmitte als Standort, weil alle Stadtteile auf das Zentrum ausgerichtet waren / denn alle Stadtteile waren auf ... ausgerichtet. 6. Am Rand des Stadtkerns wurden Fabriken und Bahnhöfe gebaut, so dass die Bevölkerung aus den Städten verdrängt wurde / infolgedessen / deshalb wurde die Bevölkerung ... verdrängt. 7. Als die Städte wuchsen, wuchsen auch die Vororte. 8. Auf Grund / Infolge / Mit der Zunahme von Lärm und Schmutz / Mit zunehmendem Lärm und Schmutz floh das Bürgertum aus den Innenstädten. 9. Als das

Einkommen in den 50er Jahren dieses Jahrhunderts stieg und der Wohlstand wuchs, konnten sich immer mehr Menschen ein Eigenheim … leisten. 10. Auf Grund / Infolge der anhaltenden Motorisierung hörte der Strom der Abwanderer nicht auf. 11. Weil so viele Menschen aus den Städten abwanderten, hatte man Angst vor einem … Verfall der Stadtzentren. 12. Die Abwanderung … wäre problematisch geworden, wenn nicht schon im 19. Jahrhundert ländliche Bevölkerung zugezogen wäre. 13. Dieser Zustrom … nahm aber allmählich ab, vor allem mit dem Nachlassen des Bevölkerungswachstums seit Mitte der 70er Jahre dieses Jahrhunderts. 14. Doch durch die / mit der Anwerbung von Gastarbeitern seit den 60er Jahren nahm die Bevölkerung … wieder zu. 15. Als / Weil / Dadurch, dass / Indem die Freizeit zunahm, gewannen die Innenstädte … an Bedeutung. 16. Vor allem junge Menschen bevorzugen das Leben in den Innenstädten, weil Lokale, Kinos, Freunde usw. in der Nähe sind. 17. Trotz / Ungeachtet der starken Beeinträchtigung des Lebens durch den Verkehr sind die Innenstädte … wieder beliebt. 18. Zur Belebung der Innenstädte wurden Fußgängerzonen angelegt. 19. Die Innenstädte wurden gezielt gefördert; sonst / andernfalls wären die Stadtzentren mit der Zeit verfallen. Wenn die Innenstädte nicht gezielt gefördert worden wären, wären die Stadtzentren … verfallen. 20. Seit der Wiederbelebung der Innenstädte regt sich neues Leben in den alten Stadtvierteln.

§ 14

Übung 1: 1. Gibt es einen Schriftsteller, a) über den Sie sich schon oft geärgert haben? b) dem Sie mehr Publikumsresonanz wünschen? c) mit dem Sie sich intensiv auseinander gesetzt haben? d) den Sie ablehnen? e) dem Sie schon mal persönlich begegnet sind? f) den Sie allen anderen Schriftstellern vorziehen? 2. Gibt es eine Schriftstellerin, a) der Sie viele Leser wünschen? b) die Sie nicht ganz verstehen? c) für die Sie schwärmen? d) von der Sie viel gelesen haben? e) die Sie besonders interessant finden? f) der Sie den Nobelpreis geben würden? 3. Gibt es ein Buch, a) das Sie zur Lektüre besonders empfehlen können? b) von dem Sie nichts halten? c) an das Sie sich gut erinnern? d) von dem Sie beeindruckt sind? e) dem Sie wichtige Einsichten zu verdanken haben? f) das Sie besonders schätzen? 4. Haben Sie in Büchern schon mal Ideen gefunden, a) denen Sie sofort zugestimmt haben? b) von denen Sie sich sofort distanziert haben? c) denen Sie widersprechen mussten? d) über die Sie lächeln mussten? e) die bei Ihnen ein Aha-Erlebnis ausgelöst haben? f) denen Sie nichts abgewinnen konnten? 5. Gibt es einen Autor, a) vor dessen schriftstellerischem Können Sie Respekt haben? b) dessen Dichterlesungen Sie gern besuchen? c) dessen großartigem Werk Sie internationale Verbreitung wünschen? d) dessen erfrischendem Humor Sie sich nicht entziehen können? e) dessen großer Bekanntheitsgrad Sie nicht überrascht? f) über dessen Werk Sie mit anderen viel diskutiert haben? 6. Gibt es eine Autorin, a) deren angekündigter Veröffentlichung Sie mit Neugier entgegensehen? b) an deren Talent Sie glauben? c) an deren Büchern Sie hängen? d) deren witzigen Thesen Sie zustimmen? e) mit deren Büchern Sie sich lange befasst haben? f) deren bewundernswertem Verhalten Sie nacheifern wollten? 7. Gibt es Bücher, a) von deren Ideen Sie beeinflusst sind? b) deren Lektüre Sie immer wieder begeistert? c) deren kunstvollen Aufbau Sie bewundern? d) von deren eigenartiger Sprache Sie fasziniert sind? e) deren Lektüre Sie empfehlen können? f) deren schwierigen Gedankengängen Sie kaum folgen konnten?

Übung 2: 1. Kennen Sie ..., dem das Leben eine große Last war? 2. ..., dessen Sprache an Sprachmagie grenzt? 3. ..., dessen Bruder Heinrich ebenfalls ein großer Schriftsteller war? 4. ..., den die soziale Wirklichkeit seiner Zeit interessierte? 5. ..., die der Nachwelt schöne Naturgedichte hinterließ? 6. ..., dessen bekannteste Gedichte heute als Volkslieder gesungen werden? 7. ..., den die Wiener Gesellschaft der Jahrhundertwende faszinierte? 8. ..., aus dessen Dramen heute in Deutschland am häufigsten zitiert wird? 9. ..., den die Nationalsozialisten ins Exil und in den Selbstmord trieben? 10. ..., dem im Exil die besten Dramen gelangen? 11. ..., in dessen literarischem Werk die Grenzen zwischen Phantasie und Realität verschwimmen? 12. ..., von deren wunderschönen Gedichten die Leser verzaubert werden? 13. ..., dessen Kindheitserlebnisse sehr stark in sein literarisches Werk einfließen? 14. ..., dessen Humor und (dessen) groteske Phantasie ihn zu einem der größten deutschsprachigen Dichter machen? 15. ..., von dessen Jugendroman ... Napoleon begeistert war?

Übung 3: 1. Die Frankfurter Buchmesse, die jedes Jahr im Herbst stattfindet, ist eine der größten Buchmessen der Welt. 2. Die Frankfurter Buchmesse, zu der Verleger und Autoren aus aller Welt kommen, ist ein großes Erlebnis ... 3. Die Frankfurter Buchmesse, auf deren lange Tradition die Frankfurter sehr stolz sind, ist aus dem Frankfurter Kulturleben ... 4. Verleger und Autoren, für die die Frankfurter Buchmesse der Höhepunkt des Jahres ist, hoffen auf ... 5. Jedes Jahr steht ein bestimmtes Land, auf dessen Buchproduktion aufmerksam gemacht werden soll, im Mittelpunkt der Frankfurter Buchmesse. 6. Mit dem Friedenspreis ..., dessen Verleihung jedes Jahr der Höhepunkt der Frankfurter Buchmesse ist, werden Persönlichkeiten ausgezeichnet, die sich um den Frieden verdient gemacht haben. 7. Neben der Frankfurter gibt es die Leipziger Buchmesse, die im Frühjahr stattfindet und (die) als Fachmesse ... gilt.

Übung 4: 1. wer ... (der) 2. wem ... der 3. wen ... dem 4. wen ... der 5. wen ... dem 6. wem ... den 7. wem ... der 8. wer ... dem 9. wen ... der 10. wen ... der 11. für wen ... für den 12. wei ... (der)

Übung 5: 1. Wer schlecht organisiert ist, (der) hat für nichts Zeit. 2. Wer keine Kompromisse eingeht, (der) setzt Freundschaften aufs Spiel. 3. Wem es nicht gelingt, ..., der ist wirklich zu bedauern. 4. Wer Freunde gewinnen will, (der) muss sich um andere Menschen bemühen. 5. Wer als Kind kontaktarm war, dem gelingt es später nur schwer, ... 6. Wer anderen gerne hilft, dem wird auch geholfen. 7. Wem jede Hilfeleistung zu viel ist, der braucht sich über fehlende Unterstützung ... nicht zu wundern. 8. Wem das kleinste Geschenk zu teuer ist, der ist ein Geizhals. 9. Wer anderen nichts gönnt, (der) ist ganz einfach ein Egoist. 10. Wer in Not gerät, (der) merkt schnell, ob er echte Freunde hat.

Übung 6: 1. In dem Sachbuch steht manches, a) was die Leser brennend interessiert. b) worüber in der Öffentlichkeit heftig diskutiert wird. c) über dessen Hintergründe bisher Unklarheit bestand. d) dem man zustimmen muss. e) neben dem andere Argumente verblassen. f) wofür sich einige Bürgerinitiativen schon lange einsetzen. g) was unbedingt bald in die Tat umgesetzt werden sollte. h) worauf die Politiker reagieren müssen.
2. a) ..., was Schriftstellern passieren kann. b) ..., was Autoren brauchen. c) ..., dem sich Schriftsteller stellen müssen. d) ..., wovon Schriftsteller träumen. e) ..., was man von einem Autor verlangen kann. f) ..., wozu man Schriftsteller beglückwünschen kann. g) ..., was Kritiker tun können.

Übung 7: 1. womit / mit dem 2. dessen 3. was 4. dessen 5. was 6. dessen 7. dem 8. wozu / zu dem 9. was 10. dem 11. worüber 12. was

Übung 8: 1. Ein Kritiker hat ein gerade erschienenes Sachbuch sehr positiv besprochen, worüber sich der Autor natürlich gefreut hat. 2. Auch in Fachkreisen ..., womit der Autor nicht unbedingt gerechnet hatte. 3. Besonders hervorgehoben ..., was berechtigt ist. 4. Der Autor hat ..., was bei dem komplexen Thema niemanden wundert. 5. Das Buch ..., wodurch der Verlag aus den roten Zahlen kam. 6. Das Autorenhonorar ..., wogegen der Autor nichts einzuwenden hatte. 7. Dem Autor ..., was durchaus eintreffen könnte. 8. Der Autor ..., wobei er die volle Unterstützung seines Verlages hat.

Übung 9: wo – woher / aus dem – woher / von wo – wohin / in die – wo – wohin – wo / in der – wo – wo / in der – wo / auf dem – woher / aus dem – wohin – wo – von wo aus / von dem – wo / in dem – wo – an dem – von wo aus / von denen aus

Übung 10: wo – deren – wo – wer – (der) – die – was – die – wo – deren – deren – was – wer – dem – die – wer – (der) – was – wofür / für den – worüber – die – was – wo

Übung 11: 1. Wer an Entdeckungsreisen denkt, dem fällt ... ein. / Jemandem, der an Entdeckungsreisen denkt, fällt sofort Christoph Kolumbus ein. 2. Christoph Kolumbus, dessen Familie aus Genua stammt, wurde 1451 geboren. 3. Christoph Kolumbus, dem die Überquerung des Atlantiks gelang, ist einer der bekanntesten Seefahrer. 4. Christoph Kolumbus, der eigentlich einen Seeweg nach Indien suchte, entdeckte Amerika. 5. Ostasien, wohin Kolumbus fahren wollte, war für die Europäer ... interessant. 6. Die Wikinger hatten, was man aber damals nicht wusste, vermutlich schon vor Kolumbus Amerika entdeckt. 7. Kolumbus beabsichtigte in westlicher Richtung ... zu fahren, wofür er zunächst keine Geldgeber fand. 8. Kolumbus, der damals in Spanien wohnte, wandte sich an das spanische Königshaus. 9. Im Jahre 1492 unterzeichnete Kolumbus den Vertrag über die Expedition ..., zu der er die spanischen Könige überredet hatte. 10. Im selben Jahr startete er seine Expedition, für die er ... drei Schiffe erhielt. 11. Kolumbus, dem laut Vertrag ein Zehntel ... gehören sollte, hatte auch ein finanzielles Interesse an ... der Expedition. 12. Wer Schiffe ... sieht, dem erscheinen sie ... klein. / Jemandem, der Schiffe aus der damaligen Zeit sieht, erscheinen sie unglaublich klein. 13. Jedes zehnte Schiff erlitt Schiffbruch, was die Schifffahrt gefährlich machte. 14. Auf seiner ersten Fahrt entdeckte Kolumbus nicht Amerika, sondern die Inseln ..., wo / auf denen er spanische Kolonien gründete. 15. Kolumbus, dessen dritte Expedition ihn an die Küste Südamerikas führte, glaubte ... Indien gefunden zu haben. 16. Von seiner vierten Fahrt kehrte er krank nach Spanien zurück, wo er vergessen starb. 17. Kolumbus hat einen neuen Kontinent ... entdeckt, mit dessen Existenz er nicht gerechnet hatte. 18. Um Kolumbus entstanden bald Geschichten ..., in denen er idealisiert wurde. 19. Im Jahre 1992 wollten die Europäer die Entdeckung Amerikas feiern, was besonders in Südamerika zu Protesten führte. 20. Über die Entdeckungen der Europäer sind ... viele Bücher erschienen, in denen die Geschichte ... kritisch beurteilt wird.

§ 15

Übung 1: 2. Der Wagen rollt in den Neckar.
3. Der Fährmann eilt zu Hilfe. 4. Der Fluss
führt Hochwasser. 5. Das Auto versank im
Neckar. 6. Der Fährmann wurde von dem Auto
in den Neckar gerissen. 7. Der Wagen wurde einige Stunden später vom Rettungsdienst geborgen. 8. Der Junge ist seitdem verschwunden.

Übung 2: 1. das voll getankte Auto 2. das stehende Auto 3. der laufende Motor 4. das einge-
schaltete Nebellicht 5. die gut ausgebaute
Straße 6. das sich überschlagende Auto 7. die
nicht eingehaltene Geschwindigkeitsbegrenzung 8. der beschädigte Motor 9. die einge-
drückte Autotür 10. der schimpfende Autofahrer 11. der festgestellte Sachschaden 12. der
entzogene Führerschein 13. der sich verfahren-
de Anfänger 14. der hupende Autofahrer
15. das verbrauchte Benzin 16. die veränderte
Straßenführung 17. der langsam fahrende Autofahrer 18. der sich umschauende Beifahrer

Übung 3: 1. das lackierte Auto – der lackieren-
de Kfz-Mechaniker 2. der pfeifende Lehrling –
das gepfiffene Lied 3. der beleidigte Lehrling –
die beleidigenden Worte 4. die ablenkenden
Geräusche – der abgelenkte Lehrling 5. der gut
beratende Verkäufer – der gut beratene Kunde
6. die scharf kalkulierten Preise – der scharf kal-
kulierende Chef 7. die bar bezahlte Rechnung –
der bar bezahlende Kunde 8. der überholende
Sportwagen – der überholte Radfahrer 9. das
getankte Benzin – der tankende Autofahrer
10. die blendende Sonne – der geblendete Motorradfahrer

Übung 4: 3. die sehr genau beobachtete Lehrerin 5. eine aus dem Schuldienst ausgeschiede-
ne Kollegin 8. die zu schnell vergangenen Feri-
en 9. der pünktlich begonnene Unterricht 10.
ein nicht rechtzeitig aus den Ferien zurückge-
kehrter Schüler

Übung 5: 1. Der Pilot, der auf der Autobahn
gelandet ist, hatte mit den ... Motoren ... Probleme. 2. Der Pilot, der einen Stau verursacht
hat, könnte ... nirgendwo anders landen. 3.
Dem Piloten, der seit acht Jahren fliegt, ist

noch nie etwas Ähnliches passiert. 4. Im Polizeirevier stellt der Polizist, der den Vorfall protokolliert, dem Piloten viele Fragen. 5. Der Pilot, der sich zum Hergang der Notlandung
äußert, steht unter leichtem Schock. 6. Die Polizisten machen dem Piloten, der in der Notsituation schnell ... reagiert hat, keine Vorwürfe.
7. Der Pilot, der den Polizisten ... berichtet, ist
bisher unfallfrei geflogen. 8. Der Pilot, der einer
... Anzeige ruhig entgegensieht, ist froh über
den guten Ausgang der Notlandung.

Übung 6: 1. Der Bücherbestand ..., der laufend auf den aktuellen Stand gebracht wird,
kommt allen Benutzern zugute. 2. Die Geldmittel, die dafür ausgegeben werden, gehen in die
Millionen. 3. Die Gelder, die im letzten Haushaltsplan für ... bewilligt wurden / worden
sind, reichen ... nicht aus. 4. Die Bücher und
Zeitschriften, die in den letzten Jahren mit Hilfe von ... angeschafft wurden / worden waren,
haben den Bestand sinnvoll ergänzt. 5. Die
Neuerwerbungen, die den Benutzern ... präsen-
tiert wurden / worden sind, stehen bereits in
den Regalen. 6. Bücher, die besonders viel benutzt werden, sind im Lesesaal in mehreren
Exemplaren vorhanden. 7. Bücher, die der Prä-
sensbibliothek entnommen worden sind / entnommen werden, dürfen nicht mit nach Hause
genommen werden. 8. Die Plätze des Lesesaals,
die von allen Benutzern bevorzugt werden,
sind die Fensterplätze.

Übung 7: 1. Die Universitätsbibliothek, die finanziell nicht besonders gut ausgestattet ist,
will mit einer Ausstellung ... 2. Die alten Handschriften, die in ihren Räumen ausgestellt sind,
interessieren ... 3. Handschriften, die farbig
ausgemalt sind, haben schon immer ... 4. Die
mittelalterlichen Handschriften liegen in Vitrinen aus Glas, das mehrfach gesichert ist. 5. Zu
der Ausstellung, die auch an den Wochenenden geöffnet ist, sind sogar schon ... angereist.
6. Gruppen, die angemeldet sind, werden sofort eingelassen.

Übung 8: 1. Das Sportinstitut, das im letzten
Jahr vergrößert wurde / worden ist, liegt ...
2. Der Bauplan, der von einem ... Architekten
entworfen worden war, fand ... Zustimmung.
3. Mit dem Anbau, der zu Beginn des Winterse-

mesters in Betrieb genommen wurde / worden ist, sind alle zufrieden. 4. Der Raum, der intensiv genutzt wird, ist mit ... ausgestattet. 5. Die Vergrößerung der Turnhalle, die im letzten Jahr zurückgestellt worden ist, wird jetzt realisiert. 6. Die Störungen des Lehrbetriebs, die mit den Baumaßnahmen verbunden sind, sind lästig. 7. Der Institutsdirektor, der von Kollegen ... ständig bedrängt wird, versucht die Baumaßnahmen ... 8. Die Bauarbeiter, die immer wieder zu Überstunden aufgefordert werden, tun ihr Bestes.

Übung 9: 1. Der Direktor, der sich zur Vergrößerung der Bibliothek entschlossen hat, wirbt um Gelder. Der Direktor, der zur Vergrößerung ... entschlossen ist, wirbt ... 2. Der Direktor, der sich für alte Bücher interessiert / der an alten Büchern interessiert ist, möchte ... 3. Der Direktor, der sich auf mittelalterliche Handschriften spezialisiert hat / der auf ... Handschriften spezialisiert ist, ist ... Experte. 4. Der Bibliotheksdirektor, der sich für seinen Beruf begeistert / der von seinem Beruf begeistert ist, ist ... angesehen. 5. Der Direktor, der sich um ein gutes Betriebsklima bemüht / der um ein gutes Betriebsklima bemüht ist, begeistert ... 6. Die Mitarbeiter, die sich sehr engagieren / die sehr engagiert sind, unterstützen ... 7. Die Mitarbeiter, die sich an Überstunden gewöhnt haben / die an Überstunden gewöhnt sind, arbeiten ... 8. Die Mitarbeiter raten ihrem Chef, der sich völlig überarbeitet hat / der völlig überarbeitet ist, zu ... Urlaub.

Übung 10: 1. ..., die ... gern gelesen werden. 2. ..., die illustriert sind. 3. ..., die die Phantasie anregen. 4. ..., die wenig verkauft werden. 5. ..., die ... bereits mehrfach aufgelegt wurden / worden sind. 6. ..., die schon in mehreren Auflagen erschienen sind. 7. ..., die sich zum Verschenken besonders eignen / die ... besonders geeignet sind. 8. ..., die oft zitiert werden. 9. ..., die über Neuerscheinungen informiert sind. 10. ..., die spannend geschrieben sind. 11. ..., die verloren gegangen sind. 12. ..., die in ein bestimmtes Sachgebiet einführen. 13. ..., die sich für Sachbücher interessieren / die an Sachbüchern interessiert sind. 14. ..., die kontrovers diskutiert werden / über die kontrovers diskutiert wird.

Übung 11: 1. ..., das die Umwelt schont. 2. ..., der mit der Hand / von Hand geknüpft ist. 3. ..., das an Leistung orientiert ist / das sich an Leistung orientiert. 4. ..., das das Herz erfrischt. 5. ..., das die Nerven beruhigt. 6. ..., die in die Irre führen. 7. ..., die von Hass erfüllt sind. 8. ..., die die Jugend gefährden. 9. ..., der vor Freude strahlt. 12. ..., der den Schlaf stört.

Übung 12: 1. der Stoff, der unbedingt nachzuholen ist / der unbedingt nachgeholt werden muss 2. ein Sachgebiet, das nur schwer zu verstehen / verständlich ist / verstanden werden kann 3. Fehler, die möglichst zu vermeiden sind / die möglichst vermieden werden sollen 4. die Studieneinführung, die nicht zu versäumen ist / die nicht versäumt werden darf 5. Bücher, die ... problemlos zu lesen sind / gelesen werden können 6. Aufgaben, die ... leicht zu bewältigen sind / bewältigt werden können 7. der Stoff, der ... unbedingt zu lernen ist / gelernt werden muss 8. Prüfungsängste, die nur schwer zu ertragen sind / ertragen werden können / sich ertragen lassen / erträglich sind 9. die Vorlesung, die von allen leicht verstanden werden kann / die für alle leicht zu verstehen ist / verständlich ist 10. das Wörterbuch, das ... unter keinen Umständen zu benutzen ist / benutzt werden darf

Übung 13: 1. ein Ziel das nicht zu erreichen ist / nicht erreicht werden kann; ein nicht zu erreichendes Ziel 2. Ärger, der nicht zu ermessen ist / nicht ermessen werden kann / sich nicht ermessen lässt; ein nicht zu ermessender Ärger 3. ein Charakter, der schwer zu beeinflussen / beeinflussbar ist / beeinflusst werden kann; ein schwer zu beeinflussender Charakter 4. ein Konflikt, der sich nicht vermeiden lässt; ein nicht zu vermeidender Konflikt 5. Erinnerungen, die unauslöschlich sind; nicht auszulöschende Erinnerungen 6. eine Abneigung, die sich nicht überwinden lässt / nicht überwunden werden kann; eine nicht zu überwindende Abneigung 7. ein Verhalten, das nicht entschuldigt werden kann; ein nicht zu entschuldigendes Verhalten 8. Freunde, die nicht ersetzt werden können; nicht zu ersetzende Freunde 9. ein Leichtsinn, der nicht verantwortet werden kann; ein nicht zu verantwortender Leichtsinn 10. eine Aufregung, die verständlich ist

Übung 14: 1. Nomaden sind sich auf steter Wanderschaft befindende Hirten. 2. Die ihren Standort periodisch wechselnden Nomadenstämme können keinem Land zugeordnet werden. 3. Nomaden sind in großer Genügsamkeit lebende Menschen. 4. Die bei den sesshaften Völkern oft nicht gern gesehenen Nomaden haben ihre eigenen Gesetze. 5. Nomaden sind vom Aussterben bedrohte Völker. 6. Nomadismus ist eine durch staatliche Kontrolle heute immer mehr eingeschränkte Lebensform. 7. Die von anderen Kulturen bedrängten Nomaden verlieren allmählich ihre kulturelle Identität. 8. Zu den Nomaden zählen auch die früher an gänzliche Genügsamkeit gewöhnten Eskimos. 9. Inzwischen haben die Eskimos ihre einst voll an die arktischen Polargebiete angepasste Lebensweise aufgegeben. 10. Bei den Eskimos treten heute durch den Einfluss der westlichen Zivilisation bedingte Probleme auf.

Übung 15: 1. Das von Vester entwickelte Verkehrskonzept plädiert für andere Autos … 2. Die von einem deutschen Automobilhersteller in Auftrag gegebene Studie Vesters über den Verkehr der Zukunft beschäftigt sich … 3. Die vom Auftraggeber zwei Jahre lang geheimgehaltene Studie erregte … großes Aufsehen. 4. An der von Vester 1991 als Buch herausgegebenen Studie haben die Automanager keine Freude. 5. In seinem Buch stellt der von vielen für zu radikal gehaltene Autor den Autoverkehr in Frage. 6. Die mit Mensch und Umwelt nicht im Einklang stehende Technik muss … überdacht werden. 7. Das von der Automobilindustrie bisher nicht aufgegebene überlieferte Verkehrskonzept ist überholt. 8. Der die Folgewirkungen seines Handelns missachtende Mensch zerstört … 9. Beim von Vester „abenteuerlich unwirtschaftlich" genannten Autofahren gehen 95 Prozent der investierten Energie … verloren. 10. Unsere täglich tausendfach von den Fließbändern rollenden Autos sind … 11. Verbesserungen wie der von Vester nur als „vorübergehende Notlösung" akzeptierte Drei-Wege-Katalysator … sind keine ausreichenden Umweltschutzmaßnahmen. 12. Außerdem braucht das von ihm als „Relikt …" bezeichnete Auto zu viel Park- und Straßenraum. 13. Das schon den gegenwärtigen Verkehrsbedürfnissen nicht gerecht werdende Auto ist erst recht nicht für die Zukunft geeignet. 14. Natürlich beurteilt die von Vester heftig kritisierte Automobilindustrie das alles ganz anders. 15. Die von Vester vorgeschlagene Alternative besteht nicht … 16. Die von Vester entworfenen „Stadtmobile" sind leicht und völlig anders gebaut als … 17. Vesters „Ökomobile" nutzen die eingesetzte Energie zu 90 Prozent.

Übung 16: Nach einer Studie, die vor kurzem veröffentlicht wurde, hat Knoblauch eine Wirkung, die die Blutgerinnung hemmt. Schon an der Abwehrwirkung gegen Vampire, die ihm in Sagen zugeschrieben wird, erkennt man, dass der Knoblauch … ein Mythos ist. Die Volksmedizin erkennt ihm Eigenschaften zu, die das Blut verdünnen und das Leben verlängern. Chemiker … in den USA … haben nun die medizinische Realität sichtbar gemacht, die dahinter steht. Schon vor rund einem Jahrzehnt war … beobachtet worden, dass Knoblauchextrakt, der chemisch gewonnen wird, die Verklumpung der Blutplättchen … verhindert. Bei Herzoperationen an Tieren konnte das Arzneimittel, das normalerweise zur Gerinnungsverhinderung verwendet wird, durch einen Wirkstoff … ersetzt werden, der aus Knoblauch isoliert worden war. Offenbar hat man mit diesem Stoff ein medizinisches „Werkzeug" gefunden, das noch weiterhin auf seine Wirkung getestet werden muss. Bei der Gerinnungshemmung greift Ajoen in einen biochemischen Zyklus ein, der auch die Zellteilung reguliert. Denn Ajoen hat schon in minimalen Dosen eine Wirkung, die die Zellteilung hemmt und … Wucherungen stoppt. Diese Zusammenhänge, die von der Wissenschaft bislang erforscht wurden, lassen hoffen, dass mit dem Knoblauch-Wirkstoff eine biologische Substanz gefunden worden ist, die gegen bösartige Wucherungen eingesetzt werden kann.

Übung 17: Die Fremdenfurcht, die bei geselligen Tieren häufig beobachtet wird, ist ein im Tierreich nahezu duchgehendes Prinzip. (…) Kinder entwickeln sie im Alter von … Monaten, und zwar in allen daraufhin untersuchten Kulturen. Eine Aggressionsform, die noch genauer zu untersuchen ist / untersucht werden muss / soll ist die Ausstoßreaktion, die sich nicht gegen gruppenfremde Tiere, sondern gegen Gruppenmitglieder richtet. Hühner greifen ein Gruppenmitglied, das von der Norm abweicht, an oder töten es ... sogar. Forscher fanden heraus, dass drei anders gefärbte Pinguine ständig von ihresgleichen angegriffen wurden. Andere Forscher haben davon berichtet, dass Schimpansen die Gruppenmitglieder, die infolge einer Kinderlähmung behindert waren, fürchteten oder ... angriffen. Diese vorher voll in die Gruppe integrierten Schimpansen lösten nun aufgrund ... bei anderen Tieren Aggressionen aus. So bewirkte z. B. ein solcher Schimpanse, der sich der Gruppe langsam näherte, dass die anderen sich vor ihm fürchteten. Ein anderer ebenfalls gelähmter Schimpanse löste durch seine Annäherung ... sogar den Angriff der Männchen aus. Auch Menschen neigen dazu, sich abnorm verhaltende Gruppenmitglieder zu verstoßen. Jeder kennt aus seiner Schulzeit Mitschüler, die wegen körperlicher Gebrechen ausgelacht oder gar misshandelt wurden. Der Grund für die Ausstoßreaktionen dürfte der zu sichernde Zusammenhalt der Gruppe sein.

Übung 18: Nach einer Umfrage fühlen sich 85 Prozent der Bundesbürger durch die ständig zunehmende Vergiftung von Wasser ... in ihrer Gesundheit bedroht. Die Umweltchemikalien, die in diesem Zusammenhang häufig genannt werden, sind für diese Menschen die Ursache der Krebserkrankungen. Nach langjähriger Forschungsarbeit verstehen Wissenschaftler jetzt besser, was Krebs erregende Substanzen sind. Die Forscher konnten beweisen, dass die umweltbedingten Karzinome nur zwei Prozent aller Krebserkrankungen ausmachen. Auch die Nahrungsmittelzusätze und ..., die häufig als Ursache für Krebs angeführt werden, sind nur mit weniger als einem Prozent an der Entstehung von Krebs beteiligt. Dagegen sind zwei Drittel aller Krebserkrankungen, die in unserer Wohlstandsbevölkerung zu beobachten sind / sich beobachten lassen / beobachtet werden können, den Ernährungsgewohnheiten sowie dem Tabakrauchen zuzuschreiben. Überernährung und ... einseitige Ernährung wirken also in einem den Laien überraschenden Maße Krebs erregend. Aus Tierversuchen weiß man, dass unbeschränkt aufgenommene Nahrung mit hohem Fettgehalt zu einer ... Erhöhung der

Krebserkrankungen führt. Epidemiologische Untersuchungen, die vorwiegend in den USA ... durchgeführt wurden, bestätigen diese Beobachtungen für den Menschen. Fleisch- und fettreiche Nahrung lässt die Krebsraten steigen. Hinzu kommt eine Vielzahl anderer Faktoren, die teilweise schon identifiziert (worden) sind. So weiß man beispielsweise, dass die Hitzebehandlung ... von Fleischprodukten zur Bildung von Stoffen führt, die kanzerogen sind und (die) das Erbgut verändern. Starkes Anbraten oder Grillen sind Methoden der ..., die beliebt sind, aber (die) die Gesundheit gefährden. Krebs vermeidende Maßnahmen sind ... der größtmögliche Verzicht auf Fett, Zucker ... sowie Zurückhaltung beim Sonnenbaden.

Übung 19: 1. Die Stelle, die wir ausgeschrieben haben, verspricht eine vielseitige und abwechslungsreiche Tätigkeit. 2. Einer Fachkraft, die an übersichtliche Organisation gewöhnt ist und (die) selbständig arbeitet, bieten wir einen Wirkungsbereich, der auch hohe Ansprüche befriedigt, und ein überdurchschnittlich hohes Einkommen, denn die Leistung, die erbracht werden muss / soll / die zu erbringen ist, verdient eine angemessene Bezahlung. 3. Unter unseren Angestellten herrscht ein Vertrauen, das auf langjähriger Zusammenarbeit basiert. 4. Der Firmenleitung liegt daran, das gute Betriebsklima, das in seiner Auswirkung auf die Arbeitsleistung nicht zu unterschätzen ist / nicht unterschätzt werden darf, zu erhalten. 5. Unser Team, das gut aufeinander eingespielt ist / das sich gut aufeinander eingespielt hat, arbeitet in Räumen, die nach modernsten Gesichtspunkten gestaltet (worden) sind und (die) heutigen Anforderungen entsprechen. 6. Die Aufsicht über die Warenbestände, die in unseren Hallen gelagert werden / sind, ist eine Tätigkeit, die viel Sachkenntnis erfordert. 7. Wir setzen die Qualifikation, die für diesen Arbeitsplatz notwendig ist, voraus. 8. Da unserer Meinung nach nicht nur die Tätigkeiten, die direkt zur Herstellung von Gütern führen, produktiv sind, erwarten wir eine Arbeitsweise, die von Selbständigkeit und Kreativität bestimmt ist. 9. Ein erfahrener Abteilungsleiter, der seinen Aufgaben gewachsen ist, wird Ihnen bei Ihrer Tätigkeit hilfreich zur Seite stehen. 10. Wir wollen den Erfolg unserer Firma, der in der engagierten Mitarbeit unserer Angestellten begründet ist, kontinuierlich steigern. 11. An diesem Ziel, das von uns bisher verfolgt wurde und (das) weiter zu verfolgen ist / verfolgt werden muss, werden wir auch in Zukunft festhalten. 12. Es gilt, die Aufgaben, die in unserer Branche anstehen, und die Veränderungen, die in den nächsten Jahren vorzunehmen sind / vorgenommen werden müssen / sollen, mit Umsicht ... anzugehen. 13. Marktverschiebungen, die in naher Zukunft zu erwarten sind / erwartet werden können / müssen, werden an unsere Fantasie ... hohe Ansprüche stellen. 14. Wenn Sie meinen diesen Anforderungen, die in der Stellenausschreibung gestellt werden, gewachsen zu sein, reichen Sie ... Ihre Bewerbungsunterlagen ... ein. 15. Sollten Sie noch Fragen haben, so rufen Sie unseren Telefondienst an, der rund um die Uhr besetzt ist.

Übung 20: Nach Meinung des Umweltdenkers Frederic Vester wird die sich immer mehr zuspitzende Umweltsituation dazu führen, dass wir auf das Auto verzichten müssen. Vester hält das Auto, das uns so unentbehrlich geworden ist, für nicht mehr zeitgemäß. Die Autos, die Kohlendioxid und ... in riesigen Mengen ausstoßen, werden unserer heutigen Umweltsituation nicht gerecht. Der Verkehr, der viele Todesopfer fordert, zerstört mit dem Straßennetz ganze Landstriche. Das gängige, rund 1500 Kilogramm wiegende Auto befördert im Durchschnitt 1,3 Menschen ... Diese Art der sehr unwirtschaftlichen Fortbewegung verursacht wiederum Verkehrschaos ... Vester weist auch auf das nicht zu übersehende Missverhältnis von Stand- und Fahrzeit hin. (...) Bei den Autos, die immer perfekter ausgestattet sind / werden, wird das Missverhältnis zwischen Aufwand und Ertrag immer größer. Vester empfiehlt Autos mit Elektromotor, die nur auf kurzen Strecken fahren. Er meint, die Zeit für Stadtfahrzeuge, die das ganze Verkehrssystem verändern, sei gekommen. Auf langen Strecken soll das Auto auf Bahnwaggons gestellt werden, die extra für diesen Zweck zu entwickeln sind / entwickelt werden müssen. (...) Diese Art der Fortbewegung mit Fahrzeugen, die am Zielort wieder als Stadtfahrzeuge zu benutzen sind / benutzt werden können, würde einen nahtlosen Übergang zwischen Individualfahrzeug und

Massenverkehrsmittel schaffen. Dieses Stadtmobil, das mit viel Fantasie in Vesters Kopf entstanden ist, schafft höchstens 50 Kilometer ... Es besitzt eine Karosserie, die aus extra leichtem Kunststoff gefertigt wird / ist. Der unter die Fahrgastzelle verlegte Kofferraum beansprucht ... keinen eigenen Raum. Vesters „Ökomobil" ist ein Auto, das mit Elektronik voll gestopft ist. Es ist ein Fahrzeug, das wenig Energie verbraucht und (das) wenig oder keine Abgase produziert. (...)

§ 16

Übung 1: 1. Die jungen Eheleute, die die Koffer packten, bekamen richtig Reisefieber. Als / Während die jungen Eheleute die Koffer packten, bekamen sie … 2. Als / Während sie im Taxi saßen, fiel der Stress der letzten Tage von ihnen ab. 3. Der Taxifahrer, der vom Trinkgeld enttäuscht war, ließ den jungen Mann die Koffer allein tragen. 4. Die jungen Leute, die am Flughafen ankamen, erfuhren, dass … Als die jungen Leute … ankamen, erfuhren sie, dass … 5. Als sie am Urlaubsort eintrafen, gingen sie gleich an den Strand. 6. Weil sie den Rest des Tages in der … Sonne lagen, hatten sie beide … Sonnenbrand. 7. Sie schliefen, weil / da sie vom Sonnenbrand geplagt wurden, erst gegen Morgen ein. 8. Weil sie bereits um sieben Uhr von Kinderlärm geweckt wurden, saßen sie missgelaunt am Frühstückstisch. 9. Indem sie Karten spielten, vertrieben sie sich die Zeit bis zum Mittagessen. 10. Als sie vom Mittagsschlaf aufwachten, entschlossen sie sich zu einer Fahrt ins Landesinnere. 11. Die meiste Zeit des Urlaubs verbrachten sie am Swimming-Pool des Hotels, wobei / indem sie faul in den Liegestühlen lagen. 12. Während sie in der Sonne schmorten, träumten sie von einem Abenteuer-Urlaub. 13. Abends saßen sie, weil die abendlichen Folklore-Veranstaltungen sie langweilten, meistens vor dem Fernseher. 14. Als / Nachdem sie aus dem Urlaub zurückgekehrt waren, erzählten sie allen Bekannten von ihrer abwechslungsreichen Reise. 15. Dabei hatten sie, wenn man von der Fahrt ins Landesinnere absieht, kaum etwas gesehen.

Übung 3: 1. Viele Menschen flüchten sich, wobei / indem sie bittere Wahrheiten einfach nicht zur Kenntnis nehmen, in eine „Lebenslüge". 2. Indem / Dadurch, dass / Weil sie ihre Probleme verharmlosen, schützen sie sich möglicherweise vor deprimierenden Entdeckungen … 3. Unangenehme Wahrheiten, die „unter den Teppich gekehrt" werden, können auf diese Weise das positive Selbstbild … nicht gefährden. / Unangenehme Wahrheiten können, wenn sie … werden, auf diese Weise … gefährden. 4. Theaterstücke wie …, die solche Lebenslügen aufzeigen, sind weltberühmt geworden.

5. Die in diesen Theaterstücken dargestellten Personen, die die Augen vor der Realität verschließen, leben angenehmer. Indem / Dadurch, dass / Weil die … dargestellten Personen die Augen vor … verschließen, leben sie angenehmer. 6. Sie vermeiden, obwohl / obgleich sie von unangenehmen Erinnerungen bedrängt werden, die Auseinandersetzung mit der … Vergangenheit. 7. Viele unangenehme Gedanken dringen, wenn sie im richtigen Augenblick blockiert werden, erst gar nicht ins Bewusstsein.

Übung 4: 1. Bildlich ausgedrückt irrt der Anfänger … in einem Labyrinth umher. 2. Genau genommen ist keine Sprache leicht zu lernen. 3. Grob geschätzt gibt es in der deutschen Grammatik … 4. Genauer betrachtet folgen diese Verben … 5. So gesehen sind auch Partizipialsätze … 6. Die deutsche Adjektiv-Deklination ist, verglichen mit der russischen, sehr einfach. 7. Nur oberflächlich betrachtet erscheint die deutsche Adjektiv-Deklination kompliziert. 8. Aber bei Licht betrachtet reduzieren sich die Schwierigkeiten … 9. Abgesehen von einigen Ausnahmen und … Wendungen hält sich … 10. Vorausgesetzt, dass der Anfänger zum Erlernen der deutschen Sprache motiviert ist, wird er bald … 11. Langfristig gesehen lohnt es sich auf jeden Fall, …

Übung 5: 1. Nicht umsonst wird der Anbruch jedes neuen Tages eingeleitet durch das Krähen des Hahns, das seit alters einen Verrat anzeigt. 2. An meiner Wand hängt ein japanisches Holzwerk, Maske eines bösen Dämons, die mit Goldlack bemalt ist. Mitfühlend sehe ich die geschwollenen Stirnadern, die andeuten, wie anstrengend es ist, böse zu sein. 3. Mein Bruder Shelley fand, während er, wie ich höre, über die Hölle nachdachte, sie sei ein Ort, der ungefähr der Stadt London gleicht. Ich, der ich nicht in London lebe, sondern in Los Angeles, finde, während ich über die Hölle nachdenke, sie muss noch mehr Los Angeles gleichen. Auch in der Hölle gibt es, ich zweifle nicht, diese üppigen Gärten, mit den Blumen, so groß wie Bäume, die freilich ohne Aufschub verwelken, wenn sie nicht mit sehr teurem Wasser gewässert werden. Und Obstmärkte mit ganzen Haufen von Früchten … Und endlose Züge von Autos, die leichter sind als ihr eigener Schatten und schneller als törichte Gedanken, schimmernde Fahrzeuge, in denen rosige Leute, die von nirgendher kommen, nirgendhin fahren. Und Häuser, die für Glückliche gebaut wurden / sind, daher leer stehen, auch wenn sie bewohnt sind.

Übung 6: 1. Das Heulen, das ein langgezogener ... U-Laut ist, ist wohl der charakteristischste Laut des Wolfes. 2. Wölfe heulen, wobei / indem sie den Kopf heben und die Ohren zurücklegen, um über weite Entfernungen ... Kontakt aufzunehmen ... 3. Eine besondere Heulzeremonie, die von Erik Zimen beschrieben wurde und als „Chorheulen" bezeichnet wird, läuft folgendermaßen ab: Nach einer langen Ruhepause ... steht ein Wolf langsam auf und verschwindet, wobei / indem / während er auf dem Boden herumschnüffelt, im Gebüsch. 4. Die meisten Wölfe, die im Umkreis von etwa fünfzig Metern liegen, schlafen noch. 5. Plötzlich fängt der im Gebüsch verschwundene Wolf , während / wobei er unterhalb des Rudels auf einem Stein steht, zu heulen an. 6. Das Heulen, das immer lauter wird, weckt die anderen Wölfe aus ihrem Schlaf. 7. Sie erheben sich ... und rennen, wobei / indem / während sie mit den Schwänzen wedeln, aufeinander zu. 8. Nachdem sie nun zu einem engen Haufen zusammengekommen sind, hat jeder ... körperlichen Kontakt. 9. Dann fängt ein zweiter Wolf, wobei / indem / während er den Kopf hebt, zu heulen an. 10. Bald heulen die Wölfe, indem sie / die nacheinander in das Geheul einfallen, im Chor. 11. Allerdings stoßen die Jüngeren ..., während sie / wobei sie / die noch unruhig hin- und herlaufen, zunächst quäkende Laute aus. 12. Nachdem / Wenn sie endlich zur Ruhe gekommen sind, heben auch sie den Kopf ... und heulen im Chor mit. 13. Diese Heulzeremonie, die auch in freier Wildbahn beobachtet werden kann / wird, hat eine integrierende Funktion. 14. Sie, die auf das engste Rudel beschränkt ist, deutet darauf hin, dass ... Dadurch, dass / Indem / Weil sie auf das engste Rudel beschränkt ist, deutet sie darauf hin, dass ... 15. Die Wölfe, die gut ausgeruht sind, kommen ... in eine freundliche ... Stimmung, die die beste Voraussetzung für gemeinsame Aktivitäten ist. / Die Wölfe kommen, weil sie ...

sind, durch ... in ... 16. Diese Zusammenkünfte, die vorwiegend vor dem abendlichen Start zur Jagd ... stattfinden, sind vermutlich der Auftakt zu einem gemeinsamen Aufbruch.

§ 17

Übung 1: 1. Esperanto ist eine systematische Sprache, denn / d.h. es ist folgerichtig aufgebaut. 2. Man führt Esperanto nicht als Hauptfach ein, denn es wird sich nie durchsetzen. / Entweder man führt Esperanto als Hauptfach ein oder es wird sich nie durchsetzen. 3. Esperanto sollte als Universalsprache nicht nur der weltweiten Verständigung dienen, sondern (sollte) auch die einzelnen Nationalsprachen ergänzen. 4. Der Wortschatz dieser Sprache stammt vorwiegend aus dem Englischen …, aber / doch / jedoch die Schreibung ist phonetisch / die Schreibung aber / jedoch ist phonetisch. 5. Es gibt noch andere Kunstsprachen, aber / doch / jedoch Esperanto ist die bekannteste / Esperanto ist aber / jedoch die bekannteste. 6. Die Idee einer Kunstsprache fasziniert Sprachwissenschaftler, aber / jedoch auch Philosophen haben sich immer wieder mit dieser Idee beschäftigt / mit dieser Idee haben sich aber auch … beschäftigt. 7. Der Erfinder des Esperanto, Ludwig Zamenhof, hatte nicht Sprachwissenschaft, sondern Medizin studiert. 8. Zamenhof machte als Kind Erfahrungen mit vielen Sprachen, denn er wuchs in einem Sprachengewirr auf. 9. Stark vertreten war auch das Jiddische, denn die Hälfte der … Einwohner waren Juden, und zu dieser Bevölkerungsgruppe gehörte auch die Familie Zamenhof./ und auch die Familie Zamenhof gehörte … 10. Zamenhof wollte eine Universalsprache entwickeln, denn er hat darunter gelitten, dass sich in seiner Heimat … 11. Er lernte in der Synagogenschule … vier Sprachen, aber / doch / jedoch das reichte dem Vater nicht / das reichte dem Vater aber / jedoch nicht, denn dieser wollte die Sprachbegabung seines Sohnes fördern. 12. Über weitere europäische Sprachen … verschaffte sich Zamenhof ebenfalls Kenntnisse und bastelte aus ihnen seine Kunstsprache zusammen / und aus ihnen bastelte er … 13. Zamenhof muss sehr sprachbegabt gewesen sein, denn er beherrschte viele Sprachen.

Übung 2: 1. Esperanto ist eine systematische (Sprache) und deshalb (eine) leicht zu lernende Sprache. 2. Esperanto ist leicht zu lernen, weil es auf nur 16 Grundregeln beruht und keine Ausnahmen kennt. 3. Vater Zamenhof brachte seinem Sohn Französisch und Deutsch bei. 4. Zamenhof lernte Fremdsprachen nicht nur bei seinem Vater, sondern auch in der Synagogenschule … 5. Es ist nicht bekannt, ob Zamenhof sich lieber von seinem Vater oder von fremden Lehrern unterrichten ließ. 6. Vater Zamenhof hielt von den „Spinnereien" seines Sohnes nicht viel und überredete diesen zum Medizinstudium.

Übung 3: 1. Zamenhof ist nicht als Augenarzt berühmt geworden, sondern er ist als Erfinder des Esperanto berühmt geworden. 2. Zamenhof konnte nicht vorhersehen, ob sich Esperanto durchsetzen würde oder ob es sich nicht durchsetzen würde. 3. Man weiß, dass Zamenhof den Sprachenwirrwarr … nicht als bereichernd empfand, sondern dass er ihn als problematisch empfunden hat. 4. Man kann Esperanto lernen oder man kann andere Kunstsprachen … lernen. 5. Hebräisch … lernte Zamenhof in der Synagogenschule, und Latein … lernte er im Gymnasium. 6. Es ist klar, dass Esperanto die Nationalsprachen nicht ersetzen sollte, sondern dass es die Nationalsprachen ergänzen sollte.

Übung 4: 1. Zamenhof träumte von einer einzigen Sprache, und zwar dachte er an eine Universalsprache. 2. Der Vater hielt von der Beschäftigung des Sohnes mit der Kunstsprache nichts, deshalb / infolgedessen warf er dessen erste Aufzeichnungen ins Feuer. 3. Er unterstützte das Sprachenlernen seines Sohnes, trotzdem versuchte er ihn von der Beschäftigung mit der Universalsprache abzubringen / versuchte aber trotzdem … 4. Esperanto ist leicht erlernbar, erstens ist es folgerichtig aufgebaut, zweitens basiert es auf 16 Grundregeln, drittens kennt es keine Ausnahmen. 5. Es gibt zusätzlich zum Grundwortschatz etwa 40 Silben mit fester Bedeutung, deshalb / infolgedessen / und daher kann man den Wortschatz beliebig erweitern, z.B. heißt „buso" Bus, „busisto" infolgedessen heißt Busfahrer. 6. Esperanto wurde vor gut 100 Jahren erfunden, aber trotzdem hat es sich noch nicht durchgesetzt / es hat sich aber trotzdem … 7. Esperanto ist die bekannteste Universalsprache, indessen / trotzdem / dennoch beherrschen … diese Sprache nur einige Millionen Menschen / diese Sprache beherrschen aber trotzdem nur ... / nur einige Millionen Menschen beherrschen indessen diese Sprache. 8. Es gibt noch andere Kunstsprachen, außerdem / darüber hinaus / ferner / und zwar / z.B. fallen mir Ido, ... ein / Ido, ... fallen mir außerdem / darüber hinaus / ferner ein. 9. Esperanto und die anderen Kunstsprachen sind leicht zu erlernen, indessen / trotzdem haben sie noch nicht die erhoffte Verbreitung gefunden / sie haben indessen / aber trotzdem noch nicht die ... Verbreitung gefunden / die erwartete Verbreitung haben sie indessen / aber trotzdem noch nicht gefunden. 10. Esperanto ist eine neutrale Sprache, infolgedessen / deshalb ist es für eine weltweite Kommunikation geeignet / es ist infolgedessen / deshalb für ... geeignet. 11. Esperanto hat in internationalen Gremien keine Chance, deshalb / infolgedessen wird nicht über die Einführung des Schulfachs Esperanto nachgedacht / über die Einführung des Schulfachs ... wird infolgedessen / deshalb nicht nachgedacht. / Es wird nicht über die Einführung des Schulfachs ... nachgedacht, daher hat Esperanto in ... keine Chance. 12. Kenner dieser Sprache können Radiosendungen hören, auch / außerdem / daneben / darüber hinaus / ferner / überdies / zudem können sie die Esperantozeitung aus Peking lesen.

Übung 5: 1. Hauptsatz, Nebensatz 1. Grades, Hauptsatz (Fortsetzung), Nebensatz 1. Grades, Hauptsatz (Fortsetzung), Nebensatz 1. Grades. Hauptsatz, Nebensatz 1. Grades, Nebensatz 2. Grades, Nebensatz 1. Grades (Fortsetzung), Hauptsatz (Fortsetzung)
2. Hauptsatz, Nebensatz 1. Grades, Nebensatz 2. Grades, Hauptsatz (Fortsetzung), Nebensatz 1. Grades, Hauptsatz (Fortsetzung)
3. Hauptsatz, Nebensatz 1. Grades, Nebensatz 2. Grades, Nebensatz 1. Grades (Fortsetzung). Nebensatz, Hauptsatz, Nebensatz gleichen Grades, Hauptsatz (Fortsetzung)
4. Hauptsatz, Nebensatz 1. Grades, Hauptsatz (Fortsetzung), Nebensatz 1. Grades, Nebensatz 2. Grades, Nebensatz 3. Grades.

Übung 6: Wenn aber so träumerische Experimente und Spekulationen geeignet waren, mich von meinen Alters- und Schulgenossen

im Städtchen, die sich auf herkömmliche Weise beschäftigten, innerlich abzusondern, so kam hinzu, dass diese Burschen, Weingutsbesitzers- und Beamtensöhne, von seiten ihrer Eltern, wie ich bald gewahr werden musste, vor mir gewarnt und von mir ferngehalten wurden, ja, einer von ihnen, den ich versuchsweise einlud, sagte mir mit kahlen Worten ins Gesicht, dass man ihm den Verkehr mit mir und den Besuch unseres Hauses verboten habe, weil es nicht ehrbar bei uns zugehe. Das schmerzte mich und ließ mir einen Umgang begehrenswert erscheinen, an dem mir sonst nichts gelegen wäre. Allein nicht zu leugnen war, dass es mit der Meinung des Städtchens über unser Hauswesen gewissermaßen seine Richtigkeit hatte. Ich ließ schon weiter oben eine Anspielung einfließen auf Störungen, welche durch die Anwesenheit des Fräuleins aus Vevey in unser Familienleben getragen wurden. In der Tat stellte mein armer Vater diesem Mädchen in verliebtem Sinne nach und gelangte auch wohl zu dem gesteckten Ziel, worüber sich Meinungsverschiedenheiten zwischen ihm und meiner Mutter entspannen, die weiter dahin führten, dass mein Vater sich auf mehrere Wochen nach Mainz begab um dort, wie er es manches Mal zu seiner Erfrischung tat, das Leben eines Junggesellen zu führen.

Übung 7: 1. Das Seltsame ist, dass die Menschen, obwohl ihnen technische Geräte viele Arbeiten abnehmen, immer mehr unter Zeitdruck stehen. 2. Den Historikern ist bekannt, dass der Uhrzeit, auch wenn sie schon in früheren Jahrhunderten wichtig war, im 19. Jahrhundert ein völlig neuer Stellenwert zukam. 3. Man kann sich sicher vorstellen, dass den Menschen, bis sie an die zeitlichen Zwänge gewöhnt waren, viel Disziplin abverlangt wurde. 4. Inzwischen ist die Uhrzeit für uns Menschen eine Selbstverständlichkeit geworden, weil unsere Aktivitäten, wenn sie nicht sinnlos aneinander vorbeilaufen sollen, zeitlich koordiniert werden müssen. 5. Der heutige Mensch macht sich nicht klar, dass er sich, wenn er sein Lebenstempo weiter beschleunigt, ständig selbst überfordert. 6. Die schnelle Lebensweise ist wie ein Zwang, dem man sich, auch wenn man dies gern möchte, nicht entziehen kann. 7. Viele Menschen haben heute das Problem, dass sie, weil die Hektik des Alltags sie nervös macht, keine Ruhe mehr finden. 8. Allerdings erkennen die Menschen allmählich, dass sie sich, wenn sie zu viele Freizeitangebote wahrnehmen, unnötigem Stress aussetzen.

Übung 8: Lieber Max, wie Du wahrscheinlich bereits festgestellt hast, ist wieder ein Jahr vergangen. Ich weiß nicht, ob es Dir so geht wie mir. Allmählich wird mir dieser ewigwährende Zyklus ein wenig leid. Dazu tragen verschiedene Faktoren bei, deren Urheber ich in diesem Zusammenhang nicht nennen möchte, um mich keinen Unannehmlichkeiten auszusetzen. Ich halte gern Frieden und die Folgen, die ich in Kauf zu nehmen gezwungen wäre, wären nicht absehbar.

§ 18

Übung 1: drei (Zahladjektiv), Arten (Substantiv), dem (Artikel), in (Präposition), gerade (Adverb), mich (Reflexivpronomen), meinem (Possessivpronomen), und (Konjunktion), die (Relativpronomen), kleinen (Adjektiv), berühren (Verb), nur (Partikel), wenn (Konjunktion), ich (Personalpronomen), dieser (Demonstrativpronomen), blaue (Adjektiv), nie (Temporaladverb), niemanden (Indefinitpronomen), ohne (Präposition)

Übung 2: „*Ich* bekenne: *Ich* gehöre zu den vier Millionen Menschen, *die* täglich diese Zeitungen mit den großen Buchstaben lesen. Natürlich interessiert mich, wie *man* einen Fenstersturz aus dem 12. Stockwerk überlebt, wie *man* Regenwürmer zubereitet und was *man* gegen die Grippe des Yorkshire-Terriers machen kann. Mich fesseln *die Schlagzeilen des Glücks* ‚*Mutter* machte Kind glücklich‘, ‚*Politiker K.* hatte wieder einmal Glück‘, ‚Rufen *Sie* an, *ich* mache Sie glücklich‘. *Jedes Kind* beginnt früh das Glück zu suchen. Bei Umfragen über die großen Wünsche ist *es* immer auf den vordersten Plätzen zu finden, aber *nur wenige meiner Freunde* haben es jemals erlebt, das große, schöne strahlende Glück. Vielleicht sollte *ich* eine Annonce aufgeben.“

Übung 3: „Es *kam* (P1) mal ein Typ auf meine Taxe *zugesteuert* (P2), den zwei Kollegen schon *abgelehnt* (P2) *hatten* (P1), weil er *aussah* (P), als *wäre* (P1) er gerade in eine Schlägerei *verwickelt gewesen* (P2). Er *war* (P1) ziemlich *betrunken* (P2) und *machte* (P) nicht den Anschein, als *wollte* (P1) er die Fahrt *bezahlen* (P2). Ich *habe* (P1) ihn dann *mitgenommen* (P2) und er *hat* (P1) mir *erzählt* (P2), dass drei Männer ihn *überfallen* (P2) *hätten* (P1). Die drei Männer *haben* (P1) den jungen Mann *ausgeraubt* (P2), *zusammengeschlagen* (P2) und auf ihn *geschossen* (P2). Er *konnte* (P1) sich gerade noch mit einem Sprung in die Elbe *retten* (P2). Er *ist* (P1) dann, weil er tatsächlich kein Geld *hatte* (P), zu einem Freund *gefahren* (P2). Es *gibt* (P) Leute, deren Mut *besteht* (P) darin, sich an einem Gummiband hundert Meter in die Tiefe zu stürzen und dafür Geld zu bezahlen. Mein Mut *ist* (P) völlig umsonst, mein Mut *will* (P1) *geben* (P2) – auch wenn ich gelegentlich ein Trinkgeld dafür *kassiere* (P)."

Übung 4: „Es gab schon schlechtere Zeiten um aufzuwachsen. Auch heutzutage ist es *kein Kinderspiel*, aber für ein Dach über dem Kopf und einen Hamburger in der Hand reicht es. Woran es liegt, dass ‚die Jugend' nicht mehr so einfach von Werten zu überzeugen ist? Es ist *unwahrscheinlich*, dass es an ‚der Jugend' liegt. Immerhin sind die Gene in den letzten tausend Jahren *ziemlich gleich* geblieben. Die Menschen sind alle *gleich,* lehrt die Bibel. Alle Menschen? Na ja, bis auf die Asoziale, die unser Dachgeschoss mieten wollte. Die brach ihre Ausbildung ab, weil sie *schwanger* war. Anschließend wollte sie dem Kind Erziehung spendieren und seitdem lässt sie sich von unseren Steuern durchfüttern. Nicht alle Menschen sind *gleich,* schon gar nicht Punks, Langhaarige, Querulanten oder Linke. Es ist *wichtig*, seinen Nächsten zu lieben, aber für das Rasenmähen muss auch noch *Zeit* bleiben."

Übung 5: „Bei den meisten Leuten fängt das Leben *mit Liebe* (Präp.obj.) an. Bei mir war da nichts. Irgendwie bin ich *mit meinen Eltern* (Präp.obj.) ausgekommen, aber Liebe? Als ich *vor der Entscheidung* (Präp.obj.) stand, entweder *meine Eltern* (Akk.obj.) zu verlassen oder *meine Freundin* (Akk.obj.), war klar: hin zu ihr, die *mir* (Dat.obj.) *alles* (Akk.obj.) gab, *wonach* (Präp.-obj.) ich *mich* (Akk.obj.) sehnte. Ich wollte *sie* (Akk.obj.) gar nicht mehr loslassen. Nach zwei Jahren konnte sie nicht mehr. Sie ging. Es war zu spät. *Viele Freunde* (Akk.obj.) habe ich nicht, denn ich will *mit ihnen* (Präp.obj.) nicht *über Autos und Weiber* (Präp.obj.) fachsimpeln. *Mit dem Hass-Kult* (Präp.objekt) komme ich nicht mit, warum hassen viele so gern? Wenn ich noch mal *eine Frau* (Akk.obj.) finde, die ich liebe und sie *mich* (Akk.obj.), dann sollen Kinder kommen. Was die Leute in meinem Alter immer *mit Karriere* (Präp.obj.) am Hut haben, ist *mir* (Dat.obj.) schleierhaft. Ist Arbeit Spaß? Bringt Arbeit *Glück* (Akk.obj.)?

Übung 6: „*Vor wenigen Tagen* (temporal) fragte mich ein Freund, ob ich *in den letzten Monaten* (temporal) mal *zu Hause* (lokal) war. Er wunderte sich, dass ich *nie* (temporal) *in meine Heimat*

(lokal) *zu Besuch* (adv.Erg.) fahre, und fragte, ob es für mich eine Heimat gebe oder nur einen Ort, wo meine Eltern wohnen. Einer, der mich *seit zwei Jahren* (temporal) kennt, fragt mich nach meinem Heimatgefühl! Ich habe einfach keine Lust *zu meinen Eltern* (lokal) zu fahren, *in meine Heimat-, Geburts- und alte Wohnstadt* (lokal) zu fahren. Sie ist mir *lästig* (modal), diese Konfrontation mit der Familie und der alten Zeit. Es gab eine Zeit, als ich an dieser Umgebung hing, *damals* (temporal), *während des Zivildienstes* (temporal) *in der weit entfernten Großstadt* (lokal). Obwohl ich *aus der Enge meiner Heimatstadt* (lokal) fliehen wollte, zog es mich *in den ersten sechs Monaten* (temporal) zurück. Heimweh. Doch das verlor sich, als die alten Freunde wegzogen. Ich zog *in immer größere Städte* (lokal), besuchte immer weiter entfernte Länder und sah *immer seltener* (temporal) *bei meinen Eltern* (lokal) vorbei. Ich habe auch das letzte Band zu meiner Heimat gekappt und bin *dort* (lokal) nun ein Fremder. Ich kenne mich *nicht mehr* (temporal) aus, die Leute schauen mich *komisch* (modal) an. Heimat lebt *nur noch* (modal) *in meiner Erinnerung* (lokal). Ich werde *nicht mehr* (temporal) *dorthin* (lokal) zurückkehren können. Ich suche Heimat und bin *auf eine Weise* (modal) heimatlos und das ist *nicht schön* (modal). Ich suche die zweite Heimat."

Übung 7: Picasso, *Pablo* (Apposition), *spanischer* (Adjektiv) *Maler, Grafiker, Bildhauer, Keramiker und Dichter* (Apposition), / besuchte, / *15-jährig* (Apposition), / die *Kunst*schule (Bestimm.wort) *in Barcelona* (mit Präposition), / 1897 / *kurze* (Adjektiv) Zeit / die Academia *San Fernando* (Apposition) *in Madrid*. (mit Präposition) / Von 1900 bis zu *seiner* (Pronomen) *endgültigen* (Adjektiv) Übersiedlung 1904 / reiste / Picasso / jährlich / nach Paris, / wo / ihn / *nachimpressionistische* (Adjektiv) Bilder *von H. Toulouse-Lautrec, P. Gauguin, aber auch E. Delacroix, H. Daumier, E. Degas und Th. Steinlen* (von als Genitiversatz) / beeinflussten. / 1901 / begann / die „*Blaue* (Adjektiv) Periode" (*schwermütige* (Adjektiv) *Frauen*bilder (Bestimm.wort) in *verschiedenen* (Adjektiv) *Blau*tönen, (Bestimm.wort), / die / bis 1904 / reichte, / 1905 / folgten / *Zirkus*themen (Bestimm.wort), / 1906 / die „*Rosa* (Adjektiv) Periode". / Gleichzeitig /

entstanden / neben Radierungen und *Kupfersti-chen* (Bestimm.wort) / die *ersten* (Adjektiv) Plastiken. / Für die *Stil*wende (Bestimm.wort) *von 1907* (von als Genitiversatz) / waren / *afrikanische* (Adjektiv) Masken, aber auch die Auseinandersetzung *mit P. Cezanne* (mit Präposition) / wichtig, / die / *zeitg*leich (Bestimm.wort) mit G. Braque / zum *analytischen* (Adjektiv) Kubismus / führten. / Seit 1915 / trat / neben den Kubismus / eine *in konventioneller* (Adjektiv) *Sehweise* (Bestimm.wort) *arbeitende* (erweit. Partizip) Technik, / vor allem bei *Portraitzeichnungen* (Bestimm.wort). / *Picassos* (Genitiv) Hinwendung *zum Surrealismus* (mit Präposition) / zeigt sich / in der Malerei *seit 1927* (mit Präposition). / Ein *Höhe*punkt (Bestimm.-wort) *in Picassos* (Genitiv) *Schaffen* (mit Präposition) / ist / das *1937 entstandene* (erweit. Partizip) *großformatige* (Adjektiv) Gemälde „*Guernica*" (Apposition). / *Picassos* (Genitiv) Protest *gegen den Krieg* (mit Präposition), / den / er / im *besetzten* (Partizip) Paris / erlebte, / führte / zu *stärkerem politischem* (Adjektiv) Engagement. / Seit 1947 / entstand / in Vallauris (*bei Cannes*) (mit Präposition) / eine *große* (Adjektiv) Zahl *bemalter Keramiken* (Partizip/Genitiv). / Seit 1961 / lebte / Picasso / in Mougins (*bei Cannes*) (mit Präposition). / *Seinen* (Pronomen) Nachlass / erhielt / der *französische* (Adjektiv) Staat (*Picasso*-Museum (Bestimm.wort), *Paris* (Apposition)).

Übung 8: Die Geschichte *der menschlichen Zivilisation* ist eine Geschichte *menschlichen Erfindungsgeistes* von den ersten primitiven Geräten *der Altsteinzeit* bis zu den kompliziertesten technischen Apparaturen *unserer Tage*. Erfindungen und Entdeckungen gehen dabei zeitweilig ineinander über. Die Entdeckung *einer Gesetzmäßigkeit in der Natur* kann zu einer Erfindung führen, aber auch umgekehrt kann eine Erfindung helfen den Gesetzen *der Natur* auf die Spur zu kommen. Die Entdeckung *der elektrischen Natur des Blitzes* machte die Erfindung *des Blitzableiters* möglich und die Erfindung *des Fernrohrs* erlaubte Galilei neue Entdeckungen *im Weltall*. Manche Erfindungen sind das Ergebnis *langjährigen Nachdenkens und vielleicht auch Experimentierens*, andere die Frucht *eines genialen Augenblicks oder einfach nur des Zufalls*. Aus kleinen Erfindungen können große hervorgehen; große Forschungsprojekte

können, wie heute etwa die zahlreichen Nebenprodukte *der Weltraumforschung* beweisen, kleinere Erfindungen nach sich ziehen. Viele, ja wohl die meisten Erfinder standen und stehen auch heute noch auf den Schultern *ihrer Vorgänger*, bauen auf schon bekannten Erfindungen auf.

Übung 9: 1. [1][erste Untersuchungen] [2][zur Elektrizität] [3][von W. Gilbert] [4][im Jahre 1600] *2, 3 und 4 sind Attribute zu 1*
2. [1][die Erfindung] [2][der Glühbirne] [3][durch einen amerikanischen Elektrotechniker] [4][namens Edison] *2 und 3 sind Attribute zu 1, 4 ist Attribut zu 3*
3. [1][die Lösung] [2][des Problems] [3][der Massenproduktion] [4][von Lichtquellen] *2 ist Attribut zu 1, 3 zu 2, 4 zu 3*
4. [1][die Entwicklung] [2][praktischer Anwendungsmöglichkeiten] [3][der Elektrizität] [4][in Maschinenbau und Beleuchtungstechnik] *2 ist Attribut zu 1, 3 zu 2, 4 zu 2*
5. [1][der Anstieg] [2][der Nachfrage] [3][nach elektrischem Strom] *2 ist Attribut zu 1, 3 zu 2*
6. [1][die Inbetriebnahme] [2][des ersten Elektrizitätswerks] [3][der Welt] [4][im Jahre 1882] [5][durch Edison] *2, 4 und 5 sind Attribute zu 1, 3 ist Attribut zu 2*
7. [1][Einrichtungen] [2][zur Versorgung] [3][der Haushalte und Industriebetriebe] [4][mit Strom] *2 ist Attribut zu 1, 3 zu 2, 4 zu 2*

Übung 10: 1. die Folgen der Industrialisierung für das Normen- und Wertesystem der Gesellschaft 2. die Veränderung der Arbeits- und Lebensbedingungen seit der zweiten Hälfte des 18. Jahrhunderts durch die Industrialisierung 3. der Beginn der Industrialisierung in der Textilindustrie mit der Einführung der Maschinen 4. die Revolutionierung des Verkehrswesens durch die Entwicklung der Eisenbahn und des Dampfschiffes seit der Mitte des 19. Jahrhunderts 5. die grundlegende Veränderung der sozialen Struktur der europäischen Länder 6. die starke Konzentration der arbeitenden Menschen in Ballungsgebieten bei räumlicher Trennung von Arbeitsplatz und Wohnung 7. die industrielle Revolution als das vermutlich wichtigste Ereignis der Weltgeschichte seit der Entwicklung der Landwirtschaft und der Städte

Übung 12: für Berufsanfänger (Präp.attribut) mit abgeschlossenem Informatikstudium (Präp.attribut), als Berufsgruppe (Präp.attribut), am akademischen Arbeitsmarkt (adverb. Best.), an der Universität Karlsruhe (adverb. Best.), von Berufsanfängern (Präp.attribut), nach Studienabschluss (adverb. Best.), in der Computerindustrie (adverb. Best.), in die technischen Universitäten (adverb. Best.), nach Informatikern (Präp.attribut), im Dienstleistungsbereich (adverb. Best.), um die hauseigenen Computernetze (Präp.objekt), an Anpassungsbereitschaft und Weiterbildungswillen (Präp.attribut), zu den aussichtsreichsten Berufsfeldern (Präp.objekt) für spezialisierte Informatiker (Präp.attribut), im Gesundheitswesen (Präp.attribut / adverb. Best.), zum kostensparenden Computereinsatz (Präp.attribut) in Kliniken und Arztpraxen (Präp.attribut), an Informatikspezialisten (Präp.attribut)

Übung 13: 1. dem tyrannischen Herrscher von Samos 2. den Lehrsatz $a^2 + b^2 = c^2$ 3. des „Vaters" der Historiker 4. der Voraussetzung für seine Geschichtsschreibung 5. den Sohn wohlhabender Eltern – seines Freundes und Lehrers 6. seinem Lehrer 7. seiner Geburtsstadt 8. einem Schüler Platons 9. einer auf das Schöne und Ideale gerichteten Philosophie 10. der Lehre vom logischen Schlussfolgern

Übung 14: 1. Den Wochenvorrat an Lebensmitteln muss Helmut H. aus ganz bestimmten Gründen ohne seine Frau einkaufen. Aus ganz bestimmten Gründen muss Helmut H. den Wochenvorrat … ohne seine Frau einkaufen. 2. Seit einiger Zeit hat seine Frau nämlich in Supermärkten und Kaufhäusern Hausverbot. In Supermärkten … hat seine Frau nämlich seit einiger Zeit Hausverbot. 3. Von ihren Streifzügen durch die Innenstadt hat sie jahrelang unbezahlte Waren mit nach Hause genommen. Jahrelang hat sie von ihren Streifzügen … unbezahlte Waren mit nach Hause genommen. 4. Zum Entsetzen des Ehemannes türmt sich ein ganzes Warenlager in ihrem Schlafzimmer. In ihrem Schlafzimmer türmt sich zum Entsetzen des Ehemannes ein ganzes Warenlager. 5. Trotz Strafanzeigen, Hausverbot … kann Frau H. das Stehlen einfach nicht lassen. Das Steh-

len kann Frau H. trotz Strafanzeigen … einfach nicht lassen. 6. …

Übung 15: 1. Bekanntlich lassen sich überall auf der Welt verschiedene Siedlungsformen unterscheiden. Bekanntlich lassen sich verschiedene Siedlungsformen überall auf der Welt unterscheiden. Überall auf der Welt lassen sich bekanntlich verschiedene Siedlungsformen unterscheiden. Verschiedene Siedlungsformen lassen sich bekanntlich überall auf der Welt unterscheiden. 2. In vielen Gegenden sind Mensch, Vieh, Vorräte und Geräte im Bauernhaus untergebracht. Mensch, Vieh … sind in vielen Gegenden im Bauernhaus untergebracht. 3. Im Laufe der Zeit sind aus der Ansammlung einzelner Bauernhöfe Dorfgemeinschaften entstanden. Aus der Ansammlung einzelner Bauernhöfe sind im Laufe der Zeit Dorfgemeinschaften entstanden. Dorfgemeinschaften sind im Laufe der Zeit aus der Ansammlung einzelner Bauernhöfe entstanden. 4. Auf den Märkten wurden Rohstoffe und fertige Produkte regelmäßig ausgetauscht. Regelmäßig wurden auf den Märkten Rohstoffe … ausgetauscht. Rohstoffe … wurden auf den Märkten regelmäßig ausgetauscht. 5. Natürlich wurden zwischen den Händlern heftige Konkurrenzkämpfe ausgetragen. Zwischen den Händlern wurden natürlich heftige Konkurrenzkämpfe ausgetragen. 6. …

Übung 16: 1. Seit kurzem bietet das renovierte Kongresszentrum den Kongressteilnehmern moderne Vortrags- und Seminarräume. 2. Bis vor kurzem konnte die Stadt den Teilnehmern keine großzügigen Räume zur Verfügung stellen. 3. In den Vortragsräumen ist die Akustik seit dem Umbau außergewöhnlich gut. 4. Nach dem Vortrag rieten einige Kollegen dem Referenten zur Veröffentlichung des Vortrags. 5. Im Anschluss an den Vortrag standen die Forschungsergebnisse des Referenten eine Stunde lang zur Diskussion. 6. Offensichtlich ermangelten einige Argumente schon bei oberflächlicher Betrachtung jeder Logik. 7. Nach der Diskussion bedankte sich der Referent bei den Zuhörern für ihre rege Beteiligung. 8. Einige Kongressteilnehmer gingen nach der Diskussion zum Essen. 9. Zu Recht gilt der Referent in Fachkreisen als Experte. 10. Schon seit längerem findet die Arbeit des Referenten auch im

Ausland Beachtung. 11. Wegen seiner wissenschaftlichen Methodik finden auch ausländische Wissenschaftler die Arbeit des Referenten sehr überzeugend. 12. Der Referent hat vor seinem Ruf an eine angesehene deutsche Universität einige Jahre im Ausland verbracht.

Übung 17: 1. Ja, am Jahresende hat er sich bei ihnen für die gute Zusammenarbeit bedankt. 2. Ja, aus Zeitgründen hat er ihnen die Korrektur der Prüfungsarbeiten überlassen. 3. Aber natürlich beschweren sich die Assistenten / die Assistenten sich darüber. 4. Ich hoffe, dass der Institutsleiter es ihm / es ihm der Institutsleiter / es der Institutsleiter ihm schon ausgestellt hat. 5. Soviel ich weiß, hat es sich der Chef / hat der Chef es sich / hat es der Chef sich noch nicht abgewöhnt. 6. Ich glaube, dass er es dem Dozenten bewilligt hat. 7. Ja, bestimmt legt er sie ihm vor. 8. Ich hoffe, der Student hat sie ihm zurückgegeben. 9. Es ist wohl richtig, dass manche Studenten es sich / es sich manche Studenten / es manche Studenten sich leichter vorgestellt haben. 10. Ja, erstaunlicherweise kann er sie sich merken. 11. Ich glaube schon, dass er sie sich kaufen kann. 12. Ja, natürlich konnte er es den Studenten erklären. 13. Ja, bestimmt hat er sie ihm schon übergeben. 14. Ich bin sicher, dass sich der Institutsleiter / der Institutsleiter sich auf sie verlassen kann. 15. Ja, Gott sei Dank kümmert er sich um darum.

Übung 18: 1. Nach einer weit verbreiteten Ansicht gehören zu einem rechten Professor Zerstreutheit, Weltfremdheit und eine eigentümliche Pedanterie. 2. Immanuel Kant war zeit seines Lebens ein Pedant. 3. Er hatte seinen Tagesablauf genau festgelegt. 4. Jeden Morgen stand er um 5 Uhr auf. 5. Der Arbeit am Schreibpult folgten in geregeltem Ablauf Vorlesungen. 6. Mittags nahm er im Kreise von Freunden ein längeres Essen ein. 7. Jeden Nachmittag besuchte er zur selben Zeit seinen Freund Green. 8. Abends ging er pünktlich um 7 Uhr nach Hause. 9. Auch das Schlafengehen hatte er genau auf 10 Uhr abends festgesetzt. 10. Er ordnete auch seine Umgebung aufs Genaueste. 11. Beim Anblick eines verschobenen Stuhls konnte er in Verzweiflung geraten. 12. Einmal irritierte ihn der Hahn eines Nachbarn. 13. Er konnte den Hahn nicht kaufen. 14. Da-

her zog er in eine andere Wohnung um. 15. Seine Heimatstadt Königsberg in Preußen verließ er nie. 16. Dort war er in einem pietistischen Elternhaus aufgewachsen. 17. Er verbrachte sein ganzes Leben in Königsberg. 18. Neun Jahre nach Beendigung seines Studiums wurde Kant Privatdozent an der Universität Königsberg. 19. Dort blieb er 15 Jahre lang Privatdozent. 20. Mit 46 Jahren bekam er an dieser Universität endlich eine Professur. 21. 1804 starb er achtzigjährig in Königsberg. 22. Trotzdem vollbrachte er in diesem unscheinbaren Rahmen eine der größten Leistungen auf dem Gebiet der Philosophie. 23. In der Geschichte des philosophischen Geistes stellt sein Denken einen Wendepunkt dar. 24. Kants Philosophie fragt nach den Grenzen der menschlichen Vernunft. 25. Kant hat erstmals die Unmöglichkeit objektiver Erkenntnis beschrieben.

Übung 19: 1. Ohne Zweifel ist das Fernsehen seit vielen Jahren, besonders in den Industrieländern, die Hauptquelle gesellschaftlicher Kommunikation. Besonders in den Industrieländern ist das Fernsehen ohne Zweifel seit vielen Jahren die Hauptquelle … Seit vielen Jahren ist das Fernsehen, besonders in den Industrieländern, ohne Zweifel die Hauptquelle … 2. Im Jahre 1934 stellte man in Deutschland die ersten Fernsehgeräte serienmäßig her. In Deutschland stellte man im Jahre 1934 die ersten Fernsehgeräte serienmäßig her. Serienmäßig stellte man die ersten Fernsehgeräte in Deutschland im Jahre 1934 her. 3. In Europa beschäftigte man sich von 1956 an intensiv mit der Entwicklung des Farbfernsehens. Von 1956 an beschäftigte man sich in Europa intensiv mit der Entwicklung des Farbfernsehens. Mit der Entwicklung des Farbfernsehens beschäftigte man sich in Europa intensiv von 1956 an. 4. Die Fernsehsendungen wurden in Deutschland bis vor wenigen Jahren nur von öffentlichen Anstalten ausgestrahlt. Bis vor wenigen Jahren wurden die Fernsehsendungen in Deutschland nur von öffentlichen Anstalten ausgestrahlt. In Deutschland wurden die Fernsehsendungen bis vor wenigen Jahren nur von öffentlichen Anstalten ausgestrahlt. 5. Heute wenden sich die Fernsehzuschauer auch in Deutschland vermehrt privaten Fernsehsendern zu. Auch in Deutschland wenden sich heute die Fernsehzuschauer vermehrt privaten Fernsehsendern zu. Die Fernsehzuschauer wenden sich heute auch in Deutschland / auch in Deutschland heute vermehrt privaten Fernsehsendern zu. 6. Die einzelnen Bundesländer haben die Zulassung privater Sender nach dem Beginn des privaten Fernsehens 1984 in ihren Landesmediengesetzen unterschiedlich geregelt. 7. Die privaten Programmanbieter finanzieren ihre Programme derzeit im Wesentlichen durch Werbeeinnahmen. 8. Das Fernsehen ist durch seine Wirkungsmöglichkeiten den anderen Medien in vieler Hinsicht überlegen. 9. Fast alle Bundesbürger können das politische Geschehen vom Wohnzimmer aus am Bildschirm passiv verfolgen. 10. In modernen Industriegesellschaften kann man sich Politik nicht mehr ohne Massenmedien vorstellen. 11. In den Haushalten der BRD lief im Jahre 1985 der Fernseher durchschnittlich dreieinhalb Stunden an einem Wochentag. / Im Jahre 1985 lief der Fernseher in den Haushalten der BRD an einem Wochentag durchschnittlich dreieinhalb Stunden. 12. Der Faszination des Fernsehens können sich besonders Kinder wohl nur mit Hilfe der Erwachsenen entziehen. 13. Wie selbstverständlich gestehen heute viele dem Fernsehapparat einen „Ehrenplatz" im Wohnzimmer zu. 14. In den letzten Jahren sind viele medienkritische Bücher auf dem Buchmarkt erschienen. 15. Nach Umfrageergebnissen sind die Bundesbürger vor dem Fernseher am einsamsten. 16. Schon seit langem warnen Fernsehkritiker eindringlich vor den realitätsverzerrenden Darstellungen des Fernsehens.

Übung 20: 1. Das Fernsehen verführt Kinder und Jugendliche in der Zukunft bestimmt noch mehr zu passivem Fernsehkonsum. 2. Hoher Fernsehkonsum beeinträchtigt Kinder ... wahrscheinlich in ihrer Entwicklung. 3. Das Fernsehverhalten vieler Kinder ... wird bekanntlich von den meisten Pädagogen kritisiert. 4. Man setzt Kinder bedauerlicherweise zu früh elektronischer Kommunikation aus. 5. In den letzten Jahren ist die Kritik an den Medien deshalb zweifellos stark gewachsen. 6. Aber man kann die Wirkungen des Fernsehkonsums natürlich nicht genau einschätzen. 7. Pädagogen warnen die Eltern heute jedenfalls vor einem zu hohen Fernsehkonsum ihrer Kinder. 8. Gewalt im

Fernsehen verstärkt Untersuchungen zufolge nämlich die Ängste der Kinder. 9. Die schnelle Aufeinanderfolge der Fernsehbilder überfordert offensichtlich die psychische Aufnahmefähigkeit der Kinder ständig. 10. Die Eltern sprechen mit ihren Kindern leider zu wenig über die Fernsehsendungen.

Übung 21: 1. Max Planck gilt heute nicht nur in Fachkreisen als bedeutender Physiker. 2. Wenn der Name Max Planck auftaucht, denkt jeder natürlich sofort an den Erfinder der Quantentheorie. 3. Mit Sicherheit wird er als Begründer der Quantentheorie nicht so schnell in Vergessenheit geraten. 4. Längst ist sich die Fachwelt der Bedeutung dieses Wissenschaftlers bewusst. 5. Zu Recht wird Max Planck heute zu den bedeutendsten Physikern des 19. und 20. Jahrhunderts gezählt. 6. Erstaunlicherweise hat er seine Doktorarbeit schon mit 21 Jahren zum Abschluss gebracht. 7. Immer wieder hat er die Fachwelt mit seinen Thesen in Erstaunen versetzt. 8. Stets sind seine Entdeckungen bei Physikern auf großes Interesse gestoßen. 9. In Deutschland hat die einsteinsche Relativitätstheorie nicht zuletzt dank seiner Unterstützung so schnell Anerkennung gefunden. 10. Wie bekannt hat Max Planck jahrzehntelang als Professor der Physik in Berlin gelebt. 11. Sicher standen ihm in seinem Institut gute Forschungsmöglichkeiten zur Verfügung. 12. Wie man weiß, erfreute er sich als Professor bei Kollegen und Studenten großer Beliebtheit. 13. Wie bekannt fanden ihn seine Zeitgenossen als Mensch und Wissenschaftler imponierend. 14. Aus gutem Grund wird in Biographien auf seinen vornehmen und gradlinigen Charakter hingewiesen. 15. Zeit seines Lebens hat er sich anderen gegenüber menschlich verhalten. 16. Erfreulicherweise haben seine Leistungen durch die Verleihung des Nobelpreises Anerkennung gefunden. 17. Wie er sind einige seiner Schüler wegen Aufsehen erregender Entdeckungen Nobelpreisträger geworden.

Übung 22: 1. Wer ein Lokal aufsucht, in dem hauptsächlich Männer verkehren, betritt eine Welt, in der eigene Regeln herrschen. 2. Ein Mann tritt an eine Bar, an der drei Männer stehen, und bestellt ein Glas, das er halb austrinkt. 3. Nachdem er bei dem Barkeeper, der hinter der Theke steht, vier Glas Alkohol bestellt hat, beginnt eine Unterhaltung. 4. Nach und nach gibt jeder der Männer, von denen einer arbeitslos ist, eine Runde aus, bis die Runden beendet sind. 5. Nachdem die Gläser hingestellt sind, verlässt der Arbeitslose das Lokal, wobei er zum Zeichen dafür, dass er zurückkehren wird, sein halbvolles Glas hinterlässt. 6. Nachdem er fünf Minuten später zurückgekommen ist, leert er sein Glas, dann bestellt er vier weitere Gläser. 7. Später erzählt er, dass er nicht mithalten konnte, da er nicht genügend Geld bei sich hatte. 8. Er musste nach Hause gehen, um sich welches zu holen, weil er sich nicht von der Runde ausschließen durfte. 9. Jeder kennt diese Verpflichtung an einer Trinkrunde teilzunehmen, auch wenn man es sich eigentlich nicht leisten kann, weil man glaubt, dass man sein Gesicht verlieren würde, wenn man nicht mitmachte. 10. Wenn das Rundentrinken begonnen hat, ist jeder Teilnehmer verpflichtet mindestens eine Runde zu übernehmen. 11. Wenn die Runden begonnen haben, bleibt die ursprüngliche Gruppe gewöhnlich zusammen, bis jeder seine Runde geleistet hat. 12. Nachdem er eine Runde bezahlt hat, wird sich ein Teilnehmer manchmal in eine andere Ecke begeben, was aber nichts daran ändert, dass die Teilnehmer der Gruppe ihn trotz dieser physischen Abwesenheit weiterhin als Mitglied ihrer Gruppe betrachten und behandeln. 13. Er wird umgekehrt jedes Glas, das die Gruppe ihm zukommen lässt, mindestens durch eine Geste bestätigen, bis die Runden beendet sind, so dass auf diese Weise die Verbindung erhalten bleibt. 14. Das gemeinschaftliche Trinken, das zwar eine brüderliche Verbundenheit stiftet, das zugleich aber von Verpflichtung und Wettkampf bestimmt ist, ist durch eine merkwürdige Ambivalenz gekennzeichnet, was es gar nicht so freundschaftlich erscheinen lässt, wie sich hier zeigt.

§ 19

Übung 1: 1. Den anderen begeistert die herrliche Landschaft nicht. 2. Der andere begeistert sich nicht für Kunst. 3. Der andere beschäftigt sich nicht damit. 4. Die andere Reisegruppe bekommt nicht die Erlaubnis, das Schloss zu besichtigen. 5. Die Erwartungen des anderen gehen nicht in Erfüllung. 6. Der andere erfreut sich nicht der besten Gesundheit. 7. Der andere bekommt nicht den Auftrag einen Reisebericht zu schreiben. 8. Den anderen empfinden die Touristen nicht als idealen Reiseleiter. 9. Bei der anderen Reise ist die Stadtrundfahrt im Preis nicht inbegriffen. 10. Der andere Reiseleiter ist nicht der geborene Organisator. 11. Der andere Reiseleiter zeigt den Touristen die Regierungsgebäude nicht. 12. Der andere ist nicht der Star der Gruppe. 13. Der andere hört seinem Reiseleiter nicht zu. 14. Dem anderen schmeckt das Essen nicht. 15. Der andere unternimmt nicht den Versuch den Reisepreis herunterzudrücken. 16. Der andere bringt den Reiseleiter nicht zur Verzweiflung. 17. Die andere Information ist nicht von Interesse. 18. Der andere ist an Kultur nicht interessiert.

Übung 2: 1. Der andere Reiseleiter hat keine guten Sprachkenntnisse. 2. Der andere Reiseleiter scheint kein ausgebildeter Archäologe zu sein. 3. Der andere Reiseleiter kann anderen nicht zuhören. 4. Der andere Mitreisende stellt keine hohen Ansprüche an die Reiseleitung. 5. Der andere hat keine anderen Erwartungen an den Reiseleiter. 6. Der andere Reiseleiter nimmt keine Rücksicht auf Sonderwünsche. 7. Der andere kennt die anderen europäischen Länder nicht. 8. Der andere mag keine solchen Reisen / mag solche Reisen nicht. 9. Bei der anderen Reise treten keine Schwierigkeiten auf / tritt nicht eine Schwierigkeit auf. 10. Der andere hat keine solchen Erfahrungen gemacht / hat solche Erfahrungen nicht gemacht. 11. Der andere trinkt zum Frühstück keinen Kaffee. 12. Der andere schreibt seinen Freunden keine Postkarten.

Übung 3: 1. Der andere spielt nicht Skat. 2. Der andere hört nicht Radio. 3. Der andere muss nicht Schlange stehen. 4. Der andere

fährt nicht Taxi. 5. Dem anderen gefällt Frankreich nicht. 6. Der andere hat nicht Wort gehalten. 7. Der andere spielt nicht Gitarre.
8. Der andere Reiseleiter ist nicht / kein Kunsthistoriker. 9. Der andere Reiseleiter will nicht /
kein Dolmetscher werden. 10. Das andere Reiseunternehmen hat nicht Bankrott gemacht.

Übung 4: 1. Er besichtigt den Eiffelturm
nicht. Er besichtigt nicht den Eiffelturm, sondern den Montmartre. Nicht er besichtigt den
Eiffelturm, sondern seine Freundin. 2. Er
schreibt den Arbeitskollegen keine Ansichtskarte. Er schreibt den Arbeitskollegen keine Ansichtskarte, sondern einen Brief. Nicht er
schreibt den Arbeitskollegen eine Ansichtskarte, sondern seine Mitarbeiterin. Er schreibt
nicht den Arbeitskollegen eine Ansichtskarte,
sondern seinem Chef. 3. Er fragt den Portier
nicht nach einem Souvenirladen. Er fragt nicht
den Portier nach einem Souvenirladen, sondern das Zimmermädchen. Nicht er fragt den
Portier nach einem Souvenirladen, sondern seine Begleiterin. 4. Ihm imponieren die großen
Geschäfte nicht. Ihm imponieren nicht die
großen Geschäfte, sondern die historischen Gebäude. Nicht ihm imponieren ..., sondern seiner Freundin. 5. Der starke Verkehr stört ihn
nicht. Nicht der starke Verkehr stört ihn, sondern der Tourismus. 6. Die Lichterfahrt auf der
Seine hat ihm nicht gefallen. Nicht die Lichterfahrt ... hat ihm gefallen, sondern der Besuch
des Louvre. 7. Er spricht mit dem Nachtportier
nicht über die Stadt. Er spricht nicht mit dem
Nachtportier über ... , sondern mit dem Barkeeper.

Übung 5: 1. Die Touristen waren nicht bei
Sonnenschein, sondern bei strömendem Regen
in Paris angekommen. 2. Sie haben nicht im
Hotel Ritz, sondern im Hotel Métropole gewohnt. 3. Sie haben ihre Sachen nicht eingepackt, sondern ausgepackt. 4. Nicht der gewünschte Reiseleiter, sondern eine Reiseleiterin
hat die Gruppe begrüßt. 5. Die Reiseleiterin
stammt nicht aus der Hauptstadt, sondern aus
einer Provinzstadt. 6. Die Gruppe hatte nicht
jeden Tag, sondern jeden zweiten Tag ein gemeinsames Programm. 7. Die Touristen haben
nicht in billigen Restaurants, sondern in teuren
gegesssen. 8. Sie haben den Einkaufsbummel

nicht vor dem Essen, sondern nach dem Essen
gemacht. 9. Am Besuch des Louvre haben sich
nicht alle, sondern nur die Kunstinteressierten
beteiligt. 10. Einige sind abends nicht ins Theater, sondern ins Variete gegangen. 11. Ihnen ist
der Abschied von Paris nicht leicht, sondern
schwer gefallen. 12. Nicht nur einige, sondern
alle wollen bald wiederkommen. 13. Sie werden Paris nicht nur als Weltstadt, sondern auch
als Kunstmetropole in Erinnerung behalten.

Übung 6: 1. nicht täglich 2. montags nicht
3. tagsüber nicht 4. häufig nicht 5. manchmal
nicht 6. meistens nicht 7. nicht jährlich
8. nicht pünktlich 9. nicht rechtzeitig 10. bisher nicht 11. mehrmals nicht 12. vorher nicht
13. nicht eher 14. anfangs nicht 15. zunächst
nicht 16. nicht selten 17. gestern nicht
18. nicht sofort 19. nicht nochmals 20. nicht
gleich

Übung 7: 1. Der Reiseleiter spricht anscheinend nicht / nicht viel / heute nicht / Gott sei
Dank nicht mit dem Busfahrer. 2. Der Reiseleiter erkundigt sich nicht täglich / nicht ernsthaft / aus Gleichgültigkeit nicht / deswegen
nicht / bestimmt nicht nach dem Befinden des
erkrankten Touristen. 3. Der Reiseleiter langweilt die Gruppe meistens nicht /zum Glück
nicht / absolut nicht / bisher nicht / nicht
nochmals mit seinen Erklärungen. 4. Die Reisegruppe interessiert sich zu seinem Bedauern
nicht / manchmal nicht / wahrscheinlich nicht
/ nicht übermäßig für seine Erklärungen. 5. Der
Reiseleiter spricht nicht ausführlich / nicht den
ganzen Tag / nicht gleich / vermutlich nicht /
nicht ohne Vorbereitung über die Geschichte
Frankreichs. 6. Die Touristin kauft natürlich
keine / hoffentlich keine / im Allgemeinen keine teuren Souvenirs. 7. Der Reiseleiter führt die
Touristen nicht immer / wegen des schönen
Wetters nicht / nicht mit Engagement / aus
Zeitmangel nicht / nicht nachmittags / nachmittags nicht durch das Museum.

Übung 8: 1. Der Louvre war im letzten Jahr
während der Feiertage abends nicht geöffnet.
2. Der Reiseleiter war deshalb während dieser
Zeit nicht dort. 3. Die Touristen bummeln an
ihrem freien Nachmittag aus verständlichen
Gründen nicht gemeinsam über den Floh-

markt. 4. Der Reiseleiter geht morgens bestimmt nicht sehr früh aus dem Haus. 5. Er ist gestern nach dem Klingeln des Weckers nicht gleich aufgestanden. 6. Er ist deshalb bei seiner Reisegruppe nicht pünktlich eingetroffen. 7. Das wird ihm bei dieser Gruppe wahrscheinlich nicht noch mal passieren. 8. Das Restaurant bietet den Touristen normalerweise mittags kein Menü. 9. Die Touristen essen abends nicht gern im Hotel. 10. Sie sind deshalb abends meistens nicht im Hotel. 11. Der Reiseleiter ist heute mit seiner Reisegruppe nicht ins Regierungsviertel gefahren. 12. Einige Touristen konnten ihre Reise dieses Mal aus den verschiedensten Gründen nicht gründlich vorbereiten.

Übung 9: 1. Sie kannte keinen einzigen (der) Reiseteilnehmer. Sie kannte nicht alle Reiseteilnehmer. 2. Sie hat nichts mitgemacht / nicht alles mitgemacht. 3. Sie ist in keines der Künstlerlokale (kein Künstlerlokal) gegangen / nicht in sämtliche Künstlerlokale gegangen. 4. Sie war in keinem einzigen Museum / nicht in jedem Museum. 5. Sie hat sich auf keiner Reise verliebt / nicht auf jeder Reise verliebt. 6. Sie ist nie / niemals teuer essen gegangen / nicht immer teuer essen gegangen. 7. Sie ist nie / niemals / kein einziges Mal in ein Bistro gegangen / nicht jedesmal in ein Bistro gegangen. 8. Sie hat sich bei keinem einzigen (der) Reiseteilnehmer Geld geliehen / nicht bei jedem (der) Reiseteilnehmer Geld geliehen. 9. Sie hat keine Sehenswürdigkeiten besichtigt / nicht alle Sehenswürdigkeiten besichtigt. 10. Sie war nie / niemals von morgens bis abends unterwegs / nicht immer von morgens bis abends unterwegs.

Übung 10: 1. aber sie hat noch keinen Urlaub. 2. aber sie hat noch nichts für die Urlaubstage geplant. 3. aber ihr hat noch niemand Tipps gegeben. 4. aber sie hat noch keine Landkarten ... studiert. 5. aber sie hat noch nichts über das Reiseland gelesen. 6. aber sie hat ihre Sprachkenntnisse noch nicht aufgefrischt. 7. aber sie hat noch nie / noch kein einziges Mal große Reisen gemacht. 8. aber sie war noch nie / noch kein einziges Mal in dem Land.

Übung 11: 1. aber er arbeitet nicht mehr. 2. aber er muss niemanden mehr anrufen. 3. aber er hat keinen (Resturlaub) mehr. 4. aber er muss keine (Reisevorbereitungen) mehr treffen. 5. aber er muss nichts Wichtiges mehr erledigen. 6. aber er benutzt seinen nicht mehr. 7. aber er (will in diesem Jahr) nicht mehr (verreisen). 8. aber er hat keinen (Fensterplatz) mehr bekommen.

Übung 12: 1. sogar 2. nicht einmal 3. sogar 4. nicht einmal 5. sogar 6. nicht einmal 7. nicht einmal 8. sogar

Übung 13: 1. Von der Unfreundlichkeit der Menschen in diesem Land kann nicht die Rede sein. 2. Von der Unsicherheit der Straßen ... 3. Vom politischen Desinteresse der Menschen ... 4. Von der Inkompetenz der Minister ... 5. Vom Nonkonformismus der Intellektuellen ... 6. Vom Misserfolg der Regierung ... 7. Von der Unmenschlichkeit des Regimes ... 8. Von der Instabilität der politischen Verhältnisse ... 9. Von der Unzuverlässigkeit der öffentlichen Verkehrsmittel ... 10. Von der Arbeitslosigkeit der jungen Menschen ...

Übung 14: 1. Die Zollbeamten untersagen dem Passagier das Flughafengelände zu verlassen. 2. Der Passagier leugnet zollpflichtige Waren bei sich zu haben. 3. Die Zollbeamten bezweifeln, dass er ehrlich ist. 4. Der Passagier weigert sich seinen Koffer zu öffnen. 5. Der Passagier hindert den Zollbeamten daran, sein Gepäck anzufassen. 6. Der Passagier hat versäumt drei Stangen Zigaretten zu deklarieren. 7. Die Zollbeamten sehen davon ab, eine Leibesvisitation vorzunehmen. 8. Die Zollbeamten verzichten darauf, ihn anzuzeigen. 9. Die Zollbeamten warnen den Passagier, in Zukunft mitgeführte Waren zu verschweigen. 10. Der Passagier hütet sich davor, zukünftig Zigaretten aus dem Urlaub mitzunehmen.

Übung 15: 1. Die Begrüßungsrede ... wurde nicht ohne Beifall aufgenommen. 2. Die Ausstellung kam ... nicht unerwartet. 3. Der Künstler ist nicht erfolglos. 4. Die Aufregung des Künstlers ... war nicht unverständlich. 5. Der Künstler war nicht undankbar für das Verständnis des Publikums. 6. Die Ausstellungsräume waren nicht unattraktiv. 7. Die Presse verfolgt die ... Entwicklung des Malers nicht ohne Interesse. 8. Die Bilder des Malers sind nicht ohne Reiz. 9. Diese Ausstellung war ... nicht unwichtig. 10. Solche Ausstellungen sind nicht ohne erheblichen ... Aufwand möglich.

§ 20

Übung 1:   1. Zukünftiges 2. allgemeingültiger Sachverhalt 3. Vergangenes zur Vergegenwärtigung 4. Zukünftiges 5. allgcmeingültiger Sachverhalt 6. Gegenwärtiges 7. Zukünftiges 8. allgemeingültiger Sachverhalt 9. Gegenwärtiges 10. Vergangenes zur Vergegenwärtigung 11. Gegenwärtiges – Zukünftiges

Übung 2:   sorgte / hat gesorgt – hatten ... ausgebrütet – ist – hat ... übernommen – füttert – entdeckte – zurückgelegt werden durfte – schob ... unter – hatten ... gebaut – saßen – sorgten / haben ... gesorgt – begann – legte – kam

Übung 3:   1. Voraussage mit Zukunftsgewissheit 2. + 3. (energische) Aufforderung 4. feste Absicht, Entschluss 5. Vermutung mit Bezug auf Gegenwart 6. Voraussage mit Zukunftsgewissheit 7. feste Absicht, Entschluss 8. Voraussage mit Zukunftsgewissheit 9. Vermutung mit Bezug auf Vergangenheit 10. Versprechen

Übung 4:   1. Die Medizin wird die meisten Krankheiten besiegt haben. 2. Die Menschen werden viele Wüsten und Steppen fruchtbar gemacht haben. 3. Die Biologie wird zur wichtigsten Wissenschaft geworden sein. 4. Die Menschen werden weitere Galaxien erforscht haben. 5. Es wird sich ein kosmopolitischer Lebensstil herausgebildet haben. 6. Die Grenzen zwischen den meisten Staaten werden verschwunden sein. 7. Viele Völker werden Frieden miteinander geschlossen haben. 8. Man wird den Traum vom Paradies auf Erden noch nicht verwirklicht haben.

Übung 5:   1. Sie wird sich schon auf ihren Urlaub in der nächsten Woche freuen. 2. Sie wird ihr heutiges Arbeitspensum schon geschafft haben. 3. Sie wird gerade ein schwieriges Problem gelöst haben. 4. Sie wird deswegen vorhin vom Chef gelobt worden sein. 5. Sie wird demnächst eine Gehaltserhöhung bekommen. 6. Sie wird Spaß an ihrer Arbeit haben. 7. Sie wird eine motivierte Arbeitnehmerin

sein. 8. Sie wird mal wieder eine gute Idee gehabt haben. 9. Sie wird heute abend ein Rendezvous haben. 10. Sie wird mit ihrem Freund
verabredet sein.

Übung 6: gegeben hatte – begannen – sich ...
bildete – entstand – trat – fiel – waren – sich
zurückzog – ruhte / hatte ... geruht – wurde –
entwickelten sich – wurde – hatte es gegeben /
gab es – war – lebten – belegen – geendet hatte
– erwärmte sich – stieg ... an – geschmolzen
war – erhielten – gehen ... davon aus – beeinflusst hat – wurde – konnten ... betreiben – gelebt hatten – sich ... entwickelte – wurde – sagen – sich ... abgekühlt hatte – flohen – sich ...
durchsetzte – erreichte – hatte sich ausgeweitet
/ weitete sich aus – hielt – dezimierte – zunahm
– erwärmte sich – vergangen sind / vergangen
sein werden – ist / wird ... sein – befürchten –
zunehmen / zunehmen werden – schmelzen /
werden ... schmelzen – überflutet / wird ...
überfluten

Übung 7: erlebt hat – sein wird – werden sich
... schlagen – werden ... ausgehen – ist ... gestiegen – haben ... besetzt – entstanden / entstanden sind – wird sich ... fortsetzen – ist ... angewachsen – werden ... gegründet – gehören – ist
– erhöht sich – werden ... dominieren – wird ...
sein – gesammelt haben – gezwungen wurden –
ist ... erreicht – macht – sind – nehmen – ferngehalten haben – wird sich ... durchsetzen – befähigt sind – werden ... einnehmen – verwehrt
waren – haben sich ... erobert – waren – arbeiteten – aufstiegen – wurden ... abgeschoben –
machen – wird ... anhalten

附录

Die Deklination der Adjektive

Schwache Deklination

Singular

N	der	klug	-e	Mann	die	klug	-e	Frau	das	klug	-e	Kind
A	den		-en	Mann	die		-e	Frau	das		-e	Kind
D	dem		-en	Mann(e)	der		-en	Frau	dem		-en	Kind(e)
G	des		-en	Mannes	der		-en	Frau	des		-en	Kindes

Plural

N	die	klug	-en	Männer, Frauen, Kinder
A	die		-en	Männer, Frauen, Kinder
D	den		-en	Männern, Frauen, Kindern
G	der		-en	Männer, Frauen, Kinder

- nach dem bestimmten Artikel
- nach dem Pronomen derjenige, derselbe, dieser, jeder, jeglicher, jener, mancher, solcher, welcher; alle, beide, irgendwelche, sämtliche; im Singular: all-, einig-, irgendwelch-, sämtlich- (aller mögliche Unsinn, alles Gute, mit einigem guten Willen, ohne irgendwelche erhöhte Gefahr, sämtliches bewegliche Eigentum)
- nach dem Personalpronomen wir, ihr (wir eifrigen Deutschlerner, euch beneidenswerten Muttersprachlern)

Gemischte Deklination

Singular

N	kein	klug	-er	Mann	keine	klug	-e	Frau	kein	klug	-es	Kind
A	keinen		-en	Mann	keine		-e	Frau	kein		-es	Kind
D	keinem		-en	Mann(e)	keiner		-en	Frau	keinem		-en	Kind(e)
G	keines		-en	Mannes	keiner		-en	Frau	keines		-en	Kindes

Plural

N	keine	klug	-en	Männer, Frauen, Kinder
A	keine		-en	Männer, Frauen, Kinder
D	keinen		-en	Männern, Frauen, Kindern
G	keiner		-en	Männer, Frauen, Kinder

- nach dem unbestimmten Artikel
- nach kein, irgendein, manch ein, solch ein, welch ein, ein solcher
- nach Possessivpronomen

Starke Deklination

Singular

N	(etwas)	kalt	-er	Saft	kalt	-e	Milch	kalt	-es	Wasser
A	(etwas)		-en	Saft		-e	Milch		-es	Wasser
D	(etwas)		-em	Saft		-er	Milch		-em	Wasser
G	(etwas)		-en	Saftes		-er	Milch		-en	Wassers

Plural

N	(einige)	klug	-e	Männer, Frauen, Kinder
A	(einige)		-e	Männer, Frauen, Kinder
D	(einigen)		-en	Männern, Frauen, Kindern
G	(einiger)		-er	Männer, Frauen Kinder

- ohne Artikel
- nach Pronomen ohne Endung: *allerlei, etwas, genug, mancherlei, mehr, nichts, viel, wenig; manch, welch, solch*
  und nach den Pronomen *andere, derartige, einige, einzelne, etliche, folgende, gewisse, lauter, mehrere, ein paar, verschiedene, viele, wenige*
- nach dem Personalpronomen *ich, du* (ich glücklicher Gewinner, dir armem Verlierer)
- nach den Kardinalzahlen ab 2
- nach einem Genitiv, nach dem Fragepronomen *wessen* und den Relativpronomen *dessen, deren* (Peters/wessen/dessen bestes Gedicht; nach Mutters/wessen/deren gutem Rat)

Einige allgemeine Bemerkungen

- Pronomen haben, soweit sie nicht endungslos sind (z.B. etwas) oder endungslos gebraucht werden (z.B. manch), die Endungen des bestimmten Artikels: der/jeder/aller notwendige Respekt; des/dieses/jedes/irgendeines jungen Menschen; den/manchen/gewissen/einigen umstrittenen Persönlichkeiten.
- Adjektive, die stark dekliniert werden, haben die Endungen des bestimmten Artikels (Ausnahme: im Genitiv Singular Maskulinum und Neutrum *-en* statt *-es*), so dass im Plural gegebenenfalls die Pronomen- und Adjektivendungen identisch sind: der/kalter Saft; die Ratschläge der/(einiger) kluger Frauen.
- Beim attributiven Gebrauch einiger Adjektive sind Besonderheiten zu beachten:
  Adjektive auf *-el*: dunkel → ein dunkler Raum
  (so z.B. auch *edel, eitel, heikel, komfortabel, nobel*)
  Adjektive auf *-er* nach Diphtong und Fremdadjektive: sauer → ein saurer Apfel
  (so z.B. auch *teuer, integer*)
  aber: bitter, finster → ein bitterer Geschmack, finstere Gedanken
  hoch → ein hoher Berg
  Adjektive auf *-a* werden nicht dekliniert: ein lila Tuch, prima Ideen.
  Von Städtenamen abgeleitete Adjektive werden groß geschrieben und nicht dekliniert: im Heidelberger Zoo, die Münchner U-Bahn.

Unregelmäßige Verben

Infinitiv	3. Ps. Sg. Präsens	3. Ps. Sg. Präteritum	3. Ps. Sg. Perfekt
backen	backt/bäckt	backte/buk	hat gebacken
befehlen	befiehlt	befahl	hat befohlen
beginnen	beginnt	begann	hat begonnen
beißen	beißt	biss	hat gebissen
bergen	birgt	barg	hat geborgen
bersten	birst	barst	ist geborsten
betrügen	betrügt	betrog	hat betrogen
bewegen*	bewegt	bewog	hat bewogen
biegen	biegt	bog	hat/ist gebogen
bieten	bietet	bot	hat geboten
binden	bindet	band	hat gebunden
bitten	bittet	bat	hat gebeten
blasen	bläst	blies	hat geblasen
bleiben	bleibt	blieb	ist geblieben
braten	brät	briet	hat gebraten
brechen	bricht	brach	hat/ist gebrochen
brennen	brennt	brannte	hat gebrannt
bringen	bringt	brachte	hat gebracht
denken	denkt	dachte	hat gedacht
dreschen	drischt	drosch	hat gedroschen
dringen	dringt	drang	ist gedrungen
dürfen	darf	durfte	hat gedurft
empfangen	empfängt	empfing	hat empfangen
empfehlen	empfiehlt	empfahl	hat empfohlen
empfinden	empfindet	empfand	hat empfunden
erklimmen	erklimmt	erklomm	hat erklommen
erschallen	erschallt	erscholl	ist erschollen
erlöschen	erlischt	erlosch	ist erloschen
erschrecken*	erschrickt	erschrak	ist erschrocken
erwägen	erwägt	erwog	hat erwogen
essen	isst	aß	hat gegessen
fahren	fährt	fuhr	hat/ist gefahren
fallen	fällt	fiel	ist gefallen
fangen	fängt	fing	hat gefangen
fechten	ficht	focht	hat gefochten
finden	findet	fand	hat gefunden
flechten	flicht	flocht	hat geflochten
fliegen	fliegt	flog	hat/ist geflogen
fliehen	flieht	floh	ist geflohen
fließen	fließt	floss	ist geflossen
fressen	frisst	fraß	hat gefressen
frieren	friert	fror	hat gefroren
gären*	gärt	gor	hat/ist gegoren
gebären	gebärt/gebiert	gebar	hat geboren
geben	gibt	gab	hat gegeben

Infinitiv	3. Ps. Sg. Präsens	3. Ps. Sg. Präteritum	3. Ps. Sg. Perfekt
gedeihen	gedeiht	gedieh	ist gediehen
gehen	geht	ging	ist gegangen
gelingen	gelingt	gelang	ist gelungen
gelten	gilt	galt	hat gegolten
genesen	genest	genas	ist genesen
genießen	genießt	genoss	hat genossen
geraten	gerät	geriet	ist geraten
geschehen	geschieht	geschah	ist geschehen
gewinnen	gewinnt	gewann	hat gewonnen
gießen	gießt	goss	hat gegossen
gleichen	gleicht	glich	hat geglichen
gleiten	gleitet	glitt	ist geglitten
glimmen*	glimmt	glomm	hat geglommen
graben	gräbt	grub	hat gegraben
greifen	greift	griff	hat gegriffen
haben	hat	hatte	hat gehabt
halten	hält	hielt	hat gehalten
hängen*	hängt	hing	hat gehangen
hauen	haut	haute/hieb	hat gehauen
heben	hebt	hob	hat gehoben
heißen	heißt	hieß	hat geheißen
helfen	hilft	half	hat geholfen
kennen	kennt	kannte	hat gekannt
klingen	klingt	klang	hat geklungen
kneifen	kneift	kniff	hat gekniffen
kommen	kommt	kam	ist gekommen
können	kann	konnte	hat gekonnt
kriechen	kriecht	kroch	ist gekrochen
laden	lädt	lud	hat geladen
lassen	lässt	ließ	hat gelassen
laufen	läuft	lief	ist gelaufen
leiden	leidet	litt	hat gelitten
leihen	leiht	lieh	hat geliehen
lesen	liest	las	hat gelesen
liegen	liegt	lag	hat gelegen
lügen	lügt	log	hat gelogen
mahlen	mahlt	mahlte	hat gemahlen
meiden	meidet	mied	hat gemieden
melken	melkt/milkt	melkte/molk	hat gemolken
messen	misst	maß	hat gemessen
mögen	mag	mochte	hat gemocht
müssen	muss	musste	hat gemusst
nehmen	nimmt	nahm	hat genommen
nennen	nennt	nannte	hat genannt
pfeifen	pfeift	pfiff	hat gepfiffen
preisen	preist	pries	hat gepriesen
quellen	quillt	quoll	ist gequollen
raten	rät	riet	hat geraten
reiben	reibt	rieb	hat gerieben

Infinitiv	3. Ps. Sg. Präsens	3. Ps. Sg. Präteritum	3. Ps. Sg. Perfekt
reißen	reißt	riss	hat/ist gerissen
reiten	reitet	ritt	hat/ist geritten
rennen	rennt	rannte	ist gerannt
riechen	riecht	roch	hat gerochen
ringen	ringt	rang	hat gerungen
rinnen	rinnt	rann	ist geronnen
rufen	ruft	rief	hat gerufen
salzen	salzt	salzte	hat gesalzen
saufen	säuft	soff	hat gesoffen
saugen*	saugt	sog	hat gesogen
schaffen*	schafft	schuf	hat geschaffen
scheiden	scheidet	schied	hat/ist geschieden
scheinen	scheint	schien	hat geschienen
schelten	schilt	schalt	hat gescholten
scheren*	schert	schor	hat geschoren
schieben	schiebt	schob	hat geschoben
schießen	schießt	schoss	hat/ist geschossen
schinden	schindet	schindete	hat geschunden
schlafen	schläft	schlief	hat geschlafen
schlagen	schlägt	schlug	hat geschlagen
schleichen	schleicht	schlich	ist geschlichen
schleifen*	schleift	schliff	hat geschliffen
schließen	schließt	schloss	hat geschlossen
schlingen	schlingt	schlang	hat geschlungen
schmeißen	schmeißt	schmiss	hat geschmissen
schmelzen	schmilzt	schmolz	hat/ist geschmolzen
schneiden	schneidet	schnitt	hat geschnitten
schreiben	schreibt	schrieb	hat geschrieben
schreien	schreit	schrie	hat geschrie(e)n
schreiten	schreitet	schritt	ist geschritten
schweigen	schweigt	schwieg	hat geschwiegen
schwellen*	schwillt	schwoll	ist geschwollen
schwimmen	schwimmt	schwamm	hat/ist geschwommen
schwinden	schwindet	schwand	ist geschwunden
schwingen	schwingt	schwang	hat geschwungen
schwören	schwört	schwor	hat geschworen
sehen	sieht	sah	hat gesehen
sein	ist	war	ist gewesen
senden*	sendet	sandte	hat gesandt
singen	singt	sang	hat gesungen
sinken	sinkt	sank	ist gesunken
sinnen	sinnt	sann	hat gesonnen
sitzen	sitzt	saß	hat gesessen
sollen	soll	sollte	hat gesollt
spalten*	spaltet	spaltete	hat gespalten
speien	speit	spie	hat gespie(e)n
spinnen	spinnt	spann	hat gesponnen
sprechen	spricht	sprach	hat gesprochen
sprießen	sprießt	spross	ist gesprossen

Infinitiv	3. Ps. Sg. Präsens	3. Ps. Sg. Präteritum	3. Ps. Sg. Perfekt
springen	springt	sprang	ist gesprungen
stechen	sticht	stach	hat gestochen
stecken	steckt	steckte/stak	hat gesteckt
stehen	steht	stand	hat gestanden
stehlen	stiehlt	stahl	hat gestohlen
steigen	steigt	stieg	ist gestiegen
sterben	stirbt	starb	ist gestorben
stinken	stinkt	stank	hat gestunken
stoßen	stößt	stieß	hat/ist gestoßen
streichen	streicht	strich	hat gestrichen
streiten	streitet	stritt	hat gestritten
tragen	trägt	trug	hat getragen
treffen	trifft	traf	hat getroffen
treiben	treibt	trieb	hat/ist getrieben
treten	tritt	trat	hat/ist getreten
trinken	trinkt	trank	hat getrunken
trügen	trügt	trog	hat getrogen
tun	tut	tat	hat getan
verbleichen	verbleicht	verblich	ist verblichen
verderben	verdirbt	verdarb	hat/ist verdorben
verdrießen	verdrießt	verdross	hat verdrossen
vergessen	vergisst	vergaß	hat vergessen
verlieren	verliert	verlor	hat verloren
verschleißen	verschleißt	verschliss	hat verschlissen
verschwinden	verschwindet	verschwand	ist verschwunden
verzeihen	verzeiht	verzieh	hat verziehen
wachsen*	wächst	wuchs	ist gewachsen
waschen	wäscht	wusch	hat gewaschen
weben*	webt	wob	hat gewoben
weichen	weicht	wich	ist gewichen
weisen	weist	wies	hat gewiesen
wenden*	wendet	wandte	hat gewandt
werben	wirbt	warb	hat geworben
werden	wird	wurde	ist geworden
werfen	wirft	warf	hat geworfen
wiegen*	wiegt	wog	hat gewogen
winden	windet	wand	hat gewunden
wissen	weiß	wusste	hat gewusst
wollen	will	wollte	hat gewollt
wringen	wringt	wrang	hat gewrungen
ziehen	zieht	zog	hat/ist gezogen
zwingen	zwingt	zwang	hat gezwungen

* Diese Verben haben auch eine schwache Form (vgl. § 2).
Einige Verben können transitiv und intransitiv gebraucht werden, sie bilden das Perfekt entsprechend mit haben oder sein (vgl. § 1).

Verben, nach denen Infinitivsätze stehen können

* = Akkusativobjekt ist nie Substantiv, sondern
z.B.: alles, einiges, etwas, nichts, (nicht) viel,
(nur) wenig u.a.
( ) = fakultativ

jdn. abbringen davon
sich abfinden damit
sich abgeben damit
(es) sich/jdm. abgewöhnen
jdn. abhalten davon
abkommen davon
ablassen (davon)
es ablehnen
sich abmühen (damit)
sich abplagen damit
(jdm.) abraten (davon)
absehen davon
es abgesehen haben darauf
abzielen darauf
achten darauf
achtgeben darauf
es akzeptieren
(jdm.) anbieten
es bietet sich an
jdm. androhen
anfangen
jdn. anfeuern (dazu)
jdn. anflehen
angeben (= nennen)
angeben damit
(es) sich/jdm. angewöhnen
jdn. anhalten dazu
(es) jdm. anheim stellen
jdn. anklagen
es kommt (jdm.) darauf an
es ankommen lassen darauf
(es) jdm. anlasten
es anlegen darauf
jdn. anleiten (dazu)
(es) sich anmaßen
anordnen
es jdm. hoch anrechnen
(jdn.) anregen (dazu)
jdn. anspornen dazu
jdn. anstiften (dazu)
sich anstrengen
jdn. antreiben (dazu)

jdn. anweisen
appellieren an jdn.
arbeiten daran
sich ärgern (darüber)
(es) ärgert jdn.
(jdn.) auffordern (dazu)
es aufgeben (= verzichten)
sich/jdn. aufhalten damit
jdn. aufhetzen (dazu)
aufhören (damit)
sich auflehnen dagegen
sich aufraffen (dazu)
(jdn.) aufrufen dazu
sich aufschwingen (dazu)
jdn. aufstacheln (dazu)
jdm. auftragen
etw. aufwenden (dafür)
jdn. ausersehen (dazu)
jdn. auserwählen dazu
etw. ausgeben (dafür)
es nicht (lange/länger) aushalten
ausholen dazu
ausmachen (= verabreden)
es macht jdm. etwas/nichts u.a.* aus
es ausnutzen
aussein darauf
sich aussprechen dafür/dagegen
jdn. auswählen dafür
sich positiv/vorteilhaft u.a. auswirken
jdn. autorisieren (dazu)
bangen (darum)
beabsichtigen
beanspruchen
beantragen
jdn. beauftragen (damit)
(es) bedauern
es bedeutet jdm. etwas/nichts u.a.*
jdn. bedrängen
jdn. bedrohen damit
sich beeilen (damit)
(jdm.) befehlen
befürchten

(es) befürworten

begehren

beginnen

etw. beginnen damit

jdn. beglückwünschen (dazu)

sich begnügen damit

es begrüßen

beharren darauf

behaupten

jdn. behüten davor

(etwas/nichts u.a.*) beitragen dazu

bekennen

sich bekennen dazu

sich beklagen darüber

(es) beklagen

etw. bekommen dafür

es bekommt jdm. (nicht)

es belastet jdn.

sich bemühen (darum)

jdn./etw. benutzen (dazu)

(jdn.) berechtigen (dazu)

(es) bereuen

sich berufen darauf

sich/jdn. beschäftigen damit

jdn. beschirmen davor

beschließen

sich beschränken darauf

jdn. beschuldigen

jdn. beschützen davor

sich beschweren (darüber)

jdn. beschwören

jdn. bestärken darin

bestehen darauf

bestehen darin

jdn. bestrafen dafür

bestreiten

beteuern

jdn. betrauen damit

jdn. bevollmächtigen (dazu)

es bevorzugen

jdn./etw. bewahren davor

jdn. bewegen dazu

sich bewerben darum

bezweifeln

(jdn.) bitten (darum)

brennen darauf

jdn. bringen darauf (= hinweisen)

jdn. bringen dazu (= veranlassen)

es nicht über sich bringen

sich brüsten damit

darangehen

alles daransetzen

dasein dafür/dazu

(es) gehört etwas/nichts u.a.* dazu

(es) gehört dazu

jdn. degradieren dazu

denken daran (= die Absicht haben)

(jdm.) dienen dazu

drängen darauf

sich drängen danach

jdn. drängen (dazu)

es drängt jdn.

dringen darauf

(jdm.) drohen damit

sich drücken davor

sich durchringen dazu

dürsten (danach)

sich eignen dafür/dazu

sich einbilden

sich etwas/nichts* einbilden darauf

(sich/jdm.) eingestehen

sich einigen (darauf/darüber)

(jdn.) einladen (dazu)

sich einlassen darauf

einräumen

sich/jdm. einreden

jdm. einschärfen

(es) einsehen

sich einsetzen dafür

sich einstellen darauf

eintreten dafür

einwilligen

sich ekeln davor

es ekelt jdm./jdn. davor

(jdm.) empfehlen

es empfiehlt sich

jdn. entbinden davon

entscheiden

sich entscheiden (dafür)

sich entschließen (dazu)

sich entschuldigen (dafür)/damit

sich entsinnen

sich erinnern (daran)

(jdn.) erinnern daran

erklären

sich bereit erklären

es jdm. erlassen

(jdm.) erlauben

sich erlauben

es sich D (nicht) erlauben können

es jdm. erleichtern

jdn. ermächtigen (dazu)

jdn. ermahnen

(es) jdm. ermöglichen

jdn. ermuntern (dazu)

jdn. ermutigen (dazu)

es jdm. erschweren

es sich/jdm. ersparen (können)

jdn. ersuchen (darum)

es nicht ertragen können

erwägen

erwarten

es nicht erwarten können

jdn. erziehen dazu

feilschen darum

es (nicht) fertigbringen

festhalten daran

fiebern danach

sich bereit finden

es gut/falsch u.a. finden

fordern

fortfahren (damit)

es steht jdm. frei

(es) jdm. freistellen

sich freuen (daran) (Dauer)

sich freuen (darauf) (Zukunft)

sich freuen (darüber) (Ggw./Vgh.)

es freut jdn.

sich außerstande/genötigt/ (dazu) verpflichtet u.a. fühlen

fürchten

sich fürchten (davor)

etwas/nichts u.a.* geben darauf

gedenken (= beabsichtigen)

es sich (nicht) gefallen lassen

es gefällt jdm.

es geht (jdm.) darum

es gehört sich nicht

es gelingt jdm.

geloben

es gelüstet jdm./jdn. danach

sich genieren

es genießen

es genügt jdm.

(jdm.) gestatten

gestehen

sich getrauen

jdn. gewinnen dafür

sich/jdn. gewöhnen daran

glauben

es jdm. gönnen

es eilig/gern u.a. haben

etwas/nichts u.a.* halten davon

es handelt sich darum

es hassen

(jdm.) helfen (dabei)

jdn. herausfordern dazu

nicht herumkommen darum

jdn. hindern (daran)

es nicht hinnehmen können

(jdn.) hinweisen darauf

hoffen

hungern danach

sich hüten (davor)

jammern darüber

jubeln darüber

kämpfen dafür/darum/dagegen

klagen (darüber)

kommen darauf

sich konzentrieren darauf

es langweilt jdn.

leben dafür

leben davon

es fällt jdm. leicht

leiden daran/darunter

es sich nicht leisten können

leugnen

es (nicht) lieben

(es) liegt jdm. (etwas/nichts u.a.*) daran

es lohnt sich

sich etwas/nichts u.a.* machen daraus

es jdm. leicht/möglich u.a. machen

meinen

es missfällt jdm.

es misslingt jdm.

mitwirken daran/dabei

es mögen

jdn. motivieren dazu

jdm. nachweisen

jdm. nahe legen

es liegt nahe

es auf sich nehmen

es sich nicht nehmen lassen

neigen dazu

jdn. nötigen (dazu)

etw. nutzen/nützen dazu

es nutzt/nützt (jdm.) etwas/nichts u.a.*

plädieren dafür/dagegen

sich/jdn. plagen damit

planen

pochen darauf

prahlen damit

probieren

protestieren dagegen

sich rächen dafür
(jdm.) raten (dazu)
rechnen damit
es reizt jdn.
ringen darum
(es) riskieren
sich rühmen
es schaffen
sich schämen
es schätzen
sich scheuen (davor)
schwärmen davon
es fällt jdm. schwer
schwören
sich außerstande/gezwungen/nicht
imstande/veranlasst u.a. sehen (dazu)
sich sehnen danach
(gerade) dabei sein
dafür/dagegen sein
jdm. ist danach
drauf und dran sein (ugs.)
nahe daran sein (ugs.)
sinnen darauf
spekulieren darauf
sich sperren dagegen
sich spezialisieren darauf
alles/nichts u.a.* spricht dafür/dagegen
staunen (darüber)
stehen dazu
stimmen dafür/dagegen
stöhnen darüber
sich stoßen daran
sich sträuben (dagegen)
streben danach
sich stürzen darauf
taugen dazu
trachten danach
sich trauen
trauern darum
träumen (davon)
jdn. treiben dazu
trinken darauf
sich üben darin
übereinstimmen darin
übergehen dazu
es jdm. überlassen
es übernehmen
es überrascht jdn.
jdn. überreden (dazu)
sich überwinden dazu
sich/jdn. überzeugen (davon)

(jdm.) bleibt nichts (anderes) übrig, als ...
es umgehen
es unterlassen
(es) (jdm.) untersagen
sich unterstehen
verabreden mit jdm.
es verabscheuen
es verachten
(jdn.) veranlassen (dazu)
es nicht verantworten können
(es) (jdm.) verbieten
sich verbürgen dafür
jdn. verdächtigen
es verdienen
es verdient haben
vereinbaren mit jdm.
jdn. verführen (dazu)
vergessen
verharren dabei
jdm. verhelfen dazu
verlangen
es verlangt jdn. danach
sich verlassen (können) darauf
sich verlegen darauf
jdn. verleiten (dazu)
es vermeiden
sich/jdn. verpflichten dazu
(es) versäumen
es verschmähen
(jdm.) versichern
sich etwas/nichts u.a.* versprechen davon
(jdm.) versprechen
sich verständigen darüber
sich verstehen darauf
(es) verstehen
versuchen
es nicht vertragen (können)
vertrauen darauf
jdn. verurteilen (dazu)
(es) jdm. verwehren
(es) jdm. verzeihen
verzichten darauf
sich/jdn. vorbereiten darauf
vorgeben
vorhaben
jdm. vorhalten
sich vornehmen
(jdm.) vorschlagen
(jdm.) vorschreiben
vorsehen
(jdm.) vortäuschen

jdm. vorwerfen
(es) vorziehen
(es) wagen
(jdn.) warnen (davor)
warten darauf
sich wehren dagegen
sich weigern
sich wenden dagegen
werben dafür/darum
nicht müde werden
es widerstrebt jdm.
es wundert jdn.
wünschen
zählen darauf
(ab)zielen darauf
zittern davor
zögern
sich zufriedengeben damit
zugeben
jdm. zugestehen
sich/jdm. zumuten
jdm. zureden
zurückschrecken (davor)
(jdm.) zusagen
jdm. zusichern
jdm. zutrauen
zweifeln daran
sich/jdn. zwingen (dazu)

Feste Verbindungen/Funktionsverbgefüge, nach denen Infinitivsätze stehen können

sich mit dem Gedanken/der Idee/dem Vorschlag/der Vorstellung anfreunden (können)
es als seine Aufgabe/Pflicht u.a. ansehen
es als Beleidigung/Schwäche/Vorwurf u.a. auffassen
die Bitte äußern
die Anregung/den Auftrag/den Befehl/die Erlaubnis/den Rat u.a. bekommen
die Fähigkeit/die Frechheit/den Mut besitzen
(es) besteht kein Anlass/die Chance/die Gelegenheit/die Möglichkeit
es als notwendig/seine Aufgabe/seine Pflicht/sein Recht u.a. betrachten
es als Fehler/leichtsinnig u.a. bezeichnen
(es) bietet sich (jdm.) die Chance/die Gelegenheit/die Möglichkeit
jdm. die Gelegenheit/die Chance/die Möglichkeit bieten
jdn. auf den Gedanken/die Idee u.a. bringen
(es) gehört Energie/Mut/schon viel Frechheit dazu
das Risiko/die Verpflichtung eingehen
es als Widerspruch/störend u.a. empfinden
es erfordert viel Geduld/Geld/Mut/Zeit u.a.
den Auftrag/den Befehl/den Rat u.a. erhalten
Anspruch erheben darauf
seine Bereitschaft erklären
(jdm.) den Auftrag/den Befehl/die Erlaubnis/den Rat u.a. erteilen
den Beschluss/den Entschluss fassen
Gefallen/Geschmack finden daran
(jdm.) die Anregung/den Befehl/die Erlaubnis/die Garantie/den Rat/den Tip/das Versprechen
    u.a. geben
sich Mühe geben
(es) gilt als Fortschritt/modern u.a.
Angst (davor)/(keinen) Anlass/ein Anrecht drauf/die Chance/die Erlaubnis/Freude daran/
    Gefallen daran/das Gefühl/Gelegenheit/Interesse daran/das Recht/ein Recht darauf/den
    Willen u.a. haben
es hat keinen Sinn/keinen Zweck
es für sein Recht/gut u.a. halten
auf den Gedanken/die Idee u.a. kommen
es kostet (viel) Geld/Kraft/Mühe/Überwindung u.a.
Wert legen darauf
(es) jdm. zur Last legen
jdm. Mut/den Vorwurf u.a. machen
(jdm.) das Angebot/den Vorschlag u.a. machen
sich/jdm. Hoffnung(en) machen (darauf)
sich die Mühe machen
es sich zur Aufgabe/Pflicht u.a. machen
es macht Ärger/Kummer/Mühe/Spaß u.a.
Abstand nehmen davon
es in Kauf nehmen
sich das Recht nehmen
seine Aufgabe/Pflicht u.a. sehen darin
im Begriff/in der Lage sein
es ist jdm. ein Bedürfnis/eine Freude u.a.

den Antrag/die Aufgabe/die Forderung stellen
(jdm.) in Aussicht stellen
sich zur Verfügung stellen dafür
eine Gelegenheit suchen
sich mit der Absicht/dem Gedanken/der Hoffnung/dem Plan tragen
es mit Fassung/Humor u.a. tragen
die Entscheidung/die Verabredung u.a. treffen
jdm. die Aufgabe übertragen
den Versuch unternehmen
jdn. in die Lage versetzen
jdm. das Recht zustehen/zugestehen

Adjektive und Partizipien, nach denen Infinitivsätze stehen können

Die mit ° gekennzeichneten Adjektive und Partizipien haben als Subjekt *es* (Es ist abstoßend,
+ Infinitiv mit *zu*). Die übrigen Adjektive und
Partizipien haben ein persönliches Subjekt (Er
ist nicht abgeneigt + Infinitiv mit *zu*).

Beispiele für den Gebrauch von es:
Es ist abstoßend, …
Abstoßend ist (es,) …
Natürlich ist es abstoßend, …

(nicht) abgeneigt
abstoßend °
(un)angebracht °
(un)angemessen °
(un)angenehm °
angewiesen drauf
jdm. angst (und bange) davor
anmaßend °
aufgelegt dazu
aufregend °
ausersehen (dazu)
auserwählt dazu
ausgeschlossen °
außerstande
aussichtslos °
beabsichtigt °
beauftragt (damit)
bedacht darauf
(un)bedenklich °
befähigt (dazu)
(un)befriedigend °
befugt (dazu)
begeistert (davon)
begierig (darauf/danach)
behilflich (dabei)
bekannt dafür
bekümmert (darüber)
bemüht (darum)
(un)bequem °
berechtigt (dazu)
berechtigt °
bereit (dazu)
beruhigend °
beschäftigt damit
beschämend °
beschämt (darüber)

beschwerlich °
besessen davon
bestrebt
bevollmächtigt
dumm °
einfach °
eingebildet darauf
eingeschworen darauf
eingestellt darauf
empfehlenswert °
weit entfernt davon
entrüstet (darüber)
entschlossen (dazu)
entsetzt darüber
entzückt (darüber/davon)
erbittert darüber
erbost darüber
(un)erfahren darin
erfolgversprechend °
erforderlich °
(un)erfreulich °
erfreut (darüber)
erlaubt °
erpicht darauf
erstaunt (darüber)
erstrebenswert °
(un)fähig (dazu)
falsch °
(jdm.) freigestellt °
froh (darüber)
gedacht daran °
(un)geeignet (dafür/dazu)
(un)gefährlich °
gefasst darauf
jdm. gelegen daran
geneigt (dazu)

genötigt (dazu)
geplant °
(un)gerecht °
gerechtfertigt °
gespannt (darauf)
gestattet °
(un)gesund °
geübt darin
gewillt
es gewohnt
gewöhnt daran
gezwungen (dazu)
gierig (darauf/danach)
(un)glücklich (darüber)
(un)günstig °
(un)gut °
heilsam °
(un)höflich °
imstande (dazu)
(un)interessant °
interessiert daran
(un)klug °
klug genug (dazu)
korrekt °
krankhaft °
lästig °
lehrreich °
leicht °
es leid
(un)möglich
motiviert (dazu)
nachteilig °
(un)natürlich °
neugierig (darauf)
(un)nötig °
notwendig °
nützlich °
peinlich °
(un)praktisch °
(un)problematisch °
ratsam °
recht und billig ° (= gerecht)
richtig °
riskant °
rücksichtslos/-voll °
(un)schädlich °
scharf darauf (ugs.)

schlecht °
schmerzlich °
(un)schön °
schwer/schwierig °
selbstverständlich °
sinnvoll/-los °
spannend °
spezialisiert darauf
stolz (darauf)
süchtig danach
teuer °
traurig (darüber)
überrascht (darüber)
überzeugt (davon)
(un)üblich °
umsonst °
unerlässlich °
unerträglich °
ungehalten darüber
unnütz °
unpassend °
unsinnig °
(jdm.) untersagt °
unumgänglich °
unverantwortlich °
verabredet °
verantwortlich dafür
verboten °
verderblich °
verpflichtet (dazu)
verrückt °
verrückt danach (ugs.)
versessen darauf
versucht
verurteilt dazu
vorbereitet darauf
vorgeschrieben °
vorgesehen °
(un)vorteilhaft °
(un)wichtig °
(un)zulässig °
(un)zumutbar °
(un)zureichend °
zuständig dafür
zwingend °

Substantive, nach denen Infinitivsätze stehen können

die Absicht
die Angst (davor)
das Angebot
die Anmaßung
das Anrecht (darauf)
die Anregung
der Anspruch (darauf)
der Antrag
der Appell
die Art
die Aufforderung
die Aufgabe
der Aufruf
der Auftrag
die Aussicht (darauf)
das Bedauern
die Bedenken (Pl.)
das Bedürfnis (danach)
der Befehl
die Befürchtung
die Behauptung
das Bekenntnis
die Bemühung/das Bemühen
die Berechtigung (dazu)
die Bereitschaft (dazu)
der Beschluss
die Besorgnis
die Bestrebung/das Bestreben
das Bewusstsein
die Bitte
die Chance
der Drang (danach)
die Drohung
die Einladung
die Einsicht
die Einstellung
die Empfehlung
die Entscheidung
der Entschluss
die Enttäuschung (darüber)
die Erkenntnis
die Erklärung
die Erlaubnis (dafür/dazu)
die Ermächtigung
die Ermahnung
die Erwartung
die (Un)Fähigkeit

die Forderung
die Freiheit
die Freude (daran)
die Furcht (davor)
die Garantie (dafür)
die Gefahr
das Gefühl
die Gelegenheit (dazu)
die Genehmigung
das Geständnis
die Gewissheit (darüber)
die Gewohnheit
der Glaube
das Glück
die Hoffnung
die Idee
die Illusion
das Interesse (daran)
die Klage (darüber)
die Kunst
die Lust
die Mahnung
die Methode
die Möglichkeit (dazu)
die Motivation (dazu)
der Mut (dazu)
der Nachteil
die Neigung (dazu)
die Notwendigkeit
das Pech
die Pflicht
der Plan
das Prinzip
das Privileg
das Problem
der Rat(schlag)
das Recht (darauf)
das Risiko
die Scheu (davor)
das Schicksal
die Schwierigkeit (damit)
die Sehnsucht (danach)
die Sicherheit
die Sorge
die Tendenz
die Überzeugung
die Unsicherheit (darüber)

die Verantwortung (dafür)
das Verbot
das Verdienst
das Vergnügen
das Verlangen (danach)
das Vermögen (= Fähigkeit)
die Vermutung
die Verpflichtung
das Versäumnis
das Versprechen
der Versuch
die Versuchung
der Vorschlag
die Vorstellung

der Vorteil
der Vorwand
der Vorwurf
das Wagnis
die Wahrscheinlichkeit
die Warnung
die Weigerung
der Wille
der Wunsch
die Zeit (dazu)
das Ziel
die Zumutung
die Zusicherung
der Zwang

Reflexivverben, die ein Zustandsreflexiv (vorzeitig) bzw. eine allgemeine Zustandsform (gleichzeitig) bilden können

VZ = Vorzeitigkeit, GZ = Gleichzeitigkeit

sich abarbeiten	VZ	abgearbeitet sein
sich abhärten gegen A	VZ	abgehärtet sein gegen A
sich abmelden	VZ	abgemeldet sein
sich absichern gegen A	VZ	abgesichert sein gegen A
sich abtrocknen	VZ	abgetrocknet sein
sich anmelden bei D – für A	VZ	angemeldet sein bei D - für A
sich anpassen	GZ	angepasst sein
sich anstrengen	GZ	angestrengt sein
sich anziehen	VZ	angezogen sein
sich (gut u.a.) anziehen	GZ	(gut u.a.) angezogen sein
sich aufregen	GZ	aufgeregt sein
sich ausruhen	VZ	ausgeruht sein
sich aussöhnen mit D	VZ	ausgesöhnt sein mit D
sich ausziehen	VZ	ausgezogen sein
sich befreien von D	VZ	befreit sein von D
sich befreunden mit D	VZ	befreundet sein mit D
sich begeistern für A	GZ	begeistert sein von D
sich beherrschen	GZ	beherrscht sein
sich bemühen um A	GZ	bemüht sein um A
sich beruhigen	VZ	beruhigt sein
sich beschäftigen mit D	GZ	beschäftigt sein mit D
sich besinnen	GZ	besonnen sein
sich beteiligen an D	GZ	beteiligt sein an D
sich betrinken	VZ	betrunken sein
sich bilden (= sich Bildung aneignen)	VZ	gebildet sein
sich blamieren	VZ	blamiert sein
sich distanzieren von D	GZ	distanziert sein (gegenüber D)
sich duschen	VZ	geduscht sein
sich eignen für A/zu D	GZ	geeignet sein für A/zu D
sich D etw. einbilden auf A	GZ	eingebildet sein auf A
sich (gut) einspielen aufeinander	VZ	(gut) eingespielt sein aufeinander
sich einstellen auf A	VZ	eingestellt sein auf A
sich empören über A	GZ	empört sein über A
sich engagieren	GZ	engagiert sein
sich entrüsten über A	GZ	entrüstet sein über
sich entschließen zu D	VZ	entschlossen sein zu D
sich entsetzen über A	GZ	entsetzt sein über A
sich entschuldigen	VZ	entschuldigt sein
sich entspannen	VZ	entspannt sein
sich entwickeln	VZ	entwickelt sein
sich entzweien mit D	VZ	entzweit sein
sich erholen	VZ	erholt sein
sich erkälten	VZ	erkältet sein
sich erleichtern	VZ	erleichtert sein
sich erregen	GZ	erregt sein

sich fassen	VZ	gefasst sein
sich gewöhnen an A	VZ	gewöhnt sein an A/etw. gewohnt sein
sich gliedern in A	GZ	gegliedert sein in A
sich gründen auf A	GZ	gegründet sein auf A
sich informieren über A	VZ	informiert sein über A
sich interessieren für A	GZ	interessiert sein an A
sich kämmen	VZ	gekämmt sein
sich konzentrieren auf A	GZ	konzentriert sein auf A
sich melden bei D	VZ	gemeldet sein bei D
sich orientieren an D	GZ	orientiert sein an D
sich orientieren über A	VZ	orientiert sein über A
sich pflegen	GZ	gepflegt sein
sich plagen mit D	GZ	geplagt sein mit D
sich qualifizieren für A	VZ	qualifiziert sein für A
sich rasieren	VZ	rasiert sein
sich richten an A/gegen A	GZ	gerichtet sein an A/gegen A
sich scheiden lassen	VZ	geschieden sein
sich schminken	VZ	geschminkt sein
sich sichern gegen A	VZ	gesichert sein gegen A
sich sorgen um A	GZ	besorgt sein um A
sich spezialisieren auf A	VZ	spezialisiert sein auf A
sich trennen von D	VZ	getrennt sein von D
sich üben in D	VZ	geübt sein in D
sich überanstrengen	VZ	überanstrengt sein
sich überarbeiten	VZ	überarbeitet sein
sich überfordern	GZ	überfordert sein
sich überzeugen von D	VZ	überzeugt sein von D
sich umziehen	VZ	umgezogen sein
sich unterrichten über A	VZ	unterrichtet sein über A
sich verabreden mit D - zu D	VZ	verabredet sein mit D zu D
sich verändern	VZ	verändert sein
sich verbünden mit D	VZ	verbündet sein mit D
sich verfeinden mit D	VZ	verfeindet sein mit D
sich verheiraten mit D	VZ	verheiratet sein mit D
sich verkleiden	VZ	verkleidet sein
sich verkrachen mit D (ugs)	VZ	verkracht sein mit D (ugs.)
sich verletzen	VZ	verletzt sein
sich verlieben in A	VZ	verliebt sein in A
sich verloben mit D	VZ	verlobt sein mit D
sich verpflichten zu D	VZ	verpflichtet sein zu D
sich versammeln	VZ	versammelt sein
sich jdm./etw. verschließen	GZ	verschlossen sein
sich versehen mit D	VZ	versehen sein mit D
sich versichern bei D – gegen A	VZ	versichert sein bei D gegen A
sich versöhnen mit D	VZ	versöhnt sein mit D

sich verteilen	GZ	verteilt sein
sich vertiefen in A	GZ	vertieft sein in A
sich verwandeln	VZ	verwandelt sein
sich vorbereiten auf A	VZ	vorbereitet sein auf A
sich waschen	VZ	gewaschen sein
sich zusammensetzen aus D	GZ	zusammengesetzt sein aus D

索引

课文出处

页数

21 Nach: Letzter Ansturm auf den Schiefen Turm. dpa vom 8.1.1990; Dem „Schiefen" droht der Einsturz. AP vom 24.4.1992

55 Nach: F.-Ch. Schubert: Traumwach im Schlaf. In: Psychologie heute Nr. 9/1986; Nach: Haushalte verbrauchen zu viel Energie. In: RNZ vom 14.5.91, dpa

60 Nach: Heftige Gewitterstürme ...; Bei Montagsauto Geld zurück. dpa vom 7. und 9.11.1994

61 2b) Aus: Das Geheimnis der Pulpe. In: DER SPIEGEL vom 6.8.1990, S. 169f.

70 Nach: Macht Sicherheit sorglos? In: Psychologie heute Nr. 7/1986

73 Nach: Sicherheit im Atomkraftwerk. In: Informationsbroschüre der Kernkraft GmbH

76 Nach: Abiturwissen, Biologie. Weltbild Verlag Augsburg; Nach: Albert Bechtold: Zum Glimmstengel greift nur noch die Hälfte. In: RNZ vom 21.11.1989

89 Nach: Liebe vom Vater. In: GEO Nr. 11/1989; Nach: Aids-Aufklärungstage. Gesundheitsamt will nun Programm. In: RNZ vom 23.11.1989

98 Joachim Ringelnatz: Göttlich. Aus: Das Gesamtwerk in sieben Bänden. Diogenes Verlag AG, Zürich 1994

102 Zitiert nach: Christian Graf von Krokow: Wir brauchen die „Ausgeflippten". In: DIE ZEIT vom 15.2.1980

106 Nach: Sigmund Freud: Studienausgabe Bd. 1, Vorlesungen zur Einführung in die Psychoanalyse. S. Fischer Verlag GmbH, Frankfurt am Main 1969

107 Bertolt Brecht: Fragen eines lesenden Arbeiters. Aus: Gesammelte Werke. Suhrkamp Verlag Frankfurt am Main 1967

121 Aus: Paul Watzlawick: Anleitung zum Unglücklichsein. R. Piper GmbH & Co.KG., München 1983, S. 37; Aus: Christa Reinig. Orion trat aus dem Haus. Verlag Eremiten-Presse, Düsseldorf 1968

122 Aus: Manfred Kyber: Gesammelte Tiergeschichten. Rowohlt Verlag GmbH, Reinbek, 1972

123 Aus: Bernhard Borgeest: Samen seltener Pflanzen finden Zuflucht in der Genbank. In: ZEITmagazin vom 13.1.1995

124 Aus: RNZ vom 11.1.1994, AP

125 Aus: Frankfurter Allgemeine Zeitung vom 30.3.1994; Aus: DIE ZEIT vom 11.9.1987

138 Nach: Hauptsache, sie kann Spaghetti kochen. In: RNZ vom 28.6.1990, AP

139 Nach: Eltern dürfen ihre Tochter nicht sterben lassen. AP vom 27.6.1990

149 Nach: Franz M. Wuketits: Charles Darwin - der stille Revolutionär. R. Piper GmbH & Co.KG, München 1987, S. 55f.

169 Nach: Schadensquelle Tourismus. In: Politische Ökologie Nr. 11/1988

173 Nach: Eine Aussteiger-Kommune auf Ithaka. In: stern Nr. 50 vom 8.12.1994

196 Aus: RNZ vom 3.5.1991, dpa

201 Nach: Gudrun Dalibor: Frauen sind geduldig, allzu geduldig. In: epd vom 21.1.1984

205 Aus: Irenäus Eibl-Eibesfeldt: Der vorprogrammierte Mensch. Orion-Heimreiter-Verlag, Kiel 1985

207 Nach: Streicheln macht stark. In: GEO Nr. 4/1988, S. 188f. Nach: Soziale Rangordnung. Aus: Irenäus Eibl-Eibesfeldt: Der vorprogrammierte Mensch. Orion-Heimreiter-Verlag, Kiel 1985

209 Nach: Das Grüßen auf Distanz. Ebd.

214 Nach: Lob des Mittagsschlafs. In: Psychologie heute Nr. 2/1990

215 Nach: Das Ich im Test. In: Psychologie heute Nr. 9/1986

220 Nach: D.E. Zimmer: Ich Gorilla gut. In: DIE ZEIT vom 28.10.1988

227 Nach: Schwertwale. In: ZEITmagazin vom 18.11.1988

228 Zitiert nach: H.H. Bräutigam: Operation ohne Schnitt. In: DIE ZEIT vom 2.2.1990; Nach: H. Häußermann: Vom Müsli zum Kaviar. In: DIE ZEIT vom 3.10.1986

239 unten: Nach: Jaques Le Goff: Kaufleute und Bankiers im Mittelalter. Presses Universitaires de France, Paris 1956. Deutsche Ausgabe: Fi-

scher Taschenbuch Verlag GmbH, Frankfurt am Main 1989

244 Aus: RNZ vom 27.6.1992

254 Nach: Wolfgang Kaden: Dinosaurier auf Rädern. In: DER SPIEGEL Nr. 1/1991, S. 36ff.

255 Nach: Harald Steiner: Was im Knoblauch wirklich steckt. In: RNZ vom 24.4.1989; Nach: Irenäus Eibl-Eibesfeldt: Grundriss der vergleichenden Verhaltensforschung. R. Piper & Co. Verlag, München 1967, S. 530ff.

256 Zitiert nach: Hans Schuh: Suche nach den Krebsursachen. In: DIE ZEIT vom 12.9.1991

257 Nach: Wolfgang Kaden: Dinosaurier auf Rädern. In: DER SPIEGEL Nr. 1/1991, S. 36ff.

262 Aus: Bertolt Brecht: Gesammelte Werke. Suhrkamp Verlag Frankfurt am Main 1967

263 Nach: Erik Ziemen: Der Wolf. Das Verhalten, Ökologie und Mythos. Knesebeck Verlag München 1990, S. 95ff.

271 Aus: Peter Handke: Die Angst des Tormanns beim Elfmeter. Suhrkamp Verlag Frankfurt am Main 1972

272 Zitiert aus: Thomas Mann: Tod in Venedig. S. Fischer Verlag, Frankfurt 1973, S. 10

273 Aus: Thomas Mann: Bekenntnisse des Hochstaplers Felix Krull. S. Fischer Verlag Berlin und Frankfurt 1954

274 Zitiert aus: Wolfgang Hildesheimer: Mitteilungen an Max über den Stand der Dinge und anderes. Suhrkamp Verlag, Frankfurt am Main 1986, S. 7

277–
281 Nach: Jugend 94. In: DER SPIEGEL Nr. 38/1994, S. 58ff.

283 Zitiert aus: dtv-Lexikon, Mannheim und München 1992; Aus: Erfindungsberichte. Arbeitstexte für den Unterricht. Hrsg. von Heinrich Pleticha, Philipp Reclam jun. GmbH., Stuttgart

286 Nach: Abschied vom Schmalspurhacker. In: DER SPIEGEL vom 1.11.1993

301 Nach: Wolfgang Schievelbusch: Das Paradies, der Geschmack und die Vernunft. Eine Geschichte der Genussmittel. Carl Hanser Verlag München Wien 1980

319 Nach: Wende auch für Christo: In: RNZ vom 17./18.6.1995, dpa; Zitiert nach: Meyers Großes Taschenlexikon in 24 Bänden. Bibliographisches Institut Mannheim, Wien, Zürich 1987

321 Nach: Storchenmänner als Pinguin-Eltern. In: RNZ vom 28.6.1995, dpa; Die Legenden ..., zitiert aus: Christoph Meckel: Im Land der Umbramauten

326 Nach: Trends für das Jahr 2000. In: Psychologie heute Nr. 3/1990

图片出处

75 Globus-Kartendienst, Hamburg

108 © The Munch Museum / The Munch Ellingsen Group / VG Bild-Kunst, Bonn 1999

147 Historisches Farbarchiv Christa Elsler, Norderney Werner Stuhler / Süddeutscher Verlag Bildarchiv, München

258 Frederic Vester, München. Aus: „Crashtest Mobilität", Heyne Verlag, München 1995